누구나 쉽게 찾을 수 있는

성경 구절 찾기 사전

(저자) **김명호**

고려대학교 이공대학 졸업
ROTC 8기
국방과학연구소 시설과장 역임
서울디자인고등학교 정년퇴임
대통령 옥조근정훈장 수상

목천교회 은퇴장로
GP선교회 파송 선교사(인도네시아)
현 국내 이주민 선교사
TEL: 010-6248-6457

(감수위원)

장영수 목사
인도네시아 자카르타 한마음교회 담임목사 역임
기독실업인회 지도목사

김상원 목사
대한예수교장로회 서울동노회 노회장
목천교회 담임목사

안정호 목사
열방선교네트워크 대표
송우벗사랑(베트남)교회 선교목사

누구나 쉽게 찾을 수 있는

성경구절 찾기사전

인용 성경 : 개역 개정

김명호 저

맑은샘

일러두기

■ 성경 구절의 내용 및 핵심 단어로부터 이어지는 일정 부분만을 발췌해 가
나다순으로 정리하여 찾고자 하는 성경 구절을 쉽게 찾을 수 있도록 했다.

■ 구절의 일부(25자 정도)만을 발췌해야 했기에 구절이 시작되는 핵심 단어
를 무엇으로 할 것인가를 많이 고려했다.

■ 구절의 첫 단어가 정리·나열되는 중요한 단초가 되므로 구절의 첫 단어
가 〈여호와〉, 〈하나님〉, 〈내가〉, 〈너를〉, 〈나〉, 〈너희〉 등으로 시작될 경
우 이들 단어가 꼭 들어가야만 의미가 살아날 경우를 제외하고는 될 수 있
는 대로 생략했다.

　예) • 내가 너희를 구원하여 너희가 복이 되게 하리니 두려워하지 말지니라(슥 8 : 13)

　　　☞ 구원하여 너희가 복이 되게 하리니 두려워하지 말지니

　　　• 너희 염려를 다 주께 맡기라 이는 그가 너희를 돌보심이라(벧전 3: 5–7)

　　　☞ 염려를 다 주께 맡기라 이는 그가 너희를 돌보심이라

■ 핵심 단어가 제일 앞으로 오도록 필요에 따라서 간혹 도치법을 사용하기
도 했다.

　예) • A가 B에게 말했다 ⇨ B에게 A가 말했다

　　　• 내가 보니 바다에서 한 짐승이 나오는데 뿔이 열이요 머리가 일곱이라(계 13 : 1)

　　　☞ 짐승이 바다에서 나오는데 뿔이 열이요 머리가 일곱

■ 하나의 구절이라도 첫 단어의 발췌 방법에 따라 여러 구절로 변형하여 수
록되었다.

　예) • 거룩한 것을 개에게 주지 말며 너희 진주를 돼지 앞에 던지지 말라 그들이 그것을 발
로 밟고 돌이켜 너희를 찢어 상하게 할까 염려하라(마 7 : 6)

　　　☞ 거룩한 것을 개에게 주지 말며 너희 진주를 돼지 앞에

　　　☞ 개에게 주지 말며 너희 진주를 돼지 앞에 던지지 말라

　　　☞ 진주를 돼지 앞에 던지지 말라 그들이 그것을 발로 밟고

☞ 돼지 앞에 진주를 던지지 말라 그들이 그것을 발로 밟고

　　• 귀 있는 자는 성령이 교회에게 하시는 말씀을 들을지어다(계 2 : 7)

　　☞ 귀 있는 자는 성령이 교회들에게 하시는 말씀을 들을지

　　☞ 성령이 교회에게 하시는 말씀을 들을지어다

▣ 긴 구절의 중간 또는 앞부분을 생략하여 핵심 부분을 연결하여 내용을 단축한 것도 있다.

　예) • A가 + (수식구) + C를 했다

　　☞ A가 + C를 했다.

　　• 방주에서 (물로 말미암아) 구원을 얻은 자가 몇 명뿐이니 겨우 여덟 명이라(벧전 3: 20)

　　☞ 방주에서 구원을 얻은 자가 몇 명뿐이니 겨우 여덟 명

　　• (또 이와 같이) 기생 라합이 사자들을 (접대하여 다른 길로 나가게 할 때에) 행함으로 의롭다 하심을 받은 것이 아니냐(약 2 : 25-26)

　　☞ 기생 라합이 사자들을 행함으로 의롭다 하심을 받은 것

▣ 구절 속의 한 핵심 단어를 두 부분으로 나누어 정리한 것도 있다.

　예) • 세례라 이는 육체의 더러운 것을 제하여 버림이 아니요 하나님을 향한 선한 양심의 간구니라(벧전 3 : 21)

　　☞ 세례라 이는 육체의 더러운 것을 제하여 버림이 아니요

　　☞ 세례라 이는 하나님을 향한 선한 양심의 간구니라

▣ 여러 구절을 묶어 하나의 내용으로 표현한 것도 있다.

　예) • 천지 창조 ☞ 창1 : 1-31

　　• 가난한 과부의 헌금 ☞ (막12 : 41-44), (눅21 : 1-4)

　　• 금식 논쟁 ☞ (마9 : 14-17), (막2 : 18-20)

　　• 남편과 아내 ☞ (엡5 : 22-33), (벧전3 : 1-7)

성경은 신구약 66권에 장 수가 1,189장, 구절 수가 총 31,173절에 이르고 있다. 이 방대한 구절 중에서 자기가 인용해 보고자 하는 적절하고 적합한 구절을 찾고 선별해 내기란 때로는 여간 어려운 일이 아닐 수 없다.

머릿속에 떠오르는 성경 말씀이 있어도 막상 찾으려 하면 그 구절이 어디에 있는지 찾기가 쉽지 않을 때가 많다. 대충 어디에 있는지 알기에 찾아보려고 하면 의외로 잘 찾아지지 않는 경우가 다반사이고 찾아도 시간이 오래 걸리는 경우가 많다.

설교를 준비하기 위해 성경 구절을 인용하고자 할 때 또는 어느 특정한 경우에 예컨대 신앙이 나태해졌을 때라던가, 절망적일 때라던가, 심한 고난 중이라던가, 누굴 축하하려고 할 때라던가, 누굴 위로해 주고 싶을 때, 또는 전도에 필요한 말을 찾으려고 할 때 어려움을 겪을 때가 많기에 이에 적합한 사전이 있었으면 좋겠다고 아주 오래전부터 생각하고 있었다.

그래서 서점에 가보면 몇몇 종류의 훌륭한 성경 구절 사전이 나와 있으나 성경 단어들이 너무 방대하게 망라되어 오히려 찾는 데에 많은 시간이 걸려 보다 더 쉽게 찾을 방법은 없을까 기도하며 묵상하며 집필하고 많은 수정 과정을 거치면서 이제 겨우 이와 같은 책을 내기에 이르렀다.

부족한 내가 이 일을 해 보겠다고 20여 년 전부터 생각은 있었는데 계속 머뭇거리며 여러 가지 방법으로 시도해 보다가 포기하기를 몇 번 한 끝에 결국 구절을 일정 길이(25자 정도)로 끊고 핵심 단어가 앞으로 오게 하여 "가나다" 순으로 나열하는 방법을 택하게 되었고 수년 전부터 본격적으로 매달려 이제 겨우 책을 내어 본다.

부족한 제가 주님의 도우심이 없이는 이 일을 할 수 없었기에 주님께 감사드리며 오직 주님의 뜻에 맞게 사용되며 주님께 영광 돌리는 귀한 책이 되기를 기도드리며 거듭 주님께 감사드린다.

가까이 계실 때에 그를 부르라	사 55	:	6	- 7
가나안 땅 1차 점령 시도	민 14	:	39	- 45
가나안 땅 입성을 허락받은 자	신 1	:	34	- 39
가나안 땅 정탐	민 13	:	1	- 33
가나안 땅 정탐 보고 (여호수아와 갈렙)	민 14	:	6	- 9
가나안 땅(정복되지 않은)을 7지파에게 분배	수 18	:	1	- 10
가나안 땅에 대한 여호와의 명령	민 33	:	50	- 56
가나안 땅에 입성 못 하는 이스라엘 백성	민 32	:	10	- 13
가나안 땅에 입성하지 못 하는 모세와 아론	민 20	:	24	
가나안 땅의 거주민은 강하고 성읍은 견고하고 심히	민 13	:	27	- 28
가나안 땅의 경계	민 34	:	1	- 15
가나안 땅의 분배	민 33	:	53	- 54
가나안 땅의 지파별 분할 지휘관	민 34	:	16	- 29
가나안 북방을 점령하다	수 11	:	1	- 15
가나안 족속이 므낫세 자손과 함께 거주	수 17	:	12	- 13
가나안 족속이 에브라임 자손과 함께 거주	수 16	:	10	
가나의 혼례	요 2	:	1	- 12
가난하게도 마옵시고 부하게도 마옵시고 오직 필요한	잠 30	:	8	- 9
가난하게도 하시고 부하게도 하시며 낮추기도 하시고	삼상 2	:	7	- 8
가난하고 궁핍하오나 주께서는 나를 생각하시오니	시 40	:	17	
가난하고 궁핍한 자를 학대하거나 강탈하거나	겔 18	:	12	- 13
가난한 과부가 다른 모든 사람보다 많이 넣었도다	눅 21	:	3	- 4
가난한 과부의 헌금	막 12	:	41	- 44
가난한 과부의 헌금	눅 21	:	1	- 4
가난한 백성이 원망하여 부르짖다	느 5	:	1	- 13
가난한 사람을 학대하는 자는 그를 지으신 이를 멸시	잠 14	:	31	
가난한 사람이 없으니 이는 밭과 집 있는 자는 팔아	행 4	:	34	- 37
가난한 성도를 섬기는 연보	고후 9	:	1	- 15
가난한 자 같으나 많은 사람을 부요하게 하고	고후 6	:	10	- 13
가난한 자(겸비한 자)의 부르짖음을 잊지 아니 하시다	시 9	:	12	
가난한 자가 부르짖는 소리를 듣지 아니하면 자기가	잠 21	:	13	
가난한 자는 복이 있나니 하나님의 나라가 너희 것임	눅 6	:	20	

가난한 자들과 몸 불편한 자들과 저는 자들과 맹인들을	눅 14	: 13	- 14
가난한 자들에게 나눠 주라 그리하면 하늘에서 네게	눅 18	: 22	- 30
가난한 자들에게 주라 그리하면 하늘에서 보화가 네게	마 19	: 21	- 22
가난한 자들에게 주라 그리하면 하늘에서 보화가 네게	막 10	: 21	- 25
가난한 자들에게 주었으니 그의 의가 영원토록 있느니	고후 9	: 9	- 12
가난한 자들에게 줄 수 있었겠도다 하거늘 (향유 팔아)	마 26	: 9	- 13
가난한 자들은 항상 너희와 함께 있거니와 나는 있지 아	마 26	: 11	- 13
가난한 자들은 항상 너희와 함께 있거니와 나는 항상	요 12	: 8	
가난한 자들은 항상 너희와 함께 있으니 아무 때라도	막 14	: 7	- 9
가난한 자들을 위하여 기쁘게 얼마를 연보하였음이라	롬 15	: 26	- 27
가난한 자를 구제하는 자는 궁핍하지 아니하려니와	잠 28	: 27	
가난한 자를 먼지 더미에서 일으키시며 궁핍한 자를	시 113	: 7	
가난한 자를 보살피는 자에게 복이 있음이여	시 41	: 1	- 3
가난한 자를 불쌍히 여기는 것은 여호와께 꾸어드리는	잠 19	: 17	
가난한 자를 위하라 (객과 과부와 고아)	신 24	: 17	- 22
가난한 자를 위하여 주의 은택을 준비하셨나이다	시 68	: 10	
가난한 자를 위한 이삭과 열매	레 19	: 9	- 10
가난한 자를 조롱하는 자는 그를 지으신 주를 멸시하는	잠 17	: 5	
가난한 자를 택하사 믿음에 부요하게 하시고	약 2	: 5	- 6
가난한 자에게 구제할 수 있도록 자기 손으로 수고하여	엡 4	: 28	- 32
가난한 자에게 나누어 주겠사오며 만일 속여 빼앗은	눅 19	: 8	- 10
가난한 자에게 돈을 꾸어주면 채권자 같이 하지 말며	출 22	: 25	
가난한 자에게 복음을 전하게 하시려고 내게 기름을	눅 4	: 18	- 19
가난한 자와 고아를 위하여 판단하며 구원하여	시 82	: 3	- 4
가난한 자와 궁핍한 자를 구원하여 악인들의 손에서	시 82	: 4	
가난한 자와 궁핍한 자를 불쌍히 여기며 궁핍한 자의	시 72	: 13	- 14
가난한 자와 빈궁한 사람의 부르짖음이 상달되다	욥 34	: 28	
가난한 자와 포악한 자가 섞여 살거니와 여호와께서	잠 29	: 13	
가난한 중에 자기의 모든 소유 곧 생활비 전부를 넣었느	막 12	: 44	
가난한 중에서 자기가 가지고 있는 생활비 전부를 넣었	눅 21	: 4	
가난함으로 말미암아 너희를 부요하게 하려 하심이라	고후 8	: 9	- 11
가다라(거라사) 지방의 귀신 들린 두 사람을 고치다	마 8	: 28	- 34

가데스 바네아에서 세렛 시내를 건너기까지 38년 동안	신 2	:	14	
가데스에서 므리바 물	민 20	:	1	- 13
가라 네 믿은 대로 될지어다 하시니 그 즉시 하인이 나으	마 8	:	13	
가라 네 아들이 살아 있다 하시니 그 사람이 예수께서	요 4	:	50	- 54
가라지는 먼저 거두어 불사르게 단으로 묶고 곡식은	마 13	:	30	
가라지는 악한 자의 아들이요 가라지를 뿌린 원수는	마 13	:	38	- 43
가라지를 거두어 불에 사르는 것 같이 세상 끝에도 그러	마 13	:	40	- 43
가라지를 덧 뿌리고 갔더니 싹이 나고 결실할 때에	마 13	:	25	- 30
가라지를 뽑다가 곡식까지 뽑을까 염려하노라	마 13	:	29	- 30
가라지를 뿌린 원수는 마귀요 추수 때는 세상 끝이요	마 13	:	39	- 43
가룟 유다가 예수를 넘겨 주려고 대제사장들에게 가매	막 14	:	10	
가룟 유다가 예수를 배반하다	마 26	:	14	- 16
가룟 유다의 마음에 예수를 팔려는 마음을 넣었더라	요 13	:	2	
가룟인이라 부르는 유다에게 사탄이 들어가니	눅 22	:	3	- 6
가루 한 웅큼과 병에 기름 조금 뿐이라 먹고 죽으리라	왕상 17	:	12	- 16
가르쳐 지키게 하라	마 28	:	20	
가르치는 네가 네 자신은 가르치지 아니하느냐	롬 2	:	21	- 29
가르치는 자면 가르치는 일로, 위로하는 자면 위로하는	롬 12	:	7	- 8
가르치시며 전파하시며 병을 고치시다	마 4	:	23	- 25
가르침은 각 사람을 그리스도 안에서 완전한 자로 세우	골 1	:	28	
가르침을 받는 자는 말씀을 가르치는 자와 모든 좋은	갈 6	:	6	- 10
가르침을 받는 전통을 지키라	살후 2	:	15	- 17
가만히 앉았으랴 모일지어다	렘 8	:	14	
가말리엘은 율법교사로서 모든 백성에게 존경을 받는	행 5	:	36	- 42
가문의 우두머리와 관원들 (다윗 왕 때)	대상 27	:	1	- 15
가뭄에 대하여 예레미야에게 임한 여호와의 말씀이라	렘 14	:	1	- 22
가뭄이 그치다 (사마리아의 기근)	왕상 18	:	41	- 46
가버나움아 네가 하늘에까지 높아지겠느냐 음부에까지	눅 10	:	15	- 16
가불 땅 (솔로몬이 히람에게 준 땅)	왕상 9	:	10	- 14
가브리엘 천사가 다니엘의 환상을 깨닫게해 주다 (1)	단 8	:	15	- 27
가브리엘 천사가 다니엘의 환상을 깨닫게해 주다 (2)	단 9	:	20	- 27
가브리엘이 하나님의 보내심을 받아 갈릴리 나사렛이란	눅 1	:	26	- 38

가서 모든 민족을 제자로 삼아 아버지와 아들과 성령의	마	28	: 19	-	20
가시 곧 사탄의 사자를 주셨으니 이는 나를 쳐서 너무	고후	12	: 7	-	10
가시관을 엮어 그 머리에 씌우고 갈대를 그 오른손에	마	27	: 29	-	31
가시나무 떨기 가운데서 보이던 천사의 손으로 관리와	행	7	: 35	-	36
가시나무 불이 가마를 뜨겁게 하기 전에 생나무든지	시	58	: 9		
가시나무로 관을 엮어 그의 머리에 씌우고 자색 옷을	요	19	: 2	-	3
가시덤불에 파종하지 말라	렘	4	: 3		
가시떨기 속에 떨어지매 가시가 함께 자라서 기운을 막	눅	8	: 7	-	15
가시떨기 위에 떨어지매 가시가 자라서 기운을 막았고	마	13	: 7	-	8
가시떨기에 떨어졌다는 것은 말씀을 들은 자이나	눅	8	: 14	-	15
가시떨기에 떨어지매 가시가 자라 기운을 막으므로	막	4	: 7	-	9
가시떨기에 뿌려졌다는 것은 말씀을 들으나 세상의	마	13	: 22		
가시떨기에 뿌려진 자니 이들은 말씀을 듣기는 하되	막	4	: 18	-	20
가시와 엉겅퀴를 내면 버림을 당하고 저주함에 가까워	히	6	: 8		
가시채를 뒷발질하기가 네게 고생이니라	행	26	: 14	-	18
가알(에벳의 아들)이 아비멜렉에 대항하다	삿	9	: 23	-	57
가이사에게 상소하였으니 가이사에게 갈 것이라	행	25	: 12		
가이사에게 상소하지 안 했더라면 석방될 수 있을 뻔하	행	26	: 32		
가이사에게 세금을 바치는 것	마	22	: 15	-	22
가이사의 것은 가이사에게, 하나님의 것은 하나님께	마	22	: 21	-	22
가이사의 것은 가이사에게, 하나님의 것은 하나님께	막	12	: 16		
가이사의 것은 가이사에게, 하나님의 것은 하나님께	눅	20	: 25	-	26
가인 같이 하지 말라 그는 악한 자에게 속하여 아우를	요일	3	: 12		
가인과 그의 제물은 받지 아니하신지라	창	4	: 5		
가인과 아벨	창	4	: 1	-	15
가인과 아벨의 제물	창	4	: 3	-	5
가인은 땅의 소산으로 제물을 삼아 여호와께 드렸고	창	4	: 3	-	5
가인의 길에 행하였으며 삯을 위하여 발람의 어그러진	유	1	: 11	-	16
가인의 자손	창	4	: 16	-	24
가인이 그의 아우 아벨을 쳐죽이니라	창	4	: 8	-	12
가인이 벌을 받다	창	4	: 11	-	12
가족을 돌보지 아니하면 믿음을 배반한 자요	딤전	5	: 8		

가증한 것 (만든 우상)	신 27	: 15	
가증한 것 (불공정한 저울추)	신 25	: 13	- 16
가증한 것 (창기와 남창의 소득)	신 23	: 17	- 18
가증한 것들을 요시야가 모두 제거하다	왕하 23	: 24	
가증한 것을 네 집에 들이지 말라	신 7	: 25	- 26
가증한 것이 거룩한 곳에 선 것을 보거든 산으로 도망할	마 24	: 15	- 28
가증한 그모스와 가증한 밀곰	왕하 23	: 13	- 14
가증한 여자	신 24	: 1	- 4
가증한 일로 내 성소를 더럽혔은즉 나도 너를 아끼지	겔 5	: 11	- 13
가증한 풍속을 따르지 말라	레 18	: 1	- 5
가증한 행위 (남녀 의복의 혼용)	신 22	: 5	
가증한 행위 (음낭을 잡다)	신 25	: 11	- 12
가증한 행위 (이방 민족의)	신 18	: 9	- 14
가지가 마르면 꺾이나니 여인들이 와서 그것을 불사를	사 27	: 11	
가지가 포도나무에 붙어 있지 아니하면 스스로 열매를	요 15	: 4	- 8
가지고 온 것이 없으매 또한 아무 것도 가지고 가지 못	딤전 6	: 7	- 10
가지들이 꺾인 것은 나로 접붙임을 받게 하려 함이라	롬 11	: 19	- 20
가축은 모두 죽었으나 이스라엘 자손의 가축은 하나도	출 9	: 6	- 7
가축을 다른 종류와 교미시키지 말며 네 밭에 두 종자	레 19	: 19	
각 사람에게 성령을 나타내심은 유익하게 하려 하심	고전 12	: 7	- 11
각 사람의 필요를 따라 나누어 줌이라	행 4	: 35	- 37
각 언어로 하나님의 큰 일을 말함을 듣는도다 하고	행 2	: 11	- 13
간구가 주 앞에 이르게 하시고 주의 말씀대로 깨닫게	시 119	: 169	- 170
간구와 기도와 도고와 감사를 하되 임금들과 높은 지위	딤전 2	: 1	- 4
간구와 소원을 올렸고 그의 경건하심으로 말미암아	히 5	: 7	- 10
간구와 예수 그리스도의 성령의 도우심으로 구원에	빌 1	: 19	- 21
간구하니 손을 대는 자는 다 나음을 얻으니라	마 14	: 36	
간구하니 손을 대는 자는 다 성함을 얻으니라	막 6	: 56	
간구하리니 내가 응답하리라 그들이 환난 당할 때	시 91	: 15	- 16
간구하매 내게 응답하시고 내 모든 두려움에서 건지셨	시 34	: 4	
간구하매 응답하셨도다	시 99	: 6	
간구하였더니 나에게 이르시기를 내 은혜가 네게 족하	고후 12	: 8	- 10

간구할 때에 내가 그들을 넘어지지 아니하고 물 있는	렘 31	: 9		
간구함으로 도우라 이는 우리가 많은 사람의 기도로	고후 1	: 11		
간사함이 없고 여호와께 정죄를 당하지 아니한 자는	시 32	: 2		
간수가 자기와 그 온 가족이 다 세례를 받은 후	행 16	: 33	-	34
간수가 자다가 깨어 옥문들이 열린 것을 보고 죄수들이	행 16	: 27	-	40
간수장이 옥중 죄수를 다 요셉의 손에 맡기고 사무를	창 39	: 22	-	23
간음 죄	레 20	: 10	-	21
간음하고 사람의 피를 흘리는 여인을 심판함 같이 너를	겔 16	: 38	-	41
간음하는 자는 그 간부와 음부를 반드시 죽일지니라	레 20	: 10		
간음하는 자는 무지한 자라 이것을 행하는 자는 영혼을	잠 6	: 32	-	35
간음하는 자들도 회개하지 아니하면 큰 환난 가운데에	계 2	: 22		
간음하는 자들을 하나님이 심판하시리라	히 13	: 4		
간음하듯 섬긴지라	대상 5	: 25	-	26
간음하며 반역한 자의 무리가 됨이라	렘 9	: 2	-	3
간음하지 말라	출 20	: 14		
간음하지 말라	마 5	: 27	-	28
간음하지 말라 말하는 네가 간음하느냐	롬 2	: 22	-	29
간음하지 말라, 살인하지 말라, 도둑질하지 말라	롬 13	: 9	-	10
간음하지 말지니라	신 5	: 18		
간음한 여인들아 세상과 벗된 것이 하나님과 원수 됨을	약 4	: 4		
간절한 마음으로 말씀을 받고 날마다 성경을 상고하므	행 17	: 11	-	13
간절함을 가지고 너희의 사랑의 진실함을 증명하고자	고후 8	: 8	-	11
간절히 기도하시니 땀이 땅에 떨어지는 핏방울 같이 되	눅 22	: 44		
간절히 찾는 자가 나를 만날 것이니라	잠 8	: 17		
간질로 심히 고생하여 자주 불에도 넘어지며 물에도	마 17	: 15	-	20
간청함으로 인하여 일어나 그 요구대로 주리라	눅 11	: 8		
간통 판별 (의심의 법)	민 5	: 11	-	31
갇힌 자를 생각하고 너희도 몸을 가졌은즉 학대 받는	히 13	: 3		
갈대아 왕을 통하여 유다를 멸망시키다	대하 36	: 11	-	21
갈라디아 교회를 바울이 염려하다	갈 4	: 8	-	20
갈라디아 교회에 대한 문안 인사	갈 1	: 1	-	5
갈렙과 그의 딸 악사	삿 1	: 11	-	15

갈렙과 여호수아 외에는 그 땅에 들어가지 못하리라	민 14	: 30		
갈렙과 여호수아 외에는 한 사람도 남지 아니하였더라	민 26	: 65		
갈렙과 여호수아의 가나안 땅 정탐 보고	민 14	: 6	-	9
갈렙은 온전히 여호와께 순종하였은즉 그것을 볼 것	신 1	: 36	-	38
갈렙의 딸 악사	수 15	: 16	-	19
갈렙의 자손	대상 2	: 42	-	55
갈렙이 받은 헤브론 땅	수 14	: 6	-	15
갈렙이 헤브론과 드빌을 정복하다	수 15	: 13	-	19
갈르엣이라 불렀으니 라반의 말에 너와 나 사이에 증거	창 31	: 47	-	48
갈릴리 나사렛에서 나온 선지자 예수라 하니라	마 21	: 11		
갈릴리로 가라 하라 거기서 나를 보리라	마 28	: 10		
갈릴리로 오신 후에 행하신 두 번째 표적이니라	요 4	: 54		
갈멜 산상의 대결 (엘리야와 바알 선지자들의 대결)	왕상 18	: 16	-	40
갈빗대 하나를 취하고 살로 대신 채우시고	창 2	: 20	-	24
갈증으로 그들의 혀가 마를 때에 그들에게 응답하겠고	사 41	: 17		
감당하지 못할 시험 당함을 허락하지 아니하시고	고전 10	: 13	-	14
감당할 시험 밖에는 너희가 당할 것이 없나니	고전 10	: 13	-	14
감독과 집사의 자격	딤전 3	: 1	-	13
감독은 책망할 것이 없으며 한 아내의 남편이 되며	딤전 3	: 2	-	5
감독은 하나님의 청지기로서 책망할 것이 없고 제 고집	딛 1	: 7	-	9
감독의 자격	딛 1	: 7	-	9
감람 산에서 기도하시다	눅 22	: 39	-	46
감람을 찧어낸 순결한 기름을 네게로 가져오게 하여	레 24	: 2	-	4
감사 기도 (다윗의 감사 기도)	대상 29	: 10	-	19
감사 기도 하시고 그들에게 주시니 다 이를 마시매	막 14	: 23	-	26
감사 찬양 (법궤를 예루살렘에 안치한 것에 대한)	대상 16	: 4	-	36
감사로 말미암아 은혜가 더하여 넘쳐서 하나님께 영광	고후 4	: 15		
감사로 제사를 드리는 자가 나를 영화롭게 하나니	시 50	: 23		
감사제를 드리며 노래하여 그가 행하신 일을 선포	시 107	: 22		
감사제물을 드리려거든 기쁘게 받으심이 되도록 드릴	레 22	: 29		
감사하고 감사함은 주의 이름이 가까움이라	시 75	: 1		
감사하고 그의 이름을 불러 아뢰며 그가 하는 일을 만민	시 105	: 1	-	3

감사하는 마음으로 하나님을 찬양하고	골 3	: 16	-	17
감사하는 목소리로 주께 제사를 드리며 나의 서원을	욘 2	: 9		
감사하라 (여호와께)	시 136	: 1	-	26
감사하라 그는 선하시며 그의 인자하심이 영원함이로다	시 118	: 1	-	4
감사하라 그는 선하시며 그의 인자하심이 영원함이로다	시 136	: 1		
감사하라 그는 선하시며 인자하심이 영원함이로다	대상 16	: 34		
감사하라 그는 선하시며 인자하심이 영원함이로다	시 106	: 1	-	2
감사하라 그는 선하시며 인자하심이 영원함이로다	시 107	: 1		
감사하라 그는 선하시며 인자하심이 영원함이로다	시 118	: 29		
감사하리로다 너희가 본래 죄의 종이더니 너희에게	롬 6	: 17	-	18
감사하며 주의 이름을 찬양하리다	삼하 22	: 50		
감사하지 아니하며 거룩하지 아니하며	딤후 3	: 2	-	7
감사함으로 그 앞에 나아가며 시를 지어 즐거이 그를	시 95	: 2		
감사함으로 그의 문에 들어가며 찬송함으로 그의 궁정	시 100	: 4		
감사함으로 받으면 버릴 것이 없나니	딤전 4	: 4	-	5
감사함으로 여호와께 노래하며 수금으로 찬양할지어다	시 147	: 7		
감사함으로 참여하면 내가 감사하는 것에 대하여 비방	고전 10	: 30	-	33
감사함은 나를 충성되이 여겨 내게 직분을 맡기심이니	딤전 1	: 12	-	16
감찰하시는 여호와	대상 28	: 9		
감찰하시는 하나님을 기쁘게 하려 함이라	살전 2	: 4	-	5
감추어졌던 것인데 하나님이 우리의 영광을 위하여	고전 2	: 7	-	9
감추인 것이 드러나지 않을 것이 없고 숨긴 것이 알려	눅 12	: 2	-	3
감추인 것이 드러나지 않을 것이 없고 숨은 것이 알려지	마 10	: 26	-	27
감추인 것이 장차 알려지고 나타나지 않을 것이 없느니	눅 8	: 17	-	18
값 없이 의롭다 하심을 얻은 자가 되었느니라	롬 3	: 24	-	31
값 없이는 번제를 드리지도 아니하리라 하니라	대상 21	: 24	-	30
값없이 생명수를 받으라 하시더라	계 22	: 17		
값없이 와서 포도주와 젖을 사라	사 55	: 1	-	2
값으로 사신 것이니 사람들의 종이 되지 말라	고전 7	: 23	-	24
값으로 산 것이 되었으니 그런즉 너희 몸으로 하나님께	고전 6	: 20		
갓 자손이 받은 기업	수 13	: 24	-	28
갓난 아기들 같이 순전하고 신령한 젖을 사모하라	벧전 2	: 2	-	3

16

갓의 자손	대상 5	: 11	- 17
강간 사건 (레위인 첩이 기브아 불량배들에게)	삿 19	: 1	- 30
강권하여 데려다가 내 집을 채우라	눅 14	: 23	- 24
강도 둘을 예수와 함께 십자가에 못 박으니 하나는	막 15	: 27	
강도 둘이 십자가에 못 박히니 하나는 우편에, 하나는	마 27	: 38	
강도니 양들이 듣지 아니하였느니라	요 10	: 8	- 10
강도들이 그 옷을 벗기고 때려 거의 죽은 것을 버리고	눅 10	: 30	- 37
강도를 잡는 것 같이 검과 몽치를 가지고 나왔느냐	눅 22	: 52	- 53
강도를 잡는 것 같이 칼과 몽치를 가지고 나를 잡으러	마 26	: 55	- 56
강도의 소굴을 만드는도다 하시니라	마 21	: 13	
강도의 소굴을 만들었도다 하시니라	눅 19	: 46	
강도의 소굴을 만들었도다 하시매	막 11	: 17	- 18
강림과 죽은 자들의 부활	살전 4	: 13	- 18
강림하시기까지 길이 참으라	약 5	: 7	- 8
강림하시리니 그리스도 안에서 죽은 자들이 먼저 일어	살전 4	: 16	- 18
강림하실 것을 너희가 어떻게 기다리는지를 말하니	살전 1	: 10	
강림하실 때까지 우리 살아 남아 있는 자도 자는 자보다	살전 4	: 15	- 18
강림하실 때에 우리로 담대함을 얻어 부끄럽지 않게	요일 2	: 28	- 29
강보에 싸여 구유에 뉘어 있는 아기를 보리니	눅 2	: 12	
강탈하지 말며 거짓으로 고발하지 말고 받는 급료를	눅 3	: 14	
강하고 담대하라	수 1	: 6	- 9
강하고 담대하라 두려워하지 말라	신 31	: 6	- 8
강하신 손으로 너를 애굽에서 인도하여 내셨음이니	출 13	: 9	- 10
강한 손으로 말미암아 바로가 그들을 보내리라	출 6	: 1	
강한 자를 결박하지 않고는 세간을 강탈하지 못하리니	막 3	: 27	
강한 자와 약한 자 사이에는 주 밖에 도와 줄 이가 없사	대하 14	: 11	
개가 그 토하였던 것에 돌아가고 돼지가 씻었다가	벧후 2	: 22	
개가 먹고 그에게 속한 자가 성읍들에서 죽은즉 공중의	왕상 16	: 4	
개가 토한 것을 도로 먹는 것 같이 미련한 자는	잠 26	: 11	
개구리가 올라와서 애굽 땅에 덮이니	출 8	: 6	- 15
개들과 점성가들과 음행하는 자들과 살인자들과 우상	계 22	: 15	
개들도 아이들이 먹던 부스러기를 먹나이다	막 7	: 28	- 30

17

개들도 제 주인의 상에서 떨어지는 부스러기를 먹나이다 　 마 15 : 27 - 28

개들에게 던짐이 마땅치 아니하리라 　 막 7 : 27 - 30

개들을 삼가고 행악하는 자들을 삼가고 몸을 상해하는 　 빌 3 : 2 - 4

개들이 나봇의 피를 핥은 곳에서 개들이 네 피도 핥을 　 왕상 21 : 19

개들이 아합의 피를 핥았으니 여호와께서 하신 말씀과 　 왕상 22 : 38

개들이 이세벨을 먹으리니 　 왕하 9 : 10

개에게 주지 말며 너희 진주를 돼지 앞에 던지지 말라 　 마 7 : 6

개인의 권능과 경건으로 이 사람을 걷게 한 것처럼 왜 　 행 3 : 12 - 16

거두는 자가 이미 삯도 받고 영생에 이르는 열매를 모으 　 요 4 : 36 - 38

거두러 보냈노니 다른 사람들은 노력하였고 너희는 　 요 4 : 38

거듭나지 아니하면 하나님의 나라를 볼 수 없느니라 　 요 3 : 3 - 8

거듭난 것은 썩어질 씨로 된 것이 아니요 썩지 아니할 　 벧전 1 : 23 - 25

거듭난 것은 하나님의 말씀으로 되었느니라 　 벧전 1 : 23 - 25

거라사의 귀신들린 자를 고치시다 　 눅 8 : 26 - 39

거라사인의 지방에 이르러 귀신들린 사람이 무덤 사이에 　 막 5 : 1 - 20

거룩하게 된 자들을 한 번의 제사로 영원히 온전하게 　 히 10 : 14

거룩하게 입맞춤으로 서로 문안하라 　 롬 16 : 16

거룩하게 하시는 이와 거룩하게 함을 입은 자들이 다 　 히 2 : 11 - 18

거룩하고 사랑 받는 자처럼 긍휼과 자비와 겸손과 온유 　 골 3 : 12 - 14

거룩하고 진실하사 다윗의 열쇠를 가지신 이 　 계 3 : 7 - 8

거룩하고 흠 없고 책망할 것이 없는 자로 세우고자 　 골 1 : 22 - 23

거룩하라 이는 나 여호와 너희 하나님이 거룩함이니라 　 레 19 : 2

거룩한 것으로 여호와께 예배할지어다 　 시 96 : 9

거룩한 것을 개에게 주지 말며 너희 진주를 돼지 앞에 　 마 7 : 6

거룩한 관유(향기름) 　 출 30 : 22 - 33

거룩한 구역 　 겔 45 : 1 - 8

거룩한 땅은 제사장에게 돌릴지니 북쪽으로 길이가 　 겔 48 : 10 - 11

거룩한 명령을 저버리는 것보다 알지 못하는 것이 　 벧후 2 : 21 - 22

거룩한 백성의 규례와 법도 　 레 19 : 1 - 37

거룩한 씨가 이 땅의 그루터기니라 하시더라 　 사 6 : 13

거룩한 옷 　 레 16 : 4

거룩한 이름을 자랑하라 여호와를 구하는 자들은 마음이 　 시 105 : 3

거룩한 이처럼 너희도 모든 행실에 거룩한 자가 되라	벧전 1	: 15	- 16
거룩한 자가 되라	벧전 1	: 13	- 25
거룩한 처소에 박힌 못과 같게 하시고	스 9	: 8	
거룩한 향	출 30	: 34	- 38
거룩한 향기름	출 30	: 22	- 33
거룩함과 존귀함으로 자기 아내를 대할 줄을 알고	살전 4	: 4	- 6
거룩함에 이르는 열매를 맺었으니 그 마지막은 영생이	롬 6	: 22	- 23
거룩함을 나타내지 아니한 고로 그들에게 준 땅으로	민 20	: 12	- 13
거리와 골목으로 나가서 가난한 자들과 몸 불편한 자들	눅 14	: 21	- 24
거만한 자는 지혜를 구하여도 얻지 못하거니와	잠 14	: 6	
거만한 자를 비웃으시며 겸손한 자에게 은혜를 베푸시	잠 3	: 34	- 35
거만한 자를 책망하지 말고 지혜 있는 자를 책망하라	잠 9	: 8	- 9
거슬러 말하는 백성에게 내가 종일 내 손을 벌렸노라	롬 10	: 21	
거역하는 것은 점치는 죄와 같고 완고한 것은 우상에	삼상 15	: 23	
거역하는 자를 온유함으로 훈계할지니 혹 하나님이	딤후 2	: 25	- 26
거인 4명을 죽인 다윗의 용사들	삼하 21	: 15	- 22
거인들을 보았나니 우리는 스스로 보기에도 메뚜기 같	민 13	: 33	
거저 주시는 바 그의 은혜의 영광을 찬송하게 하려는	엡 1	: 6	- 10
거제	민 15	: 18	- 21
거제물	출 29	: 28	
거져 받았으니 거져 주라	마 10	: 8	
거지가 죽어 천사들에게 받들려 아브라함의 품에 들어	눅 16	: 22	- 31
거짓 교사들에게 내릴 심판	유 1	: 3	- 16
거짓 그리스도들과 거짓 선지자들이 일어나서 이적과	막 13	: 22	- 23
거짓 그리스도와 거짓 선지자들이 일어나 큰 표적과	마 24	: 24	- 28
거짓 꿈을 예언하여 이르며 거짓과 헛된 자만으로	렘 23	: 32	
거짓 맹세함으로 네 하나님의 이름을 욕되게 하지 말라	레 19	: 12	
거짓 사도들	고후 11	: 2	- 15
거짓 선생들이 있으리라 그들은 멸망하게 할 이단을	벧후 2	: 1	- 3
거짓 선지자	렘 23	: 9	- 32
거짓 선지자가 많이 일어나 많은 사람을 미혹하겠으며	마 24	: 11	- 14
거짓 선지자도 잡혔으니 이는 짐승의 표를 받고 우상에	계 19	: 20	- 21

거짓 선지자들을 삼가라 양의 옷을 입고 나아오나	마 7	: 15	
거짓 선지자와 거짓 선생들	벧후 2	: 1	- 22
거짓 선지자의 종말	겔 13	: 1	- 16
거짓 선지자인 마술사를 만나니 그가 총독 서기오 바울	행 13	: 6	- 12
거짓 신들에게 말씀하시다	사 41	: 21	- 29
거짓 증거하지 말라	출 20	: 16	
거짓 증거하지 말라	신 5	: 20	
거짓말로 예언하는 여자들	겔 13	: 17	- 23
거짓말을 하지 말라 옛 사람과 그 행위를 벗어 버리고	골 3	: 9	- 11
거짓말이 없고 흠이 없는 자들이더라	계 14	: 5	
거짓말하는 영	대하 18	: 19	- 22
거짓말하는 영을 모든 선지자의 입에 넣으시다	왕상 22	: 20	- 23
거짓으로 모함한 것이 판명되면	신 19	: 18	- 21
거짓은 진리에서 나지 않기 때문이라	요일 2	: 21	- 24
거짓을 버리고 각각 그 이웃과 더불어 참된 것을 말하라	엡 4	: 25	- 28
거짓을 예언하는 선지자들의 말에 내가 꿈을 꾸었다	렘 23	: 25	- 32
거처를 예비하러 가노니 가서 너희를 위하여 거처를	요 14	: 2	- 3
걱정이 많으면 꿈이 생기고 말이 많으면 우매한 자의	전 5	: 3	
건강한 자에게는 의사가 쓸 데 없고 병든 자에게라야	마 9	: 12	- 13
건강한 자에게는 의사가 쓸 데 없고 병든 자에게라야	막 2	: 17	
건강한 자에게는 의사가 쓸 데 없고 병든 자에게라야	눅 5	: 31	- 32
건물마다 서로 연결하여 주 안에서 성전이 되어 가고	엡 2	: 21	- 22
건축자가 버린 돌이 집 모퉁이의 머릿돌이 되었나니	시 118	: 22	- 23
건축자들의 버린 돌로서 집 모퉁이의 머릿돌이 되었느	행 4	: 11	- 12
건축자들이 버린 그 돌이 모퉁이의 머릿돌이 되고	벧전 2	: 7	- 8
건축자들이 버린 돌이 모퉁이의 머릿돌이 되었나니	마 21	: 42	- 46
건축자들이 버린 돌이 모퉁이의 머릿돌이 되었나니	막 12	: 10	- 12
건축자들이 버린 돌이 모퉁이의 머릿돌이 되었느니라	눅 20	: 17	- 18
건포도로 내 힘을 돕고 사과로 나를 시원하게 하라	아 2	: 5	
걷기도 하고 뛰기도 하며 하나님을 찬송하니 모든 백성	행 3	: 8	- 10
걷지 못하게 되어 걸어 본 적이 없는지라 바울이	행 14	: 8	- 10
걸림돌과 거치는 바위를 시온에 두노니 그를 믿는 자는	롬 9	: 33	

검 없는 자는 겉 옷을 팔아 살지어다 　　　　　　　　　눅 22 : 36 - 38

검과 몽치를 가지고 나를 잡으러 나왔느냐 　　　　　　　막 14 : 48 - 50

검보다도 예리하여 혼과 영혼과 및 관절과 골수를 찔러 　히 4 : 12 - 13

검은 말이 나오는데 그 탄 자가 손에 저울을 가졌더라 　계 6 : 5

검을 주러 왔노라 　　　　　　　　　　　　　　　　　마 10 : 34 - 36

겁 없이 하나님의 말씀을 더욱 담대히 전하게 되었느니 　빌 1 : 14 - 17

겁내는 자들에게 이르기를 굳세어라, 두려워하지 말라 　사 35 : 4

겉사람과 속사람 　　　　　　　　　　　　　　　　　고후 4 : 16 - 18

겉사람은 낡아지나 우리의 속사람은 날로 새로워지도다 고후 4 : 16

겉옷 자락을 가만히 베니라 　　　　　　　　　　　　삼상 24 : 1 - 7

겉옷만 만져도 구원을 받겠다 함이라 　　　　　　　　마 9 : 21 - 22

겉옷을 가지고 물을 치매 물이 갈라지고 　　　　　　왕하 2 : 8

겉옷을 길에 펴고 다른 이들은 나뭇가지를 베어 길에 　마 21 : 8 - 11

겉옷을 나귀 새끼 위에 걸쳐 놓고 예수를 태우니 　　눅 19 : 35 - 44

겉옷을 빼앗는 자에게 속옷도 거절하지 말라 　　　　눅 6 : 29

겉옷의 네 귀에 술을 만들라 　　　　　　　　　　　신 22 : 12

겉으로는 사람에게 옳게 보이되 안으로는 외식과 불법 　마 23 : 28

겉은 깨끗이 하나 너희 속에는 탐욕과 악독이 가득하 　눅 11 : 39 - 41

겉치레로 하나 참으로 하나 무슨 방도로 하든지 전파되 빌 1 : 18 - 21

게달과 하솔이 받을 심판 예언 　　　　　　　　　　렘 49 : 28 - 33

게르손(레위의 맏아들) 자손의 임무 　　　　　　　　민 4 : 21 - 28

게르솜(모세의 장자) 　　　　　　　　　　　　　　출 18 : 3

게바가 안디옥에 이르렀을 때에 책망받을 일이 있기로 　갈 2 : 11 - 14

게바라 하리라 하시니라 (요한의 아들 시몬) 　　　　요 1 : 42

게바에게 이르되 네가 유대인으로서 이방인을 따르고 　갈 2 : 14

게으르게 행하고 전통대로 행하지 아니하는 모든 형제 　살후 3 : 6 - 9

게으르게 행하여 도무지 일하지 아니하고 일을 만들기 　살후 3 : 11 - 15

게으르지 아니하고 믿음과 오래 참음으로 말미암아 　　히 6 : 12

게으르지 않고 열매 없는 자가 되지 않게 하려니와 　벧후 1 : 8 - 9

게으른 자는 가을에 밭 갈지 아니하나니 그러므로 　　잠 20 : 4

게으른 자들을 권계하며 마음이 약한 자들을 격려하고 　살전 5 : 14 - 15

게으른 자여 개미에게 가서 그가 하는 것을 보고 지혜를 잠 6 : 6 - 11

게으른 자여 네가 어느 때까지 누워 있겠느냐   잠 6 : 9 - 11

게으른즉 서까래가 내려앉고 손을 놓은즉 집이 새느니   전 10 : 18

게으를 뿐 아니라 쓸데없는 말을 하며 일을 만들며   딤전 5 : 13 - 16

게하시가 물욕으로 인하여 나병을 얻다   왕하 5 : 20 - 27

겟세마네에서 기도하시다   마 26 : 36 - 46

겟세마네에서 기도하시다   막 14 : 32 - 42

겨자씨 한 알과 같으니 땅에 심길 때에 모든 씨보다 작   막 4 : 31 - 32

겨자씨 한 알과 같으니 자라 나무가 되어 공중의 새들이   눅 13 : 19 - 21

겨자씨 한 알만한 믿음이 있었더라면 이 뽕나무더러   눅 17 : 6

견고한 성들을 멸하여 무너진 돌무더기가 되게 함이라   왕하 19 : 25

견실하며 흔들리지 말고 항상 주의 일에 더욱 힘쓰는   고전 15 : 58

결례 (나병 환자의 정결 규례)   레 14 : 1 - 32

결례를 행하고 성전에 들어가서 제사를 드릴 때까지의   행 21 : 26

결박 당할 뿐 아니라 예루살렘에서 죽을 것도 각오하였   행 21 : 13 - 14

결박과 환난이 나를 기다린다 하시나 내가 달려갈 길과   행 20 : 23 - 24

결박하지 않고서야 어떻게 그 강한 자의 집에 들어가   마 12 : 29

결박한 후에야 그 집을 강탈하리라   막 3 : 27

결산할 때에 만 달란트 빚진 자 하나를 데려오매   마 18 : 24 - 35

결실하여 어떤 것은 백배, 어떤 것은 육십배, 어떤 것은   마 13 : 23

결혼에 대하여   고전 7 : 1 - 24

결혼을 귀히 여기고 침소를 더럽히지 않게 하라   히 13 : 4

결혼하는 것도 잘하거니와 결혼하지 아니하는 자는 더   고전 7 : 38 - 40

결혼하지 아니한 자들과 과부들에게 이르노니 그냥 지   고전 7 : 8 - 9

결혼한 자들에게 명하노니 여자는 남편에게서 갈라서지   고전 7 : 10 - 16

겸비하므로 재앙내리시기를 연기하다   왕상 21 : 29

겸비하여 멸하지 아니하시다   대하 12 : 6 - 12

겸비하여 통곡하였으므로 나도 네 말을 들었노라   왕하 22 : 19 - 20

겸손과 눈물이며 유대인의 간계로 말미암아 당한 시험   행 20 : 19 - 21

겸손과 여호와를 경외함의 보상은 재물과 영광과 생명   잠 22 : 4

겸손과 온유로 하고 오래 참음으로 사랑 가운데서 서로   엡 4 : 2 - 6

겸손하게 기도한 므낫세 기도를 받으신 하나님   대하 33 : 10 - 13

겸손하라 때가 되면 너희를 높이시리라   벧전 5 : 6

겸손하여 나귀, 곧 멍에 메는 짐승의 새끼를 탔도다	마 21	: 5	-	7
겸손하여 옷을 찢고 통곡하였으므로 나도 네 말을 들었	대하 34	: 27		
겸손하여 허리를 동이라 하나님은 교만한 자를 대적하	벧전 5	: 5		
겸손한 마음으로 각각 자기보다 남을 낫게 여기고	빌 2	: 3	-	4
겸손한 자는 먹고 배부를 것이요 여호와를 찾는 자는	시 22	: 26		
겸손한 자들에게는 은혜를 주시느니라	벧전 5	: 5		
겸손한 자들을 붙드시고 악인들은 땅에 엎드러뜨리시	시 147	: 6		
겸손한 자를 구원으로 아름답게 하심이로다	시 149	: 4		
겸손한 자를 구원하시리라	욥 22	: 29		
겸손한 자에게 은혜를 주신다 하였느니라	약 4	: 6	-	7
겸손한 자의 소원을 들으셨사오니 그들의 마음을 준비	시 10	: 17	-	18
겸손한 자의 영을 소생시키며 통회하는 자의 마음을	사 57	: 15		
경건에 형제 우애를, 형제 우애에 사랑을 더하라	벧후 1	: 7	-	9
경건은 곧 고아와 과부를 그 환난 중에 돌보고	약 1	: 27		
경건은 범사에 유익하니 금생과 내생에 약속이 있느니	딤전 4	: 8		
경건은 자기를 지켜 세속에 물들지 아니하는 그것이니	약 1	: 27		
경건의 모양은 있으나 경건의 능력는 부인하니	딤후 3	: 5	-	7
경건의 비밀	딤전 3	: 16		
경건의 비밀이여, 그렇지 않다 하는 이가 없도다	딤전 3	: 16		
경건하게 살고자 하는 자는 박해을 받으리라	딤후 3	: 12		
경건하다 생각하며 자기 혀를 재갈 물리지 아니하고	약 1	: 26	-	27
경건하지 아니한 자를 의롭다 하시는 이를 믿는 자에게	롬 4	: 5	-	8
경건하저 아니할 자들에게 본을 삼으셨으며	벧후 2	: 6	-	8
경건하지 않은 것과 이 세상의 정욕을 다 버리고 신중함	딛 2	: 12	-	14
경건하지 않은 자를 위하여 죽으셨도다	롬 5	: 6	-	7
경건하지 않음과 불의한 것들	롬 1	: 18	-	32
경건한 자는 시험에서 건지실 줄 아시고 불의한 자는	벧후 2	: 9	-	11
경계표(이웃의)를 옮기는 자는 저주를 받을 것이라	신 27	: 20	-	23
경계표(이웃의)를 옮기지 말라	신 19	: 14		
경기하는 자가 법대로 경기하지 아니하면 승리자의 관	딤후 2	: 5	-	6
경문 띠를 넓게 하며 옷술을 길게 하고 잔치의 윗자리와	마 23	: 5	-	7
경배 찬양	대하 29	: 27	-	30

경배하고 황금과 유황과 몰약을 예물로 드리니라 　　마 2 : 11

경배하며 우리를 지으신 여호와 앞에 무릎을 꿇자 　　시 95 : 6 - 7

경비병 중 몇이 성에 들어가 모든 된 일을 대제사장에게 　마 28 : 11 - 15

경비병이 예수님의 무덤을 지키다 　　마 27 : 62 - 66

경솔히 안수하지 말고 다른 사람의 죄에 간섭하지 말며 　딤전 5 : 22

경외하고 여호와를 찾는 자는 부족함이 없도다 　　시 34 : 9 - 10

경외하는 너희에게는 공의로운 해가 떠올라서 치료하는 　말 4 : 2

경외하는 자는 족하게 지내고 재앙을 당하지 아니하리 　잠 19 : 23

경외하는 자들과 그의 인자하심을 바라는 자들을 기뻐하 　시 147 : 11

경외하는 자들의 소원을 이루시며 또 그들의 부르짖음을 　시 145 : 19

경외하는 줄을 아노라 　　창 22 : 12 - 14

경외하며 그의 계명을 크게 즐거워하는 자는 복이 있도 　시 112 : 1 - 3

경외하며 의를 행하는 사람은 다 받으시는 줄 깨달았 　행 10 : 35

경외함으로 섬기고 떨며 즐거워할지어다 　　시 1 : 11

경외함이 지혜의 근본이라 그의 계명을 지키는 자는 　시 111 : 10

경책하는 자는 혀로 아첨하는 자보다 나중에 더욱 사랑 　잠 28 : 23

계대 결혼법 (형이 죽으면) 　　신 25 : 5 - 10

계량의 단위 규정 　　겔 45 : 10 - 12

계명 중 가장 큰 것 　　막 12 : 28 - 34

계명 중의 지극히 작은 것 하나라도 버리고 또 그같이 　마 5 : 19

계명대로 서로 사랑할 것이니라 　　요일 3 : 23 - 24

계명도 거룩하고 의로우며 선하도다 　　롬 7 : 12 - 14

계명들을 금 곧 순금보다 더 사랑하나이다 　　시 119 : 127

계명으로 교훈을 삼아 가르치니 나를 헛되이 경배하는 　막 7 : 7 - 9

계명으로 말미암아 나를 속이고 그것으로 나를 죽였도 　롬 7 : 11 - 14

계명으로 말미암아 죄로 심히 죄 되게 하려 함이라 　롬 7 : 13 - 14

계명은 버리고 사람의 전통을 지키느니라 　　막 7 : 8 - 9

계명은 이것이니 곧 그 아들 예수 그리스도의 이름을 믿 　요일 3 : 23 - 24

계명은 이것이니 너희가 처음부터 들은 바와 같이 행하 　요이 1 : 6

계명을 너희에게 주노니 서로 사랑하라 내가 너희를 　요 13 : 34 - 35

계명을 지켜 그의 사랑 안에 거하는 것 같이 너희도 내 　요 15 : 10

계명을 지키는 자는 주 안에 거하고 주는 그의 안에 거 　요일 3 : 24

24

계명을 지키는 자라야 나를 사랑하는 자니 나를 사랑하	요 14	: 21	- 24
계명을 지키는 자에게는 천 대까지 그 언약을 이행하시	신 7	: 9	- 11
계명을 지키면 내 사랑 안에 거하리라	요 15	: 10	
계명을 지키면 이로써 우리가 그를 아는 줄로 알 것이요	요일 2	: 3	- 6
계명의 율법을 폐하셨으니 이 둘로 자기 안에서 한 새	엡 2	: 15	- 19
계명이 내게 대하여 도리어 사망에 이르게 하는 것이	롬 7	: 10	- 14
계명이 이르매 죄는 살아나고 나는 죽었도다	롬 7	: 9	- 14
계보 (예수 그리스도)	마 1	: 1	- 17
계시가 있으면 먼저 하던 자는 잠잠할지니라	고전 14	: 30	- 32
계시를 따라 내가 이방 가운데서 전파하는 복음을	갈 2	: 2	
계시를 따라 된 것이니 이 복음으로 너희를 견고하게	롬 16	: 26	- 27
계시를 받은 것이 지극히 크므로 너무 자만하지 않게	고후 12	: 7	- 10
계획을 여호와께 깊이 숨기려하는 자들은 화 있을진저	사 29	: 15	
고기도 먹지 아니하고 포도주도 마시지 아니하고	롬 14	: 21	
고기를 가져 입을 열면 돈 한 세겔을 얻을 것이니 가져	마 17	: 27	
고기를 그 생명 되는 피째 먹지 말 것이니라	창 9	: 4	- 6
고기를 먹지 아니하여 내 형제를 실족하지 않게 하리라	고전 8	: 13	
고기를 잡은 것이 심히 많아 그물이 찢어지는지라	눅 5	: 6	- 7
고난 당하기 전에는 내가 그릇 행하였더니 이제는	시 119	: 67	
고난 당하는 자가 있느냐 그는 기도할 것이요	약 5	: 13	- 18
고난 당하는 자를 변호해 주시며 궁핍한 자에게 정의를	시 140	: 12	
고난 당한 것이 내게 유익이라 이로 말미암아	시 119	: 71	
고난 중에 부르짖으매 내가 너를 건졌고	시 81	: 7	
고난과 위로와 구원과 감사	고후 1	: 1	- 11
고난도 받게 하려 하심이라	빌 1	: 29	- 30
고난에 참여하는 것으로 즐거워하라 이는 그의 영광을	벧전 4	: 13	- 14
고난에 참여한 자가 된 것 같이 위로에도 그러할 줄을	고후 1	: 7	- 9
고난으로 말미암아 여호와께 아뢰었더니 주께서 대답	욘 2	: 2	
고난으로 순종함을 배워서 온전하게 되셨은즉	히 5	: 8	- 10
고난은 장차 우리에게 나타날 영광과 비교할 수 없도다	롬 8	: 18	- 22
고난을 그의 몸된 교회를 위하여 내 육체에 채우노라	골 1	: 24	
고난을 당하시되 위협하지 아니하시고 오직 공의로	벧전 2	: 23	- 25

고난을 당한 너희를 친히 온전하게 하시며 굳건하게	벧전 5	: 10	
고난을 두려워하지 말라 볼지어다 마귀가 장차 너희	계 2	: 10	
고난을 받고 죽임을 당하고 제삼일에 살아나야 할 것을	마 16	: 21	- 23
고난을 받고 참으면 이는 하나님 앞에 아름다우니라	벧전 2	: 20	- 21
고난을 받는 자들은 선을 행하는 가운데에 그 영혼을	벧전 4	: 19	
고난을 받되 부끄러워하지 아니함은 내가 믿는 자를	딤후 1	: 12	- 14
고난을 받아야 할 것을 내가 그에게 보이리라 하시니	행 9	: 16	- 19
고난을 받으며 전도자의 일을 하며 네 직무를 다하라	딤후 4	: 5	
고난을 보시고 나를 건지소서 내가 주의 율법을 잊지	시 119	: 153	- 154
고난을 보시고 환란 중에 있는 내 영혼을 아셨으며	시 31	: 7	
고난을 즐거워하라	벧전 4	: 12	- 19
고난의 큰 싸움을 견디어 낸 것을 생각하라	히 10	: 32	- 35
고난의 풀무에서 택하였노라	사 48	: 10	
고난이 매우 심하오니 여호와여 주의 말씀대로 나를	시 119	: 107	
고넬료가 베드로를 청하다	행 10	: 1	- 33
고넬료는 경건하여 온 집안과 더불어 하나님을 경외하	행 10	: 2	- 8
고넬료라 하는 사람이 있으니 군대의 백부장이라	행 10	: 1	- 23
고넬료의 집에서 베드로가 설교하다	행 10	: 24	- 43
고니야(여호야긴) 왕에 대한 심판	렘 22	: 24	- 30
고라 사건 (고라, 다단, 아비람의 반역)	민 16	: 1	- 35
고라의 일로 죽은 자 외에 염병에 죽은 자 14,700 명	민 16	: 49	
고라의 패역을 따라 멸망을 받았도다	유 1	: 11	- 16
고레스 바사 왕을 감동시킨 여호와	스 1	: 1	- 4
고레스 바사왕이 이스라엘 백성들을 귀국시키다	대하 36	: 22	- 23
고레스 왕이 성전 그릇들을 돌려 주다	스 1	: 7	- 11
고레스에게 여호와께서 말씀하시다	사 45	: 1	- 8
고레스의 조서와 다리오 왕의 명령	스 6	: 1	- 12
고르반 곧 하나님께 드림이 되었다 하기만 하면 그만	막 7	: 11	- 13
고르반(하나님께 드림이 되었다) 하기만 하면 부모님	마 15	: 5	- 6
고린도 교회 방문을 연기하다	고후 1	: 12	- 24
고린도 교회에 바울의 문안 인사	고전 1	: 1	- 9
고린도 교회의 분쟁	고전 1	: 10	- 17

고린도 교회의 일을 염려하다	고후 12	: 11	- 21
고린도 교회의 회개를 기뻐하다	고후 7	: 2	- 16
고민하여 죽게 되었으니 너희는 여기 머물러 깨어 있으	막 14	: 34	- 42
고발하는 이가 있으니 곧 너희가 바라는 자 모세니라	요 5	: 45	- 47
고발하는 자와 함께 길에 있을 때에 급히 사화하라	마 5	: 25	
고발할 뿐더러 믿지 아니하는 자들 앞에서 하느냐	고전 6	: 6	- 11
고발함으로 너희 가운데 이미 뚜렷한 허물이 있나니	고전 6	: 7	- 11
고생의 떡과 고생의 물을 먹이라 하였다 하라	왕상 22	: 26	- 27
고생하게 하시며 근심하게 하심은 본심이 아니시로다	애 3	: 33	- 36
고스비 사건 (바알브올 사건)	민 25	: 1	- 18
고아를 위하여 신원하며 과부를 위하여 변호하라	사 1	: 17	- 18
고아와 같이 버려두지 아니하고 너희에게로 오리라	요 14	: 18	
고아와 과부를 붙드시고 악인들의 길은 굽게 하시는	시 146	: 9	
고아와 과부와 나그네를 사랑하라	신 10	: 18	- 19
고아와 압제 당하는 자를 위하여 심판하사	시 10	: 18	
고아의 송사를 억울하게 하지 말며 과부의 옷을 전당	신 24	: 17	- 22
고아의 아버지시며 과부의 재판장이시라	시 68	: 5	
고운 것도 거짓되고 아름다운 것도 헛되나 오직 여호와	잠 31	: 30	- 31
고자도 말하기를 나는 마른 가지라 하지 말라	사 56	: 3	- 5
고자도 있고 사람이 만든 고자도 있고 스스로 된 고자도	마 19	: 12	
고집과 회개하지 아니한 마음을 따라 진노의 날 곧	롬 2	: 5	
고통 때문에 여호와께 부르짖으매 고통에서 구원하시되	시 107	: 19	- 20
고핫(레위의 둘째 아들) 자손의 임무	민 4	: 1	- 20
고핫인은 성물을 메고 행진하였고 그들이 이르기 전에	민 10	: 21	
고향 내 족속에게로 가서 이삭을 위하여 아내를 택하라	창 24	: 4	
고향과 자기 집 외에서는 존경 받지 않음이 없느니라	마 13	: 57	- 58
고향과 자기 친척과 자기 집 외에서는 존경을 받지 못	막 6	: 4	- 6
고향과 친척과 아버지의 집을 떠나 네게 보여줄 땅으로	창 12	: 1	- 2
고향과 친척을 떠나 내가 네게 보일 땅으로 가라 하시니	행 7	: 3	- 4
고향에서 배척을 당하시다	막 6	: 1	- 6
고향에서는 높임을 받지 못한다 하시고	요 4	: 44	- 45
고환이 상하였거나 치었거나 터졌거나 베임을 당한 것	레 22	: 24	- 25

곡(마곡의 왕)을 하나님의 도구로 사용하시다 　　　　 겔 38 : 1 - 16
곡식 다발에서 조금씩 뽑아 버려서 그에게 줍게하고 　　 룻 2 : 16 - 17
곡식과 새 포도주와 기름을 주리니 너희가 이로 말미암 　 욜 2 : 19 - 20
곡식은 모아 내 곳간에 넣으라 하리라 　　　　　　　 마 13 : 30
곡식을 거둘 때에 너는 밭 모퉁이까지 다 거두지 말고 　 레 19 : 9 - 10
곡식을 떠는 소에게 망을 씌우지 말지니라 　　　　　 신 25 : 5
곡식을 떠는 자는 함께 얻을 소망을 가지고 떠는 것이라 　고전 9 : 10 - 11
곡식을 밟아 떠는 소에게 망을 씌우지 말라 　　　　　고전 9 : 9 - 11
곡식을 밟아 떠는 소의 입에 망을 씌우지 말라 하였고 　 딤전 5 : 18
곡식을 벨 때에 나그네와 고아와 과부를 위하여 　　　 신 24 : 19 - 22
곡식이 다 익어 거둘 때가 이르렀음이니이다 하니 　　 계 14 : 15 - 16
곡의 멸망 　　　　　　　　　　　　　　　　　　 겔 39 : 1 - 20
곡의 심판 　　　　　　　　　　　　　　　　　　 겔 38 : 17 - 23
곤고한 것과 가련한 것과 가난한 것과 눈 먼 것과 　　 계 3 : 17 - 18
곤고한 백성을 구원하시고 교만한 눈은 낮추시리이다 　 시 18 : 27
곧 나아서 자리를 들고 걸어가니라 이 날이 안식일이니 　요 5 : 9 - 18
곧은 길을 만들어 저는 다리로 하여금 어그러지지 않고 　히 12 : 13
골고다 즉 해골의 곳이라는 곳에 이르러 쓸개 탄 포도주 마 27 : 33
골고다(해골)이라 하는 곳에 나가시니 　　　　　　　 요 19 : 17 - 27
골고다라 하는 곳(번역하면 해골의 곳에) 이르러 　　　 막 15 : 22 - 26
골리앗 칼을 다윗이 취하다 　　　　　　　　　　　삼상 21 : 9
골리앗에게 다윗이 하나님의 이름으로 나가다 　　　　삼상 17 : 45
골리앗을 다윗이 이기다 　　　　　　　　　　　　삼상 17 : 41 - 54
골리앗의 체격과 군장 　　　　　　　　　　　　　삼상 17 : 4 - 7
골리앗이 이스라엘 군대를 모욕하다 　　　　　　　삼상 17 : 8 - 11
골방에 들어가 은밀한 중에 보시는 아버지께 기도하라 　 마 6 : 6 - 7
골방에서 귀에 대고 말한 것이 지붕 위에서 전파되리라 　눅 12 : 3
골수를 찔러 쪼개기까지 하며 또 마음의 생각과 뜻을 　 히 4 : 12 - 13
곰에 찢힘을 당한 42명의 아이들 　　　　　　　　　왕하 2 : 23 - 24
곳간을 헐고 더 크게 짓고 내 모든 곡식과 물건을 거기 　눅 12 : 18 - 21
공경하며 형제를 사랑하며 하나님을 두려워하며 왕을 　 벧전 2 : 17
공의 (네 공의가 아니라 하나님께서 이루심이라) 　　　 신 9 : 4 - 6

28

공의는 행실이 정직한 자를 보호하고	잠 13	: 6	
공의로 재판하라	신 16	: 18	- 20
공의로운 길에 생명이 있나니 그 길에는 사망이 없느니	잠 12	: 28	
공의를 심고 인애를 거두라 너의 묵은 땅을 기경하라	호 10	: 12	
공의와 정의를 행하는 것은 제사를 드리는 것보다	잠 21	: 3	
공적이 그대로 있으면 상을 받고 그 공적이 불타면 해를	고전 3	: 14	- 15
공적이 나타날 터인데 그 날이 공적을 밝히리니 이는	고전 3	: 13	- 15
공적이 불타면 해를 받으리니 그러나 자신은 구원을 받	고전 3	: 15	- 17
공정한 저울추를 두라	신 25	: 13	- 16
공중에서 주를 영접하게 하시리니 그리하여 우리가	살전 4	: 17	- 18
공중의 새도 암수 일곱씩을 데려와 그 씨를 온 지면에	창 7	: 3	
공중의 새를 보라 심지도 거두지도 않고 창고에 들이지	마 6	: 26	
공평한 저울	레 19	: 35	- 36
공평한 저울과 접시 저울은 여호와의 것이요	잠 16	: 11	
공회 앞에 서시다	마 26	: 57	- 68
공회 앞에 서시다	눅 22	: 66	- 71
과부 친척이 있거든 자기가 도와 주고 교회가 짐지지 않	딤전 5	: 16	
과부(나인 성에 사는)의 아들을 살리시다	눅 7	: 11	- 17
과부가 나를 번거롭게 하니 내가 그 원한을 풀어 주리라	눅 18	: 5	- 8
과부가 두 렙돈 넣는 것을 보시고	눅 21	: 2	- 4
과부는 와서 두 렙돈 곧 한 고드란트를 넣는지라	막 12	: 42	- 44
과부들에게 이르노니 그냥 지내는 것이 좋으니라	고전 7	: 8	- 9
과부들이 매일의 구제에 빠지므로 히브리파 사람을	행 6	: 1	- 7
과부로 명부에 올릴 자는 나이가 육십이 덜 되지 아니하	딤전 5	: 9	- 16
과부에게 자녀나 손자들이 있거든 그들로 먼저 자기 집	딤전 5	: 4	- 5
과부와 고아를 해롭게 하지 말라	출 22	: 22	- 24
과부와 고아와 나그네와 궁핍한 자를 압제하지 말며	슥 7	: 10	
과부의 가산을 삼키며 외식으로 길게 기도하는 자니	막 12	: 40	
과부의 가산을 삼키며 외식으로 길게 기도하니 그들이	눅 20	: 47	
과부의 기름 그릇과 엘리사	왕하 4	: 1	- 7
과식함으로 토할까 두려우니라	잠 25	: 16	
과실 열매의 할례	레 19	: 23	- 25

과실의 열매는 삼 년 동안 먹지 말며 네 째 해에는	레 19	: 23	-	25
관리가 와서 절하며 이르되 내 딸이 방금 죽었사오나	마 9	: 18		
관리를 비방하지 말라 하였느니라 하더라	행 23	: 5	-	11
관리의 죽은 딸을 살리시다	마 9	: 23	-	26
관세를 받을 자에게 관세를 바치고 두려워할 자를 두려	롬 13	: 7		
관세와 국세를 받느냐 자기 아들에게냐 타인에게냐	마 17	: 25	-	27
관용을 모든 사람에게 알게 하라 주께서 가까우시니라	빌 4	: 5		
관용하며 범사에 온유함을 모든 사람에게 나타낼 것을	딛 3	: 2		
관유 (거룩한 향기름)	출 30	: 22	-	33
관유를 가져다가 성막과 그 안에 있는 모든 것에 발라	레 8	: 10	-	11
관유를 아론의 머리에 붓고 그에게 발라 거룩하게 하고	레 8	: 11		
관절과 골수를 찔러 쪼개기까지 하며 또 마음의 생각과	히 4	: 12	-	13
광명체를 만드사 큰 광명체로 낮을 주관하게 하시고	창 1	: 16		
광야 생활 40년 (여호와의 음성을 청종치 아니하므로)	수 5	: 6		
광야를 여호와의 동산 같게 하였나니 그 가운데에	사 51	: 3		
광야에 외치는 자의 소리가 있어 이르되 너희는 주의	막 1	: 3	-	5
광야에서 나그네가 머무를 곳을 얻는다면 내 백성을	렘 9	: 2	-	3
광야에서 나를 따랐음이니라	렘 2	: 2	-	3
광야에서 사십 일 동안 성령에게 이끌리시며 마귀에게	눅 4	: 1	-	13
광야에서 사십일을 계시면서 사탄에게 시험을 받으시다	막 1	: 13		
광야에서 여호와의 길을 예비하라 사막에서 하나님의	사 40	: 3	-	5
광야에서 외치는 자의 소리가 있어 이르되 너희는 주의	마 3	: 3		
광야에서 외치는 자의 소리가 있어 이르되 주의 길을	눅 3	: 3	-	6
광야와 산과 동굴과 토굴에 유리하였느니라	히 11	: 38	-	40
광야의 40년은 여호와의 시험	신 8	: 2	-	4
광주리를 타고 들창문으로 성벽을 내려가 그 손에서	고후 11	: 33		
광주리에 담아 성벽에서 달아 내리니라	행 9	: 25		
광주리와 떡 반죽 그릇이 복을 받다	신 28	: 5		
광채가 나며 매우 희어졌더라	막 9	: 3		
광풍을 고요하게 하사 물결도 잔잔하게 하시는도다	시 107	: 29		
광풍이 일어나며 물결이 배에 부딪쳐 들어와 배에 가득	막 4	: 37	-	41
광풍이 호수로 내리치매 배에 물이 가득하게 되어 위태	눅 8	: 23	-	25

괴로움을 기뻐하고 그리스도의 남은 고난을 그의 몸된	골 1	: 24	
괴롭게 하여 깨닫게 하리라 하셨느니라	렘 10	: 18	- 19
교만에 대한 경고	렘 13	: 15	- 27
교만에서는 다툼만 일어날 뿐이라	잠 13	: 10	
교만으로 말미암아 나의 심령이 은밀한 곳에서 울 것	렘 13	: 17	
교만은 멸망의 선봉이요 겸손은 존귀의 길잡이니라	잠 18	: 12	
교만은 패망의 선봉이요 거만한 마음은 넘어짐의 앞잡	잠 16	: 18	
교만을 행하므로 그의 왕위가 폐한 바 되며	단 5	: 20	- 21
교만이 오면 욕도 오거니와 겸손한 자에게는 지혜가	잠 11	: 2	
교만하게 행하는 자를 그가 능히 낮추심이라	단 4	: 37	
교만하면 낮아지게 되겠고 마음이 겸손하면 영예를 얻	잠 29	: 23	
교만하여 네 하나님 여호와를 잊어버릴까 염려하노라	신 8	: 12	- 17
교만하여 말하기를 나는 신이라 내가 하나님의 자리 곧	겔 28	: 2	- 5
교만하여 목을 굳게 하다	느 9	: 29	
교만하여 목을 굳게 하여 주의 명령을 듣지 아니하고	느 9	: 16	- 17
교만하여 아무 것도 알지 못하고 변론과 언쟁을 좋아하	딤전 6	: 4	- 6
교만하여져서 마귀를 정죄하는 그 정죄에 빠질까 함이	딤전 3	: 6	- 7
교만하여진 웃시아 왕	대하 26	: 16	- 23
교만하여진 히스기야 왕	대하 32	: 24	- 26
교만하였으니 스스로 영광을 삼아 망하고자 하느냐	왕하 14	: 10	- 12
교만하였으며 네가 영화로우므로 네 지혜를 더럽혔음	겔 28	: 17	
교만하지 아니하고 내 눈이 오만하지 아니하오며	시 131	: 1	
교만한 말을 하지 말 것이며 오만한 말을 입에서 내지	삼상 2	: 3	
교만한 자가 나를 해하려고 올무와 줄을 놓으며 길 곁에	시 140	: 5	
교만한 자들의 말이 아니라 오직 그 능력을 알아보겠으	고전 4	: 19	- 21
교만한 자를 대적하시되 겸손한 자들에게는 은혜를	벧전 5	: 5	
교만한 자를 물리치시고 겸손한 자에게 은혜를 주신다	약 4	: 6	- 7
교만한 자를 발견하여 낮아지게 하시며 악인을	욥 40	: 12	
교만한 자를 살피사 낮추시리이다	삼하 22	: 28	
교만한 자의 발이 내게 이르지 못하게 하시며	시 36	: 11	
교만한 자의 집을 허시며 과부의 지계를 정하시느니라	잠 15	: 25	
교인 한 사람을 얻기 위하여 바다와 육지를 두루 다니	마 23	: 15	

교제하고 떡을 떼며 오로지 기도하기를 힘쓰니라 　　행 2 : 42

교활한 말과 아첨하는 말로 순진한 자들의 마음을 미혹 　　롬 16 : 18 - 20

교회 중에 몇을 세우셨으니 첫째는 사도요 둘째는 선지 　　고전 12 : 28 - 31

교회가 그리스도에게 하듯 아내들도 범사에 자기 남편 　　엡 5 : 24

교회가 나는 사람의 뜻과 마음을 살피는 자인 줄 알지라 　　계 2 : 23

교회가 평안하여 든든히 서 가고 주를 경외함과 성령의 　　행 9 : 31

교회는 그의 몸이니 만물 안에서 만물을 충만하게 하시 　　엡 1 : 23

교회로 말미암아 하늘에 있는 통치자들과 권세들에게 　　엡 3 : 10 - 11

교회를 세우사 거룩하고 흠이 없게 하려 하심이라 　　엡 5 : 27 - 28

교회를 업신여기고 빈궁한 자들을 부끄럽게 하느냐 　　고전 11 : 22 - 29

교회를 위하여 내 사자를 보내어 이것들을 증언하게 　　계 22 : 16

교회를 위하여 바울이 하는 일 　　골 1 : 24 - 29

교회의 말도 듣지 않거든 이방인과 세리와 같이 여기라 　　마 18 : 17

교회의 머리로 삼으셨느니라 　　엡 1 : 22 - 23

교회의 머리시라 그가 근본이시요 죽은 자 가운데서 　　골 1 : 18 - 20

교훈 안에 거하는 그 사람은 아버지와 아들을 모시느니 　　요이 1 : 9 - 10

교훈 안에 거하지 아니하는 자는 다 하나님을 모시지 못 　　요이 1 : 9 - 10

교훈에 부패하지 아니함과 단정함과 책망할 것이 없는 　　딛 2 : 7 - 8

교훈에 합당한 말 　　딛 2 : 1 - 14

교훈으로 권면하고 거슬러 말하는 자들을 책망하게 하 　　딛 1 : 9

교훈은 내 것이 아니요 나를 보내신 이의 것이니라 　　요 7 : 16 - 18

교훈은 내게 맡기신 바 복되신 하나님의 영광의 복음을 　　딤전 1 : 11

교훈을 가지지 않고 너희에게 나아가거든 그를 집에 　　요이 1 : 10

교훈을 거슬러 분쟁을 일으키거나 거치게 하는 자들을 　　롬 16 : 17 - 20

교훈을 받지 아니하며 귀가 가려워서 자기의 사욕을 　　딤후 4 : 3 - 5

교훈의 목적은 청결한 마음과 선한 양심과 거짓이 없는 　　딤전 1 : 5 - 11

교훈의 본을 순종하여 죄로부터 해방되어 의에게 종이 　　롬 6 : 17 - 18

교훈이 하나님께로부터 왔는지 내가 스스로 말함인지 　　요 7 : 17 - 18

구더기도 죽지 않고 불도 꺼지지 아니하리라 　　막 9 : 48 - 49

구레네 사람 시몬이 시골로부터 와서 지나가는데 　　막 15 : 21

구름 기둥과 불 기둥 　　출 13 : 17 - 22

구름 기둥과 불 기둥 　　민 9 : 15 - 23

구름 기둥과 불 기둥 　　　　　　　　　　　　　 느 9 : 19

구름 기둥으로 인도하시고 밤에는 불 기둥으로 　　 느 9 : 12

구름 속에서 소리가 나서 이는 나의 아들 곧 택함을 받은 　 눅 9 : 35 - 36

구름 속으로 끌어 올려 공중에서 주를 영접하게 하시리 　 살전 4 : 17 - 18

구름을 타고 오는 것을 너희가 보리라 하시니 　　　 마 26 : 64 - 68

구름을 타고 오시리라 각 사람의 눈이 그를 보겠고 　 계 1 : 7

구름이 서쪽에서 이는 것을 보면 곧 말하기를 소나기가 　 눅 12 : 54 - 57

구름이 성막 위에서 떠오를 때에는 행진하는 길에 앞으 　 출 40 : 36 - 38

구름이 와서 그들을 덮으며 구름 속에서 소리가 나되 　 막 9 : 7 - 8

구변과 지혜를 너희에게 주리라 　　　　　　　　　 눅 21 : 15 - 19

구부러진 말을 네 입에서 버리며 비뚤어진 말을 　　 잠 4 : 24 - 25

구속하였고 내가 너를 지명하여 불렀나니 너는 내 것이 　 사 43 : 1 - 2

구스를 두고 하신 말씀 　　　　　　　　　　　　 사 18 : 1 - 7

구스와 자랑하던 애굽으로 말미암아 그들이 놀라고 　 사 20 : 5 - 6

구습을 따르는 옛 사람을 벗어 버리고 심령이 새롭게 　 엡 4 : 22 - 24

구원 (큰 구원) 　　　　　　　　　　　　　　　 히 2 : 1 - 4

구원 받는 사람을 날마다 더하게 하시니라 　　　　 행 2 : 47

구원과 영광과 능력이 우리 하나님께 있도다 　　　 계 19 : 1 - 3

구원과 영광이 하나님께 있음이요 내 힘의 반석과 　 시 62 : 7

구원도 하시며 건져내기도 하시며 하늘에서든지 땅에서 　 단 6 : 27

구원에 이르게 하기 위하여 자기를 바라는 자들에게 　 히 9 : 28

구원은 너희에게서 난 것이 아니요 하나님의 선물이라 　 엡 2 : 8 - 10

구원은 사람이 많고 적음에 달리지 아니하였느니라 　 삼상 14 : 6

구원은 여호와께 있사오니 주의 복을 주의 백성에게 　 시 3 : 8

구원을 바라고 잠잠히 기다림이 좋도다 　　　　　 애 3 : 26

구원을 받는 자가 적으니이까 그들에게 이르시되 　 눅 13 : 23 - 30

구원을 받아 살게 하소서 하거늘 (회당장 야이로) 　 막 5 : 24

구원을 받았으니 이것은 너희에게서 난 것이 아니요 　 엡 2 : 8 - 10

구원을 받으라 하니 그 말을 받은 사람들은 세례를 받 　 행 2 : 40 - 42

구원을 받으리라 생각함일러라 (혈병루 여인) 　　 막 5 : 28 - 34

구원을 받으며 진리를 아는데 이르기를 원하시느니라 　 딤전 2 : 4

구원을 받을 만한 다른 이름을 우리에게 주신 일이 없음 　 행 4 : 12

구원을 받을 만한 믿음이 그에게 있는 것을 보고 　　행 14 : 9 - 10
구원을 베푸실 전능자이시라 그가 너로 말미암아 기쁨 　　습 3 : 17
구원을 어떻게 하여야 얻으리이까 하거늘 주 예수를 믿 　　행 16 : 30 - 32
구원을 얻기 위하여 믿음으로 말미암아 하나님의 능력 　　벧전 1 : 5 - 6
구원을 위하는 것이요 너희 중 머리카락 하나도 잃을 　　행 27 : 34 - 44
구원의 경륜의 비밀 　　엡 3 : 1 - 13
구원의 때가 가까워졌다 　　롬 13 : 11 - 14
구원의 반석이신 하나님을 높일지로다 　　삼하 22 : 47
구원의 복음을 듣고 그 안에서 또한 믿어 약속의 성령 　　엡 1 : 13 - 14
구원의 즐거움을 내게 회복시켜 주시고 자원하는 심령 　　시 51 : 12
구원의 창시자 그리스도 　　히 2 : 4 - 18
구원의 창시자를 고난을 통하여 온전하게 하심이 합당 　　히 2 : 10
구원의 투구와 성령의 검 곧 하나님의 말씀을 가지라 　　엡 6 : 17
구원의 하나님이여 우리를 구원하여 만국 가운데서 　　대상 16 : 35
구원이 그를 경외하는 자에게 가까우니 영광이 우리 땅 　　시 85 : 9
구원이 유대인에게서 남이라 　　요 4 : 22 - 24
구원이 이 집에 이르렀으니 이 사람도 아브라함의 자손 　　눅 19 : 9 - 10
구원이 이방인에게 이르러 이스라엘로 시기나게 함이니 　　롬 11 : 11 - 12
구원이 이방인에게로 보내어진 줄 알라 　　행 28 : 28
구원이 처음 믿을 때보다 가까웠음이라 　　롬 13 : 11 - 14
구원하고 곡식이 풍성하게 하여 기근이 너희에게 　　겔 36 : 29 - 31
구원하기도 하시며 멸하기도 하시느니라 　　약 4 : 12
구원하는 자 곧 주 예수 그리스도를 기다리노니 　　빌 3 : 20 - 21
구원하려고 내려왔노니 이제 너를 애굽으로 보내리라 　　행 7 : 34 - 36
구원하사 거룩하신 소명으로 부르심은 우리의 행위대로 　　딤후 1 : 9 - 11
구원하소서 하니 예수께서 즉시 손을 내밀어 그를 붙잡 　　마 14 : 30 - 33
구원하시는 하나님 　　미 7 : 7 - 13
구원하시되 우리가 행한 바 의로운 행위로 말미암지 아 　　딛 3 : 5 - 7
구원하시려고 나를 당신들 보다 먼저 보내셨나이다 　　창 45 : 5 - 8
구원하심이 보좌에 앉으신 우리 하나님과 어린 양에게 　　계 7 : 10 - 12
구원하심이 칼과 창에 있지 아니함을 알게 하리라 　　삼상 17 : 47
구원하여 너희가 복이 되게 하리니 두려워하지 말지니 　　슥 8 : 13

구원하여 정결하게 한즉 그들은 내 백성이 되고 나는   겔 37 : 23

구원할 바 마음에 심어진 말씀을 온유함으로 받으라   약 1 : 21

구유에 뉘었으니 이는 여관에 있을 곳이 없음이러라   눅 2 : 7

구제를 전담할 일곱를 안수하여 세우다   행 6 : 1 - 7

구제를 좋아하는 자는 풍족하여질 것이요   잠 11 : 25

구제용 십일조   신 26 : 12 - 13

구제하고 또 내 몸을 불사르게 내줄지라도 사랑이 없으   고전 13 : 3 - 8

구제하는 자는 성실함으로, 다스리는 자는 부지런함으   롬 12 : 8

구제하여 낡아지지 아니하는 배낭을 만들라   눅 12 : 33 - 34

구제하여도 더욱 부하게 되는 일이 있나니   잠 11 : 24 - 25

구제할 때에 오른손이 하는 것을 왼손이 모르게 하여   마 6 : 3 - 4

구제할 때에 외식하는 자와 같이 사람에게서 영광을 받   마 6 : 2 - 4

구제할 수 있도록 자기 손으로 수고하여 선한 일을 하라   엡 4 : 28 - 32

구제함을 은밀하게 하라 은밀한 중에 보시는 너의   마 6 : 4

구주가 나셨으니 곧 그리스도 주시니라   눅 2 : 11 - 12

구주를 세우셨으니 곧 예수라   행 13 : 23 - 30

구하거나 생각하는 모든 것에 더 넘치도록 능히 하실 이   엡 3 : 20

구하기 전에 너희에게 있어야 할 것을 하나님께서 아시   마 6 : 8

구하는 것은 너희의 재물이 아니요 오직 너희라   고후 12 : 14 - 15

구하는 바를 들으시는 줄을 안즉 우리가 그에게 구한   요일 5 : 15

구하는 이마다 받을 것이요 찾는 이는 찾아낼 것이요   마 7 : 8 - 12

구하는 자에게 성령을 주시지 않겠느냐 하시니라   눅 11 : 13

구하는 자에게 좋은 것으로 주시지 않겠느냐   마 7 : 11 - 12

구하는 자에게 주며 꾸고자 하는 자에게 거절하지 말라   마 5 : 42

구하라 그리하면 너희에게 주실 것이요 찾으라 그러면   눅 11 : 9 - 10

구하라 그리하면 너희에게 주실 것이요 찾으라 그리하   마 7 : 7 - 12

구하라 그리하면 받으리니 너희 기쁨이 충만하리라   요 16 : 24

구하여도 받지 못함은 정욕으로 쓰려고 잘못 구하기   약 4 : 3

구한 그것을 얻은 줄을 또한 아느니라   요일 5 : 15

구할 것을 감사함으로 하나님께 아뢰라   빌 4 : 6 - 7

국솥에 엘리사가 가루를 던지매 독이 없어지다   왕하 4 : 38 - 41

군대 귀신 지폈던 자가 옷을 입고 정신이 온전하여 앉은   막 5 : 15 - 20

군대들이 희고 깨끗한 세마포 옷을 입고 백마를 타고	계	19	:	14		
군대라 하니 이는 많은 귀신이 들렸음이라	눅	8	:	30	-	39
군대로 구원 얻은 왕이 없으며 용사가 힘이 세어도	시	33	:	16	-	17
군마는 헛되며 군대가 많다 하여도 능히 구하지 못하는	시	33	:	17		
군병들이 예수를 희롱하다	마	27	:	27	-	31
군인들도 희롱하면서 나아와 신 포도주를 주며 이르되	눅	23	:	36	-	43
군인들이 가시나무로 관을 엮어 그의 머리에 씌우고	요	19	:	2	-	3
군인들이 돈을 받고 가르친 대로 하였으니 이 말이 오늘	마	28	:	15		
군인들이 예수를 십자가에 못 박고 그의 옷을 취하여	요	19	:	23	-	24
군주에게 돌릴 땅	겔	48	:	21	-	22
군주와 기업의 계승	겔	46	:	16	-	18
굳건하게 서서 다시는 종의 멍에를 메지 말자	갈	5	:	1	-	6
굳건하게 하시고 악한 자에게서 지키시리라	살후	3	:	3	-	5
굳은 마음을 제거하고 부드러운 마음을 줄 것이며	겔	36	:	26	-	28
굳은 사람이라 심지 않은 데서 거두고 헤치지 않은 데서	마	25	:	24	-	30
궁창 위에 보좌의 형상이 있는데 그 모양이 남보석 같고	겔	1	:	26	-	28
궁창을 만드사 궁창 아래의 물과 궁창 위의 물로 나뉘게	창	1	:	7		
궁창을 하늘이라 부르시니라	창	1	:	8		
궁핍과 환난 가운데서 너희 믿음으로 말미암아 너희에	살전	3	:	7	-	10
궁핍한 자가 부르짖을 때에 건지시며 가난한 자도 건지	시	72	:	12	-	14
궁핍한 자에게 네 손을 펼지니라	신	15	:	11		
궁핍함을 보고도 도와줄 마음을 닫으면 하나님의 사랑	요일	3	:	17	-	18
권능과 기사로 표적을 너희 가운데 베푸사 그를 증언하	행	2	:	22	-	24
권능은 하나님께 속하였다 하셨도다	시	62	:	11		
권능을 내게도 주어 누구든지 내가 안수하는 사람은	행	8	:	19	-	22
권능을 사람에게 주신 하나님께 영광을 돌리니라	마	9	:	8		
권리를 쓰지 아니하고 범사에 참는 것은 복음에 장애가	고전	9	:	12	-	13
권면은 간사함이나 부정에서 난 것이 아니요 속임수로	살전	2	:	3	-	5
권면을 듣는 자는 지혜가 있느니라	잠	13	:	10		
권면의 말을 용납하라	히	13	:	22		
권면하고 서로 덕을 세우기를 너희가 하는 것 같이 하라	살전	5	:	11		
권면하고 시와 찬송과 신령한 노래를 부르며 감사하는	골	3	:	16	-	17

36

권면하고 위로하고 경계하노니 이는 너희를 부르사　　　　살전 2 : 11 - 12

권면하여 죄의 유혹으로 완고하게 되지 않도록 하라　　　히 3 : 13 - 14

권세 잡은 자들에게 복종하며 순종하며 모든 선한 일　　　딛 3 : 1 - 2

권세는 너희를 무너뜨리려고 하신 것이 아니요 세우려　　고후 10 : 8 - 18

권세는 하나님으로부터 나지 않음이 없나니 모든 권세　　롬 13 : 1 - 2

권세들에게 복종하라 권세는 하나님으로부터　　　　　　롬 13 : 1 - 2

권세들을 무력화하여 드러내어 구경거리로 삼으시고　　골 2 : 15 - 19

권세를 거스르는 자는 하나님의 명을 거스름이니　　　　롬 13 : 2 - 3

권세를 내게 주셨으니 그러므로 너희는 가서 모든 민족　　마 28 : 18 - 20

권세를 두려워하지 아니하려느냐 선을 행하라　　　　　　롬 13 : 3

권세를 잡은 자를 따랐으니 곧 지금 불순종의 아들들　　엡 2 : 2 - 7

권위로 이런 일을 하는지 이 권위를 준 이가 누구인지　　눅 20 : 2 - 8

권위를 주장할 수 있으나 도리어 유순한 자가 되어 유모　　살전 2 : 7 - 8

권위에 대한 논쟁　　　　　　　　　　　　　　　　　　마 21 : 23 - 32

권위와 능력으로 더러운 귀신을 명하매 나가는도다　　　눅 4 : 36 - 37

궤 안에는 두 돌판 외에 아무것도 없으니 이것은　　　　대하 5 : 10

귀 먹고 말 더듬는 사람을 고치시다　　　　　　　　　　막 7 : 31 - 37

귀 있는 자는 들을 지어다　　　　　　　　　　　　　　눅 8 : 8 - 15

귀 있는 자는 성령이 교회들에게 하시는 말씀을 들을지　　계 2 : 7

귀 있는 자는 성령이 교회들에게 하시는 말씀을 들을지　　계 2 : 11

귀 있는 자는 성령이 교회들에게 하시는 말씀을 들을지　　계 2 : 29

귀 있는 자는 성령이 교회들에게 하시는 말씀을 들을지　　계 3 : 6

귀 있는 자는 성령이 교회들에게 하시는 말씀을 들을지　　계 3 : 13

귀 있는 자는 성령이 교회들에게 하시는 말씀을 들을지　　계 3 : 22

귀 있는 자는 성령이 교회에게 하시는 말씀을 들을지어　　계 2 : 17

귀가 가려워서 자기의 사욕을 따를 스승을 많이 두고　　딤후 4 : 3 - 5

귀가 열리고 혀가 맺힌 것이 곧 풀려 말이 분명하여졌　　막 7 : 35 - 37

귀가 할례를 받지 못하였으므로 듣지 못하는도다　　　　렘 6 : 10 - 11

귀를 기울이고 내게로 나아와 들으라 그리하면 너희의　　사 55 : 3

귀를 떨어뜨리니 이에 예수께서 이르시되 네 칼을 도로　　마 26 : 51 - 56

귀를 떨어뜨린지라 그 귀를 만져 낫게 하시더라　　　　눅 22 : 50 - 51

귀를 막고 가난한 자가 부르짖는 소리를 듣지 아니하면　　잠 21 : 13

37

귀를 만져 낫게 하시더라	눅 22	:	51		
귀를 베어버리니 그 종의 이름은 말고라	요 18	:	10	-	11
귀를 지으신 이가 듣지 아니하시랴 눈을 만드신 이가	시 94	:	9	-	10
귀를 진리에서 돌이켜 허탄한 이야기를 따르니라	딤후 4	:	4	-	5
귀신 나간 사람이 정신이 온전하여 예수의 발치에 앉아	눅 8	:	35	-	39
귀신 들려 말 못하는 사람을 고치시다	마 9	:	32	-	34
귀신 들린 두 사람을 고치시다 (귀신이 돼지에게로)	마 8	:	28	-	34
귀신 들린 사람을 고치시다	막 1	:	21	-	28
귀신 들린 아이를 낫게 하시다	눅 9	:	37	-	43
귀신 들린 자를 많이 데리고 예수께 오거늘 예수께서	마 8	:	16		
귀신 일곱을 데리고 들어가서 거하니 그 사람의 나중	눅 11	:	26		
귀신 일곱을 데리고 들어가서 거하니 그 사람의 형편이	마 12	:	45		
귀신과 교제하는 자가 되기를 원하지 아니하노라	고전 10	:	20	-	22
귀신들도 예수를 보면 그 앞에 엎드려 부르짖어 이르되	막 3	:	11		
귀신들려 눈 멀고 말 못하는 사람을 데리고 왔거늘 예수	마 12	:	22	-	28
귀신들린 거라사 광인을 고치시다	막 5	:	1	-	20
귀신들린 사람이 무덤 사이에서 나와 예수를 만나니라	막 5	:	2	-	20
귀신들린 아이를 고치시다	막 9	:	14	-	29
귀신들에게 명령한즉 순종하는도다 하더라	막 1	:	27	-	28
귀신들이 그 사람에게서 나와 돼지에게로 들어가니	눅 8	:	33	-	39
귀신들이 나와서 돼지에게로 들어가는지라 온 떼가	마 8	:	32	-	34
귀신들이 나와서 돼지에게로 들어가매 거의 이천 마리	막 5	:	13	-	20
귀신들이 너희에게 항복하는 것으로 기뻐하지 말고	눅 10	:	20		
귀신아 그 사람에게서 나오라 하셨음이라	막 5	:	8	-	20
귀신을 꾸짖으시고 아이를 낫게 하사 그 아버지에게	눅 9	:	42	-	43
귀신을 내쫓는 권능도 가지게 하려 하심이러라	막 3	:	15	-	19
귀신을 명하사 그 사람에게서 나오라 하셨음이라	눅 8	:	29	-	39
귀신을 제어하는 권능을 주시고 명하시되 여행을 위하여	막 6	:	7	-	13
귀신의 왕 바알세불을 힘입지 않고는 귀신을 쫓아내지	마 12	:	24	-	28
귀신이 경련을 일으키고 큰 소리를 지르며 나오는지라	막 1	:	26	-	28
귀신이 그를 잡아 갑자기 부르짖게 하고 경련을 일으켜	눅 9	:	39	-	43
귀신이 그를 죽이려 불과 물에 자주 던졌나이다	막 9	:	22	-	29

그가 의로우신 줄 알면 의를 행하는 자마다 그에게서	요일 2 : 29
그가 죽으심은 죄에 대하여 단번에 죽으심이요	롬 6 : 10 - 11
그가 찔림은 우리의 허물 때문이요 그가 상함은 우리의	사 53 : 5 - 6
그가 채찍에 맞음으로 너희는 나음을 얻었나니	벧전 2 : 24 - 25
그는 하늘에 오르사 하나님 우편에 계시니 천사들과	벧전 3 : 22
그는 흥하여야 하겠고 나는 쇠하여야 하나라 하니라	요 3 : 30
그다랴(그달리야)가 동족 이스마엘에게 암살 당하다	렘 41 : 1 - 18
그다랴(그달리야)가 유다 총독으로 세워지다	렘 40 : 7 - 12
그달리야가 바벨론 왕에 의해 유다의 지도자가 되다	왕하 25 : 22 - 24
그달리야가 이스마엘에게 죽임을 당하다	왕하 25 : 25
그들은 쌓을지라도 나는 헐리라	말 1 : 4 - 5
그들의 불의를 긍휼히 여기고 그들의 죄를 다시 기억하	히 8 : 12 - 13
그들의 죄를 다시 기억하지 아니 하리라	히 8 : 12 - 13
그들의 죄와 그들의 불법을 내가 다시 기억하지 아니하	히 10 : 17 - 18
그들의 하나님이라 일컬음을 받으심을 부끄러워하지 아	히 11 : 16
그들이 갚을 것이 없으므로 네게 복이 되리니 이는	눅 14 : 14
그들이 곧 그물을 버려두고 예수를 따르니라	마 4 : 20
그들이 곧 배와 아버지를 버려 두고 예수를 따르니라	마 4 : 22
그들이 노력한 것에 참여하였느니라	요 4 : 38
그들이 우리와 동일하게 주 예수의 은혜로 구원 받는 줄	행 15 : 11 - 21
그런즉 이제는 내가 사는 것이 아니요 오직 내 안에	갈 2 : 20 - 21
그레데인들은 항상 거짓말쟁이며 악한 짐승이며 배만	딛 1 : 12 - 14
그루터기는 남아 있는 것 같이 거룩한 씨가 이 땅의	사 6 : 13
그룹 둘을 속죄소 양쪽에 쳐서 만들었으되	출 37 : 7 - 9
그룹의 형상 (솔로몬이 건축한 성전의 지성소 안의)	대하 3 : 10 - 14
그를 기다렸으니 그가 우리를 구원하시리로다	사 25 : 9
그를 높이라 그리하면 그가 너를 높이 들리라	잠 4 : 8 - 9
그를 아노라 하고 그의 계명을 지키지 아니하는 자는	요일 2 : 4 - 6
그릇에 손을 넣는 그가 나를 팔리라	마 26 : 23 - 25
그릇은 우리니 곧 유대인 중에서뿐 아니라 이방인 중에	롬 9 : 24 - 26
그릇을 빌리되 조금 빌리지 말고	왕하 4 : 3 - 6
그릇이 없다 하니 기름이 그쳤더라	왕하 4 : 6

그리스도 안에 있으면 새로운 피조물이라   고후 5 : 17 - 21

그리스도 안에서 모든 사람이 삶을 얻으리라   고전 15 : 22 - 26

그리스도 안에서 우리가 바라는 것이 세상의 삶뿐이면   고전 15 : 19 - 22

그리스도 안에서 일만 스승이 있으되 아버지는 많지 아   고전 4 : 15 - 17

그리스도 안에서 한 몸이 되어 서로 지체가 되었느니라   롬 12 : 5 - 8

그리스도 예수 안에 있는 성령의 법이 죄와 사망의 법에   롬 8 : 2

그리스도 예수 안에 있는 자에게는 결코 정죄함이 없   롬 8 : 1 - 2

그리스도 예수 안에 있는 하나님의 사랑에서 끊을 수 없   롬 8 : 39

그리스도 예수 안에서 내가 복음으로써 너희를 낳았음   고전 4 : 15 - 17

그리스도 예수 안에서 아브라함의 복이 이방인에게   갈 3 : 14

그리스도 예수 안에서 영광 가운데 그 풍성한 대로 너희   빌 4 : 19

그리스도 예수 안에서 하나님의 아들이 되었으니   갈 3 : 26 - 27

그리스도 예수 안에서 하나이니라   갈 3 : 28 - 29

그리스도 예수 안에서는 할례나 무할례나 효력이 없으   갈 5 : 6

그리스도 예수께 잡힌 바 된 그것을 잡으려고 달려가노   빌 3 : 12 - 16

그리스도 예수께서 친히 모퉁잇돌이 되셨느니라   엡 2 : 20 - 22

그리스도 예수를 믿나니 이는 우리가 율법의 행위로   갈 2 : 16 - 21

그리스도 예수를 아는 지식이 가장 고상하기 때문이라   빌 3 : 8 - 9

그리스도 예수시니 그는 하나님 우편에 계신 자요   롬 8 : 34 - 39

그리스도 예수의 사람들은 육체와 함께 그 정욕과 탐심   갈 5 : 24 - 26

그리스도 예수의 좋은 병사로 나와 함께 고난을 받으라   딤후 2 : 3 - 4

그리스도 제사의 완전성   히 10 : 1 - 10

그리스도가 고난을 받고 제삼일에 죽은 자 가운데서 살   눅 24 : 46 - 49

그리스도가 여기 있다 보라 저기 있다 하여도 믿지 말라   막 13 : 21 - 23

그리스도가 여기 있다 혹은 저기 있다 하여도 믿지 말라   마 24 : 23 - 28

그리스도가 이런 고난을 받고 자기의 영광에 들어가야   눅 24 : 26 - 27

그리스도께서 나타나실 때에 너희에게 가져다 주실   벧전 1 : 13

그리스도께서 너희 마음에 계시게 하시옵고 너희가   엡 3 : 17 - 19

그리스도께서 너희 안에 계시면 몸은 죄로 말미암아   롬 8 : 10 - 11

그리스도께서 너희를 사랑하신 것 같이 너희도 사랑   엡 5 : 2 - 7

그리스도께서 다시 살아나신 일이 없으면 믿음도 헛되   고전 15 : 17 - 19

그리스도께서 대신하여 죽으신 형제를 네 음식으로 망   롬 14 : 15 - 17

그리스도께서 대제사장 되심도 스스로 영광을 취하심이	히 5	: 5	- 7
그리스도께서 만일 살아나지 못하셨으면 우리가 전파	고전 15	: 14	- 19
그리스도께서 살아나사 잠자는 자들의 첫 열매가 되셨	고전 15	: 20	- 22
그리스도께서 살아나셨으매 다시 죽지 아니하시고	롬 6	: 9	- 11
그리스도께서 약하심으로 십자가에 못 박히셨으나	고후 13	: 4	- 7
그리스도께서 우리 죄를 위하여 죽으시고 장사 지낸 바	고전 15	: 3	- 9
그리스도께서 우리를 위하여 저주를 받은 바 되사	갈 3	: 13	- 14
그리스도께서 우리를 자유롭게 하려고 자유를 주셨으니	갈 5	: 1	- 6
그리스도께서 이미 육체의 고난을 받으셨으니 너희도	벧전 4	: 1	- 6
그리스도께서 죽었다가 다시 살아나셨으니 곧 죽은 자	롬 14	: 9	
그리스도께서 하나님 우편에 앉아 계시느니라	골 3	: 1	- 4
그리스도께서 하나님의 진실하심을 위하여 할례의	롬 15	: 8	- 12
그리스도께서는 장래 좋은 일의 대제사장으로 오사	히 9	: 11	- 14
그리스도는 모든 믿는 자에게 의를 이루기 위하여	롬 10	: 4	- 7
그리스도는 어제나 오늘이나 영원토록 동일하시니라	히 13	: 8	
그리스도는 예 하고 아니라 함이 되지 아니하셨으니	고후 1	: 19	- 20
그리스도는 의를 이루기 위하여 율법의 마침이 되시니	롬 10	: 4	- 7
그리스도는 죄를 위하여 한 영원한 제사를 드리시고	히 10	: 12	- 14
그리스도는 하나님의 것이니라	고전 3	: 23	
그리스도는 하나님의 능력이요 하나님의 지혜니라	고전 1	: 24	- 26
그리스도는 하나님의 집을 맡은 아들로서 그와 같이	히 3	: 6	
그리스도는 하나님의 형상이니라	고후 4	: 4	- 6
그리스도도 너희를 위하여 고난을 받으사 본을 끼쳐	벧전 2	: 21	
그리스도도 많은 사람의 죄를 담당하시려고 단번에 드	히 9	: 28	
그리스도라 하는 이가 오실 줄을 내가 아노니 그가 오시	요 4	: 25	
그리스도라 하여 많은 사람을 미혹하리라	마 24	: 5	- 14
그리스도로 말미암아 믿는 자니 너희 믿음과 소망이	벧전 1	: 21	
그리스도로 말미암아 우리를 자기와 화목하게 하시고	고후 5	: 18	- 21
그리스도로 말미암아 하나님 안에서 즐거워하느니라	롬 5	: 11	
그리스도로 말미암아 하나님이 영광을 받으시게 하려	벧전 4	: 11	
그리스도를 경외함으로 피차 복종하라	엡 5	: 21	
그리스도를 대신하여 간청하니 너희는 하나님과 화목하	고후 5	: 20	

그리스도를 믿음으로써 의롭다 함을 얻으려 함이라   갈 2 : 16 - 21

그리스도를 변함 없이 사랑하는 모든 자에게 은혜가 있   엡 6 : 24

그리스도를 섬기는 자는 하나님을 기쁘시게 하며 사람   롬 14 : 18

그리스도를 아는 냄새를 나타내시는 하나님께 감사하   고후 2 : 14 - 17

그리스도를 위하여 받는 수모를 애굽의 모든 보화보다   히 11 : 26

그리스도를 전하니 유대인은 거리끼는 것이요 이방인   고전 1 : 23 - 24

그리스도를 주라 시인하여 하나님 아버지께 영광을 돌   빌 2 : 11

그리스도를 죽은 자 가운데서 살리심과 같이 우리로   롬 6 : 4 - 5

그리스도시요 세상에 오시는 하나님의 아들이신 줄 내가   요 11 : 27

그리스도에게 속한 자라 하여 물 한 그릇이라도 주면   막 9 : 41

그리스도와 다윗의 자손 관계   마 22 : 41 - 46

그리스도와 더불어 천 년 동안 왕 노릇 하니 첫째 부활   계 20 : 4 - 6

그리스도와 벨리알이 어찌 조화되며 믿는 자와 믿지 않   고후 6 : 15 - 18

그리스도와 함께 십자가에 못 박혔나니 그런즉 이제는   갈 2 : 20 - 21

그리스도와 함께 죽고 함께 산다   롬 6 : 1 - 14

그리스도와 함께 죽었으면 또한 그와 함께 살 줄을 믿노   롬 6 : 8 - 11

그리스도의 것이면 곧 아브라함의 자손이요   갈 3 : 29

그리스도의 겸손   빌 2 : 1 - 11

그리스도의 능력이 내게 머물게 하려 함이라   고후 12 : 9 - 10

그리스도의 도의 초보를 버리고 죽은 행실과 회개함과   히 6 : 1 - 3

그리스도의 머리는 하나님이시라   고전 11 : 3 - 16

그리스도의 몸으로 말미암아 율법에 대하여 죽임을 당   롬 7 : 4

그리스도의 몸을 단번에 드리심으로 말미암아 우리가   히 10 : 10 - 14

그리스도의 부활   고전 15 : 1 - 11

그리스도의 사랑에서 끊으리요 환난이나 곤고나 박해나   롬 8 : 35 - 39

그리스도의 선물의 분량대로 은혜를 주셨나니   엡 4 : 7 - 12

그리스도의 심장으로 너희 무리를 얼마나 사모하는지   빌 1 : 8 - 11

그리스도의 영광과 성경의 예언   벧후 1 : 12 - 21

그리스도의 영이 없으면 그리스도의 사람이 아니라   롬 8 : 9

그리스도의 이름으로 치욕을 당하면 복 있는 자로다   벧전 4 : 14

그리스도의 이름을 부르는 곳에는 복음을 전하지 않기   롬 15 : 20

그리스도의 일꾼   고전 4 : 1 - 21

그리스도의 장성한 분량이 충만한 데까지 이르리니 　엡 4 : 13 - 16

그리스도의 종처럼 마음으로 하나님의 뜻을 행하고 　엡 6 : 6 - 8

그리스도의 지체를 가지고 창녀의 지체를 만들겠느냐 　고전 6 : 15 - 20

그리스도의 편지니 이는 먹으로 쓴 것이 아니요 오직 　고후 3 : 3

그리스도의 평강이 너희 마음을 주장하게 하라 　골 3 : 15 - 17

그리스도의 풍성함을 이방인에게 전하게 하시고 　엡 3 : 8 - 9

그리스도의 피로 가까워졌느니라 　엡 2 : 13 - 19

그리스도의 할례니라 　골 2 : 11 - 15

그리스도의 향기 　고후 2 : 12 - 17

그리스도의 향기니 사망 또는 생명에 이르는 냄새라 　고후 2 : 15 - 17

그리스도의 형상을 이루기까지 다시 너희를 위하여 　갈 4 : 19

그리스도의 희생으로 이루어진 속죄 　히 9 : 23 - 28

그리스도인으로 고난을 받으면 부끄러워하지 말고 　벧전 4 : 16 - 19

그리스도인의 생활 　롬 12 : 14 - 16

그리심 산에 절반, 에발 산에 절반이 서다 　수 8 : 33 - 35

그리심 산에서 축복 　신 27 : 12 - 14

그리심 산에서 축복을 선포하고 에발 산에서 저주를 　신 11 : 29 - 32

그릿 시냇가에 엘리야가 머물다 　왕상 17 : 2 - 7

그마림이란 이름과 및 그 제사장들을 아울러 멸절하며 　습 1 : 4 - 6

그물을 내리리이다 하고 그렇게 하니 고기를 잡은 것이 　눅 5 : 5 - 7

그물을 배 오른 편에 던지라 그리하면 잡으리라 하시니 　요 21 : 6 - 14

그물을 버려 두고 따르니라 　막 1 : 18 - 20

그물을 버려두고 예수를 따르니라 　마 4 : 20

그물을 육지에 끌어 올리니 가득히 찬 물고기가 153 　요 21 : 11 - 14

그의 구원을 날마다 전파할지어다 　시 96 : 2

그의 나라를 구하라 그리하면 이런 것들을 너희에게 더 　눅 12 : 31 - 32

그의 나라와 그의 의를 구하라 그리하면 이 모든 것이 　마 6 : 33

그의 뜻대로 무엇을 구하면 들으심이라 　요일 5 : 14 - 15

그의 명령이 영생인 줄 아노라 　요 12 : 50

그의 백성을 심판하리라 말씀하신 것을 우리가 아노니 　히 10 : 30 - 35

그의 안에 산다고 하는 자는 그가 행하시는 대로 자기도 　요일 2 : 6

그의 영으로 말미암아 너희 죽을 몸도 살리시리라 　롬 8 : 11

44

그의 음성을 듣거든 너희 마음을 완고하게 하지 말라   히 3 : 15 - 19

그의 음성을 듣거든 너희 마음을 완고하게 하지 말라   히 4 : 7 - 11

그의 피로 말미암아 의롭다 하심을 받았으니 더욱 그로   롬 5 : 9 - 11

그일라를 구원하라 하시니   삼상 23 : 2 - 5

극상품 포도나무를 심었도다 그 중에 망대를 세웠고   사 5 : 2

근본이시요 죽은 자 가운데서 먼저 나신 이시니   골 1 : 18 - 20

근신을 지키며 네 입술로 지식을 지키도록 하라   잠 5 : 2

근신하라 깨어라 너희 대적 마귀가 우는 사자 같이 두루   벧전 5 : 8

근심으로부터 기쁨을 얻게 할 것임이라   렘 31 : 13

근심은 후회할 것이 없는 구원에 이르게 하는 회개를   고후 7 : 10 - 16

근심이 많사오니 나를 고난에서 끌어내소서   시 25 : 17

근심이 많을 때에 주의 위안이 내 영혼을 즐겁게 하시   시 94 : 19

근심이 얼마나 간절하게 하며 얼마나 변증하게 하며   고후 7 : 11 - 16

근심하게 한 사람을 용서하라   고후 2 : 5 - 11

근심하는 자 같으나 항상 기뻐하고 가난한 자 같으나   고후 6 : 10 - 13

근심하며 수고하는 것이 슬픔뿐이라 그의 마음이   전 2 : 23

근심하지 말라 하나님을 믿으니 또 나를 믿으라   요 14 : 1

근심하지도 말고 두려워하지도 말라   요 14 : 27

근심함으로 회개함에 이른 까닭이라   고후 7 : 9 - 16

금 그릇과 은 그릇뿐 아니라 나무 그릇과 질 그릇도 있어   딤후 2 : 20 - 22

금 독종 형상과 쥐의 형상으로 드린 속건제   삼상 6 : 3 - 18

금 방패를 빼앗아 예루살렘으로 가져오고   삼하 8 : 7

금 방패와 성전의 보물들을 애굽에 빼앗기다   왕상 14 : 25 - 28

금 송아지 (아론이 만든)   출 32 : 1 - 36

금 송아지 (여로보암이 만든 두 금송아지)   왕상 12 : 25 - 30

금 송아지를 가져다가 불살라 부수어 가루를 만들어 물   출 32 : 20

금 송아지를 만들고 제사를 지낸 여로보암   왕상 12 : 25 - 30

금 향로를 가지고 많은 향을 받았으니 성도의 기도와   계 8 : 3 - 5

금 향로와 사면을 금으로 싼 언약궤가 있고 그 안에   히 9 : 4 - 5

금과 은은 녹이 슬었으니 이 녹이 너희에게 증거가 되며   약 5 : 3 - 4

금년에는 스스로 자란 것 내년에는 그것에서 난 것을   왕하 19 : 29

금송아지를 만들어서 도를 떠났기로 내가 깨뜨렸노라   신 9 : 16 - 17

금송아지를 불살라 찧고 티끌 같이 가늘게 갈아 가루를   신 9 : 21

금송아지를 섬기는 죄에서는 떠나지 아니하였더라   왕하 10 : 29

금송아지를 아론이 만들어 우상으로 삼다   신 9 : 12 - 21

금식 (기뻐하시는 금식)   사 58 : 6 - 12

금식 (기뻐하시지 않는 금식)   사 58 : 3 - 5

금식 기도하며 그들이 믿는 주께 그들을 위탁하고   행 14 : 23 - 23

금식 논쟁   마 9 : 14 - 17

금식 논쟁   막 2 : 18 - 20

금식기도 (느헤미야의 금식기도)   느 1 : 1 - 11

금식보다 청종을 원하시다   슥 7 : 1 - 7

금식을 선포하고 높은 자나 낮은 자를 막론하고 굵은 베   욘 3 : 5

금식의 말씀을 어긴 선지자의 죽음   왕상 13 : 15 - 24

금식하고 기도하고 두 사람에게 안수하여 보내니라   행 13 : 3

금식하고 울며 애통하고 마음을 다하여 내게로 돌아오   욜 2 : 12 - 13

금식하는 것은 너희 목소리를 상달하게 하는 것이 아니   사 58 : 4

금식하는 날에 오락을 구하며 온갖 일을 시키는도다   사 58 : 3 - 5

금식하는 자로 사람에게 보이지 않고 오직 은밀한 중에   마 6 : 18

금식하되 밤낮 삼 일을 먹지도 말고 마시지도 마소서   에 4 : 16 - 17

금식하며 간구하다   대하 20 : 3 - 4

금식하며 간구하였더니 응낙하심을 입었음이라   스 8 : 23

금식하며 굵은 베 옷을 입고 티끌을 무릅쓰며   느 9 : 1 - 4

금식하며 내 영혼을 괴롭게 하였더니 내 기도가 내 품으   시 35 : 13

금식하며 부르짖은 것으로 말미암아   에 9 : 31

금식하며 에스라가 하나님께 간구하다   스 8 : 21 - 23

금식하면서 논쟁하며 다투며 악한 주먹으로 치는도다   사 58 : 4 - 5

금식할 때에 성령이 이르시되 바나바와 사울을 세우라   행 13 : 2 - 3

금식할 때에 외식하는 자들과 같이 슬픈 기색을 보이지   마 6 : 16 - 18

금으로 만든 에봇이 올무가 되다   삿 8 : 27

금으로 큰 방패 이백 개를 만들었으니 방패 하나에 금   대하 9 : 15 - 16

금을 사서 부요하게 하고 흰 옷을 사서 입어 벌거벗은   계 3 : 18

금을 오물 같이 여기리니 이는 여호와 내가 진노를 내리   겔 7 : 19

금이 빛을 잃고 순금이 변질하였으며 성소의 돌들이   애 4 : 1 - 2

금이냐 그 금을 거룩하게 하는 성전이냐	마 23 : 17	- 23
금지된 애도법	신 14 : 1	
금향단(분향할 제단) 제작	출 37 : 25	- 29
긍휼 (아버지가 자식을 긍휼히 여김 같이)	시 103 : 13	
긍휼 (하나님의 긍휼)	사 55 : 1	- 7
긍휼로 인함이라 이로써 돋는 해가 위로부터 우리에게	눅 1 : 78	- 80
긍휼은 심판을 이기고 자랑하느니라	약 2 : 13	- 17
긍휼을 베푸는 자는 즐거움으로 할 것이니라	롬 12 : 8	
긍휼을 원하고 제사를 원하지 아니하노라	마 9 : 13	
긍휼을 행하지 아니하는 자에게는 긍휼 없는 심판이	약 2 : 13	- 17
긍휼이 많으오니 주의 규례들에 따라 나를 살리소서	시 119 : 156	
긍휼이 풍성하신 하나님이 우리를 사랑하신 큰 사랑을	엡 2 : 4	- 7
긍휼하시므로 죄악을 덮어 주시어 멸망시키지 아니하시	시 78 : 38	
긍휼하심을 따라 중생의 씻음과 성령의 새롭게 하심으	딛 3 : 5	- 7
긍휼하심을 받고 때를 따라 돕는 은혜를 얻기 위하여	히 4 : 16	- 16
긍휼히 여기고 그들의 죄를 다시 기억하지 아니하리라	히 8 : 12	- 13
긍휼히 여기는 자는 복이 있나니 그들이 긍휼히 여김을	마 5 : 7	
긍휼히 여기시는 하나님으로 말미암음이니라	롬 9 : 16	- 18
긍휼히 여기시리라 하나님께 돌아오라 용서하시리라	사 55 : 7	- 8
긍휼히 여기시며 더디 노하시며 인자가 풍부하시므로	느 9 : 17	
긍휼히 여기시며 은혜를 베푸시며 노하기를 더디하시며	시 86 : 15	- 16
긍휼히 여길 자를 긍휼히 여기고 불쌍히 여길 자를	롬 9 : 15	- 16
기근과 지진이 있으리니 이 모든 것은 재난의 시작이라	마 24 : 7	- 14
기근을 땅에 보내리니 양식이 없어 주림이 아니요	암 8 : 11	- 13
기근이 애굽에 더욱 심해지다	창 47 : 13	- 26
기다리고 기다렸더니 나의 부르짖음을 들으셨도다	시 40 : 1	
기다리는 자들에게나 구하는 영혼들에게 여호와는 선	애 3 : 25	- 26
기도 (비유 : 과부와 재판장)	눅 18 : 1	- 8
기도 (비유 : 바리새인과 세리의 기도)	눅 18 : 9	- 14
기도 (예수님의 감람산 기도)	눅 22 : 39	- 46
기도 외에 다른 것으로는 이런 종류가 나갈 수 없느니	막 9 : 29	
기도가 주의 앞에 분향함과 같이 되며 나의 손드는 것이	시 141 : 2	

기도는 병든 자를 구원하리니 주께서 그를 일으키시리　약 5 : 15 - 18

기도로 얻은 은사로 말미암아 많은 사람이 우리를 위하　고후 1 : 11

기도를 가르치시다　눅 11 : 1 - 4

기도를 겸손하게 한 므낫세 기도를 받으신 하나님　대하 33 : 10 - 13

기도를 계속하고 기도에 감사함으로 깨어 있으라　골 4 : 2

기도를 들었고 네 눈물을 보았노라 네 수한에서 십오년　사 38 : 5 - 6

기도를 들으시는 주여 모든 육체가 주께 나아오리이다　시 65 : 2

기도에 대한 가르침　딤전 2 : 1 - 10

기도와 간구로, 너희 구할 것을 감사함으로 하나님께　빌 4 : 6 - 7

기도와 간구를 하되 항상 성령 안에서 기도하고　엡 6 : 18 - 19

기도와 감사를 다니엘이 매일 세 번씩 하다　단 6 : 10

기도와 구제가 하나님 앞에 상달되어 기억하신 바가　행 10 : 4 - 5

기도와 도고와 감사를 하되 임금들과 높은 지위에 있는　딤전 2 : 1 - 4

기도와 함께 천사의 손으로부터 하나님 앞으로 올라가　계 8 : 4 - 5

기도와 합하여 보좌 앞 금 제단에 드리고자 함이라　계 8 : 3 - 5

기도의 능력　약 5 : 13 - 18

기도하고 구하는 것은 받은 줄로 믿으라 그리하면　막 11 : 24 - 25

기도하고 깨어 있으라 하시니라　눅 21 : 34 - 38

기도하고 낙심하지 말아야 할 것을 비유로 말씀하여　눅 18 : 1 - 8

기도하고 하나님을 찬송하매 죄수들이 듣더라　행 16 : 25 - 40

기도하기를 힘쓰니라　행 2 : 42

기도하노라 너희 사랑을 지식과 모든 총명으로　빌 1 : 9 - 11

기도하는 일과 말씀 사역에 힘쓰리라 하니 온 무리가　행 6 : 4 - 7

기도하는 집이 되리라 하였거늘 너희는 강도의 소굴을　눅 19 : 46

기도하는 집이라 일컬음을 받으리라 하였거늘 너희는　마 21 : 13

기도하는 집이라 칭함을 받으리라고 하지 아니하였느냐　막 11 : 17 - 18

기도하니 하늘이 비를 주고 땅이 열매를 맺었느니라　약 5 : 18

기도하라 의인의 간구는 역사하는 힘이 큼이라　약 5 : 15 - 18

기도하러 올라가니 하나는 바리새인이요 하나는 세리라　눅 18 : 10 - 14

기도하며 내 얼굴을 찾으면 내가 하늘에서 듣고　대하 7 : 14

기도하면 우리에게 가까이 하심　신 4 : 7

기도하시니 땀이 땅에 떨어지는 핏방울 같이 되더라　눅 22 : 44

기도하시러 산으로 가사 밤이 새도록 하나님께 기도하	눅 6	: 12		
기도한즉 삼 년 육 개월 동안 땅에 비가 오지 아니하고	약 5	: 17	-	18
기도할 때에 골방에 들어가 문을 닫고 은밀한 중에	마 6	: 6	-	7
기도할 때에 무엇이든지 믿고 구하는 것은 다 받으리라	마 21	: 22		
기도할 때에 아무에게나 혐의가 있거든 용서하라	막 11	: 25		
기도할 때에 외식하는 자와 같이 사람에게 보이려고	마 6	: 5	-	7
기도할 때에 이방인과 같이 중언부언하지 말라	마 6	: 7	-	8
기도할 바를 알지 못하나 오직 성령이 말할 수 없는	롬 8	: 26	-	27
기도할지라도 내가 듣지 아니하리니 너희의 손에 피가	사 1	: 15	-	17
기돈의 타작 마당에 이르러서는 소들이 뛰므로 웃사가	대상 13	: 9	-	11
기둥으로 세운 이 돌이 하나님의 집이 될 것이요	창 28	: 22		
기드온(여룹바알)의 아들들	삿 8	: 29	-	31
기드온, 바락, 삼손, 입다, 다윗 및 사무엘과 선지자들의	히 11	: 32		
기드온을 여룹바알이라 부르다	삿 6	: 32		
기드온의 고백	삿 6	: 15		
기드온의 막내 아들 요담의 나무 비유	삿 9	: 5	-	15
기드온의 양털 한 뭉치	삿 6	: 36	-	40
기드온의 예물을 불사르다	삿 6	: 19	-	22
기드온의 용사 300명 선발	삿 7	: 5	-	8
기드온이 미디안을 소탕하다	삿 8	: 1	-	23
기드온이 미디안을 쳐부수다	삿 7	: 1	-	25
기드온이 우상을 파괴하다	삿 6	: 25	-	29
기드온이 죽다	삿 8	: 29	-	35
기럇여아림의 아비나답 집으로 보내진 언약궤	삼상 7	: 1	-	2
기록된 말씀 밖으로 넘어가지 말라	고전 4	: 6		
기름 백 말이니이다 이르되 네 증서를 오십이라 쓰라	눅 16	: 6	-	13
기름 부은 자를 손대지 말며 나의 선지자들을 해하지 말	시 105	: 15		
기름 부음 받은 자 둘이니 온 세상의 주 앞에 서 있는 자	슥 4	: 14		
기름 부음 받은 자를 구원하시는 줄 이제 내가 아오니	시 20	: 6		
기름 부음 받은 자에게 손을 대지 말라	대상 16	: 22		
기름 부음을 받은 내 주를 치는 것은 금하시는 것이니	삼상 24	: 6	-	7
기름 부음을 받은 자를 치는 것은 금하는 것	삼하 1	: 14	-	16

기름 부음을 받은 자를 치는 것을 여호와께서 금하시	삼상 26 : 11		
기름 부음이 너희 안에 거하나니 아무도 너희를 가르칠	요일 2 : 27		
기름 부음이 모든 것을 너희에게 가르치며 또 참되고	요일 2 : 27		
기름과 피를 먹지 말라	레 3 : 17		
기름을 내 머리에 부으셨으니 내 잔이 넘치나이다	시 23 : 5		
기름을 부어 거룩하게 하여 그가 내게 제사장의 직분을	출 40 : 13		
기름을 팔아 빚을 갚고 남은 것으로 생활하라	왕하 4 : 7		
기름이 없어지지 아니하리라 하셨느니라	왕상 17 : 14		
기묘자라, 모사라, 전능하신 하나님이라, 영존하시는	사 9 : 6 - 7		
기브아의 불량배들에게 레위인의 첩이 강간당하다	삿 19 : 22 - 25		
기브온 사람이 사울 자손 7명의 생명을 요구하다	삼하 21 : 1 - 9		
기브온 산당으로 갔으니 하나님의 회막이 거기에 있음	대하 1 : 3		
기브온 전투에서 승리하다	수 10 : 1 - 15		
기브온 주민들이 여호수아를 속이다	수 9 : 1 - 22		
기브온 주민들이 이스라엘의 종이 되다	수 9 : 23 - 27		
기브온과 예루살렘의 베냐민 사람들	대상 8 : 29 - 40		
기뻐 함성지르다 (성전의 기초를 놓으며)	스 3 : 11 - 13		
기뻐하라 내가 다시 말하노니 기뻐하라	빌 4 : 4 - 5		
기뻐하라 온전하게 되며 위로를 받으며 마음을 같이 하	고후 13 : 11		
기뻐하며 큰 소리로 하나님을 찬양하여 이르되	눅 19 : 37 - 44		
기뻐하시는 일을 행하므로 나를 혼자 두지 아니하셨느니	요 8 : 29 - 30		
기쁘시게 할 것이 무엇인가 시험하여 보라	엡 5 : 10 - 14		
기쁘신 뜻대로 우리를 예정하사 예수 그리스도로 말미	엡 1 : 5 - 6		
기쁜 마음으로 섬기기를 주께 하듯 하고 사람에게 하듯	엡 6 : 7 - 8		
기쁨과 극심한 가난이 그들의 풍성한 연보를 넘치도록	고후 8 : 2 - 5		
기쁨과 평강을 믿음 안에서 너희에게 충만하게 하사	롬 15 : 13		
기쁨으로 말미암아 그 고통을 다시 기억하지 아니하느	요 16 : 21 - 22		
기쁨으로 모든 견딤과 오래 참음에 이르게 하시고	골 1 : 11		
기쁨을 그들 안에서 충만히 가지게 하려 함이니이다	요 17 : 13		
기쁨을 위하여 십자가를 참으사 부끄러움을 개의치 아	히 12 : 2 - 11		
기쁨이 너희 안에 있어 너희 기쁨을 충만하게 하려 함	요 15 : 11		
기상은 분간할 줄 알면서 어찌 이 시대는 분간하지 못하	눅 12 : 56 - 57		

기생 라합	수 2	: 1	- 24
기생 라합의 고백	수 2	: 8	- 11
기생 라합이 구원되다	수 6	: 23	- 25
기생 라합이 사자들을 접대하여 행함으로 의롭다 하심	약 2	: 25	- 26
기생의 옷을 입은 간교한 여인이 그를 맞으니	잠 7	: 10	- 27
기약이 이르면 하나님이 그의 나타나심을 보이시리니	딤전 6	: 15	- 16
기억의 소제 (의심의 소제)	민 5	: 14	- 15
기억함이 되지 아니하리니 그가 행한 공의로 살리라	겔 18	: 21	- 23
기업분배 (슬로브핫의 딸들)	민 27	: 6	- 11
기업분배 (이스라엘 자손)	민 26	: 52	- 62
기업의 보증이 되사 그 얻으신 것을 속량하시고	엡 1	: 14	
기업의 분배	대상 6	: 54	- 81
기업의 상을 주께 받을 줄 아나니 너희는 주 그리스도를	골 3	: 24	- 25
기와를 벗기고 병자를 침상째 무리 가운데로 예수 앞에	눅 5	: 19	- 20
기혼의 윗샘물을 막아 그 아래로부터 다윗 성 서쪽으로	대하 32	: 30	
기회 있는 대로 모든 이에게 착한 일을 하되 더욱 믿음의	갈 6	: 10	
길 가에 떨어져 새들이 와서 먹어 버렸고	막 4	: 4	- 9
길 가에 떨어지매 밟히며 공중의 새들이 먹어 버렸고	눅 8	: 5	- 15
길 가에 떨어지매 새들이 와서 먹어버렸고	마 13	: 4	- 8
길 가에 뿌려진 자요	마 13	: 19	
길 가에 있다는 것은 말씀을 들은 자니 이에 마귀가 가서	눅 8	: 12	- 15
길갈에 세운 열두 돌 (마른 요단강 도하 기념)	수 4	: 19	- 24
길갈에서 할례와 유월절을 지키다	수 5	: 8	- 12
길르앗 야베스 주민들이 사울을 장사지내다	삼상 31	: 8	- 13
길보아 전투에서 사울과 그 아들들이 죽다	삼상 31	: 1	- 13
길을 여호와께 맡기라 그를 의지하면 그가 이루시고	시 37	: 5	- 6
길을 잃었더니 이제는 영혼의 목자와 감독 되신 이에게	벧전 2	: 25	
길이요 진리요 생명이니 나로 말미암지 않고는 아버지	요 14	: 6	- 7
깊도다 하나님의 지혜와 지식의 풍성함이여	롬 11	: 33	- 36
깊은 데로 가서 그물을 내려 고기를 잡으라	눅 5	: 4	- 7
까마귀가 엘리야에게 음식을 공급하다	왕상 17	: 2	- 7
까마귀를 생각하라 심지도 아니하고 거두지도 아니하며	눅 12	: 24	- 32

깨끗하게 하면 귀히 쓰이는 그릇이 되어 거룩하고　딤후 2 : 21 - 22
깨끗한 양심에 믿음의 비밀을 가진 자라야 할지니　딤전 3 : 9 - 13
깨끗한 자들에게는 모든 것이 깨끗하나　딛 1 : 15 - 16
깨끗한 자로 여기면서도 자기의 더러운 것을 씻지 아니　잠 30 : 12
깨끗한 자에게는 주의 깨끗하심을 보이시며 사악한 자　삼하 22 : 27
깨끗함을 받으라 하시니 즉시 그의 나병이 깨끗하여진　마 8 : 3 - 4
깨어 구하기를 항상 힘쓰며 여러 성도를 위하여 구하라　엡 6 : 18 - 19
깨어 기도하라 마음에는 원이로되 육신이 약하도다　마 26 : 41
깨어 믿음에 굳게 서서 남자답게 강건하라　고전 16 : 13
깨어 의를 행하고 죄를 짓지 말라　고전 15 : 34
깨어 있는 것을 보면 그 종들은 복이 있으리로다　눅 12 : 37 - 40
깨어 있으라 그 때가 언제인지 알지 못함이라　막 13 : 33 - 37
깨어 있으라 너희는 그 날과 그 때를 알지 못하느니라　마 25 : 13
깨어 있으라 어느 날에 너희 주가 임할런지 너희가 알지　마 24 : 42 - 51
깨어 있으라 집 주인이 언제 올는지 혹 저물 때일는지　막 13 : 35 - 37
깨어 정신을 차릴지라　살전 5 : 6 - 8
깨어 준비하고 있으라　눅 12 : 35 - 48
꺼리지 않고 하나님의 뜻을 다 여러분께 전하였음이라　행 20 : 26 - 27
꼬부라진 여자를 안식일에 고치시다　눅 13 : 10 - 17
꽃은 떨어지되 오직 주의 말씀은 세세토록 있도다　벧전 1 : 24 - 25
꾸며낸 겸손과 천사의 숭배를 이유로 너희를 정죄하지　골 2 : 18 - 19
꾸어 주는 자는 잘 되나니 그 일을 정의로 행하리로다　시 112 : 5 - 9
꾸어줄지라도 꾸지 아니할 것이요　신 28 : 12
꿀을 많이 먹는 것이 좋지 못하고 자기의 영예를 구하는　잠 25 : 27
꿀을 먹으라 이것이 좋으니라 송이꿀을 먹으라　잠 24 : 13 - 14
꿀을 보거든 족하리만큼 먹으라 과식함으로 토할까　잠 25 : 16
꿇어 엎드려 그의 얼굴을 무릎 사이에 넣고　왕상 18 : 42
끓은 가마를 보았나이다 그 윗면이 북에서부터 기울어　렘 1 : 13 - 14
꿈과 해몽 (미디안 병사의 꿈)　삿 7 : 13 - 15
꿈꾸는 이 사람들도 그와 같이 육체를 더럽히며 권위를　유 1 : 8
꿈에 본즉 사닥다리가 땅 위에 서 있는데 그 꼭대기가　창 28 : 12 - 15
꿈에 헤롯에게로 돌아가지 말라 지시하심을 받아　마 2 : 12

꿈을 꾼 선지자는 꿈을 말할 것이요 내 말을 받은 자는	렘 23 : 28	- 32
꿈이 많으면 헛된 일들이 많아지고 말이 많아도 그러하	전 5 : 7	
끝까지 견고히 잡고 있으면 그리스도와 함께 참여한	히 3 : 14	
끝까지 견디는 자는 구원을 얻으리라	마 10 : 22	- 23
끝까지 견디는 자는 구원을 얻으리라	마 24 : 13	- 14
끝까지 견디는 자는 구원을 얻으리라	막 13 : 13	
끝까지 내 일을 지키는 그에게 만국을 다스리는 권세를	계 2 : 26	
끝날까지 너희와 항상 함께 있으리라 하시더라	마 28 : 20	
끝이 왔도다, 끝이 왔도다 끝이 너에게 왔도다	겔 7 : 6	- 7
끝자리에 앉으라	눅 14 : 7	- 14
나 보내신 이를 믿는 자는 영생을 얻었고 심판에 이르지	요 5 : 24	- 29
나 예수는 교회를 위하여 내 사자를 보내어 이것들을	계 22 : 16	
나 있는 곳에 너희도 있게 하리라	요 14 : 3	
나곤의 타작 마당 사건 (웃사가 죽다)	삼하 6 : 6	- 8
나귀 새끼가 매여 있는 것을 보리니 풀어 끌고 오라	막 11 : 2	- 11
나귀 새끼가 매여 있는 것을 보리니 풀어 끌고 오라	눅 19 : 30	- 44
나귀 새끼를 예수께로 끌고 와서 자기들의 겉옷을 그 위	막 11 : 7	- 11
나귀가 사람의 소리로 말하여 이 선지자의 미친 행동을	벧후 2 : 16	- 18
나귀와 나귀 새끼가 함께 있는 것을 보리니 풀어 내게	마 21 : 2	- 3
나귀와 나귀 새끼를 끌고 와서 자기들이 겉옷을 그 위에	마 21 : 7	- 11
나귀의 첫 새끼는 다 어린 양으로 대속할 것이요	출 13 : 13	
나귀의 첫 새끼는 다 어린 양으로 대속할 것이요	출 34 : 20	
나그네 된 자들에게 행하는 것은 신실한 일이니	요삼 1 : 5	- 8
나그네들을 보호하시며 고아와 과부를 붙드시고	시 146 : 9	
나그네를 대접하며 선행을 좋아하며 신중하며 의로우며	딛 1 : 8	- 9
나그네를 사랑하라	신 10 : 19	
나그네를 압제하지 말라	출 23 : 9	
나는 그들에게 하나님이 되고 그들은 내게 백성이 되리	히 8 : 10	- 13
나는 그들의 하나님이 되고 그들은 나의 백성이 되리라	고후 6 : 16	- 18
나는 그에게 아버지가 되고 그는 내게 아들이 되리라	히 1 : 5	- 14
나는 그의 신발끈을 풀기도 감당하지 못하겠노라	요 1 : 27	- 28
나는 그의 하나님이 되고 그는 내 아들이 되리라	계 21 : 7	- 8

나는 나를 위하여 네 허물을 도말하는 자니 네 죄를   사 43 : 25 - 26

나는 날마다 죽노라   고전 15 : 31 - 34

나는 네가 박해하는 나사렛 예수라 하시더라   행 22 : 8 - 9

나는 네가 박해하는 예수라   행 9 : 5 - 9

나는 다윗의 뿌리요 자손이니 곧 광명한 새벽 별이라   계 22 : 16

나는 마음이 온유하고 겸손하니 나의 멍에를 메고 내게   마 11 : 29 - 30

나는 물로 세례를 베풀거니와 너희 가운데 너희가 알지   요 1 : 26 - 28

나는 버릴 권세도 있고 다시 얻을 권세도 있으니   요 10 : 18

나는 부활이요 생명이니 나를 믿는 자는 죽어도 살겠고   요 11 : 25 - 27

나는 빛으로 세상에 왔나니 무릇 나를 믿는 자로 어둠에   요 12 : 46

나는 생명의 떡이니 내게 오는 자는 결코 주리지 아니할   요 6 : 35

나는 선한 목자라 나는 내 양을 알고 양도 나를 아는 것   요 10 : 14 - 18

나는 선한 목자라 선한 목자는 양들을 위하여 목숨을   요 10 : 11 - 18

나는 섬기는 자로 너희 중에 있노라   눅 22 : 27

나는 세상의 빛이니 나를 따르는 자는 어둠에 다니지 아   요 8 : 12

나는 스스로 온 것이 아니요 아버지께서 보내신 것이라   요 8 : 42

나는 스스로 있는 자이니라   출 3 : 14 - 15

나는 심었고 아볼로는 물을 주었으니 오직 하나님께서   고전 3 : 6 - 9

나는 아무도 판단하지 아니하노라   요 8 : 15 - 16

나는 알파와 오메가라 이제도 있고 전에도 있었고 장차   계 1 : 8

나는 양을 위하여 목숨을 버리노라   요 10 : 15 - 18

나는 양의 문이라   요 10 : 7 - 18

나는 여호와라 나 외에 구원자가 없느니라   사 43 : 11 - 12

나는 주의 것이오니 나를 구원하소서   시 119 : 94

나는 참포도나무요 내 아버지는 농부라   요 15 : 1 - 8

나는 처음이요 나는 마지막이라 나 외에 다른 신이 없   사 44 : 6

나는 처음이요 또 나는 마지막이라   사 48 : 12

나는 포도나무요 너희는 가지라   요 15 : 1 - 27

나는 포도나무요 너희는 가지라 그가 내 안에, 내가 그   요 15 : 5 - 8

나는 항상 그가 기뻐하시는 일을 행하므로 나를 혼자   요 8 : 29 - 30

나단의 비유 (부자와 가난한 자)   삼하 12 : 1 - 6

나단의 책망과 다윗의 회개   삼하 12 : 1 - 15

나단이 다윗에게 성전 건축에 대한 하나님의 말씀을   삼하 7 : 1 - 17
나단이 솔로몬이 왕이 되도록 돕다   왕상 1 : 11 - 30
나답과 아비후(아론의 두 아들)가 벌을 받아 죽다   레 10 : 1 - 3
나도 너를 정죄하지 아니하노니 가서 다시는 죄를 범하   요 8 : 11
나라가 스스로 분쟁하면 그 나라가 설 수 없고   막 3 : 24 - 27
나로 말미암아 너희를 욕하고 박해하고 거짓으로 너희를   마 5 : 11
나로 말미암아 실족하지 아니하는 자는 복이 있도다   마 11 : 6
나로 말미암지 않고는 아버지께로 올 자가 없느니라   요 14 : 6 - 7
나로 주 안에서 너로 말미암아 기쁨을 얻게 하고   몬 1 : 20
나를 가르쳐 주의 뜻을 행하게 하소서   시 143 : 10
나를 구원하여 이 때를 면하게 하여 주옵소서   요 12 : 27
나를 누구라 하느냐 베드로가 대답하여 이르되 주는   막 8 : 29
나를 단련하신 후에 내가 순금 같이 되어 나오리라   욥 23 : 10
나를 따라오라 내가 너희로 사람을 낚는 어부가 되게   막 1 : 17 - 18
나를 따라오라 내가 너희를 사람을 낚는 어부가 되게 하   마 4 : 19
나를 따라오려거든 자기를 부인하고 자기 십자가를 지고   마 16 : 24
나를 따라오려거든 자기를 부인하고 제 십자가를 지고   눅 9 : 23
나를 따르는 너희도 열두 보좌에 앉아 이스라엘 열두   마 19 : 28
나를 따르는 자는 어둠에 다니지 아니하고 생명의 빛을   요 8 : 12
나를 따르라 하시니 일어나 따르니라   마 9 : 9
나를 떠나서는 너희가 아무 것도 할 수 없음이라   요 15 : 5 - 8
나를 먹는 그 사람도 나로 말미암아 살리라   요 6 : 57 - 59
나를 미워하는 자는 또 내 아버지를 미워하느니라   요 15 : 23
나를 믿는 자는 나를 믿는 것이 아니요 나를 보내신 이   요 12 : 44 - 45
나를 믿는 자는 내가 하는 일을 그도 할 것이요 또한   요 14 : 12
나를 믿는 자는 성경에 이름과 같이 그 배에서 생수의   요 7 : 38 - 39
나를 믿는 자는 영원히 목마르지 아니하리라   요 6 : 35
나를 믿는 자는 영원히 죽지 아니하리니   요 11 : 26 - 27
나를 믿는 자는 죽어도 살겠고   요 11 : 25 - 27
나를 믿는 자로 어둠에 거하지 않게 하려 함이라   요 12 : 46
나를 믿는 작은 자들 중 하나라도 실족하게 하면 연자맷   막 9 : 42
나를 박해하였은즉 너희도 박해할 것이요   요 15 : 20 - 23

나를 버렸고 내게서 물러갔으므로 네게로 손을 펴서	렘 15	: 6	- 9
나를 보내신 것을 그들로 믿게 하려 함이니이다	요 11	: 42	- 44
나를 보내신 이가 나와 함께 하시는도다 나는 항상 그가	요 8	: 29	- 30
나를 보내신 이가 참되시매 내가 그에게 들은 그것을	요 8	: 26	- 30
나를 보내신 이는 참되시니 너희는 그를 알지 못하나	요 7	: 28	- 29
나를 보내신 이에게로 돌아가겠노라 나를 찾아도 만나지	요 7	: 33	- 36
나를 보내신 이의 뜻대로 하려 하므로 내 심판은 의로우	요 5	: 30	
나를 보내신 이의 뜻은 내게 주신 자 중에서 하나도 잃어	요 6	: 39	- 40
나를 보는 자는 나를 보내신 이를 보는 것이니라	요 12	: 45	
나를 본 고로 믿느냐 보지 못하고 믿는 자들은 복되도다	요 20	: 29	
나를 본 자는 아버지를 보았거늘 어찌하여 아버지를	요 14	: 9	- 12
나를 붙들지 말라 내가 아직 아버지께로 올라가지 아니	요 20	: 17	- 18
나를 사랑하고 계명을 지키는 자에게는 천 대까지 은혜	출 20	: 6	- 7
나를 사랑하는 자가 재물을 얻어서 그 곳간에 채우게	잠 8	: 21	
나를 사랑하는 자는 내 아버지께 사랑을 받을 것이요	요 14	: 21	- 24
나를 사랑하면 나의 계명을 지키리라	요 14	: 15	
나를 사랑하면 내 말을 지키리니 내 아버지께서 그를	요 14	: 23	- 24
나를 사랑하사 나를 위하여 자기 자신을 버리신	갈 2	: 20	- 21
나를 사랑하신 사랑이 그들 안에 있고 나도 그들 안에	요 17	: 26	
나를 사랑하심 같이 그들도 사랑하신 것을 알게 하려 함	요 17	: 23	
나를 사랑하지 아니하는 자는 내 말을 지키지 아니하나	요 14	: 24	
나를 사랑한즉 내가 그를 건지리라 그가 내 이름을 안즉	시 91	: 14	- 16
나를 섬기려면 나를 따르라 나 있는 곳에 나를 섬기는	요 12	: 26	
나를 섬기면 내 아버지께서 그를 귀히 여기시리라	요 12	: 26	
나를 시인하면 나도 내 아버지 앞에서 그를 시인할 것이	마 10	: 32	- 33
나를 시인하면 인자도 하나님의 사자 앞에서 그를 시인	눅 12	: 8	- 9
나를 알았더라면 내 아버지도 알았으리로다	요 8	: 19	
나를 알았더라면 내 아버지도 알았으리로다	요 14	: 7	
나를 영접하는 자는 나를 보내신 이를 영접하는 것이니	요 13	: 20	
나를 영접하면 나를 보내신 이를 영접함이니라	막 9	: 37	
나를 영접하면 나를 보내신 이를 영접함이라	눅 9	: 48	
나를 위하여 울지 말고 너희 자녀를 위하여 울라	눅 23	: 28	- 31

나를 위하여 집을 건축할 것이요 나는 그의 왕위를 　　대상 17 : 12 - 14
나를 이리로 보낸 이는 당신들이 아니요 하나님이시라 　　창 45 : 8
나를 찾다가 너희 죄 가운데서 죽겠고 내가 가는 곳에 　　요 8 : 21 - 24
나를 찾아도 만나지 못할 터이요 나 있는 곳에 오지도 못 　　요 7 : 34 - 36
나를 파는 자의 손이 나와 함께 상 위에 있도다 　　눅 22 : 21 - 23
나무 비유 (기드온 막내 아들 요담이 그리심 산에서) 　　삿 9 : 5 - 15
나무가 다하면 불이 꺼지고 말쟁이가 없어지면 다툼이 　　잠 26 : 20 - 21
나무는 각각 그 열매로 아나니 가시나무에서 무화과를 　　눅 6 : 44
나무도 좋고 열매도 좋다 하든지 나무도 좋지 않고 열매 　　마 12 : 33
나무에 달려 그 몸으로 우리 죄를 담당하셨으니 이는 　　벧전 2 : 24 - 25
나무에 달린 자마다 저주 아래에 있는 자라 하였음이라 　　갈 3 : 13 - 14
나무에 올라가니 이는 예수께서 그리로 지나가시게 됨 　　눅 19 : 4 - 10
나발과 아비가일 　　삼상 25 : 2 - 44
나발과 아비가일의 성품 　　삼상 25 : 3
나발을 치시매 그가 죽으니라 　　삼상 25 : 38 - 39
나병 (악성 피부병) 　　신 24 : 8 - 9
나병 같은 것이 생기거든 　　레 13 : 1 - 46
나병 들린 사람을 깨끗하게 하시다 　　눅 5 : 12 - 16
나병 색점 (집에 생기는 곰팡이) 　　레 14 : 33 - 57
나병 환자와 유출증이 있는 자와 주검으로 부정하게 된 　　민 5 : 2 - 4
나병 환자의 정결 규례 　　레 14 : 1 - 32
나병에 걸린 웃시야 왕 　　대하 26 : 16 - 23
나병이 발하여 눈같이 되었더라 (엘리사 사환 게하시) 　　왕하 5 : 27
나병환자 4명이 아람군대가 도망함을 알려주다 　　왕하 7 : 3 - 10
나병환자 시몬의 집에서 식사하실 때에 한 여자가 값진 　　막 14 : 3 - 9
나병환자 열 명이 깨끗함을 받다 　　눅 17 : 11 - 19
나병환자가 되어 별궁에 거하고 왕자 요담이 왕궁을 　　왕하 15 : 5
나병환자를 깨끗하게 하시다 　　마 8 : 2 - 4
나병환자를 깨끗하게 하시다 　　막 1 : 40 - 45
나보다 더 사랑하는 자는 내게 합당하지 아니하고 　　마 10 : 37 - 38
나보다 먼저 온 자는 다 절도요 강도니 양들이 듣지 아 　　요 10 : 8 - 10
나봇의 토지에서 만나매 요람이 예후를 보고 이르되 　　왕하 9 : 21 - 26

나봇의 포도원	왕상 21	:	1	-	29
나사렛 예수 그리스도의 이름으로 이 사람이 건강하게	행 4	:	10	-	12
나사렛 예수 그리스도의 이름으로 일어나 걸으라 하고	행 3	:	6	-	10
나사렛 예수로 큰 권능과 기사로 표적을 너희 가운데	행 2	:	22	-	24
나사렛이란 동네에 가서 사니 이는 나사렛 사람이라 칭	마 2	:	23		
나사로가 무덤에 있은 지 이미 나흘이라	요 11	:	17		
나사로가 잠들었도다 그러나 내가 깨우러 가노라	요 11	:	11	-	16
나사로까지 죽이려고 모의하다	요 12	:	9	-	10
나사로는 고난을 받았으니 이제 그는 여기서 위로를 받	눅 16	:	25	-	31
나사로라 이름하는 한 거지가 헌데 투성이로 그의 대문	눅 16	:	20	-	31
나사로를 살리시다	요 11	:	1	-	44
나사로야 나오라 부르시니 죽은 자가 수족을 베로 동인	요 11	:	43	-	44
나실사람으로 포도주를 마시게 하며 선지자에게 명령하	암 2	:	12		
나실인 삼손	삿 13	:	5		
나실인 삼손의 머리털	삿 16	:	17	-	22
나실인 서원을 하고 자기 몸을 여호와께 드리려고 하면	민 6	:	2	-	11
나실인의 법	민 6	:	1	-	21
나아만의 교만과 순종	왕하 5	:	9	-	14
나아만이 나병 고침을 받다	왕하 5	:	1	-	14
나오미 가족의 모압 지방으로 이주	룻 1	:	1	-	5
나오미와 두 며느리가 베들레헴으로 돌아오다	룻 1	:	6	-	22
나오미의 두 며느리의 효심	룻 1	:	8	-	18
나와 아버지는 하나이니라 하신대 유대인들이 돌을 들어	요 10	:	30	-	33
나와 함께 낙원에 있으리라 하시니라	눅 23	:	43		
나와 함께 모으지 아니하는 자는 헤치는 자니라	마 12	:	30		
나와 함께 아니하는 자는 나를 반대하는 자요	마 12	:	30		
나와 함께 하시는도다 나는 항상 그가 기뻐하시는 일을	요 8	:	29	-	30
나와 함께 하지 아니하는 자는 나를 반대하는 자요	눅 11	:	23		
나와 함께 한 시간도 이렇게 깨어 있을 수 없더냐	마 26	:	40		
나의 것을 도둑질하였으므로 너희가 저주를 받았느니	말 3	:	9	-	10
나의 계명을 지키는 자라야 나를 사랑하는 자니 나를	요 14	:	21	-	24
나의 눈물을 주의 병에 담으소서 이것이 주의 책에 기록	시 56	:	8		

나의 뜻대로 하려 하지 않고 나를 보내신 이의 뜻대로   요 5 : 30

나의 말을 듣고 행하는 자는 그 집을 반석 위에 지은   마 7 : 24 - 27

나의 사랑이시요 나의 요새이시요 나의 산성이시요   시 144 : 2

나의 양식은 나를 보내신 이의 뜻을 행하며 그의 일을   요 4 : 34

나의 양은 너희 발로 밟은 것을 먹으며 마시는도다   겔 34 : 19 - 20

나의 여러 약한 것들에 대하여 자랑하리니   고후 12 : 9 - 10

나의 영을 그에게 주었은즉 그가 이방에 정의를 베풀리   사 42 : 1 - 4

나의 원대로 마시옵고 아버지의 원대로 하옵소서   마 26 : 39

나의 원대로 마시옵고 아버지의 원대로 하옵소서   막 14 : 36

나의 의인은 믿음으로 말미암아 살리라   히 10 : 38 - 39

나의 자랑을 두고 단언하노니 나는 날마다 죽노라   고전 15 : 31 - 34

나의 잘못이라 지존자의 오른손의 해   시 77 : 10 - 11

나의 장례할 날을 위하여 그것을 간직하게 하라   요 12 : 7 - 8

나의 종이라 내가 너를 택하고 싫어하여 버리지 아니하   사 41 : 9

나의 하나님, 나의 하나님 어찌하여 나를 버리셨나이까   막 15 : 34

나일 강 물이 땅에서 피가 되리라   출 4 : 9

나중 된 자로서 먼저 되고 먼저 된 자로서 나중 되리라   마 20 : 16

나중 된 자로서 먼저 될 자가 있고 먼저 된 자로서 나중   눅 13 : 30

나타내려 하지 않고는 감추인 것이 없느니라   막 4 : 22 - 25

나팔 소리가 나매 죽은 자들이 썩지 아니할 것으로   고전 15 : 52 - 58

나팔 소리로 찬양하며 비파와 수금으로 찬양할지어다   시 150 : 3 - 5

나팔 소리로 친히 하늘로부터 강림하시리니 그리스도   살전 4 : 16 - 18

나팔 소리를 듣고도 정신차리지 아니하므로   겔 33 : 4 - 6

나팔 소리를 들으라 하나 우리는 듣지 않겠노라 하였도   렘 6 : 17

나팔 신호 (은 나팔 규례)   민 10 : 1 - 10

나팔과 빈 항아리를 들리고 항아리 안에는 횃불을   삿 7 : 16 - 22

나팔과 호각 소리로 왕이신 여호와 앞에 즐겁게 소리칠   시 98 : 6

나팔소리와 함께 천사들을 보내리니 그들이 그의 택하신   마 24 : 31

나팔을 불어 온갖 것을 준비하였을지라도 전쟁에 나갈   겔 7 : 14

나팔을 불지 아니하여 백성에게 경고하지 아니하므로   겔 33 : 6 - 7

나팔이 분명하지 못한 소리를 내면 누가 전투를 준비하   고전 14 : 8 - 14

나팔절   민 29 : 1 - 6

나팔절 (해방절)	레 23	: 24	- 25
나홀의 후예	창 22	: 20	- 24
낙심하며 불안해 하는가 너는 하나님께 소망을 두라	시 42	: 11	
낙심하며 불안해 하는가 너는 하나님께 소망을 두라	시 43	: 5	
낙심하지 말지니 포기하지 아니하면 때가 이르매 거두	갈 6	: 9	- 10
낙원에 있는 생명나무의 열매를 주어 먹게 하리라	계 2	: 7	
낙원에 있으리라 하시니라	눅 23	: 43	
낙원으로 이끌려 가서 말로 표현할 수 없는 말을 들었	고후 12	: 4	- 6
낙타가 바늘 구멍에 들어가는 것이 부자가 하나님의	마 19	: 24	
낙타가 바늘귀로 나가는 것이 부자가 하나님의 나라에	막 10	: 25	
낙타가 바늘귀로 들어가는 것이 부자가 하나님의 나라	눅 18	: 25	- 30
낙헌제로 주께 감사하리다	시 54	: 6	
낚시를 던져 먼저 오르는 고기의 입을 열면 돈 한 세겔	마 17	: 27	
난 지 팔 일 만에 할례를 받을 것이라	창 17	: 12	
난간에서 떨어져 병든 아하시야	왕하 1	: 1	- 8
난간을 만들어 사람이 떨어지지 않게 하라	신 22	: 8	
난리와 난리 소문을 듣겠으나 너희는 두려워 말라	마 24	: 6	- 14
난리와 난리 소문을 들을 때에 두려워 말라 이런 일이	막 13	: 7	- 13
난리와 소요의 말을 들을 때에 두려워 하지 말라	눅 21	: 9	
날 것으로나 물에 삶아서 먹지 말고 다 불에 구워 먹고	출 12	: 9	- 11
날개 아래 피하리로다 그의 진실함은 방패가 되시나니	시 91	: 4	
날마다 우리 짐을 지시는 주 곧 우리의 구원이신 하나님	시 68	: 19	
날선 검을 가지신 이가 이르시되	계 2	: 12	- 14
날씨는 분별할 줄 알면서 시대의 표적은 분별할 수 없느	마 16	: 3	- 4
날아가는 두루마리 (스가랴가 본 환상)	슥 5	: 1	- 4
날이 밝기 전에 부르짖으며 주의 말씀을 바랐사오며	시 119	: 147	- 148
남녀 의복을 혼용치 말라	신 22	: 5	
남녀가 동침하여 설정하였거든 둘 다 물로 몸을 씻을	레 15	: 32	- 33
남녀간의 불륜에 관한 법	신 22	: 22	- 30
남북의 분쟁 (유다와 이스라엘 백성간의 분쟁)	삼하 19	: 40	- 43
남색하는 자를 그 땅에서 쫓아내고 모든 우상을 없애고	왕상 15	: 12	- 13
남에게 대접을 받고자 하는 대로 너희도 남을 대접하라	마 7	: 12	

남에게 대접을 받고자 하는 대로 너희도 남을 대접하라   눅 6 : 31

남은 자   롬 11 : 1 - 12

남은 자 곧 야곱의 남은 자가 능하신 하나님께로 돌아올   사 10 : 21 - 22

남은 자는 다시 아래로 뿌리를 내리고 위로 열매를   왕하 19 : 30

남은 자만 구원을 받으리니   롬 9 : 27 - 29

남을 사랑하는 자는 율법을 다 이루었느니라   롬 13 : 8 - 10

남을 판단하는 것으로 네가 너를 정죄함이니   롬 2 : 1 - 3

남을 허물하지 아니하고 이웃을 비방하지 아니하며   시 15 : 3

남의 것에 충성하지 아니하면 누가 너희의 것을 너희에   눅 16 : 12 - 13

남의 말 하기를 좋아 하는 자의 말은 별식과 같아서   잠 26 : 22

남의 은밀한 일은 누설하지 말라   잠 25 : 9 - 10

남의 터 위에 건축하지 아니하려 함이라   롬 15 : 20

남의 하인을 비판하는 너는 누구냐   롬 14 : 4 - 6

남자 없이 여자만 있지 않고 여자 없이 남자만 있지 아   고전 11 : 11 - 16

남자 우상을 만들어 행음하며   겔 16 : 17 - 22

남자가 남자와 더불어 부끄러운 일을 행하여   롬 1 : 27

남자가 부모를 떠나 그의 아내와 합하여 둘이 한 몸을   창 2 : 24

남자가 여자를 가까이 아니함이 좋으나 음행을 피하기   고전 7 : 1 - 2

남자가 여자를 위하여 지음을 받지 아니하고 여자가   고전 11 : 9 - 16

남자가 여자에게서 난 것이 아니요 여자가 남자에게서   고전 11 : 8 - 16

남자나 여자가 접신하거나 박수무당이 되거든 죽일지니   레 20 : 27

남자는 다 할례를 받으라 이것이 나와 지킬 내 언약이니   창 17 : 10

남자는 매년 세 번씩 주 여호와께 보일지니라   출 23 : 17

남자는 매년 세 번씩 하나님 앞에 보일지라   출 34 : 23 - 24

남자는 일 년에 세 번 곧 (무교절, 칠칠절, 초막절)에   신 16 : 16 - 17

남자는 하나님의 형상과 영광이니 그 머리를 마땅히   고전 11 : 7 - 16

남자들도 순리대로 여자 쓰기를 버리고 서로 향하여   롬 1 : 27

남자들이 분노와 다툼이 없이 거룩한 손을 들어 기도하   딤전 2 : 8 - 10

남자로서 머리에 무엇을 쓰고 기도나 예언을 하는 자는   고전 11 : 4 - 16

남자를 낳으면 그는 이레 동안 부정하리니 여덟째 날에   레 12 : 2 - 3

남자를 주관하는 것을 허락하지 아니하노니 오직 조용   딤전 2 : 12 - 15

남자마다 자기 아내를 두고 여자마다 자기 남편을 두라   고전 7 : 2

남자에게 긴 머리가 있으면 자기에게 부끄러움이 되는	고전 11	: 14	-	16
남자의 머리는 그리스도요 여자의 머리는 남자요	고전 11	: 3	-	16
남종과 여종들에게 부어 주리니 그들이 예언할 것이요	행 2	: 18	-	21
남창의 집을 헐었으니 그 곳은 여인이 아세라를 위하여	왕하 23	: 7		
남편 대신에 다른 남자들과 내통하여 간음하는 아내	겔 16	: 32	-	34
남편 생전에 다른 남자에게 가면 음녀라 그러나 만일	롬 7	: 3	-	4
남편과 아내	엡 5	: 22	-	33
남편과 아내	벧전 3	: 1	-	7
남편도 아내를 버리지 말라	고전 7	: 11	-	16
남편도 자기 몸을 주장하지 못하고 오직 그 아내가 하나	고전 7	: 4	-	6
남편된 자여 네가 아내를 구원할는지 어찌 알 수 있으리	고전 7	: 16		
남편들도 자기 아내 사랑하기를 자기 자신과 같이 할지	엡 5	: 28		
남편들아 아내 사랑하기를 그리스도께서 교회를 사랑	엡 5	: 25	-	28
남편들아 아내를 사랑하며 괴롭게 하지 말라	골 3	: 19	-	21
남편들아 이와 같이 지식을 따라 너희 아내와 동거하고	벧전 3	: 7		
남편에게 복종하게 하라 이는 하나님의 말씀이 비방을	딛 2	: 5	-	8
남편에게 복종하기를 주께 하듯 하라	엡 5	: 22	-	24
남편에게 복종하라 이는 주 안에서 마땅하니라	골 3	: 18	-	21
남편에게 순종하라 이는 아내의 행실로 말미암아 구원	벧전 3	: 1	-	6
남편에게 순종하므로 자기를 단장하였나니	벧전 3	: 5	-	6
남편은 그 아내에 대한 의무를 다하고 아내도 그 남편에	고전 7	: 3		
남편은 너를 다스릴 것이니라	창 3	: 16		
남편을 원하고 남편은 너를 다스릴 것이니라	창 3	: 16		
남편을 존경하라	엡 5	: 33		
남편의 일 년간 징집면제 (신혼가정)	신 24	: 5		
남편이 다섯이 있었고 지금 있는 자도 네 남편이 아니니	요 4	: 18		
남편이 아내의 머리 됨이 그리스도께서 교회의 머리 됨	엡 5	: 23	-	24
남편이 죽으면 그 법에서 자유롭게 되나니 다른 남자	롬 7	: 3	-	4
남편이 죽으면 자유로워 자기 뜻대로 시집 갈 것이나	고전 7	: 39	-	40
남편이시라 그의 이름은 만군의 여호와이시며	사 54	: 5		
남편인 그리스도께 드리려고 중매함이로다	고후 11	: 2	-	3
납달리 지파 자손의 기업	수 19	: 32	-	39

납달리의 자손	대상 7	:	13	
납폐금을 주고 아내로 삼을 것이요	출 22	:	16	- 17
낫을 땅에 휘두르매 땅의 곡식이 거두어지니라	계 14	:	16	
낫을 휘둘러 땅의 포도송이를 거두라 그 포도가 익었느	계 14	:	18	- 20
낮 사분의 일은 서서 율법책을 낭독하고 낮 사분지 일은	느 9	:	3	
낮도 주의 것이요 밤도 주의 것이라	시 74	:	16	
낮아져서 스스로 천하게 보일지라도 높임을 받으리라	삼하 6	:	22	
낮에 다니면 이 세상의 빛을 보므로 실족하지 아니하고	요 11	:	9	- 10
낮에 속하였으니 정신을 차리고 믿음과 사랑의 호심경	살전 5	:	8	- 11
낮에는 구름 기둥으로 그들의 길을 인도하시고 밤에는	출 13	:	21	- 22
낮에는 여호와의 구름이 성막 위에 있고 밤에는 불이	출 40	:	38	
낮에와 같이 단정히 행하고 방탕하거나 술 취하지 말며	롬 13	:	13	- 14
낮은 자가 높은 자에게 축복을 받느니라	히 7	:	6	- 7
낮은 자를 굽어살피시며 멀리서도 교만한 자를 아심	시 138	:	6	
낮은 형제는 자기의 높음을 자랑하고 부한 자는 자기의	약 1	:	9	- 11
낮의 해가 너를 상하게 하지 아니하며 밤의 달도 너를	시 121	:	6	- 8
낮이매 나를 보내신 이의 일을 우리가 하여야 하리라	요 9	:	4	- 5
낮추기도 하시고 높이기도 하시는도다	삼상 2	:	7	- 8
낮추라 그리하면 주께서 너희를 높이시리라	약 4	:	10	
낯을 벽으로 향하여 여호와께 기도하여 이르되	왕하 20	:	2	- 3
낳으신 이를 사랑하는 자마다 그에게서 난 자를 사랑하	요일 5	:	1	- 3
낳지 아니한 알을 품음 같아서 그의 중년에 그것이 떠나	렘 17	:	11	
내 계명은 곧 내가 너희를 사랑한 것 같이 너희도 서로	요 15	:	12	- 15
내 계명을 지키면 내 사랑 안에 거하리라	요 15	:	10	
내 교훈은 내 것이 아니요 나를 보내신 이의 것이니라	요 7	:	16	- 18
내 기쁨을 그들 안에서 충만히 가지게 하려 함이니라	요 17	:	13	
내 기쁨이 너희 안에 있어 너희 기쁨을 충만하게 하려	요 15	:	11	
내 눈이 주의 말씀을 바라기에 피곤하니이다	시 119	:	82	
내 능력이 약한 데서 온전하여짐이라 하신지라	고후 12	:	9	- 10
내 뒤에 오는 사람이 있는데 나보다 앞선 것은 그가	요 1	:	30	- 34
내 뒤에 오시는 이를 믿으라 하였으니 이는 곧 예수라	행 19	:	4	- 7
내 때는 아직 이르지 아니하였거니와 너희 때는 늘 준비	요 7	:	6	- 9

내 떡을 먹는 자가 내게 발꿈치를 들었다 한 성경을 응	요 13	: 18	
내 뜻을 행하려 함이 아니요 나를 보내신 이의 뜻을 행하	요 6	: 38	- 40
내 말에 거하면 참으로 내 제자가 되고 진리를 알지니	요 8	: 31	- 32
내 말을 듣고 또 나 보내신 이를 믿는 자는 영생을 얻었	요 5	: 24	- 29
내 말을 지키면 영원히 죽음을 보지 아니하리라	요 8	: 51	
내 말이 너희 안에 거하면 무엇이든지 원하는 대로 구하	요 15	: 7	- 8
내 멍에는 쉽고 내 짐은 가벼움이라 하시니라	마 11	: 30	
내 목소리를 들으라 그리하면 나는 너희의 하나님이 되	렘 7	: 23	
내 목숨을 버리는 것은 그것을 내가 다시 얻기 위함이	요 10	: 17	- 18
내 몸이니 이것을 행하여 나를 기념하라 하시고	고전 11	: 24	- 29
내 몸이라 너희가 이를 행하여 나를 기념하라 하시고	눅 22	: 19	- 20
내 백성이 되겠고 나는 그들의 하나님이 되리라	렘 24	: 7	
내 백성이 되겠고 나는 너희의 하나님이 되리라	렘 11	: 4	
내 백성이 되고 나는 그들의 하나님이 되리라	겔 11	: 19	- 21
내 백성이 아닌 자를 내 백성이라, 사랑하지 아니한 자	롬 9	: 25	- 26
내 비둘기, 내 완전한 자는 하나뿐이로구나	아 6	: 9	
내 사랑 너는 어여쁘고도 어여쁘다 너울 속에 있는	아 4	: 1	
내 사자를 네 앞에 보내노니 그가 네 길을 네 앞에 준비	마 11	: 10	- 11
내 살은 참된 양식이요 내 피는 참된 음료로다	요 6	: 55	- 59
내 살을 먹고 내 피를 마시는 자는 내 안에 거하고 나도	요 6	: 56	- 59
내 살을 먹고 내 피를 마시는 자는 영생을 가졌고	요 6	: 54	- 59
내 생명을 내게 주시고 내 민족을 내게 주소서	에 7	: 3	
내 손에서 빼앗을 자가 없느니라	요 10	: 28	- 28
내 손이 나를 구원하였다 할까 함이라	삿 7	: 2	
내 아들이니 내가 오늘 너를 낳았다 하셨고	히 5	: 5	- 7
내 아버지 곧 너희 아버지, 내 하나님 곧 너희 하나님께	요 20	: 17	- 18
내 아버지 집에 있어야 될 줄을 알지 못하셨나이까	눅 2	: 49	- 50
내 안에 거하고 내 말이 너희 안에 거하면 무엇이든지	요 15	: 7	- 8
내 안에 거하라 나도 너희 안에 거하리라	요 15	: 4	- 8
내 안에 거하지 아니하면 가지처럼 밖에 버려져 마르나	요 15	: 6	- 8
내 안에 그리스도께서 사시는 것이라	갈 2	: 20	- 21
내 양은 내 음성을 들으며 나는 그들을 알며 그들은 나를	요 10	: 27	- 28

내 양을 먹이라	요 21	: 15	- 25
내 양을 치라 하시고	요 21	: 16	- 25
내 양이 아니므로 나를 믿지 아니하는도다	요 10	: 26	- 28
내 어린 양을 먹이라 하시고	요 21	: 15	- 25
내 언약은 내가 내년 이 시기에 사라가 네게 낳을 이삭	창 17	: 21	- 22
내 영혼아 여호와를 송축하라 할렐루야	시 103	: 35	
내 영혼으로 고요하고 평온하게 하기를 젖 뗀 아이가	시 131	: 2	
내 영혼을 아버지 손에 부탁하나이다 하신 후 숨지시니	눅 23	: 46	- 49
내 영혼이 주를 갈망하며 내 육체가 주를 앙모하나이다	시 63	: 1	
내 옷으로 너를 덮어 벌거벗은 것을 가리고 네게 맹세하	겔 16	: 8	- 13
내 원대로 마옵시고 아버지의 원대로 되기를 원하나이다	눅 22	: 42	- 44
내 음성을 듣고 문을 열면 내가 그에게로 들어가 그와	계 3	: 20	
내 음성을 듣고 한 무리가 되어 한 목자에게 있으리라	요 10	: 16	- 18
내 이름으로 귀신을 쫓아내며 새 방언을 말하며 뱀을	막 16	: 17	- 18
내 이름으로 말미암아 모든 사람에게 미움을 받을 것	마 10	: 22	- 23
내 이름으로 말미암아 모든 사람에게 미움을 받을 것	눅 21	: 17	- 19
내 이름으로 무엇을 구하든지 내가 행하리니 이는	요 14	: 13	- 14
내 이름으로 무엇이든지 내게 구하면 내가 행하리라	요 14	: 14	
내 이름으로 아버지께 무엇을 구하든지 다 받게 하려 함	요 15	: 16	
내 이름으로 어린 아이 하나를 영접하면 곧 나를 영접함	막 9	: 37	
내 이름으로 와서 이르되 내가 그라 하며 때가 가까이	눅 21	: 8	- 9
내 이름으로 와서 이르되 내가 그라 하여 미혹하리라	막 13	: 6	
내 이름으로 이런 어린 아이 하나를 영접하면 곧 나를	마 18	: 5	- 6
내 이름으로 일컬음을 받는 모든 이방인들로 주를 찾게	행 15	: 17	- 21
내 이름으로 일컬음을 받는 이 집이 도둑의 소굴로 보이	렘 7	: 11	
내 이름을 안즉 내가 그를 높이리라	시 91	: 14	- 16
내 이름을 위하여 집이나 형제나 자매나 부모나 자식	마 19	: 29	- 30
내 이름을 의탁하여 능한 일을 행하고 나를 비방할 자가	막 9	: 39	- 40
내 이름이 온 천하에 전파되게 하려 하였음이니라	출 9	: 16	- 17
내 자유가 남의 양심으로 말미암아 판단을 받으리요	고전 10	: 29	- 33
내 집에 들어오심을 나는 감당치 못 하겠사오니 다만	마 8	: 8	- 13
내 집은 기도하는 집이 되리라 하였거늘 너희는 강도의	눅 19	: 46	

내 집은 기도하는 집이라 일컬음을 받으리라 하였거늘	마 21	: 13
내 집은 만민이 기도하는 집이라	사 56	: 7
내 집은 만민이 기도하는 집이라 칭함을 받으리라고	막 11	: 17 - 18
내 집은 황폐하였으되 너희는 자기의 집을 짓기 위하여	학 1	: 9 - 11
내 피로 세우는 새 언약이니 곧 너희를 위하여 붓는 것	눅 22	: 20 - 21
내 하나님 곧 너희 하나님께로 올라간다 하라 하시니	요 20	: 17 - 18
내가 가는 곳에 너희가 오지 못하리라	요 8	: 21 - 24
내가 가는 곳에 네가 지금은 따라올 수 없으나 후에는	요 13	: 36 - 38
내가 가리니 너희가 나를 찾다가 너희 죄 가운데서 죽겠	요 8	: 21 - 24
내가 거룩하니 너희도 거룩할지어다 하셨느니라	벧전 1	: 16
내가 결코 너희를 버리지 아니하고 너희를 떠나지 아니	히 13	: 5 - 6
내가 곧 길이요 진리요 생명이니	요 14	: 1 - 24
내가 곧 길이요 진리요 생명이니 나로 말미암지 않고는	요 14	: 6 - 7
내가 곧 생명의 떡이라	요 6	: 48 - 51
내가 그들 안에 있고 아버지께서 내 안에 계시어 그들로	요 17	: 23
내가 그에게서 났고 그가 나를 보내셨음이라 하시니	요 7	: 29
내가 그인줄 믿지 아니하면 너희 죄 가운데서 죽으리라	요 8	: 24
내가 나 된 것은 하나님의 은혜로 된 것이니 내게 주신	고전 15	: 10 - 11
내가 내 몸을 쳐 복종하게 함은 내가 남에게 전파한 후	고전 9	: 27
내가 내게 영광을 돌리면 내 영광이 아무 것도 아니거니	요 8	: 54
내가 너를 씻어 주지 아니하면 네가 나와 상관이 없느	요 13	: 8 - 15
내가 너를 지명하여 불렀나니 너는 내 것이라	사 43	: 1 - 2
내가 너와 함께 있어 너를 구원할 것이라	렘 30	: 11
내가 너와 함께 있으매 어떤 사람도 너를 대적하여	행 18	: 10
내가 너희로 노력하지 아니한 것을 거두러 보냈노니	요 4	: 38
내가 너희를 사랑한 것 같이 너희도 서로 사랑하라	요 13	: 34 - 35
내가 너희를 사랑한 것 같이 너희도 서로 사랑하라	요 15	: 12 - 15
내가 너희를 위하여 거처를 예비하러 가노니	요 14	: 2 - 3
내가 너희를 택하여 세웠나니 이는 너희로 가서 열매를	요 15	: 16
내가 너희에게 행한 것 같이 너희도 행하게 하려 하여	요 13	: 15
내가 네게 나타난 것은 곧 네가 나를 본 일과 장차 내가	행 26	: 16 - 18
내가 네게 입힌 영화로 네 화려함이 온전함이라	겔 16	: 14 - 15

내가 능히 이 일을 할 줄 믿느냐 대답하되 주여 그러하오	마 9 : 28 - 31
내가 달려갈 길과 주 예수께 받은 사명 곧 하나님의	행 20 : 24
내가 도둑 같이 오리니 누구든지 깨어 자기 옷을 지켜	계 16 : 15
내가 드려 유익하게 할 것이 하나님께 드림이 되었다고	마 15 : 5 - 6
내가 땅에서 들리면 모든 사람을 내게로 이끌겠노라	요 12 : 32 - 36
내가 떠나가지 아니하면 보혜사가 너희에게로 오시지	요 16 : 7 - 15
내가 떡 한 조각을 적셔다 주는 자가 그니라 하시고	요 13 : 26 - 30
내가 마시지 않고는 이 잔이 내게서 지나갈 수 없거든	마 26 : 42
내가 명하는 대로 행하면 곧 나의 친구라	요 15 : 14 - 15
내가 문이니 누구든지 나로 말미암아 들어가면 구원을	요 10 : 9 - 18
내가 반드시 너에게 복 주고 복 주며 너를 번성하게 하	히 6 : 14 - 15
내가 보낸 자를 영접하는 자는 나를 영접하는 것이요	요 13 : 20
내가 불러도 그들이 듣지 아니한 것처럼 그들이 불러도	슥 7 : 13 - 14
내가 빚진 자라 그러므로 복음 전하기를 원하노라	롬 1 : 14 - 15
내가 사는 것이 아니요 오직 내 안에 그리스도께서 사시	갈 2 : 20 - 21
내가 세상에 속하지 아니함 같이 그들도 세상에 속하지	요 17 : 16
내가 세상에 있는 동안에는 세상의 빛이로라	요 9 : 5
내가 세상을 이기었다	요 16 : 25 - 33
내가 세운 것을 헐기도 하며 내가 심은 것을 뽑기도 하	렘 45 : 4 - 5
내가 속히 오리니 내가 줄 상이 내게 있어 각 사람에	계 22 : 12
내가 속히 오리니 이 두루마리의 예언의 말씀을 지키는	계 22 : 7
내가 스스로 온 것이 아니라 나를 보내신 이는 참되시	요 7 : 28 - 29
내가 아무 것도 스스로 할 수 없노라 듣는 대로 심판하	요 5 : 30
내가 아버지 안에 거하고 아버지는 내 안에 계신 것을	요 14 : 10 - 12
내가 아버지 안에 있는 것 같이 그들도 다 하나가 되어	요 17 : 21 - 23
내가 아버지 안에, 너희가 내 안에, 내가 너희 안에 있는	요 14 : 20
내가 아버지로 말미암아 사는 것 같이 나를 먹는 그 사람	요 6 : 57 - 59
내가 여기 있나이다 나를 보내소서 하였더니	사 6 : 8 - 13
내가 영원한 사랑으로 너를 사랑하기에 인자함으로	렘 31 : 3
내가 온 것은 사람이 그 아버지와, 딸이 어머니와,	마 10 : 36
내가 온 것은 세상을 심판하려 함이 아니요 세상을 구	요 12 : 47 - 48
내가 온 것은 양으로 생명을 얻게 하고 더 풍성히 얻게	요 10 : 10 - 18

내가 왕이니라 내가 이를 위하여 태어났으며 이를 위하	요 18	: 37	-	38
내가 육체 가운데 사는 것은 나를 사랑하사 나를 위하여	갈 2	: 20	-	21
내가 자식을 양육하였거늘 그들이 나를 거역하였도다	사 1	: 2		
내가 주는 물은 그 속에서 영생하도록 솟아 나는 샘물이	요 4	: 14		
내가 주는 물을 마시는 자는 영원히 목마르지 아니하리	요 4	: 14		
내가 주님을 사랑하시는 줄 주님께서 아시나이다	요 21	: 15	-	25
내가 주릴 때에 너희가 먹을 것을 주었고 목마를 때에	마 25	: 35	-	46
내가 주와 또는 선생이 되어 너희 발을 씻었으니 너희도	요 13	: 14	-	15
내가 줄 떡은 곧 세상의 생명을 위한 내 살이니라	요 6	: 51		
내가 줄 상이 내게 있어 각 사람에게 그가 행한 대로	계 22	: 12		
내가 지었은즉 내가 업을 것이요 내가 품고 구하리라	사 46	: 4		
내가 진실로 속히 오리라 하시거늘 아멘 주 예수여	계 22	: 20		
내가 창조한 사람을 내가 지면에서 쓸어버리되	창 6	: 7		
내가 한 것이 아니요 오직 나와 함께 하신 하나님의	고전 15	: 10	-	11
내가 혼자 있는 것이 아니요 나를 보내신 이가 함께 계심	요 8	: 16		
내게 오는 자는 결코 주리지 아니할 터이요 나를 믿는 자	요 6	: 35		
내게 오는 자는 내가 결코 내쫓지 아니하리라	요 6	: 37		
내게 오는 자는 자기 부모와 처자와 형제와 자매와	눅 14	: 26	-	27
내게 주신 자 중에서 하나도 잃어버리지 아니하고	요 6	: 39	-	40
내게는 너희가 알지 못하는 먹을 양식이 있느니라	요 4	: 32	-	34
내게로 돌아오라 그리하면 내가 너희에게로 돌아가리라	슥 1	: 3	-	4
내게서 금을 사서 부요하게 하고 흰 옷을 사서 입어	계 3	: 18		
내시가 말하되 보라 물이 있으니 내가 세례를 받음에	행 8	: 36	-	40
내시가 예루살렘에 왔다가 돌아가는데 수레를 타고	행 8	: 27	-	40
내시는 기쁘게 길을 가므로 그를 다시 보지 못하니라	행 8	: 39	-	40
내일 일을 너희가 알지 못하는도다 너희 생명이 무엇이	약 4	: 14	-	17
내일 일을 위하여 염려하지 말라 내일 일은 내일이 염려	마 6	: 34		
내일 일을 자랑하지 말라 하루 동안에 무슨 일이 일어날	잠 27	: 1		
냄새를 나타내시는 하나님께 감사하노라	고후 2	: 14	-	17
너는 내 사랑하는 아들이라 내가 너를 기뻐하노라	눅 3	: 22		
너는 내 아들이니 내가 오늘 너를 낳았다 하셨고	히 5	: 5	-	7
너는 내 아들이라 오늘 내가 너를 낳았다 하셨으며	히 1	: 5	-	14

너는 베드로라 내가 이 반석 위에 내 교회를 세우리니	마 16	: 18	- 20	
너는 완고하며 네 목은 쇠의 힘줄이요 이마는 놋이라	사 48	: 4		
너는 칼과 창과 단창으로 나는 하나님의 이름으로	삼상 17	: 45		
너는 칼을 믿고 생활하겠고 네 아우를 섬길 것이며	창 27	: 40		
너는 항상 나와 함께 있으니 내 것이 다 네 것이로되	눅 15	: 31	- 32	
너로 말미암아 내 능력을 보이고 내 이름이 온 땅에	롬 9	: 17	- 18	
너를 강하게 할 것이요 너에게 복을 받게 할 것이며	렘 15	: 11		
너를 구원하여 그들에게 보내어 그 눈을 뜨게 하여	행 26	: 17	- 18	
너를 지으신 이가 네 남편이시라 그의 이름은 여호와	사 54	: 5		
너를 축복하는 자에게는 내가 복을 내리고 너를 저주하	창 12	: 3		
너비와 길이와 높이와 깊이가 어떠함을 깨달아 하나님	엡 3	: 19		
너에게 복 주고 복 주며 너를 번성하게 하고 번성하게	히 6	: 14	- 15	
너희 말을 듣는 자는 곧 내 말을 듣는 자요 너희를 저버	눅 10	: 16		
너희 몸으로 하나님께 영광을 돌리라	고전 6	: 20		
너희 보물이 있는 곳에 너희 마음도 있으리라	눅 12	: 34		
너희 부르심과 택하심을 굳게 하라	벧후 1	: 10	- 11	
너희 속에 그리스도의 형상을 이루기까지 다시 너희를	갈 4	: 19		
너희 속에 소금을 두고 서로 화목하라 하시니라	막 9	: 50		
너희 자신을 죄에 대하여 죽은 자요 그리스도 안에서	롬 6	: 11	- 14	
너희 중 하나가 나를 팔리라	요 13	: 21	- 30	
너희 중에 죄가 없는 자가 먼저 돌로 치라	요 8	: 7	- 11	
너희 중에 큰 자는 너희를 섬기는 자가 되어야 하리라	마 23	: 11		
너희 중의 한 사람 곧 나와 함께 먹는 자가 나를 팔리라	막 14	: 18		
너희 중의 한 사람이 나를 팔리라 하시니	마 26	: 21	- 25	
너희 피가 너희 머리로 돌아갈 것이요 나는 깨끗하리라	행 18	: 6	- 7	
너희가 그리스도의 것이면 곧 아브라함의 자손이요	갈 3	: 29		
너희가 나를 택한 것이 아니요 내가 너희를 택하여 세웠	요 15	: 16		
너희가 내 안에 거하고 내 말이 너희 안에 거하면 무엇	요 15	: 7	- 8	
너희가 누구의 죄든지 사하면 사하여질 것이요	요 20	: 23		
너희가 많이 뿌릴지라도 수확이 적으며 먹을지라도	학 1	: 6		
너희가 서로 사랑하면 이로써 모든 사람이 너희가 내	요 13	: 35		
너희가 아들이므로 하나님이 그 아들의 영을 우리 마음	갈 4	: 6	- 7	

너희가 알지 못하는 먹을 양식이 있느니라　　　요 4 : 32 - 34

너희가 어디에서 왔는지 알지 못하노라 하리니　　　눅 13 : 25 - 30

너희가 죽었고 너희 생명이 그리스도와 함께 하나님 안　　　골 3 : 3 - 4

너희가 친히 원수를 갚지 말고 하나님의 진노하심에 맡　　　롬 12 : 19 - 21

너희가 하나님의 성전인 것과 하나님의 성령이 너희 안　　　고전 3 : 16 - 17

너희는 값으로 사신 것이니 사람들의 종이 되지 말라　　　고전 7 : 23 - 24

너희는 곡하고 애통하겠으나 세상은 기뻐하리라　　　요 16 : 20 - 22

너희는 그들이 노력한 것에 참여하였느니라　　　요 4 : 38

너희는 그리스도 예수 안에서 하나이니라　　　갈 3 : 28 - 29

너희는 그리스도의 것이요 그리스도는 하나님의 것　　　고전 3 : 23

너희는 그리스도의 몸이요 지체의 각 부분이라　　　고전 12 : 27 - 31

너희는 근심하겠으나 너희 근심이 도리어 기쁨이 되리　　　요 16 : 20 - 22

너희는 나를 누구라 하느냐 베드로가 대답하여 이르되　　　눅 9 : 20

너희는 내 백성이 되겠고 나는 너희들의 하나님이 되리　　　렘 30 : 22

너희는 내 백성이 아니요 (로암미라)　　　호 1 : 9

너희는 내가 명하는 대로 행하면 곧 나의 친구라　　　요 15 : 14 - 15

너희는 내게로 돌아오라 그리하면 내가 너희에게로 돌아　　　슥 1 : 3 - 4

너희는 너희 아비가 행한 일들을 하는도다　　　요 8 : 41 - 42

너희는 다 빛의 아들이요 낮의 아들이라 우리가 밤이나　　　살전 5 : 5 - 8

너희는 세상에 속한 자가 아니요 오히려 내가 너희를　　　요 15 : 19 - 23

너희는 세상의 빛이라 산 위에 있는 동네가 숨겨지지 못　　　마 5 : 14

너희는 세상의 소금이니 소금이 만일 그 맛을 잃으면　　　마 5 : 13

너희는 우리의 편지라 우리의 마음에 썼고 뭇 사람이　　　고후 3 : 2 - 3

너희는 육체를 따라 판단하나 나는 아무도 판단하지 아　　　요 8 : 15 - 16

너희는 이삭과 같이 약속의 자녀라　　　갈 4 : 28 - 31

너희는 택하신 족속이요 왕 같은 제사장이요 거룩한　　　벧전 2 : 9

너희는 표적과 기사를 보지 못하면 도무지 믿지 아니하　　　요 4 : 48 - 54

너희도 그 안에서 영광을 받게 하려 함이라　　　살후 1 : 12

너희도 들어가지 않고 또 들어가고자 하는 자도 막았느　　　눅 11 : 52

너희도 산 돌 같이 신령한 집으로 세워지고　　　벧전 2 : 5 - 8

너희도 서로 발을 씻어 주는 것이 옳으니라　　　요 13 : 14 - 15

너희도 성령 안에서 하나님이 거하실 처소가 되기 위하　　　엡 2 : 22

너희로 서로 사랑하게 하려 함이라　　　　　　　　요 15 : 17

너희를 가르치신 그대로 주 안에 거하라　　　　　요일 2 : 27

너희를 고아와 같이 버려두지 아니하고 너희에게로　요 14 : 18

너희를 내 백성으로 삼고 나는 너희의 하나님이 되리니　출 6 : 7

너희를 높이려고 나를 낮추어 하나님의 복음을 값없이　고후 11 : 7

너희를 도무지 알지 못 하니 불법을 행하는 자들아　마 7 : 23

너희를 반대하지 않는 자는 너희를 위하는 자니라　눅 9 : 50

너희를 버리지 아니하고 너희를 떠나지 아니하리라　히 13 : 5 - 6

너희를 보냄이 어린 양을 이리 가운데로 보냄과 같도다　눅 10 : 3 - 16

너희를 사랑하는 자를 사랑하면 무슨 상이 있으리요　마 5 : 46 - 47

너희를 사랑하는 자만을 사랑하면 칭찬 받을 것이 무엇　눅 6 : 32

너희를 사랑한 것 같이 너희도 서로 사랑하라　요 13 : 34 - 35

너희를 세상에서 택하였기 때문에 세상이 너희를 미워　요 15 : 19 - 23

너희를 알지 못하노라 하였느니라　마 25 : 12 - 13

너희를 영접하는 자는 나를 영접하는 것이요 나를 영접　마 10 : 40 - 42

너희를 위하는 내 몸이니 이것을 행하여 나를 기념하라　고전 11 : 24 - 29

너희를 위하여 거처를 예비하러 가노니 가서 너희를　요 14 : 2 - 3

너희를 위하여 주는 내 몸이라 너희가 이를 행하여　눅 22 : 19 - 20

너희를 위하여 해산하는 수고를 하노니　갈 4 : 19

너희를 종이라 하지 아니하리니 종은 주인이 하는 것을　요 15 : 15

너희를 죽이는 자가 생각하기를 이것이 하나님을 섬기　요 16 : 2 - 3

너희를 친구라 하였노니 내가 내 아버지께 들은 것을　요 15 : 15

너희에게 돌아가기 위하여 너희가 기도하기를 원하노라　히 13 : 19

너희에게 보내실 보혜사 곧 아버지께로부터 나오시는　요 15 : 26

너희에게 분부한 모든 것을 가르쳐 지키게 하라　마 28 : 20

너희에게 아버지가 되고 너희는 내게 자녀가 되리라　고후 6 : 18

너희에게 이른 말은 영이요 생명이라　요 6 : 63 - 69

너희에게 주시는 그 말을 하라 말하는 이는 성령이시라　막 13 : 11

너희에게 행한 것 같이 너희도 행하게 하려 하여 본을　요 13 : 15

너희와 함께 먹으니 너희의 애찬의 암초요　유 1 : 12 - 16

너희와 함께 조금 더 있다가 나를 보내신 이에게로 돌아　요 7 : 33 - 36

너희의 넉넉한 것으로 그들의 부족한 것을 보충함은　고후 8 : 14 - 15

넉넉한 것으로 그들의 부족한 것을 보충함은 후에 그들	고후 8	: 14	-	15
넘어뜨리려 하지 않고 세우려 하여 내게 주신 권한을	고후 13	: 10	-	11
네 공의로 말미암도 아니요	신 9	: 5	-	6
네 길을 여호와께 맡기라 그를 의시하면 그가 이루시고	시 37	: 5	-	6
네 땅을 황무지라 부르지 아니하고 오직 너를 헵시바	사 62	: 4	-	5
네 말로 의롭다 함을 받고 네 말로 정죄함을 받으리라	마 12	: 37		
네 면이 있는데 첫째 면은 그룹의 얼굴이며 둘째 면은	겔 10	: 14	-	15
네 믿음이 너를 구원하였느니라 하시니 그가 곧 보게 되	막 10	: 52		
네 발 앞에 절하게 하고 내가 너를 사랑하는 줄 알게	계 3	: 9		
네 발로 바로 일어서라 하니 그 사람이 일어나 걷는지라	행 14	: 10	-	12
네 병거 (스가랴가 본 환상)	슥 6	: 1	-	8
네 보물이 있는 그 곳에는 네 마음도 있느니라	마 6	: 21		
네 뿔과 대장장이 네 명 (스가랴가 본 환상)	슥 1	: 18	-	21
네 생물과 장로들 사이에 한 어린 양이 서 있는데	계 5	: 6	-	8
네 생물과 장로들 앞에서 새 노래를 부르니 땅에서	계 14	: 3	-	5
네 생물의 형상이 나타나는데 그들의 모양이 이러하니	겔 1	: 4	-	10
네 생물이 이르되 아멘하고 장로들은 엎드려 경배하더	계 5	: 14		
네 이웃을 사랑하기를 네 몸과 같이 하라 하신 최고의	약 2	: 8	-	12
네 천사가 땅 네 모퉁이에 선 것을 보니 땅의 사방의	계 7	: 1	-	3
네가 가진 것을 굳게 잡아 아무도 네 면류관을 빼앗이지	계 3	: 11		
네가 나았으니 더 심한 것이 생기지 않게 다시는 죄를	요 5	: 14	-	18
네가 나와 함께 낙원에 있으리라 하시니라	눅 23	: 43		
네가 내 눈에 보배롭고 존귀하며 내가 너를 사랑하였	사 43	: 4		
네가 본 것은 내 오른손의 일곱 별의 비밀과 일곱 금 촛	계 1	: 20		
네가 뿌리를 보전하는 것이 아니요 뿌리가 너를 보전하	롬 11	: 18	-	20
네가 어찌하여 네 형제를 비판하는냐	롬 14	: 10	-	12
네가 영원히 멜기세덱의 반차를 따르는 제사장이라	히 5	: 6	-	7
네가 좌하면 내가 우하고 네가 우하면 내가 좌하리라	창 13	: 9	-	13
네거리 길에 가서 사람들을 만나는 대로 혼인 잔치에 청	마 22	: 9	-	14
네게 구하는 자에게 주며 네 것을 가져가는 자에게 다시	눅 6	: 30		
네게 있는 것을 다 팔아 가난한 자들에게 나눠 주라	눅 18	: 22	-	30
네게 있는 것을 다 팔아 가난한 자들에게 주라 그리하면	막 10	: 21	-	25

네피림 　　　　　　　　　　　　　　　　　　　창 6 : 4

네피림 후손인 아낙 자손의 거인들을 보았나니 　　민 13 : 33

넷째 해에는 그 모든 과실이 거룩하니 여호와께 드려 　레 19 : 23 - 25

노동자는 먹는 것이 많든지 적든지 잠을 달게 자거니와 　전 5 : 12 - 13

노력하지 아니한 것을 거두러 보냈노니 다른 사람들은 　요 4 : 38

노를 품은 자와 사귀지 말며 울분한 자와 동행하지 말지 　잠 22 : 24 - 25

노아, 다니엘, 욥, 이 세 사람이 거기에 있을지라도 　겔 14 : 14 - 20

노아가 그와 같이 하나님이 명하신 대로 다 준행하였더 　창 6 : 22

노아가 방주에 들어가던 날까지 사람들이 먹고 마시고 　눅 17 : 27

노아가 번제를 드리다 　　　　　　　　　　　　창 8 : 20 - 22

노아는 의인이요 당대의 완전한 자라 그는 하나님과 　창 6 : 9

노아와 그 아들들에게 복을 주시며 그들에게 이르시되 　창 9 : 1 - 3

노아와 그 일곱 식구를 보존하시고 세상에 홍수를 내리 　벧후 2 : 5 - 8

노아와 하나님의 언약 (무지개 언약) 　　　　　창 9 : 9 - 17

노아의 날 방주를 준비할 동안 하나님이 오래 참고 　벧전 3 : 20 - 22

노아의 때에 된 것과 같이 인자의 때에도 그러하리라 　눅 17 : 26

노아의 때와 같이 인자의 임함도 그러하니라 　　마 24 : 37 - 51

노아의 세 아들의 행실 　　　　　　　　　　　창 9 : 18 - 27

노아의 수명 　　　　　　　　　　　　　　　　창 9 : 28 - 29

노아의 족보 　　　　　　　　　　　　　　　　창 6 : 9 - 10

노아의 족보 　　　　　　　　　　　　　　　　창 10 : 1 - 32

노인의 얼굴을 공경하며 네 하나님을 경외하라 　레 19 : 32

노하기를 더디하는 것이 사람의 슬기요 허물을 용서하 　잠 19 : 11

노하기를 더디하는 자는 용사보다 낫고 　　　　잠 16 : 32

노하기를 더디하는 자는 크게 명철하여도 조급한 자는 　잠 14 : 29

노하기를 더디하시며 권능이 크시며 벌 받을 자를 결코 　나 1 : 3

노하는 자마다 심판을 받게 되고 형제에 대하여 라가라 　마 5 : 22

녹슨 가마 곧 그 속의 녹을 없이하지 아니한 가마여 　겔 24 : 6

녹슨 가마 예루살렘 　　　　　　　　　　　　겔 24 : 1 - 14

놀라고 무서워하여 그 보는 것을 영으로 생각하는지라 　눅 24 : 37 - 49

놉의 제사장 86명을 사울이 죽이다 　　　　　삼상 22 : 18 - 23

놋 받침 수레 (솔로몬이 건축한 성전에 있는) 　왕상 7 : 27 - 37

놋 성벽이 되게 하리니 그들이 너를 칠지라도 이기지   렘 15 : 19 - 21
놋 제단 (솔로몬이 건축한 성전)   대하 4 : 1
놋기둥 둘을 만들었으니 그 높이는 각각 십팔 규빗   왕상 7 : 15 - 22
놋뱀 (장내 위에 매난 놋뱀)   민 21 : 4 - 10
놋뱀을 분향하므로 그것을 부수고 (느후스단)   왕하 18 : 4
농부가 곡식을 먼저 받는 것이 마땅하니라   딤후 2 : 6
농부가 땅에서 나는 귀한 열매를 바라고 길이 참아   약 5 : 7 - 8
높은 곳에 계신 지극히 크신 이의 우편에 앉으셨느니라   히 1 : 3 - 14
높은 나무를 낮추고 낮은 나무를 높이며 푸른 나무를   겔 17 : 24
높은 데 마음을 두지 말고 도리어 낮은 데 처하며   롬 12 : 16
높은 사람이나 낮은 사람을 막론하고 여호와를 경외하   시 115 : 13
높은 자리에 앉지 말라 그렇지 않으면 너보다 더 높은   눅 14 : 8 - 14
높이 솟아났으므로 마음이 교만하였은즉 (애굽)   겔 31 : 10 - 11
높이는 자는 낮아지고 자기를 낮추는 자는 높아지리라   눅 14 : 11 - 14
높이는 자는 낮아지고 자기를 낮추는 자는 높아지리라   눅 18 : 14
뇌물로 말미암아 악인을 의롭다 하고 의인에게서   사 5 : 23
뇌물은 밝은 자의 눈을 어둡게 하고 의로운 자의 말을   출 23 : 8
뇌물을 받고 무죄한 자를 해하지 아니하는 자이니   시 15 : 5
뇌물을 받고 판결을 굽게 하니라 (사무엘의 아들들)   삼상 8 : 3 - 5
뇌물을 받지 말라 뇌물은 지혜자의 눈을 어둡게 하고   신 16 : 19 - 20
뇌물을 싫어하는 자는 살게 되느니라   잠 15 : 27
뇌물을 위하여 재판하며 그들의 제사장은 삯을 위하여   미 3 : 11 - 12
뇌물이 사람의 명철을 망하게 하느니라   전 7 : 7
누가 크냐   막 9 : 33 - 37
누가 크냐   눅 9 : 46 - 48
누가 큰 자냐   눅 22 : 24 - 27
누구든지 그를 믿는 자는 부끄러움을 당하지 아니하리   롬 10 : 11 - 12
누구든지 그리스도 안에 있으면 새로운 피조물이라   고후 5 : 17 - 21
누구든지 나로 말미암아 실족하지 아니 하는 자가 복이   눅 7 : 23
누구든지 나를 따라오려거든 자기를 부인하고 자기 십   마 16 : 24
누구든지 나를 따라오려거든 자기를 부인하고 자기 십   막 8 : 34
누구든지 목마르거든 내게로 와서 마시라   요 7 : 37 - 39

누구든지 사람 앞에서 나를 시인하면 나도 하늘에 계신	마 10	: 32		
누구든지 이 세상에서 지혜 있는 줄로 생각하거든	고전 3	: 18	-	23
누구든지 자기 목숨을 구원하고자 하면 잃을 것이요	막 8	: 35	-	37
누구든지 주의 이름을 부르는 자는 구원을 받으리라	롬 10	: 13	-	15
누구든지 크고자 하는 자는 너희를 섬기는 자가 되고	막 10	: 43	-	45
누구든지 하나님의 뜻대로 행하는 자가 내 형제요 자매	막 3	: 35		
누구든지 하늘에 계신 내 아버지의 뜻대로 하는 자가	마 12	: 50		
누구의 죄든지 사하면 사하여질 것이요 누구의 죄든지	요 20	: 23		
누룩 없는 자인데 새 덩어리가 되기 위하여 묵은 누룩을	고전 5	: 7	-	8
누룩과 같으니라 하셨더라 (하나님 나라 비유)	눅 13	: 21		
누룩을 주의하라 하시니 떡의 누룩이 아니요 바리새인	마 16	: 11	-	12
누룩을 주의하라 하시니 제자들이 서로 수군거리기를	막 8	: 15	-	21
누룩이 없이 오직 순전함과 진실함의 떡으로 하자	고전 5	: 8		
누르고 흔들어 넘치도록 하여 너희에게 안겨 주리라	눅 6	: 38		
누이라 하라 그러면 내가 그대로 말미암아 안전하고	창 12	: 13	-	20
누이라 하여 내가 그를 데려다가 아내를 삼게 하였느냐	창 12	: 19	-	20
누추함과 어리석은 말이나 희롱의 말이 마땅치 아니하	엡 5	: 4	-	7
눈 먼 인도자여 너희가 말하되 성전으로 맹세하면 아무	마 23	: 16		
눈 먼 희생물을 바치는 것이 어찌 악하지 아니하며	말 1	: 8		
눈 멀고 말 못하는 사람을 데리고 왔거늘 예수께서 고쳐	마 12	: 22	-	28
눈 속에 있는 티는 보고 네 눈 속에 있는 들보는 깨닫지	마 7	: 3	-	5
눈 속에 있는 티는 보고 네 눈 속에 있는 들보는 깨닫지	눅 6	: 41	-	42
눈가림만 하여 사람을 기쁘게 하는 자처럼 하지 말고	엡 6	: 6	-	8
눈물 골짜기로 지나갈 때에 많은 샘이 있을 것이며	시 84	: 6		
눈물로 간구와 소원을 올렸고 그의 경건하심으로 말미	히 5	: 7	-	10
눈물로 내 발을 적시고 그 머리털로 닦았으며	눅 7	: 44	-	50
눈물에서, 내 발을 넘어짐에서 건지셨나이다	시 116	: 8		
눈물을 그 눈에서 닦아 주시니 다시는 사망이 없고	계 21	: 4		
눈물을 씻어 주실 것임이라	계 7	: 17		
눈물을 주의 병에 담으소서 이것이 주의 책에 기록되	시 56	: 8		
눈물을 흘리며 씨를 뿌리는 자는 기쁨으로 거두리로다	시 126	: 5	-	6
눈물을 흘리시더라 (예수께서)	요 11	: 35	-	36

눈에 침을 뱉으시며 그에게 안수하시고 무엇이 보이느 　　막 8 : 23 - 26
눈에는 눈으로, 이에는 이로 갚을지라 　　레 24 : 20 - 22
눈에는 눈으로, 이에는 이로, 손에는 손으로 　　신 19 : 21
눈으로 보고 귀로 듣고 마음으로 깨닫고 다시 돌아와 　　사 6 : 10
눈으로 보고 귀로 듣고 마음으로 깨달아 돌아오면 내가 　　행 28 : 27 - 28
눈은 눈으로 이는 이로 갚으라 하였다는 것을 들었으나 　　마 5 : 38 - 42
눈은 눈으로, 이는 이로, 손은 손으로, 발은 발로 　　출 21 : 23 - 25
눈은 몸의 등불 　　눅 11 : 33 - 36
눈은 몸의 등불이니 그러므로 네 눈이 성하면 온 몸이 　　마 6 : 22 - 23
눈은 봄으로, 귀는 들음으로 복이 있도다 　　마 13 : 16 - 17
눈을 들어 밭을 보라 희어져 추수하게 되었도다 　　요 4 : 35 - 38
눈을 뜨게 하여 어둠에서 빛으로, 사탄의 권세에서 　　행 26 : 18
눈을 만드신 이가 보지 아니하시랴 　　시 94 : 9 - 10
눈을 어둡게 하니 그들이 문을 찾느라고 헤매었더라 　　창 19 : 11
눈을 어둡게 하옵소서 하매 엘리사의 말대로 그들의 　　왕하 6 : 17
눈을 열어서 보게 하옵소서 하니 (영적인 눈) 　　왕하 6 : 18 - 20
눈이 너로 실족하게 하거든 빼어 내버리라 네 백체 중 　　마 5 : 29 - 30
눈이 너를 범죄하게 하거든 빼어 내버리라 한 눈으로 　　마 18 : 9
눈이 너를 범죄하게 하거든 빼어 내버리라 한 눈으로 　　막 9 : 47 - 49
눈이 밝아져 그인 줄 알아 보더니 예수는 그들에게 　　눅 24 : 31 - 35
눈이 밝은 것은 마음을 기쁘게 하고 좋은 기별은 뼈를 　　잠 15 : 30
눈이 성하면 온 몸이 밝을 것이요 눈이 나쁘면 온 몸이 　　마 6 : 22 - 23
눈이 손더러 내가 너를 쓸 데가 없다 하거나 또한 머리가 　　고전 12 : 21 - 27
눈이 있어도 보지 못하며 귀가 있어도 듣지 못하느냐 　　막 8 : 18 - 21
눈이 있어도 보지 아니하고 귀가 있어도 듣지 아니하고 　　겔 12 : 2
눈이 주께 향하며 내가 주께 피하오니 내 영혼을 　　시 141 : 8
느부갓네살 왕의 꿈을 다니엘이 해석하다 　　단 2 : 27 - 45
느부갓네살 왕의 두 번째 꿈 　　단 4 : 1 - 18
느부갓네살 왕이 꿈을 꾸고 그로 말미암아 번민하여 　　단 2 : 1 - 13
느부갓네살 왕이 다니엘과 세 친구들을 발탁하다 　　단 1 : 1 - 21
느부갓네살 왕이 다니엘에게 엎드려 절하고 예물과 　　단 2 : 46 - 49
느부갓네살 왕이 애굽을 정복하리라 　　겔 29 : 17 - 21

느부갓네살 왕이 큰 금 신상을 만들어 낙성식을 하다	단 3	: 1	- 7
느부갓네살 왕이 하나님을 찬양하다	단 4	: 34	- 37
느부갓네살이 시드기야를 유다 왕으로 삼다	렘 37	: 1	- 10
느부갓네살이 애굽을 치리라	렘 46	: 13	- 16
느부갓네살이 여호야김 왕을 바벨론으로 잡아가다	대하 36	: 5	- 7
느헤미야가 성전의 일을 하는 레위인의 몫을 정함	느 13	: 10	- 14
느헤미야가 안식일에 상행위를 금지시키다	느 13	: 15	- 21
느헤미야가 안식일을 거룩하게 지키게 하다	느 13	: 15	- 22
느헤미야가 예루살렘으로 돌아오다	느 2	: 1	- 20
느헤미야가 예루살렘을 위해 금식기도하다	느 1	: 1	- 11
느헤미야가 이방인과의 통혼을 금지시키다	느 13	: 23	- 31
느헤미야가 재건한 성벽을 봉헌하다	느 12	: 27	- 43
느헤미야가 지도자들을 세우다	느 7	: 1	- 4
느헤미야가 총독의 녹을 받지 아니하다	느 5	: 14	- 19
느헤미야에 대한 음모	느 6	: 1	- 14
느헤미야에게 봉하지 않은 편지를 보내다	느 6	: 5	- 7
느헤미야의 성전정화	느 13	: 4	- 9
느헤미야의 종교개혁	느 13	: 1	- 31
느후스단 (히스기야 왕이 모세가 만들었던 놋뱀을 파괴)	왕하 18	: 4	
늙어도 여전히 결실하며 진액이 풍족하고 빛이 청청하	시 92	: 13	- 15
늙어서는 네 팔을 벌리리니 남이 네게 띠 띠우고	요 21	: 18	- 25
늙은 남자로서 절제하며 경건하며 신중하며 믿음과	딛 2	: 2	- 8
늙은 여자로는 이와 같이 행실이 거룩하며 모함하지	딛 2	: 3	- 8
늙은 여자에게는 어머니에게 하듯 하며 젊은 여자에게	딤전 5	: 2	
늙은 자에게는 지혜가 있고 장수한 자에게는 명철이	욥 12	: 12	
늙은이는 꿈을 꾸며 젊은 이들은 이상을 볼 것이며	욜 2	: 28	
늙은이들은 꿈을 꾸리라	행 2	: 17	- 21
늙은이를 꾸짖지 말고 권하되 아버지에게 하듯 하며	딤전 5	: 1	- 2
능력을 네게 보이고 내 이름이 온 천하에 전파되게 하	출 9	: 16	- 17
능력이 약한 데서 온전하여짐이라 하신지라	고후 12	: 9	- 10
능력이 예수께로부터 나와서 모든 사람을 낫게 함이라	눅 6	: 19	
능욕 받는 일에 합당한 자로 여기심을 기뻐하면서	행 5	: 41	- 42

능욕하고 침 뱉으며 채찍질하고 죽일 것이나 삼일 만에	막 10	: 34		
니고데모도 몰약과 침향 섞은 것을 백 리트라쯤 가지고	요 19	: 39	-	40
니고데모와 예수	요 3	: 1	-	21
니골라당의 행위를 미워히는도디 니 도 이것을 미워하	계 2	: 6		
니느웨로 가서 그것을 향하여 외치라 그 악독이 내 앞에	욘 1	: 2	-	3
니느웨에는 좌우를 분변하지 못하는 자가 십이만여 명	욘 4	: 11		
니느웨의 멸망	나 2	: 1	-	13
니느웨의 멸망	나 3	: 1	-	19
니느웨이 죄악상과 하나님의 진노	나 1	: 2	-	15
닛시	출 17	: 15	-	16
다 이루었다 하시고 머리를 숙이니 영혼이 떠나가시니라	요 19	: 30		
다 하나가 되어 우리 안에 있게 하사 세상으로 아버지	요 17	: 21	-	23
다곤 신상 (언약궤 곁에 있던 다곤 신상)	삼상 5	: 1	-	5
다니엘과 그 세 친구들의 바벨론 왕궁 생활	단 1	: 3	-	21
다니엘과 그 친구들의 지혜와 총명이 온 나라 박수와	단 1	: 20		
다니엘과 세 친구의 이름	단 1	: 6	-	7
다니엘에게 왕이 엎드려 절하고 예물과 향품을 주게 하	단 2	: 46	-	49
다니엘에게 한 천사가 열강들의 운명을 예언하다	단 11	: 1	-	45
다니엘에게 환상으로 보이시매 하나님을 찬송하니라	단 2	: 19	-	22
다니엘을 끌어다가 사자 굴에 던져 넣는지라	단 6	: 16		
다니엘을 높여 세워 바벨론 온 지방을 다스리게 하며	단 2	: 48	-	49
다니엘을 참소한 사람들을 사자 굴에 던져 넣었더니	단 6	: 24		
다니엘의 세 친구가 금 신상에 절하는 것을 거부하다	단 3	: 8	-	18
다니엘의 세 친구를 풀무불에 던지다	단 3	: 19	-	30
다니엘의 이스라엘을 위한 중보기도	단 9	: 1	-	19
다니엘의 하나님 앞에서 떨며 두려워할지니 그는 살아	단 6	: 26	-	27
다니엘이 기도와 감사를 매일 세 번씩 하다	단 6	: 10		
다니엘이 느부갓네살 왕의 꿈을 해석하다	단 2	: 27	-	45
다니엘이 두 번째 본 숫양과 숫염소의 환상	단 8	: 1	-	14
다니엘이 본 네 짐승의 첫 번째 환상	단 7	: 1	-	28
다니엘이 사자굴에 던져지다	단 6	: 1	-	28
다니엘이 왕궁벽의 손가락 글을 해석하다	단 5	: 13	-	31

다니엘이 왕의 두 번째 꿈을 해석하다 　단 4 : 19 - 33
다니엘이 힛데겔 강 가에서 본 세 번째 환상 　단 10 : 1 - 21
다듬은 돌로 집을 건축하였으나 거기 거주하지 못할 것 　암 5 : 11
다락방을 보이리니 거기서 (유월절을) 준비하라 하시니 　눅 22 : 12 - 13
다른 교훈에 끌리지 말라 마음은 은혜로써 굳게 함이 　히 13 : 9
다른 교훈을 가르치지 말라 　딤전 1 : 3 - 11
다른 복음은 없나니 다만 어떤 사람들이 너희를 교란하 　갈 1 : 7 - 10
다른 복음을 전하면 저주를 받을 지어다 　갈 1 : 8 - 10
다른 사람들은 노력하였고 너희는 그들이 노력한 것에 　요 4 : 38
다른 사람을 가르치는 네가 네 자신은 가르치지 아니하 　롬 2 : 21 - 29
다른 사람의 죄에 간섭하지 말며 네 자신을 지켜 정결 　딤전 5 : 22
다른 사람이 거둔다 하는 말이 옳도다 　요 4 : 37 - 38
다른 이로써는 구원을 받을 수 없나니 천하 사람들 중에 　행 4 : 12
다말(암살롬의 누이)이 그녀의 채색옷을 찢다 　삼하 13 : 18 - 21
다말(압살롬의 누이)을 암논이 강간하다 　삼하 13 : 1 - 22
다말(유다의 며느리) 사건 　창 38 : 1 - 30
다메섹에 가까이 이르더니 홀연히 하늘로부터 빛이 　행 9 : 3 - 9
다메섹으로 들어가라 네가 해야 할 모든 것을 거기서 　행 22 : 10 - 23
다메섹이 무너진 무더기가 되리라 　사 17 : 1 - 11
다메섹이 받을 심판 예언 　렘 49 : 23 - 27
다베라 사건 (여호와의 불이 진영 끝을 사르다) 　민 11 : 1 - 3
다비다라 하는 여제자가 있으니 그 이름을 번역하면 　행 9 : 36 - 42
다비다야 일어나라 하니 그가 눈을 떠 베드로를 보고 　행 9 : 40 - 42
다섯 달란트 받은 자는 바로 가서 그것으로 장사하여 　마 25 : 16 - 30
다섯째 해에는 그 열매를 먹을지니 그리하면 그 소산이 　레 19 : 23 - 25
다수를 따라 악을 행하지 말며 송사에 다수를 따라 　출 23 : 2 - 3
다스리는 자는 부지런 함으로, 긍휼을 베푸는 자는 즐거 　롬 12 : 8
다스리는 자는 섬기는 자와 같을지니라 　눅 22 : 26 - 27
다시 죄를 위하여 제사 드릴 것이 없느리라 　히 10 : 18
다시 죽을 수도 없나니 이는 천사와 동등이요 부활의 　눅 20 : 36 - 40
다시스로 가려고 뱃삯을 주고 배에 올랐더라 　욘 1 : 3 - 4
다윗 성이더라 (다윗이 시온 성을 빼앗아) 　대상 11 : 5 - 8

다윗 시대의 12반장과 백성의 수	대상 27	: 1	-	15
다윗 시대의 각 지파와 지도자들	대상 27	: 16	-	24
다윗 언약 (나단을 통하여 다윗에게 주신 언약)	대상 17	: 3	-	15
다윗 왕을 섬기는 사람들	대상 27	: 32	-	34
다윗 왕의 재산을 맡은 자들	대상 27	: 25	-	34
다윗과 그의 자손에게 항상 등불을 주겠다고 말씀하셨	대하 21	: 7		
다윗과 나발과 아비가일	삼상 25	: 2	-	44
다윗과 므비보셋 (수염을 깎지 않은 므비보셋)	삼하 19	: 24	-	30
다윗과 므비보셋(요나단의 아들)	삼하 9	: 1	-	13
다윗과 바르실래와 김함 (다윗이 요단을 건널 때)	삼하 19	: 31	-	39
다윗과 밧세바	삼하 11	: 1	-	27
다윗과 밧세바의 첫 아이가 죽다	삼하 12	: 15	-	23
다윗과 시므이의 저주	삼하 16	: 5	-	14
다윗과 시바(므비보셋의 종)	삼하 16	: 1	-	4
다윗과 아기스(블레셋 가드 왕)	삼상 27	: 2	-	12
다윗과 아기스(블레셋 가드 왕)	삼상 28	: 2	-	2
다윗과 하나님 (나단의 계시)	삼하 7	: 13	-	17
다윗성으로 법궤(증거궤)를 옮기다	삼하 6	: 1	-	19
다윗성이라 하다 (시온을 빼앗아 쌓은 성)	삼하 5	: 7	-	12
다윗에 대한 여호와의 말씀과 계시	대상 17	: 1	-	15
다윗에 대한 징계 (우리아 사건)	삼하 12	: 10	-	15
다윗에게 도망한 아비나달	삼상 22	: 20	-	23
다윗에게 사울이 창을 던지다	삼상 18	: 10	-	12
다윗에게 원군이 스스로 모여들다 (400명)	삼상 22	: 1	-	2
다윗에게는 만만을 돌리고 내게는 천천만 돌리니	삼상 18	: 8	-	9
다윗을 도운 용사들 (갓 지파 사람)	대상 12	: 8	-	15
다윗을 도운 용사들 (므낫세 지파 사람)	대상 12	: 19	-	22
다윗을 도운 용사들 (베냐민 지파 사람)	대상 12	: 1	-	7
다윗을 도운 용사들 (베냐민과 유다 사람)	대상 12	: 16	-	18
다윗의 3용사 (요새밧세벳, 엘르아살, 삼마)	삼하 23	: 8	-	19
다윗의 감사 기도 (다윗 언약에 대한)	삼하 7	: 18	-	29
다윗의 감사 기도 (다윗 언약에 대한)	대상 17	: 16	-	27

80

다윗의 감사 기도 (성전 건축 예물을 드린 후)   대상 29 : 10 - 19
다윗의 관리들   삼하 8 : 15 - 18
다윗의 관리들 (환궁 후)   삼하 20 : 23 - 26
다윗의 군사들 (각 지파별)   대상 12 : 23 - 40
다윗의 귀환 준비   삼하 19 : 9 - 15
다윗의 마지막 말 (임종 전)   삼하 23 : 1 - 7
다윗의 부하들이 블레셋 거인 4명을 죽이다   삼하 21 : 15 - 22
다윗의 뿌리가 이겼으니 그 두루마리와 일곱 인을 떼시   계 5 : 5 - 8
다윗의 뿌리요 자손이니 곧 광명한 새벽 별이라   계 22 : 16
다윗의 생명이 여호와의 생명싸개 속에 싸여있다   삼상 25 : 29
다윗의 세 용사   대상 11 : 11 - 19
다윗의 승전 기록들   대상 18 : 1 - 13
다윗의 승전가(시)   삼하 22 : 1 - 51
다윗의 시 (사울의 손에서 건져 주신 날)   시 18 : 1 - 6
다윗의 시위대장 브나야   대상 11 : 22 - 25
다윗의 신하들   대상 18 : 14 - 17
다윗의 아들과 딸   대상 3 : 1 - 9
다윗의 아들과 딸들 (예루살렘에서 낳은 자)   삼하 5 : 13 - 16
다윗의 아들들 (헤브론에서 낳은 자들)   삼하 3 : 2 - 5
다윗의 아브넬을 위한 애가   삼하 3 : 33 - 34
다윗의 압살롬과 전투의 군대 평성   삼하 18 : 1 - 2
다윗의 압살롬에 대한 사랑   삼하 13 : 37 - 39
다윗의 압살롬에 대한 사랑   삼하 18 : 5
다윗의 압살롬에 대한 사랑   삼하 18 : 32 - 33
다윗의 압살롬에 대한 사랑   삼하 19 : 1 - 4
다윗의 용모   삼상 16 : 12
다윗의 용사들   삼하 23 : 8 - 39
다윗의 용사들   대상 11 : 10 - 47
다윗의 유언 (성전 건축에 대한)   대상 28 : 1 - 21
다윗의 인구조사   대상 21 : 1 - 17
다윗의 인구조사 (재앙을 받다)   삼하 24 : 1 - 25
다윗의 인구조사로 인한 하나님의 징벌   대상 21 : 7 - 18

다윗의 재능과 용모	삼상 16	: 18
다윗의 조가(사울과 요나단의 죽음)	삼하 1	: 17 - 27
다윗의 조문 사절을 모욕한 암몬	대상 19	: 1 - 5
다윗의 족보	대상 2	: 9 - 17
다윗의 집과 사울의 집 사이의 전쟁이 오래매 다윗은	삼하 3	: 1
다윗의 피신처 (아둘람 굴)	삼상 22	: 1 - 2
다윗의 행적	대상 29	: 26 - 30
다윗이 가드 왕 아기스가 두려워 미친 체 하다	삼상 21	: 10 - 15
다윗이 감람 산길로 올라갈 때 맨발로 울며 가고	삼하 15	: 30
다윗이 골리앗에게 나갈 때의 무기	삼상 17	: 40
다윗이 골리앗에게 하나님의 이름으로 나가다	삼상 17	: 45
다윗이 골리앗을 이기다	삼상 17	: 41 - 54
다윗이 광야의 요새에도 있었고 또 십 광야 산골에도	삼상 23	: 14
다윗이 그리스도를 주라 칭하였으니 어찌 그의 자손이	눅 20	: 44
다윗이 그리스도를 주라 칭하였은즉 어찌 그의 자손이	마 22	: 45 - 46
다윗이 그의 처 미갈을 되찾다	삼하 3	: 12 - 16
다윗이 그일라를 구원하다	삼상 23	: 1 - 5
다윗이 그일라를 떠나 광야 요새로 피하다	삼상 23	: 6 - 14
다윗이 기브온 사람의 요구를 들어 주다	삼하 21	: 1 - 9
다윗이 늙다	왕상 1	: 1 - 4
다윗이 랍바를 쳐서 점령하다	삼하 12	: 26 - 31
다윗이 랍바와 암몬의 모든 성읍을 함락하다	대상 20	: 1 - 3
다윗이 레위 사람들에게 다른 직임을 주다	대상 26	: 29 - 32
다윗이 레위 사람에게 구체적 직무를 주다	대상 23	: 2 - 32
다윗이 모압 왕에게 피신하다	삼상 22	: 3 - 5
다윗이 블레셋 땅으로 피하다	삼상 27	: 1 - 12
다윗이 블레셋과 싸워 이기다	대상 20	: 4 - 8
다윗이 블레셋에 승리하다	대상 14	: 8 - 17
다윗이 블레셋을 쳐서 이기다	삼하 5	: 17 - 25
다윗이 사울 자손 7명을 기브온 사람 손에 넘기다	삼하 21	: 1 - 9
다윗이 사울과 요나단의 죽음을 슬퍼한 노래	삼하 1	: 17 - 27
다윗이 사울을 살려 주다 (1)	삼상 24	: 1 - 22

다윗이 사울을 살려 주다 (2)　　　　　　　삼상 26 : 1 - 25

다윗이 사울을 섬기다　　　　　　　　　삼상 16 : 14 - 23

다윗이 사울을 피하여 놉 땅으로 피신하다　　삼상 21 : 1 - 15

다윗이 사울의 겉옷 자락을 가만히 베니라　　삼상 24 : 1 - 7

다윗이 사울의 딸 미갈을 아내로 맞다　　　삼상 18 : 17 - 27

다윗이 사울의 진영에 나타나다　　　　　삼상 17 : 12 - 40

다윗이 사울이 죽은 소식을 듣다　　　　　삼하 1 : 1 - 27

다윗이 사자와 곰을 때려 잡다　　　　　　삼상 17 : 34 - 37

다윗이 성막 봉사자들을 임명하다　　　　대상 16 : 37 - 43

다윗이 성전 건축 설계도를 솔로몬에게 주다　대상 28 : 11 - 19

다윗이 성전 건축 준비를 하다　　　　　　대상 22 : 2 - 19

다윗이 성전 곳간을 맡을 사람들을 두다　　대상 26 : 20 - 28

다윗이 성전 문지기 직무를 주다　　　　　대상 26 : 1 - 19

다윗이 솔로몬에게 당부하다　　　　　　대상 28 : 20 - 21

다윗이 솔로몬에게 유언하다　　　　　　왕상 2 : 1 - 9

다윗이 시므이를 용서하다　　　　　　　삼하 19 : 16 - 23

다윗이 시온을 빼앗아 성을 쌓아 다윗성이라 하다　삼하 5 : 7 - 12

다윗이 시장할 때에 한 일을 읽지 못하였느냐　눅 6 : 3 - 5

다윗이 아말렉에 잡혀간 두 아내를 되찾다　삼상 30 : 1 - 20

다윗이 아말렉을 쳐서 빼앗긴 것들을 되찾다　삼상 30 : 1 - 31

다윗이 아브넬을 장사하다　　　　　　　삼하 3 : 31 - 39

다윗이 아비가일과 아히노암을 아내로 삼다　삼상 25 : 39 - 43

다윗이 암몬과 싸워 이기다　　　　　　　삼하 10 : 1 - 19

다윗이 암몬과 아람을 치다　　　　　　　대상 19 : 1 - 19

다윗이 암몬의 수도 랍바와 모든 성읍을 함락시키다　대상 20 : 1 - 3

다윗이 압살롬과 화해하다　　　　　　　삼하 14 : 25 - 33

다윗이 어디로 가든지 승리하다　　　　　삼하 8 : 1 - 14

다윗이 엔게디 요새로 피하다　　　　　　삼상 23 : 15 - 29

다윗이 예루살렘에서 낳은 아들들　　　　대상 14 : 3 - 7

다윗이 예루살렘에서 압살롬을 피해 피신하다　삼하 15 : 13 - 30

다윗이 왕이 되다　　　　　　　　　　　대상 11 : 1 - 3

다윗이 요나단과의 언약을 지키다　　　　삼하 9 : 1 - 13

다윗이 요압을 저주하다	삼하 3	: 27	-	30
다윗이 유다의 왕이 되다	삼하 2	: 1	-	7
다윗이 이스라엘 왕이 되다	삼하 5	: 1	-	5
다윗이 자기와 및 함께 한 자들이 먹을 깃이 없이 시장할	막 2	: 25	-	28
다윗이 제사장들에게 24반열로 나눠 직분을 주다	대상 24	: 1	-	19
다윗이 죽다	왕상 2	: 10	-	12
다윗이 지혜롭게 행하매 그의 이름이 심히 귀하게 되	삼상 18	: 30		
다윗이 찬송을 맡은 사람들을 24반열로 구분하다	대상 25	: 1	-	31
다윗이 피신한 블레셋 주민들에게 배척당하다	삼상 29	: 1	-	11
다윗이 하나님의 궤(법궤)를 예루살렘으로 옮기다	대상 15	: 25	-	29
다윗이 행한 그 일이 여호와 보시기에 악하였더라	삼하 11	: 26	-	27
다윗이 후새를 보내 아히도벨의 모략을 정탐케 하다	삼하 15	: 32	-	37
다투는 여인과 함께 큰 집에서 사는 것보다 움막에서	잠 25	: 24		
다투며 성내는 여인과 함께 사는 것보다 광야에서	잠 21	: 19		
다투지 아니하고 모든 사람에 대하여 온유하며 가르치	딤후 2	: 24	-	26
다투지도 아니하며 들레지도 아니하리니 아무도 길에서	마 12	: 19	-	21
다툼을 간섭하는 자는 개의 귀를 잡는 자와 같으니라	잠 26	: 17		
다툼이나 허영으로 하지 말고 오직 겸손한 마음으로	빌 2	: 3	-	4
단 지파 자손의 기업	수 19	: 40	-	48
단 지파가 미가의 신상과 제사장을 빼앗다	삿 18	: 1	-	31
단단한 음식은 못 먹고 젖이나 먹어야 할 자가 되었도다	히 5	: 12	-	14
단단한 음식은 장성한 자의 것이니 그들은 지각을 사용	히 5	: 14		
단련하신 후에는 내가 순금 같이 되어 나오리라	욥 23	: 10		
단번에 자기를 드려 이루셨음이라	히 7	: 27		
단장은 외모로 하지 말고 오직 마음에 숨은 사람을	벧전 3	: 3	-	6
달란트 비유	마 25	: 14	-	30
달리다굼 하시니 번역하면 곧 내가 네게 말하노니	막 5	: 41	-	43
달음질하기를 향방 없는 것 같이 아니하고	고전 9	: 26	-	27
달음질하는 것이나 달음질한 것이 헛되지 않게 하려 함	갈 2	: 2		
달의 시작 곧 해의 첫 달이 되게 하고	출 12	: 2	-	11
닭 울기 전에 네가 세 번 나를 모른다고 부인하리라	눅 22	: 34		
닭 울기 전에 네가 세 번 나를 부인하리라	요 13	: 38		

닭 울기 전에 네가 세 번 나를 부인하리라 하심이 생각나   눅 22 : 61 - 62

닭 울기 전에 네가 세번 나를 부인하리라   마 26 : 34 - 35

닭 울기 전에 네가 세번 나를 부인하리라 하심이 생각나   마 26 : 75

닭이 곧 두 번째 울더라 이에 베드로가 예수께서 자기   막 14 : 72

닭이 두 번 울기 전에 네가 세 번 나를 부인하리라   막 14 : 30 - 31

담대하게 거침없이 가르치더라   행 28 : 31

담대하라   수 1 : 1 - 9

담대하라 내가 세상을 이기었노라   요 16 : 33

담대하라 네가 예루살렘에서 나의 일을 증언한 것 같이   행 23 : 11

담대하라 두려워하지 말라   신 31 : 6 - 8

담대하여 살든지 죽든지 내 몸에서 그리스도가 존귀하   빌 1 : 20 - 21

담대하여 원하는 바는 차라리 몸을 떠나 주와 함께 있는   고후 5 : 8 - 10

담대함과 확신을 가지고 하나님께 나아감을 얻으니라   엡 3 : 12 - 13

담대함을 버리지 말라 이것이 큰 상을 얻게 하느니라   히 10 : 35

담대함이 이것이니 그의 뜻대로 무엇을 구하면 들으심   요일 5 : 14 - 15

담대히 말하니 주께서 표적과 기사를 행하게 하사   행 14 : 3 - 7

담대히 하나님의 말씀을 전하니라   행 4 : 31

담보하며 타인을 위하여 보증하였으면 네 입의 말로   잠 6 : 1 - 2

담을 쌓을 때에 그들이 회칠을 하는도다   겔 13 : 10 - 16

당신들이 나를 이 곳에 팔았다고 해서 근심하지 마소서   창 45 : 5 - 8

당신은 두지 않은 것을 취하고 심지 않은 것을 거두나이   눅 19 : 21 - 27

대답으로 말미암아 기쁨을 얻나니 때에 맞는 말이   잠 15 : 23

대성통곡하다 (성전의 기초를 놓으며)   스 3 : 11 - 13

대속   민 18 : 15 - 18

대속물로 주셨으니 기약이 이르러 주신 증거니라   딤전 2 : 6 - 7

대속함을 받은 것은 그리스도의 보배로운 피로 된 것   벧전 1 : 18 - 19

대속함을 받은 것은 은이나 금 같이 없어질 것으로   벧전 1 : 18 - 19

대신하여 죽으심은 살아있는 자들로 하여금 다시는   고후 5 : 15 - 16

대언자가 있으니 곧 의로우신 예수 그리스도시라   요일 2 : 1 - 2

대언자이신 예수 그리스도   요일 2 : 1 - 6

대적이 능히 대항하거나 변박할 수 없는 구변과 지혜를   눅 21 : 15 - 19

대적하는 자들 때문에 두려워하지 아니하는 이 일을 든   빌 1 : 28 - 30

대접을 받고자 하는 대로 너희도 남을 대접하라	마 7	: 12		
대접을 받고자 하는 대로 너희도 남을 대접하라	눅 6	: 31		
대접하기를 원망 없이 하고	벧전 4	: 9	- 11	
대제사장마다 사람 가운데서 택한 자이므로 예물과	히 5	: 1	- 3	
대제사장마다 예물과 제사 드림을 위하여 세운 자니	히 8	: 3	- 6	
대제사장은 우리의 연약함을 동정하지 못하실 이가 아	히 4	: 15	- 16	
대제사장이 계시니 승천하신 이 곧 하나님의 아들 예수	히 4	: 14	- 16	
대제사장이 되어 백성의 죄를 속량하려 하심이라	히 2	: 17	- 18	
대제사장이신 예수	히 4	: 14	- 16	
대제사장이신 예수를 깊이 생각하라	히 3	: 1	- 6	
대홍수 이유	창 6	: 12	- 13	
대홍수가 그치다	창 8	: 1	- 22	
대홍수와 방주	창 7	: 1	- 34	
더 좋은 약속으로 세우신 더 좋은 언약의 중보자시라	히 8	: 6	- 13	
더러운 것과 넘치는 악을 내버리고 말씀을 온유함으로	약 1	: 21		
더러운 떡을 나의 제단에 드리고도 말하기를 우리가	말 1	: 7	- 8	
더러운 말은 너희 입 밖에도 내지 말고 오직 덕을 세우	엡 4	: 29	- 32	
더러운 옷을 벗기라 하시고 또 아름다운 옷을 입히라	슥 3	: 4	- 5	
더럽고 믿지 아니하는 자들에게는 아무 것도 깨끗한	딛 1	: 15	- 16	
더욱 소리 질러 이르되 주여 우리를 불쌍히 여기소서	마 20	: 30	- 34	
더욱 크게 소리 질러 다윗의 자손이여 나를 불쌍히	눅 18	: 39	- 43	
더하면 두루마리에 기록된 재앙들을 그에게 더하실 것	계 22	: 18	- 19	
덧입고자 함이니 죽을 것이 생명에 삼킨 바 되게 하려	고후 5	: 4	- 5	
데라의 족보	창 11	: 27	- 32	
데마는 이 세상을 사랑하여 나를 버리고 데살로니가로	딤후 4	: 10		
데살로니가에서 벌인 바울의 사역	살전 2	: 1	- 16	
도가니는 은을, 풀무는 금을 연단하거니와 여호와는	잠 17	: 3		
도끼가 나무 뿌리에 놓였으니 좋은 열매를 맺지 아니하	마 3	: 10		
도끼가 나무 뿌리에 놓였으니 좋은 열매를 맺지 아니하	눅 3	: 9		
도끼가 어찌 찍는 자에게 스스로 자랑하겠으며 톱이	사 10	: 15		
도덕에 관한 법	출 22	: 16	- 31	
도둑 같이 오리니 그 날에는 하늘이 큰 소리로 떠나가고	벧후 3	: 10		

도둑 같이 이르리니 어느 때에 네게 이를는지 네가 알지　계 3 : 3 - 4
도둑 같이 이를 줄을 너희 자신이 자세히 알기 때문이라　살전 5 : 2 - 8
도둑도 가까이 하는 일이 없고 좀도 먹는 일이 없느니라　눅 12 : 33 - 34
도둑의 소굴로 보이느냐 보라 나 곧 내가 그것을 보았노　렘 7 : 11
도둑이 만일 주릴 때에 배를 채우려고 도둑질하면　잠 6 : 30 - 31
도둑이 어느 때 이를 줄 알았더라면 그 집을 뚫지 못하　눅 12 : 39 - 40
도둑이 어느 시각에 올 줄 알았더라면 깨어 있어 그 집　마 24 : 43 - 51
도둑이 오는 것은 도둑질하고 죽이고 멸망시키는 것뿐　요 10 : 10
도둑질하고도 말하기를 우리가 어떻게 주의 것을　말 3 : 8 - 10
도둑질하는 자는 다시 도둑질하지 말고 돌이켜 가난한　엡 4 : 28 - 32
도둑질하지 말라　출 20 : 15
도둑질하지 말라　신 5 : 19
도둑질하지 말라 선포하는 네가 도둑질하느냐　롬 2 : 21 - 29
도둑질하지 말며 속이지 말며 서로 거짓말하지 말며　레 19 : 11
도르가라 선행과 구제하는 일이 심히 많더니 죽으매　행 9 : 36 - 42
도리의 사도이시며 대제사장이신 예수를 깊이 생각하　히 3 : 1 - 6
도마가 의심하다　요 20 : 24 - 29
도마가 이르되 내가 그의 손의 못 자국을 보며 내 손가락　요 20 : 25 - 29
도말하는 자니 네 죄를 기억하지 아니하리라　사 43 : 25 - 26
도벳 사당을 건축한 죄　렘 7 : 29 - 34
도벳이나 힌놈의 아들 골짜기라 부르지 않고 죽임의　렘 19 : 6
도벳이라 하거나 힌놈의 아들 골짜기라 말하지 않고　렘 7 : 32 - 34
도살자에게로 가는 양과 같이 끌려 갔고 털 깎는 자 앞　행 8 : 32 - 40
도움은 천지를 지으신 여호와에게서로다　시 121 : 2
도움은 천지를 지으신 여호와의 이름에 있도다　시 124 : 8
도움을 구하러 애굽으로 내려가는 자들은 화 있을진저　사 31 : 1 - 3
도의 초보를 버리고 죽은 행실과 회개함과 하나님께　히 6 : 1 - 3
도장 같이 마음에 품고 도장 같이 팔에 두라 사랑은　아 8 : 6 - 7
도장과 그 끈과 당신의 손에 있는 지팡이로 하라　창 38 : 18
도피성　민 35 : 6 - 34
도피성　수 20 : 1 - 9
도피성 (세 구역으로 운영)　신 19 : 1 - 13

도피성 (요단강 동쪽)	신 4	:	41	- 43
도피성 장소 6곳	수 20	:	7	- 8
도피성을 정한 이유	수 20	:	9	
도피성을 주었으니 (이론 지손에게)	대상 6	:	57	- 60
독사가 나와 바울의 손을 물고 있는지라	행 28	:	3	- 6
독사를 밟으며 젊은 사자와 뱀을 발로 누르리로다	시 91	:	13	
독사의 자식들아 너희는 악하니 어떻게 선한 말을 할 수	마 12	:	34	
독사의 자식들아 누가 너희를 가르쳐 임박한 진노를	마 3	:	7	
독사의 자식들아 누가 너희에게 일러 장차 올 진노를	눅 3	:	7	- 9
독생자를 세상에 보내심은 그로 말미암아 우리를 살리	요일 4	:	9	- 11
독생자를 주셨으니 이는 그를 믿는 자마다 멸망하지 않	요 3	:	16	- 18
독생자의 영광이요 은혜와 진리가 충만하더라	요 1	:	14	
독생자의 이름을 믿지 아니하므로 벌써 심판을 받은 것	요 3	:	18	
독수리가 그의 날개를 펴서 자기의 새끼를 받으며	신 32	:	11	- 12
독수리와 포도나무의 비유	겔 17	:	1	- 10
독자까지도 아끼지 아니하였으니 하나님을 경외하는	창 22	:	12	- 14
독주는 떠들게 하는 것이라 이에 미혹되는 자마다	잠 20	:	1	
독주는 죽게 된 자에게 포도주는 마음에 근심하는 자에게	잠 31	:	6	- 7
독주를 마시며 밤이 깊도록 포도주에 취하는 자들은 화	사 5	:	11	- 12
돈 바꾸는 사람들의 돈을 쏟으시며 상을 엎으시고	요 2	:	15	- 22
돈 바꾸는 사람들의 상과 비둘기 파는 사람들의 의자를	마 21	:	12	- 13
돈을 많이 들여 이 시민권을 얻었노라 바울이 이르되	행 22	:	28	- 29
돈을 사랑하며 자랑하며 교만하며 비방하며 부모를	딤후 3	:	2	- 7
돈을 사랑하지 말고 있는 바를 족한 줄로 알라	히 13	:	5	- 6
돈을 사랑함이 일만 악의 뿌리가 되나니 이것을 탐내는	딤전 6	:	10	
돈을 주기로 약속하니 유다가 예수를 어떻게 넘겨 줄까	막 14	:	11	
돌 같은 마음을 제거하고 살처럼 부드러운 마음을 주어	겔 11	:	19	- 21
돌 뜨는 곳에서부터 돌아와서 이르되 왕이여 내가	삿 3	:	19	- 26
돌 밭에 떨어지매 흙이 깊지 아니하므로 곧 싹이 나오나	마 13	:	5	- 8
돌 밭에 뿌려졌다는 것은 말씀을 듣고 즉시 기쁨으로	마 13	:	20	- 21
돌 위에 떨어지는 자는 깨어지겠고 이 돌이 사람 위에	눅 20	:	18	- 26
돌 위에 떨어지는 자는 깨지겠고 이 돌이 사람 위에 떨어	마 21	:	44	- 46

돌 하나도 돌 위에 남기지 아니하리니	눅 19	: 44	
돌 하나도 돌 위에 남지 않고 다 무너뜨려지리라	마 24	: 2	
돌 하나도 돌 위에 남지 않고 다 무너뜨려지리라	막 13	: 2	
돌 하나도 돌 위에 남지 않고 다 무너뜨려지리라	눅 21	: 6	- 9
돌감람나무에서 찍힘을 받고 좋은 감람나무에 접붙임을	롬 11	: 24	
돌감람나무인 네가 그들 중에 접붙임이 되어 참감람나	롬 11	: 17	- 18
돌과 걸려 넘어지게 하는 바위가 되었다	벧전 2	: 8	
돌들로 떡덩이가 되게 하라 예수께서 대답하여 이르시	마 4	: 3	- 4
돌들로도 아브라함의 자손이 되게 하시리라	마 3	: 9	
돌들에게 명하여 떡이 되게 하라 예수께서 대답하시되	눅 4	: 3	- 4
돌로 바울을 쳐서 죽은 줄로 알고 시외로 끌어 내치니	행 14	: 19	
돌로 스데반을 치니 스데반이 부르짖어 이르되 예수여	행 7	: 59	- 60
돌로 쳐 죽이라 (비처녀로 시집간 자)	신 22	: 20	- 21
돌로 쳐 죽이라 (약혼 후에 간음한 여자)	신 22	: 23	- 24
돌로 쳐 죽이라 (우상숭배 유혹자)	신 13	: 5	- 11
돌로 쳐 죽이라 (패역한 자식)	신 21	: 18	- 21
돌로 쳐 죽임당한 여호야다의 아들 스가랴	대하 24	: 17	- 22
돌로 치는 것과 톱으로 켜는 것과 시험과 칼로 죽임을	히 11	: 37	- 40
돌로 칠새 증인들이 옷을 벗어 사울이라는 청년의 발 앞	행 7	: 58	- 60
돌밭에 떨어지매 흙이 깊지 아니하므로 곧 싹이 나오나	막 4	: 5	- 9
돌밭에 뿌려졌다는 것은 말씀을 들을 때는 기쁨으로	막 4	: 16	- 20
돌아오라 그가 긍휼히 여기시리라	사 55	: 6	
돌아오면 내가 너를 다시 이끌어 내 앞에 세울 것이며	렘 15	: 19	- 21
돌아온 사람들 (1차 포로 귀환)	스 2	: 1	- 70
돌에 일곱 눈이 있느니라 내가 거기에 새길 것을 새기며	슥 3	: 9	- 10
돌을 옮겨 놓으라 하시니	요 11	: 39	- 44
돌이 굴려져 있는데 그 돌이 심히 크더라 무덤에 들어가	막 16	: 4	- 5
돌이 돌 위에 놓이지 아니하였던 때를 기억하라	학 2	: 15	
돌이 무덤에서 굴려 옮겨진 것을 보고 들어가 보니	눅 24	: 2	- 12
돌이 무덤에서 옮겨진 것을 보고	요 20	: 1	- 10
돌판 (여호와께서 주신 십계명 두 돌판)	신 5	: 22	
돌판 (여호와께서 주신 십계명 두 돌판)	신 9	: 9	- 18

돌판에 쓴 것이 아니요 오직 육의 마음에 쓴 것이라   고후 3 : 3

동방 박사들이 경배하러 오다   마 2 : 1 - 12

동성간 동침   레 20 : 13

동역자들   고진 3 : 1 - 23

동역자들이요 너희는 하나님의 밭이요 하나님의 집이니   고전 3 : 9 - 9

동일하게 주 예수의 은혜로 구원 받는 줄을 믿노라   행 15 : 11 - 21

동쪽 지파(르우벤, 므낫세)들이 요단 가에 제단을 쌓다   수 22 : 10 - 34

동쪽 지파들을 그들이 받은 기업의 땅으로 보내다   수 22 : 1 - 9

동침하고자 내게로 들어오므로 크게 소리 질렀더니   창 39 : 14 - 23

돼지 먹는 쥐엄 열매로 배를 채우고자 하되 주는 자가   눅 15 : 16 - 17

돼지 앞에 진주를 던지지 말라 그들이 그것을 발로 밟고   마 7 : 6

돼지가 씻었다가 더러운 구덩이에 도로 누웠다 하는 말   벧후 2 : 22

돼지고기와 가증한 물건과 쥐를 먹는 자가 다 함께 망하   사 66 : 17

돼지는 굽이 갈라져 쪽발이로되 새김질을 못하므로   레 11 : 7

돼지를 먹으며 가증한 것들의 국을 그릇에 담으면서   사 65 : 4 - 5

돼지에게로 들어가게 허락하심을 간구하니 허락하시니   눅 8 : 32 - 39

두 감람나무와 두 촛대니   계 11 : 4 - 8

두 국민이 네 태중에 있구나 큰 자가 어린 자를 섬기리   창 25 : 23 - 26

두 그룹 (솔로몬이 건축한 성전의 지성소 안의)   왕상 6 : 22 - 28

두 그룹 (솔로몬이 건축한 성전의 지성소 안의)   대하 3 : 10 - 14

두 기둥, 야긴과 보아스 (솔로몬이 건축한 성전 앞)   대하 3 : 15 - 17

두 돌판 (여호와께서 주신 언약)   신 9 : 9 - 18

두 돌판 (하나님이 친히 쓰신 증거판)   출 31 : 18

두 돌판 (하나님이 친히 쓰신 증거판)   출 32 : 15 - 19

두 마음을 품은 자들아 마음을 성결하게 하라   약 4 : 8

두 배에 채우매 잠기게 되었더라   눅 5 : 7 - 11

두 번째 거둔 곡식을 바치는 절기   레 23 : 15 - 22

두 번째 돌판 (두 번째 증거판)   출 34 : 1 - 9

두 번째 유월절 (부정하게 되어 유월절을 못 지킨 자)   민 9 : 10 - 12

두 번째 증거판 (두 번째 돌판)   출 34 : 1 - 9

두 사람이 땅에서 합심하여 무엇이든지 구하면 하늘에   마 18 : 19 - 20

두 사람이 밭에 있으매 한 사람은 데려가고 한 사람은   마 24 : 40 - 51

두 사람이 한 사람보다 나음은 그들이 수고함으로	전 4	: 9	- 12
두 사람이 함께 누우면 따뜻하거니와 한 사람이면	전 4	: 11	- 12
두 살부터 그 아래로 다 죽이니	마 2	: 16	- 18
두 세 증인의 입으로 하라	신 19	: 15	- 21
두 손에 가득하고 수고하며 바람을 잡는 것보다 한 손	전 4	: 6	
두 여자가 함께 맷돌을 갈고 있으매 하나는 데려감을	눅 17	: 35	
두 재료로 직조한 옷을 입지 말지니	레 19	: 19	
두 종류를 혼용치 말라 (여호와와 세상 것)	레 19	: 19	
두 종자를 섞어 뿌리지 말라	신 22	: 9	- 11
두 종자를 섞어 뿌리지 말며	레 19	: 19	
두 주인을 섬기지 못할 것이니 하나님과 재물을 겸하여	마 6	: 24	
두 주인을 섬길 수 없나니 혹 이를 미워하고 저를 사랑	눅 16	: 13	
두 주인을 섬길 수 없나니 혹 이를 미워하고 저를 사랑하	눅 16	: 13	
두 증인에게 권세를 주리니 그들이 굵은 베옷을 입고	계 11	: 3	- 8
두 증인의 순교와 부활	계 11	: 1	- 14
두 행악자도 사형을 받게 되어 예수와 함께 끌려 가니	눅 23	: 32	- 43
두드리는 이에게는 열릴 것이니라	마 7	: 8	- 12
두드리는 이에게는 열릴 것이니라	눅 11	: 10	
두려워 말고 믿기만 하라 하시고 (회당장에게)	막 5	: 36	- 43
두려워 말라	수 10	: 8	
두려워 말라	수 11	: 6	
두려워 말라 (전장에서)	신 20	: 1	
두려워 말라 (천만인이 나를 에워싼다 하여도)	시 3	: 6	
두려워 말라 나는 처음이요 마지막이니	계 1	: 17	- 20
두려워 말라 내가 너를 구속하였고 내가 너를 지명하여	사 43	: 1	- 2
두려워 말라 내가 너를 도우리라 할 것임이니라	사 41	: 13	- 14
두려워 말라 내가 너와 함께 하여 네 자손을 동쪽에서	사 43	: 5	- 7
두려워 말라 네가 수치를 당하지 아니하리니 놀라지 말	사 54	: 4	
두려워 말라 놀라지 말라	신 31	: 8	
두려워 말라 우리와 함께 한 자가 그들보다 많으리라	왕하 6	: 15	- 17
두려워 말라 이스라엘아 놀라지 말라 내가 너를 구원하	렘 46	: 27	- 28
두려워 말며 침묵하지 말고 말하라 내가 너와 함께 있으	행 18	: 9	- 10

91

두려워 하거나 놀라지 말라 전쟁은 하나님께 속한 것 　　대하 20 : 15

두려워 하지 말고 오직 몸과 영혼을 능히 지옥에 멸하실 　　마 10 : 28

두려워하는 것을 두려워하지 말며 근심하지 말고 　　벧전 3 : 14 - 17

두려워하는 마음이 아니요 오직 능력과 사랑과 절제하 　　딤후 1 : 7 - 8

두려워하는 자는 사랑 안에서 온전히 이루지 못하였느 　　요일 4 : 18 - 21

두려워하지 말고 믿기만 하라 그리하면 딸이 구원을 얻 　　눅 8 : 50 - 56

두려워하지 말라 　　신 1 : 29 - 33

두려워하지 말라 그들은 우리의 먹이라 여호와는 우리 　　민 14 : 8 - 9

두려워하지 말라 내가 너와 함께 함이라 놀라지 말라 　　사 41 : 10

두려워하지 말라 너희는 많은 참새보다 귀하니라 　　마 10 : 31

두려워하지 말라 놀라지 말라 (아이성 공격시) 　　수 8 : 1

두려워하지 말라 바울아 네가 가이사 앞에 서겠고 또 　　행 27 : 24 - 26

두려워하지 말며 놀라지 말라 　　수 1 : 9

두려워하지 말며 침묵하지 말고 말하라 　　행 18 : 9 - 10

두려워하지 아니하리니 사람이 내게 어찌할까 　　시 118 : 6 - 13

두려워할지니 그의 안식에 들어갈 약속이 남아 있을지 　　히 4 : 1 - 6

두로 왕 히람이 솔로몬의 성전 건축에 협력하다 　　왕상 5 : 8 - 12

두로 왕이 받을 심판 　　겔 28 : 1 - 19

두로가 받을 심판 　　겔 26 : 1 - 21

두로에 대한 애가 　　겔 27 : 1 - 36

두로와 시돈에 대한 경고 　　사 23 : 1 - 18

두루마기를 빠는 자들은 복이 있으니 이는 생명나무에 　　계 22 : 14

두루마리 책과 어린 양 　　계 5 : 1 - 14

두루마리 책을 사도 요한이 먹다 　　계 10 : 1 - 11

두루마리를 네 배에 넣으며 네 창자에 채우라 하시기에 　　겔 3 : 3 - 4

두루마리를 달라 한즉 천사가 이르되 먹어 버리라 　　계 10 : 9 - 11

두루마리를 바룩이 낭독하다 　　렘 36 : 1 - 19

두루마리를 취하시매 네 생물과 이십사 장로들이 엎드 　　계 5 : 8

두루마리에 기록된 재앙들을 그에게 더하실 것이요 　　계 22 : 18 - 19

두루마리에 써서 일곱 교회에 보내라 하시기로 　　계 1 : 11 - 12

두루마리의 예언의 말씀에서 제하여 버리면 하나님이 　　계 22 : 19

두루마리의 예언의 말씀을 듣는 모든 사람에게 증언하 　　계 22 : 18 - 19

두루마리의 예언의 말씀을 인봉하지 말라 때가 가까우　계 22 : 10

두루마리의 예언의 말씀을 지키는 자는 복이 있으리라　계 22 : 7

두마에 관한 경고　사 21 : 11 - 12

두세 사람이 내 이름으로 모인 곳에는 나도 그들 중에　마 18 : 20

두아디라 교회에 보내는 말씀　계 2 : 18 - 29

둘로 자기 안에서 한 새 사람을 지어 화평하게 하시고　엡 2 : 15 - 19

둘을 한 몸으로 하나님과 화목하게 하려 하심이라　엡 2 : 16 - 19

둘이 아니요 한 몸이니 그러므로 하나님이 짝지어 주신　마 19 : 6 - 9

둘이 아니요 한 몸이니 그러므로 하나님이 짝지어 주신　막 10 : 8 - 9

둘이 한 성령 안에서 아버지께 나아감을 얻게 하려 하심　엡 2 : 18 - 19

둘이 한 자리에 누워 있으매 하나는 데려 감을 얻고　눅 17 : 34 - 35

둘째 달 열넷째 날 해 질 때에 그것을 지켜서 어린 양에　민 9 : 11 - 12

둘째 사람은 하늘에서 나셨느니라　고전 15 : 47 - 49

둘째 사망 곧 불못이라　계 20 : 14 - 15

둘째 사망의 해를 받지 아니하리라　계 2 : 11

둘째 사망이 그들을 다스리는 권세가 없고 도리어　계 20 : 6

둘째 장막은 대제사장이 홀로 일 년에 한 번 들어가되　히 9 : 7 - 10

둘째 해에는 또 거기에서 난 것을 먹을 것이요　사 37 : 30

둘째 화는 지나갔으나 보라 셋째 화가 속히 이르는도다　계 11 : 14

둘째 휘장 뒤에 있는 장막을 지성소라 일컫나니　히 9 : 3 - 5

뒤에 오시는 이가 나보다 앞선 것은 나보다 먼저 계심　요 1 : 15

뒤에 있는 것은 잊어버리고 앞에 있는 것을 잡으려고　빌 3 : 13 - 16

드고아의 여인을 요압이 다윗에게 보내다　삼하 14 : 1 - 24

드라빔들은 허탄한 것을 말하며 복술자는 진실하지 않　슥 10 : 2

드라빔을 가져 낙타 안장 아래에 넣고 그 위에 앉은지라　창 31 : 34 - 35

드러내려 하지 않고는 숨긴 것이 없고 나타내려 하지 않　막 4 : 22 - 25

드보라와 바락　삿 4 : 6 - 16

드보라와 바락의 노래　삿 5 : 1 - 31

듣게 하고 말 못하는 사람도 말하게 한다 하니라　막 7 : 37

듣고 들을지어다 그리하면 너희가 좋은 것을 먹을 것　사 55 : 2 - 3

듣고 배운 사람마다 내게로 오느니라　요 6 : 45 - 46

듣고 주 예수의 이름으로 세례를 받으니 바울이 안수하　행 19 : 5 - 7

93

듣고 행하지 아니하는 자는 주추 없이 흙 위에 집 지은	눅 6	: 49		
듣기는 들어도 깨닫지 못할 것이요 보기는 보아도 알지	마 13	: 14	-	17
듣기는 들어도 도무지 깨닫지 못하며 보기는 보아도	행 28	: 26	-	28
듣기는 속히 하고 말하기는 디디 하며 성내기도 더디 하	약 1	: 19	-	21
듣는 마음을 주사 백성을 재판하여 선악을 분별하게	왕상 3	: 9	-	10
듣는 자가 믿음과 결부시키지 아니함이라	히 4	: 2	-	6
듣는 자는 살아나리라	요 5	: 25	-	29
듣는 자도 오라 할 것이요 목마른 자도 올 것이요	계 22	: 17		
듣든지 아니 듣든지 그들에게 고하여 이르기를	겔 3	: 11		
듣든지 아니 듣든지 너는 내 말로 고할지어다	겔 2	: 7	-	10
듣지 아니하고 여호와의 말씀을 거역하고	신 1	: 43	-	46
듣지 아니함은 하나님께 속하지 아니하였음이로다	요 8	: 47		
듣지도 못한 이를 어찌 믿으리요 전파하는 자가 없이	롬 10	: 14	-	15
들릴라와 삼손	삿 16	: 1	-	22
들보를 빼라 그 후에야 네가 밝히 보고 형제의 눈 속에	눅 6	: 42		
들보를 빼어라 그 후에야 밝히 보고 형제의 눈 속에서 티	마 7	: 5		
들어와도 복을 받고 나가도 복을 받다	신 28	: 6		
들은 것이 너희 안에 거하면 너희가 아들과 아버지 안에	요일 2	: 24		
들은 그것을 세상에 말하노라 하시되	요 8	: 26	-	30
들음으로 복이 있도다	마 13	: 16	-	17
들음은 그리스도의 말씀으로 말미암았느니라	롬 10	: 17	-	18
들의 백합화가 어떻게 자라는가 생각하여 보라	마 6	: 28	-	33
들풀도 하나님이 이렇게 입히시거든 하물며 너희일까	마 6	: 30	-	33
들풀도 하나님이 이렇게 입히시거든 하물며 너희일까	눅 12	: 28	-	32
등경 위에 두나니 이는 들어가는 자들로 그 빛을 보게	눅 8	: 16	-	18
등경 위에 두나니 이는 들어가는 자로 그 빛을 보게 하려	눅 11	: 33	-	36
등경 위에 두나니 이러므로 집 안 모든 사람에게 비치느	마 5	: 15		
등불 관리 (성막의)	출 27	: 20	-	21
등불 일곱이 있으니 이는 하나님의 일곱 영이라	계 4	: 5		
등불은 등경 위에	막 4	: 21	-	25
등불은 등경 위에	눅 8	: 16	-	18
등불을 다윗의 자손에게 주겠다고 말씀하셨음이라	대하 21	: 7		

등불을 켜고 서 있으라	눅 12	: 35	- 38
등불을 켜서 말 아래에 두지 아니하고 등경 위에 두나니	마 5	: 15	
등불을 켜서 움 속에나 말 아래에 두지 아니하고 등경 위	눅 11	: 33	- 36
등불이시니 나의 어두움을 밝히시리이다	삼하 22	: 29	
등잔대 등불 방향	민 8	: 1	- 3
등잔대 제작	출 37	: 17	- 24
등잔대 제작법	민 8	: 4	
등잔대와 기구들	출 25	: 31	- 40
등잔대와 상과 진설병이 있으니 이는 성소라 일컫고	히 9	: 2	- 5
등잔불 관리	레 24	: 1	- 4
디나의 욕된 사건	창 34	: 1	- 31
디도와 그의 동역자	고후 8	: 16	- 24
디도의 사역 (그레데에서)	딛 1	: 5	- 16
디모데가 이르거든 너희는 조심하여 그로 두려움이 없	고전 16	: 10	
디모데를 너희에게 보내었으니 그가 너희로 하여금	고전 4	: 17	
디모데와 에바브로디도	빌 2	: 19	- 30
디베랴 호수에서 또 제자들에게 자기를 나타내셨으니	요 21	: 1	- 14
딤나의 여자와 삼손	삿 14	: 1	- 20
딸들을 그들의 아들들에게 주지 말고 너희 아들들이나	느 13	: 25	
딸을 그들의 아들에게 주지 말 것이요 그들의 딸들도	신 6	: 3	- 4
딸을 베냐민 사람에게 아내로 주지 아니하리라	삿 21	: 1	
딸이 방금 죽었사오나 오셔서 그 몸에 손을 얹어 주소서	마 9	: 18	
땀을 흘려야 먹을 것을 먹으리니 네가 그 곳에서 취함을	창 3	: 19	
땅 (여호와께서 주시리라 맹세하신 땅)	신 11	: 8	- 17
땅 값 얼마를 감추었느냐	행 5	: 3	- 11
땅 끝까지 이르러 내 증인이 되리라 하시니라	행 1	: 8	- 11
땅 끝에서부터 너를 붙들며 땅 모퉁이에서부터 너를	사 41	: 9	
땅 위에 사람 지으셨음을 한탄하사 마음에 근심하시고	창 6	: 6	
땅과 거기 충만한 것이 주의 것임이라	고전 10	: 26	- 29
땅에 오매 자기 백성이 영접하지 아니하였으나	요 1	: 11	- 14
땅에 있는 우리의 장막 집이 무너지면 하나님께서 지으	고후 5	: 1	- 5
땅에 있는 자를 아버지라 하지 말라 너희 아버지는 한	마 23	: 9	

땅에 있는 지체를 죽이라 곧 음란과 부정과 사욕과 악한 　　　골 3 : 5 - 8
땅에서 매면 하늘에서도 매일 것이요 땅에서 풀면 하늘 　　　마 18 : 18
땅에서 무엇이든지 매면 하늘에서도 매일 것이요 　　　마 16 : 19 - 20
땅에서는 징조를 베풀리니 곧 피와 불과 연기로다 　　　행 2 : 19 - 21
땅은 나의 발등상이니 너희가 나를 위하여 무슨 집을 짓 　　　행 7 : 49 - 50
땅은 너로 말미암아 저주를 받고 너는 네 평생에 수고 　　　창 3 : 17 - 19
땅은 풀과 씨 맺는 채소와 각기 종류대로 씨 가진 열매 　　　창 1 : 11
땅을 극진히 사랑하시어 그의 백성을 불쌍히 여기실 것 　　　욜 2 : 18
땅을 나누어 기업이 되게 하되 요셉에게는 두 몫이니라 　　　겔 47 : 13
땅을 너희 앞에 두셨은즉 차지하라 두려워하지 말라 　　　신 1 : 21 - 25
땅을 멸할 홍수가 다시 있지 아니하리라 　　　창 9 : 11
땅의 경계선과 열두 지파 분배 　　　겔 47 : 13 - 23
땅의 언어가 하나요 말이 하나였더라 　　　창 11 : 1 - 9
땅의 일을 말하여도 믿지 아니하거든 하물며 하늘의 일 　　　요 3 : 12 - 18
땅의 포도를 거두어 하나님의 진노의 큰 포도주 틀에 　　　계 14 : 19 - 20
땅의 포도송이를 거두라 그 포도가 익었느니라 　　　계 14 : 18 - 20
땅이 그 위에 자주 내리는 비를 흡수하여 밭 가는 자들이 　　　히 6 : 7 - 8
땅이 그대로 있을 때에는 네 땅이 아니며 판 후에도 　　　행 5 : 4 - 11
땅이 네게 가시덤불과 엉겅퀴를 낼 것이라 　　　창 3 : 18 - 19
땅이 안식년을 누림 같이 안식하여 칠십년을 지냈으니 　　　대하 36 : 21
땅이 하나님 앞에 부패하여 포악함이 땅에 가득한지라 　　　창 6 : 11 - 13
때가 가까이 왔다 하겠으나 그들을 따르지 말라 　　　눅 21 : 8 - 9
때가 가까이 왔으니 인자가 죄인의 손에 팔리느니라 　　　마 26 : 45
때가 아직 낮이매 나를 보내신 이의 일을 우리가 하여야 　　　요 9 : 4 - 5
때가 이르기 전 곧 주께서 오시기까지 아무 것도 판단하 　　　고전 4 : 5
때가 이르렀고 날이 가까웠으니 사는 자도 기뻐하지 말 　　　겔 7 : 12 - 13
때가 이르리니 사람이 바른 교훈을 받지 아니하며 귀가 　　　딤후 4 : 3 - 5
때가 찬 경륜을 위하여 예정하신 것이니 　　　엡 1 : 9 - 10
때가 찼고 하나님의 나라가 가까이 왔으니 회개하고 　　　막 1 : 15
때를 따라 소낙비를 내리되 복된 소낙비를 내리리라 　　　겔 34 : 26 - 31
때와 시기는 아버지께서 자기의 권한에 두셨으니 　　　행 1 : 7 - 11
땔감 같은 예루살렘 주민 　　　겔 15 : 1 - 8

96

떡 다섯 개와 물고기 두 마리를 가지사 하늘을 우러러	마 14	: 19	- 21
떡 다섯 개와 물고기 두 마리를 가지사 하늘을 우러러	막 6	: 41	- 44
떡 다섯 개와 물고기 두 마리밖에 없으니 이 모든 사람을	눅 9	: 13	- 17
떡 일곱 개를 가지고 축사하시고 떼어 제자들에게 주어	막 8	: 6	- 10
떡 일곱 개와 그 생선을 가지사 축사하시고 떼어	마 15	: 36	- 38
떡 한 조각만 있고도 화목하는 것이 제육이 가득하고	잠 17	: 1	
떡으로만 사는 것이 아니요 여호와의 입에서 나오는	신 8	: 3	
떡으로만 살 것이 아니라 하였느니라	눅 4	: 4	
떡으로만 살 것이 아니요 하나님 말씀으로 살 것이라	마 4	: 4	
떡은 곧 세상의 생명을 위한 내 살이니라	요 6	: 51	
떡은 그리스도의 몸에 참여함이 아니냐	고전 10	: 16	- 22
떡은 하나요 많은 우리가 한 몸이니 우리가 다 한 떡에	고전 10	: 17	- 22
떡을 가져 감사 기도 하시고 떼어 그들에게 주시며	눅 22	: 19	- 20
떡을 가져 축사하신 후에 앉아 있는 자들에게 나눠 주시	요 6	: 11	- 15
떡을 가져다가 모든 사람들 앞에서 하나님께 축사하고	행 27	: 35	- 44
떡을 가지사 축복하시고 떼어 제자들에게 주시며	마 26	: 26	- 30
떡을 가지사 축복하시고 받으라 이것은 내 몸이니라	막 14	: 22	- 26
떡을 가지사 축사하시고 떼어 그들에게 주시니	눅 24	: 30	- 35
떡을 달라 하는데 돌을 주며 생선을 달라 하는데 뱀을	마 7	: 9	- 12
떡을 떼며 기쁨과 순전한 마음으로 음식을 먹고	행 2	: 46	- 47
떡을 떼며 오로지 기도하기를 힘쓰니라	행 2	: 42	
떡을 먹고 이 잔을 마실지니 주의 몸을 분별하지 못하고	고전 11	: 28	- 29
떡을 먹는 자는 영원히 살리라	요 6	: 58	- 59
떡을 먹으며 이 잔을 마실 때마다 주의 죽으심을 그가	고전 11	: 26	- 29
떡을 먹은 남자는 오천 명이었더라	막 6	: 44	
떡을 먹을 때에 손을 씻지 아니하나이다	마 15	: 2	- 6
떡을 사서 이 사람들을 먹이겠느냐 하시니	요 6	: 5	- 15
떡을 주시나니 하나님의 떡은 하늘에서 내려 세상에	요 6	: 32	- 35
떡의 누룩이 아니요 바리새인과 사두개인들의 교훈을	마 16	: 12	
떡이나 잔을 합당하지 않게 먹고 마시는 자는 주의 몸과	고전 11	: 27	- 29
떡이니 사람으로 하여금 먹고 죽지 아니하게 하는 것	요 6	: 50	- 51
떨기나무 가운데서 그를 불러 이르시되 모세야 모세야	출 3	: 4	- 12

떨기나무 같아서 좋은 일이 오는 것을 보지 못하고	렘 17	: 6	- 8
떨면서 네 음식을 먹고 놀라고 근심하면서 네 물을 마시	겔 12	: 18	- 20
뜨겁지도 아니하고 차지도 아니하니 내 입에서 너를 토	계 3	: 16	
띠가 사람이 허리에 속함 같이 내가 이스라엘 온 집과	렘 13	: 11	
띠를 가져오니 띠가 썩어서 쓸 수가 없게 되었더라	렘 13	: 7	- 11
띠를 띠고 신을 신으라 하거늘 베드로가 그대로 하니	행 12	: 8	- 12
띠를 사서 네 허리에 띠고 물에 적시지 말라 하시기로	렘 13	: 1	- 7
라가라 하는 자는 공회에 잡혀가게 되고 미련한 놈이라	마 5	: 22	
라마에서 슬퍼하며 크게 통곡하는 소리가 들리니	마 2	: 17	
라맛 레히 (삼손이 블레셋 사람 천 명을 죽인 곳)	삿 15	: 14	- 17
라반과 야곱의 품삯 언약	창 30	: 25	- 43
라반에게 두 딸이 있으니 언니의 이름은 레아요 아우의	창 29	: 16	- 18
라반에게로 피신하여 네 형의 노가 풀리기까지 거주하	창 27	: 43	- 45
라반의 딸 중에서 아내를 맞이하라	창 28	: 2	- 5
라오디게아 교회에 보내는 말씀	계 3	: 14	- 22
라합이 그들을 창문에서 줄로 달아 내리니	수 2	: 15	
라헬은 그의 아버지의 드라빔을 도둑질하고	창 31	: 19	- 20
라헬을 위하여 외삼촌에게 칠 년을 섬기리이다	창 29	: 18	- 20
라헬이 레아에게 이르되 언니의 아들의 합환채를 청구	창 30	: 14	- 16
라헬이 산고로 죽다	창 35	: 16	- 20
랍비라 칭함을 받지 말라 너희 선생은 하나요 너희는	마 23	: 8	
랍사게(앗수르 군대장)의 유다에 대한 협박	왕하 18	: 17	- 37
레갑 사람들의 순종 교훈	렘 35	: 5	- 19
레아보다 라헬을 더 사랑하여 다시 칠 년 동안 라반을	창 29	: 30	
레아와 라헬를 야곱이 아내로 맞다	창 29	: 21	- 30
레위 사람 인구조사	민 4	: 34	- 49
레위 사람들의 다른 직임	대상 26	: 29	- 32
레위 사람들의 직무	대상 9	: 28	- 34
레위 사람들이 받은 성읍과 목초지	수 21	: 1	- 42
레위 사람에게 다윗이 구체적 직무를 주다	대상 23	: 2	- 32
레위 사람이 맏아들 구실을 하다	민 3	: 40	- 51
레위 자손 중에 남은 자들	대상 24	: 20	- 31

레위 자손의 인구 조사   민 3 : 14 - 39

레위 자손의 정착지   대상 6 : 54 - 81

레위 지파는 그의 형제 중에 분깃이 없으며 기업이 없고   신 10 : 9

레위 지파를 구별하여 여호와의 언약궤를 메게 하며   신 10 : 8 - 9

레위 지파만은 계수하지 말라 (병력수)   민 1 : 49 - 53

레위 지파의 역할   민 1 : 47 - 54

레위가 예수를 따르다   눅 5 : 27 - 32

레위와 세운 나의 언약은 생명과 평강의 언약이라   말 2 : 5 - 7

레위의 가계   대상 6 : 1 - 15

레위의 자손   대상 6 : 16 - 30

레위인 제사장의 몫   신 18 : 1 - 8

레위인 첩 강간 사건 (기브아 불량배들에게)   삿 19 : 1 - 30

레위인을 요제로 여호와께 바치다   민 8 : 11 - 15

레위인을 이스라엘인의 장자로 취급함   민 3 : 40 - 51

레위인을 흔들어 바치는 제물로 여호와 앞에 드릴지니   민 8 : 11

레위인의 몫   민 18 : 21 - 24

레위인의 복무와 정년   민 8 : 23 - 26

레위인의 십일조   민 18 : 26 - 30

레위인의 정결의식과 레위인을 요제로 드리다   민 8 : 5 - 22

레위인의 직무   민 3 : 5 - 12

레위인의 직무   민 18 : 1 - 7

레위인이 받은 성읍   민 35 : 1 - 8

로마 사람인 줄 들어 알고 군대를 거느리고 가서 구원   행 23 : 27 - 30

로마 성도들에 대한 바울의 문안 인사   롬 1 : 1 - 7

로마 시민된 자를 죄도 정하지 아니하고 채찍질할 수   행 22 : 25 - 29

로마 시민인 줄 알고 또 결박한 것 때문에 두려워하니   행 22 : 29 - 30

로암미라 (너희는 내 백성이 아니요)   호 1 : 9

롯과 소돔성에 온 두 천사   창 19 : 1 - 22

롯도 사로잡고 그 재물까지 노략하여 갔더라   창 14 : 12

롯의 두 딸이 아버지로 말미암아 임신하고   창 19 : 36 - 38

롯의 때와 같으리니 사람들이 먹고 마시고 사고 팔고   눅 17 : 28

롯의 손과 그 아내의 손과 두 딸의 손을 잡아 인도하여   창 19 : 16 - 17

롯의 아내는 뒤를 돌아보았으므로 소금기둥이 되었더라	창 19	: 26		
롯이 소돔에서 나가던 날에 하늘로부터 불과 유황이	눅 17	: 29		
롯이 소돔을 떠나 피신한 소알성	창 19	: 17	-	22
롯이 요단 온 지역을 택하고 동으로 옮기니 그들이 서로	창 13	: 11	-	12
루디아와 그 집을 바울이 전도하다	행 16	: 11	-	15
루디아의 집에 들어가 형제들을 만나 보고 위로하고	행 16	: 40		
루스 (벧엘의 본 이름)	삿 1	: 22	-	26
룻이 보아스를 만나다	룻 2	: 1	-	23
룻이 보아스와 가까워지다	룻 3	: 1	-	18
룻이 보아스와 결혼하다	룻 4	: 1	-	17
르무엘 왕을 훈계한 잠언	잠 31	: 1	-	31
르손 (수리아 왕으로 솔로몬의 대적자)	왕상 11	: 23	-	25
르우벤 자손이 받은 기업	수 13	: 15	-	23
르우벤의 자손	대상 5	: 1	-	10
르우벤의 장자의 명분 상실 (아버지의 침상을 더럽힘)	대상 5	: 1		
르우벤이 가서 아버지의 첩 빌하와 동침하매	창 35	: 22		
르우벤이 듣고 요셉을 그들의 손에서 구원하려 하여	창 37	: 21	-	22
르호보암 유다왕이 타락하여 애굽의 침공을 받다	왕상 14	: 21	-	31
르호보암은 아내 열여덟 명과 첩 예순 명을 거느려	대하 11	: 21	-	23
르호보암의 행적	대하 12	: 13	-	16
르호보암이 방비하는 성읍들을 건축하다	대하 11	: 5	-	12
르호보암이 백성들의 원성을 얻어 나라가 분열되다	왕상 12	: 12	-	20
르호보암이 백성들의 원성을 얻어 나라가 분열되다	대하 10	: 1	-	19
르호봇 (이삭이 세 번째 판 우물) - 번성하리로다	창 26	: 22		
리브가와 이삭의 혼인	창 24	: 1	-	67
리스바가 다섯 아들의 시체를 밤낮으로 지키다	삼하 21	: 8	-	14
리워야단 (악어?)	욥 41	: 1	-	34
리워야단 곧 꼬불꼬불한 뱀 리워야단을 벌하시며	사 27	: 1	-	2
마귀가 가서 그들이 믿어 구원을 얻지 못하게 하려고	눅 8	: 12	-	15
마귀가 벌써 시몬의 아들 가룟 유다의 마음에 예수를	요 13	: 2		
마귀가 불과 유황 못에 던져지니 거기서 그 짐승과 거짓	계 20	: 10		
마귀가 우는 사자 같이 두루 다니며 삼킬 자를 찾나니	벧전 5	: 8		

마귀가 이르되 네가 만일 하나님의 아들이어든 이 돌들	눅 4	: 3	- 4
마귀가 장차 너희 가운데에서 몇 사람을 옥에 던져	계 2	: 10	
마귀는 처음부터 범죄함이라 하나님의 아들이 나타나	요일 3	: 8	- 9
마귀라고도 하고 사탄이라고도 하며 온 천하를 꾀는 자	계 12	: 9	- 12
마귀를 대적하라 그리하면 너희를 피하리라	약 4	: 7	
마귀를 정죄하는 그 정죄에 빠질까 함이요	딤전 3	: 6	- 7
마귀에게 시험을 받으러 광야로 가사 사십 일을 밤낮	마 4	: 1	- 2
마귀에게 시험을 받으시더라 (예수님)	눅 4	: 1	- 13
마귀에게 틈을 주지 말라	엡 4	: 27	- 28
마귀의 간계를 능히 대적하기 위하여 하나님의 전신 갑	엡 6	: 11	- 17
마귀의 올무에 빠질까 염려하라	딤전 3	: 7	
마귀의 올무에서 벗어나 하나님께 사로잡힌 바 되어	딤후 2	: 26	
마땅히 행할 길을 아이에게 가르치라 그리하면 늙어도	잠 22	: 6	
마라의 쓴 물	출 15	: 22	- 25
마르다는 일을 하고 나사로는 예수와 함께 앉은 자 중에	요 12	: 2	- 8
마르다는 준비하는 일이 많아 마음이 분주한지라	눅 10	: 40	- 42
마르다와 마리아	눅 10	: 38	- 42
마른 뼈가 살아나는 이스라엘의 회복 환상	겔 37	: 1	- 14
마른 뼈들아 여호와의 말씀을 들을지어다	겔 37	: 4	
마리아가 엘리사벳을 방문하다	눅 1	: 39	- 45
마리아가 요셉과 약혼하고 동거하기 전에 성령으로	마 1	: 18	
마리아가 이르되 주의 여종이오니 말씀대로 내게 이루어	눅 1	: 38	
마리아가 천사에게 이르되 나는 남자를 알지 못하니	눅 1	: 34	- 38
마리아는 무덤 밖에 서서 울고 있더니 울면서 구부려	요 20	: 11	- 18
마리아는 이 좋은 편을 택하였으니 빼앗기지 아니하리라	눅 10	: 42	
마리아는 지극히 비싼 향유 곧 순전한 나드 한 근을	요 12	: 3	- 8
마리아라 하는 동생이 있어 주의 발치에 앉아 말씀을 듣	눅 10	: 39	- 42
마리아여 무서워하지 말라 네가 하나님께 은혜를 입었	눅 1	: 30	- 38
마리아와 요셉과 구유에 누인 아기를 찾아서	눅 2	: 16	- 21
마리아와 함께 호적하러 올라 가니 마리아가 이미 잉태	눅 2	: 5	- 7
마리아의 찬가	눅 1	: 46	- 56
마므레 상수리 수풀에 이르러 거주하며 제단을 쌓았더	창 13	: 18	

마므레 상수리나무들이 있는 곳에서 아브라함에게 나타   창 18 : 1

마므레 앞 막벨라에 있는 에브론의 밭과 속한 굴과   창 23 : 17 - 20

마병을 예비하거니와 이김은 여호와께 있느니라   잠 21 : 31

마병의 심히 강함을 의지하고 여호와를 구하지 아니히   사 31 : 1 - 3

마술사 엘루마는 그들을 대적하여 총독으로 믿지 못하   행 13 : 8 - 12

마술을 행하던 많은 사람이 그 책을 모아 가지고 와서   행 19 : 19 - 20

마술을 행하여 사마리아 백성을 놀라게 하며 자칭 큰   행 8 : 9 - 13

마술하던 어떤 유대인들이 시험삼아 악귀들린 자들에   행 19 : 13 - 20

마시라 이 것은 죄 사함을 얻게 하려고 많은 사람을 위하   마 26 : 27 - 30

마음 가죽을 베고 나 여호와께 속하라   렘 4 : 4

마음 속에 독한 시기와 다툼이 있으면 자랑하지 말라   약 3 : 14 - 16

마음 판과 제단 뿔에 새겨졌거늘   렘 17 : 1 - 2

마음과 뜻과 힘을 다하여 네 하나님 여호와 사랑 (쉐마)   신 6 : 5 - 9

마음도 서로 비치느니라   잠 27 : 19

마음만 있으면 있는 대로 받으실 터이요 없는 것은 받지   고후 8 : 12 - 15

마음에 가득한 것을 입으로 말함이니라   눅 6 : 45

마음에 가득한 것을 입으로 말함이라   마 12 : 34

마음에 그리스도를 주로 삼아 거룩하게 하고   벧전 3 : 15 - 17

마음에 근심하지 말라 하나님을 믿으니 또 나를 믿으라   요 14 : 1

마음에 뿌림을 받아 악한 양심으로부터 벗어나고 몸은   히 10 : 22 - 25

마음에 심어진 말씀을 온유함으로 받으라   약 1 : 21

마음에 위안을 받고 사랑 안에서 연합하여 확실한 이해   골 2 : 2 - 5

마음에 자원하는 남녀는 누구나 물품을 드렸으니   출 35 : 29

마음에 정한 대로 할 것이요 인색함으로나 억지로 하지   고후 9 : 7 - 9

마음에 하나님 두기를 싫어하매 하나님께서 내버려   롬 1 : 28 - 32

마음에 할례를 받지 못한 사람들아 성령을 거스르는   행 7 : 51 - 53

마음에 할례를 베푸사 너로 마음을 다하며 뜻을 다하여   신 30 : 6 - 10

마음에 할례를 행하고 목을 곧게 하지 말라   신 10 : 16

마음에는 원이로되 육신이 약하도다 하시고   마 26 : 41

마음에는 원이로되 육신이 약하도다 하시고   막 14 : 38 - 42

마음에서 나오는 것은 악한 생각 곧 음란과 도둑질과   막 7 : 21 - 23

마음에서 나오는 것은 악한 생각과 살인과 간음과 음란   마 15 : 19 - 20

마음으로 깨달아 돌아오면 내가 고쳐 줄까 함이라	행 28	: 27	- 28
마음으로 다섯 마디 말을 하는 것이 일만 마디 방언으로	고전 14	: 19	- 25
마음으로 들어가지 아니하고 배로 들어가 뒤로 나감이	막 7	: 19	- 23
마음으로 믿어 의에 이르고 입으로 시인하여 구원에	롬 10	: 10	- 12
마음으로 주께 노래하며 찬송하며	엡 5	: 19	- 21
마음으로는 하나님의 법을 육신으로는 죄의 법을 섬기	롬 7	: 25	
마음은 은혜로써 굳게 함이 아름답고	히 13	: 9	
마음을 감찰하시고 정직을 기뻐하시는 줄을 아나이다	대상 29	: 17	
마음을 감찰하시는 하나님을 기쁘게 하려 함이라	살전 2	: 4	- 5
마음을 같이하며 높은 데 마음을 두지 말고 도리어	롬 12	: 16	
마음을 같이하여 같은 사랑을 가지고 뜻을 합하여	빌 2	: 2	- 4
마음을 같이하여 동정하며 형제를 사랑하며 불쌍히 여	벧전 3	: 8	- 11
마음을 같이하여 성전에 모이기를 힘쓰고 집에서 떡을	행 2	: 46	- 47
마음을 같이하여 오로지 기도에 힘쓰더라	행 1	: 14	- 20
마음을 굳게 하여 이 믿음에 머물러 있으라 권하고	행 14	: 22	- 23
마음을 다하고 뜻을 다하고 힘을 다하여 여호와를 사랑	신 6	: 5	- 9
마음을 다하고 뜻을 다하여 그를 찾으면 만나리라	신 4	: 29	
마음을 다하고 뜻을 다하여 네 하나님을 섬기고	신 10	: 12	- 13
마음을 다하고 뜻을 다하여 말씀을 청종하면	신 30	: 2	- 10
마음을 다하고 뜻을 다하여 섬기면	신 11	: 13	- 15
마음을 다하고 뜻을 다하여 여호와께 순종하고	왕하 23	: 3	
마음을 다하고 뜻을 다하여 여호와를 찾았으므로	대하 15	: 15	
마음을 다하고 뜻을 다하여 지켜 행하라	신 26	: 16	- 19
마음을 다하고 목숨을 다하고 뜻을 다하고 힘을 다하여	막 12	: 30	- 34
마음을 다하고 목숨을 다하고 뜻을 다하여 주 너의 하나	마 22	: 37	- 40
마음을 다하고 목숨을 다하여 여호와를 순종하고	대하 34	: 31	- 32
마음을 다하고 성품을 다하여 진실히 행하면	왕상 2	: 4	
마음을 다하고 지혜를 다하고 힘을 다하여 하나님을	막 12	: 33	- 34
마음을 다하며 뜻을 다하며 힘을 다하여	왕하 23	: 25	
마음을 다하며 목숨을 다하며 힘을 다하며 뜻을 다하여	눅 10	: 27	- 37
마음을 다하여 여호와를 신뢰하고 네 명철을 의지하지	잠 3	: 5	- 8
마음을 살피시는 이가 성령의 생각을 아시나니 이는	롬 8	: 27	

마음을 새롭게 함으로 변화를 받아 하나님의 선하시고 　롬 12 : 2
마음을 연단하시느니라 　잠 17 : 3
마음을 열어 성경을 깨닫게 하시고 　눅 24 : 45 - 49
마음을 제어하지 아니하는 자는 성읍이 무너지고 　잠 26 : 28
마음을 지혜로 다스리면서 술로 육신을 즐겁게 할까 　전 2 : 3 - 11
마음을 찢고 너희 하나님 여호와께로 돌아올지어다 　욜 2 : 13
마음을 토하라 하나님은 우리의 피난처시로다 　시 62 : 8
마음의 경영은 사람에게 있어도 말의 응답은 여호와 　잠 16 : 1
마음의 고통은 자기가 알고 마음의 즐거움은 타인이 　잠 14 : 10
마음의 눈을 밝히사 그의 부르심의 소망이 무엇이며 　엡 1 : 18 - 19
마음의 악을 씻어 버리라 그리하면 구원을 얻으리라 　렘 4 : 14
마음의 즐거움은 얼굴을 빛나게 하여도 근심은 심령을 　잠 15 : 13
마음의 허리를 동이고 근신하여 예수 그리스도께서 　벧전 1 : 13
마음이 가난하고 심령이 통회하며 내 말을 듣고 떠는 자 　사 66 : 2
마음이 감동된 자와 자원하는 모든 자가 와서 회막을 　출 35 : 21 - 22
마음이 그리스도를 향한 진실함과 깨끗함에서 떠나 　고후 11 : 3 - 4
마음이 매우 고민하여 죽게 되었으니 너희는 여기 머물 　마 26 : 38
마음이 미혹되어 내 길을 알지 못하는도다 하였고 　히 3 : 10 - 14
마음이 바르지 못하니 이 도에는 네가 관계도 없고 분깃 　행 8 : 21 - 23
마음이 상한 자에게 노래하는 것은 추운 날에 옷을 벗음 　잠 25 : 20
마음이 심히 고민하여 죽게 되었으니 너희는 여기 머물 　막 14 : 34 - 42
마음이 온유하고 겸손하니 나의 멍에를 메고 내게 배우 　마 11 : 29 - 30
마음이 완악하여져서 그 귀는 듣기에 둔하고 눈은 감았 　마 13 : 15 - 17
마음이 우둔하여져서 그 귀로는 둔하게 듣고 그 눈은 　행 28 : 27 - 28
마음이 우리를 책망할 것이 없으면 담대함을 얻고 　요일 3 : 21 - 24
마음이 청결한 자는 복이 있나니 그들이 하나님을 볼 것 　마 5 : 8
마음이 하나님의 마음 같은 체하였으니 　겔 28 : 6 - 9
마지막 날에 다시 살리는 이것이니라 　요 6 : 39 - 40
마지막 나팔에 순식간에 홀연히 다 변화되리니 　고전 15 : 51 - 58
마지막 날 부활 때는 다시 살아날 줄을 내가 아나이다 　요 11 : 24 - 27
마지막 날과 심판 　요 12 : 44 - 50
마지막 날에 그를 심판하리라 　요 12 : 48

마지막 날에 내가 그를 다시 살리리니 내 살은 참된 양식   요 6 : 54 - 59

마지막 날에 내가 이를 다시 살리리라   요 6 : 40

마지막 날을 기다리라 (끝날)   단 12 : 13

마지막 때에 일어날 일 (스가랴의 예언)   슥 14 : 1 - 21

마지막 때에 자기의 경건하지 않은 정욕대로 행하며   유 1 : 18 - 23

마지막 만찬   마 26 : 17 - 39

마지막 만찬   막 14 : 22 - 26

마지막 만찬   눅 22 : 14 - 23

마지막 수확   계 14 : 14 - 16

마지막 아담은 살려 주는 영이 되었나니   고전 15 : 45 - 49

마지막이 가까이 왔으니 정신을 차리고 근신하여 기도   벧전 4 : 7 - 11

마태라 하는 사람이 세관에 앉아 있는 것을 보시고   마 9 : 9

마태를 제자 삼다   마 9 : 9

마하나임이라 하였더라 (하나님의 군대)   창 32 : 1 - 2

막달라 마리아가 가서 제자들에게 내가 주를 보았다   요 20 : 18

막달라 마리아가 무덤에 와서 돌이 무덤에서 옮겨진   요 20 : 1 - 10

막달라 마리아에게 나타나시다   요 20 : 11 - 18

막대기 두 개가 하나가 되는 이스라엘이 통합되는 예언   겔 37 : 15 - 23

막대기 둘을 취하여 하나는 은총이라하며 하나는 연합   슥 11 : 7

막대기 아래로 지나가게 하며 언약의 줄로 매려니와   겔 20 : 37 - 38

막대기들을 서로 합하여 하나가 되게 하라   겔 37 : 17 - 19

막벨라 굴을 아브라함이 매입하여 매장지로 사용하다   창 23 : 9 - 20

막힌 담을 자기 육체로 허시고 계명의 율법을 폐하셨으   엡 2 : 14 - 19

만 달란트 빚진 자 하나를 데려오매 갚을 것이 없는지라   마 18 : 24 - 35

만국을 벌할 날이 가까웠나니 네가 행한 대로 너도   옵 1 : 15 - 16

만군의 여호와 산은 성산이라 일컫게 되리라   슥 8 : 3

만나가 그치다   수 5 : 10 - 12

만나가 끊어지지 않게 하시고 그들에게 물을 주어   느 9 : 20 - 21

만나는 깟씨 같고 모양은 진주와 같은 것이라   민 11 : 7 - 9

만나는 대로 모두 데려오니 혼인 잔치에 손님들이 가득   마 22 : 10 - 14

만나라 하였으며 깟씨 같이 희고 맛은 꿀 섞은 과자 같   출 16 : 31 - 36

만나를 담은 금 항아리와 아론의 싹난 지팡이와 언약의   히 9 : 4 - 5

만나를 먹었어도 죽었거니와 하늘에서 내려오는 떡이니	요 6	: 49	- 51
만나를 먹이셨나니 이는 너를 낮추시며 시험하사	신 8	: 16	
만나를 먹이신 것은 사람이 떡으로만 사는 것이 아니요	신 8	: 3	
만나를 비 같이 내려 먹이시며 하늘 양식을 주셨나니	시 78	: 24	- 30
만나를 사십 년 동안 먹었으니 가나안 땅에 이르기까지	출 16	: 35	
만나를 주고 또 흰 돌을 줄 터인데 그 돌 위에 새 이름을	계 2	: 17	
만나와 메추라기	출 16	: 1	- 36
만나와 메추라기	민 11	: 4	- 34
만물 위에 교회의 머리로 삼으셨느니라	엡 1	: 22	- 23
만물보다 그가 먼저 계시고 만물이 그 안에 함께 섰느니	골 1	: 17	- 18
만물을 그 발 아래에 복종하게 하셨느니라	히 2	: 8	- 9
만물을 그에게 복종하게 하실 때에는 아들 자신도 그 때	고전 15	: 28	- 30
만물을 그의 발 아래에 두셨다 하셨으니	고전 15	: 27	- 30
만물을 그의 발 아래에 복종하게 하시고 그를 만물 위에	엡 1	: 22	- 23
만물을 지으신 이는 하나님이시라	히 3	: 4	- 6
만물을 지으신 하나님께서는 천지의 주재시니	행 17	: 24	- 31
만물을 창조하신 하나님 속에 감추어졌던 비밀의 경륜	엡 3	: 9	- 11
만물의 으뜸이 되려 하심이요	골 1	: 18	- 20
만물이 그로 말미암고 우리도 그로 말미암아 있느니라	고전 8	: 6	- 8
만물이 그로 말미암아 지은 바 되었으니	요 1	: 3	- 5
만물이 그에게서 창조되되 보이는 것들과 보이지 않는	골 1	: 16	- 18
만물이 다 그로 말미암고 그를 위하여 창조되었고	골 1	: 16	- 18
만물이 다 깨끗하되 거리낌으로 먹는 사람에게는 악한	롬 14	: 20	- 21
만물이 다 너희 것임이라	고전 3	: 21	- 23
만물이 벌거벗은 것 같이 드러나느니라	히 4	: 13	
만물이 자기와 화목하게 되기를 기뻐하심이라	골 1	: 20	- 23
만물이 주에게서 나오고 주로 말미암고 주에게로 돌아	롬 11	: 36	
만민에게 복음을 전파하라	막 16	: 15	- 18
만민에게 생명과 호흡과 만물을 친히 주시는 이심이라	행 17	: 25	- 31
만민에게 전파된 바요 나 바울은 이 복음의 일꾼이 되었	골 1	: 23	
만민이 기도하는 집이라 일컬음이 될 것임이라	사 56	: 7	
만민이 기도하는 집이라 칭함을 받으리라고 하지 아니	막 11	: 17	- 18

만세 전에 우리의 영광을 위하여 미리 정하신 것이라   고전 2 : 7 - 9

만유 위에 계시고 만유를 통일하시고 만유 가운데 계시   엡 4 : 6

만유의 주로서 하나님이 만유 안에 계시려 하심이라   고전 15 : 28 - 30

만일 주님이시거든 나를 명하사 물 위로 오라 하소서   마 14 : 28 - 33

만져 보라 영은 살과 뼈가 없으되 너희 보는 바와 같이   눅 24 : 39 - 49

많은 사람의 유익을 구하여 그들로 구원을 받게 하라   고전 10 : 33

많은 사람이 내 이름으로 와서 이르되 내가 그라 하며   눅 21 : 8 - 9

많은 사람이 내 이름으로 와서 이르되 내가 그라 하여   막 13 : 6

많이 거둔 자도 남지 아니하였고 적게 거둔 자도 모자라   고후 8 : 15

많이 받은 자에게는 많이 요구할 것이요 많이 맡은 자에   눅 12 : 48

많이 뿌릴지라도 수확이 적으며 먹을지라도 배부르지   학 1 : 6

많이 심는 자는 많이 거둔다 하는 말이로다   고후 9 : 6 - 7

맏물 (첫 소산) 봉헌 규례   신 26 : 1 - 11

말 못하게 하는 귀신을 쫓아내시니 귀신이 나가매   눅 11 : 14 - 26

말과 묵상이 주님 앞에 열납되기를 원하나이다   시 19 : 14

말과 행실과 사랑과 믿음과 정절에 있어서 본이 되어   딤전 4 : 12

말과 혀로만 사랑하지 말고 행함과 진실함으로 하자   요일 3 : 18

말들의 입에 재갈 물리는 것은 우리에게 순종하게 하려   약 3 : 3 - 4

말로 의롭다 함을 받고 네 말로 정죄함을 받으리라   마 12 : 37

말로나 우리의 편지로 가르침을 받는 전통을 지키라   살후 2 : 15 - 17

말만 하고 행하지 아니하며 또 무거운 짐을 묶어 사람의   마 23 : 3 - 7

말세에 고통하는 때가 이르러 사람들이 자기를 사랑하   딤후 3 : 1 - 7

말세에 나타내기로 예비하신 구원을 얻기 위하여 믿음   벧전 1 : 5 - 6

말세에 내가 내 영을 모든 육체에 부어 주리니 너희의   행 2 : 17 - 21

말세에 너희를 위하여 나타내신 바 되었으니   벧전 1 : 20 - 21

말세에 재물을 쌓았도다   약 5 : 3 - 4

말세의 타락상   딤후 3 : 1 - 9

말씀 두루마리를 여호야김 왕이 불태우다   렘 36 : 20 - 32

말씀 사역에 힘쓰리라 하니 온 무리가 이 말을 기뻐하여   행 6 : 4 - 7

말씀과 경건에 관한 교훈   딤전 6 : 3 - 10

말씀과 경건에 관한 교훈을 따르지 아니하면 교만하여   딤전 6 : 3 - 6

말씀과 기도로 거룩하여짐이라   딤전 4 : 4 - 5

말씀도 듣고 자기 병도 고침을 받고자 하여 모여 오되   눅 5 : 15 - 16

말씀만 하사 내 하인을 낫게 하소서   눅 7 : 7 - 10

말씀에 굳게 세우시고 어떤 죄악도 나를 주관하지 못하   시 119 : 133

말씀에 의지하여 내가 그물을 내리리이다 하고   눅 5 : 5 - 7

말씀으로 귀신들을 쫓아 내시고 병든 자들을 다 고치시   마 8 : 16

말씀으로 깨끗하게 하사 거룩하게 하시고   엡 5 : 26 - 28

말씀으로만 하옵소서 그러면 내 하인이 낫겠사옵나이다   마 8 : 8 - 13

말씀은 곧 하나님이시니라   요 1 : 1 - 5

말씀은 내 발에 등이요 내 길에 빛이니이다   시 119 : 106 - 107

말씀은 다 순전하며 하나님은 그를 의지하는 자의 방패   잠 30 : 5 - 6

말씀은 살아 있고 활력이 있어 좌우에 날선 어떤 검보다   히 4 : 12 - 13

말씀은 세세토록 있도다 하였으니 너희에게 전한 복음   벧전 1 : 25

말씀은 순결함이여 도가니에 일곱 번 단련한 은 같도다   시 12 : 6

말씀을 구하려고 돌아다녀도 얻지 못하리니   암 8 : 12 - 14

말씀을 그 마음에서 빼앗는 것이요   눅 8 : 12 - 15

말씀을 그들에게 주었사오매 세상이 그들을 미워하였   요 17 : 14

말씀을 네 마음에 두라   욥 22 : 22

말씀을 노래하리이다   시 119 : 172

말씀을 더욱 담대히 전하게 되었느니라   빌 1 : 14 - 17

말씀을 도둑질하는 선지자들을 내가 치리라   렘 23 : 30 - 32

말씀을 두루마리 책에 기록하니라   렘 36 : 4 - 6

말씀을 듣고 즉시 기쁨으로 받되 그 속에 뿌리가 없어   마 13 : 20 - 21

말씀을 듣고 지키는 자가 복이 있느니라 하시니라   눅 11 : 28

말씀을 듣고 지키어 인내로 결실하는 자니라   눅 8 : 15

말씀을 듣고 행하는 사람들이 나의 가족   눅 8 : 19 - 21

말씀을 듣고 행하지 아니하면 그는 거울로 자기의 얼굴   약 1 : 23 - 25

말씀을 듣는 것이 우매한 자들이 제물을 드리는 것보다   전 5 : 1

말씀을 들은 사람 중에 믿는 자가 남자의 수가 약 오천   행 4 : 4

말씀을 들음과 행함   약 1 : 19 - 25

말씀을 막아 결실하지 못하게 되는 자요   막 4 : 19 - 20

말씀을 받고 날마다 성경을 상고하므로   행 17 : 11 - 13

말씀을 받은 사람들을 신이라 하셨거든   요 10 : 35 - 39

말씀을 받을 때에 사람의 말로 받지 아니하고 하나님의 　살전 2 ： 13 － 16
말씀을 보내어 그들을 고치시고 위험한 지경에서 건지 　시 107 ： 20
말씀을 순종하지 아니하므로 넘어지나니 　벧전 2 ： 8
말씀을 열면 빛이 비치어 우둔한 사람들을 깨닫게 　시 119 ： 130
말씀을 온유함으로 받으라 　약 1 ： 21
말씀을 전파하라 때를 얻든지 못 얻든지 항상 힘쓰라 　딤후 4 ： 2
말씀을 제쳐 놓고 접대를 일삼는 것이 마땅하지 아니하 　행 6 ： 2 － 7
말씀을 주사 나로 입을 열어 복음의 비밀을 담대히 알리 　엡 6 ： 19
말씀을 지키는 자는 하나님의 사랑이 참으로 그 속에서 　요일 2 ： 5 － 6
말씀을 청종하며 또 그를 의지하라 　신 30 ： 20
말씀을 행하는 자가 되고 듣기만 하여 자신을 속이는 자 　약 1 ： 22 － 25
말씀을 혼잡하게 하지 아니하고 곧 순전함으로 　고후 2 ： 17
말씀을 혼잡하게 하지 아니하고 오직 진리를 나타냄으 　고후 4 ： 2 － 6
말씀을 회당에서 전할새 요한을 수행원으로 두었더라 　행 13 ： 5
말씀의 강령은 진리이오니 주의 의로운 모든 규례들은 　시 119 ： 160 － 161
말씀의 맛이 내게 어찌 그리 단지요 내 입에 꿀보다 더 　시 119 ： 103 － 105
말씀의 초보에 대하여 누구에게서 가르침을 받아야 할 　히 5 ： 12 － 14
말씀이 견고하게 되어 모든 범죄함과 순종치 아니함이 　히 2 ： 2 － 4
말씀이 길 가에 뿌려졌다는 것은 사탄이 말씀을 빼앗은 　막 4 ： 15 － 20
말씀이 너희 속에 거하지 아니하니 믿지 아니함이라 　요 5 ： 38 － 47
말씀이 너희 속에 풍성히 거하여 모든 지혜로 피차 가르 　골 3 ： 16 － 17
말씀이 네게 가까워 네 입에 있으며 네 마음에 있다 　롬 10 ： 8 － 10
말씀이 또한 너희 믿는 자 가운데에서 역사하느니라 　살전 2 ： 13 － 16
말씀이 반드시 이루어지리라고 믿은 그 여자에게 복이 　눅 1 ： 45
말씀이 빈 들에서 사가랴의 아들 요한에게 임한지라 　눅 3 ： 2 － 6
말씀이 심히 순수하므로 주의 종이 이를 사랑하나이다 　시 119 ： 140
말씀이 여러분을 능히 든든히 세우사 거룩하게 하심을 　행 20 ： 32
말씀이 온전히 전파되어 모든 이방인이 듣게 하려 하심 　딤후 4 ： 17
말씀이 육신이 되어 우리 가운데 거하시매 　요 1 ： 14
말씀이 하나님과 함께 계셨으니 이 말씀은 곧 하나님 　요 1 ： 1 － 5
말씀이 힘이 있어 흥왕하여 세력을 얻으니라 　행 19 ： 20
말씀하시는 이 곧 너희 아버지의 성령이시니라 　마 10 ： 20

말씀하신 그대로 되리라고 하나님을 믿노라	행 27	: 25	-	26
말에 실수가 없는 자라면 곧 온전한 사람이라	약 3	: 2	-	4
말에나 일에나 다 주 예수의 이름으로 하고 그를 힘입어	골 3	: 17		
말을 의지하며 병거의 많음과 마병의 심히 강함을 의지	사 31	: 1	-	3
말을 항상 은혜 가운데서 소금으로 맛을 냄과 같이 하라	골 4	: 6		
말의 실수가 없도록 하라	약 3	: 1	-	12
말이 많으면 허물을 면하기 어려우나 그 입술을 제어하	잠 10	: 19		
말이 많은 사람이 어찌 의롭다 함을 얻겠느냐	욥 11	: 2	-	3
말일(여호와의 날)이 임하면	사 2	: 1	-	22
말하는 이가 너희가 아니라 너희 속에서 말씀하시는	마 10	: 20		
말하려면 하나님의 말씀을 하는 것 같이 하고	벧전 4	: 11		
맛디아를 얻으니 그가 열한 사도의 수에 들어 가니라	행 1	: 26		
맛사 또는 므리바라 불렀으니 이는 이스라엘 자손이	출 17	: 7		
맛사(므리바)의 물 (르비딤에서)	출 17	: 1	-	7
맛사에서 여호와를 시험함	신 6	: 16		
망령되고 허탄한 신화를 버리고 경건에 이르도록	딤전 4	: 7		
망령되고 헛된 말을 버리라	딤후 2	: 16	-	19
매년 세 번 내게 절기를 지킬지니라	출 23	: 14		
매도 수없이 맞고 여러 번 죽을 뻔하였으니	고후 11	: 23	-	30
매를 가지고 너희에게 나아가랴 사랑과 온유한 마음으	고전 4	: 21		
매를 아끼는 자는 그의 자식을 미워함이라	잠 13	: 24		
매월 초하루와 매 안식일에 모든 혈육이 예배하리라	사 66	: 23		
매일 드릴 번제	출 29	: 38	-	46
매일 아침마다 드리는 제사	겔 46	: 13	-	15
매일 피차 권면하여 죄의 유혹으로 완고하게 되지 않도	히 3	: 13	-	14
매임에 괴로움을 더하게 할 줄로 생각하여 다툼으로	빌 1	: 17	-	21
매임으로 말미암아 주 안에서 신뢰함으로 겁 없이	빌 1	: 14	-	17
맥추절을 지키라 이는 밭에 뿌린 것의 첫 열매를 거둠	출 23	: 16		
맨 나중에 멸망 받을 원수는 사망이니라	고전 15	: 26	-	30
맷돌 윗짝을 던져 아비멜렉을 죽인 여인	삿 9	: 52	-	57
맷돌을 갈고 있으매 하나를 데려감을 얻고 하나는 버려	눅 17	: 35		
맷돌질을 하고 있으매 한 사람은 데려가고 한 사람은	마 24	: 41	-	51

맹세는 그들이 다투는 모든 일의 최후 확정이니라　히　6 : 16 - 20
맹세하는 자는 진리의 하나님으로 맹세하리니　사 65 : 16
맹세하지 말고 오직 너희가 그렇다고 생각하는 것은　약　5 : 12
맹세하지 말라　마　5 : 33 - 37
맹세하지 말지니 하늘로나 땅으로나 아무 다른 것으로　약　5 : 12
맹세하지 말지니 하늘로도 하지 말고 땅으로도 하지 말　마　5 : 34 - 36
맹인 두 사람을 고치시다　마 20 : 29 - 34
맹인 두 사람의 눈을 뜨게 하시다　마　9 : 27 - 31
맹인 바디매오가 믿음으로 고침을 받다　막 10 : 46 - 52
맹인 앞에 장애물을 놓지 말고 네 하나님을 경외하라　레 19 : 14
맹인(날 때부터 맹인된 사람)을 고치시다　요　9 : 1 - 12
맹인과 저는 자들이 성전에서 예수께 나아오매 고쳐주　마 21 : 14 - 17
맹인된 인도자여 하루살이는 걸러 내고 낙타는 삼키는　마 23 : 24
맹인에게 길을 잃게 하는 자는 저주를 받을 것이라　신 27 : 20 - 23
맹인으로 난 것이 누구의 죄로 인함이니까 자기니이까　요　9 : 2 - 3
맹인을 고치시다　눅 18 : 35 - 43
맹인의 길을 인도하는 자요 어둠에 있는 자의 빛이요　롬　2 : 19 - 29
맹인이 되어 얼마 동안 해를 보지 못하리니 하니 즉시　행 13 : 11 - 12
맹인이 되었더라면 죄가 없으려니와 본다고 하니 죄가　요　9 : 41
맹인이 맹인을 인도하면 둘이 다 구덩이에 빠지리니　마 15 : 14
맹인이 맹인을 인도할 수 있느냐 둘이 다 구덩이에 빠지　눅　6 : 39
맹인이 보며 못 걷는 사람이 걸으며 나병 환자가 깨끗　마 11 : 5 - 6
맹인이라 멀리 보지 못하고 그의 옛 죄가 깨끗하게 된　벧후　1 : 9
머리 70개를 광주리에 담아 예후에게 보내다　왕하 10 : 6 - 7
머리 둘 곳이 없도다 하시고　눅　9 : 58 - 62
머리는 곧 장로와 존귀한 자요 그 꼬리는 곧 거짓말을　사　9 : 15 - 16
머리는 물이 되고 내 눈은 눈물의 근원이 될꼬　렘　9 : 1 - 3
머리니 곧 그리스도라　엡　4 : 15 - 16
머리를 붙들지 아니하는지라 온 몸이 머리로 말미암아　골　2 : 19
머리털 일곱 가닥을 밀고 괴롭게 하여 본즉 그의 힘이　삿 16 : 17 - 22
머리털 하나도 상하지 아니하리라　눅 21 : 18 - 19
머리털까지 다 세신 바 되었나니 두려워하지 말라　마 10 : 30 - 31

111

머리털까지도 다 세신 바 되었나니 두려워 하지 말라   눅 12 : 7

머리털도 그을리지 아니하였고 불 탄 냄새도 없었더라   단 3 : 27 - 28

머리털로 그의 발을 닦으니 향유 냄새가 집에 가득하   요 12 : 3 - 8

머리털로 닦고 그 발에 입맞추고 향유를 부으니   눅 7 : 38 - 50

머릿돌이 되었나니 이것은 주로 말미암아 된 것이요   마 21 : 42 - 46

머릿돌이 되었나니 이는 여호와께서 행하신 것이요   시 118 : 22 - 23

머릿돌이 되었느니라   눅 20 : 17 - 18

먹고 다 배불렀더라 그 남은 조각을 열두 바구니에 거두   눅 9 : 17

먹고 마시고 장가 들고 시집 가더니 홍수가 나서 멸망   눅 17 : 27

먹고 마시는 것과 절기나 초하루나 안식일을 이유로   골 2 : 16 - 19

먹는 자는 먹지 않는 자를 업신여기지 말고 먹지 않는   롬 14 : 3 - 6

먹는다고 해서 더 잘사는 것도 아니니라   고전 8 : 8 - 13

먹든지 마시든지 무엇을 하든지 다 하나님의 영광을 위   고전 10 : 31 - 33

먹어도 배부르지 못하고 항상 속이 빌 것이며   미 6 : 14 - 15

먹어도 배부르지 아니하며 음행하여도 수효가 늘지 못   호 4 : 10

먹으라 이것은 내 몸이니라 하시고 또 잔을 가지사 감사   마 26 : 26 - 30

먹으로 쓴 것이 아니요 오직 살아계신 하나님의 영으로   고후 3 : 3

먹을 것과 입을 것이 있은즉 족한 줄로 알 것이니라   딤전 6 : 8 - 10

먹을 생물과 못 먹을 생물   레 11 : 1 - 47

먹을 생물과 못 먹을 생물   신 14 : 3 - 21

먹을지라도 배부르지 못하며 마실지라도 흡족하지 못하   학 1 : 6

먹음직도 하고 보암직도 하고 지혜롭게 할 만큼 탐스럽   창 3 : 6

먹지 않는 자는 먹는 자를 비판하지 말라 이는 하나님이   롬 14 : 3 - 6

먹지 않는다고 해서 더 못사는 것도 아니고 먹는다고   고전 8 : 8 - 13

먹지도 말고 만지지도 말라 너희가 죽을까 하노라   창 3 : 3

먼 데 있는 너희에게 평안을 전하시고 가까운 데 있는   엡 2 : 17 - 19

먼저 가서 내 아버지를 장사하게 허락하옵소서   눅 9 : 59 - 62

먼저 그의 나라와 그의 의를 구하라 그리하면 이 모든   마 6 : 33

먼저 나온 자는 붉고 전신이 털옷 같아서 에서라 하였   창 25 : 25 - 26

먼저 내 가족을 작별하게 허락하소서   눅 9 : 61 - 62

먼저 네 눈 속의 들보를 빼라 그 후에야 네가 밝히 보고   눅 6 : 42

먼저 된 자로서 나중되고 나중 된 자로서 먼저 될 자가   마 19 : 30

먼저 된 자로서 나중되고 나중 된 자로서 먼저 될 자가   막 10 : 31

먼저 들어가는 자는 어떤 병에 걸렸든지 낫게 됨이라   요 5 : 4 - 18

먼저 안을 깨끗이 하라 그리하면 겉도 깨끗하리라   마 23 : 26

먼저 온 자들이 와서 더 받을 줄 알았더니 그들도 한   마 20 : 10 - 16

먼저 좋은 포도주를 내고 취한 후에 낮은 것을 내거늘   요 2 : 10 - 12

먼저는 신령한 사람이 아니요 육의 사람이요 그 다음에   고전 15 : 46 - 49

멍에 아래에 있는 종들은 자기 상전들을 범사에 마땅히   딤전 6 : 1

멍에는 쉽고 내 짐은 가벼움이라 하시니라   마 11 : 29 - 30

멍에를 꺾어 버리며 포박을 끊으리니 다시는 이방인을   렘 30 : 8

멍에를 내가 깨뜨리고 네 결박을 끊으리라   나 1 : 13

멍에를 더욱 무겁게 하리라 내 아버지는 채찍으로   왕상 12 : 14

메네 메네 데겔 우바르신   단 5 : 25 - 28

메뚜기 재앙을 요엘이 경고하다   욜 2 : 1 - 11

메뚜기가 남긴 것을 느치가 먹고 느치가 남긴 것을   욜 1 : 4

메뚜기가 지면을 덮어서 사람이 땅을 볼 수 없을 것   출 10 : 5 - 6

메시야 곧 그리스도라 하는 이가 오실 줄을 내가 아노니   요 4 : 25

메시야 왕국의 복원   사 35 : 1 - 10

메시야 왕국이 베들레헴에서 도래하리라 예언   미 5 : 2 - 8

메시야를 통한 구원의 예언   사 42 : 1 - 9

메시야을 배척한 이스라엘 위에 내려질 심판   슥 11 : 4 - 17

메시야의 예고   사 53 : 1 - 12

메추라기   민 11 : 31 - 34

멜기세덱   히 7 : 1 - 28

멜기세덱은 살렘 왕이요 높으신 하나님의 제사장이라   히 7 : 1 - 4

멜기세덱의 반차를 따른 대제사장이라 칭하심을 받으셨   히 5 : 10

멜기세덱의 서열을 따라 영원한 제사장이라 하셨도다   시 110 : 4

멜기세덱이 아브람에게 축복하다   창 14 : 17 - 24

멜리데 섬에 오르다   행 28 : 1 - 10

면류관을 빼앗이지 못하게 하라   계 3 : 11

면류관을 여호수아의 머리에 씌우다   슥 6 : 9 - 15

면류관이 예비되었으므로 주 곧 의로우신 재판장이   딤후 4 : 8

면책은 숨은 사랑보다 나으니라   잠 27 : 5

멸망 받을 원수는 사망이니라	고전 15	: 26	- 30
멸망으로 인도하는 문은 크고 그 길이 넓어 그리로 들어	마 7	: 13	- 14
멸망의 가증한 것이 거룩한 곳에 선 것을 보거든	마 24	: 15	- 28
멸망이 갑자기 그들에게 임하리니 결코 피하지 못하리	살전 5	: 3	- 8
멸망하는 자들	살후 2	: 1	- 12
멸망하지 않고 영생을 얻게 하려 하심이라	요 3	: 16	- 18
멸망할 자가 아니요 오직 영혼을 구원함에 이르는 믿음	히 10	: 39	
멸시하는 사람들아 너희는 놀라고 멸망하라	행 13	: 41	
명령 받은 것을 다 행한 후에 이르기를 우리는 무익한	눅 17	: 10	
명령은 등불이요 법은 빛이요 훈계의 책망은 곧 생명	잠 6	: 23	
명령을 거역하고 거리낌 없이 산지로 올라가매	신 1	: 43	- 46
명령을 거역하고 내 거룩함을 나타내지 아니하였음	민 27	: 14	
명절을 지키되 묵은 누룩으로도 하지 말고 악하고 악의	고전 5	: 8	
명절이 되면 백성들이 요구하는 대로 죄수 한 사람을	막 15	: 6	- 7
명절이 되면 총독이 무리의 청원대로 죄수 한 사람을	마 27	: 15	- 18
명철을 지키는 자는 복을 얻느니라	잠 19	: 8	
명철하여 나를 아는 것과 나 여호와는 사랑과 정의와	렘 9	: 24	
명철한 자에게는 그 명철이 생명의 샘이 되거니와	잠 16	: 22	
명한 대로 하였다고 종에게 감사하겠느냐	눅 17	: 9	- 10
모두 주를 버릴지라도 나는 결코 버리지 않겠나이다	마 26	: 33	- 35
모든 것 위에 사랑을 더하라 이는 온전하게 매는 띠니라	골 3	: 14	
모든 것은 한때 쓰이고는 없어지리라	골 2	: 22	- 23
모든 것을 버려 두고 예수를 따르니라	눅 5	: 11	
모든 것을 버리고 일어나 따르니라	눅 5	: 28	- 32
모든 것을 잃어버리고 배설물로 여김은 그리스도를 얻	빌 3	: 8	- 9
모든 것을 참으며 모든 것을 믿으며 모든 것을 바라며	고전 13	: 7	- 8
모든 것을 해로 여김은 주 그리스도 예수를 아는 지식이	빌 3	: 8	- 9
모든 것이 가하나 모든 것이 덕을 세우는 것이 아니니	고전 10	: 23	- 29
모든 것이 가하나 모든 것이 유익한 것이 아니요	고전 10	: 23	- 29
모든 것이 너희에게 있어야 할 줄을 아시느니라	마 6	: 32	- 33
모든 것이 하나님께로서 났으며 그가 그리스도로 말미	고후 5	: 18	- 21
모든 무릎이 내게 꿇을 것이요 모든 혀가 하나님께 자백	롬 14	: 11	- 12

모든 민족을 제자로 삼아 아버지와 아들과 성령의 이름	마 28	: 19	- 20
모든 사람에게 영생을 주게 하시려고 만민을 다스리는	요 17	: 2	- 3
모든 사람을 대신하여 죽었은즉 모든 사람이 죽는 것	고후 5	: 14	- 16
모든 사람을 대신하여 죽으심은 살아있는 자들로 하여	고후 5	: 15	- 16
모든 사람이 너희를 칭찬하면 화가 있도다	눅 6	: 26	
모든 사람이 죄를 지었으므로 사망이 모든 사람에게	롬 5	: 12	- 14
모든 생물을 다시 멸하지 아니하리니	창 8	: 21	- 22
모든 소유를 버리지 아니하면 능히 내 제자가 되지 못하	눅 14	: 33	
모든 씨보다 작은 것이로되 자란 후에는 나무가 되매	마 13	: 32	
모든 일에 하나님의 일꾼으로 자천하여 많이 견디는	고후 6	: 4	- 10
모든 일을 마치고 그 날에 안식하셨음이니라	창 2	: 3	
모든 일을 사랑으로 행하라	고전 16	: 14	
모든 족속을 한 혈통으로 만드사 온 땅에 살게 하시고	행 17	: 26	- 31
모래를 두어 바다의 한계를 삼되 그것으로 영원한 한계	렘 5	: 22	
모레 상수리나무에 이르니 그 곳에서 제단을 쌓고	창 12	: 6	- 9
모르드개가 높임을 받다	에 10	: 2	- 3
모르드개가 왕의 암살 음모를 알리다	에 2	: 19	- 23
모르드개가 하만에게 절하지 않다	에 3	: 1	- 6
모르드개를 매달려고 한 나무에 하만을 다니	에 7	: 10	
모르드개를 왕이 존귀하게 하다	에 6	: 1	- 14
모르드개와 에스더의 교신	에 4	: 1	- 17
모세 (여호와와 대면 대화가 허락된 자)	민 12	: 5	- 8
모세가 가나안 땅 입성 못한 이유	민 20	: 23	- 24
모세가 그들이 만든 송아지를 가져다가 불살라 부수어	출 32	: 20	
모세가 미디안으로 피신하다	출 2	: 11	- 15
모세가 바다 위로 손을 내밀매 여호와께서 큰 동풍이	출 14	: 21	- 31
모세가 사십 주야를 시내산에 머물다	출 24	: 12	- 18
모세가 산에서 내려오는데 두 증거판이 그의 손에 있고	출 32	: 15	- 16
모세가 선포한 율법	신 4	: 44	- 49
모세가 손을 들면 이스라엘이 이기고 손을 내리면	출 17	: 11	- 13
모세가 수건으로 자기의 얼굴을 가렸더라	출 34	: 29	- 35
모세가 애굽 사람의 모든 지혜를 배워 그의 말과 하는	행 7	: 22	- 25

모세가 여호수아를 후계자로 세우다 　　신 31 : 1 - 8

모세가 여호와와 말하였으므로 얼굴 피부에 광채가 나 　　출 34 : 29 - 35

모세가 여호와와 함께 사십 일 사십 야를 거기 있으면서 　　출 34 : 28

모세가 정복한 왕들 　　수 12 : 1 - 6

모세가 죽다 　　신 34 : 1 - 12

모세는 온유함이 지면의 모든 사람보다 더하더라 　　민 12 : 3

모세는 이스라엘 최고의 선지자 　　신 34 : 10 - 12

모세라 하여 이르되 이는 그를 물에서 건져내었음이라 　　출 2 : 10

모세를 믿었더라면 또 나를 믿었으리니 이는 그가 내게 　　요 5 : 46 - 47

모세를 배반하고 아들들에게 할례를 행하지 말고 　　행 21 : 21 - 26

모세를 출애굽 인도자로 부르시다 　　출 3 : 1 - 12

모세를 하나님은 가시나무 떨기 가운데서 보이던 천사 　　행 7 : 35 - 36

모세에게 이적을 행할 능력을 주시다 　　출 4 : 1 - 9

모세에게 주신 능력의 이적 　　출 4 : 1 - 9

모세에게 하신 마지막 말씀 　　신 32 : 48 - 52

모세에게 하신 마지막 지시 　　신 31 : 14 - 23

모세와 선지자들에게 듣지 아니하면 비록 죽은 자 가운 　　눅 16 : 31

모세와 선지자들이 있으니 그들에게 들을찌어다 　　눅 16 : 29 - 31

모세와 십보라가 가정을 이룸 　　출 2 : 16 - 22

모세와 아론의 조상 　　출 6 : 14 - 27

모세와 아론이 바로에게 출애굽 허락 요구 (1차) 　　출 5 : 1 - 9

모세와 아론이 바로에게 출애굽 허락 요구 (2차) 　　출 7 : 8 - 13

모세와 엘리야가 예수와 더불어 말하는 것이 그들에게 　　마 17 : 3 - 13

모세의 간구 (가나안 땅 입성 간구) 　　신 3 : 23 - 28

모세의 격노 (므리바 물) 　　민 20 : 10 - 12

모세의 글을 읽을 때에 수건이 그 마음을 덮었도다 　　고후 3 : 15 - 18

모세의 나이 (출애굽 시) 　　출 7 : 7

모세의 노래 (이스라엘 총회에서) 　　신 32 : 1 - 44

모세의 노래 (홍해를 건넌후 주를 찬양) 　　출 15 : 1 - 18

모세의 말대로 행하매 이 날에 삼천 명 가량이 죽임을 　　출 32 : 28

모세의 얼굴 피부에 광채가 남을 보고 두려워하더니 　　출 34 : 30 - 35

모세의 역할 (하나님과 백성 사이의 중보자 역할) 　　신 5 : 26 - 31

모세의 율법과 선지자의 말을 가지고 예수에 대하여	행 28	:	23	
모세의 임종 나이 백이십세	신 34	:	7	
모세의 죽음을 예언하시고 명령하시다	민 27	:	12	- 14
모세의 지팡이 (땅에 던지니 뱀이 되다)	출 4	:	2	- 4
모세의 지팡이 (므리바의 물)	민 20	:	8	- 11
모세의 지팡이 (바다가 갈라지는)	출 14	:	16	
모세의 지팡이 (반석을 치라 물이 나오리니)	출 17	:	5	- 7
모세의 지팡이 (아말렉과 전쟁 시)	출 17	:	9	- 13
모세의 최후의 권면	신 32	:	45	- 47
모세의 축복 (임종 전에 12지파에 대해)	신 33	:	1	- 29
모세의 출생	출 2	:	1	- 10
모세의 후계자 여호수아	신 34	:	9	
모압 땅에서 세우신 언약	신 29	:	1	- 29
모압 여자들과 음행하기를 시작하니라 (바알브올 사건)	민 25	:	1	- 18
모압 왕에게 다윗이 피신하다	삼상 22	:	3	- 5
모압과 세일이 받을 심판	겔 25	:	8	- 11
모압과 싸우지 말라	신 2	:	8	- 9
모압과 암몬의 조상	창 19	:	30	- 38
모압과 이스라엘의 전쟁	왕하 3	:	1	- 27
모압에 벌을 내리시다	암 2	:	1	- 3
모압왕 발락이 발람을 부르다	민 22	:	1	- 20
모압을 벌하시다	사 25	:	9	- 12
모압을 황폐하게 하시리라	사 15	:	1	- 9
모압의 심판과 멸망의 예언	렘 48	:	1	- 25
모압이 여호와를 거슬러 자만하였으므로 멸망하고	렘 48	:	42	- 44
모압이 조롱거리가 되리라	렘 48	:	26	- 35
모압이 통곡하고 보잘것 없이 되리라	사 16	:	1	- 14
모욕을 당한즉 축복하고 박해를 받은즉 참고	고전 4	:	12	- 14
모욕하는 자를 위하여 기도하라	눅 6	:	28	- 29
모이기를 폐하는 어떤 사람들의 습관과 같이 하지 말고	히 10	:	25	
모태에 짓기 전에 너를 알았고 네가 배에서 나오기 전에	렘 1	:	5	
모태에서 벌거벗고 나왔은즉 그가 나온 대로 돌아가고	전 5	:	15	- 16

모태에서 알몸으로 나왔사온즉 알몸으로 돌아가올지라   욥 1 : 21 - 22

모퉁이의 머릿돌이 되었나니 이것은 주로 말미암아 된   마 21 : 42 - 46

모퉁이의 머릿돌이 되었나니 이는 여호와께서 하신 것   시 118 : 22 - 23

모퉁이의 머릿돌이 되었느니라   눅 20 : 17 - 18

모퉁이의 머릿돌이 되었느니라   행 4 : 11 - 12

모퉁잇돌을 시온에 두노니 그를 믿는 자는 부끄러움을   벧전 2 : 6 - 8

모퉁잇돌이 되셨느니라   엡 2 : 20 - 22

목구멍은 열린 무덤이요 그 혀로는 속임을 일삼으며   롬 3 : 13 - 18

목마르거든 내게로 와서 마시라   요 7 : 37 - 39

목마르다 하시니 거기 신 포도주가 가득히 담긴 그릇이   요 19 : 28 - 30

목마르지 아니하리니 내가 주는 물은 그 속에서 영생하   요 4 : 14

목마른 자들아 물로 나아오라 돈 없는 자도 오라   사 55 : 1 - 2

목마른 자에게 값없이 주리니   계 21 : 6

목마른 자에게 물을 주며 마른 땅에 시내가 흐르게   사 44 : 3 - 4

목숨까지 미워하지 않으면 내 제자가 되지 못하리라   눅 14 : 26 - 27

목숨까지도 너희에게 주기를 기뻐함은 너희가 우리의   살전 2 : 8 - 12

목숨을 구원하고자 하면 잃을 것이요 누구든지 나를 위   마 16 : 25 - 26

목숨을 구원하고자 하면 잃을 것이요 누구든지 나를 위   눅 9 : 24

목숨을 구원하고자 하면 잃을 것이요 누구든지 나와   막 8 : 35 - 37

목숨을 다하고 뜻을 다하고 힘을 다하여 주 너의 하나님   막 12 : 30 - 34

목숨을 많은 사람의 대속물로 주려 함이니라   막 10 : 45

목숨을 버리는 것은 그것을 내가 다시 얻기 위함이니   요 10 : 17 - 18

목숨을 보전하고자 하는 자는 잃을 것이요 잃는 자는 살   눅 17 : 33 - 35

목숨을 얻는 자는 잃을 것이요 나를 위하여 자기 목숨을   마 10 : 39

목숨을 위하여 무엇을 먹을까 몸을 위하여 무엇을 입을   눅 12 : 22 - 32

목숨을 위하여 무엇을 먹을까 무엇을 마실까 염려하지   마 6 : 25 - 33

목숨이 음식보다 중하고 몸이 의복보다 중하니라   눅 12 : 23 - 32

목욕한 자는 발 밖에 씻을 필요가 없느니라   요 13 : 10 - 15

목은 쇠의 힘줄이요 이마는 놋이라   사 48 : 4

목을 곧게 하기를 그들의 하나님 여호와를 믿지 아니   왕하 17 : 14 - 18

목을 곧게 하지 말고 여호와를 섬기라   대하 30 : 8 - 9

목이 곧고 마음에 할례를 받지 못한 사람들아 너희도   행 7 : 51 - 53

목이 곧고 완악하여 하나님을 등진 시드기야 왕	대하 36	:	12	-	13
목이 곧은 백성	신 9	:	6	-	13
목이 곧은 백성	신 9	:	13	-	17
목이 곧은 백성	신 31	:	27	-	29
목이 곧은 백성인즉 내가 길에서 너희를 진멸할까 염려	출 33	:	3	-	6
목이 뻣뻣한 백성	출 32	:	9		
목이 뻣뻣한 백성이니이다 우리의 악과 죄를 사하시고	출 34	:	9		
목자 없는 양 같음으로 인하여 불쌍히 여기사 이에 여러	막 6	:	34		
목자 없는 양과 같이 고생하며 기진함이라	마 9	:	36	-	38
목자가 없으므로 흩어지고 흩어져서 모든 짐승의 밥이	겔 34	:	5	-	6
목자들이 내 양을 찾지 아니하고 자기만 먹이고 내 양	겔 34	:	8	-	10
목자를 치리니 양의 떼가 흩어지리라 하였느니라	마 26	:	31	-	35
목회자가 성도를 대하는 태도	딤전 5	:	1	-	25
몰렉에게 주면 반드시 죽이되 돌로 칠 것이요	레 20	:	2		
몰렉에게 주어 불로 통과하게 함으로 네 하나님의 이름	레 18	:	21		
몰록에게 드리기 위하여 자녀를 불로 지나가지 못하게	왕하 23	:	10		
몸 가운데서 분쟁이 없고 여러 지체가 서로 돌보게 하셨	고전 12	:	25	-	27
몸과 영혼을 능히 지옥에 멸하실 수 있는 이를 두려워	마 10	:	28		
몸과 지체	고전 12	:	12	-	31
몸에 많은 지체를 가졌으나 모든 지체가 같은 기능을	롬 12	:	4	-	8
몸에 손을 얹어 주소서 그러면 살아나겠나이다 하니	마 9	:	18		
몸으로 있든지 떠나든지 주를 기쁘시게 하는 자가 되기	고후 5	:	9	-	10
몸으로 있을 때에는 주와 따로 있는 줄 아노니	고후 5	:	6	-	10
몸으로 하나님께 영광을 돌리라	고전 6	:	12	-	20
몸으로 행한 것을 따라 받으려 함이라	고후 5	:	10		
몸은 너희가 하나님께로부터 받는 바 성령의 전인 줄을	고전 6	:	19	-	20
몸은 음란을 위하여 있지 않고 오직 주를 위하여 있으며	고전 6	:	13	-	20
몸은 죄로 말미암아 죽은 것이나 영은 의로 말미암아	롬 8	:	10	-	11
몸은 죽여도 영혼은 죽이지 못하는 자들을 두려워하지	마 10	:	28		
몸은 하나인데 많은 지체가 있고 몸의 지체가 많으나	고전 12	:	12	-	20
몸을 고르게 하여 부족한 지체에게 귀중함을 더하사	고전 12	:	24	-	27
몸을 단번에 드리심으로 말미암아 우리가 거룩함을 얻	히 10	:	10	-	14

몸을 상해하는 일을 삼가라　　　　　　　　　　　빌 3 ： 2 － 4

몸을 제사장에게 보이고 네가 깨끗하게 되었으니　　막 1 ： 44

몸을 죽이고 그 후에는 능히 더 못하는 자들을 두려워　눅 12 ： 4 － 7

몸을 하나님이 기뻐하시는 거룩한 산 제물로 드리라　롬 12 ： 1

몸의 덜 귀히 여기는 그것들을 더욱 귀한 것들로 입혀　고전 12 ： 23 － 27

몸의 등불은 눈이라 네 눈이 성하면 온 몸이 밝을 것이요　눅 11 ： 34 － 36

몸이 각 마디를 통하여 도움을 받음으로 연결되어 각　엡 4 ： 16

몸이 그리스도의 지체인 줄을 알지 못하느냐　　　고전 6 ： 15 － 20

몸이 머리로 말미암아 마디와 힘줄로 공급함을 받고　골 2 ： 19

몸이 밝아 조금도 어두운 데가 없으면 등불의 빛이 너를　눅 11 ： 36

몸이 하나요 성령도 한 분이시니 이와 같이 부르심의　엡 4 ： 4 － 6

몸이라 너희가 이를 행하여 나를 기념하라 하시고　눅 22 ： 19 － 20

몸인 교회의 머리시라 그가 근본이시요 죽은 자 가운데　골 1 ： 18 － 20

못 자국을 보며 손가락을 그 못 자국에 넣으며 내 손을　요 20 ： 25 － 29

못된 열매 맺는 좋은 나무가 없고 또 좋은 열매 맺는 못　눅 6 ： 43 － 44

몽둥이가 꽃이 피며 교만이 싹이 났도다　　　　　겔 7 ： 10

몽정(몽설)하여 부정해지면　　　　　　　　　　신 23 ： 9 － 14

무거운 것과 얽매이기 쉬운 죄를 벗어 버리고 인내로써　히 12 ： 1 － 2

무거운 짐 진 자들아 다 내게로 오라 내가 너희를 쉬게　마 11 ： 28 － 30

무거운 짐을 묶어 사람의 어깨에 지우되 자기는 이것을　마 23 ： 4 － 7

무교병　　　　　　　　　　　　　　　　　　　민 28 ： 16 － 18

무교병과 볶은 곡식　　　　　　　　　　　　　수 5 ： 11

무교병과 쓴 나물과 아울러 먹되　　　　　　　　출 12 ： 8 － 11

무교병을 구웠으니 지체할 수 없음이요 아무 양식도　출 12 ： 39

무교병을 먹을 지니 첫날에 누룩을 너희 집에서 제하라　출 12 ： 15 － 20

무교병의 절기를 지키라 그 달에 애굽에서 나왔음이라　출 23 ： 15

무교절　　　　　　　　　　　　　　　　　　　출 12 ： 15 － 20

무교절　　　　　　　　　　　　　　　　　　　출 13 ： 1 － 10

무교절　　　　　　　　　　　　　　　　　　　레 23 ： 6 － 8

무교절 첫날 곧 유월절 양 잡는 날에 제자들이 예수께　막 14 ： 12

무교절을 지키다　　　　　　　　　　　　　　대하 30 ： 21 － 22

무교절을 지키다　　　　　　　　　　　　　　스 6 ： 19 － 22

120

무교절을 지키다 (유월절에 이어 칠일 동안)　　　　대하 35 : 17

무교절을 지키되 이레 동안 무교병을 먹으라　　　　출 34 : 18

무교절을 지키라 이 날에 내가 너희 군대를 애굽에서　　출 12 : 17 - 20

무기는 견고한 진도 무너뜨리는 하나님의 능력이라　　고후 10 : 4 - 6

무너뜨리려고 하신 것이 아니요 세우려고 하신 것이니　　고후 10 : 8 - 18

무당을 살려두지 말라　　　　　　　　　　　　출 22 : 18

무덤 속에 있는 자가 다 그의 음성을 들을 때가 오나니　　요 5 : 28 - 29

무덤 안을 들여다 보니 흰 옷 입은 두 천사가 예수의　　요 20 : 12 - 18

무덤들이 열리며 자던 성도의 몸이 많이 일어나되　　마 27 : 52 - 54

무덤에 가시니 무덤이 굴이라 돌로 막았거늘　　요 11 : 38 - 44

무덤에 들어가 보니 세마포가 놓였고 또 머리에 쌌던　　요 20 : 6 - 10

무덤에 와서 돌이 무덤에서 옮겨진 것을 보고　　요 20 : 1 - 10

무덤에서 도망하고 무서워하여 아무에게 아무 말도 하　　막 16 : 8

무덤을 사흘까지 굳게 지키게 하소서 그들의 제자들이　　마 27 : 64 - 66

무덤을 열고 너희로 거기에서 나오게 한즉　　겔 37 : 13

무두장이 시몬의 집에 유숙하니 그 집은 해변에 있다　　행 10 : 6

무례하고 교만한 자를 이름하여 망령된 자라 하나니　　잠 21 : 24

무례히 행하지 아니하며 자기의 유익을 구하지 아니하　　고전 13 : 5 - 8

무르거나 교환하는 일을 확정할 때　　　　　　　룻 4 : 7

무릇 있는 자는 받아 풍족하게 되고 없는 자는 그 있는　　마 25 : 29 - 30

무릎을 꿇고 그 모든 사람들과 함께 기도하니 다 울며　　행 20 : 36 - 38

무릎을 꿇고 기도하여 이르시되　　　　　　　　눅 22 : 41 - 44

무명한 자 같으나 유명한 자요 죽은 자 같으나 살아 있　　고후 6 : 9 - 10

무법한 자들의 미혹에 이끌려 너희가 굳센 데서 떨어질　　벧후 3 : 17

무서워 하느냐 너희가 어찌 믿음이 없느냐 하시니　　막 4 : 40 - 41

무서워 하느냐 믿음이 작은 자들아 하시고 곧 일어나사　　마 8 : 26 - 27

무슨 말씀을 하시든지 그대로 하라 하니라　　요 2 : 5 - 12

무슨 일을 하든지 마음을 다하여 주께 하듯 하고 사람에　　골 3 : 23 - 25

무엇으로 심든지 그대로 거두리라　　　　　　　갈 6 : 7 - 10

무엇을 먹을까 무엇을 마실까 무엇을 입을까 하지 말라　　마 6 : 31 - 33

무엇을 먹을까 무엇을 마실까 염려하지 말라 목숨이　　마 6 : 25 - 33

무엇을 먹을까 무엇을 마실까 하여 구하지 말며 근심하　　눅 12 : 29 - 32

무엇이든지 아버지께 구하는 것을 내 이름으로 주시리	요 16	: 23	- 24
무익한 종을 바깥 어두운 데로 내쫓으라 거기서 슬피 울	마 25	: 30	
무익한 종이라 우리가 하여야 할 일을 한 것뿐이라	눅 17	: 10	
무저갱에 던져 넣어 잠그고 그 위에 인봉하여 천 년이	계 20	: 3	
무저갱으로 들어가라 하지 마시기를 간구하더니	눅 8	: 31	- 39
무저갱의 사자라 그 이름이 아바돈이요 아볼루온이더라	계 9	: 11	
무저갱의 열쇠를 받았더라 그가 무저갱을 여니	계 9	: 1	- 6
무저갱의 열쇠와 큰 쇠사슬을 그의 손에 하늘로부터	계 20	: 1	- 3
무지개 언약 (노아와 하나님의 언약)	창 9	: 13	- 17
무질서의 하나님이 아니요 오직 화평의 하나님이시니라	고전 14	: 33	- 35
무할례로 죽었던 너희를 하나님이 살리시고 모든 죄를	골 2	: 13	- 15
무할례시에 가졌던 믿음의 자취를 따르는 자들에게도	롬 4	: 12	- 25
무할례자가 율법을 온전히 지키면 율법 조문과 할례를	롬 2	: 27	- 29
무할례자가 율법의 규례를 지키면 그 무할례를 할례와	롬 2	: 26	- 29
무할례자로서 믿는 모든 자의 조상이 되어 그들도 의로	롬 4	: 11	- 12
무할례자로서 부르심을 받은 자가 할례를 받지 말라	고전 7	: 18	- 24
무할례자에게 복음을 전함을 맡은 것이 베드로가	갈 2	: 7	
무화가 나무가 마르다	막 11	: 20	- 25
무화과 나무를 마르게 하시다	마 21	: 18	- 22
무화과 나무를 보시고 혹 무엇이 있을까 하여 가셨더니	막 11	: 13	- 14
무화과 나무를 지키는 자는 그 과실을 먹고 자기 주인에	잠 27	: 18	
무화과 두 광주리 (좋은 무화과와 나쁜 무화과)	렘 24	: 1	- 10
무화과나무가 감람 열매를, 포도나무가 무화과를 맺겠	약 3	: 12	
무화과나무를 보시고 그리로 가사 잎사귀 밖에 아무 것	마 21	: 19	- 22
무화과나무의 비유를 배우라 그 가지가 연하여지고	마 24	: 32	- 33
무화과나무의 비유를 배우라 그 가지가 연하여지고	막 13	: 28	- 37
묵시는 정한 때가 있나니 그 종말이 속히 이르겠고	합 2	: 3	
묵은 누룩을 내버리라 우리의 유월절 양 곧 그리스도	고전 5	: 7	- 8
묵은 땅을 갈고 가시덤불에 파종하지 말라	렘 4	: 3	
묵은 포도주를 마시고 새 것을 원하는 자가 없나니 이는	눅 5	: 39	
문 밖에 서서 두드리노니 누구든지 내 음성을 듣고	계 3	: 20	
문 인방과 좌우 문설주의 피를 보시면 여호와께서	출 12	: 23	- 28

문란한 성교를 금하다	레 18	:	6	- 30
문설주와 바깥 문에 기록하라	신 11	:	20	- 25
문설주와 바깥 문에 기록할지니라	신 6	:	9	
문으로 들어가는 이는 양의 목자라	요 10	:	2	- 6
문을 두드리라 그러면 너희에게 열릴 것이니	눅 11	:	9	- 10
문을 두드리라 그리하면 너희에게 열릴 것이니	마 7	:	7	- 12
문을 통하여 양의 우리에 들어가지 아니하고 다른 데로	요 10	:	1	- 6
문을 한 번 닫은 후에 너희가 밖에 서서 문을 두드리며	눅 13	:	25	- 30
문이니 누구든지 나로 말미암아 들어가면 구원을 받고	요 10	:	9	- 18
문지기는 그를 위하여 문을 열고 양은 그의 음성을 듣	요 10	:	3	- 6
물 가에 심어진 나무가 그 뿌리를 강변에 뻗치고 더위가	렘 17	:	8	
물 없는 샘이요 광풍에 밀려가는 안개니 어둠이 예비되	벧후 2	:	17	- 18
물 위로 걸으시다	마 14	:	25	- 33
물 한 그릇이라도 주면 그가 결코 상을 잃지 않으리라	막 9	:	41	
물 한 동이를 가지고 가는 사람을 만나리니 그가 들어가	눅 22	:	10	- 13
물 한 동이를 가지고 가는 사람을 만나리니 그를 따라가	막 14	:	13	
물건을 서로 통용하고 또 재산과 소유를 팔아	행 2	:	44	- 47
물건을 서로 통용하고 자기 재물을 조금이라도 자기 것	행 4	:	32	- 37
물건을 서로 통용하다	행 2	:	43	- 47
물고기가 백쉰세 마리라 이같이 많으나 그물이 찢어지	요 21	:	11	- 14
물고기를 예비하사 요나를 삼키게 하셨으므로	욘 1	:	17	
물과 성령으로 나지 아니하면 하나님의 나라에 들어갈	요 3	:	5	- 8
물과 피로 임하신 이시니 곧 예수 그리스도시라	요일 5	:	6	- 8
물두멍	출 30	:	17	- 21
물두멍 (솔로몬이 건축한 성전에 있는)	왕상 7	:	38	- 39
물두멍 제작	출 38	:	8	
물두멍과 바다의 용도	대하 4	:	6	
물로 세례를 베푸는 것은 그를 이스라엘에 나타내려 함	요 1	:	31	- 34
물로 세례를 베풀거니와 너희 가운데 너희가 알지 못하	요 1	:	26	- 28
물로 세례를 베풀라 하신 그이가 나에게 말씀하시되	요 1	:	33	- 34
물로 세례를 베풀었거니와 그는 너희들에게 성령으로	막 1	:	8	
물로 세례를 베풀었거니와 나보다 능력이 많으신 이가	눅 3	:	16	- 17

물로 세례를 베풀었으나 몇 날이 못되어 성령으로 세례	행 1	: 5		
물만 마시지 말고 네 위장과 자주 나는 병을 위하여	딤전 5	: 23		
물매돌이 골리앗의 이마에 박히다	삼상 17	: 48	- 50	
물매를 가지고 블레셋 사람에게로 나아가니라	삼상 17	: 40		
물은 예수께서 부활하심으로 구원하는 표니 곧 세례라	벧전 3	: 21	- 22	
물을 마시는 자마다 다시 목마르려니와 내가 주는 물을	요 4	: 13	- 14	
물을 성 안으로 끌어들인 히스기야의 업적	왕하 20	: 20		
물의 움직임을 기다리니 이는 천사가 가끔 못에 내려와	요 5	: 3	- 18	
물이 모든 육체를 멸하는 홍수가 되지 아니할지라	창 9	: 15		
물이 바다를 덮음 같이 여호와의 영광을 인정하는 것	합 2	: 14		
물이 백오십 일을 땅에 넘쳤더라	창 7	: 24		
물이 성소를 통하여 나옴이라 그 열매는 먹을 만하고	겔 47	: 12		
물이 써서 마시지 못하겠으므로 그 이름을 마라라 하였	출 15	: 23		
물이 움직일 때에 나를 못에 넣어 주는 사람이 없어	요 5	: 7	- 18	
므나헴 이스라엘 16대 왕이 여호와께 악을 행하다	왕하 15	: 17	- 18	
므나헴이 앗수르 왕에게 은 천 달란트를 주다	왕하 15	: 19	- 20	
므낫세 반 지파가 범죄로 인해 추방됨	대상 5	: 25	- 26	
므낫세 반 지파의 용사	대상 5	: 18	- 22	
므낫세 반 지파의 자손들	대상 5	: 23	- 26	
므낫세 왕이 그 아들들을 불 가운데로 지나가게 함	대하 33	: 6		
므낫세 왕이 바벨론으로 포로로 끌려가다	대하 33	: 10	- 13	
므낫세 유다 14대 왕이 우상을 섬기다	대하 33	: 1	- 9	
므낫세(동쪽) 자손이 받은 기업	수 13	: 29	- 33	
므낫세(서쪽) 자손이 받은 기업	수 17	: 1	- 13	
므낫세가 모든 이방인들보다 더욱 우상을 섬기다	왕하 21	: 9	- 13	
므낫세가 무죄한 자의 피를 심히 많이 흘리다	왕하 21	: 16		
므낫세가 후에 회개하여 우상을 제거하다	대하 33	: 14	- 19	
므낫세는 장자라도 팔을 엇바꾸어 얹었더라	창 48	: 14		
므낫세와 에브라임이 받은 기업	수 16	: 1	- 4	
므낫세의 자손	대상 7	: 14	- 19	
므낫세의 죄로 인해 유다를 멸하시려 하시다	왕하 24	: 2	- 4	
므라리(레위의 셋째 아들) 자손의 임무	민 4	: 29	- 33	

므리바 물 (가데스에서)	민 20	:	1	- 13
므리바 물가에서 너를 시험하였도다	시 81	:	7	
므리바 물가에서 이스라엘 자손 중 내게 범죄하여	신 32	:	51	- 52
므리바 물에서 여호와를 노하시게 하였으므로	시 106	:	32	- 33
므리바(맛사)의 물 (르비딤에서)	출 17	:	1	- 7
므비보셋 (수염을 깎지 않은 므비보셋)	삼하 19	:	24	
므비보셋 (요나단의 다리 저는 아들)	삼하 4	:	4	
므비보셋과 다윗	삼하 9	:	1	- 13
므비보셋과 다윗	삼하 19	:	24	- 30
므비보셋이 항상 왕의 상에서 먹으므로	삼하 9	:	13	
미가가 신상을 만들고 한 레위인을 제사장으로 삼다	삿 17	:	1	- 13
미가야 선지자가 아합에게 경고하다	왕상 22	:	1	- 28
미가야 선지자의 경고를 아합이 듣지 않다	대하 18	:	18	- 27
미가엘과 그의 사자들이 용과 더불어 싸울새 용과 그의	계 12	:	7	- 9
미가엘이 모세의 시체에 관하여 마귀와 다투어 변론할	유 1	:	9	- 10
미가와 단 지파	삿 18	:	1	- 31
미간에 붙여 표로 삼고	신 6	:	8	- 9
미간에 붙여 표를 삼으며 또 너희의 자녀에게 가르치며	신 11	:	18	- 19
미간의 표를 삼고 여호와의 율법이 네 입에 있게 하라	출 13	:	9	- 10
미갈(다윗의 처)을 되찾다	삼하 3	:	12	- 16
미갈을 다윗이 아내로 맞다	삼상 18	:	17	- 27
미갈이 다윗을 업신여기다	대상 15	:	29	
미갈이 다윗을 업신여김 (법궤가 다윗성으로 옮길 때)	삼하 6	:	14	- 16
미갈이 다윗을 피신시키다	삼상 19	:	11	- 17
미갈이 자식을 얻지 못하다	삼하 6	:	20	- 23
미디안 병사의 꿈과 해몽	삿 7	:	13	- 15
미디안 전쟁 후 전리품 분배	민 31	:	25	- 54
미디안 제사장에게 일곱 딸이 있었더니 그들이 와서	출 2	:	16	- 17
미디안을 진멸하다	민 31	:	1	- 18
미련하고 선지자들이 말한 모든 것을 더디 믿는 자들이	눅 24	:	25	- 35
미련한 것들을 택하사 지혜 있는 자들을 부끄럽게 하려	고전 1	:	27	- 29
미련한 놈이라 하는 자는 지옥 불에 들어가게 되리라	마 5	:	22	

미련한 자는 교만하여 입으로 매를 자청하고   잠 14 : 3

미련한 자는 당장 분노를 나타내거니와 슬기로운 자는   잠 12 : 16 - 18

미련한 자는 자기 행위를 바른 줄로 여기나   잠 12 : 15 - 16

미련한 자는 지혜와 훈계를 멸시하느니라   잠 1 : 7

미련한 자들은 등을 가지되 기름은 가지지 아니하고   마 25 : 3 - 13

미련한 자에게 영예를 주는 것은 돌을 물매에 매는 것   잠 26 : 8

미련한 자에게는 영예가 적당하지 아니하니 마치 여름에   잠 26 : 1

미련한 자의 등에는 막대기니라   잠 26 : 4

미련한 자의 생각은 죄요 거만한 자는 사람에게 미움을   잠 24 : 9

미리 정하신 그들을 또한 부르시고 부르신 그들을   롬 8 : 30

미리암의 노래   출 15 : 19 - 21

미리암이 벌을 받다 (모세를 비방하여 나병에 걸림)   민 12 : 1 - 16

미리암이 손에 소고를 잡으매 모든 여인도 그를 따라   출 15 : 20 - 21

미문의 앉은뱅이를 베드로와 요한이 고치다   행 3 : 1 - 10

미쁘다 모든 사람이 받을 만한 이 말이여   딤전 1 : 15 - 16

미쁜 말씀의 가르침을 그대로 지켜야 하리니 이는 능히   딛 1 : 9

미쁨이 없을지라도 주는 항상 미쁘시니 자기를 부인하   딤후 2 : 13

미스바 총회(레위인 첩 사건)가 열리다   삿 20 : 1 - 16

미스바라 하였으니 (나와 너 사이를 살피시옵소서)   창 31 : 49

미움은 다툼을 일으켜도 사랑은 모든 허물을 가리느니   잠 10 : 12

미움을 받을 것이나 끝까지 견디는 자는 구원을 얻으리   막 13 : 13

미워하는 자를 선대하며 너희를 저주하는 자를 위하여   눅 6 : 27 - 29

미워하되 두려움으로 긍휼히 여기라   유 1 : 23

미워하시는 것과 싫어하시는 것이 예닐곱 가지이니   잠 6 : 16 - 19

미지근하여 뜨겁지도 아니하고 차지도 아니하니 내 입   계 3 : 16

미혹되어 내 길을 알지 못하는도다 하였고   히 3 : 10 - 14

미혹되어 진리를 떠난 자를 누가 돌아서게 하면   약 5 : 19 - 20

미혹되지 말라   살후 2 : 3 - 12

미혹을 받지 않도록 주의하라 많은 사람이 내 이름으로   눅 21 : 8 - 9

미혹의 역사를 그들에게 보내사 거짓 것을 믿게 함은   살후 2 : 11 - 12

믹마스 전투 (사울과 블레셋 전투)   삼상 13 : 1 - 23

민족들을 심판하시고 그의 백성들에는 복을 주시다   욜 3 : 1 - 21

민족이 민족을 나라가 나라를 대적하여 일어나겠고	마 24	: 7	- 14
민족이 민족을, 나라가 나라를 대적하여 일어나겠고	막 13	: 8	- 13
민족이 민족을, 나라가 나라를 대적하여 일어나겠고	눅 21	: 10	- 19
믿고 구하는 것은 다 받으리라 하시니라	마 21	: 22	
믿고 마음에 의심하지 아니하면 그대로 되리라	막 11	: 23	- 25
믿고 세례를 받는 사람은 구원을 얻을 것이요	막 16	: 16	- 18
믿기만 하라 그리하면 딸이 구원을 얻으리라 하시고	눅 8	: 50	- 56
믿나이다 나의 믿음 없는 것을 도와 주소서 하더라	막 9	: 24	- 29
믿느냐 대답하되 주여 그러하오니다 하니 이에 예수께서	마 9	: 28	- 31
믿는 도리의 소망을 움직이지 말며 굳게 잡고	히 10	: 23	- 25
믿는 무리가 한마음과 한뜻이 되어 모든 물건을 서로	행 4	: 32	- 37
믿는 사람들이 다 그의 이름을 힘입어 죄 사함을 받는다	행 10	: 43	
믿는 사람이 다 마음을 같이하여 솔로몬 행각에 모이고	행 5	: 12	- 16
믿는 사람이 다 함께 있어 모든 물건을 서로 통용하고	행 2	: 44	- 47
믿는 사람이 많이 와서 자복하여 행한 일을 알리며	행 19	: 18	- 20
믿는 상전이 있는 자들은 그 상전을 형제라고 가볍게	딤전 6	: 2	
믿는 여자에게 과부 친척이 있거든 자기가 도와주고	딤전 5	: 16	
믿는 우리들은 저 안식에 들어가는도다	히 4	: 3	- 6
믿는 자는 내가 하는 일을 그도 할 것이요 또한 그보다	요 14	: 12	
믿는 자는 부끄러움을 당하지 아니하리라	롬 10	: 11	- 12
믿는 자는 부끄러움을 당하지 아니하리라	벧전 2	: 6	- 8
믿는 자는 성경에 이름과 같이 그 배에서 생수의 강이	요 7	: 38	- 39
믿는 자는 심판을 받지 아니하는 것이요 믿지 아니하는	요 3	: 18	
믿는 자는 영생을 가졌나니 내가 곧 생명의 떡이라	요 6	: 47	- 48
믿는 자는 영생을 얻었고 심판에 이르지 아니하나니	요 5	: 24	- 29
믿는 자는 영원히 목마르지 아니하리라	요 6	: 35	
믿는 자는 영원히 죽지 아니하리니 이것을 네가 믿느냐	요 11	: 26	- 27
믿는 자들로 하여금 조심하여 선한 일을 힘쓰게 하려 함	딛 3	: 8	
믿는 자들에게는 하나님의 자녀가 되는 권세를 주셨으니	요 1	: 12	- 14
믿는 자들이 받을 성령을 가리켜 말씀하신 것이라	요 7	: 39	- 44
믿는 자마다 멸망하지 않고 영생을 얻게 하려 하심이라	요 3	: 16	- 18
믿는 자마다 영생을 얻게 하려 하심이니라	요 3	: 15	

믿는 자마다 영생을 얻는 이것이니 마지막 날에 내가	요 6	: 40
믿는 자마다 의롭다 하심을 얻는 이것이라	행 13	: 39
믿는 자에게 미치는 하나님의 의니 차별이 없느니라	롬 3	: 22
믿는 자에게는 그의 믿음을 의로 여기시나니	롬 4	: 5 - 8
믿는 자에게는 능히 하지 못할 일이 없느니라	막 9	: 23 - 29
믿는 자에게는 이런 표적이 따르리니 곧 내 이름으로	막 16	: 17 - 18
믿는 자와 믿지 않는 자가 어찌 상관하며	고후 6	: 15 - 18
믿는 작은 자들 중 하나라도 실족하게 하면 연자맷돌이	막 9	: 42
믿어 거룩하게 된 무리 가운데서 기업을 얻게 하리라	행 26	: 18
믿어 약속의 성령으로 인치심을 받았으니	엡 1	: 13 - 14
믿어 의에 이르고 입으로 시인하여 구원에 이르느니라	롬 10	: 10 - 12
믿으라 그리하면 너와 네 집이 구원을 받으리라	행 16	: 31 - 32
믿으매 그것이 그에게 의로 여겨진 바 되었느니라	롬 4	: 3 - 8
믿으면 하나님의 영광을 보리라 하지 아니하였느냐	요 11	: 40 - 44
믿으므로 그 이름이 너희가 보고 아는 이 사람을 성하게	행 3	: 16
믿은 대로 될지어다 하시니 그 즉시 하인이 나으니라	마 8	: 13
믿은 바 하나님은 죽은 자를 살리시며 없는 것을 있는	롬 4	: 17 - 25
믿을 때에 주신 것과 같은 선물을 그들에게도 주셨으니	행 11	: 17 - 18
믿음 안에 있는가 너희 자신을 시험하고 너희 자신을	고후 13	: 5 - 7
믿음 위에 자신을 세우며 성령으로 기도하며	유 1	: 20 - 23
믿음, 소망, 사랑, 이 세 가지는 항상 있을 것인데 그 중	고전 13	: 13
믿음과 사랑으로써 바른 말을 본받아 지키고	딤후 1	: 13 - 14
믿음과 사랑의 호심경을 붙이고 구원의 소망의 투구를	살전 5	: 8 - 11
믿음과 소망이 하나님께 있게 하셨느니라	벧전 1	: 21
믿음과 오래 참음으로 말미암아 약속들을 기업으로 받	히 6	: 12
믿음과 율법	갈 3	: 1 - 14
믿음과 지혜	약 1	: 2 - 8
믿음과 착한 양심을 가지라	딤전 1	: 19 - 20
믿음대로 되라 하시니 그 눈들이 밝아진지라	마 9	: 29 - 31
믿음에 거하고 터 위에 굳게 서서 복음의 소망에서 흔들	골 1	: 23
믿음에 굳게 서서 감사함을 넘치게 하라	골 2	: 7 - 10
믿음에 굳게 서서 남자답게 강건하라	고전 16	: 13

믿음에 덕을, 덕에 지식을 　　　　　　　　　　　　　벧후 1 : 5 - 9
믿음에 머물러 있으라 권하고 또 하나님의 나라에 들어 　행 14 : 22 - 23
믿음에 의지하지 않고 행위를 의지함이라 부딪칠 돌에 　롬 9 : 32 - 33
믿음에서 난 의 　　　　　　　　　　　　　　　　　롬 9 : 30 - 33
믿음으로 견고하여져서 하나님께 영광을 돌리며 　　　롬 4 : 20 - 25
믿음으로 구원을 받게 하심이니 　　　　　　　　　살후 2 : 13 - 14
믿음으로 구하고 조금도 의심하지 말라 　　　　　　약 1 : 6
믿음으로 그가 이방의 땅에 있는 것 같이 약속의 땅에 　히 11 : 9 - 12
믿음으로 그들은 홍해를 육지 같이 건넜으나 애굽 사람 　히 11 : 29 - 32
믿음으로 그들의 마음을 깨끗이 하사 그들이나 우리나 　행 15 : 9 - 21
믿음으로 기생 라합은 정탐꾼을 평안히 영접하였으므로 　히 11 : 31 - 32
믿음으로 나라들을 이기기도 하며 의를 행하기도 하며 　히 11 : 33 - 40
믿음으로 노아는 아직 보이지 않는 일에 경고하심을 　히 11 : 7 - 12
믿음으로 말미암는 의는 이같이 말하되 네 마음에 누가 　롬 10 : 6 - 7
믿음으로 말미암는 줄 알므로 우리도 그리스도 예수를 　갈 2 : 16 - 21
믿음으로 말미암아 구원을 받았으니 이것은 너희에게 　엡 2 : 8 - 10
믿음으로 말미암아 그 안에서 함께 일으키심을 받았느 　골 2 : 12 - 15
믿음으로 말미암아 그리스도 예수 안에서 하나님의 　갈 3 : 26 - 27
믿음으로 말미암아 그리스도께서 너희 마음에 계시게 　엡 3 : 17 - 19
믿음으로 말미암아 담대함과 확신을 가지고 하나님께 　엡 3 : 12 - 13
믿음으로 말미암아 믿는 자에게 미치는 하나님의 의니 　롬 3 : 22
믿음으로 말미암아 성령의 약속을 받게 하려 함이라 　갈 3 : 14
믿음으로 말미암아 율법을 파기하느냐 그럴 수 없느니 　롬 3 : 31
믿음으로 말미암아 의롭다 하실 하나님은 한 분이시니 　롬 3 : 30 - 31
믿음으로 말미암아 의롭다 함을 얻게 하려 함이라 　갈 3 : 24 - 27
믿음으로 말미암아 증거를 받았으나 약속된 것을 받지 　히 11 : 39 - 40
믿음으로 말미암아 피차 안위함을 얻으려 함이라 　롬 1 : 12
믿음으로 말미암아 하나님의 능력으로 보호하심을 받 　벧전 1 : 5 - 6
믿음으로 말미암은 자는 믿음이 있는 아브라함과 함께 　갈 3 : 9 - 10
믿음으로 말미암은 자들은 아브라함의 자손인 줄 알지 　갈 3 : 7
믿음으로 모든 세계가 하나님의 말씀으로 지어진 줄을 　히 11 : 3
믿음으로 모세가 났을 때에 그 부모가 아름다운 아이 　히 11 : 23 - 26

믿음으로 모세는 장성하여 바로의 공주의 아들이라   히 11 : 24 - 26

믿음으로 믿음에 이르게 하나니 기록된 바 오직 의인은   롬 1 : 17

믿음으로 사라 자신도 나이가 많아 단산하였으나 잉태   히 11 : 11 - 12

믿음으로 서 있는 이 은혜에 들어감을 얻었으며   롬 5 : 2 - 4

믿음으로 아벨은 가인보다 더 나은 제사를 하나님께   히 11 : 4 - 12

믿음으로 아브라함은 부르심을 받았을 때에 순종하여   히 11 : 8 - 12

믿음으로 애굽을 떠나 왕의 노함을 무서워하지 아니하   히 11 : 27 - 32

믿음으로 야곱은 죽을 때에 요셉의 각 아들에게 축복하   히 11 : 21 - 26

믿음으로 에녹은 죽음을 보지 않고 옮겨졌으니 하나님   히 11 : 5 - 12

믿음으로 요셉은 임종시에 이스라엘 자손들이 떠날 것   히 11 : 22 - 26

믿음으로 유월절과 피 뿌리는 예식을 정하였으니 이는   히 11 : 28 - 32

믿음으로 의롭게 되다   갈 2 : 11 - 21

믿음으로 의롭다 하심을 받았으니 우리 주 예수   롬 5 : 1 - 2

믿음으로 이삭은 장차 있을 일에 대하여 야곱과 에서   히 11 : 20 - 26

믿음으로 이삭을 드렸으니 그의 약속들을 받은 자로되   히 11 : 17 - 26

믿음으로 칠 일 동안 여리고를 도니 성이 무너졌으며   히 11 : 30 - 32

믿음으로 하나님께로부터 난 의라   빌 3 : 9 - 12

믿음으로 행하고 보는 것으로 행하지 아니함이로라   고후 5 : 7 - 10

믿음으로써 의롭다 함을 얻으려 함이라   갈 2 : 16 - 21

믿음은 들음에서 나며 들음은 그리스도의 말씀으로   롬 10 : 17 - 18

믿음은 바라는 것들의 실상이요 보이지 않는 것들의   히 11 : 1

믿음을 따라 의의 소망을 기다리노니   갈 5 : 5 - 6

믿음을 따라 하지 아니하는 것은 다 죄니라   롬 14 : 23

믿음을 보시고 이르시되 이 사람아 네 죄 사함을 받았느   눅 5 : 20 - 26

믿음을 보시고 중풍병자에게 이르시되 작은 자야 안심하   마 9 : 2 - 8

믿음을 보시고 중풍병자에게 이르시되 작은자야 네 죄   막 2 : 5 - 12

믿음의 결국 곧 영혼의 구원을 받음이라   벧전 1 : 9 - 12

믿음의 기도는 병든 자를 구원하리니 주께서 그를   약 5 : 15 - 18

믿음의 능력과 고난   히 11 : 33 - 40

믿음의 말과 지식과 모든 간절함과 우리를 사랑하는   고후 8 : 7 - 11

믿음의 방패를 가지고 이로서 능히 악한 자의 불화살을   엡 6 : 16 - 17

믿음의 법으로니라   롬 3 : 27 - 31

믿음의 본질	히 11	: 1	- 3
믿음의 분량대로 지혜롭게 생각하라	롬 12	: 3	
믿음의 선한 싸움	딤전 6	: 11	- 19
믿음의 선한 싸움을 싸우라 영생을 취하라	딤전 6	: 12	
믿음의 시련이 인내를 만들어 내는 줄 너희가 앎이라	약 1	: 3	- 4
믿음의 실례	히 11	: 4	- 32
믿음의 의로 말미암은 것이니라	롬 4	: 13	- 25
믿음의 제물과 섬김 위에 나를 전제로 드릴지라도 나는	빌 2	: 17	- 18
믿음의 진리 안에서 내가 이방인의 스승이 되었노라	딤전 2	: 7	
믿음의 확실함은 불로 연단하여도 없어질 금보다 더 귀	벧전 1	: 7	- 9
믿음이 강한 우리는 마땅히 믿음이 약한 자의 약점을	롬 15	: 1	
믿음이 겨자씨 한 알 만큼이나 있어도 이 산을 명하여	마 17	: 20	
믿음이 굳건한 것을 기쁘게 봄이라	골 2	: 5	
믿음이 그의 행함과 함께 일하고 행함으로 믿음이 온전	약 2	: 22	- 26
믿음이 너를 구원하였느니라	눅 18	: 42	- 43
믿음이 너를 구원하였느니라 하시니 그가 곧 보게 되어	막 10	: 52	
믿음이 너를 구원하였느니라 하시더라	눅 17	: 19	
믿음이 너를 구원하였다 하시니 그 여자가 즉시 구원을	마 9	: 22	
믿음이 너를 구원하였으니 평안히 가라 네 병에서 놓여	막 5	: 34	
믿음이 너를 구원하였으니 평안히 가라 하시니라	눅 7	: 50	
믿음이 너를 구원하였으니 평안히 가라 하시니라	눅 8	: 48	
믿음이 모든 사람 앞에서 이같이 완전히 낫게 하였느니	행 3	: 16	
믿음이 부족한 이스라엘 장관이 죽임을 당하다	왕하 7	: 18	- 20
믿음이 사람의 지혜에 있지 아니하고 하나님의 능력에	고전 2	: 5	
믿음이 약한 자들의 양심이 담력을 얻어 우상의 제물을	고전 8	: 10	- 13
믿음이 없고 패역한 세대여 내가 얼마나 너희와 함께	마 17	: 17	- 20
믿음이 없고 패역한 세대여 내가 얼마나 너희와 함께 있	눅 9	: 41	- 43
믿음이 없는 것과 마음이 완악한 것을 꾸짖으시니	막 16	: 14	
믿음이 없는 세대여 내가 얼마나 너희와 함께 있으며	막 9	: 19	- 29
믿음이 없어 하나님의 약속을 의심하지 않고 믿음으로	롬 4	: 20	- 25
믿음이 없이는 하나님을 기쁘시게 하지 못하나니	히 11	: 6	- 12
믿음이 연약한 자는 채소만 먹느니라	롬 14	: 2	- 3

믿음이 연약한 자를 너희가 받되 그 의견을 비판하지 말 　롬 14 : 1 - 3

믿음이 온 후로는 우리가 초등교사 아래에 있지 아니하 　갈 3 : 25 - 27

믿음이 의로 여겨졌다 하노라 　롬 4 : 9 - 12

믿음이 있고 의심하지 아니하면 이 무화과나무에게 된 　마 21 : 21 - 22

믿음이 있노라 하고 행함이 없으면 무슨 유익이 있으리 　약 2 : 14 - 17

믿음이 있는 자 　요일 5 : 1 - 12

믿음이 있었더라면 이 뽕나무더러 뿌리가 뽑혀 바다에 　눅 17 : 6

믿음이 있을지라도 사랑이 없으면 내가 아무 것도 아니 　고전 13 : 2 - 3

믿음이 자랄수록 우리의 규범을 따라 더욱 풍성하여 　고후 10 : 15 - 18

믿음이 작은 자들아 하시고 곧 일어나사 바람과 바다를 　마 8 : 26 - 27

믿음이 작은 자여 왜 의심하였느냐 하시고 　마 14 : 31 - 33

믿음이 크도다 네 소원대로 되리라 하시니 그의 딸이 나 　마 15 : 28

믿지 아니하고 내 거룩함을 나타내지 아니한 고로 　민 20 : 12 - 13

믿지 아니하는 남편이 아내로 말미암아 거룩하게 되고 　고전 7 : 14 - 16

믿지 아니하는 남편이 있어 아내와 함께 살기를 좋아하 　고전 7 : 13 - 16

믿지 아니하는 아내가 남편으로 말미암아 거룩하게 되 　고전 7 : 14 - 16

믿지 아니하는 아내가 있어 남편과 함께 살기를 좋아하거 　고전 7 : 12 - 16

믿지 아니하는 악한 마음을 품고 하나님에게서 떨어질 　히 3 : 12 - 14

믿지 아니하는 자가 갈리거든 갈리게 하라 　고전 7 : 15 - 16

믿지 아니하면 너희 죄 가운데서 죽으리라 　요 8 : 24

믿지 아니하므로 꺾이고 너는 믿음으로 섰느니라 　롬 11 : 20 - 24

믿지 아니하므로 능히 들어가지 못한 것이라 　히 3 : 19

믿지 않는 자와 멍에를 함께 메지 말라 　고후 6 : 14 - 18

믿지 않음으로 말미암아 거기서 많은 능력을 행하지 아 　마 13 : 58

밀 백 석이니이다 이르되 네 증서를 팔십이라 쓰라 　눅 16 : 7 - 13

밀가루 한 스아를 한 세겔로 매매하고 보리 두 스아를 　왕하 7 : 1 - 2

바나바가 사울을 데리고 사도들에게 가서 그가 길에서 　행 9 : 27 - 31

바나바가 사울을 찾으러 다소에 가서 만나매 안디옥에 　행 11 : 25 - 30

바나바는 마가를 데리고 배 타고 구브로로 가고 바울은 　행 15 : 39 - 41

바나바는 제우스라 하고 바울은 헤르메스라 하더라 　행 14 : 12

바나바는 착한 사람이요 성령과 믿음이 충만한 사람 　행 11 : 24 - 30

바나바를 안디옥까지 보내니 그가 하나님의 은혜를 　행 11 : 22 - 30

바나바와 사울을 불러 하나님의 말씀을 듣고자 하더라	행 13	:	7	- 12
바나바와 사울을 파송하다	행 13	:	1	- 3
바나바와 사울이 구브르에서 전도하다	행 13	:	4	- 12
바다 (솔로몬이 건축한 성전의 놋으로 만든)	왕상 7	:	23	- 26
바다 (솔로몬이 건축한 성전의 놋으로 만든)	대하 4	:	2	- 6
바다 위로 걸어 배에 가까이 오심을 보고 두려워하거늘	요 6	:	19	- 21
바다 위로 걸어 오심을 보고 유령인가 하여 소리 지르니	막 6	:	49	- 52
바다 위로 걸어서 그들에게 오사 지나가려고 하시매	막 6	:	48	- 52
바다 위로 걸어서 제자들에게 오시니	마 14	:	25	- 33
바다 위로 걸어오시다	요 6	:	16	- 21
바다 위로 걸으시다	막 6	:	45	- 56
바다 짐승들과 물에서 번성하여 움직이는 모든 생물을	창 1	:	21	
바다에 던지라 그리하면 바다가 너희를 위하여 잔잔하리	욘 1	:	12	
바다에 큰 놀이 일어나 배가 물결에 덮이게 되었으되	마 8	:	24	- 27
바다와 바람을 잔잔하게 하시다	막 4	:	35	- 41
바디매오(맹인)가 믿음으로 고침을 받다	막 10	:	46	- 52
바라바냐 그리스도라 하는 예수냐 하니	마 27	:	17	- 18
바라바는 그들에게 놓아 주고 예수는 채찍질하고 십자가	마 27	:	26	
바라바를 놓아 달라 하게 하니 빌라도가 또 대답하여	막 15	:	11	- 15
바라바를 우리에게 놓아 주소서 하니 이 바라바는	눅 23	:	18	- 19
바락과 드보라	삿 4	:	6	- 16
바람과 물결을 꾸짖으시니 이에 그쳐 잔잔하여 지더라	눅 8	:	24	- 25
바람과 물결을 잔잔하게 하시다	눅 8	:	22	- 25
바람과 바다도 순종하는가 하였더라	막 4	:	41	
바람과 바다를 잔잔하게 하시다	마 8	:	23	- 27
바람을 꾸짖으시며 바다더러 잠잠하라 고요하라 하시니	막 4	:	39	- 41
바람을 보고 무서워 빠져 가는지라 소리 질러 가로되	마 14	:	30	- 33
바람이 임의로 불매 네가 그 소리를 들어도 어디서 와서	요 3	:	8	
바로가 요셉의 가족을 후대함	창 45	:	16	- 20
바로가 허락하매 야곱 가족이 고센 지역 라암셋에 이주	창 47	:	1	- 12
바룩이 두루마리를 고관들 앞에서 낭독하다	렘 36	:	11	- 19
바룩이 하나님의 말씀을 대필하여 성전에서 낭독하다	렘 36	:	1	- 10

바르실래와 다윗과 김함 (다윗이 요단을 건널 때)	삼하 19	:	31	-	39
바른 교훈으로 권면하고 거슬러 말하는 자들을 책망하	딛 1	:	9		
바른 길을 떠나 미혹되어 브올의 아들 발람의 길을 따	벧후 2	:	15	-	18
바리새인과 사두개인들의 누룩을 주의하라 하시니	마 16	:	6	-	12
바리새인과 세리의 기도 비유	눅 18	:	9	-	14
바리새인들과 헤롯의 누룩	막 8	:	14	-	21
바리새인들의 누룩 곧 외식을 주의하라	눅 12	:	1		
바리새인들의 외식을 주의하라	눅 12	:	1	-	12
바리새인들이여 먼저 안을 깨끗이 하라 그리하면 겉도	마 23	:	26		
바리새인들이여 회칠한 무덤 같으니 겉으로는 아름답	마 23	:	27		
바리새인에 대한 책망	눅 11	:	37	-	44
바리새인은 부활도 천사도 영도 다 있다 함이라	행 23	:	8	-	11
바리새파 사람들이 이방인들에게 할례를 행하고	행 15	:	5	-	21
바벨론 2차 귀환자들이 드린 번제	스 8	:	35	-	36
바벨론 멸망에 관한 묵시	사 21	:	1	-	10
바벨론 온 지방을 다스리게 하며 또 바벨론의 모든	단 2	:	48	-	49
바벨론 왕을 배반하였으니 형통하겠느냐	겔 17	:	15	-	18
바벨론 왕을 섬기라 그리하면 살리라	렘 27	:	17		
바벨론 왕의 팔은 들어주고 바로의 팔은 내려뜨릴 것	겔 30	:	25	-	26
바벨론 왕이 그다랴(그달리야)를 유다 총독으로 세움	렘 40	:	7	-	12
바벨론 왕이 그달리야를 유다의 지도자로 세우다	왕하 25	:	22	-	24
바벨론 왕이 모든 보물과 유다 백성들을 잡아가다	왕하 24	:	9	-	17
바벨론 왕이 시드기야를 유대 왕으로 세우다	왕하 24	:	15	-	17
바벨론 포로 1차 귀환	스 2	:	1	-	70
바벨론 포로 2차 귀환한 백성들 (에스라와 함께)	스 8	:	1	-	14
바벨론아 네 영혼이 탐하던 과일이 네게서 떠났으며	계 18	:	14	-	20
바벨론에 대한 심판 예언	렘 50	:	1	-	10
바벨론으로 잡혀간 유다 백성들	렘 52	:	24	-	30
바벨론을 멸하시는 여호와	렘 51	:	1	-	14
바벨론을 철퇴로 사용하시는 여호와	렘 51	:	20	-	24
바벨론의 멸망 예언	렘 50	:	11	-	16
바벨론의 심판과 멸망 예언	사 13	:	1	-	22

바벨론의 패망	계 18	: 1	-	24
바벨론이 받을 심판 예언	사 47	: 1	-	15
바벨론이 받을 심판 예언	렘 50	: 21	-	46
바벨론이 하나님 앞에 기억되신 바 되어 맹렬한 진노의	계 16	: 19	-	21
바벨론이 황폐케 되리다	렘 51	: 25	-	58
바벨론이여 귀신의 처소와 각종 더러운 영이 모이는 곳	계 18	: 2	-	6
바벨이라하니 여호와께서 온 땅의 언어를 혼잡하게	창 11	: 9		
바벨탑	창 11	: 1	-	9
바보에 이르러 바예수라 하는 유대인의 거짓 선지자인	행 13	: 6	-	12
바사 왕 고레스의 마음을 감동시키매 그가 온 나라에	스 1	: 1	-	4
바사바라고도 하고 별명은 유스도라고 하는 요셉이요	행 1	: 23	-	26
바산(옥 왕)을 정복	신 3	: 1	-	11
바아사가 악을 행하다	왕상 16	: 1	-	7
바아사가 이스라엘 3대 왕이 되다	왕상 15	: 33	-	34
바알로 말미암아 범죄한 에브라임	호 13	: 1	-	16
바알브라심 (내 대적을 흩으셨다)	삼하 5	: 20		
바알브라심 (다윗이 블레셋에 승리한 곳)	대상 14	: 9	-	12
바알브올 사건 (고스비 사건)	민 25	: 1	-	18
바알브올에 가서 부끄러운 우상에게 몸을 드림으로	호 9	: 10		
바알세불을 힘입어 귀신을 쫓아낸다고 하고 또 더러는	눅 11	: 15	-	26
바알세불을 힘입지 않고는 귀신을 쫓아내지 못하느니	마 12	: 24	-	28
바알세불이라 하였거든 하물며 그 집 사람들이랴	마 10	: 25	-	26
바알세불에게 물으려 하느냐	왕하 1	: 16	-	17
바알에게 무릎을 꿇지 아니한 사람 칠천 명을 남겨	롬 11	: 4	-	6
바알은 모두 멸하였으나 금송아지를 섬기는 예후	왕하 10	: 26	-	31
바알을 섬기는 모든 자를 예후가 살해하다	왕하 10	: 18	-	31
바알을 위하여 제단을 쌓으며 아세라 목상을 만들며	왕하 21	: 3	-	7
바알의 선지자 사백오십 명과 아세라의 선지자 사백 명	왕상 18	: 19	-	20
바예수라 하는 유대인의 거짓 선지자인 마술사를 만나	행 13	: 6	-	12
바울과 바나바가 갈라서다	행 15	: 36	-	41
바울과 바나바가 루스드라에서 전도하다	행 14	: 8	-	20
바울과 바나바가 무리들을 말려 자기들에게 제사를	행 14	: 18		

바울과 바나바가 비시디아 안디옥에서 전도하다 　행 13 : 13 - 52
바울과 바나바가 이고니온에서 전도하다 　행 14 : 1 - 7
바울과 바나바가 자기들에게 제사를 못하게 하니라 　행 14 : 18
바울과 비니비는 안디옥에서 유하며 밀씀을 가르치며 　행 15 : 35
바울과 바나바를 박해하게 하여 그 지역에서 쫓아내니 　행 13 : 50 - 52
바울과 실라가 갇히다 　행 16 : 16 - 40
바울과 실라가 기도하고 하나님을 찬송하매 죄수들이 　행 16 : 25 - 40
바울과 실라를 붙잡아 장터로 관리들에게 끌어 갔다가 　행 16 : 19 - 24
바울아 두려워하지 말라 네가 가이사 앞에 서겠고 또 　행 27 : 24 - 26
바울에게 주신 환상과 계시 　고후 12 : 1 - 12
바울에게서 돈을 받을까 바라는 고로 더 자주 불러 　행 24 : 26 - 27
바울은 사도로 부르심을 받아 하나님의 복음을 위하여 　롬 1 : 1
바울은 실라를 택한 후에 떠나 수리아와 길리기아로 　행 15 : 40 - 41
바울은 이 복음의 일꾼이 되었노라 　골 1 : 23
바울을 돌로 쳐서 죽은 줄로 알고 시외로 끌어 내치니 　행 14 : 19
바울을 벨릭스 총독 앞에 세우다 　행 23 : 31 - 36
바울을 벨릭스 총독에게 아나니아가 고발하다 　행 24 : 1 - 9
바울을 죽이기 전에는 먹지도 않고 마시지도 않기로 　행 23 : 21 - 24
바울을 죽이려는 간계 　행 23 : 12 - 30
바울을 태워 총독 벨릭스에게로 무사히 보내기 위하여 　행 23 : 24 - 30
바울을 호송하던 배가 풍랑으로 깨어지다 　행 27 : 27 - 44
바울의 고린도 교회 3차 방문에 앞서 권면과 인사 　고후 13 : 1 - 13
바울의 권고와 당부 인사 　롬 16 : 1 - 27
바울의 로마 방문 계획 　롬 1 : 8 - 15
바울의 로마 방문 계획 　롬 15 : 22 - 33
바울의 로마 성도들에 대한 문안 인사 　롬 1 : 1 - 7
바울의 매임과 복음 전파 　빌 1 : 12 - 30
바울의 몸에서 손수건이나 앞치마를 가져다가 병든 　행 19 : 12
바울의 손으로 놀라운 능력을 행하게 하시니 심지어 　행 19 : 11 - 12
바울의 자랑과 간증 　고후 11 : 16 - 33
바울이 가이사에게 상소하다 　행 25 : 1 - 12
바울이 갈라디아 교회를 염려하다 　갈 4 : 8 - 20

바울이 고린도에서 전도하다   행 18 : 1 - 17

바울이 공회 앞에서 복음을 변호하다   행 23 : 1 - 11

바울이 그 짐승을 불에 떨어 버리매 조금도 상함이 없   행 28 : 5 - 6

바울이 그들에게 안수하매 성령이 그들에게 임하시므로   행 19 : 6 - 7

바울이 그들을 보고 하나님께 감사하고 담대한 마음을   행 28 : 15

바울이 기도하고 안수하여 낫게 하매   행 28 : 8 - 10

바울이 내려가서 그 위에 엎드려 그 몸을 안고 말하되   행 20 : 10 - 12

바울이 데살로니가에서 전도하다   행 17 : 1 - 9

바울이 드로아에서 밀레도까지 항해하다   행 20 : 13 - 16

바울이 디모데를 데리고 가다   행 16 : 1 - 5

바울이 로마로 압송 도중 풍랑을 만나다   행 27 : 1 - 26

바울이 로마에서 전도하다   행 28 : 16 - 31

바울이 루스드라에서 걷지 못하는 자를 고치다   행 14 : 8 - 10

바울이 마게도냐와 헬라를 다니다   행 20 : 1 - 6

바울이 멜리데 섬에 오르다   행 28 : 1 - 10

바울이 멜리데 섬에서 로마로 가다   행 28 : 11 - 15

바울이 베뢰아에서 전도하다   행 17 : 10 - 15

바울이 벨릭스 총독에게 자신을 변론하다   행 24 : 10 - 23

바울이 빌립보 성도들에게 자신에 대해 설명하다   빌 3 : 4 - 14

바울이 사도가 된 내력   갈 1 : 11 - 24

바울이 사도직을 변호하다   고후 10 : 1 - 17

바울이 아그립바 왕과 버니게 앞에 서다   행 25 : 13 - 27

바울이 아그립바 왕에게 자신을 변론하다   행 26 : 1 - 23

바울이 아그립바 왕에게 전도하다   행 26 : 24 - 32

바울이 아덴에서 우상이 가득한 것을 보고 격분하여   행 17 : 16 - 18

바울이 아덴에서 전도하다   행 17 : 16 - 34

바울이 안디옥으로 내려가다   행 18 : 18 - 23

바울이 야고보를 방문하다   행 21 : 17 - 26

바울이 에베소 장로들에게 고별 설교를 하다   행 20 : 17 - 38

바울이 에베소에서 전도하다   행 19 : 1 - 20

바울이 예루살렘 유대인들에게 자신을 변호하다   행 22 : 1 - 29

바울이 예루살렘으로 가다   행 21 : 1 - 16

바울이 유두고를 살리다	행	20	:	7	- 12
바울이 의와 절제와 장차 오는 심판을 강론하니 베릭스	행	24	:	25	- 27
바울이 잡히다	행	21	:	27	- 40
바울이 환상 중에 주님의 말씀을 듣다	행	18	:	9	- 10
바울이 환상을 보다	행	16	:	6	- 10
바위 속에 판 무덤에 넣어 두고 돌을 굴려 무덤 문에 놓	막	15	:	46	- 47
바위 위에 떨어지매 싹이 났다가 습기가 없으므로 말랐	눅	8	:	6	- 15
바위 위에 있다는 것은 말씀을 들을 때에 기쁨으로 받으	눅	8	:	13	- 15
바위이시요 나의 방패이시요 나의 구원의 뿔이시요	시	18	:	2	
박넝쿨을 아꼈거든 하물며 이 큰 성읍 니느웨에는	욘	4	:	10	- 11
박넝쿨을 통한 하나님의 교훈	욘	4	:	6	- 11
박수무당이 되거든 죽일지니 돌로 치라	레	20	:	27	
박하와 운향과 모든 채소의 십일조는 드리되 공의와	눅	11	:	42	
박해를 겸하여 받고 내세에 영생을 받지 못할 자가 없느	막	10	:	30	- 31
박해를 받아도 버린 바 되지 아니하며 거꾸러뜨림을	고후	4	:	9	- 11
박해와 환난 중에서 너희 인내와 믿음으로 말미암아	살후	1	:	4	- 9
박해을 받은즉 참고 비방을 받은즉 권면하니	고전	4	:	12	- 14
박해하거든 저 동네로 피하라	마	10	:	23	
박해하고 모든 악한 말을 할 때에는 너희에게 복이 있나	마	5	:	11	
박해하느냐 가시채를 뒷발질하기가 네게 고생이니라	행	26	:	14	- 18
박해하는 자를 위하여 기도하라	마	5	:	44	- 45
박해하는 자를 축복하라 축복하고 저주하지 말라	롬	12	:	14	- 16
박해하여 사람을 죽이기까지 하고 남녀를 결박하여	행	22	:	4	- 23
박해하였은즉 너희도 박해할 것이요	요	15	:	20	- 23
밖에서 들어가는 것이 능히 사람을 더럽게 하지 못함	막	7	:	18	- 23
반대하지 않는 자는 너희를 위하는 자니라 하시니라	눅	9	:	50	
반대하지 않는 자는 우리를 위하는 자니라	막	9	:	40	
반석 위에 놓은 사람과 같으니 큰 물이 나서 탁류가	눅	6	:	48	- 49
반석과 산성이시니 나를 인도하고 지도하소서	시	31	:	3	
반석에게 명령하여 물을 내라 하라 (므리바 물)	민	20	:	8	
반석에서 물이 나옴	출	17	:	1	- 7
반석을 두 번 치니 물이 많이 나오다 (므리바 물)	민	20	:	11	

반석을 쳐서 물을 내시니 시내가 넘쳤으나	시 78 : 20	
반석이시니 그가 하신 일이 완전하고 정의롭고 진실하	신 32 : 4	
반석이시요 나의 구속자이신 여호와여 내 입의 말과	시 19 : 14	
반석이시요 나의 구원이시요 나의 요새이시니	시 62 : 2	
반석이시요 나의 구원이시요 나의 요새이시니	시 62 : 6	
반석이시요 나의 요새시요 나를 건지시는 이시요	시 18 : 2	
반역 사건 (고라, 다단, 아비람)	민 16 : 1	- 35
반역한 딸아 네가 어느 때까지 방황하겠느냐 여호와가	렘 31 : 22	
받기를 바라고 사람들에게 꾸어주면 칭찬 받을 것이	눅 6 : 34	
받으라 이것은 내 몸이니라 하시고 또 잔을 가지사	막 14 : 22	- 26
발 아래 먼지를 떨어버려 그들에게 증거를 삼으라	막 6 : 11	- 13
발등상 앞에서 경배할지어다 그는 거룩하시도다	시 99 : 5	
발등상이 되게 하기까지 너는 내 우편에 앉아 있으라	행 2 : 35	
발락이 발람을 영접함	민 22 : 36	- 40
발람과 나귀	민 22 : 21	- 35
발람의 길을 따르는도다 그는 불의의 삯을 사랑하다가	벧후 2 : 15	- 18
발람의 예언 (1)	민 23 : 7	- 10
발람의 예언 (2)	민 23 : 18	- 24
발람의 예언 (3)	민 24 : 3	- 9
발람의 예언 (4)	민 24 : 15	- 24
발람이 발락을 가르켜 우상의 제물을 먹게 하였고	계 2 : 14	
발뿐 아니라 손과 머리도 씻어 주옵소서	요 13 : 9	- 15
발에 끌리는 옷을 입고 가슴에 금 띠를 띠고	계 1 : 13	- 16
발을 닦으니 향유 냄새가 집에 가득하더라	요 12 : 3	- 8
발을 씻기시다	요 13 : 1	- 20
발을 씻었으니 너희도 서로 발을 씻어 주는 것이 옳으니	요 13 : 14	- 15
발을 적시고 자기 머리털로 닦고 그 발에 입맞추고 향유	눅 7 : 38	- 50
발의 먼지를 떨어 버리라	마 10 : 14	- 15
발의 신발끈을 풀기도 감당하지 못하리라 하였으니	행 13 : 25	- 30
발의 티끌을 떨어 버리고 이고니온으로 가거늘	행 13 : 51	- 52
발이 너를 범죄하게 하거든 찍어버리라 다리 저는 자로	막 9 : 45	- 49
발이 돌에 부딪치지 않게 하리로다	마 4 : 6	

발이 돌에 부딪치지 않게 하시리라	눅 4	: 11	- 13
발이 돌에 부딪히지 아니하게 하리로다	시 91	: 12	- 13
밤낮 부르짖는 택하신 자들의 원한을 풀어 주지 아니하	눅 18	: 7	- 8
님에 다니면 그 빛이 그 사람 안에 없는 고로 실족하느니	요 11	: 10
밤에 자고 취하는 자들은 밤에 취하되	살전 5	: 7	- 8
밤에 주의 이름을 기억하고 주의 법을 지켰나이다	시 119	: 55
밤을 사모하지 말라 인생들이 그 곳에서 끌려 가리라	욥 36	: 20
밤이 깊고 낮이 가까웠으니 그러므로 우리가 어둠의	롬 13	: 12	- 14
밤이 새도록 수고하였으되 잡은 것이 없지마는 말씀에	눅 5	: 5	- 7
밤이 없겠고 등불과 햇빛이 쓸 데 없으니 이는 하나님이	계 22	: 5
밤이 오리니 그 때는 아무도 일할 수 없느니라	요 9	: 4	- 5
밧세바와 다윗	삼하 11	: 1	- 27
밧세바의 첫 아이가 죽다	삼하 12	: 15	- 23
방언 말하기를 원하나 특별히 예언하기을 원하노라	고전 14	: 5	- 14
방언 말하는 자가 통역하여 교회의 덕을 세우지 아니하	고전 14	: 5	- 14
방언 말하는 자는 자기의 덕을 세우고 예언하는 자는	고전 14	: 4	- 14
방언 말함을, 어떤 사람에게는 방언들 통역함을 주시	고전 12	: 10	- 11
방언과 예언	고전 14	: 1	- 25
방언과 천사의 말을 할지라도 사랑이 없으면 소리 나는	고전 13	: 1	- 3
방언도 있으며 통역함도 있나니 모든 것을 덕을 세우기	고전 14	: 26	- 32
방언으로 기도하면 나의 영이 기도하거니와 나의 마음	고전 14	: 14	- 18
방언으로 말하거든 두 사람이나 많아야 세 사람이 차례	고전 14	: 27	- 32
방언으로 말하다	행 2	: 1	- 13
방언으로 제자들이 말하는 것을 듣고 소동하여	행 2	: 6	- 13
방언을 말하는 자는 사람에게 하지 아니하고 하나님께	고전 14	: 2	- 14
방언을 말하는 자는 통역하기를 기도할지니	고전 14	: 13	- 14
방언을 말하며 하나님 높임을 들음이러라	행 10	: 46	- 48
방주가 아라랏 산에 머물렀으며	창 8	: 4
방주를 준비하여 그 집을 구원하였으니 이로 말미암아	히 11	: 7	- 12
방주를 준비할 동안 하나님이 오래 참고 기다리실 때에	벧전 3	: 20
방주에서 구원을 얻은 자가 몇 명뿐이니 겨우 여덟 명	벧전 3	: 20
방주의 제작 및 이용에 관한 하나님의 명령	창 6	: 14	- 22

방탕에 달음질하지 아니하는 것을 그들이 비방하나	벧전 4	: 4	- 6
방패이시요 나의 구원의 뿔이시요 나의 산성이시로다	시 18	: 2	
방황하오니 주의 종을 찾으소서	시 119	: 176	
밭 가는 자는 소망을 가지고 갈며 곡식을 떠는 자는	고전 9	: 10	- 11
밭 가는 자들이 쓰기에 합당한 채소를 내면 복을 받고	히 6	: 7	- 8
밭과 집 있는 자는 팔아 그 판 것의 값을 가져다가	행 4	: 34	- 37
밭에 두 종자를 섞어 뿌리지 말며	레 19	: 19	
밭에 있는 자는 겉옷을 가지러 뒤로 돌이키지 말지어다	마 24	: 18	- 28
밭에 있는 자는 겉옷을 가지러 뒤로 돌이키지 말지어다	막 13	: 16	- 23
밭에 있으매 한 사람은 데려가고 한 사람은 버려둠을	마 24	: 40	- 51
밭은 세상이요 좋은 씨는 천국의 아들들이요	마 13	: 38	- 43
밭을 갈아도 땅이 다시는 그 효력을 네게 주지 아니할	창 4	: 12	
밭을 보라 희어져 추수하게 되었도다	요 4	: 35	- 38
밭을 아겔다마라 하니 이는 피밭이라는 뜻이다	행 1	: 19	- 20
밭의 모든 나무가 다 시들었으니 사람의 즐거움이 말랐	욜 1	: 12	
밭이 있으매 팔아 그 값을 가지고 사도들의 발 앞에 두	행 4	: 37	
밭이요 하나님의 집이니라	고전 3	: 9	
배 부르며 이미 풍성하여 우리 없이도 왕이 되었도다	고전 4	: 8	- 14
배가 부르니 그들의 마음이 교만하여 나를 잊었노라	호 13	: 6	
배가 터져 창자가 다 흘러 나온지라	행 1	: 18	- 20
배낭이나 두 벌 옷이나 신이나 지팡이를 가지지 말라	마 10	: 10	
배를 보라 지극히 작은 키로서 사공의 뜻대로 운행하	약 3	: 4	
배부르고 네 하나님 여호와께서 옥토를 네게 주셨음으	신 8	: 10	
배부르고 살찌면 돌이켜 다른 신들을 섬기며	신 31	: 20	- 21
배부르고 풍부하면	신 8	: 12	- 18
배부른 자는 꿀이라도 싫어하고 주린 자에게는 쓴 것이	잠 27	: 7	
배부른 후에 예수께서 제자들에게 이르시되 남은 조각을	요 6	: 12	- 15
배부름과 배고픔과 풍부와 궁핍에도 처할 줄 아는	빌 4	: 12	- 13
배불러서 하나님을 모른다 여호와가 누구냐 할까 하오며	잠 30	: 9	
배불리 먹게 하실 때에 여호와를 잊지 말고	신 6	: 11	- 13
배불리 먹고 남은 떡 조각과 물고기를 열두 바구니에	막 6	: 42	- 44
배불리 먹고 남은 조각 일곱 광주리를 거두었으며	막 8	: 8	- 10

배불리 먹고 남은 조각을 열두 바구니에 차게 거두었으 　　　마 14 : 20 - 21

배불리 먹고 남은 조각을 일곱 광주리에 차게 거두었으 　　마 15 : 37 - 38

배상 (눈은 눈으로, 이는 이로) 　　　　　　　　　　　　　출 21 : 23 - 27

배상에 관한 법 (피해 배상) 　　　　　　　　　　　　　　출 22 : 1 - 15

배에는 쓰나 네 입에는 꿀 같이 달리라 하거늘 　　　　　계 10 : 9 - 11

배에서 생수의 강이 흘러나오리라 하시니 　　　　　　　요 7 : 38 - 39

배와 아버지를 버려 두고 예수를 따르니라 　　　　　　마 4 : 22

배우고 받고 듣고 본 바를 행하라 그리하면 평강의 　　빌 4 : 9

배우고 확신한 일에 거하라 　　　　　　　　　　　　딤후 3 : 14 - 17

백 배, 어떤 것은 육십 배, 어떤 것은 삼십 배가 되느니라 　마 13 : 23

백 배, 어떤 것은 육십 배, 어떤 것은 삼십 배의 결실을 　마 13 : 8

백단목으로 여호와의 성전과 왕궁의 난간을 만들고 　왕상 10 : 11 - 12

백마를 탄 자 (재림 예수) 　　　　　　　　　　　　　　계 19 : 11 - 21

백마와 그것을 탄 자가 있으니 그 이름은 충신과 진실 　계 19 : 11 - 14

백부장의 종을 고치시다 　　　　　　　　　　　　　　눅 7 : 1 - 10

백부장의 하인을 고치시다 　　　　　　　　　　　　　마 8 : 5 - 13

백성들의 불성실한 회개 　　　　　　　　　　　　　　호 6 : 1 - 11

백성아, 거기서 나와 그의 죄에 참여하지 말고 재앙을 　계 18 : 4

백성에게 그 죄 사함으로 말미암는 구원을 알게 하리니 　눅 1 : 77 - 80

백성에게 평강과 복을 주시리로다 　　　　　　　　　　시 29 : 11

백성에게 힘과 능력을 주시나니 하나님을 찬송할지어다 　시 68 : 35

백성은 내가 나를 위하여 지었나니 나를 찬송하게 하려 　사 43 : 21

백성을 거룩하게 하려고 성문 밖에서 고난을 받으셨느 　히 13 : 12

백성을 구원하시며 주의 산업에 복을 주시고 　　　　시 28 : 9

백성을 미혹하게 하는 자를 내가 치리라 　　　　　　렘 23 : 32

백성을 버리시지 않으시는 하나님 　　　　　　　　　호 11 : 1 - 11

백성을 심판하리라 말씀하신 것을 우리가 아노니 　　히 10 : 30 - 35

백성을 애굽에서 구원하여 내시고 후에 믿지 아니하는 　유 1 : 5 - 8

백성을 양 같이 인도하여 내시고 광야에서 지도하셨도 　시 78 : 52

백성을 위하여 속죄제를 드림과 같이 또한 자신을 위하 　히 5 : 3

백성을 향한 여호와의 사랑 　　　　　　　　　　　　호 2 : 14 - 23

백성이 되겠고 나는 너희의 하나님이 되리라 　　　　렘 11 : 4

백성이 왕을 요구하다	삼상	8	:	1	- 22
백성이니 이는 너희를 어두운 데서 불러 내어 그의 빛에	벧전	2	:	9	
백성이요 그의 기르시는 양이로다	시	100	:	3	
백성이요 전에는 긍휼을 얻지 못하였더니 이제는 긍휼	벧전	2	:	10	
백성이요 주의 목장의 양이니 영원히 주께 감사하며	시	79	:	13	
백이십 명이나 되더라 그 때에 베드로가 이르되	행	1	:	15	- 20
백합화가 어떻게 자라는가 생각하여 보라 수고도 아니	마	6	:	28	- 33
백합화를 생각하여 보라 실도 만들지 않고 짜지도 아니	눅	12	:	27	- 32
백향목 궁에 살거늘 하나님 궤는 휘장 가운데 있도다	삼하	7	:	2	- 7
뱀 같이 지혜롭고 비둘기 같이 순결하라	마	10	:	16	- 20
뱀과 전갈을 밟으며 원수의 모든 능력을 제어할 권능을	눅	10	:	19	- 20
뱀은 여호와 하나님이 지으신 들짐승 중에 가장 간교하	창	3	:	1	
뱀을 든 것 같이 인자도 들려야 하리니 이는 그를 믿는	요	3	:	14	- 15
뱀을 집어올리며 무슨 독을 마실지라도 해를 받지 아니	막	16	:	18	
뱀이 그 간계로 하와를 미혹한 것 같이 너희 마음이	고후	11	:	3	- 4
뱀이 나를 꾀므로 내가 먹었나이다	창	3	:	13	
뱀이 된 아론의 지팡이	출	7	:	8	- 13
버가모 교회에 보내는 말씀	계	2	:	12	- 17
버린 돌로서 집 모퉁이의 머릿돌이 되었느니라	행	4	:	11	- 12
버린 돌이 모퉁이의 머릿돌이 되었나니 이것은 주로 말	마	21	:	42	- 46
버린 돌이 모퉁이의 머릿돌이 되었느니라	눅	20	:	17	- 18
버린 돌이 집 모퉁이의 머릿돌이 되었나니	시	118	:	22	- 23
버릴 권세도 있고 다시 얻을 권세도 있으니 이 계명은	요	10	:	18	
버림 받은 자 같을 지라도 너희는 선을 행하게 하고자	고후	13	:	7	
버림 받은 자가 되지 아니한 것을 너희가 알기를 바라고	고후	13	:	6	- 7
버림 받은 자라 부르지 아니 하며 다시는 네 땅을 뻘라	사	62	:	4	- 5
버림당한 여자에게 장가드는 자도 간음함이니라	눅	16	:	18	
버림받은 여자에게 장가드는 자도 간음함이니라	마	5	:	32	
번개가 하늘 아래 이쪽에서 번쩍이어 하늘 아래 저쪽까	눅	17	:	24	- 26
번영할수록 주상을 아름답게 하도다	호	10	:	1	- 2
번제 (매일 드리는)	출	29	:	38	- 41
번제 (아비야가 매일 드리는 번제)	대하	13	:	10	- 11

144

범죄와 육체의 무할례로 죽었던 너희를 하나님이 살리	골 2	: 13	- 15
범죄하는 자마다 그를 보지도 못하였고 그를 알지도 못	요일 3	: 6	- 9
범죄하면 내가 내 책에서 그를 지워 버리리라	출 32	: 33	
범죄하면 사람의 매와 인생의 채찍으로 징계	삼하 7	: 14	
범죄하면 흩을 것이요 계명을 지키면 택한 곳에 오게	느 1	: 8	- 9
범죄하지 못하는 것은 하나님께로부터 났음이라	요일 3	: 9	
범죄하지 아니하였다 하면 하나님을 거짓말하는 이로	요일 1	: 10	
범죄한 것이 하나도 기억함이 되지 아니하리니 그가	겔 18	: 21	- 23
범죄한 일이 드러나거든 신령한 너희는 온유한 심령으	갈 6	: 1	- 4
범죄한 자들을 모든 사람 앞에서 꾸짖어 나머지 사람들	딤전 5	: 20	
범죄한 천사들을 용서하지 아니하시고 지옥에 던져	벧후 2	: 4	
범죄함과 순종하지 아니함이 공정한 보응을 받았거든	히 2	: 2	- 4
법 아래에 있지 아니하고 은혜 아래에 있음이라	롬 6	: 14	
법궤 안에는 두 돌판 외에 아무것도 없으니	왕상 8	: 9	
법궤(증거궤)를 다윗 성으로 옮기다	삼하 6	: 1	- 19
법궤(증거궤)를 보관한 오벧에돔이 복을 받다	삼하 6	: 10	- 12
법궤(하나님의 궤, 언약궤)를 예루살렘으로 옮기다	대상 15	: 25	- 29
법궤(하나님의 궤, 언약궤)를 옮기다	대상 13	: 1	- 14
법궤로 인하여 오벧에돔이 복을 받다	대상 13	: 14	
법궤를 만진 웃사가 죽임을 당하다	대상 13	: 7	- 11
법궤를 블레셋에 빼앗기다	삼상 4	: 1	- 11
법도를 듣고 지켜 행하면	신 7	: 12	- 15
법도와 율례를 지키면	왕상 9	: 4	- 9
법으로냐 행위로냐 아니라 오직 믿음의 법으로니라	롬 3	: 27	- 31
법은 빛이요 훈계의 책망은 곧 생명의 길이라	잠 6	: 23	
법조문으로 된 계명의 율법을 폐하셨으니	엡 2	: 15	- 19
법조문으로 쓴 증서를 지우시고 제하여 버리사 십자가	골 2	: 14	- 15
벗어 버리라 곧 분함과 노여움과 악의와 비방과 너희	골 3	: 8	
벗었으므로 두려워하여 숨었나이다	창 3	: 10	
벗은 몸과 벗은 발로 다니며 (애굽과 구스의 예표가)	사 20	: 1	- 6
벗은 몸으로 그 집에서 도망하는지라	행 19	: 16	- 20
베가 이스라엘 18대 왕이 여호와께 악을 행하다	왕하 15	: 27	- 28

베가가 앗수르에게 영토를 많이 빼앗기다	왕하 15	: 29	
베가가 유다를 치다	왕하 15	: 36	
베가가 호세아에게 모반을 당하다	왕하 15	: 30	
베게로 삼았던 돌을 가져다가 기둥으로 세우고 그 위에	창 28	: 18	- 22
베냐민 자손과 여부스 족속의 동거	삿 1	: 21	
베냐민 자손의 멸족을 면키 위해 신부감을 구해주다	삿 21	: 1	- 25
베냐민 지파 자손의 기업	수 18	: 11	- 28
베냐민 지파와 이스라엘과의 전쟁 (레위인 첩 사건)	삿 20	: 17	- 48
베냐민에게는 은 삼백과 옷 다섯 벌을 주고	창 45	: 22	- 24
베냐민을 데리고 애굽으로 다시 가다	창 43	: 1	- 34
베냐민을 위한 유다의 간청	창 44	: 14	- 34
베냐민의 목을 안고 우니 베냐민도 요셉의 목을 안고	창 45	: 14	- 15
베냐민의 자루에서 은잔이 발견되다	창 44	: 12	- 13
베냐민의 자손	대상 7	: 6	- 12
베냐민의 자손	대상 8	: 1	- 40
베노니라 불렀으나 그의 아버지는 베냐민이라 불렀더라	창 35	: 18	
베다니 앞까지 나가사 손을 들어 그들에게 축복하시더니	눅 24	: 50	- 53
베데스다 연못의 38년된 병자를 고치시다	요 5	: 1	- 18
베드로 장모의 열병을 고치시다	마 8	: 14	- 15
베드로가 고넬료의 집에서 설교하다	행 10	: 24	- 43
베드로가 기도하려고 지붕에 올라가니 시각은 제 육시	행 10	: 9	- 23
베드로가 대답하되 영생의 말씀이 주께 있사오니 우리가	요 6	: 68	- 69
베드로가 대답하여 이르되 주는 그리스도요 살아 계신	마 16	: 16	- 20
베드로가 대답하여 이르되 하나님의 그리스도시니이다	눅 9	: 20	
베드로가 대문을 두드린데 로데라 하는 여자 아이가	행 12	: 13	- 17
베드로가 도르가를 살리다	행 9	: 36	- 42
베드로가 두 군인 틈에서 두 쇠사슬에 매여 누워 자는데	행 12	: 6	- 12
베드로가 들어올 때에 고넬료가 맞아 발 앞에 엎드리어	행 10	: 25	- 26
베드로가 또 부인하니 곧 닭이 울더라	요 18	: 27	
베드로가 맹세하고 또 부인하여 이르되 나는 그 사람을	마 26	: 72	- 75
베드로가 멀찍이 예수를 따라 대제사장의 집 뜰에서	마 26	: 58	- 68
베드로가 모든 사람 앞에서 부인하여 이르되 나는 네가	마 26	: 70	- 75

베드로가 배에서 내려 물 위로 걸어서 예수께로 가되	마 14	: 29	- 33
베드로가 본 환상 (하늘에서 내려온 큰 보자기)	행 11	: 5	- 10
베드로가 부인하여 말하되 나는 아니라 하니	요 18	: 25	
베드로가 부인하여 이르되 나는 네가 말하는 것이 무엇	막 14	: 68	- 72
베드로가 부인하여 이르되 여자여 내가 그를 알지 못하	눅 22	: 57	- 62
베드로가 부인할 것을 예언하다	마 26	: 31	- 35
베드로가 부인할 것을 이르시다	요 13	: 36	- 38
베드로가 손을 내밀어 일으키고 그가 살아난 것을 보이	행 9	: 41	- 42
베드로가 솔로몬의 행각에서 설교하다	행 3	: 11	- 26
베드로가 시몬이라는 무두장이의 집에서 머무니라	행 9	: 43	
베드로가 어떠한 죽음으로 하나님께 영광을 돌릴 것을	요 21	: 19	- 20
베드로가 열한 사도와 함께 서서 소리를 높여 이르되	행 2	: 14	- 42
베드로가 예루살렘 교회에 이방인 선교에 대해 말하다	행 11	: 1	- 18
베드로가 예수를 모른다고 하다	눅 22	: 54	- 62
베드로가 예수를 알지 못한다고 하다	마 26	: 69	- 75
베드로가 이르되 그 땅 판 값이 이것뿐이냐	행 5	: 8	- 11
베드로가 이르되 애니아야 예수 그리스도께서 너를 낫	행 9	: 34	- 35
베드로가 이르되 이 사람들이 우리와 같이 성령을 받았	행 10	: 47	- 48
베드로가 저주하며 맹세하되 나는 너희가 말하는 이	막 14	: 71	- 72
베드로가 저주하며 맹세하여 이르되 나는 그 사람을	마 26	: 74	- 75
베드로가 중풍병자를 고치다	행 9	: 32	- 35
베드로가 지나갈 때에 혹 그의 그림자라도 덮일까 바라	행 5	: 15	- 16
베드로가 칼을 가졌는데 그것을 빼어 대제사장의 종을	요 18	: 10	- 11
베드로가 힘있게 말하되 내가 주와 함께 죽을지언정	막 14	: 31	
베드로는 무덤에 들어가 보니 세마포가 놓였고	요 20	: 6	- 10
베드로는 옥에 갇혔고 교회는 그를 위하여 간절히 기도	행 12	: 5	- 12
베드로는 일어나 무덤에 달려가서 구부려 들여다 보니	눅 24	: 12	
베드로라 내가 이 반석 위에 내 교회를 세우리니	마 16	: 18	- 20
베드로야 내가 네게 말하노니 닭 울기 전에 네가 세 번	눅 22	: 34	
베드로에게 말하되 너도 이 사람의 제자 중의 하나가	요 18	: 17	
베드로에게 역사하사 그를 할례자의 사도로 삼으신 이	갈 2	: 8	
베드로에게 이르시되 나를 따르라 하시니	요 21	: 19	- 20

베드로에게 이르시되 사탄아 내 뒤로 물러가라 너는	마 16	: 23		
베드로와 그 다른 제자가 무덤으로 갈새 달음질하더니	요 20	: 3	-	8
베드로와 요한을 보내매 그들을 위하여 성령 받기를	행 8	: 15	-	17
베드로와 요한이 공회 앞에서 심문을 받다	행 4	: 1	-	22
베드로와 요한이 미문의 앉은뱅이를 고치다	행 3	: 1	-	10
베드로의 고백	막 8	: 27	-	29
베드로의 고백	눅 9	: 18	-	21
베드로의 오순절 설교	행 2	: 14	-	42
베드로의 투옥과 하나님의 구출	행 12	: 3	-	19
베들레헴 성문 곁 우물을 다윗의 용사 3명이	대상 11	: 15	-	19
베들레헴과 그 모든 지경 안에 있는 사내아이를 두 살	마 2	: 16	-	18
베들레헴에서 메시야 탄생 예언	미 5	: 2	-	8
베들레헴에서 예수께서 나시매 동방으로부터 박사들이	마 2	: 1	-	3
베레스 웃사	대상 13	: 7	-	11
베레스웃사 (웃사가 죽은 곳)	삼하 6	: 6	-	8
베레스의 계보 (다윗의 조상)	룻 4	: 22		
베풀힘이 있거든 마땅히 받을 자에게 베풀기를 아끼지	잠 3	: 27	-	28
베헤못 (하마?)	욥 40	: 15	-	19
벤하닷이 이스라엘에 행한 악으로 반드시 죽으리라	왕하 8	: 10	-	12
벧엘 동쪽 산으로 옮겨 장막를 치고 서쪽은 벧엘이요	창 12	: 8	-	9
벧엘 제단에 대해 여로보암 왕에게 경고하시다	왕상 13	: 1	-	10
벧엘로 올라가서 거기 거주하며 제단을 쌓으라	창 35	: 1		
벧엘에 이르고 제단을 쌓고 그 곳을 엘벧엘이라 불렀으	창 35	: 6	-	7
벧엘에서의 야곱의 꿈 (하늘 사닥다리)	창 28	: 10	-	22
벧엘의 늙은 선지자	왕상 13	: 11	-	32
벧엘의 본명 루스	삿 1	: 23		
벧엘이라 불렀더라 (하나님이 야곱과 말씀하시던 곳)	창 35	: 15		
벧엘이라 하였더라 이 성의 옛 이름은 루스더라	창 28	: 17	-	19
벨릭스가 유대인의 마음을 얻고자 하여 바울을 구류하	행 24	: 27		
벨사살 왕이 큰 잔치를 베풀다	단 5	: 1	-	12
벳새다의 맹인을 고치시다	막 8	: 22	-	26
변론만 하고 남의 은밀한 일은 누설하지 말라	잠 25	: 9	-	10

변론하시는 여호와 (이스라엘과 변론)	미 6	: 1	- 5
변리를 위하여 꾸어 주거나 이자를 받거나 할진대	겔 18	: 12	- 13
변명할 것을 미리 궁리하지 않도록 명심하라	눅 21	: 14	- 19
별이 나타난 때를 자세히 묻고 베들레헴으로 보내며	마 2	: 7	- 8
별이 문득 앞서 인도하여 가다가 아기 있는 곳 위에 머물	마 2	: 9	
병거와 말을 의지하나 우리는 하나님의 이름을 자랑하	시 20	: 7	
병거의 많음과 마병의 심히 강함을 의지하고 여호와를	사 31	: 1	- 3
병거의 말은 다 발의 힘줄을 끊었더니	삼하 8	: 4	- 6
병거의 말은 다 발의 힘줄을 끊었더니	대상 18	: 4	- 6
병과 모든 약한 것을 고치시니 수 많은 무리가 따르니라	마 4	: 23	- 25
병든 사람들이 바울에게 와서 고침을 받고	행 28	: 9	- 10
병든 사람에게 손을 얹은즉 나으리라 하시더라	막 16	: 18	
병든 자가 있느냐 그는 교회의 장로들을 청할 것이요	약 5	: 14	- 18
병든 자를 고치며 죽은 자를 살리며 나병 환자를 깨끗하	마 10	: 8	
병든 자를 예수께 데리고 와서 다만 예수의 옷자락에	마 14	: 35	- 36
병든 자를 침상째로 메고 나아오니	막 6	: 55	- 56
병들었을 때에 돌보았고 옥에 갇혔을 때에 와서 보았느	마 25	: 36	- 46
병사로 복무하는 자는 자기 생활에 얽매이는 자가 없나	딤후 2	: 4	
병상에서 붙드시고 그의 병을 고쳐 주시나이다	시 41	: 3	
병으로 고생하는 자들이 예수를 만지고자 몰려왔음이더	막 3	: 10	- 11
병이 낫기를 위하여 서로 기도하라 의인의 간구는 역사	약 5	: 15	- 18
병이 든 많은 사람을 고치시며 많은 귀신을 내쫓으시되	막 1	: 34	
병자들을 고치고 하나님의 나라가 가까이 왔다 하라	눅 10	: 9	- 16
병자들을 고치시다	눅 4	: 38	- 41
병자를 침상째 무리 가운데로 예수 앞에 달아 내리니	눅 5	: 19	- 26
병자와 귀신들린 자를 예수께 데려오니	막 1	: 32	- 34
보고 들은 것을 말하지 아니할 수 없다 하니 관리들이	행 4	: 20	- 22
보김에 나타난 여호와의 사자	삿 2	: 1	- 5
보내신 이의 영광을 구하는 자는 참되니 그 속에 불의가	요 7	: 18	
보내심을 받은 사람이 있으니 그의 이름은 요한이라	요 1	: 6	- 8
보내심을 받지 아니하였으면 어찌 전파하리요	롬 10	: 15	
보냄을 받은 자가 보낸 자보다 크지 못하나니	요 13	: 16	- 17

보는 것을 보는 눈은 복이 있도다   눅 10 : 23 - 24

보디발과 요셉   창 39 : 1 - 6

보디발의 아내와 요셉   창 39 : 6 - 23

부리떡 20개와 채소로 엘리사가 100명을 먹이다   왕하 4 : 42 - 44

보리떡 다섯 개로 먹고 남은 조각이 열두 바구니에 찼더   요 6 : 13 - 15

보리떡 다섯 개와 물고기 두 마리를 가지고 있나이다   요 6 : 9 - 15

보리떡 한 덩어리가 미디안 진영으로 굴러 들어와   삿 7 : 13 - 15

보물 창고와 무기고에 있는 것을 다 보여 주었으니   사 39 : 2 - 8

보물을 땅에 쌓아 두지 말라 거기는 좀과 동록이 해하며   마 6 : 19 - 21

보물을 하늘에 쌓아 두라 거기는 좀과 동록이 해하지 못   마 6 : 20 - 21

보물이 있는 곳에는 너희 마음도 있으리라   눅 12 : 34

보물이 있는 그 곳에는 네 마음도 있느니라   마 6 : 21

보물이니 거기는 도둑도 가까이 하는 일이 없고 좀도 먹   눅 12 : 33 - 34

보배로운 상품으로 치부하였더니 한 시간에 망하였도다   계 18 : 19 - 20

보배롭고 존귀하며 내가 너를 사랑하였은즉 내가 네   사 43 : 4

보배를 질그릇에 가졌으니 이는 심히 큰 능력은 하나님   고후 4 : 7 - 11

보병 이백 명과 기병 칠십 명과 창병 이백 명을 준비하   행 23 : 23 - 30

보블리오의 부친이 열병과 이질에 걸려 누워 있거늘   행 28 : 8 - 10

보살핌 받는 날을 알지 못함을 인함이니라 하시니라   눅 19 : 44

보아도 보지 못하며 들어도 듣지 못하며 깨닫지 못함   마 13 : 13 - 17

보응이 나의 하나님께 있느니라   사 49 : 4

보이는 것은 잠깐이요 보이지 않는 것은 영원함이라   고후 4 : 18

보이는 소망이 소망이 아니니 보는 것을 누가 바라리요   롬 8 : 24 - 25

보좌 앞에 켠 등불 일곱이 있으니 하나님의 일곱 영   계 4 : 5

보좌에 둘려 이십사 보좌들이 있고 그 보좌들 위에   계 4 : 4

보좌에 앉으신 이가 그들 위에 장막을 치시리니   계 7 : 15 - 17

보증 선 자는 그의 몸을 볼모 잡을지니라   잠 27 : 13

보증으로 성령을 우리에게 주신 이는 하나님이시니라   고후 5 : 5 - 10

보증을 서지 말라   잠 22 : 26 - 27

보증이 되는 자는 손해를 당하여도 보증이 되기 싫어하   잠 11 : 15

보증하였으면 네 입의 말로 얽혔으며 잡히게 되었느니   잠 6 : 1 - 2

보지 못하고 믿는 자들은 복되도다 하시니라   요 20 : 29

보지 못하는 것을 바라면 참음으로 기다릴지니라   롬 8 : 25 - 26

보지 못하는 자들은 보게하고 보는 자들은 맹인이 되게   요 9 : 39 - 41

보행자와 함께 달려도 피곤하면 어찌 능히 말과 경주하   렘 12 : 5

보혜사 곧 아버지께로부터 나오시는 진리의 성령이   요 15 : 26

보혜사 곧 아버지께서 내 이름으로 보내실 성령 그가   요 14 : 26

보혜사가 너희에게로 오시지 아니할 것이요 내가 가면   요 16 : 7 - 15

보혜사를 너희에게 주사 영원토록 너희와 함께 있게   요 14 : 16 - 17

복 (순종하면 받는 복)   신 28 : 1 - 14

복 받는 길   신 30 : 1 - 20

복 주고 복 주며 너를 번성하게 하고 번성하게 하리라   히 6 : 14 - 15

복 주시려고 너희에게 먼저 보내사 너희로 하여금 돌이   행 3 : 26

복과 저주를 너희 앞에 두나니   신 11 : 26 - 32

복과 저주를 너희 앞에 두었은즉   신 30 : 19 - 20

복과 화를 선포하시다   눅 6 : 20 - 26

복술로 말미암아 만국이 미혹되었도다   계 18 : 23 - 24

복을 구하는 자는 진리의 하나님을 향하여 복을 구할 것   사 65 : 16

복을 내리며 때를 따라 복된 소낙비를 내리리라   겔 34 : 26 - 31

복을 받았은즉 화도 받지 아니하겠느냐   욥 2 : 10

복을 받으리니 이는 네가 나의 말을 준행하였음이니라   창 22 : 18

복을 주사 그들을 크게 번성하게 하시고 그의 가축을   시 107 : 38

복을 주시고 너를 지키시기를 원하며 그의 얼굴을 네게   민 6 : 24 - 27

복을 주어 네 이름을 창대하게 하리니 너는 복이 될지라   창 12 : 2 - 3

복음 안에서 내 심령으로 섬기는 하나님이 나의 증인이   롬 1 : 9 - 12

복음과 함께 고난을 받으라   딤후 1 : 3 - 18

복음뿐 아니라 우리의 목숨까지도 너희에게 주기를   살전 2 : 8 - 12

복음에 순종하지 않는 자들에게 형벌을 내리시리니   살후 1 : 8 - 9

복음에 합당하게 생활하라   빌 1 : 27 - 30

복음에는 하나님의 의가 나타나서 믿음으로 믿음에   롬 1 : 17

복음으로 너희를 견고하게 하실 지혜로우신 하나님께   롬 16 : 26 - 27

복음으로 너희를 부르사 그리스도의 영광을 얻게 하려 하심   살후 2 : 14

복음으로 말미암아 그리스도 예수 안에서 함께 상속자   엡 3 : 6 - 7

복음으로 말미암아 내가 죄인과 같이 매이는 데까지   딤후 2 : 9 - 10

복음으로 말미암아 내게 있는 권리를 다 쓰지 아니하는　고전 9 : 18 - 19

복음으로써 너희를 낳았음이라　고전 4 : 15 - 17

복음으로써 생명과 썩지 아니할 것을 드러내신지라　딤후 1 : 10 - 11

복음은 모든 믿는 자에게 구원을 주시는 하나님의 능력　롬 1 : 16 - 17

복음은 천하 만민에게 전파된 바요 나 바울은 복음의　골 1 : 23

복음은 하나님이 선지자를 통하여 그의 아들에 관하여　롬 1 : 2

복음을 듣고 또한 믿어 약속의 성령으로 인치심을 받았　엡 1 : 13 - 14

복음을 부끄러워하지 아니하노니 이 복음은 모든 믿는　롬 1 : 16 - 17

복음을 위탁 받았으니 사람을 기쁘게 함이 아니요　살전 2 : 4 - 5

복음을 위하여 그의 능력이 역사하시는 대로 내게 주신　엡 3 : 7 - 9

복음을 위하여 모든 것을 행함은 복음에 참여하고자 함　고전 9 : 23 - 27

복음을 위하여 선포자와 사도와 교사로 세우심을 입었　딤후 1 : 11 - 14

복음을 위하여 자기 목숨을 잃으면 구원하리라　막 8 : 35 - 37

복음을 위하여 집이나 형제나 자매나 어머니나 아버지나　막 10 : 29 - 31

복음을 전하게 하시려고 내게 기름을 부으시고 나를 보　눅 4 : 18 - 19

복음을 전하는 자들이 복음으로 말미암아 살리라　고전 9 : 14 - 19

복음을 전하니 그 내시가 말하되 물이 있으니 세례를 받　행 8 : 36 - 40

복음을 전하실새 열두 제자가 함께 하셨고　눅 8 : 1

복음을 전하여야 하리니 나는 이 일을 위해 보내심을 받　눅 4 : 43 - 44

복음을 전하지 아니하면 내게 화가 있을 것이로다　고전 9 : 16 - 19

복음을 전할 때에 값없이 전하고　고전 9 : 18 - 19

복음을 전할지라도 자랑할 것이 없음은 내가 부득불 할　고전 9 : 16 - 19

복음을 증언하는 일을 마치려 함에는 나의 생명조차　행 20 : 24

복음의 비밀을 담대히 알리게 하옵소서　엡 6 : 19

복음의 소망에서 흔들리지 아니하면 그리하리라　골 1 : 23

복음의 제사장 직분　롬 15 : 14 - 21

복음의 제사장 직분을 하게 하사 이방인을 제물로 드리　롬 15 : 16 - 19

복음의 진리가 항상 너희 가운데 있게 하려 함이라　갈 2 : 5

복음이 가리었으면 망하는 자들에게 가리어진 것이라　고후 4 : 3 - 6

복음이 너희에게 이르매 듣고 열매를 맺어 자라는도다　골 1 : 6

복음이 먼저 만국에 전파되어야 할 것이니라　막 13 : 10 - 13

복음이 모든 민족에게 증언되기 위하여 온 세상에 전파　마 24 : 14

복음이 전파되는 곳에는 이 여자가 행한 일도 말하여	막 14	:	9		
복음이 전파되는 곳에서는 이 여자가 행한 일도 말하여	마 26	:	13		
복음이 전파되어 사람마다 그리로 침입하느니라	눅 16	:	16	-	17
복음이 준비한 것으로 신을 신고 믿음의 방패를 가지고	엡 6	:	15	-	17
복이 쌓을 곳이 없도록 붓지 아니하나 보라	말 3	:	10		
복이 있나니 여호와를 자기 하나님으로 삼는 백성은 복	시 144	:	15		
복이 있는 사람 (팔 복)	마 5	:	3	-	12
복이 있는자 (여호와를 경외하며 계명을 즐거워하는 자)	시 112	:	1	-	3
복이 있는자 (여호와를 경외하며 그의 길을 걷는 자)	시 128	:	1	-	4
복이 있는자 (여호와의 이름으로 오는 자)	시 118	:	26		
복이 있는자 (주의 집에 사는 자)	시 84	:	4	-	6
복이 있는자 (행위가 온전하며 율법을 따라 행하는 자)	시 119	:	1	-	3
복있는 사람은 악인들의 꾀를 따르지 아니하며	시 1	:	1	-	3
복종이 온전하게 될 때에 모든 복종하지 않는 것을 벌하	고후 10	:	6		
복종하셨으니 곧 십자가에 죽으심이라	빌 2	:	8	-	11
복종하여 두렵고 떨림으로 너희 구원을 이루라	빌 2	:	12		
본 고로 믿느냐 보지 못하고 믿는 자들은 복되도다	요 20	:	29		
본다고 하니 너희 죄가 그대로 있느니라	요 9	:	41		
본향을 사모하니 곧 하늘에 있는 것이라	히 11	:	16		
본향을 생각하였더라면 돌아갈 기회가 있었으려니와	히 11	:	15	-	16
봉사와 및 사도의 직무를 대신할 자인지를 보이시옵소	행 1	:	25	-	26
봉사의 일을 하게 하며 그리스도의 몸을 세우려 하심	엡 4	:	12		
봉사하려면 하나님이 공급하시는 힘으로 하는 것 같이	벧전 4	:	11		
봉인을 떼시는 어린 양	계 6	:	1	-	17
봉하지 않은 편지를 느헤미야에게 보내다	느 6	:	5	-	7
봉헌식 헌물 (성막 봉헌식 12지파 지휘관의 헌물)	민 7	:	1	-	83
부귀가 내게 있고 장구한 재물과 공의도 그러하니라	잠 8	:	18	-	21
부귀와 영화도 네게 주노니	왕상 3	:	13	-	14
부끄러워하지 아니하고 지금도 전과 같이 담대하여	빌 1	:	20	-	21
부나 재물이나 영광이나 장수도 구하지 아니하고 지혜	대하 1	:	11	-	13
부녀여, 내가 이제 네게 구하노니 서로 사랑하자	요이 1	:	5	-	6
부당하게 고난을 받아도 슬픔을 참으면 아름다우니라	벧전 2	:	19	-	21

부드러운 혀는 뼈를 꺾느니라	잠 25	:	15		
부득불 자랑할진대 내가 약한 것을 자랑하리라	고후 11	:	30	-	33
부딪치는 돌과 걸려 넘어지게 하는 바위가 되었다	벧전 2	:	8		
부딪칠 것이나 거칠 것을 형제 앞에 두지 않도록 주의하	롬 14	:	13		
부르기 전에 내가 응답하겠고 그들이 말을 마치기 전에	사 65	:	24		
부르며 그를 인도하였나니 그 길이 형통하리라	사 48	:	15	-	16
부르시니 그 아버지 세베대를 품꾼들과 함께 배에 버려	막 1	:	20		
부르신 그들을 또한 의롭다 하시고 의롭다 하신 그들을	롬 8	:	30		
부르심과 택하심을 굳게 하라 실족하지 아니하리라	벧후 1	:	10	-	11
부르심은 부정하게 하심이 아니요 거룩하게 하심이니	살전 4	:	7	-	8
부르심을 받고 택하심을 받은 진실한 자들도 이기리다	계 17	:	14	-	17
부르심을 받은 그 부르심 그대로 지내라	고전 7	:	20	-	24
부르심을 받은 그대로 하나님과 함께 거하라	고전 7	:	24		
부르심을 받은 자는 종이라도 주께 속한 자유인이요	고전 7	:	22	-	24
부르심을 받은 자들에게는 유대인이나 헬라인이나	고전 1	:	24	-	26
부르심을 입은 자들에게는 모든 것이 합력하여 선을	롬 8	:	28	-	30
부르심의 소망이 무엇이며 영광의 풍성함이 무엇이며	엡 1	:	18	-	23
부르심의 한 소망 안에서 부르심을 받았느니라	엡 4	:	4	-	6
부르짖는 자에게 인자함이 후하심이니이다	시 86	:	5		
부르짖는 택하신 자들의 원한을 풀어 주지 아니하시겠	눅 18	:	7	-	8
부르짖다 (가난한 자의 부르짖음을 잊지 않으시다)	시 9	:	12		
부르짖다 (구스와의 전쟁승리)	대하 14	:	11	-	12
부르짖다 (대적의 손에서 환난을 당할 때)	느 9	:	27		
부르짖다 (사르밧 과부의 죽은 아들 소생을 위해)	왕상 17	:	20	-	22
부르짖다 (유다의 전쟁승리)	대하 13	:	14	-	17
부르짖다 (전쟁승리)	대상 5	:	20		
부르짖다 (전쟁을 앞둔 여호사밧의 기도)	대하 20	:	9		
부르짖다 (환난 중에)	삼하 22	:	7		
부르짖어 구원을 얻고 주께 의뢰하여 수치를 당하지	시 22	:	5		
부르짖어 기도하다 (히스기야 왕)	대하 32	:	19	-	23
부르짖었더니 여호와께서 응답하시고 나를 넓은 곳에	시 118	:	5		
부르짖었사오니 나를 구원하소서	시 119	:	146		

부르짖었사오니 내게 응답하소서	시 119	: 145	
부르짖으니 그 고된 노동으로 말미암아 부르짖는 소리	출 2	: 23	- 25
부르짖으니 그의 성전에서 응답하시는도다	시 3	: 4	
부르짖으라 내가 네게 응답하겠고 네가 알지 못하는	렘 33	: 3	
부르짖으리니 여호와께서 나를 구원하시리로다	시 55	: 16	
부르짖으매 그들의 고통에서 구원하시되	시 107	: 13	- 15
부르짖으매 나를 고치셨나이다	시 30	: 2	
부르짖으매 여호와께서 응답하셨더라	삼상 7	: 9	- 11
부르짖으며 기도하면 내가 너희들의 기도를 들을 것	렘 29	: 12	- 13
부르짖으며 나의 혀로 높이 찬송하였도다	시 66	: 17	
부르짖으며 소리 내어 여호와께 간구하는도다	시 142	: 1	
부르짖으므로 그들의 손에서 구원하였거늘	삿 10	: 12	- 13
부르짖을 때에 나의 간구하는 소리를 들으셨나이다	시 31	: 22	
부르짖음을 듣고 그 근심을 알고 그들을 애굽인의 손	출 3	: 7	- 10
부르짖음이 그의 귀에 들렸도다	시 18	: 6	
부르짖음이 내게 달하고 애굽 사람들이 그들을 괴롭히	출 3	: 9	- 12
부르짖음이 내게 상달되었으므로 내가 그들을 돌보았	삼상 9	: 16	
부름을 받지 아니하고 왕에게 나가면 죽이는 법이요	에 4	: 11	
부름의 상을 위하여 달려가노라	빌 3	: 14	- 16
부림일 (유다인들의 슬픔이 변하여 기쁨이 된 날)	에 9	: 20	- 32
부모가 어린 아이를 위하여 하느니라	고후 12	: 14	- 15
부모를 경외하고 나의 안식일을 지키라	레 19	: 3	
부모를 경홀히 여기는 자는 저주를 받을 것이라	신 27	: 20	- 23
부모를 공경하라	출 20	: 12	
부모를 공경하라	신 5	: 16	
부모를 공경하라 하고 또 아버지나 어머니를 모욕하는	막 7	: 10	- 13
부모를 공경할 것이 없다 하여 너희의 전통으로	마 15	: 6	
부모를 떠나 그의 아내와 합하여 그 둘이 한 육체가 될	엡 5	: 31	- 33
부모를 떠나 그의 아내와 합하여 둘이 한 몸을 이룰지	창 2	: 24	
부모를 떠나서 그 둘이 한 몸이 될지니라	막 10	: 7	- 9
부모를 떠나서 아내에게 합하여 그 둘이 한 몸이 될지니	마 19	: 5	- 6
부모를 저주하는 자는 반드시 죽일지니	레 20	: 9	

부모를 즐겁게 하며 너를 낳은 어미를 기쁘게 하라	잠 23	: 25		
부모에게 순종하라 이것이 옳으니라	엡 6	: 1	- 3	
부모에게 순종하라 이는 주 안에서 기쁘게 하는 것이니	골 3	: 20	- 21	
부모와 자녀	엡 6	: 1	- 4	
부모와 형제와 친척과 벗이 너희를 넘겨 주어 너희 중의	눅 21	: 16	- 19	
부모의 물건을 도둑질하고서도 죄가 아니라 하는 자는	잠 28	: 24		
부모의 축복 (야곱이 모든 자식들에게)	창 49	: 28		
부모의 축복 (야곱이 요셉에게)	창 48	: 15	- 16	
부모의 축복 (이삭이 야곱에게)	창 27	: 25	- 29	
부와 재물이 그의 집에 있음 (여호와를 경외하는 자)	시 112	: 3		
부요하신 이로서 너희를 위하여 가난하게 되심은 그의	고후 8	: 9	- 11	
부요하여 부족한 것이 없다 하나 네 곤고한 것과 가련한	계 3	: 17	- 18	
부요한 자여 너희는 위로를 이미 받았도다	눅 6	: 24	- 26	
부인하면 나도 내 아버지 앞에서 그를 부인하리라	마 10	: 33		
부자가 그 밭에 소출이 풍성하매 곡식 쌓아둘 곳이 없으	눅 12	: 16	- 21	
부자가 되기에 애쓰지 말고 네 사사로운 지혜를 버릴	잠 23	: 4	- 5	
부자는 천국에 들어가기가 어려우니라	마 19	: 23	- 24	
부자들에게 주는 경고	약 5	: 1	- 6	
부자라 부요하여 부족한 것이 없다 하나 네 곤고한 것과	계 3	: 17	- 18	
부자와 거지	눅 16	: 19	- 31	
부자의 상에서 떨어지는 것으로 배불리려 하매	눅 16	: 21	- 31	
부자이므로 이 말씀을 듣고 심히 근심하더라	눅 18	: 23	- 30	
부적을 내가 너희 팔에서 떼어버리고 영혼을 놓아 주며	겔 13	: 20	- 21	
부정을 씻는 물	민 19	: 2	- 9	
부정한 것을 만지지 말라	고후 6	: 17	- 18	
부정한 사람을 위하여 유월절 양을 잡아 그들로 성결하	대하 30	: 17	- 20	
부정한 사람의 처리	민 5	: 1	- 4	
부정한 생물과 정한 생물	레 11	: 1	- 47	
부정한 생물과 정한 생물	신 14	: 3	- 21	
부정한 자 (전투에 참가한 자)	민 31	: 19	- 20	
부정한 저울을 썼거나 주머니에 거짓 저울추를 두었으	미 6	: 11	- 15	
부조를 보내기로 작정하고 이를 실행하여 바나바와	행 11	: 29	- 30	

부족한 것처럼 사람의 손으로 섬김을 받으시는 것이 아 　　행 17 : 25 - 31

부지깽이 그루터기에 불과하니 두려워하지 말고 낙심하 　　사 7 : 4

부지런하여 게으르지 말고 열심을 품고 주를 섬기라 　　롬 12 : 11 - 13

부지런한 자의 손은 사람을 다스리게 되어도 　　잠 12 : 24

부지런함을 나타내어 끝까지 소망의 풍성함에 이르러 　　히 6 : 11 - 12

부지중에 실수로 사람을 죽인 자를 도망하게 하라 　　수 20 : 3 - 6

부패하여 포악함이 땅에 가득한지라 　　창 6 : 11 - 13

부하려 하는 자들은 시험과 올무와 여러 가지 어리석고 　　딤전 6 : 9 - 10

부한 자는 자기의 낮아짐을 자랑할지니 이는 그가 풀의 　　약 1 : 10 - 11

부한 자들아 너희에게 임할 고생으로 말미암아 울고 　　약 5 : 1 - 6

부활 (죽은 자들의 부활) 　　고전 15 : 35 - 58

부활 논쟁 　　마 22 : 23 - 32

부활 논쟁 　　눅 20 : 27 - 40

부활 때는 장가도 아니 가고 시집도 아니 가고 하늘에 　　마 22 : 30 - 32

부활 때는 장가도 아니 가고 시집도 아니 가고 하늘에 　　막 12 : 25 - 27

부활 후 일곱 제자에게 나타나심 (세번 째) 　　요 21 : 1 - 14

부활 후에 그들이 무덤에서 나와서 거룩한 성에 들어가 　　마 27 : 53 - 54

부활 후에 세 번째로 제자들에게 나타나신 것이라 　　요 21 : 14

부활과 같은 모양으로 연합한 자도 되리라 　　롬 6 : 5

부활도 썩을 것으로 심고 썩지 아니할 것으로 다시 살 　　고전 15 : 42 - 44

부활도 없고 천사도 없고 영도 없다 하고(사두개인) 　　행 23 : 8 - 11

부활도 천사도 영도 다 있다 함이라 (바리새인) 　　행 23 : 8 - 11

부활도 한 사람으로 말미암는도다 　　고전 15 : 21 - 22

부활을 말하되 그가 음부에 버림이 되지 않고 　　행 2 : 31 - 32

부활을 얻고자 하여 심한 고문을 받되 구차히 풀려나기 　　히 11 : 35 - 40

부활을 증언하니 무리가 큰 은혜를 받아 　　행 4 : 33 - 37

부활의 권능과 그 고난에 참여함을 알고자 하여 그의 죽 　　빌 3 : 10 - 12

부활의 자녀로서 하나님의 자녀임이라 　　눅 20 : 36 - 40

부활이 없다 하는 사두개인들이 그 날 예수께 와서 물어 　　마 22 : 23 - 32

부활이 이미 지나갔다 함으로 믿음을 무너뜨리느니라 　　딤후 2 : 18 - 19

부활이요 생명이니 나를 믿는 자는 죽어도 살겠고 　　요 11 : 25 - 27

부활하게 하심으로 말미암아 우리를 거듭나게 하사 　　벧전 1 : 3 - 4

부활하사 능력으로 하나님의 아들로 선포되셨으니	롬 1	:	4	- 6
부활하사 제자들에게 나타나시사	요 20	:	19	- 23
부활하시다	마 28	:	1	- 15
부활하시다	막 16	:	1	- 8
부활하시다	눅 24	:	1	- 12
부활하시다	요 20	:	1	- 10
부활하신 예수님이 열한 제자들에게 분부하시다	마 28	:	16	- 20
부활하심으로 말미암아 너희를 구원하는 표니 곧 세례	벧전 3	:	21	- 22
부활함을 얻기에 합당히 여김을 받은 자들은 장가가고	눅 20	:	35	- 40
북방에서 쳐들어 오는 민족이 있을 것을 선포	렘 6	:	22	- 30
북방왕과 남방왕들이 싸우리라	단 11	:	1	- 45
북쪽 지파들의 배반	왕상 12	:	1	- 20
분깃을 내게 주소서 하는지라 아버지가 그 살림을 각각	눅 15	:	12	- 32
분노와 다툼이 없이 거룩한 손을 들어 기도하기를 원하	딤전 2	:	8	- 10
분노의 잔을 네 손에서 거두어서 다시는 마시지 못하게	사 51	:	22	- 23
분방하지 말라 다만 기도할 틈을 얻기 위하여 합의상	고전 7	:	5	- 6
분별하지 못하고 먹고 마시는 자는 자기의 죄를 먹고 마	고전 11	:	29	- 34
분수를 넘어서 형제를 해하지 말라	살전 4	:	6	
분열을 일으키는 자며 육에 속한 자며 성령이 없는 자	유 1	:	19	- 23
분을 그치고 노를 버리며 불평하지 말라	시 37	:	8	
분을 내어도 죄를 짓지 말며 해가 지도록 분을 품지 말고	엡 4	:	26	- 28
분을 쉽게 내는 자는 다툼을 일으켜도 노하기를 더디 하	잠 15	:	18	
분쟁을 일으키거나 거치게 하는 자들을 살피고 떠나라	롬 16	:	17	- 20
분쟁을 일으키러 왔다	눅 12	:	49	- 53
분쟁이 없이 같은 마음과 같은 뜻으로 온전히 합하라	고전 1	:	10	
분쟁이 있으니 육신에 속하여 사람을 따라 행함	고전 3	:	3	- 9
분쟁하는 나라마다 황폐하여지며 스스로 분쟁하는 집은	눅 11	:	17	- 26
분쟁하는 나라마다 황폐하여질 것이요 스스로 분쟁하는	마 12	:	25	- 28
분쟁하는 집은 무너지느니라	눅 11	:	17	- 26
분향하는 이백오십 명을 불살랐더라	민 16	:	35	
분향하는 일은 오직 아론의 자손 제사장이 할 일	대하 26	:	18	- 21
분향하되 참나무와 버드나무와 상수리나무 아래에서	호 4	:	13	

분향할 제단	출 30 : 1 - 10
분향할 제단 (금향단) 제작	출 37 : 25 - 29
불 가운데로 다니는데 상하지도 아니하였고	단 3 : 25 - 26
불 가운데로 자기 아들을 지나가게 한 아하스 왕	왕하 16 : 2 - 4
불 가운데로 지날 때에 타지도 아니할 것이요 불꽃이	사 43 : 2
불 시험을 이상한 일 당하는 것 같이 이상히 여기지 말	벧전 4 : 12 - 14
불과 구름 기둥	민 9 : 15 - 23
불과 구름 기둥	신 1 : 33
불과 나무는 있거니와 번제할 어린 양은 어디 있나이까	창 22 : 7 - 12
불과 물에 자주 던졌나이다	막 9 : 22 - 29
불과 유황으로 타는 못에 던져지리니 이것이 둘째 사망	계 21 : 8
불러도 그들이 듣지 아니한 것처럼 그들이 불러도 내가	슥 7 : 13 - 14
불러도 대답하지 아니하였느니라	렘 7 : 13
불로 나타내고 불이 각 사람의 공적이 어떠한 것을 시험	고전 3 : 13 - 15
불로 응답하는 신 그가 하나님이니라	왕상 18 : 24
불로써 소금 치듯 함을 받으리라	막 9 : 49
불륜에 관한 법	신 22 : 22 - 30
불만이 있거든 서로 용납하여 피차 용서하되 주께서	골 3 : 13 - 14
불말과 불병거가 산에 가득하여 엘리사를 둘렀더라	왕하 6 : 17
불못에 던져지니 이것은 둘째 사망 곧 불못이라	계 20 : 14 - 15
불뱀을 만들어 장대 위에 매달아라 그것을 보면 살리라	민 21 : 8 - 9
불법에서 우리를 속량하시고 우리를 깨끗하게 하사	딛 2 : 14
불법을 행하는 자들아 내게서 떠나가라 하리라	마 7 : 23
불법의 비밀이 이미 활동하였으나 지금은 그것을 막는	살후 2 : 7 - 12
불법이 사함을 받고 죄가 가리어짐을 받는 사람들은	롬 4 : 7 - 12
불법한 자가 나타나리니 주 예수께서 그 입의 기운으로	살후 2 : 8 - 12
불법한 행실을 보고 들음으로 의로운 심령이 상함이라	벧후 2 : 8
불수레와 불말	왕하 2 : 10 - 12
불순종의 징벌 (계명과 언약의 배반)	레 26 : 14 - 46
불순종하여 받는 저주	신 28 : 15 - 68
불신자가 너희를 청할 때에 묻지 말고 먹으라	고전 10 : 27 - 29
불쌍히 여기사 그 중에 있는 병자를 고쳐 주시니라	마 14 : 14

불쌍히 여기사 그들의 눈을 만지시니 곧 보게 되어   마 20 : 34

불쌍히 여기시니 이는 그들이 목자 없는 양과 같이 고생   마 9 : 36 - 38

불쌍히 여기신 것을 네 가족에게 알리라 하시니   막 5 : 19 - 20

불쌍히 여기지 아니하며 긍휼히 여기지 아니하고   겔 / : 4

불에 나무를 더하는 것 같이 다툼을 좋아하는 자는   잠 26 : 21

불에 던졌더니 이 송아지가 나왔나이다   출 32 : 23 - 24

불에 던질 땔감이 될 뿐이라 예루살렘 주민도 그같이   겔 15 : 4 - 8

불에서 끌어내어 구원하라   유 1 : 23

불은 시온에 있고 여호와의 풀무는 예루살렘에 있느니   사 31 : 9

불을 그들 중에 붙여서 진영 끝을 사르게 하시매   민 11 : 1 - 3

불을 땅에 던지러 왔노니 이 불이 이미 붙었으면 내가   눅 12 : 49 - 53

불을 품고서야 어찌 그의 옷이 타지 아니하겠으며   잠 6 : 27 - 29

불의 세력을 멸하기도 하며 칼날을 피하기도 하며   히 11 : 34 - 40

불의 혀처럼 갈라지는 것들이 그들에게 보여 각 사람   행 2 : 3 - 13

불의가 죄로되 사망에 이르지 아니하는 죄도 있도다   요일 5 : 17

불의가 하나님의 의를 드러나게 하면 무슨 말 하리요   롬 3 : 5

불의로 치부하는 자는 자고새가 낳지 아니한 알을 품음   렘 17 : 11

불의를 긍휼히 여기고 그들의 죄를 다시 기억하지 아니   히 8 : 12 - 13

불의를 기뻐하지 아니하며 진리와 함께 기뻐하고   고전 13 : 6 - 8

불의를 당하는 것이 낫지 아니하며 차라리 속는 것이   고전 6 : 7 - 11

불의를 따르는 자에게는 진노와 분노로 하시리라   롬 2 : 8 - 11

불의를 행하는 자는 불의의 보응을 받으리니 주는   골 3 : 25

불의의 값으로 불의를 당하며 낮에 즐기고 노는 것을   벧후 2 : 13 - 18

불의의 모든 속임으로 멸망하는 자들에게 있으리니   살후 2 : 10 - 12

불의의 삯으로 밭을 사고 후에 몸이 곤두박질하여 배가   행 1 : 18 - 20

불의의 재물로 친구를 사귀라 그리하면 그 재물이 없어   눅 16 : 9 - 13

불의한 자가 하나님의 나라를 유업으로 받지 못할 줄을   고전 6 : 9 - 11

불의한 자는 의인에게 미움을 받고 바르게 행하는 자는   잠 29 : 27

불의한 자는 형벌 아래에 두어 심판 날까지 지키시며   벧후 2 : 9 - 11

불의한 재물에도 충성하지 아니하면 누가 참된 것으로   눅 16 : 11 - 13

불이 각 사람의 공적이 어떠한 것을 시험할 것임이라   고전 3 : 13 - 15

불이 그들의 앞을 사르며 불꽃이 그들의 뒤를 태우니   욜 2 : 3

불이 내려서 번제물과 나무와 돌과 흙을 태우고 또 도랑   왕상 18 : 38 - 40

불이 하늘에서 내려와 군사 50명을 살랐더라   왕하 1 : 9 - 16

불화하게 하려 함이니 사람의 원수가 자기 집안 식구라   마 10 : 35 - 36

불효자 아들 처벌   신 21 : 18 - 21

붉은 암송아지의 재 (정결 의식)   민 19 : 1 - 10

붉은 용이 있어 머리가 일곱이요 뿔이 열이라   계 12 : 3 - 6

붙들지 말라 내가 아직 아버지께로 올라가지 아니하였   요 20 : 17 - 18

붙잡지도 말고 맛보지도 말고 만지지도 말라   골 2 : 21 - 23

브가히야가 2년간 통치하고 베가에게 모반 당하다   왕하 15 : 23 - 25

브니엘 (야곱이 하나님 사자와 씨름한 곳)   창 32 : 30

브라가 골짜기에 모여서 거기서 여호와를 송축하라   대하 20 : 26

브엘세바 (성읍 이름)   창 26 : 32 - 33

브엘세바 언약 (아브라함과 아비멜렉의 언약)   창 21 : 22 - 34

브엘세바에 이르러 하나님께 희생제사를 드리니   창 46 : 1 - 4

브올의 사건 (바알브올 사건)   민 31 : 16 - 18

블레셋 거인 3명을 죽인 다윗의 용사들   삼하 21 : 15 - 22

블레셋 군인들이 서로를 칼로 치다   삼상 14 : 19 - 20

블레셋 사람에게 빼앗긴 언약궤   삼상 5 : 1 - 12

블레셋 온 땅이여 너를 치던 막대기가 부러졌다고   사 14 : 29 - 32

블레셋과 아라비아의 침략을 당한 여호람 왕   대하 21 : 16 - 17

블레셋을 소멸시키시리라   사 14 : 28 - 32

블레셋이 바벨론에 의해 멸망 당할 것을 예언   렘 47 : 1 - 7

비가 내리고 창수가 나고 바람이 불어 그 집에 부딪치되   마 7 : 25 - 27

비가 오지 않기를 간절히 기도한즉 삼 년 육 개월 동안   약 5 : 17 - 18

비누를 쓸지라도 네 죄악이 내 앞에 그대로 있으리니   렘 2 : 22 - 23

비둘기야 내가 네 얼굴을 보게 하라 네 소리를 듣게 하라   아 2 : 14

비를 내리시되 이른 비를 너희에게 적당히 주시리니   욜 2 : 23 - 24

비를 때를 따라 주시며 우리를 위하여 추수 기한을 정하   렘 5 : 24

비를 의로운 자와 불의한 자에게 내려주심이라   마 5 : 45

비를 흡수하여 밭 가는 자들이 쓰기에 합당한 채소를   히 6 : 7 - 8

비밀은 너희 안에 계신 그리스도니 곧 영광의 소망이   골 1 : 27

비밀은 만세와 만대로부터 감추어졌던 것인데 이제는   골 1 : 26

비밀의 경륜이 어떠한 것을 드러내게 하려 하심이라 　엡 3 : 9 - 11

비밀의 영광이 이방인 가운데 얼마나 풍성한지를 알게 　골 1 : 27

비밀인 그리스도를 깨닫게 하려 함이니 　골 2 : 2 - 5

비방과 마귀의 올무에 빠질까 염려하라 　딤전 3 : 7

비방과 환난으로써 사람에게 구경 거리가 되고 혹은 　히 10 : 33 - 35

비방을 두려워하지 말라 그들의 비방에 놀라지 말라 　사 51 : 7 - 8

비방을 받은즉 권면하니 우리가 세상의 더러운 것과 　고전 4 : 13 - 14

비방하는 자나 형제를 판단하는 자는 곧 율법을 비방하 　약 4 : 11

비방하지 말라 　약 4 : 11 - 12

비방하지 말며 다투지 말며 관용하며 범사에 온유함을 　딛 3 : 2

비시디아 안디옥에 이르러 안식일에 회당에 들어가 　행 13 : 14 - 52

비싼 값에 팔아 가난한 자들에게 줄 수 있었겠도다 　마 26 : 9 - 13

비유 (기도 : 과부와 재판장) 　눅 18 : 1 - 8

비유 (달란트) 　마 25 : 14 - 30

비유 (무화과 나무 : 그 날과 그 때) 　막 13 : 28 - 37

비유 (무화과 나무 : 그 날과 그 때) 　눅 21 : 29 - 33

비유 (바리새인과 세리의 기도) 　눅 18 : 9 - 14

비유 (부자의 재물) 　눅 12 : 16 - 21

비유 (불의한 청지기) 　눅 16 : 1 - 13

비유 (씨 뿌리는 자 4가지 비유) 　막 4 : 1 - 20

비유 (씨 뿌리는 자)를 설명하시다 　막 4 : 10 - 20

비유 (씨를 뿌리는 자) 　눅 8 : 4 - 15

비유 (양과 염소) 　마 25 : 31 - 46

비유 (양의 목자) 　요 10 : 1 - 6

비유 (열매를 맺지 못하는 무화과나무) 　눅 13 : 6 - 9

비유 (용서할 줄 모르는 종) 　마 18 : 21 - 35

비유 (은 열 므나) 　눅 19 : 11 - 27

비유 (이 세대의 사람들) 　눅 7 : 31 - 32

비유 (잃은 둘째 아들을 되찾은 아버지) 　눅 15 : 11 - 32

비유 (잃은 양 한 마리를 찾은 목자) 　눅 15 : 1 - 7

비유 (잃은 한 드라크마를 찾은 여인) 　눅 15 : 8 - 10

비유 (장터에 앉아 피리를 불며 슬피 우는 아이) 　마 11 : 16 - 17

비유 (종말의 때 : 무화과나무)	마 24	: 32	-	51
비유 (천국 : 겨자씨)	마 13	: 31	-	32
비유 (천국 : 누룩)	마 13	: 33		
비유 (천국 : 물고기 그물)	마 13	: 47	-	48
비유 (천국 : 밭에 감추인 보화)	마 13	: 44		
비유 (천국 : 씨 뿌리는 자)	마 13	: 3	-	8
비유 (천국 : 열 처녀)	마 25	: 1	-	13
비유 (천국 : 종들과 결산하는 임금)	마 18	: 23	-	35
비유 (천국 : 좋은 씨를 제 밭에 뿌린 사람)	마 13	: 24	-	30
비유 (천국 : 진주)	마 13	: 45	-	46
비유 (천국 : 포도원의 품꾼들)	마 20	: 1	-	16
비유 (천국 : 혼인 잔치)	마 22	: 1	-	14
비유 (천국 잔치)	눅 14	: 15	-	24
비유 (포도원 농부)	막 12	: 1	-	12
비유 (포도원 농부)	눅 20	: 9	-	18
비유 (포도원의 두 아들)	마 21	: 28	-	30
비유 (포도원의 악한 농부들)	마 21	: 33	-	46
비유 (하나님의 나라 : 겨자씨)	막 4	: 30	-	32
비유 (하나님의 나라 : 겨자씨와 누룩)	눅 13	: 18	-	21
비유 (하나님의 나라 : 자라나는 씨)	막 4	: 26	-	29
비유 (혼인한 여인 : 율법과 죄)	롬 7	: 1	-	4
비유가 아니면 말씀하지 아니하시고 다만 혼자 계실 때	막 4	: 34		
비유로 말씀하여 이르시되 씨를 뿌리는 자가 뿌리러	마 13	: 3	-	8
비유로 말하는 것은 보아도 보지 못하며 들어도 듣지 못	마 13	: 13	-	17
비유하건대 아이들이 장터에 앉아 제 동무들을 불러	마 11	: 16	-	17
비천한 자 외에 모든 유다 백성을 바벨론으로 잡아감	왕하 24	: 14	-	16
비통히 여기시며 무덤에 가시니 무덤이 굴이라 돌로	요 11	: 38	-	44
비틀걸음 치게 하는 잔 곧 나의 분노의 큰 잔을 네 손에	사 51	: 22	-	23
비파로 주를 찬양하며 주의 성실을 찬양하리이다	시 71	: 22	-	23
비파야, 수금아, 깰지어다 내가 새벽을 깨우리로다	시 108	: 2		
비파와 수금으로 여호와께 감사하며 찬양하고	시 92	: 1		
비판을 받지 아니하려거든 비판하지 말라	마 7	: 1	-	5

비판하는 그 비판으로 너희가 비판을 받을 것이요   마 7 : 2 - 5

비판하지 말고 도리어 부딪칠 것이나 거칠 것을 형제   롬 14 : 13

비판하지 말라   롬 14 : 1 - 12

비판하지 말라 그리하면 너희가 비판을 받지 않을 것   눅 6 : 37

빈 손으로 내 얼굴을 보지 말지니라   출 34 : 20

빈곤한 자를 불쌍히 여기는 자는 복이 있도다   잠 14 : 21

빈손으로 여호와를 뵈옵지 말고 힘대로 드릴지니라   신 16 : 16 - 17

빌라델비아 교회에 보내는 말씀   계 3 : 7 - 13

빌라도 앞에 서시다   눅 23 : 1 - 7

빌라도 앞에 서시다   요 18 : 28 - 38

빌라도가 무리에게 만족을 주고자 하여 바라바는 놓아   막 15 : 15

빌라도가 예수를 놓으려고 힘썼으니 유대인들이 소리   요 19 : 12 - 16

빌라도가 예수를 데려다가 채찍질하더라   요 19 : 1

빌라도가 예수를 십자가에 못 박히게 넘기다   눅 23 : 13 - 25

빌라도가 이르되 그러면 그리스도라 하는 예수를 어떻게   마 27 : 22 - 26

빌라도가 패를 써서 십자가 위에 붙이니 유대인의 왕   요 19 : 19 - 22

빌라도에게 죽여 달라고 하였으니 성경에 그를 가리켜   행 13 : 28 - 30

빌레몬의 믿음과 사랑   몬 1 : 4 - 7

빌립과 나다니엘을 부르시다   요 1 : 43 - 51

빌립과 내시가 둘 다 물에 내려가 빌립이 세례를 베풀고   행 8 : 38 - 40

빌립과 에디오피아 내시   행 8 : 26 - 40

빌립보 성도들 위한 바울의 간구   빌 1 : 3 - 11

빌립은 아소도에 나타나 여러 성을 지나다니며 복음을   행 8 : 40

빌립을 따라 다니며 그 나타나는 표적과 큰 능력을 보고   행 8 : 13

빌립을 시험하고자 하심이라   요 6 : 6 - 15

빌립을 청하여 수레에 올라 같이 앉으라 하니라   행 8 : 31 - 40

빌립의 말도 듣고 행하는 표적도 보고 한마음으로   행 8 : 6 - 8

빌립이 달려가서 선지자 이사야의 글 읽는 것을 듣고   행 8 : 30 - 40

빌립이 대답하되 이백 데나리온의 떡이 부족하리이다   요 6 : 7 - 15

빌립이 사마리아 성에 내려가 그리스도를 전파하니   행 8 : 5 - 8

빌립이 입을 열어 이 글에서 시작하여 예수를 가르쳐   행 8 : 35 - 40

빚(부채) 탕감   신 15 : 1 - 9

빛(부채) 탕감해 주는 해 (7년째)   신 15 : 1 - 2

빛(부채) 탕감해 주는 해 (7년째)   신 15 : 9

빛(부채)을 꾸어 주는 마음가짐   신 15 : 8 - 11

빚을 탕감하여 주었더니 그 종이 나가서 자기에게 빚진   마 18 : 27 - 35

빚음을 받은 물건이 어찌 자기를 빚은 이에게 대하여   사 29 : 16

빚진 자가 둘이 있어 하나는 오백 데나리온을 빚을 졌고   눅 7 : 41 - 50

빚진 자로되 육신에게 져서 육신대로 살 것이 아니니라   롬 8 : 12 - 14

빚진 자의 저당물을 돌려주며 강탈하지 아니하며   겔 18 : 7 - 8

빛 가운데 있다 하면서 그 형제를 미워하는 자는   요일 2 : 9 - 11

빛 가운데 행하면 우리가 서로 사귐이 있고 예수의 피가   요일 1 : 7

빛 가운데서 성도의 기업의 부분을 얻기에 합당하게   골 1 : 12

빛보다 어둠을 더 사랑한 것이니라   요 3 : 19 - 21

빛에 대하여 증언하고 모든 사람이 믿게 하려 함이라   요 1 : 7 - 8

빛에 대하여 증언하러 온 자라 (요한)   요 1 : 8

빛으로 말미암아 드러나나니 드러나는 것마다 빛이니   엡 5 : 13 - 14

빛으로 세상에 왔나니 무릇 나를 믿는 자로 어둠에 거하   요 12 : 46

빛으로 오나니 이는 그 행위가 하나님 안에서 행한 것임   요 3 : 21

빛을 낮이라 부르시고 어둠을 밤이라 부르시니라   창 1 : 5

빛을 미워하여 빛으로 오지 아니하나니 이는 그 행위가   요 3 : 20 - 21

빛을 믿으라 그리하면 빛의 아들이 되리라   요 12 : 36

빛을 받고 하늘의 은사를 맛보고 성령에 참여한 바 되고   히 6 : 4 - 6

빛을 받은 후에 고난의 큰 싸움을 견디어 낸 것을 생각   히 10 : 32 - 35

빛의 갑옷을 입자 낮에와 같이 단정히 행하고   롬 13 : 12 - 14

빛의 아들이요 낮의 아들이라 우리가 밤이나 어둠에   살전 5 : 5 - 8

빛의 열매는 모든 착함과 의로움과 진실함에 있느니라   엡 5 : 9 - 14

빛이 너희 중에 있으니 빛이 있을 동안에 다녀 어둠에   요 12 : 35 - 36

빛이 사람 앞에 비치게 하여 그들로 너희 착한 행실을   마 5 : 16

빛이 세상에 왔으되 사람들이 자기 행위가 악하므로   요 3 : 19 - 21

빛이 어둠에 비치되 어둠이 깨닫지 못하더라   요 1 : 5

빛이 있으라 하니 빛이 있었고   창 1 : 2

빛이 있을 동안에 빛을 믿으라 그리하면 빛의 아들이   요 12 : 36

빛이니 나를 따르는 자는 어둠에 다니지 아니하고 생명   요 8 : 12

빛이라 빛의 자녀들처럼 행하라 ············· 엡 5 : 8 - 14
빛이라 산 위에 있는 동네가 숨겨지지 못 할 것이요 ····· 마 5 : 14
빛이시라 그에게는 어둠이 조금도 없으시다 ······· 요일 1 : 5 - 7
빛이요 나의 구원이시니 네가 누구를 두려워히리요 ····· 시 27 : 1
뺨을 치는 자에게 저 뺨도 돌려대며 네 겉옷을 빼앗는 ··· 눅 6 : 29
뼈 중의 뼈요 살 중의 살이라 이것을 남자에게서 취하 ··· 창 2 : 23 - 24
뼈들이 말랐고 소망이 없으니 우리는 다 멸절되었다 ··· 겔 37 : 11 - 12
뼈들이 서로 연결되더라 그 뼈에 힘줄이 생기고 살이 ··· 겔 37 : 7 - 10
뿌리가 거룩한즉 가지도 그러하니라 ········· 롬 11 : 16 - 18
뿌리가 너를 보전하는 것이니라 ············ 롬 11 : 18 - 20
뿌리는 씨가 죽지 않으면 살아나지 못하겠고 ···· 고전 15 : 36 - 44
뿌리는 자는 말씀을 뿌리는 것이라 ··········· 막 4 : 14
뿌리는 자와 거두는 자가 함께 즐거워하게 하려 함이라 ·· 요 4 : 36 - 38
뿌릴새 더러는 길 가에 떨어져 새들이 와서 먹어 버렸고 ·· 막 4 : 4 - 9
뿔나팔 소리를 내되 전국에서 뿔나팔을 크게 불지며 ··· 레 25 : 9
뿔이 열이요 머리가 일곱이라 그 뿔에는 열 왕관이 있고 ·· 계 13 : 1 - 8
뿔라라 하리니 이는 여호와께서 너를 기뻐하실 것이며 ·· 사 62 : 4 - 5
사가랴가 천사에게 이르되 내가 늙고 아내도 나이가 많 ·· 눅 1 : 18 - 20
사가랴의 예언 (세례 요한에 대한) ········· 눅 1 : 67 - 80
사나 죽으나 우리가 주의 것이로다 ·········· 롬 14 : 8 - 9
사내아이를 두 살부터 그 아래로 다 죽이니 ······ 마 2 : 16 - 18
사냥꾼의 올무에서와 심한 전염병에서 건지실 것임 ··· 시 91 : 3 - 4
사는 것이 그리스도니 죽는 것도 유익함이라 ······ 빌 1 : 21 - 26
사는 자도 기뻐하지 말고 파는 자도 근심하지 말 것은 ·· 겔 7 : 12 - 13
사닥다리가 땅 위에 서 있는데 그 꼭대기가 하늘에 닿았 ·· 창 28 : 12 - 15
사데 교회에 보내는 말씀 ················ 계 3 : 1 - 6
사도 요한이 작은 두루마리 책을 먹다 ········ 계 10 : 1 - 11
사도가 그들에게 안수하매 성령을 받는지라 시몬이 ··· 행 8 : 17 - 22
사도들과 선지자들의 터 위에 세우심을 입은 자라 ··· 엡 2 : 20 - 22
사도들로 말미암아 기사와 표적이 많이 나타나니 ··· 행 2 : 43 - 47
사도들은 그 이름을 위하여 능욕 받는 일에 합당한 자 ·· 행 5 : 41 - 42
사도들은 그들의 말이 허탄한 듯이 들려 믿지 아니하나 ·· 눅 24 : 11 - 12

사도들을 잡아다가 옥에 가두었더니 주의 사자가 밤에   행 5 : 18 - 32

사도들의 발 앞에 두매 그들이 각 사람의 필요를 따라   행 4 : 35 - 37

사도들이 기도하고 그들에게 안수하니라   행 6 : 6 - 7

사도들이 표적을 일키다   행 5 : 12 - 16

사도들이 핍박과 능욕을 받다   행 5 : 17 - 42

사도로서 마땅히 권위를 주장할 수 있으나 도리어 너희   살전 2 : 7 - 8

사도의 권리   고전 9 : 1 - 27

사도의 직분을 받아 그의 이름을 위하여 모든 이방인 중   롬 1 : 5 - 6

사도의 표가 된 것은 참음과 표적과 기사와 능력을 행한   고후 12 : 12

사도이시며 대제사장이신 예수를 깊이 생각하라   히 3 : 1 - 6

사두개인은 부활도 없고 천사도 없고 영도 없다 하고   행 23 : 8 - 11

사라가 속으로 웃고 이르되 내가 노쇠하였고 내 주인도   창 18 : 11

사라가 아브라함을 주라 칭하여 순종한 것 같이   벧전 3 : 6

사라가 자기에게서 낳은 아들을 이름하여 이삭이라 하   창 21 : 3 - 5

사라를 자기 누이라 하였으므로 그랄 왕 아비멜렉이   창 20 : 2

사라의 일로 아비멜렉의 집의 모든 태를 닫으셨음   창 20 : 18

사람 안에서 나오는 것이 사람을 더럽게 하는 것이니라   막 7 : 16 - 23

사람 앞에서 나를 시인하면 나도 하늘에 계신 내 아버지   마 10 : 32 - 33

사람 앞에서 나를 시인하면 인자도 하나님의 사자 앞에   눅 12 : 8 - 9

사람 중에 가장 작은 그가 큰 자니라   눅 9 : 48

사람 중에 높임을 받는 그것은 하나님 앞에 미움을 받는   눅 16 : 15

사람 지으셨음을 한탄하사 마음에 근심하시고   창 6 : 6

사람과 더불어 손을 잡지 말며 남의 빚에 보증을 서지   잠 22 : 26 - 27

사람들의 기쁨을 구하였다면 그리스도의 종이 아니니라   갈 1 : 10

사람들이 다 상륙하여 구조되니라   행 27 : 44

사람들이 침묵하면 돌들이 소리 지르리라 하시니라   눅 19 : 40 - 44

사람보다 하나님께 순종하는 것이 마땅하니라   행 5 : 29 - 32

사람에 대한 모든 죄와 모독은 사하심을 얻되 성령을   마 12 : 31

사람에게 거짓말한 것이 아니요 하나님께로다   행 5 : 4 - 11

사람에게 보이려고 너희 의를 행하지 않도록 주의하라   마 6 : 1 - 4

사람에게 보이려고 회당과 큰 거리 어귀에 서서 기도하   마 6 : 5 - 7

사람에게 영광을 받으면 자기 상을 이미 받았느니라   마 6 : 2 - 4

사람에게 종이 된 것은 더 많은 사람을 얻고자 함이라   고전 9 : 19 - 23
사람에게로 들어가는 것은 능히 사람을 더럽게 하지 못   막 7 : 15 - 23
사람에게서 영광을 취하지 아니하노라   요 5 : 41
사람에게서는 영광을 구하지 아니히였노라   살전 2 : 6 - 8
사람으로는 할 수 없으나 하나님으로서는 다 하실 수   마 19 : 26
사람으로서는 할 수 없으되 하나님으로서는 다 하실 수   막 10 : 27
사람은 다 거짓되되 오직 하나님은 참되시다   롬 3 : 4
사람은 부르심을 받은 그 부르심 그대로 지내라   고전 7 : 20 - 24
사람은 외모를 보거니와 나 여호와는 중심을 보느니라   삼상 16 : 7
사람은 존귀하나 장구하지 못함이여 멸망하는 짐승 같   시 49 : 12
사람은 헛것 같고 그의 날은 지나가는 그림자 같으니다   시 144 : 4
사람을 공경하며 형제를 사랑하며 하나님을 두려워하   벧전 2 : 17
사람을 낚는 어부가 되게 하리라 하시니 그들이 곧 그물   마 4 : 19 - 20
사람을 낚는 어부가 되게 하리라 하시니 그물을 버려   막 1 : 17 - 18
사람을 납치한 자   출 21 : 16
사람을 내가 지면에서 쓸어버리되 사람으로부터 가축   창 6 : 7
사람을 두려워하면 올무에 걸리게 되거니와 여호와   잠 29 : 25
사람을 외모로 보지 아니하심이니이다   마 22 : 16
사람을 외모로 취하는 일이 없는 줄 너희가 앎이라   엡 6 : 9
사람을 외모로 취하심이 없느니라   골 3 : 25
사람을 외모로 취하지 아니하시고 오직 진리로써   눅 20 : 21 - 26
사람을 외모로 취하지 아니하시나니   갈 2 : 6
사람을 위하여 흘리는 나의 피 곧 언약의 피니라   막 14 : 24 - 26
사람을 자랑하지 말라 만물이 다 너희 것임이라   고전 3 : 21 - 23
사람을 차별하여 대하면 죄를 짓는 것이니 율법이   약 2 : 9 - 12
사람을 차별하여 대하지 말라   약 2 : 1 - 4
사람을 창조하시되 남자와 여자를 창조하시고   창 1 : 27 - 28
사람을 쳐죽인 자는 반드시 죽일 것이나   출 21 : 12 - 14
사람을 쳐죽인 자는 반드시 죽일 것이요   레 24 : 17
사람을 취하리라 하시니 그들이 모든 것을 버려두고   눅 5 : 10 - 11
사람을 티끌로 돌아가게 하시고   시 90 : 3
사람의 계명으로 교훈을 삼아 가르치니 나를 헛되이   마 15 : 9

사람의 낯을 보지 않고 사람에게 영광을 돌리지 아니	욥 32	:	21	
사람의 노여움은 주를 찬송하게 될 것이요	시 76	:	10	
사람의 눈도 만족함이 없느니라	잠 27	:	20	
사람의 뜻과 마음을 살피는 자인 줄 알지라	계 2	:	23	
사람의 마음에 많은 계획이 있어도 오직 여호와 뜻만	잠 19	:	21	
사람의 매와 인생의 채찍 (하나님의 징계)	삼하 7	:	14	
사람의 모양으로 나타나사 자기를 낮추시고 죽기까지	빌 2	:	8	- 11
사람의 법	삼하 7	:	19	
사람의 손으로 만든 것들은 신이 아니라 하니 이는	행 19	:	26	- 41
사람의 손으로 섬김을 받으시는 것이 아니니 이는 만민	행 17	:	25	- 31
사람의 영광을 하나님의 영광보다 더 사랑하였더라	요 12	:	43	
사람의 영혼을 사냥하려고 손목마다 부적을 꿰어 매고	겔 13	:	18	
사람의 육체요 짐승의 육체요 새의 육체요 물고기의	고전 15	:	39	- 44
사람의 피를 흘리면 그 사람의 피도 흘릴 것이니	창 9	:	6	
사람의 행위가 자기 보기에는 모두 깨끗하여도	잠 16	:	2	
사람이 그 부모를 떠나서 그 둘이 한 몸이 될지니라	막 10	:	7	- 9
사람이 내 말을 지키면 영원히 죽음을 보지 아니하리라	요 8	:	51	
사람이 내 안에 거하지 아니하면 가지처럼 밖에 버려져	요 15	:	6	- 8
사람이 두 주인을 섬기지 못할 것이니 하나님과 재물을	마 6	:	24	
사람이 떡으로만 살 것이 아니라 하였느니라	눅 4	:	4	
사람이 떡으로만 살 것이 아니요 하나님 말씀으로 살 것	마 4	:	4	
사람이 마음으로 자기의 일을 계획할지라도 그의 걸음은	잠 16	:	9	
사람이 먼저 강한 자를 결박하지 않고서야 어떻게	마 12	:	29	
사람이 무엇이기에 주께서 그를 생각하시며 인자가	히 2	:	6	- 9
사람이 무엇이기에 주께서 그를 알아 주시며 인생이	시 144	:	3	- 4
사람이 부모를 떠나 그의 아내와 합하여 둘이 한 육체가	엡 5	:	31	- 33
사람이 어찌 하나님의 것을 도둑질하겠느냐	말 3	:	8	- 10
사람이 의롭게 되는 것은 율법의 행위로 말미암이 아니	갈 2	:	16	- 21
사람이 자기 일에 즐거워하는 것보다 나은 것이 없음을	전 3	:	22	
사람이 자기를 살피고 그 후에야 이 떡을 먹고 이 잔을	고전 11	:	28	- 29
사람이 주를 이기지 못하게 하옵소서	대하 14	:	11	- 12
사람이 혼자 사는 것이 좋지 아니하니 돕는 배필을	창 2	:	18	

사랑	고전 13	:	1	-	13
사랑 (여호와를 사랑하라)	신 6	:	5	-	9
사랑 가운데 뿌리가 박히고 터가 굳어져서	엡 3	:	17	-	19
사랑 가운데서 서로 용납하고	엡 4	:	2	-	6
사랑 받는 자녀와 같이 너희는 하나님을 본받는 자가 되	엡 5	:	1	-	2
사랑 안에 거하는 자는 하나님 안에 거하고 하나님도	요일 4	:	16		
사랑 안에 두려움이 없고 온전한 사랑이 두려움을 내쫓	요일 4	:	18	-	21
사랑 안에서 가장 귀히 여기며 너희끼리 화목하라	살전 5	:	13	-	15
사랑 안에서 그 앞에 거룩하고 흠이 없게 하시려고	엡 1	:	4	-	6
사랑 안에서 연합하여 확실한 이해의 모든 풍성함과	골 2	:	2	-	5
사랑 안에서 참된 것을 하여 범사에 그에게까지 자랄지	엡 4	:	15	-	16
사랑과 평강의 하나님이 너희와 함께 계시리라	고후 13	:	11		
사랑아 네가 어찌 그리 아름다운지, 어찌 그리 화창한지	아 7	:	6	-	12
사랑에는 거짓이 없나니 악을 미워하고 선에 속하라	롬 12	:	9	-	10
사랑은 모든 허물을 가리느니라	잠 10	:	12		
사랑은 언제까지나 떨어지지 아니하되 예언도 폐하고	고전 13	:	8	-	13
사랑은 오래 참고 사랑은 온유하며 시기하지 아니하며	고전 13	:	4	-	8
사랑은 율법의 완성	롬 13	:	8	-	10
사랑은 이것이니 우리가 그 계명을 따라 행하는 것이요	요이 1	:	6		
사랑은 이웃에게 악을 행하지 아니하나니 그러므로	롬 13	:	10		
사랑은 자랑하지 아니하며 교만하지 아니하며 무례히	고전 13	:	4	-	8
사랑은 죽음 같이 강하고 질투는 스올 같이 잔인하며	아 8	:	6	-	7
사랑은 하나님께 속한 것이니 사랑하는 자마다	요일 4	:	7	-	11
사랑을 가지고 뜻을 합하여 한 마음을 품어	빌 2	:	2	-	4
사랑을 끄지 못하겠고 홍수라도 삼키지 못하나니	아 8	:	7		
사랑을 더하라 이는 온전하게 매는 띠니라	골 3	:	14		
사랑을 우리에게 베푸사 하나님의 자녀라 일컬음을 받게	요일 3	:	1	-	3
사랑을 추구하며 신령한 것들을 사모하되 예언을 하려	고전 14	:	1	-	14
사랑을 할 만한 때라 내 옷으로 너를 덮어 벌거벗은 것을	겔 16	:	8	-	13
사랑의 빚 외에는 아무에게든지 아무 빚도 지지 말라	롬 13	:	8	-	10
사랑의 줄로 그들을 이끌었고 목에서 멍에를 벗기는	호 11	:	4		
사랑이 그들 안에 있고 나도 그들 안에 있게 하려 함	요 17	:	26		

사랑이 없으면 내가 아무 것도 아니요	고전 13	: 2	-	3
사랑이 없으면 내게 아무 유익이 없느니라	고전 13	: 3	-	8
사랑이 없으면 소리 나는 구리와 울리는 꽹과리가 되고	고전 13	: 1	-	3
사랑이 우리에게 온전히 이루어진 것은 우리로 심판 날	요일 4	: 17	-	21
사랑하나 그들은 도리어 나를 대적하니 기도할 뿐이라	시 109	: 4		
사랑하는 마음이 복받쳐 급히 울 곳을 찾아 안방으로	창 43	: 30	-	31
사랑하는 아들이요 내 기뻐하는 자라 하시니라	마 3	: 17		
사랑하는 자는 내 품 가운데 몰약 향주머니요	아 1	: 13	-	17
사랑하는 자는 율법을 다 이루었느니라	롬 13	: 8	-	10
사랑하는 자를 사랑하면 무슨 상이 있으리요 세리도	마 5	: 46	-	47
사랑하는 자를 책망하며 징계하노니 그러므로 열심을	계 3	: 19		
사랑하는 자마다 하나님으로부터 나서 하나님을 알고	요일 4	: 7	-	11
사랑하는 자만을 사랑하면 칭찬 받을 것이 무엇이냐	눅 6	: 32		
사랑하는 자에게 포도원이 있음이요 심히 기름진 산에	사 5	: 1	-	2
사랑하라 내가 너희를 사랑한 것 같이 너희도 서로 사랑	요 13	: 34	-	35
사랑하라 하신 그 말씀 가운데 다 들었느니라	롬 13	: 9	-	10
사랑하며 마음을 다하고 뜻을 다하여 네 하나님을 섬기	신 10	: 12	-	13
사랑하면 이로써 모든 사람이 너희가 내 제자인 줄 알리	요 13	: 35		
사랑하므로 사망에서 옮겨 생명으로 들어간 줄을 알거	요일 3	: 14	-	18
사랑하사 그의 피로 우리 죄에서 우리를 해방하시고	계 1	: 5		
사랑하사 나를 위하여 자기 자신을 버리신 하나님의	갈 2	: 20	-	21
사랑하사 독생자를 주셨으니 이는 그를 믿는 자마다	요 3	: 16	-	18
사랑하사 우리 죄를 속하기 위하여 화목 제물로 그 아들	요일 4	: 10	-	11
사랑하셨은즉 우리도 서로 사랑하는 것이 마땅하도다	요일 4	: 11		
사랑하시는 자를 징계하시고 채찍질하심이라	히 12	: 6	-	11
사랑하시되 끝까지 사랑하시니라	요 13	: 1		
사랑하시며 너로 말미암아 즐거이 부르며 기뻐하시리	습 3	: 17		
사랑하여 서로 우애하고 존경하기를 서로 먼저 하며	롬 12	: 10	-	13
사랑하였으니 나의 사랑 안에 거하라	요 15	: 9	-	10
사랑하지 아니하는 자는 사망에 머물러 있느니라	요일 3	: 14	-	18
사랑하지 아니하는 자는 하나님을 알지 못하나니 이는	요일 4	: 8	-	11
사랑한 것 같이 너희도 서로 사랑하라	요 15	: 12	-	15

사랑한즉 내가 그를 건지리라 그가 내 이름을 안즉 그를	시 91	:	14	-	16
사랑할지니 사랑은 허다한 죄를 덮느니라	벧전 4	:	8	-	11
사랑할지니 이는 너희가 처음부터 들은 소식이라	요일 3	:	11	-	12
사랑함이 많음이라 사함이 받은 일이 적은 자는 적게	눅 7	:	47	-	50
사래가 하갈을 학대하였더니 하갈이 사래 앞에서 도망	창 16	:	6		
사래는 임신하지 못하므로 자식이 없었더라	창 11	:	30		
사래라 하지 말고 사라라 하라	창 17	:	15		
사래를 데리고 갈대아인의 우르를 떠나 가나안 땅으로	창 11	:	31		
사래와 하갈	창 16	:	1	-	16
사론의 수선화요 골짜기의 백합화로다	아 2	:	1	-	3
사르밧 과부와 엘리야	왕상 17	:	8	-	24
사르밧 과부의 약간의 가루와 기름	왕상 17	:	8	-	16
사르밧 과부의 죽은 아들과 엘리야	왕상 17	:	20	-	22
사마리아 마을에서 예수를 받아들이지 않다	눅 9	:	51	-	56
사마리아 사람은 여행하는 중 거기에 이르러 그를 보고	눅 10	:	33	-	37
사마리아 성을 포위한 아람 군대가 도망하다	왕하 7	:	6	-	7
사마리아 성읍이 함락되다	왕하 18	:	9	-	12
사마리아 여자 한 사람이 물을 길으러 왔으매 예수께서	요 4	:	7	-	10
사마리아 여자와 말씀하시다	요 4	:	1	-	42
사마리아가 포위당하여 기근이 심각하다	왕하 6	:	24	-	33
사마리아도 하나님의 말씀을 받았다 함을 듣고 베드로	행 8	:	14	-	17
사마리아를 잰 줄과 아합의 집을 다림 보던 추를	왕하 21	:	13		
사마리아에 벌을 내리시다	암 3	:	9	-	15
사마리아에 복음을 전하다	행 8	:	4	-	25
사마리아에 이주한 이방인들의 혼합주의	왕하 17	:	32	-	33
사마리아에 이주한 이방인들이 우상들을 가져오다	왕하 17	:	24	-	33
사마리아와 예루살렘에 임할 심판을 경고	미 1	:	1	-	16
사마리아와 예루살렘의 행음 (오홀라와 오홀리바)	겔 23	:	2	-	21
사마리아의 잔 곧 놀람과 패망의 잔에 넘치게 취하고	겔 23	:	33	-	35
사막에 강들을 내어 내 백성, 내가 택한 자에게 마시게	사 43	:	20	-	21
사막이 변하여 못이 될 것이며 메마른 땅이 원천이 될	사 35	:	7		
사망과 음부도 불못에 던져지니 이것이 둘째 사망 곧	계 20	:	14	-	15

사망과 음부의 열쇠를 가졌노니	계	1 : 18	- 20
사망아 너의 승리가 어디 있느냐 사망아 네가 쏘는 것이	고전	15 : 55	- 58
사망에 매여 있을 수 없었음이라	행	2 : 24	
사망에 이르지 아니하는 죄 범하는 것을 보거든 구하라	요일	5 : 16	- 17
사망에서 벗어남은 주 여호와로 말미암거니와	시	68 : 20	
사망에서 생명으로 옮겼느니라	요	5 : 24	- 29
사망에서 우리를 건지셨고 또 건지실 것이며 이 후에도	고후	1 : 10	- 11
사망에서, 내 눈을 눈물에서, 내 발을 넘어짐에서 건지	시	116 : 8	
사망으로 끌려가는 자를 건져 주며 살륙을 당하게 된 자	잠	24 : 11	- 12
사망은 우리 안에서 역사하고 생명은 너희 안에서 역사	고후	4 : 12	- 15
사망을 삼키고 이기리라 기록된 말씀이 이루어지리라	고전	15 : 54	- 58
사망을 폐하시고 복음으로써 생명과 썩지 아니할 것을	딤후	1 : 10	- 11
사망의 음침한 골짜기를 다닐지라도 해를 두려워하지	시	23 : 4	
사망이 그 한 사람을 통하여 왕 노릇 하였은즉 더욱	롬	5 : 17	- 21
사망이 모든 사람에게 이르렀느니라	롬	5 : 12	- 14
사망이 쏘는 것은 죄요 죄의 권능은 율법이라	고전	15 : 56	- 58
사망이 없고 애통하는 것이나 곡하는 것이나 아픈 것이	계	21 : 4	
사망이 왕 노릇 하였나니 아담은 오실 자의 모형이라	롬	5 : 14	- 16
사망이 한 사람으로 말미암았으니 부활도 한 사람으로	고전	15 : 21	- 22
사명 곧 하나님의 은혜의 복음을 증언하는 일을 한 것	행	20 : 24	
사무엘 아들들의 행악	삼상	8 : 1	- 5
사무엘 출생과 봉헌	삼상	1 : 19	- 28
사무엘을 여호와께서 네 번 부르시다	삼상	3 : 1	- 21
사무엘의 어린 시절	삼상	2 : 18	- 21
사무엘의 이스라엘 순회통치	삼상	7 : 15	- 17
사무엘의 이스라엘에 마지막 당부의 말	삼상	12 : 1	- 25
사무엘의 죽은 환영을 사울이 부르다	삼상	28 : 14	- 20
사무엘이 다윗에게 기름을 붓다	삼상	16 : 12	- 13
사무엘이 사울에게 기름을 붓다	삼상	10 : 1	- 13
사무엘이 사울을 길갈에서 왕으로 세우다	삼상	11 : 12	- 15
사무엘이 아각을 처형하다	삼상	15 : 32	- 33
사무엘이 이스라엘을 다스리다	삼상	7 : 3	- 17

사무엘이 죽다	삼상 25	:	1	
사무엘이 처음 만난 사울을 환대하다	삼상 9	:	22	- 27
사방으로 우겨쌈을 당하여도 싸이지 아니하며 답답한	고후 4	:	8	- 11
시백삼십년이 끝나는 그 날에 여호와의 군대가 다 애굽	출 12	:	41	- 42
사사 기드온	삿 6	:	1	- 40
사사 돌라	삿 10	:	1	- 2
사사 드보라	삿 4	:	1	- 24
사사 삼갈	삿 3	:	31	
사사 압돈	삿 12	:	13	- 15
사사 야일	삿 10	:	3	- 4
사사 에훗	삿 3	:	12	- 30
사사 엘론	삿 12	:	11	- 12
사사 옷니엘	삿 3	:	1	- 6
사사 입다	삿 11	:	1	- 33
사사 입산	삿 12	:	8	- 10
사사들을 세우신 여호와	삿 2	:	16	- 19
사상과 이 소행이 사람으로부터 났으면 무너질 것이요	행 5	:	38	- 42
사슴이 시냇물을 찾기에 갈급함 같이 내 영혼이 주를	시 42	:	1	
사십 년 동안 만나를 먹었으니 가나안 땅에 이르기까지	출 16	:	35	
사십 년을 광야에서 방황하는 자가 되리라	민 14	:	26	- 38
사십 일 (가나안 땅 정탐 기간)	민 13	:	25	
사십 일 동안 그들에게 보이시며 하나님 나라의 일을	행 1	:	3	- 5
사십 일 동안 성령에게 이끌리시며 마귀에게 시험을 받	눅 4	:	1	- 13
사십 일을 밤낮으로 금식하신 후에 주리신지라	마 4	:	2	- 3
사십 일이 지나면 니느웨가 무너지리라 하였더니	욘 3	:	4	- 5
사십 주 사십 야를 가서 하나님의 산 호렙산에 이르니라	왕상 19	:	8	- 9
사십 주야 (모세가 금식하며 십계명 받음)	출 34	:	28	
사십 주야 (모세가 시내산에 머물다)	출 24	:	12	- 18
사십 주야 (홍수 기간)	창 7	:	11	- 12
사십년 전에 셋째 하늘에 이끌려 간 자라	고후 12	:	1	- 7
사십에서 하나 감한 매를 다섯 번 맞았으며	고후 11	:	24	- 30
사악한 자에게는 주의 거스르심을 보이시리이다	삼하 22	:	27	

174

사역은 여러 가지나 이루시는 하나님은 같으니	고전 12	: 6	- 11
사울과 죽은 사무엘의 환영	삼상 28	: 14	- 20
사울아 사울아 네가 어찌하여 나를 박해하느냐	행 9	: 4	- 9
사울아 사울아 네가 어찌하여 나를 박해하느냐 가시채	행 26	: 14	- 18
사울아 사울아 네가 왜 나를 박해하느냐 하시거늘	행 22	: 7	- 9
사울에게 사무엘이 기름을 붓다	삼상 10	: 1	- 13
사울에게 하나님의 영이 임하시다	삼상 19	: 23	- 24
사울은 그가 죽임 당함을 마땅히 여기더라	행 8	: 1	
사울은 준수한 소년이라 그보다 더 준수한 자가 없고	삼상 9	: 2	
사울은 힘을 더 얻어 예수를 그리스도라 증언하여	행 9	: 22	
사울을 광주리에 담아 성벽에서 달아 내리니라	행 9	: 25	
사울을 사무엘이 길갈에서 왕으로 세우다	삼상 11	: 12	- 15
사울을 사무엘이 환대하다	삼상 9	: 22	- 27
사울을 살려 준 다윗 (1)	삼상 24	: 1	- 22
사울을 살려 준 다윗 (2)	삼상 26	: 1	- 25
사울을 아비새가 죽이려는 것을 다윗이 금하다	삼상 26	: 7	- 12
사울을 왕으로 세운 것을 후회하노니	삼상 15	: 11	
사울의 갑옷을 그들의 신전에 두고 그의 머리를 다곤	대상 10	: 10	- 12
사울의 겉옷 자락을 가만히 베니라	삼상 24	: 1	- 7
사울의 눈에서 비늘 같은 것이 벗어져 다시 보게 된지라	행 9	: 18	- 19
사울의 맹세와 요나단의 실수	삼상 14	: 24	- 46
사울의 불순종	삼상 15	: 8	- 9
사울의 시체와 그의 아들들의 시체를 거두어 야베스로	대상 10	: 12	- 14
사울의 업적과 집안 사람들	삼상 14	: 47	- 52
사울의 월권행위 (제사직을 침해함)	삼상 13	: 11	- 15
사울의 족보	대상 8	: 33	- 40
사울의 족보	대상 9	: 35	- 44
사울의 죽은 소식을 다윗이 듣다	삼하 1	: 1	- 27
사울의 집과 다윗의 집 사이의 전쟁이 오래매 다윗은	삼하 3	: 1	
사울의 창은 벽에 박힌지라 다윗이 그 밤에 도피하매	삼상 19	: 10	- 12
사울의 풍채	삼상 9	: 2	
사울이 교회를 박해하다	행 8	: 1	- 3

사울이 교회를 진멸할새 각 집에 들어가 남녀를 끌어다   행 8 : 3

사울이 길을 가다가 다메섹에 가까이 이르더니 홀연히   행 9 : 3 - 9

사울이 놉의 제사장 85명을 죽이다   삼상 22 : 18 - 23

사울이 다메섹에서 진도하다   행 9 : 20 - 22

사울이 다윗에 대해 일시적 회개와 맹세   삼상 24 : 16 - 22

사울이 다윗에게 블레셋 사람 포피 백 개를 원하다   삼상 18 : 25 - 27

사울이 다윗에게 이르되 나는 너를 학대하되 너는   삼상 24 : 17 - 22

사울이 다윗에게 창을 던지다   삼상 18 : 10 - 12

사울이 다윗을 사위로 삼다   삼상 18 : 17 - 27

사울이 다윗을 시기하다   삼상 18 : 6 - 16

사울이 다윗을 죽이려 하다   삼상 19 : 1 - 24

사울이 다윗의 아내 미갈을 발디에게 주다   삼상 25 : 44

사울이 땅에서 일어나 눈을 떴으나 아무것도 보지 못하   행 9 : 8 - 9

사울이 블레셋과 싸우다 (믹마스 전투)   삼상 13 : 1 - 23

사울이 사무엘을 만나다   삼상 9 : 3 - 27

사울이 신접한 여인을 찾다   삼상 28 : 3 - 25

사울이 아말렉을 치다   삼상 15 : 1 - 9

사울이 암나귀를 찾으러 다니다   삼상 9 : 3 - 5

사울이 암몬 침략군을 쳐부수다   삼상 11 : 1 - 11

사울이 예언을 하다   삼상 10 : 10 - 13

사울이 왕으로 뽑히다   삼상 10 : 17 - 27

사울이 요나단에게 단창을 던져 죽이려 한지라   삼상 20 : 33 - 34

사울이 자기 칼을 뽑아 그 위에 엎드러지니   대상 10 : 4 - 6

사울이 자신의 기념비를 세우다   삼상 15 : 12

사울이 전사하다   대상 10 : 1 - 12

사울이 주의 제자들에 대하여 여전히 위협과 살기가   행 9 : 1 - 2

사울이 죽은 것은 여호와께 범죄하였기 때문이라   대상 10 : 13 - 14

사울이 죽인 자는 천천이요 다윗은 만만이로다   삼상 18 : 6 - 9

사울이 짐보따리 사이에 숨다   삼상 10 : 21 - 23

사울이 패전하여 그 아들들과 함께 죽다   삼상 31 : 1 - 13

사울이 피신하다   행 9 : 23 - 25

사울이 회개하다   행 9 : 1 - 19

사울이라는 청년의 발 앞에 두니라 그들이 돌로 스데반	행 7	: 58	- 60
사자굴에 던져진 다니엘	단 6	: 1	- 28
사자를 네 앞에 보내노니 그가 네 길을 준비하리라	막 1	: 2	- 5
사자와 포도나무로 풍자한 유다 멸망의 애가	겔 19	: 1	- 14
사자의 발톱과 곰의 발톱에서 건져내셨은즉	삼상 17	: 37	- 40
사천 명을 먹이시다	마 15	: 32	- 38
사천 명을 먹이시다	막 8	: 1	- 10
사치하고 방종하여 살륙의 날에 너희 마음을 살찌게 하	약 5	: 5	- 6
사탄도 자기를 광명의 천사로 가장하나니	고후 11	: 14	- 15
사탄아 내 뒤로 물러가라 너는 나를 넘어지게 하는 자	마 16	: 23	
사탄아 내 뒤로 물러가라 네가 하나님의 일을 생각하지	막 8	: 33	
사탄에게 내준 것은 그들로 훈계를 받아 신성을 모독	딤전 1	: 20	
사탄을 너희 발 아래에서 상하게 하시리라	롬 16	: 20	
사탄의 권세에서 하나님께로 돌아오게 하고 죄 사함과	행 26	: 18	
사탄의 일꾼들도 자기를 의의 일꾼으로 가장하는 것이	고후 11	: 15	
사탄의 패망	계 20	: 7	- 10
사탄이 그 속에 들어간지라 예수께서 유다에게 이르시	요 13	: 27	- 30
사탄이 네 마음에 가득하여 네가 성령을 속이고 땅 값	행 5	: 3	- 11
사탄이 사탄을 쫓아내면 스스로 분쟁하는 것이니	마 12	: 26	- 28
사탄이 어찌 사탄을 쫓아낼 수 있느냐	막 3	: 23	- 27
사탄이 자기를 거슬러 일어나 분쟁하면 설 수가 없고	막 3	: 26	- 27
사하셨은즉 다시 죄를 위하여 제사 드릴 것이 없느니라	히 10	: 18	
사하여 주옵소서 자기들이 하는 것을 알지 못함이니이다	눅 23	: 34	- 43
사함이 받은 일이 적은 자는 적게 사랑하느니라	눅 7	: 47	- 50
사환들아 범사에 두려워함으로 주인들에게 순종하되	벧전 2	: 18	
삭개오라 이름하는 자가 있으니 세리장이요 부자라	눅 19	: 2	- 10
삭개오야 속히 내려오라 내가 오늘 네 집에 유하여야	눅 19	: 5	- 10
삭도로 삼아 네 머리털과 수염을 깎아서 저울로 달아	겔 5	: 1	- 4
삭도를 그의 머리에 대지 아니하겠나이다	삼상 1	: 11	
삭도를 대지 말라 하나님께 바쳐진 나실인이라	삿 13	: 5	
삭도를 절대로 그의 머리에 대지 말 것이라	민 6	: 5	
삯꾼은 목자가 아니요 양도 제 양이 아니라 이리가 오는	요 10	: 12	- 18

삯꾼인 까닭에 양을 돌보지 아니함이나	요 10 : 13 - 18
삯도 받고 영생에 이르는 열매를 모으나니 이는 뿌리는	요 4 : 36 - 38
삯을 위하여 발람의 어그러진 길로 몰려 갔으며	유 1 : 11 - 16
삯이 은혜로 여겨지지 아니하고 보수로 여겨지거니와	롬 4 : 4 - 8
산 돌 같이 신령한 집으로 세워지고 예수로 말미암아	벧전 2 : 5 - 8
산 돌이신 예수님과 하나님의 백성	벧전 2 : 1 - 10
산 소망	벧전 1 : 3 - 12
산고를 겪으며 부르짖음 같이 우리가 주 앞에서 그와	사 26 : 17 - 18
산고를 겪지 못한 너는 외쳐 노래할지어다	사 54 : 1
산더러 들려 바다에 던져지라 하여도 될 것이요	마 21 : 21 - 22
산더러 들리어 바다에 던져지라 하며 그 말하는 것이	막 11 : 23 - 25
산모에 대한 규례 (산모 정결법)	레 12 : 1 - 8
산비둘기 한 쌍이나 혹은 어린 집비둘기 둘로 제사하려	눅 2 : 24
산을 옮길 만한 모든 믿음이 있을지라도 사랑이 없으면	고전 13 : 2 - 3
산파 십브라라 하는 사람과 부아라 하는 사람에게 말하	출 1 : 15 - 17
산헤립 앗수르 왕이 그의 아들들에 의해 죽다	사 37 : 38
산헤립 앗수르 왕이 유다를 치고 모독하다	대하 32 : 1 - 19
산헤립 앗수르 왕이 유다의 은금을 빼앗다	왕하 18 : 13 - 16
산헤립이 여호와 하나님을 비방하여 죽다	대하 32 : 16 - 21
살구나무 가지를 보았나이다	렘 1 : 11 - 12
살룸 왕에 대한 말씀	렘 22 : 10 - 12
살룸은 모반하여 왕이 됐으나 한 달 만에 타살되다	왕하 15 : 13 - 14
살륙의 날에 너희 마음을 살찌게 하였도다	약 5 : 5 - 6
살리는 것은 영이니 육은 무익하니라	요 6 : 63 - 69
살붙이를 가까이 하여 그의 하체를 범하지 말라	레 18 : 6 - 20
살아 계시는 하나님이시요 영원히 변하지 않으실 이시며	단 6 : 26 - 27
살아 계심을 나타내사 사십 일 동안 그들에게 보이시며	행 1 : 3 - 5
살아 남아 있는 자도 자는 자보다 결코 앞서지 못하리라	살전 4 : 15 - 18
살아 남은 자들도 그들과 함께 구름 속으로 끌어 올려	살전 4 : 17 - 18
살아 있는 떡이니 사람이 이 떡을 먹으면 영생하리라	요 6 : 51
살아 있는 자라 내가 전에 죽었었노라 볼지어다 이제	계 1 : 18 - 20
살아 있는 자를 죽은 자 가운데서 찾느냐	눅 24 : 5 - 12

살아나사 잠자는 자들의 첫 열매가 되셨도다	고전 15 : 20 - 22
살아나셨고 여기 계시지 아니하리라 보라 그를 두었던	막 16 : 6 - 8
살아나셨으니 곧 죽은 자와 산 자의 주가 되려 하심이라	롬 14 : 9
살아나신 일이 없으면 믿음도 헛되고 너희가 여전히 죄	고전 15 : 17 - 19
살아나심으로 말미암아 구원을 받을 것이니라	롬 5 : 10 - 11
살아나지 못하셨으면 우리가 전파하는 것도 헛것이요	고전 15 : 14 - 19
살아도 주를 위하여 살고 죽어도 주를 위하여 죽나니	롬 14 : 8 - 9
살아서 나를 믿는 자는 영원히 죽지 아니하리니	요 11 : 26 - 27
살았다 하는 이름을 가졌으나 죽은 자로다	계 3 : 1
살았을 때에 좋은 것을 받았고 나사로는 고난을 받았으	눅 16 : 25 - 31
살은 참된 양식이요 내 피는 참된 음료로다	요 6 : 55 - 59
살을 먹고 내 피를 마시는 자는 내 안에 거하고 나도	요 6 : 56 - 59
살을 먹고 내 피를 마시는 자는 영생을 가졌고 마지막 날	요 6 : 54 - 59
살을 입히고 가죽으로 덮고 너희 속에 생기를 넣으리	겔 37 : 6 - 8
살인자의 처리와 도피성	민 35 : 11 - 34
살인죄의 속죄법	신 21 : 1 - 9
살인하는 자마다 영생이 그 안에 거하지 아니하는 것을	요일 3 : 15 - 18
살인하지 말라	출 20 : 13
살인하지 말라	신 5 : 17
살진 양과 파리한 양 사이에서 심판하리라	겔 34 : 19 - 20
살피고 그 후에야 이 떡을 먹고 이 잔을 마실지니	고전 11 : 28 - 29
삼 년 동안 너희는 그것을 할례 받지 못한 것으로 여겨	레 19 : 23 - 25
삼 대 절기 (무교절, 칠칠절, 초막절)	대하 8 : 13
삼년 기근으로 인해 사울 자손 7명을 희생시키다	삼하 21 : 1 - 9
삼백 데나리온 이상에 팔아 가난한 자들에게 줄 수 있었	막 14 : 5 - 9
삼백 데나리온에 팔아 가난한 자들에게 주지 아니하였	요 12 : 5 - 8
삼백구십 일 동안 먹되 하루 이십 세겔씩 때를 따라 먹고	겔 4 : 9 - 12
삼사 대까지 이르게 하려니와 나를 사랑하고 내 계명을	출 20 : 5 - 7
삼손과 들릴라	삿 16 : 1 - 22
삼손과 딤나의 여자	삿 14 : 1 - 20
삼손에게 하나님께서 물을 주신 엔학고레	삿 15 : 18 - 19
삼손의 수수께기 문제	삿 14 : 11 - 20

삼손의 족보	삿 13	:	2	
삼손이 나귀 턱뼈로 블레셋 사람 천 명을 죽이다	삿 15	:	14	- 17
삼손이 블레셋 사람들과 함께 죽다	삿 16	:	23	- 31
삼손이 블레셋 사람들에게 붙잡히다	삿 16	:	19	- 21
삼손이 블레셋 사람들의 밭과 과수원을 불태우다	삿 15	:	1	- 8
삼손이 태어나다	삿 13	:	1	- 25
삼십 배나 육십 배나 백 배의 결실을 하는 자니라	막 4	:	20	
삼십 배나 육십 배나 백 배가 되었느니라 하시고	막 4	:	8	- 9
삼십팔 년 동안 (가데스 바네아에서 세렛 시내까지)	신 2	:	14	
상 (진설병 상) 제작	출 37	:	10	- 16
상과 벌	레 26	:	3	- 46
상소법 (분쟁시)	신 17	:	8	- 13
상속자 곧 하나님의 상속자요 그리스도와 함께한	롬 8	:	17	
상속자가 되는 그것이 은혜에 속하기 위하여 믿음으로	롬 4	:	16	- 25
상속자가 되리라 하신 언약은 율법으로 말미암은 것이	롬 4	:	13	- 25
상속자니 우리가 그와 함께 영광을 받기 위하여 고난도	롬 8	:	17	
상속자니 죽이고 그 유산을 우리의 것으로 만들자 하고	눅 20	:	14	- 18
상속자이니 죽이고 그의 유산을 차지하자 하고	마 21	:	38	- 46
상수리나무가 베임을 당하여도 그 그루터기는 남아	사 6	:	13	
상수리나무로 말미암아 너희가 부끄러움을 당할 것이며	사 1	:	29	
상심한 자들을 고치시며 그들의 상처를 싸매시는도다	시 147	:	3	
상을 가지고 모든 사람 앞에서 나가거늘 다 놀라	막 2	:	12	
상을 받는 사람은 한 사람인 줄을 너희가 알지 못하느냐	고전 9	:	24	- 27
상을 받도록 이와 같이 달음질하라	고전 9	:	24	- 27
상을 받을 사람	마 10	:	40	- 42
상을 이미 받았느니라	마 6	:	2	- 16
상이 내게 있어 각 사람에게 그가 행한 대로 갚아 주리라	계 22	:	12	
상이 무엇이냐 내가 복음을 전할 때에 값없이 전하고	고전 9	:	18	- 19
상전들아 너희도 그들에게 위협을 그치라	엡 6	:	9	
상전들아 의와 공평을 종들에게 베풀지니 너희에게도	골 4	:	1	
상전들에게 순종하되 눈가림만 하지 말고 성실한 마음	골 3	:	22	- 23
상전에게 비방하지 말라 그가 너를 저주하겠고	잠 30	:	10	

상전에게 순종하기를 그리스도께 하듯 하라	엡 6	:	5	- 8
상처 때문에 부르짖느냐 네 고통이 심하도다	렘 30	:	15	- 17
상처로부터 새 살이 돋아나게 하여 너를 고쳐 주리라	렘 30	:	15	- 17
상처에 붓고 싸매고 자기 짐승에 태워 주막으로 데리고	눅 10	:	34	- 37
상처에는 상처로, 눈에는 눈으로, 이에는 이로 갚을지라	레 24	:	20	- 22
상한 갈대 지팡이(애굽)을 의뢰하도다	왕하 18	:	21	
상한 갈대를 꺾지 아니하며 꺼져가는 등불을 끄지 아니	사 42	:	3	- 4
상한 갈대를 꺾지 아니하며 꺼져가는 심지를 끄지 아니	마 12	:	20	- 21
상한 자를 가까이 하시고 통회하는 자를 구원하시다	시 34	:	18	
상한 자를 내가 싸매 주며 병든 자를 내가 강하게	겔 34	:	16	
새 계명과 옛 계명	요일 2	:	7	- 17
새 계명을 너희에게 주노니 서로 사랑하라 내가 너희를	요 13	:	34	- 35
새 노래로 노래하며 즐거운 소리로 아름답게 연주할	시 33	:	3	
새 노래로 여호와께 노래하라	시 96	:	1	- 2
새 무덤에 예수를 두다	요 19	:	38	- 42
새 사람을 입었으니 이는 자기를 창조하신 이의 형상을	골 3	:	10	- 11
새 성전의 모습을 에스겔에게 환상으로 보여주시다	겔 40	:	1	- 49
새 성전의 모습을 에스겔에게 환상으로 보여주시다	겔 41	:	1	- 25
새 성전의 모습을 에스겔에게 환상으로 보여주시다	겔 42	:	1	- 20
새 언약의 대제사장	히 8	:	1	- 13
새 언약의 중보자시니 이는 첫 언약 때에 범한 죄에서	히 9	:	15	
새 언약이라 말씀하셨으매 첫 것은 낡아지게 하신 것	히 8	:	13	
새 영을 너희 속에 두고 새 마음을 너희에게 주되	겔 36	:	26	- 28
새 예루살렘 성의 형상	계 21	:	9	- 27
새 예루살렘이 하나님께로부터 하늘에서 내려오니	계 21	:	2	
새 옷에서 한 조각을 찢어 낡은 옷에 붙이는 자가 없나니	눅 5	:	36	
새 포도주는 새 부대에 넣어야 둘이 다 보전되느니라	마 9	:	17	
새 포도주는 새 부대에 넣어야 할 것이니라	눅 5	:	38	
새 포도주를 낡은 가죽 부대에 넣는 자가 없나니 만일	막 2	:	22	
새 포도주를 낡은 가죽 부대에 넣는 자가 없나니 만일	눅 5	:	37	- 39
새 포도주를 낡은 가죽 부대에 넣지 아니 하나니	마 9	:	17	
새 피조물이라 이전 것은 지나갔으니 보라 새 것이 되었	고후 5	:	17	- 21

새 하늘과 새 땅	계 21	: 1	-	8
새 하늘과 새 땅을 보니 처음 하늘과 처음 땅이 없어졌	계 21	: 1	-	2
새 하늘과 새 땅을 창조	사 65	: 17	-	25
새 하늘과 새 땅을 창조하나니 이전 것은 기억되거나	사 65	: 17	-	18
새(어미 새)는 반드시 놓아 주라	신 22	: 6	-	7
새가 날개 치며 그 새끼를 보호함 같이 만군의 여호와	사 31	: 5		
새것과 옛것을 그 곳간에서 내오는 집주인과 같으니라	마 13	: 52		
새끼 손가락이 내 아버지의 허리보다 굵으니	왕상 12	: 10	-	11
새끼 손가락이 내 아버지의 허리보다 굵으니	대하 10	: 10	-	11
새끼를 그 어미의 젖으로 삶지 말지니라	출 23	: 19		
새들이 와서 그 가지에 깃들이느니라	마 13	: 32		
새로운 피조물이라 이전 것은 지나갔으니 보라 새 것이	고후 5	: 17	-	21
새를 보라 심지도 않고 거두지도 않고 창고에 모아 들이	마 6	: 26		
새벽 별을 주리라	계 2	: 28		
새벽 아직도 밝기 전에 예수께서 일어나 기도하시더니	막 1	: 35		
새벽부터 부지런히 말하여도 듣지 아니하였고	렘 7	: 13		
새벽에 눈을 떴나이다	시 119	: 147	-	148
새벽에 성전에 들어가서 가르치더니	행 5	: 21	-	25
샘 열둘과 종려나무 일흔 그루가 있는지라 장막을 치니	출 15	: 27		
샘(너의)으로 복되게 하라 네가 젊어서 취한 아내를	잠 5	: 18	-	20
샘을 메우고 돌로 모든 좋은 밭을 헐리이다 하더니	왕하 3	: 19	-	25
샘이 한 구멍으로 어찌 단 물과 쓴 물을 내겠느냐	약 3	: 11	-	12
샛별이 너희 마음에 떠오르기까지 주의하는 것이 옳으	벧후 1	: 19	-	21
생각을 사로잡아 그리스도에게 복종하게 하니	고후 10	: 5	-	6
생각하지 않은 날 알지 못하는 시각에 그 종의 주인이	눅 12	: 46	-	48
생각할 그 이상의 생각을 품지 말고 오직 하나님께서	롬 12	: 3		
생기가 들어가매 그들이 살아나서 서는데 큰 군대라	겔 37	: 10	-	12
생기를 그 코에 불어넣으시니 사람이 생령이 되니라	창 2	: 7		
생기를 너희에게 들어가게 하리니 너희가 살아나리라	겔 37	: 5	-	6
생명 되는 피째 먹지 말 것이니라	창 9	: 4	-	6
생명과 경건에 속한 모든 것을 우리에게 주셨으니	벧후 1	: 3	-	4
생명과 복과 사망과 화를 네 앞에 두었나니	신 30	: 15	-	20

생명과 은혜를 내게 주시고 나를 보살피심으로 내 영을　　욥 10 : 12

생명과 호흡과 만물을 친히 주시는 이심이라　　행 17 : 25 - 31

생명나무 열매도 따먹고 영생할까 하노라 하시고　　창 3 : 22 - 24

생명나무가 있어 열두 가지 열매를 맺되 달마다 열매를　　계 22 : 2

생명나무에 나아가며 문들을 통하여 성에 들어갈 권세　　계 22 : 14

생명나무와 선악을 알게 하는 나무도 있더라　　창 2 : 9

생명나무의 열매를 주어 먹게 하리라　　계 2 : 7

생명수 샘물을 목마른 자에게 값없이 주리니　　계 21 : 6

생명수 샘으로 인도하시고 하나님께서 그들의 눈에서　　계 7 : 17

생명수의 강을 내게 보이니 하나님과 및 어린 양의　　계 22 : 1 - 2

생명싸개 속에 싸여 있는 다윗의 생명　　삼상 25 : 29

생명에 들어가려면 계명들을 지키라　　마 19 : 16 - 19

생명에 이르게 할 그 계명이 내게 대하여 도리어 사망　　롬 7 : 10 - 14

생명에는 아무도 손상이 없겠고 오직 배뿐이리라　　행 27 : 22 - 26

생명으로 인도하는 문은 좁고 길이 협착하여 찾는 이가　　마 7 : 13 - 14

생명을 구원하시려고 나를 당신들보다 먼저 보내셨　　창 45 : 5 - 8

생명을 미워하는 자는 영생하도록 보전하리라　　요 12 : 25

생명을 사랑하고 좋은 날 보기를 원하는 자는 혀를 금하　　벧전 3 : 10 - 11

생명을 사랑하는 자는 잃어버릴 것이요　　요 12 : 25

생명을 위한 내 살이니라　　요 6 : 51 - 59

생명의 관을 네게 주리라　　계 2 : 10

생명의 기운이 있는 모든 육체를 천하에서 멸절하리니　　창 6 : 17

생명의 길을 내게 보이셨으니 주 앞에서 내게 기쁨이　　행 2 : 28

생명의 길을 보이시리니 주 앞에는 충만한 기쁨이 있고　　시 16 : 11

생명의 능력이시니 내가 누구를 무서워하리요　　시 27 : 1

생명의 떡　　요 6 : 26 - 59

생명의 떡이니 내게 오는 자는 결코 주리지 아니할 터　　요 6 : 35

생명의 말씀을 다 백성에게 말하라 하매　　행 5 : 20 - 21

생명의 말씀을 밝혀 나의 달음질이 헛되지 아니하고　　빌 2 : 16

생명의 면류관을 얻을 것이기 때문이라　　약 1 : 12 - 15

생명의 빛을 얻으리라　　요 8 : 12

생명의 성령의 법　　롬 8 : 1 - 17

생명의 원천이 주께 있사오니 주의 빛 안에서 빛을 보리   시 36 : 9

생명이 그 소유의 넉넉한데 있지 아니하리라   눅 12 : 15

생명이 그 안에 있었으니 이 생명은 사람들의 빛이라   요 1 : 4 - 5

생명이 무엇이냐 너희는 잠깐 보이다가 없어지는 안개   약 4 : 14 - 17

생명이 있고 하나님의 아들이 없는 자에게는 생명이 없   요일 5 : 12

생명이 피에 있으므로 피가 죄를 속하느니라   레 17 : 11 - 14

생명이니 나로 말미암지 않고는 아버지께로 올 자가 없   요 14 : 6 - 7

생명이신 그리스도께서 나타나실 그 때에 너희도 그와   골 3 : 4 - 8

생명조차 조금도 귀한 것으로 여기지 아니하노라   행 20 : 24

생명책에 기록되지 못한 자는 불못에 던져지더라   계 20 : 15

생명책에 기록된 자들만 들어가리라   계 21 : 27

생명책에 창세 이후로 이름이 기록되지 못하고   계 13 : 8

생명책에서 결코 지우지 아니하고 그 이름을 내 아버지   계 3 : 5

생명책이라 죽은 자들이 자기 행위를 따라 책들에 기록   계 20 : 12 - 15

생베 조각을 낡은 옷에 붙이는 자가 없나니 만일 그렇게   막 2 : 21 - 22

생베 조각을 낡은 옷에 붙이는 자가 없나니 이는   마 9 : 16 - 17

생선 두어 마리가 있는지라 이에 축복하시고 명하사   막 8 : 7 - 10

생선을 달라 하는데 뱀을 줄 사람이 있겠느냐   마 7 : 10 - 12

생육하고 번성하여 땅에 충만하라, 땅을 정복하라   창 1 : 28

생활비 전부를 넣었느니라 하시니라   막 12 : 44

서기관과 바리새인들이여 너희들은 천국 문을 닫고   마 23 : 13

서기관들을 삼가라   눅 20 : 45 - 47

서기장이 무리를 진정시키고 이르되 에베소 사람들아   행 19 : 35 - 41

서로 돌아보아 사랑과 선행을 격려하며   히 10 : 24 - 25

서로 물고 먹으면 피차 멸망할까 조심하라   갈 5 : 15

서로 발을 씻어 주는 것이 옳으니라   요 13 : 14 - 15

서로 변론하자 너희의 죄가 주홍 같이 붉을지라도   사 1 : 18

서로 사랑하게 하려 함이라   요 15 : 17

서로 사랑하라 내가 너희를 사랑한 것 같이 너희도 서로   요 13 : 34 - 35

서로 사랑하면 이로써 모든 사람이 너희가 내 제자인 줄   요 13 : 35

서로 사랑하면 하나님이 우리 안에 거하시고 그의 사랑   요일 4 : 12 - 16

서로 사랑할지니 이는 너희가 처음부터 들은 소식이라   요일 3 : 11 - 12

서머나 교회에 보내는 말씀 　　　　　　　　계 2 ： 8 － 11

서원기도 (한나의 서원기도) 　　　　　　　　삼상 1 ： 9 － 11

서원기도 실천 (한나) 　　　　　　　　　　삼상 1 ： 26 － 28

서원으로 드린 사람의 값 　　　　　　　　레 27 ： 1 － 8

서원으로 드린 헌물의 값 　　　　　　　　레 27 ： 9 － 25

서원을 주께 갚으리니 이는 내 입술이 낸 것이요 　시 66 ： 13 － 15

서원의 규례 　　　　　　　　　　　　　민 30 ： 1 － 16

서원제물이나 자원제물로 번제와 더불어 예물을 드리 　레 22 ： 18 － 19

서원하거든 갚기를 더디지 말라 　　　　　신 23 ： 21

서원하고 갚으라 마땅히 예물을 드릴지로다 　시 76 ： 11

서원하는 일에 흠 있는 것으로 드리는 자는 저주를 받으 　말 1 ： 14

서원하였거나 결심하고 서약하였으면 깨뜨리지 말고 　민 30 ： 2 － 16

서원하였거든 갚기를 더디게 하지 말라 　전 5 ： 4 － 6

서원한 것은 해로울지라도 변하지 아니하며 　시 15 ： 4

서원한 것이 실수라고 말하지 말라 　　　전 5 ： 6

서원함이 있사온즉 내가 감사제를 주께 드리리니 　시 56 ： 12

서판을 가지고 그 위에 통용 문자로 마헬살랄하스바스 　사 8 ： 1

선 줄로 생각하는 자는 넘어질까 조심하라 　고전 10 ： 12

선견자 예후가 여호사밧을 규탄하다 　　대하 19 ： 1 － 3

선대하는 자만을 선대하면 칭찬 받을 것이 무엇이냐 　눅 6 ： 33

선물은 많은 사람에게 넘쳤느니라 　　　롬 5 ： 15 － 21

선물은 범죄한 한 사람으로 말미암은 것과 같지 아니하 　롬 5 ： 16 － 21

선물을 구함이 아니요 오직 풍성한 열매를 구함이라 　빌 4 ： 17 － 19

선물의 분량대로 은혜를 주셨나니 　　　엡 4 ： 7 － 12

선생님 우리들이 밤이 새도록 수고하였으되 잡은 것이 　눅 5 ： 5 － 7

선생된 우리가 더 큰 관심을 받을 줄 알고 선생이 많이 　약 3 ： 1 － 4

선악간에 그 몸으로 행한 것을 따라 받으려 함이라 　고후 5 ： 10

선악과 　　　　　　　　　　　　　　창 3 ： 1 － 24

선악을 알게 하는 나무의 열매는 먹지 말라 　창 2 ： 17

선은 행하지 아니하고 도리어 원하지 아니하는 바 악을 　롬 7 ： 19 － 25

선을 위한 고난 　　　　　　　　　　벧전 3 ： 8 － 22

선을 이루고 덕을 세우라 　　　　　　롬 15 ： 1 － 13

185

선을 행하고 선한 사업을 많이 하고 나누어 주기를 좋아	딤전	6	: 18	
선을 행하고 아무 두려운 일에도 놀라지 아니하면	벧전	3	: 6	
선을 행하고 화평을 구하며 그것을 따르라	벧전	3	: 11	
신을 행하기 원하는 나에게 악이 함께 있는 것이로다	롬	7	: 21	- 25
선을 행하는 각 사람에게는 영광과 존귀과 평강이 있으	롬	2	: 10	- 11
선을 행하는 것보다 더 나은 것이 없는 줄을 알았고	전	3	: 12	- 13
선을 행하는 자는 없나니 하나도 없도다	롬	3	: 12	- 18
선을 행하는 자는 하나님께 속하고 악을 행하는 자는	요삼	1	: 11	
선을 행하다가 낙심하지 말라	살후	3	: 13	- 15
선을 행하되 낙심하지 말지니 포기하지 아니하면 때가	갈	6	: 9	- 10
선을 행하면 누가 너희를 해하리요	벧전	3	: 13	- 17
선을 행하여 영광과 존귀와 썩지 아니함을 구하는 자에	롬	2	: 7	- 11
선을 행하지 아니하면 죄가 문에 엎드려 있느니라	창	4	: 7	
선을 행할 줄 알고도 행하지 아니하면 죄니라	약	4	: 17	
선을 행함과 서로 나누어 주기를 잊지 말라	히	13	: 16	
선을 행함으로 고난 받는 것이 하나님의 뜻일진대 악을	벧전	3	: 17	
선을 행함으로 고난을 받고 참으면 하나님 앞에 아름다	벧전	2	: 20	- 21
선인을 위하여 용감히 죽는 자가 혹 있거니와	롬	5	: 7	- 8
선조가 세운 옛 지계석을 옮기지 말지니라	잠	22	: 28	
선지자 제사장들의 죄악	겔	22	: 23	- 31
선지자가 고향에서는 높임을 받지 못한다 하시고	요	4	: 44	- 45
선지자가 고향에서는 환영을 받는 자가 없느니라	눅	4	: 24	
선지자가 예루살렘 밖에서는 죽는 법이 없느니라	눅	13	: 33	- 35
선지자가 자기 고향과 자기 집 외에서는 존경 받지 않음	마	13	: 57	- 58
선지자가 자기 고향과 자기 친척과 자기 집 외에서는	막	6	: 4	- 6
선지자들 가운데도 가증한 일을 보았나니 그들은 간음을	렘	23	: 14	- 17
선지자들에게 듣지 아니하면 비록 죽은 자 가운데서	눅	16	: 31	
선지자들은 거짓을 예언하며 제사장들은 자기 권력으로	렘	5	: 31	
선지자들을 고난과 오래 참음의 본으로 삼으라	약	5	: 10	- 11
선지자들을 신뢰하라 그리하면 형통하리라	대하	20	: 20	
선지자들을 죽이고 네게 파송된 자들을 돌로 치는 자여	눅	13	: 34	- 35
선지자들을 죽이는 예루살렘	눅	13	: 31	- 35

선지자들의 글로 말미암아 모든 민족이 믿어 순종하게   롬 16 : 26 - 27

선지자들이 그들을 위하여 회를 칠하고 스스로 허탄한   겔 22 : 28 - 31

선지자들이 말한 모든 것을 더디 믿는 자들이여   눅 24 : 25 - 27

선지자를 세우실 약속   신 18 : 15 - 22

선지자와 율법이 예언한 것은 요한까지니   마 11 : 13

선지자의 말을 듣지 아니하는 자는 백성 중에서 멸망   행 3 : 23 - 26

선지자의 이름으로 선지자를 영접하는 자는 선지자의   마 10 : 41 - 42

선지자의 죄악과 그에게 묻는 자의 죄악이 같은즉   겔 14 : 10 - 11

선포된 말씀이 온전히 전파되어 모든 이방인이 듣게   딤후 4 : 17

선하시고 기뻐하시고 온전하신 뜻이 무엇인지 분별하   롬 12 : 2

선하시니 그의 인자하심이 영원하고 그의 성실하심이   시 100 : 5

선하시며 환난 날에 산성이시라 자기에게 피하는 자들   나 1 : 7

선하심과 인자하심이 반드시 나를 따르리니   시 23 : 6

선한 것을 분별하며 또 진실하여 허물 없이 그리스도의   빌 1 : 10 - 11

선한 것이 비방을 받지 않게 하라   롬 14 : 16 - 17

선한 눈을 가진 자는 복을 받으리니 이는 양식을 가난한   잠 22 : 9

선한 데 지혜롭고 악한 데 미련하기를 원하노라   롬 16 : 19 - 20

선한 말은 꿀송이 같아서 마음에 달고 뼈에 양약이   잠 16 : 24

선한 말을 하여 듣는 자들에게 은혜를 끼치게 하라   엡 4 : 29 - 32

선한 목자   요 10 : 7 - 21

선한 목자는 양들을 위하여 목숨을 버리거니와 삯꾼은   요 10 : 11 - 18

선한 목자라 나는 내 양을 알고 양도 나를 아는 것이   요 10 : 14 - 18

선한 사람은 그 쌓은 선에서 선한 것을 내고 악한 사람은   마 12 : 35

선한 사람은 마음에 쌓은 선에서 선을 내고 악한 자는   눅 6 : 45

선한 사마리아 사람   눅 10 : 30 - 37

선한 싸움을 싸우고 나의 달려갈 길을 마치고 믿음을   딤후 4 : 7 - 8

선한 양심을 가지라 이는 그리스도 안에 있는 너희의   벧전 3 : 16 - 17

선한 일에 열매를 맺게 하시며 하나님을 아는 것에   골 1 : 10

선한 일을 가르치라   딛 3 : 1 - 8

선한 일을 열심히 하는 자기 백성이 되게 하려 하심   딛 2 : 14

선한 일을 위하여 지으심을 받은 자니 이 일은 하나님이   엡 2 : 10

선한 일을 행한 자는 생명의 부활로, 악한 일을 행한 자   요 5 : 29

선한 일을 힘쓰게 하려 함이라 이것은 아름다우며   딛 3 : 8

선한 청지기 같이 서로 봉사하라   벧전 4 : 10 - 11

선행도 밝히 드러나고 그렇지 아니한 것도 숨길 수 없느   딤전 5 : 25

선행으로 말미암아 지혜의 온유힘으로 그 행힘을 보일   약 3 : 13 - 16

선행으로 어리석은 사람들의 무식한 말을 막으시는 것   벧전 2 : 15 - 17

선행을 욕하는 자들로 그 비방하는 일에 부끄러움을 당   벧전 3 : 16 - 17

설계를 그려 나에게 알려 주셨느니라   대상 28 : 19 - 21

설정한 자는 전신을 물로 씻을 것이며 저녁까지 부정하   레 15 : 16 - 18

섬 가운데 병든 사람들이 바울에게 와서 고침을 받고   행 28 : 9 - 10

섬기는 너의 하나님이 너를 구원하시리라 하니라   단 6 : 16

섬기는 일이면 섬기는 일로, 혹 가르치는 자면 가르치는   롬 12 : 7 - 8

섬기려 하고 자기 목숨을 많은 사람의 대속물로 주려 함   마 20 : 28

섬김을 받으려 함이 아니라 도리어 섬기려 하고 목숨을   마 20 : 28

섬김을 받으려 함이 아니라 도리어 섬기려 하고 목숨을   막 10 : 45

성 중에 계시매 성이 흔들리지 아니하리라   시 46 : 5

성결의 영으로는 죽은 자들 가운데서 부활하사 능력으   롬 1 : 4 - 6

성경대로 사흘 만에 다시 살아나사 게바에게 보이시고   고전 15 : 4 - 9

성경에서 영생을 얻는 줄 생각하고 성경을 연구하거니와   요 5 : 39 - 47

성경은 믿음으로 말미암아 구원에 이르는 지혜가 있느   딤후 3 : 15 - 17

성경은 하나님의 감동으로 된 것으로 교훈과 책망과   딤후 3 : 16 - 17

성경을 날마다 상고하므로 그 중에 믿는 사람이 많고   행 17 : 11 - 13

성경의 모든 예언은 사사로이 풀 것이 아니니   벧후 1 : 20 - 21

성경이 곧 내게 대하여 증언하는 것이니라   요 5 : 39 - 47

성경이 모든 것을 죄 아래에 가두었으니 이는 예수   갈 3 : 22

성경이 미리 알고 먼저 아브라함에게 복음을 전하되   갈 3 : 8 - 10

성곽을 측량하매 백사십사 규빗이니 사람의 측량 곧   계 21 : 17 - 27

성내는 것이 하나님의 의를 이루지 못함이라   약 1 : 20 - 21

성내지 아니하며 악한 것을 생각하지 아니하며   고전 13 : 5 - 8

성도 섬기는 일에 참여함에 대하여 우리에게 간절히   고후 8 : 4 - 5

성도들과 동일한 시민이요 하나님의 권속이라   엡 2 : 19 - 22

성도들을 옥에 가두고 또 죽일 때에 내가 찬성 투표를   행 26 : 10 - 12

성도들의 쓸 것을 공급하며 손 대접하기를 힘쓰라   롬 12 : 13

성도를 섬긴 것과 이제도 섬기고 있는 것을 잊어버리지   히 6 : 10 - 12

성도를 온전하게 하여 봉사의 일을 하게 하며   엡 4 : 12

성도와 함께 지식에 넘치는 그리스도의 사랑을 알고   엡 3 : 18 - 19

성도를 향한 사랑을 나도 듣고 내가 기도할 때에 기억하   엡 1 : 15 - 19

성도의 기도와 함께 천사의 손으로부터 하나님 앞으로   계 8 : 4 - 5

성도의 기도와 합하여 보좌 앞 금 제단에 드리고자 함   계 8 : 3 - 5

성들을 멸하여 무너진 돌무더기가 되게 함이라   왕하 19 : 25

성령 그가 너희에게 모든 것을 가르치고 내가 너희에게   요 14 : 26

성령 안에서 씻음과 거룩함과 의롭다 하심을 받았느니   고전 6 : 11

성령 안에서 하나님이 거하실 처소가 되기 위하여   엡 2 : 22

성령과 물과 피라 또한 이 셋은 합하여 하나이니라   요일 5 : 8

성령과 믿음이 충만한 사람이라 이에 큰 무리가 주께   행 11 : 24 - 30

성령과 불로 너희에게 세례를 베푸실 것이요   마 3 : 11

성령과 불로 너희에게 세례를 베푸실 것이요   눅 3 : 16 - 17

성령과 신부가 말씀하시기를 오라 하시는도다 듣는 자   계 22 : 17

성령과 지혜가 충만하여 칭찬 받는 사람 일곱을 택하라   행 6 : 3 - 7

성령께서 가르치신 것으로 하니 영적인 일은 영적인 것   고전 2 : 13 - 16

성령도 우리의 연약함을 도우시나니 우리는 마땅히   롬 8 : 26 - 27

성령에게 이끌리시며 마귀에게 시험을 받으시더라   눅 4 : 1 - 13

성령에게 이끌리어 마귀에게 시험을 받으러 광야로 가   마 4 : 1 - 2

성령으로 말미암아 그가 우리 안에 거하시는 줄을 아는   요일 3 : 24

성령으로 말미암아 너희 속사람을 능력으로 강건하게   엡 3 : 16 - 19

성령으로 말미암아 네게 부탁한 아름다운 것을 지키라   딤후 1 : 14

성령으로 말미암아 어떤 사람에게는 지혜의 말씀을   고전 12 : 8 - 11

성령으로 말미암아 하나님의 사랑이 우리 마음에 부은   롬 5 : 5 - 7

성령으로 믿음을 따라 의의 소망을 기다리노니   갈 5 : 5 - 6

성령으로 믿음을, 어떤 사람에게는 병 고치는 은사를   고전 12 : 9 - 11

성령으로 병 고치는 은사를, 어떤 사람에게는 능력 행함   고전 12 : 9 - 11

성령으로 보이셨다   고전 2 : 10 - 16

성령으로 봉사하며 그리스도 예수로 자랑하고 육체를   빌 3 : 3 - 4

성령으로 살면 또한 성령으로 행할지니   갈 5 : 25 - 26

성령으로 세례를 받아 한 몸이 되었고 또 다 한 성령을   고전 12 : 13 - 20

성령으로 세례를 받으라 하신 것이 생각났노라	행 11	: 16	-	18
성령으로 세례를 받으리라 하셨느니라	행 1	: 5		
성령으로 세례를 베푸시는 이인 줄 알라 하셨기에	요 1	: 33	-	34
성령으로 세례를 베푸시리라	막 1	: 8		
성령으로 아니하고는 누구든지 예수를 주시라 할 수 없	고전 12	: 3	-	11
성령으로 인치심을 받았으니 이는 우리의 기업의 보증	엡 1	: 13	-	14
성령으로 잉태된 것이 나타나더니 그의 남편 요셉은	마 1	: 18	-	19
성령으로 충만하게 하신다 하니 즉시 사울의 눈에서	행 9	: 17	-	19
성령으로 충만함을 받으라	엡 5	: 18	-	21
성령은 모든 것 곧 하나님의 깊은 것까지도 통달하시느	고전 2	: 10	-	16
성령을 각 사람에게 나타내심은 유익하게 하려 하심	고전 12	: 7	-	11
성령을 거역하면 이 세상과 오는 세상에서도 사하심을	마 12	: 32		
성령을 근심하게 하지 말라	엡 4	: 30	-	32
성령을 따라 어떤 사람에게는 지식의 말씀을	고전 12	: 8	-	11
성령을 따라 행하라 그리하면 육체의 욕심을 이루지 아	갈 5	: 16	-	26
성령을 모독하는 것은 사하심을 얻지 못하겠고	마 12	: 31	-	32
성령을 모독하는 자는 사하심을 받지 못하리라	눅 12	: 10		
성령을 모독하는 자는 영원히 사하심을 얻지 못하고	막 3	: 29		
성령을 받았으니 누가 능히 물로 세례를 베풂을 금하리	행 10	: 47	-	48
성령을 받으라	요 20	: 22	-	23
성령을 받은 것이 율법의 행위로냐 혹은 듣고 믿음으로	갈 3	: 2	-	7
성령을 소멸하지 말며	살전 5	: 19		
성령을 속이고 땅 값 얼마를 감추었느냐	행 5	: 3	-	11
성령을 우리에게 주시므로 우리가 그 안에 거하고 그가	요일 4	: 13	-	16
성령을 위하여 심는 자는 성령으로부터 영생을 거두리	갈 6	: 8	-	10
성령을 주어 믿음으로 그들의 마음을 깨끗이 하사	행 15	: 8	-	21
성령을 힘입어 귀신을 쫓아내는 것이면 하나님의 나라가	마 12	: 28		
성령의 감동으로 바울더러 예루살렘에 들어가지 말라	행 21	: 4		
성령의 거룩하게 하심과 진리를 믿음으로 구원을 받게	살후 2	: 13	-	14
성령의 나타나심과 능력으로 하여 너희 믿음이 사람의	고전 2	: 4	-	5
성령의 능력으로 소망이 넘치게 하시기를 원하노라	롬 15	: 13		
성령의 법이 죄와 사망의 법에서 너를 해방하였음이라	롬 8	: 2		

성령의 열매는 사랑과 희락과 화평과 오래 참음과 자비	갈	5	:	22	-	26
성령의 은사	고전	12	:	1	-	11
성령의 인도하시는 바가 되면 율법 아래에 있지 아니	갈	5	:	18	-	26
성령의 전인 줄 알지 못하느냐 너희 자신의 것이 아니니	고전	6	:	19	-	20
성령의 처음 익은 열매를 받은 우리까지도 속으로 탄식	롬	8	:	23		
성령의 충만함을 받고 성령이 말하게 하심을 따라	행	2	:	4	-	13
성령의 충만함을 입어 요단강에서 돌아오사 광야에서	눅	4	:	1	-	13
성령이 행하사 그의 뜻대로 각 사람에게 나누어 주시는	고전	12	:	11		
성령이 곧 그 때에 할 말을 너희에게 가르치시리라	눅	12	:	12		
성령이 교회들에게 하시는 말씀을 들을지어다	계	2	:	7		
성령이 교회들에게 하시는 말씀을 들을지어다	계	2	:	11		
성령이 교회들에게 하시는 말씀을 들을지어다	계	2	:	17		
성령이 교회들에게 하시는 말씀을 들을지어다	계	2	:	29		
성령이 교회들에게 하시는 말씀을 들을지어다	계	3	:	6		
성령이 교회들에게 하시는 말씀을 들을지어다	계	3	:	13		
성령이 교회들에게 하시는 말씀을 들을지어다	계	3	:	22		
성령이 그들 가운데 여러분을 감독자로 삼고 하나님이	행	20	:	28		
성령이 그들에게 임하시기를 우리에게 하신 것과 같이	행	11	:	15	-	18
성령이 그들에게 임하시므로 방언도 하고 예언도 하니	행	19	:	6	-	7
성령이 내 영광을 나타내리니 내 것을 가지고 너희에게	요	16	:	14	-	15
성령이 내게 임하셨으니 이는 가난한 자에게 복음을	눅	4	:	18	-	19
성령이 내려서 누구 위에든지 머무는 것을 보거든 그가	요	1	:	33	-	34
성령이 너희에게 임하시면 너희가 권능을 받고	행	1	:	8	-	11
성령이 네게 임하시고 지극히 높으신 이의 능력이 너를	눅	1	:	35	-	38
성령이 말씀 듣는 모든 사람에게 내려오시니 베드로와	행	10	:	44	-	48
성령이 말하게 하심을 따라 다른 언어로 말하기를 시작	행	2	:	4	-	13
성령이 말할 수 없는 탄식으로 우리를 위하여 친히 간구	롬	8	:	26	-	27
성령이 비둘기 같은 형체로 그의 위에 강림하시더니	눅	3	:	22		
성령이 비둘기 같이 내려 자기 위에 임하심을 보시더니	마	3	:	16		
성령이 비둘기 같이 내려오심을 보시더니 하늘로 부터	막	1	:	10	-	11
성령이 비둘기 같이 하늘로부터 내려와서 그의 위에	요	1	:	32	-	34
성령이 빌립더러 이르시되 이 수레로 가까이 나아가라	행	8	:	29	-	40

성령이 오시면 그가 너희를 모든 진리 가운데로 인도하   요 16 : 13 - 15

성령이 오실 때에 그가 나를 증언하실 것이요   요 15 : 26

성령이 임하여 모두 방언으로 말하다   행 2 : 1 - 13

성령이 **충**만하여 담대히 하나님의 말씀을 전하니라   행 4 : 31

성령이 친히 우리의 영과 더불어 우리가 하나님의 자녀   롬 8 : 16 - 17

성령이 하나 되게 하신 것을 힘써 지키라   엡 4 : 3 - 6

성령이 하나님의 뜻대로 성도를 위하여 간구하심이니라   롬 8 : 27

성령이 하나되게 하신 것   엡 4 : 1 - 16

성령이 하실 일   요 16 : 1 - 15

성막 건축 및 방법   출 36 : 8 - 38

성막 건축 완성   출 39 : 32 - 43

성막 건축 일꾼   출 35 : 30 - 35

성막 건축을 위해 백성이 예물을 넉넉히 가져오다   출 36 : 2 - 7

성막 봉사자들을 다윗이 임명하다   대상 16 : 37 - 43

성막 봉헌   출 40 : 1 - 38

성막 봉헌식 헌물 (12지파 지휘관의 헌물)   민 7 : 1 - 83

성막 울타리   출 38 : 9 - 20

성막 재료의 물자 목록   출 38 : 21 - 31

성막에 여호와의 영광이 충만하다   출 40 : 34 - 38

성막의 구성   출 25 : 8 - 40

성막의 구성 및 건축 방식   출 26 : 1 - 37

성막의 등불 관리   출 27 : 20 - 21

성막의 뜰   출 27 : 9 - 19

성막의 제단   출 27 : 1 - 8

성만찬   고전 11 : 17 - 34

성문 문지기로 있는 것이 좋사오니   시 84 : 10 - 11

성물에 대하여 부지중에 범죄하였으면 속건제를 드리   레 5 : 15 - 16

성물을 먹을 수 있는 사람   레 22 : 1 - 16

성민 (택하신 백성)   신 7 : 6 - 11

성민 (택하신 백성)   신 14 : 1 - 2

성민이 되게 하시다   신 26 : 16 - 19

성민이 되게 하시다   신 28 : 9 - 10

성벽 재건 공사 방해하는 자들을 물리치다	느 4	: 1	- 23
성벽 재건 공사가 끝나다	느 6	: 15	- 19
성벽 재건 공사를 한 사람들	느 3	: 1	- 32
성벽 재건 봉헌식	느 12	: 27	- 43
성벽 재건 후 레위 사람들의 몫과 맡은 임무	느 12	: 44	- 47
성산과 성읍	슥 8	: 3	
성산에 사는 자	시 15	: 1	- 5
성산에서는 해함도 없겠고 상함도 없으리라	사 65	: 25	
성소 (손으로 지은 성소와 온전한 성소)	히 9	: 1	- 22
성소 건축 비용	출 38	: 24	- 31
성소 건축 예물	출 25	: 1	- 9
성소 휘장이 위로부터 아래까지 찢어져 둘이 되고 땅이	마 27	: 51	- 54
성소 휘장이 위로부터 아래까지 찢어져 둘이 되니라	막 15	: 38	- 39
성소를 더럽히며 내 안식일을 범하였도다	겔 23	: 38	- 39
성소를 보지 말라 그들이 죽으리라	민 4	: 20	
성소를 향하여 너희의 손을 들고 여호와를 송축하라	시 134	: 1	- 2
성소와 참 장막에서 섬기는 이시라 이 장막은 주께서	히 8	: 2	- 6
성소의 돌들이 거리 어귀마다 쏟아졌는고	애 4	: 1	- 2
성은 네모가 반듯하여 길이와 너비가 같은지라 측량하	계 21	: 16	- 27
성읍과 성산	슥 8	: 3	
성읍과 탑을 건설하자 그 탑 꼭대기를 하늘에 닿게 하여	창 11	: 4	- 9
성읍을 세우며 거주하는 곳과 전원을 삼되 성읍이	겔 48	: 15	- 20
성일이니 근심하지 말라 기뻐하는 것이 너희의	느 8	: 10	- 12
성일이니 마땅히 조용하고 근심하지 말라 하니	느 8	: 11	- 12
성전 건축 명령	삼하 7	: 4	- 7
성전 건축 명령	삼하 7	: 13	- 17
성전 건축 설계도를 다윗이 솔로몬에게 주다	대상 28	: 11	- 19
성전 건축 장소 (솔로몬이 건축한 성전)	대하 3	: 1	- 1
성전 건축 준비	대상 22	: 2	- 19
성전 건축 지대의 규모 (솔로몬이 건축한 성전)	대하 3	: 3	- 4
성전 건축 후 솔로몬이 하나님께 영광을 돌리다	대하 6	: 1	- 11
성전 건축과 다윗에 대한 하나님의 은총	삼하 7	: 4	- 17

성전 건축시 건축소음에 조심함	왕상 6	: 7
성전 건축에 대하여 다윗에게 하신 계시의 말씀	대상 17	: 11 - 15
성전 건축에 대한 다윗의 유언	대상 28	: 1 - 21
성전 건축에 대한 하나님의 말씀을 나단이 다윗에게	삼하 7	: 1 - 17
성전 건축에 부적절한 다윗	대상 22	: 8 - 10
성전 건축에 부적절한 다윗	대상 28	: 3
성전 건축을 격려하다	학 1	: 12 - 15
성전 건축을 위해 다윗이 준비한 헌물들	대상 22	: 14
성전 건축을 위해 두로왕 히람과 협력하다	왕상 5	: 8 - 12
성전 건축을 위해 자원하여 드린 예물들	대상 29	: 1 - 9
성전 건축을 위해 학개에 임한 여호와의 말씀	학 1	: 1 - 11
성전 곳간을 맡은 사람들	대상 26	: 20 - 28
성전 그릇들을 고레스 왕이 돌려 주다	스 1	: 7 - 11
성전 기구를 부수고 성전을 폐쇄하다 (아하스 왕)	대하 28	: 22 - 25
성전 꼭대기에 세우고 이르되 네가 만일 하나님의 아들	눅 4	: 9 - 13
성전 낙성식을 솔로몬이 주관하다	대하 7	: 1 - 10
성전 내부의 기구들 (솔로몬이 건축한 성전)	왕상 7	: 40 - 51
성전 동쪽 문은 닫아 두라	겔 44	: 1 - 3
성전 문의 금과 모든 기둥에 입힌 금을 벗겨 앗수르 왕	왕하 18	: 16
성전 문지기 직무를 다윗이 주다	대상 26	: 1 - 19
성전 바깥 마당은 측량하지 말고 그냥 두라	계 11	: 2
성전 봉헌식 (솔로몬이 건축한 성전)	왕상 8	: 62 - 66
성전 봉헌식 (포로 귀환후 성전 재건축 후)	스 6	: 14 - 18
성전 수리 (요시야 왕의 성전 수리)	왕하 22	: 3 - 7
성전 수리 중에 율법책을 발견하다	대하 34	: 14 - 16
성전 수리를 한 요아스 왕	대하 24	: 4 - 14
성전 안에서 매매하는 모든 사람들을 내쫓으시며 돈 바	마 21	: 12 - 13
성전 안에서 매매하는 자들을 내쫓으시며 돈 바꾸는 자	막 11	: 15 - 18
성전 안에서 발견된 언약책의 모든 말씀을 읽어 주다	왕하 23	: 2
성전 안에서 소와 양과 비둘기 파는 사람들과 돈 바꾸는	요 2	: 14 - 22
성전 안의 성물과 비품들 (솔로몬이 건축한 성전)	대하 4	: 1 - 22
성전 있는 쪽을 향하여 여호와께 기도하거든	왕상 8	: 44 - 45

194

성전 있는 쪽을 향하여 주께 기도하거든	왕상 8	:	48	- 50
성전 재건 독려와 그에 따른 축복 선포	학 2	:	1	- 23
성전 재건축 기초를 놓을 때의 감격	스 3	:	10	- 13
성전 재건축을 다리오 왕이 도와준 목적	스 6	:	10	
성전 재건축을 시작하다	스 3	:	8	- 13
성전 재건축을 위해 기쁘게 드리다	스 2	:	68	- 69
성전 재건축을 위해 헌물하는 귀환 백성들	스 1	:	5	- 6
성전 재건축의 고레스의 조서와 다리오 왕의 명령	스 6	:	1	- 12
성전 재건축의 규모	스 6	:	3	- 4
성전 재건축의 준공 및 봉헌식	스 6	:	13	- 18
성전 재건축이 방해를 받아 중단되다	스 4	:	1	- 24
성전 재건축이 중단되었다가 다시 재개되다	스 5	:	1	- 17
성전 준공후 솔로몬의 연설	왕상 8	:	12	- 21
성전 준공후 제단 앞에서 솔로몬의 기도	왕상 8	:	22	- 53
성전과 왕궁에 있는 금을 요아스가 아람 왕에게 바침	왕하 12	:	17	- 18
성전과 왕궁에 있는 보물들을 시삭에게 빼앗기다	대하 12	:	9	
성전과 우상이 어찌 일치가 되리요	고후 6	:	16	- 18
성전과 자기의 궁궐을 이십 년 동안에 건축을 마치고	대하 8	:	1	
성전된 자기 육체를 가리켜 말씀하신 것이라	요 2	:	21	- 22
성전보다 더 큰 이가 여기 있느니라	마 12	:	6	- 8
성전세를 내시다	마 17	:	24	- 27
성전수리로 드린 은을 요아스 왕이 올바르게 사용	왕하 12	:	4	- 15
성전에 들어가사 장사하는 자들을 내쫓으시며	눅 19	:	45	
성전에 모이기를 힘쓰고 집에서 떡을 떼며 기쁨과 순전	행 2	:	46	- 47
성전에 서 있는 여호와의 종들아 여호와를 송축하라	시 134	:	1	- 2
성전에 서서 이 생명의 말씀을 다 백성에게 말하라	행 5	:	20	- 21
성전에서 나오는 물	겔 47	:	1	- 12
성전에서 발견된 율법책을 백성들에게 읽어주다	왕하 23	:	1	- 3
성전에서 일을 하는 이들은 성전에서 나는 것을 먹으며	고전 9	:	13	
성전에서 주께 기도하며 간구하거든	왕상 8	:	33	- 34
성전으로 맹세하는 자는 성전과 그 안에 계신 이로 맹세	마 23	:	21	- 23
성전으로 맹세하면 아무 일 없거니와 성전의 금으로	마 23	:	16	- 23

성전은 거룩하니 너희도 그러하리라 고전 3 : 17
성전을 건축하라 그는 예루살렘에 계신 하나님이시라 스 1 : 3 - 4
성전을 건축하며 여호와께서 네게 지혜와 총명을 주사 대상 22 : 12 - 13
성전은 건축할 때에 모든 철 연장 소리가 들리지 아니 왕상 6 : 7
성전을 건축할 마음이 있으니 이 마음이 네게 있는 것 대하 6 : 8 - 11
성전을 깨끗하게 하시다 마 21 : 12 - 17
성전을 깨끗하게 하시다 요 2 : 13 - 22
성전을 더럽히면 하나님이 그 사람을 멸하시리라 고전 3 : 17
성전을 수리하던 중 힐기야가 율법책을 발견하다 왕하 22 : 8 - 13
성전을 위하여 예물을 기쁘게 드릴지니라 스 1 : 4
성전을 핍박한 아하스 왕 대하 28 : 22 - 25
성전을 향하여 무슨 기도나 간구를 하거든 들으시며 대하 6 : 29 - 39
성전을 향하여 손을 펴고 무슨 기도나 무슨 간구를 왕상 8 : 38 - 39
성전을 향하여 예배하리이다 시 5 : 7
성전을 향하여 예배하며 시 138 : 2
성전을 헐고 사흘 동안에 지을 수 있다 하더라 하니 마 26 : 61 - 68
성전을 헐라 내가 사흘 동안에 일으키리라 요 2 : 19 - 22
성전의 공사기간 (솔로몬이 건축한 성전) 왕상 6 : 37 - 38
성전의 규모 (솔로몬이 건축한 성전) 왕상 6 : 1 - 13
성전의 규모 (솔로몬이 건축한 성전) 대하 3 : 3 - 4
성전의 금으로 맹세하면 지킬지라 하는도다 마 23 : 16 - 23
성전의 내부 장식 (솔로몬이 건축한 성전) 왕상 6 : 14 - 38
성전의 놋 받침 수레와 물두멍 (솔로몬이 건축한 성전) 왕상 7 : 27 - 39
성전의 두 기둥 (솔로몬이 건축한) 왕하 25 : 16 - 17
성전의 두 놋기둥의 이름 (야긴과 보아스) 왕상 7 : 21 - 22
성전의 부엌 겔 46 : 21 - 24
성전의 파손한 데를 수리하지 아니하였는지라 왕하 12 : 6 - 8
성전이 무너뜨려질 것을 이르시다 막 13 : 1 - 2
성전이 무너뜨려질 것을 이르시다 눅 21 : 5 - 9
성전이 바벨론에 의해 불타고 헐리다 렘 52 : 12 - 23
성전이 파괴될 것을 예언하시다 마 24 : 1 - 2
성전이 황폐하였거늘 너희가 판벽한 집에 거주하는 학 1 : 4

성전이라도 내 앞에서 던져버리리니	왕상 9	:	6	- 9
성전이요 이스라엘의 번제단 (오르난의 타작 마당)	대상 22	:	1	
성전인 것과 하나님의 성령이 너희 안에 계시는 것을	고전 3	:	16	- 17
성회 (첫날과 일곱째 날)	출 12	:	16	- 20
성회를 열었느니라 (여덟째 날 규례)	느 8	:	18	
세 가지 절기에 관한 법 (유월절, 맥추절, 수장절)	출 23	:	14	- 19
세 번 밴하단을 쳐서 아람에게 빼앗긴 성읍을 되찾다	왕하 13	:	24	- 25
세 번 주께 간구하였더니 나에게 이르시기를 내 은혜가	고후 12	:	8	- 10
세 번 태장으로 맞고 한 번 돌로 맞고 세 번 파선하고	고후 11	:	25	- 30
세 번과 여섯 번 땅을 치다 (엘리사 임종시)	왕하 13	:	18	- 19
세 영이 히브리어로 아마겟돈이라 하는 곳으로 왕들을	계 16	:	16	
세 용사 (다윗의 3용사)	삼하 23	:	8	- 19
세 용사가 이런 일을 행하였더라 (다윗의 세 용사)	대상 11	:	19	
세 천사가 전하는 말	계 14	:	6	- 13
세겜 근처 상수리나무 아래에 묻고	창 35	:	4	- 5
세겜 땅 모레 상수리나무에 이르니 그 곳에서 제단을	창 12	:	6	- 9
세겜 성읍에 이르러 그 성읍 앞에 장막을 치고	창 33	:	18	- 20
세겜에서 여호수아의 백성과의 언약과 법도	수 24	:	24	- 27
세겜에서 여호수아의 설교	수 24	:	1	- 28
세겜이 야곱의 딸을 강간하여 이스라엘에게 부끄러운	창 34	:	7	
세대를 본받지 말고 오직 마음을 새롭게 함으로 변화를	롬 12	:	2	
세례 요한 때부터 천국은 침노를 당하나니 침노하는 자	마 11	:	12	- 14
세례 요한보다 큰 이가 일어남이 없도다 그러나 천국	마 11	:	11	- 14
세례 요한에 대해 말씀하시다	마 11	:	2	- 19
세례 요한의 머리를 소반에 얹어 곧 내게 주기를 원하옵	막 6	:	25	- 29
세례 요한의 머리를 소반에 얹어 여기서 내게 주소서	마 14	:	8	- 12
세례 요한의 전파	눅 3	:	1	- 20
세례 요한의 제자들에게 대답하시다	눅 7	:	18	- 23
세례 요한의 죽음	막 6	:	14	- 29
세례 요한의 증언	요 1	:	19	- 28
세례 요한의 출생	눅 1	:	57	- 66
세례 요한의 출생을 예고하다	눅 1	:	5	- 25

세례 요한이 광야에 이르러 죄 사함을 받게 하는 회개의	막 1	: 4	- 5
세례 요한이 죽임을 당하다	마 14	: 1	- 12
세례 요한이 천국을 전파하다	마 3	: 1	- 17
세례라 이는 육체의 더러운 것을 제하여 버림이 아니요	벧전 3	: 21	- 22
세례라 이는 하나님을 향한 선한 양심의 간구니라	벧전 3	: 21	- 22
세례로 그리스도와 함께 장사되고 또 하나님의 역사를	골 2	: 12	- 15
세례를 받고 너의 죄를 씻으라 하더라	행 22	: 16	- 23
세례를 받고 죄 사함을 받으라 그리하면 성령의 선물을	행 2	: 38	- 39
세례를 받아 한 몸이 되었고 또 다 한 성령을 마시게 하	고전 12	: 13	- 20
세례를 받으리라 하셨느니라	행 1	: 1	- 5
세례를 받으매 이 날에 신도의 수가 삼천이나 더하더라	행 2	: 41	- 42
세례를 받으시고 곧 물에서 올라오실새 하늘이 열리고	마 3	: 16	
세례를 받으시다 (예수님)	막 1	: 9	- 11
세례를 받은 우리는 그의 죽으심과 합하여 세례를 받은	롬 6	: 3	- 5
세례를 받은 자는 그리스도로 옷 입었느니라	갈 3	: 27	- 29
세례를 받은 후에 전심으로 빌립을 따라다니며 그 표적	행 8	: 13	
세례를 베풀게 하심이 아니요 오직 복음을 전하게 하심	고전 1	: 17	
세례를 베풀고 내가 너희에게 분부한 모든 것을 가르쳐	마 28	: 19	- 20
세례를 베풀고 둘이 물에서 올라올새 주의 영이 빌립을	행 8	: 38	- 40
세례를 베풀다 (물과 성령과 불로)	마 3	: 11	
세례를 예수께서 받으시다	마 3	: 13	- 17
세리는 멀리 서서 감히 눈을 들어 하늘을 쳐다보지 못	눅 18	: 13	- 14
세리와 죄인들이 와서 예수와 그의 제자들과 함께 앉았	마 9	: 10	- 13
세리와 창녀들이 너희보다 먼저 하나님의 나라에 들어	마 21	: 31	- 32
세마포 옷은 성도들의 옳은 행실이로다	계 19	: 8	
세마포를 사서 예수를 내려다가 그것으로 싸서 바위 속	막 15	: 46	- 47
세마포만 보이는지라 그 된 일을 놀랍게 여기며 집으로	눅 24	: 12	
세바 (이삭이 판 우물 이름)	창 26	: 32	- 33
세바가 지혜로운 여인에 의해 죽다	삼하 20	: 20	- 22
세바라 한지라 그 성읍 이름이 오늘까지 브엘세바더라	창 26	: 32	- 33
세바의 반역과 진압	삼하 20	: 1	- 22
세번 나를 부인하리라	마 26	: 34	- 35

198

세베대의 아들 야고보와 요한이 구하는 것	막 10	: 35	- 45
세베대의 아들 어머니의 요구	마 20	: 20	- 28
세상 근심은 사망을 이루는 것이니라	고후 7	: 10	- 12
세상 끝날까지 너희와 항상 함께 있으리라 하시더라	마 28	: 20	
세상 끝에 일어날 징조를 말씀하시다	마 24	: 3	- 14
세상 끝에도 이러하리라 천사들이 와서 의인 중에서	마 13	: 49	- 50
세상 물건을 쓰는 자들은 다 쓰지 못하는 자 같이 하라	고전 7	: 31	- 40
세상 법정에 송사하지 말라	고전 6	: 1	- 11
세상 죄를 지고 가는 하나님의 어린 양이로다	요 1	: 29	- 34
세상 지혜는 하나님께 어리석은 것이니 기록된 바	고전 3	: 19	- 23
세상과 벗된 것이 하나님과 원수 됨을 알지 못하느냐	약 4	: 4	
세상과 벗이 되고자 하는 자는 스스로 하나님과 원수 되	약 4	: 4	
세상과 벗하지 말라	약 4	: 1	- 10
세상도, 그 정욕도 지나가되 오직 하나님의 뜻을 행하	요일 2	: 17	
세상에 대한 심판이 이르렀으니 이 세상의 임금이 쫓겨	요 12	: 31	
세상에 사는 것 같이 규례에 순종하느냐	골 2	: 20	- 23
세상에 속한 고로 세상에 속한 말을 하매 세상이 그들의	요일 4	: 5	- 6
세상에 속한 말을 하매 세상이 그들의 말을 듣느니라	요일 4	: 5	- 6
세상에 속한 자가 아니요 오히려 내가 너희를 세상에서	요 15	: 19	- 23
세상에 아무 것도 가지고 온 것이 없으매 또한 아무 것	딤전 6	: 7	- 10
세상에 왔고 다시 세상을 떠나 아버지께로 가노라	요 16	: 28	- 30
세상에 왔나니 곧 진리에 대하여 증언하려 함이로라	요 18	: 37	- 38
세상에 있는 모든 것이 육신의 정욕과 안목의 정욕과	요일 2	: 16	- 17
세상에서 믿은 바 되시고 영광 가운데서 올려지셨느니	딤전 3	: 16	
세상에서 소망이 없고 하나님도 없는 자이더니	엡 2	: 12	- 19
세상은 그로 말미암아 지은 바 되었으되 세상은 그를	요 1	: 10	- 14
세상을 떠나서 그리스도와 함께 있는 것이 훨씬 더 좋은	빌 1	: 23	- 26
세상을 사랑하면 아버지의 사랑이 그 안에 있지 아니하	요일 2	: 15	- 17
세상을 심판하려 하심이 아니요 그로 말미암아 세상이	요 3	: 17	- 18
세상을 이기는 승리는 이것이니 우리의 믿음이라	요일 5	: 4	- 8
세상을 이처럼 사랑하사 독생자를 주셨으니 이는 그를	요 3	: 16	- 18
세상의 권세와 그리스도인	롬 13	: 1	- 7

세상의 빛   요 8 : 12 - 20

세상의 빛이니 나를 따르는 자는 어둠에 다니지 아니하   요 8 : 12

세상의 빛이라 산 위에 있는 동네가 숨겨지지 못 할 것   마 5 : 14

세상의 신이 믿지 아니하는 자들의 마음을 혼미하게   고후 4 : 4 - 6

세상의 염려와 재물의 유혹에 말씀이 막혀 결실하지 못   마 13 : 22

세상의 영을 받지 아니하고 오직 하나님으로부터 온 영   고전 2 : 12 - 16

세상의 풍조를 따르고 공중의 권세를 잡은 자를 따랐으   엡 2 : 2 - 7

세상의 화목이 되거든 그 받아들이는 것이 죽은 자 가운   롬 11 : 15 - 18

세상이 구원을 받게 하려 하심이라   요 3 : 17 - 18

세상이 너희를 미워하면 너희보다 먼저 나를 미워한 줄   요 15 : 18

세상이 너희를 미워하여도 이상히 여기지 말라   요일 3 : 13 - 18

세상이 너희를 미워하지 아니하되 나를 미워하나니   요 7 : 7 - 9

세상이나 세상에 있는 것들을 사랑하지 말라   요일 2 : 15 - 17

세세토록 살아 있어 사망과 음부의 열쇠를 가졌노니   계 1 : 18 - 20

세월을 아끼라 때가 악하니라   엡 5 : 16 - 21

세일 산 (에서에게 주신 땅)   신 2 : 4 - 6

세일 산과 에돔이 심판받아 황폐하리라   겔 35 : 1 - 15

세일 산에 있는 에돔 족속의 조상 에서의 족보   창 36 : 9 - 19

세일의 자손   창 36 : 20 - 30

세탁자의 밭 큰 길에 나가서 아하스를 만나   사 7 : 3

세탁자의 밭에 있는 큰 길에 이르러 서니라   왕하 18 : 17

셈의 족보   창 11 : 10 - 26

셉나에게 경고하시다   사 22 : 15 - 25

셋째 날에 여호와가 백성의 목전에서 시내산에 강림할   출 19 : 11 - 25

셋째 하늘에 사십년 전에 이끌려 간 자라   고후 12 : 1 - 7

셋째 해 (십일조를 드리는 해)   신 26 : 12 - 13

셋째 해에는 심고 거두며 포도나무를 심고 그 열매를 먹   사 37 : 30

소가 받음으로 인한 책임   출 21 : 28 - 36

소가 없으면 구유는 깨끗하려니와 소의 힘으로 얻는   잠 14 : 4

소고치며 춤 추어 찬양하며 현악과 퉁소로 찬양할지어다   시 150 : 4 - 5

소금 골짜기에 이르러 세일 자손 만 명을 죽이고   대하 25 : 11

소금 골짜기에서 에돔 사람 만명을 죽이고   왕하 14 : 7

소금 골짜기에서 에돔 사람 만팔천 명을 쳐죽이고   삼하 8 : 13

소금 기둥 (롯의 아내)   창 19 : 26

소금 언약 (하나님과 제사장 사이의 언약)   민 18 : 19

소금 언약으로 이스라엘 나라를 영원히 다윗과 그의   대하 13 : 5

소금은 좋은 것이로되 만일 소금이 그 맛을 잃으면 무엇   막 9 : 50

소금을 두고 서로 화목하라 하시니라   막 9 : 50

소금을 엘리사가 던져 물을 좋게 고치다   왕하 2 : 19 - 22

소금이 그 맛을 잃으면 무엇으로 이를 짜게 하리오   막 9 : 50

소금이 만일 그 맛을 잃으면 무엇으로 짜게 하리요   마 5 : 13

소금이 좋은 것이나 소금도 만일 그 맛을 잃으면 무엇   눅 14 : 34 - 35

소금이요 빛이라   마 5 : 13 - 16

소낙비를 내리되 복된 소낙비를 내리리라   겔 34 : 26 - 31

소녀가 일어나서 걸으니 나이가 열두 살이라   막 5 : 42 - 43

소녀가 죽은 것이 아니라 잔다 하시니 그들이 비웃더라   마 9 : 24 - 26

소돔 사람은 여호와 앞에 악하며 큰 죄인이었더라   창 13 : 13

소돔과 고모라 성을 멸망하기로 정하여 재가 되게 하사   벧후 2 : 6 - 8

소돔과 고모라를 멸하심   창 19 : 24 - 29

소돔과 고모라에 대한 부르짖음이 크고 그 죄악이 심히   창 18 : 20 - 21

소돔과 고모라와 그 이웃 도시들도 음란하며 육체를   유 1 : 7 - 8

소돔과 고모라의 의인 수   창 18 : 23 - 33

소돔과 다름이 없고 그 주민은 고모라와 다름이 없느니   렘 23 : 14 - 17

소돔과 사마리아도 회복될 것이라   겔 16 : 53 - 59

소동이 있었으니 데메드리오라 하는 어떤 은장색이   행 19 : 23 - 41

소망 중에 즐거워하며 환난 중에 참으며 기도에 항상   롬 12 : 12 - 13

소망에 관한 이유를 묻는 자에게는 대답할 것을 준비하   벧전 3 : 15 - 17

소망으로 구원을 얻었으매 보이는 소망이 소망이 아니   롬 8 : 24 - 25

소망으로 말미암음이니 복음 진리의 말씀을 들은 것   골 1 : 5

소망을 가졌으니 곧 의인과 악인의 부활이 있으리라   행 24 : 15 - 16

소망을 가지고 있는 것은 영혼의 닻 같아서 튼튼하고   히 6 : 19 - 20

소망을 굳게 잡으라   히 10 : 1 - 39

소망을 살아 계신 하나님께 둠이니 곧 모든 사람이 특히   딤전 4 : 10

소망을 얻으려고 피난처를 찾은 우리에게 큰 안위를   히 6 : 18 - 20

소망을 움직이지 말며 굳게 잡고 　　　　　　　히 10 : 23 - 25

소망을 은혜로 주신 하나님 　　　　　　　　　살후 2 : 16 - 17

소망을 품고 주를 더욱 더욱 찬송하리이다 　　시 71 : 14

소망의 하나님이 모든 기쁨과 평강을 믿음 안에서 너희 　롬 15 : 13

소망의 확신과 자랑을 끝까지 굳게 잡고 있으면 우리는 　히 3 : 6

소망이 견고함은 너희가 고난에 참여하는 자가 된 것 　고후 1 : 7 - 9

소망이 생기니 이것으로 우리가 하나님께 가까이 가느 　히 7 : 19 - 22

소망이 없고 하나님도 없는 자이더니 이제는 　　　엡 2 : 12 - 19

소망이 없으니 우리는 다 멸절되었다 　　　　　겔 37 : 11 - 12

소망이 우리를 부끄럽게 하지 아니함은 우리에게 주신 　롬 5 : 5 - 7

소명으로 부르심은 우리의 행위대로 하심이 아니요 　딤후 1 : 9 - 11

소문을 두려워하지 아니함이여 여호와를 의뢰하고 　시 112 : 7 - 8

소식을 받지 못한 자들이 볼 것이요 듣지 못한 자들이 　롬 15 : 21

소알성 (롯이 피신한 성) 　　　　　　　　　　창 19 : 20 - 22

소유를 버리지 아니하면 능히 내 제자가 되지 못하리라 　눅 14 : 33

소유를 빼앗기는 것도 기쁘게 당한 것은 더 낫고 　　히 10 : 34 - 35

소유를 팔아 가난한 자들에게 주라 그리하면 하늘에서 　마 19 : 21 - 22

소유를 팔아 그 값에서 얼마를 감추매 그의 아내도 알 　행 5 : 1 - 11

소유의 절반을 가난한 자에게 나누어 주겠사오며 만일 　눅 19 : 8 - 10

소제 재료 　　　　　　　　　　　　　　　　레 23 : 13

소제를 드리는 규례 　　　　　　　　　　　　레 6 : 14 - 23

소제물에 소금을 치라 네 하나님의 언약의 소금을 　　레 2 : 13

소제물에는 누룩을 넣지 말지니 너희가 누룩이나 꿀을 　레 2 : 11

소제의 예물 　　　　　　　　　　　　　　　레 2 : 1 - 16

소제의 예물을 여호와께 드리려거든 고운 가루로 예물 　레 2 : 1 - 2

속건제 (블레셋 사람들이 언약궤로 인해 드린 속건제) 　삼상 6 : 3 - 18

속건제 (이방인과 통혼한 자들이 드린 속건제) 　　　스 10 : 19

속건제 규례 　　　　　　　　　　　　　　　레 5 : 14 - 19

속건제 규례 　　　　　　　　　　　　　　　레 6 : 1 - 7

속건제를 드리는 규례 　　　　　　　　　　　레 7 : 1 - 10

속건제의 은과 속죄죄의 은은 성전에 드리지 아니하고 　왕하 12 : 16

속담에 이르기를 개가 그 토하였던 것에 돌아가고 돼지 　벧후 2 : 22

속되게 여기는 그 사람에게는 속되느니라 　　　　　롬 14 : 14

속량 (종을 놓아주다) 　　　　　레 25 : 47 - 55

속량 곧 죄 사함을 받았느니라 　　　　　엡 1 : 7 - 10

속량으로 말미암아 하나님의 은혜로 값 없이 의롭다 　　　　　롬 3 : 24 - 31

속량하시고 그의 영광을 찬송하게 하려 하심이라 　　　　　엡 1 : 14

속량하시고 우리를 깨끗하게 하사 선한 일을 열심히 　　　　　딛 2 : 14

속사람으로는 하나님의 법을 즐거워하되 내 지체 속에 　　　　　롬 7 : 22 - 25

속사람을 능력으로 강건하게 하시오며 　　　　　엡 3 : 16 - 19

속에서 나와서 사람을 더럽게 하느니라 　　　　　막 7 : 23

속여 빼앗은 일이 있으면 네 갑절이나 갚겠나이다 　　　　　눅 19 : 8 - 10

속옷을 가지고자 하는 자에게 겉옷까지도 가지게 하며 　　　　　마 5 : 40 - 42

속이는 말로 재물을 모으는 것은 죽음을 구하는 것 　　　　　잠 21 : 6

속이는 저울은 여호와께서 미워하시나 공평한 추는 　　　　　잠 11 : 1

속이지 말라 　　　　　레 25 : 14 - 17

속임수로 너희를 사로잡을까 주의하라 　　　　　골 2 : 8 - 10

속전 (회막 봉사에 쓰는) 　　　　　출 30 : 11 - 16

속죄 (그리스도의 희생으로 이루어진 속죄) 　　　　　히 9 : 23 - 28

속죄소 　　　　　출 30 : 6

속죄소 규격 및 양식 　　　　　출 25 : 17 - 22

속죄소 앞에 아무 때나 들어오지 말라 그리하여 죽지 　　　　　레 16 : 2 - 5

속죄소를 덮는 영광의 그룹들이 있으니 이것들에 관하 　　　　　히 9 : 5

속죄소를 만들다 　　　　　출 37 : 6

속죄일 　　　　　레 16 : 29 - 31

속죄일 　　　　　레 23 : 26 - 32

속죄일 　　　　　민 29 : 7 - 11

속죄일 규례 　　　　　레 16 : 1 - 34

속죄일이니 너는 뿔나팔 소리를 내되 전국에서 뿔나팔 　　　　　레 25 : 9

속죄제 　　　　　출 29 : 36 - 37

속죄제 　　　　　민 19 : 9

속죄제 (부지중 범죄의 사함) 　　　　　민 15 : 24 - 29

속죄제 규례 　　　　　레 4 : 1 - 35

속죄제 규례 　　　　　레 5 : 1 - 13

속죄제를 드리는 규례 　　　　　　　　　　　 레 6 : 24 - 30
속죄제와 속죄제물 　　　　　　　　　　　　 대하 29 : 21 - 24
속지 말라 악한 동무들은 선한 행실을 더럽히나니 　 고전 15 : 33 - 34
속히 오리라 하시기늘 이멘 주 예수여 오시옵소서 　 게 22 : 20
손 마른 사람이 있는지라 사람들이 예수를 고발하려 하 　 마 12 : 10 - 13
손 만한 작은 구름이 일어나나이다 　　　　　 왕상 18 : 44
손가락들이 나타나서 왕궁 석회벽에 글자를 쓰는데 　 단 5 : 5 - 6
손가락이 나와서 이 글을 기록하였나이다 　　　 단 5 : 24 - 29
손과 발을 보이시나 그들이 너무 기쁘므로 아직도 믿지 　 눅 24 : 40 - 49
손과 옆구리를 보이시니 제자들이 보고 기뻐하더라 　 요 20 : 20 - 23
손님 대접하기를 잊지 말라 이로써 부지중에 천사들을 　 히 13 : 2
손목에 매어 기호로 삼고 미간에 붙여 표를 삼으며 　 신 11 : 18 - 19
손목에 매어 기호를 삼으며 네 미간에 붙여 표로 삼고 　 신 6 : 8 - 9
손바닥에 새겼고 너의 성벽이 항상 내 앞에 있나니 　 사 49 : 16 - 17
손바닥을 치고 즐거운 소리로 하나님께 외칠지어다 　 시 47 : 1
손으로 나와 내 동행들이 쓰는 것을 충당하여 　　 행 20 : 34 - 35
손으로 움켜 입에 대고 핥는 자의 수는 삼백명이요 　 삿 7 : 6 - 8
손으로 하지 아니한 할례를 받았으니 곧 육의 몸을 벗는 　 골 2 : 11 - 15
손을 대지 말고 돌로 쳐죽이거나 화살로 쏘아 죽여야 　 출 19 : 13
손을 게으르게 놀리는 자는 가난하게 되고 　　　 잠 10 : 4
손을 그 옆구리에 넣어 보지 않고는 믿지 아니하겠노라 　 요 20 : 25 - 29
손을 내밀라 하시니 그가 내밀매 다른 손과 같이 회복되 　 마 12 : 13
손을 내밀라 하시니 내밀매 그 손이 회복되었더라 　 막 3 : 5
손을 내밀매 여호와께서 큰 동풍이 밤새도록 바닷물을 　 출 14 : 21 - 31
손을 대어도 구원을 받으리라 생각함일러라 　　 막 5 : 28 - 34
손을 들면 이스라엘이 이기고 손을 내리면 아말렉이 이 　 출 17 : 11 - 13
손을 씻으며 이르되 이 사람의 피에 대하여 나는 무죄하 　 마 27 : 24 - 26
손을 애굽 위에 펴서 이스라엘 자손을 그 땅에서 인도 　 출 7 : 5
손을 얹으사 그로 구원을 받아 살게 하소서 하거늘 　 막 5 : 23 - 24
손을 잘 씻지 않고서는 떡을 먹지 아니하며 　　 막 7 : 3 - 4
손을 잡아 일으키시니 열병이 떠나고 여자가 수종드니 　 막 1 : 31
손을 품에 넣었다가 내어보니 그의 손에 나병이 생겨 　 출 4 : 6 - 7

손의 기호와 네 미간의 표를 삼고 여호와의 율법이	출 13	: 9	- 10
손의 못 자국을 보며 내 손가락을 그 못 자국에 넣으며	요 20	: 25	- 29
손의 열매가 그에게로 돌아갈 것이요 그 행한 일로 말미	잠 31	: 31	
손이 너로 실족하게 하거든 찍어 내버리라 네 백체 중	마 5	: 30	
손이 너를 범죄하게 하거든 찍어버리라 장애인으로 영생	막 9	: 43	- 49
손이 행한 일을 우리에게 견고하게 하소서	시 90	: 17	
손이나 발이 너를 범죄하게 하거든 찍어 내버리라	마 18	: 8	
솔로몬 궁의 건축	왕상 7	: 1	- 12
솔로몬 왕국의 지경	대하 9	: 26	
솔로몬 왕은 후궁이 칠백 명이요 첩이 삼백 명이라	왕상 11	: 3	- 8
솔로몬 왕의 자손	대상 3	: 10	- 24
솔로몬 왕이 지혜와 지식를 구하다	대하 1	: 7	- 12
솔로몬과 두로 왕 히람과의 거래	왕상 9	: 10	- 14
솔로몬에 기름을 부어 왕으로 삼다	대상 29	: 21	- 25
솔로몬에게 여호와께서 다시 나타나 이르시다	왕상 9	: 1	- 9
솔로몬의 교훈 (젊은이에게)	잠 1	: 7	- 19
솔로몬의 금방패	왕상 10	: 16	- 17
솔로몬의 금방패	대하 9	: 15	- 16
솔로몬의 금방패를 애굽에 빼앗기다	왕상 14	: 25	- 28
솔로몬의 기도 (성전 준공 후 제단 앞에서)	왕상 8	: 22	- 53
솔로몬의 기타 업적	왕상 9	: 15	- 28
솔로몬의 대적들	왕상 11	: 14	- 26
솔로몬의 마음이 여호와를 떠나다	왕상 11	: 8	- 13
솔로몬의 모든 영광으로도 입은 것이 이 꽃 하나만 같지	마 6	: 29	- 33
솔로몬의 모든 영광으로도 입은 것이 이 꽃 하나만큼	눅 12	: 27	- 32
솔로몬의 백성들에 대한 중보기도	대하 6	: 12	- 42
솔로몬의 부귀영화	왕상 4	: 20	- 28
솔로몬의 부귀영화	대하 1	: 14	- 17
솔로몬의 성전 건축 시작	대하 2	: 17	- 18
솔로몬의 성전 건축 준비	대하 2	: 1	- 16
솔로몬의 성전 봉헌식	왕상 8	: 62	- 66
솔로몬의 성전 봉헌식 때 희생제물	왕상 8	: 62	- 63

솔로몬의 세입금의 무게가 금 육백육십육 달란트요	왕상 10	: 14
솔로몬의 신하들	왕상 4	: 1 - 19
솔로몬의 업적	대하 8	: 1 - 18
솔로몬의 연설과 기도 (성전 준공 후)	왕상 8	: 12 - 53
솔로몬의 잠언	잠 10	: 1 - 32
솔로몬의 잠언	잠 25	: 1 - 28
솔로몬의 잠언 삼천 가지와 노래 천다섯 편	왕상 4	: 32
솔로몬의 잠언이라 이는 지혜와 훈계를 알게 하며	잠 1	: 1 - 6
솔로몬의 재산	왕상 10	: 14 - 29
솔로몬의 재산과 지혜	대하 9	: 13 - 28
솔로몬의 재산과 지혜가 천하의 모든 왕들보다 큰지라	대하 9	: 22 - 24
솔로몬의 재판 (한 아이와 두 여자)	왕상 3	: 16 - 28
솔로몬의 지혜	대하 9	: 1 - 2
솔로몬의 지혜로운 말을 들으려고 땅 끝에서 왔음이거니	마 12	: 42
솔로몬의 지혜에 대해 스바 여왕이 감탄하다	왕상 10	: 1 - 8
솔로몬의 지혜와 총명과 넓은 마음	왕상 4	: 29 - 34
솔로몬의 하루 음식물	왕상 4	: 22 - 23
솔로몬의 행각에서 베드로가 설교하다	행 3	: 11 - 26
솔로몬이 건축한 성전 내부의 기구들	왕상 7	: 40 - 51
솔로몬이 건축한 성전의 공사기간	왕상 6	: 37 - 38
솔로몬이 건축한 성전의 규모	왕상 6	: 1 - 13
솔로몬이 건축한 성전의 규모	대하 3	: 3 - 4
솔로몬이 건축한 성전의 내부 장식	왕상 6	: 14 - 38
솔로몬이 건축한 성전의 놋 기둥	왕상 7	: 13 - 22
솔로몬이 건축한 성전의 놋 받침 수레와 물두멍	왕상 7	: 27 - 39
솔로몬이 건축한 성전의 놋으로 만든 바다	왕상 7	: 23 - 26
솔로몬이 건축한 지성소 규모	대하 3	: 8 - 9
솔로몬이 다윗에 이어 왕이 되다	왕상 1	: 11 - 53
솔로몬이 많은 이방 여자들을 처첩으로 삼다	왕상 11	: 1 - 3
솔로몬이 몰라서 대답하지 못한 것이 없었더라	대하 9	: 2
솔로몬이 번제와 감사의 제물을 매년 3번씩 드리다	왕상 9	: 25
솔로몬이 번제일을 정하여 드리다	대하 8	: 12 - 13

솔로몬이 성전 건축을 준비하다	왕상 5	:	1	- 18
솔로몬이 성전 낙성식을 주관하다	대하 7	:	1	- 10
솔로몬이 성전 준공후 하나님께 영광을 돌리다	대하 6	:	1	- 11
솔로몬이 성전을 건축할지라	대상 22	:	9	- 12
솔로몬이 아비아달을 추방하다	왕상 2	:	26	- 27
솔로몬이 이스라엘 온 회중에 축복하다	왕상 8	:	54	- 61
솔로몬이 죽다	왕상 11	:	41	- 43
솔로몬이 죽다	대하 9	:	29	- 31
솔로몬이 지혜를 구하다	왕상 3	:	4	- 15
솔로몬이 태어나다	삼하 12	:	24	- 25
송사를 듣고 분별하는 지혜를 구하였으니	왕상 3	:	11	- 14
송아지를 둘로 쪼개고 그 두 조각 사이로 지나매	렘 34	:	18	- 22
송아지를 만들어 그 우상 앞에 제사하며 자기 손으로	행 7	:	41	
송아지와 그 춤 추는 것들을 보고 크게 노하여 그 판을	출 32	:	19	- 20
송축하라	시 103	:	20	- 22
송축하라 그의 거룩한 이름을 송축하라	시 103	:	1	- 2
송축하며 그의 찬양 소리를 들리게 할지어다	시 66	:	8	
쇠도끼를 엘리사가 떠오르게 하다	왕하 6	:	5	- 7
쇠똥으로 인분을 대신하기를 허락하노니 그것으로 떡을	겔 4	:	15	- 17
쇠문에 이르니 문이 저절로 열리는지라 나와서	행 12	:	10	- 12
수건으로 모세가 자기의 얼굴을 가렸더라	출 34	:	29	- 35
수건은 그리스도 안에서 없어질 것이라	고후 3	:	14	- 18
수건을 벗은 얼굴로 거울을 보는 것 같이 주의 영광을	고후 3	:	18	
수고가 주 안에서 헛되지 않은 줄 앎이라	고전 15	:	58	
수고도 헛되지 아니함으로 그리스도의 날에 자랑할 것	빌 2	:	16	
수고를 넘치도록 하고 옥에 갇히기도 더 많이 하고	고후 11	:	23	- 30
수고에는 이익이 있어도 입술의 말은 궁핍을 이룰 뿐	잠 14	:	23	
수고하고 무거운 짐 진 자들아 다 내게로 오라 내가	마 11	:	28	- 30
수고하고 애써 주야로 일함은 너희 아무에게도 폐를	살후 3	:	8	- 9
수고하는 농부가 곡식을 먼저 받는 것이 마땅하니라	딤후 2	:	6	
수고하는 모든 수고가 사람에게 무엇이 유익한가	전 1	:	2	
수고하여 약한 사람을 돕고 또 주께서 친히 말씀하신	행 20	:	35	

수고하여야 그 소산을 먹으리라	창 3	: 17	- 19
수고하였으나 내가 한 것이 아니요 오직 나와 함께 하신	고전 15	: 10	- 11
수고한 것이 헛되지 않겠고 그들이 생산한 것이 재난을	사 65	: 23	
수고한 대로 먹을 것이라 네가 복되고 형통하리로다	시 128	: 2	
수고한 모든 것이 다 헛되어 바람을 잡는 것이며	전 2	: 11	
수고함으로 낙을 누리는 것이 하나님의 선물	전 3	: 13	
수고함으로 즐거워하게 하신 것이 하나님의 선물이라	전 5	: 19	
수금으로 여호와께 감사하고 비파로 찬송할지어다	시 33	: 2	- 3
수금을 들고 와서 손으로 탄즉 사울이 상쾌하여 낫고	삼상 16	: 23	
수금을 탈 줄 알고 용기와 무용과 구변이 있는 준수한	삼상 16	: 18	
수넴 여인의 잉태와 엘리사	왕하 4	: 14	- 17
수넴 여인의 죽은 아이와 엘리사	왕하 4	: 32	- 35
수넴 여인이 돌아와 그의 소유를 되찾다	왕하 8	: 1	- 6
수레 (언약궤를 싣고 돌려보내는 수레)	삼상 6	: 7	- 15
수레를 타고 선지자 이사야의 글을 읽더라	행 8	: 27	- 40
수로보니게 여자의 믿음	막 7	: 24	- 30
수로보니게 족속이라 자기 딸에게서 귀신 쫓아내 주시기	막 7	: 26	- 30
수산 궁에서 아하수에로 왕이 즉위하다	에 1	: 1	
수염 절반을 깎고 의복을 자른 사건 (신복 모욕 사건)	삼하 10	: 1	- 5
수염을 깎고 의복을 볼기 중간까지 자르고	대상 19	: 4	- 5
수염을 깎지 아니하며 옷을 빨지 아니하였더라	삼하 19	: 24	- 30
수장절을 지키라	출 34	: 22	
수장절을 지키라 연말에 밭에서 거두어 저장함이니라	출 23	: 16	
수종들고 너는 그 후에 먹고 마시라 하지 않겠느냐	눅 17	: 8	- 10
수종병 든 자를 안식일에 고치시다	눅 14	: 1	- 6
수컷은 여호와의 것이니라	출 13	: 12	
숙곳 (야곱이 집과 우릿간을 지은 곳)	창 33	: 17	
순결에 관한 법	신 22	: 13	- 30
순결한 기름을 가져오게 하여 계속해서 등잔불 켜 둘지	레 24	: 2	- 4
순결한 등잔대 위의 등잔들을 항상 정리할지니라	레 24	: 4	
순결한 상 위에 두 줄로 한 줄에 여섯씩 진설하고	레 24	: 6	- 9
순금 등잔대와 두 감람나무 (스가랴가 본 환상)	슥 4	: 1	- 14

순금에 비할만큼 보배로운 시온의 아들들이 어찌 그리　애 4 : 2

순금이 변질하였으며 성소의 돌들이 거리 어귀마다 쏟　애 4 : 1 - 2

순수하지 못하게 다툼으로 그리스도를 전파하느니라　빌 1 : 17 - 21

순종 (나아만이 요단강에 일곱 번 몸을 담그다)　왕하 5 : 14

순종의 종으로 의에 이르느니라　롬 6 : 16

순종의 축복 (규례와 계명을 준행)　레 26 : 3 - 13

순종의 축복과 불순종의 저주　대하 7 : 17 - 22

순종이 제사보다 낫고 듣는 것이 숫양의 기름보다 나으　삼상 15 : 22 - 23

순종하고 명령을 따라 행하라 그리하면 내 백성이 되겠　렘 11 : 4

순종하는 것이 마땅하니라　행 5 : 29 - 32

순종하는 모든 자에게 영원한 구원의 근원이 되시고　히 5 : 9 - 10

순종하는 사람들에게 주신 성령도 그러하니라　행 5 : 32

순종하는 자식처럼 전에 알지 못할 때에 따르던 사욕을　벧전 1 : 14 - 16

순종하면 땅의 아름다운 소산을 먹을 것이요　사 1 : 19 - 20

순종하여 받는 복　신 28 : 1 - 14

순종하여 섬기면 형통한 날을 보내며 즐거운 해를　욥 36 : 11

순종하여 우리와 우리 아내와 자녀가 평생 동안 포도주　렘 35 : 8 - 10

순종하지 아니하고 거슬러 말하는 백성에게 내가 종일　롬 10 : 21

순종하지 아니하는 가운데 가두어 두심은 모든 사람에　롬 11 : 32 - 36

순종하지 아니하는 백성　렘 7 : 16 - 28

순종하지 아니하는 본에 빠지지 않게 하려 함이라　히 4 : 11

순종하지 아니하는 자는 영생을 보지 못하고 도리어　요 3 : 36

순종하지 아니하며 귀를 기울이지 아니하고 복을 굳게　렘 7 : 26 - 28

순종하지 아니하면 내가 반드시 그 나라를 뽑으리라　렘 12 : 17

순종하지 아니함으로 안식에 들어가지 못하였으므로　히 4 : 6 - 11

순종하지 아니함으로 이제 긍휼을 입었는지라　롬 11 : 30 - 32

순종하지 않는 유대인들이 이방인들의 마음을 선동하여　행 14 : 2 - 7

순회하며 이스라엘을 다스린 사무엘　삼상 7 : 15 - 17

술 취하거나 속여 빼앗거든 사귀지도 말고 함께 먹지도　고전 5 : 11 - 13

술 취하고 음식을 탐하는 자는 가난하여질 것이요　잠 23 : 20 - 21

술 취하지 말라 이는 방탕한 것이니 오직 성령으로 충만　엡 5 : 18 - 21

술 취하지 말며 음란하거나 호색하지 말며 다투거나　롬 13 : 13 - 14

술 취한 자들의 교만한 면류관은 화 있을진저   사 28 : 1

술람미 여자야 돌아오고 돌아오라 우리가 너를 보게 하   아 6 : 13

술로 내 육신을 즐겁게 할까 또 내가 어떻게 하여야   전 2 : 3 - 11

술에 인박히지 아니하고 더러운 이를 탐하지 아니하고   딤전 3 : 8 - 13

술에 취하였다 하더라   행 2 : 13

술을 마시게 하고 동침하여 우리 아버지로 말미암아   창 19 : 32 - 38

술을 마시다가 법을 잊어버리고 모든 곤고한 자들의   잠 31 : 5 - 7

술을 즐겨하는 자들과 고기를 탐하는 자들과도 사귀지   잠 23 : 20 - 21

술을 즐기지 아니하며 구타하지 아니하며 더러운 이득   딛 1 : 7 - 9

술을 즐기지 아니하며 구타하지 아니하며 오직 관용하   딤전 3 : 3 - 5

술의 종이 되지 아니하며 선한 것을 가르치는 자들이   딛 2 : 3 - 8

숨긴 것이 알려지지 않을 것이 없나니   눅 12 : 2 - 3

숨긴 것이 없고 나타내려 하지 않고는 감추인 것이 없느   막 4 : 22 - 25

숨은 것이 장차 드러나지 아니할 것이 없고 감추인 것이   눅 8 : 17 - 18

숨지시다   눅 23 : 44 - 49

숯불 위에 숯을 더하는 것과 타는 불에 나무를 더하는   잠 26 : 21

숯불을 그 머리에 쌓아 놓으리라   롬 12 : 20 - 21

숯불을 밟고서야 어찌 그의 발이 데지 아니하겠느냐   잠 6 : 27 - 29

쉐마 (자녀교육의 최고 지침)   신 6 : 4 - 9

쉬지 말고 기도하라   살전 5 : 17

스가랴 왕이 악을 행하고 살룸의 반역으로 죽다   왕하 15 : 8 - 10

스가랴가 본 환상-1 (화석나무 사이에 선 천사)   슥 1 : 7 - 17

스가랴가 본 환상-2 (네 뿔과 대장장이 네 명)   슥 1 : 18 - 21

스가랴가 본 환상-3 (측량줄을 잡은 사람)   슥 2 : 1 - 13

스가랴가 본 환상-4 (천사 앞에 선 여호수아)   슥 3 : 1 - 10

스가랴가 본 환상-5 (순금 등잔대와 두 감람나무)   슥 4 : 1 - 14

스가랴가 본 환상-6 (날아가는 두루마리)   슥 5 : 1 - 4

스가랴가 본 환상-7 (에바 속의 여인)   슥 5 : 5 - 11

스가랴가 본 환상-8 (네 병거)   슥 6 : 1 - 8

스가랴의 예언 (마지막 때에 일어날 일)   슥 14 : 1 - 21

스데반을 주목하여 보니 그 얼굴이 천사의 얼굴과 같   행 6 : 15

스데반을 치니 스데반이 부르짖어 이르되 주 예수여   행 7 : 59 - 60

스데반이 설교하다	행 7 : 1 - 53
스데반이 성령이 충만하여 하늘을 우러러 주목하여	행 7 : 55 - 60
스데반이 순교하다	행 7 : 54 - 60
스데반이 은혜와 권능이 충만하여 큰 기사와 표적을	행 6 : 8 - 15
스데반이 잡히다	행 6 : 8 - 15
스데반이 지혜와 성령으로 말함을 그들이 능히 당하지	행 6 : 10 - 15
스데반이 피를 흘릴 때에 내가 곁에 서서 찬성하고	행 22 : 20 - 23
스마야가 르호보암에게 하나님의 말씀을 전하다	왕상 12 : 21 - 24
스마야가 르호보암에게 하나님의 말씀을 전하다	대하 11 : 1 - 4
스마야가 르호보암에게 하나님의 말씀을 전하다 (2)	대하 12 : 5 - 8
스바 여왕이 솔로몬을 찾아오다	왕상 10 : 1 - 13
스바 여왕이 솔로몬을 찾아오다	대하 9 : 1 - 9
스바냐에 임한 여호와의 말씀 (유다 심판을 경고)	습 1 : 1 - 18
스불론 지파 자손의 기업	수 19 : 10 - 16
스스로 깨끗한 자로 여기면서도 자기의 더러운 것을 씻	잠 30 : 12
스스로 낮추고 기도하며 내 얼굴을 찾으면	대하 7 : 14
스스로 된 고자도 있도다 이 말을 받을 만한 자는 받을	마 19 : 12
스스로 말하는 자는 자기 영광만 구하되 보내신 이의	요 7 : 18
스스로 모든 사람에게 종이 된 것은 더 많은 사람을	고전 9 : 19 - 23
스스로 속이지 말라 하나님은 업신여김을 받지 아니하	갈 6 : 7 - 10
스스로 온 것이 아니라 나를 보내신 이는 참되시니	요 7 : 28 - 29
스스로 있는 자이니라 또 이르시되	출 3 : 14 - 15
스스로 지혜롭게 여기는 자를 보느냐 그보다 미련한	잠 26 : 12
스스로 지혜롭게 여기지 말지어다 여호와를 경외하며	잠 3 : 7 - 8
스스로 지혜롭다 하는 모든 자를 무시하시느니라	욥 37 : 24
스스로 지혜롭다 하며 스스로 명철하다 하는 자들은 화	사 5 : 21
스올과 아바돈도 여호와 앞에 드러나거든 하물며	잠 15 : 11
스올로 내려간 바벨론 왕	사 14 : 3 - 20
스올에 빠지게 하시면 이 사람들이 여호와를 멸시한 것	민 16 : 30 - 35
스올에는 일도 없고 계획도 없고 지식도 없고 지혜도	전 9 : 10
스올의 뱃속에서 부르짖었더니 주께서 내 음성을 들으	욘 2 : 2
슬기 있는 자들은 그릇에 기름을 담아 등과 함께 가져갔	마 25 : 4 - 13

슬기로운 자는 지식을 감추어도 미련한 자의 마음은	잠 12	: 23		
슬기로운 자의 지혜는 자기 길을 아는 것	잠 14	: 8		
슬기로운 자의 책망은 청종하는 귀에 금고리와 정금	잠 25	: 12		
슬로브핫의 딸들의 기업 분배	민 27	: 6	-	11
슬퍼하며 애통하며 울지어다 너희 웃음을 애통으로,	약 4	: 9	-	10
슬프다 그 날이여 여호와의 날이 가까웠나니 곧 멸망	욜 1	: 15		
슬프다 어찌 그리 금이 빛을 잃고 순금이 변질하였으며	애 4	: 1	-	2
슬프다 이 성이여 전에는 사람들이 많더니 이제는	애 1	: 1	-	2
슬프다 주께서 어찌 그리 진노하사 딸 시온을 구름으로	애 2	: 1	-	3
슬픔을 돌려서 즐겁게 하며 그들을 위로하여 그들의	렘 31	: 13		
슬픔이 변하여 기쁨이 되고 애통이 변하여 길한 날이	에 9	: 22	-	32
슬피 울어도 너희가 가슴을 치지 아니하였다 함과 같도	마 11	: 17		
승천하시다	막 16	: 19	-	20
승천하시다	눅 24	: 50	-	53
승천하시다	행 1	: 6	-	11
시기를 알거니와 자다가 깰 때가 벌써 되었으니 이는	롬 13	: 11	-	14
시기와 다툼이 있는 곳에는 혼란과 모든 악한 일이 있	약 3	: 16		
시기와 다툼이 있으면 자랑하지 말라	약 3	: 14	-	16
시기와 분쟁이 있으니 육신에 속하여 사람을 따라 행함	고전 3	: 3	-	9
시내산 도착 (출애굽 이스라엘 백성)	출 19	: 1	-	2
시내산에 강림하시다	출 19	: 3	-	25
시내산에서 언약서 낭독	출 24	: 1	-	18
시내산으로부터 종을 낳은 자니 곧 하갈이라	갈 4	: 24	-	31
시냇가에 심은 나무가 철을 따라 열매를 맺으며	시 1	: 3		
시냇물을 찾기에 갈급함 같이 내 영혼이 주를 찾기에	시 42	: 1		
시돈이 받을 심판	겔 28	: 20	-	24
시드기야 왕과 예루살렘에 남은 자는 나쁜 무화과 같이	렘 24	: 8	-	10
시드기야 왕에 대한 여호와의 말씀	렘 34	: 1	-	7
시드기야 왕이 목이 곧고 완악하여 하나님을 배반	대하 36	: 12	-	13
시드기야 왕이 악을 행하고 바벨론 왕을 배반하다	왕하 24	: 19	-	20
시드기야 왕이 포로가 되어 두 눈을 빼앗기다	왕하 25	: 1	-	7
시드기야가 예레미야와 밀담하다	렘 38	: 14	-	28

시드기야는 바벨론 왕에 의하여 유다 왕에 오르다	대하 36	: 9	- 10
시드기야를 느부갓네살이 유다 왕으로 삼다	렘 37	: 1	- 10
시드기야를 바벨론 왕이 유대 왕으로 세우다	왕하 24	: 15	- 17
시드기야의 눈을 빼게하고 바벨론으로 옮기려고 사슬로	렘 39	: 6	- 10
시드기야의 두 눈을 빼고 놋사슬로 그를 결박하여	렘 52	: 11	
시드기야의 비참한 종말	렘 52	: 1	- 11
시련을 견디어 낸 자가 주께서 약속하신 생명의 면류관	약 1	: 12	- 15
시를 읊으며 소고를 치고 아름다운 수금에 비파를	시 81	: 2	
시몬 베드로가 대답하여 주는 그리스도시요 살아 계신	마 16	: 16	- 20
시몬 베드로가 벗고 있다가 주님이라는 말을 듣고	요 21	: 7	- 14
시몬 베드로가 이를 보고 예수의 무릎 아래에 엎드려	눅 5	: 8	
시몬과 그 형제 안드레가 바다에 그물 던지는 것을 보시	막 1	: 16	- 20
시몬도 믿고 세례를 받은 후에 전심으로 빌립을 따라	행 8	: 13	
시몬아 네가 이 사람들보다 나를 더 사랑하느냐	요 21	: 15	- 25
시몬아 자느냐 네가 한 시간도 깨어 있을 수가 없더냐	막 14	: 37	- 42
시몬에게는 베드로란 이름을 더하셨고	막 3	: 16	- 17
시몬의 장모가 열병으로 누워 있는지라	막 1	: 30	- 31
시몬의 장모가 중한 열병을 앓고 있는지라	눅 4	: 38	- 39
시몬이 사도들의 안수로 성령 받는 것을 보고 돈을 드려	행 8	: 18	- 22
시몬이라 하는 사람이 전부터 있어 마술을 행하여	행 8	: 9	- 13
시몬이라는 구레네 사람을 만나매 그에게 예수의 십자가	마 27	: 32	
시몬이라는 구레네 사람이 시골에서 오는 것을 붙들어	눅 23	: 26	
시므리가 이스라엘 5대 왕이 되어 7일간 다스리다	왕상 16	: 9	- 10
시므온 지파 자손의 기업	수 19	: 1	- 9
시므온의 자손	대상 4	: 24	- 43
시므온이 아기를 안고 하나님을 찬송하여 이르되	눅 2	: 28	- 35
시므온이라 하는 사람이 있으니 의롭고 경건하여	눅 2	: 25	- 35
시므이가 다윗에게 돌을 던지며 저주하다	삼하 16	: 5	- 14
시므이가 다윗에게 용서를 빌다	삼하 19	: 16	- 23
시므이가 처형되다	왕상 2	: 36	- 46
시민권은 하늘에 있는지라 거기로부터 구원하는 자 곧	빌 3	: 20	- 21
시민권을 얻었노라 바울이 이르되 나는 나면서부터라	행 22	: 28	- 29

시바(므비보셋의 종)과 다윗   삼하 16 : 1 - 4

시삭(애굽왕)에게 성전과 왕궁의 보물들을 빼앗기다   대하 12 : 9

시온성을 보라 네 눈이 안정된 처소인 예루살렘을 보리   사 33 : 20 - 22

시온아 네 죄악의 형벌이 다하였으니 주께서 다시는   애 4 : 22

시온에서 절기와 안식일을 잊어버리게 하시며   애 2 : 6 - 7

시온을 빼앗아 성을 쌓아 다윗성이라 하다   삼하 5 : 5 - 12

시온을 택하시고 자기 거처를 삼고자 하여 이르시기를   시 132 : 13 - 15

시온의 기초 돌   사 28 : 14 - 22

시온의 딸들에게 말씀하시다   사 3 : 16 - 26

시온의 영광스런 회복의 메시지   사 61 : 1 - 11

시온의 영광스런 회복의 메시지   사 62 : 1 - 12

시온의 회복과 구원   미 4 : 1 - 13

시와 찬송과 신령한 노래들로 서로 화답하며   엡 5 : 19 - 21

시인하면 인자도 하나님의 사자 앞에서 그를 시인할 것   눅 12 : 8 - 9

시작은 미약하였으나 네 나중은 심히 창대하리라   욥 8 : 7

시작할 때에 확신한 것을 끝까지 견고히 잡고 있으면   히 3 : 14

시장에서 문안 받는 것과 사람에게 랍비라 칭함을 받는   마 23 : 7

시장에서 파는 것은 양심을 위하여 묻지 말고 먹으라   고전 10 : 25 - 29

시집 간 자는 어찌하여야 남편을 기쁘게 할까 하느니라   고전 7 : 34 - 40

시집가지 않은 자와 처녀는 몸과 영을 거룩하게 하되   고전 7 : 34 - 40

시체 처리 (사형을 받은 자)   신 21 : 22 - 23

시체가 있는 곳에는 독수리가 있느니라   욥 39 : 30

시체가 회생하다 (엘리사 뼈에 닿으매)   왕하 13 : 20 - 21

시체는 보지 못하고 와서 그가 살아나셨다 하는 천사들   눅 24 : 23 - 35

시체를 만진 자   민 19 : 11 - 22

시험 당할 즈음에 또한 피할 길을 내사 능히 감당하게   고전 10 : 13 - 14

시험삼아 악귀들린 자들에게 주 예수 이름을 불러 말하   행 19 : 13 - 20

시험에 들게 하지 마시옵소서   눅 11 : 4

시험에 들지 않게 깨어 기도하라 마음에는 원이로되   마 26 : 41

시험에 들지 않게 깨어 있어 기도하라   막 14 : 38 - 42

시험에 들지 않게 일어나 기도하라 하시니라   눅 22 : 46

시험으로 말미암아 잠깐 근심하게 되지 않을 수 없으나   벧전 1 : 6 - 9

시험은 감당하지 못할 당함을 허락하지 아니하시고	고전 10 : 13 - 14
시험을 당하거든 온전히 기쁘게 여기라	약 1 : 2 - 4
시험을 받는 것은 자기 욕심에 끌려 미혹됨이니	약 1 : 14 - 15
시험을 받아 고난을 당하셨은즉 시험 받는 자들을 능히	히 2 : 18
시험을 받으러 광야로 가사 40일을 밤낮으로 금식하신	마 4 : 1 - 2
시험을 받으시다	마 4 : 1 - 11
시험을 받으시다 (예수님)	막 1 : 12 - 13
시험을 받으시다 (예수님)	눅 4 : 1 - 13
시험을 받으신 이로되 죄는 없으시니라	히 4 : 15 - 16
시험을 받을 때에 내가 하나님께 시험을 받는다 하지 말	약 1 : 13 - 15
시험을 참는 자는 복이 있나니 이는 시련을 견디어 낸	약 1 : 12 - 15
시험의 때를 면하게 하리니 이는 장차 온 세상에 임하여	계 3 : 10
시험하는 것이 내 육체에 있으되 이것을 너희가 업신여	갈 4 : 14
시험하는 자가 너희를 시험하여 우리의 수고를 헛되게	살전 3 : 5 - 7
시험하려 하느냐 보라 네 남편을 장사하고 오는 사람들	행 5 : 9 - 11
시험하려 함이라 하시니라 (이방 민족들을 남겨 둠)	삿 2 : 22 - 23
시험하리라 (기드온을 위한 여호와의 시험)	삿 7 : 4 - 9
시험하사 마침내 네게 복을 주려하심이었느니라	신 8 : 16
시험하여 보고 그 후에 책망할 것이 없으면 집사의 직분	딤전 3 : 10 - 13
시험하여 우리 수고를 헛되게 할까 함이니	살전 3 : 5 - 7
시험하지 말라 (여호와를)	신 6 : 16
시혼 왕과 헷스본을 정복	신 2 : 24 - 37
시홀의 물을 마시려고 애굽으로 가는 길에 있음은 어찌	렘 2 : 18
식후에 또한 그와 같이 잔을 가지시고 이르시되 이 잔은	고전 11 : 25 - 29
신 벗김을 받은 자의 집이라 부를 것이니라	신 25 : 9 - 10
신 포도를 먹는 자마다 그의 이가 신 것 같이 누구나	렘 31 : 30
신 포도주를 적신 해면을 우슬초에 매어 예수의 입에	요 19 : 29 - 30
신도의 수가 삼천이나 더하더라	행 2 : 41 - 42
신들이 사람의 형상으로 우리 가운데 내려오셨다 하여	행 14 : 11 - 12
신랑과 함께 있을 동안에 슬퍼할 수 있느냐	마 9 : 15
신랑과 함께 있을 동안에는 금식할 수 없느니라	막 2 : 19 - 20
신랑과 함께 있을 때에 너희가 그 손님으로 금식할 수	눅 5 : 34 - 35

신랑을 빼앗길 날이 이르리니 그 날에는 금식할 것이니	막 2	:	20	
신랑을 빼앗길 날이 이르리니 그 때에 금식할 것이니라	마 9	:	15	
신랑의 음성을 듣는 친구가 크게 기뻐하나니	요 3	:	29	- 30
신랑이 신부를 기뻐함 같이 네 하나님이 너를 기삐히시	사 62	:	5	
신령한 것을 뿌렸은즉 너희의 육적인 것을 거두기로	고전 9	:	11	- 13
신령한 반석으로부터 마셨으매 그 반석은 그리스도라	고전 10	:	4	- 12
신령한 복	엡 1	:	3	- 14
신령한 복을 우리에게 주시되 창세 전에 그리스도 안에	엡 1	:	3	- 6
신령한 은사를 너희에게 나누어 주어 너희를 견고하게	롬 1	:	11	- 12
신령한 자는 모든 것을 판단하나 자기는 아무에게도	고전 2	:	15	- 16
신령한 젖을 사모하라 이는 그로 말미암아 구원에 이르	벧전 2	:	2	- 3
신령한 지혜와 총명에 하나님의 뜻을 아는 것으로 채우	골 1	:	9	
신뢰함으로 겁 없이 하나님의 말씀을 더욱 담대히 전하	빌 1	:	14	- 17
신만 신고 두 벌 옷도 입지 말라 하시고	막 6	:	9	- 13
신발끈을 풀기도 감당하지 못하겠노라	막 1	:	7	- 8
신발끈을 풀기도 감당하지 못하겠노라 그는 성령과 불	눅 3	:	16	- 17
신발끈을 풀기도 감당하지 못하겠노라 하니라	요 1	:	27	- 28
신발끈을 풀기도 감당하지 못하리라 하였으니	행 13	:	25	- 30
신복 모욕 사건 (수염을 깎고 의복을 자른 사건)	삼하 10	:	1	- 5
신부 곧 어린 양의 아내를 네게 보이리라 하고	계 21	:	9	- 11
신부를 취하는 자는 신랑이나 서서 신랑의 음성을 듣는	요 3	:	29	- 30
신비의 계시를 따라 된 것이니 이 복음으로 너희를 견고	롬 16	:	26	- 27
신상들을 부어 만들지 말지니라	출 34	:	17	
신성모독으로 인함이니 네가 사람이 되어 자칭 하나님	요 10	:	33	- 39
신성을 모독하지 못하게 하려 함이라	딤전 1	:	20	
신성의 모든 충만이 육체로 거하시고	골 2	:	9	- 10
신성한 성품에 참여하는 자가 되게 하려 하셨느니라	벧후 1	:	4	- 7
신을 벗어 이웃에게 주더니 이것이 증명하는 전례가	룻 4	:	7	
신을 벗으라 네가 서 있는 곳은 거룩한 땅이니라	행 7	:	33	- 34
신전에서 벌금으로 얻은 포도주를 마심이니라	암 2	:	8	
신접한 자와 박수를 믿지 말며	레 19	:	31	
신중하며 순전하며 집안 일을 하며 선하며 자기 남편	딛 2	:	5	- 8

신중하여 고난을 받으며 전도자의 일을 하며 직무를   딤후 4 : 5

신혼 가정의 징집 면제   신 24 : 5

신화를 버리고 경건에 이르도록 네 자신을 연단하라   딤전 4 : 7

신화와 끝없는 족보에 몰두하지 말게 하려 함이라   딤전 1 : 4 - 11

실로암에 가서 씻으라 하기에 가서 씻었더니 보게 되었   요 9 : 11 - 12

실로의 춤추는 여자들   삿 21 : 19 - 25

실족하게 하는 그 사람에게는 화가 있도다   마 18 : 7

실족하게 하는 일들이 있음으로 이 세상에 화가 있도다   마 18 : 7

실족하게 하면 연자맷돌이 그 목에 매여 바다에 던져지   막 9 : 42

실족하게 할진대 차라리 연자맷돌이 그 목에 매여 바다   눅 17 : 2

실족하지 아니하게 하시며 너를 지키시는 이가 졸지   시 121 : 3 - 8

실족하지 않게 하기 위하여 낚시를 던져 고기의 입을 열   마 17 : 27

실천하는 자니 이 사람은 그 행하는 일에 복을 받으리라   약 1 : 25

심고 거주하게 하리라   삼하 7 : 10 - 12

심고 다른 사람이 거둔다 하는 말이 옳도다   요 4 : 37 - 38

심긴 후에는 자라서 큰 가지를 내나니 공중의 새들이   막 4 : 32

심는 이나 물 주는 이는 아무 것도 아니로되 자라게 하   고전 3 : 7 - 9

심는 이와 물 주는 이는 한가지이나 각각 자기가 일한   고전 3 : 8 - 9

심는 자에게 씨와 양식을 주시는 이가 너희 심을 것을   고후 9 : 10 - 12

심령으로 섬기는 하나님이 나의 증인이 되시거니와   롬 1 : 9 - 12

심령으로는 너희와 함께 있어 너희가 질서있게 행함과   골 2 : 5

심령이 가난한 자는 복이 있나니 천국이 그들의 것임   마 5 : 3

심령이 새롭게 되어 하나님을 따라 의와 진리의 거룩함   엡 4 : 23 - 24

심령이 통회하며 내 말을 듣고 떠는 자 그 사람을 내가   사 66 : 2

심으시지 않은 것은 뽑힐 것이니 그냥 두라   마 15 : 13 - 14

심을 것을 주사 풍성하게 하시고 너희 의의 열매를 더하   고후 9 : 10 - 12

심음과 거둠과 추위와 더위와 여름과 겨울과 낮과 밤이   창 8 : 22

심지 않은 데서 거두고 헤치지 않은 데서 모으는 줄을   마 25 : 24 - 30

심판 날에 네 말로 의롭다 함을 받고 네 말로 정죄함을   마 12 : 36 - 37

심판 날에 소돔 땅이 너보다 견디기 쉬우리라 하시니라   마 11 : 24

심판 때에 남방 여왕이 일어나 이 세대 사람을 정죄하리   마 12 : 42

심판 때에 남방 여왕이 일어나 이 세대 사람을 정죄하리   눅 11 : 31 - 32

심판 때에 니느웨 사람들이 일어나 이 세대 사람을 정죄　　마 12 : 41 - 42

심판 때에 니느웨 사람들이 일어나 이 세대 사람을 정죄　　눅 11 : 32

심판 중에 의인도 자기의 생명만 건지리라　　겔 14 : 13 - 23

심판과 멸망의 날끼지 보존하여 두신 것이니라　　벧후 3 : 7 - 10

심판과 회복의 예언　　사 32 : 9 - 20

심판대 앞에 선악간에 그 몸으로 행한 것을 따라 받으려　　고후 5 : 10

심판에 대하여라 함은 이 세상 임금이 심판을 받았음　　요 16 : 11 - 15

심판에 이르지 아니하나니 사망에서 생명으로 옮겼느니　　요 5 : 24 - 29

심판은 거만한 자을 위하여 예비된 것이요 채찍은　　잠 19 : 29

심판은 참되고 의로운지라 음행으로 땅을 더럽게 한　　계 19 : 2 - 3

심판은 한 사람으로 말미암아 정죄에 이르렀으나　　롬 5 : 16 - 21

심판을 강론하니 베릭스가 두려워하여 대답하되　　행 24 : 25 - 27

심판을 다 아들에게 맡기셨으니 이는 모든 사람으로　　요 5 : 22 - 29

심판의 여호와의 칼이 이스라엘에 임하리라　　겔 21 : 1 - 32

심판이 나타나는 그 날에 임할 진노를 네게 쌓는도다　　롬 2 : 5

심판이 온 땅에 임할 예언　　사 24 : 1 - 23

심판이 이르렀으니 이 세상의 임금이 쫓겨나리라　　요 12 : 31

심판하노니 나는 나의 뜻대로 하려 하지 않고 나를 보내　　요 5 : 30

심판하는 권한을 주셨느니라　　요 5 : 27 - 29

심판하러 너희에게 임할 것이라　　말 3 : 5

심판하러 이 세상에 왔으니 보지 못하는 자들은 보게하　　요 9 : 39 - 41

심판하러 임하실 것임이로다　　시 98 : 9

심판하려 하심이 아니요 그로 말미암아 세상이 구원을　　요 3 : 17 - 18

심판하려 함이 아니요 세상을 구원하려 함이로라　　요 12 : 47 - 48

심판하시다　　사 3 : 13 - 15

심판하여 진노의 피와 질투의 피를 네게 돌리고　　겔 16 : 38 - 41

심판할 날을 작정하시고 이에 그를 죽은 자 가운데서　　행 17 : 31

심판할 때가 되었나니 복음을 순종하지 아니하는 자들　　벧전 4 : 17 - 19

심판할 이가 있으니 곧 내가 한 그 말이 마지막 날에　　요 12 : 48

십 명으로 말미암아 멸하지 아니하리라　　창 18 : 32

십 일 동안 환난을 받으리라 네가 죽도록 충성하라　　계 2 : 10

십계명 (다시 받은 십계명)　　신 10 : 1 - 5

십계명 내용	출 20	: 3	- 17
십계명 내용 (호렙산 언약)	신 5	: 7	- 21
십계명 주심	신 4	: 10	- 14
십계명을 그 판들에 기록하셨더라 (사십 주야 단식)	출 34	: 28
십계명이며 두 돌판에 친히 쓰신 것이라	신 4	: 13
십보라가 돌칼을 가져다가 그의 아들의 포피를 베어	출 4	: 25	- 26
십보라가 피 남편이라 함은 할례 때문이었더라	출 4	: 25	- 26
십보라를 모세에게 주었더니 그가 아들을 낳으매	출 2	: 21	- 22
십볼렛이라 발음하면 요단강 나루턱에서 죽였더라	삿 12	: 6
십분의 일은 거룩한 성 예루살렘에서 거주하게 하고	느 11	: 1	- 2
십분의 일은 여호와의 것이니 여호와의 성물이라	레 27	: 30
십분의 일을 내가 반드시 하나님께 드리겠나이다	창 28	: 22
십사만 사천 명이 노래를 부르다	계 14	: 1	- 5
십사만 사천 밖에는 능히 이 노래를 배울 자가 없더라	계 14	: 3	- 5
십오 년을 더할 것이며 (히스기야의 수명)	왕하 20	: 6	- 7
십일조	민 18	: 26	- 29
십일조	말 3	: 7	- 12
십일조 (레위인의 십일조)	민 18	: 26	- 30
십일조 (하나님의 것)	레 27	: 30	- 34
십일조 규례	신 14	: 22	- 29
십일조는 드리되 공의와 하나님께 대한 사랑은 버리는	눅 11	: 42
십일조는 드리되 율법의 더 중한 바 정의와 긍휼과 믿음	마 23	: 23
십일조는 목자의 지팡이 아래로 통과하는 것의 열 번째	레 27	: 32
십일조는 여호와께서 택하신 곳에서	신 14	: 22	- 27
십일조로 나를 시험하여 너희에게 복을 쌓을 곳이 없도	말 3	: 10
십일조를 드리는 해 (셋째 해)	신 26	: 12	- 13
십일조를 레위 사람들에게 주리라 하였나니	느 10	: 37	- 39
십일조를 레위 자손에게 기업으로 다 주어서 그들이	민 18	: 21	- 24
십일조를 레위인에게 기업으로 주었으므로	민 18	: 24
십일조를 많이 가져왔으며	대하 31	: 5	- 12
십일조의 사용	신 14	: 22	- 29
십일조의 십분의 일을 가져다가 하나님의 전 곳간에	느 10	: 38	- 39

십자가 곁에는 그 어머니와 이모와 글로바 아내 마리아	요 19	:	25	- 27
십자가로 이 둘을 한 몸으로 하나님과 화목하게 하려	엡 2	:	16	- 19
십자가로 화목하게 하시다	엡 2	:	11	- 22
십자가를 지고 나를 따르지 않는 자도 네 제지가 되지	눅 14	:	27	
십자가를 지고 나를 따르지 않는 자도 내게 합당하지	마 10	:	38	- 39
십자가를 지고 나를 따를 것이니라	마 16	:	24	
십자가를 지고 나를 따를 것이니라	눅 9	:	23	
십자가를 지시고 해골이라 하는 곳에 나가시니	요 19	:	17	- 27
십자가를 참으사 부끄러움을 개의치 아니하시더니	히 12	:	2	- 11
십자가에 못 박게 하소서 하는지라	눅 23	:	21	- 25
십자가에 못 박게 할 것이나 제 삼일에 살아나리라	마 20	:	19	
십자가에 못 박고 그 옷을 나눌새 제비를 뽑더라	막 15	:	24	
십자가에 못 박고 그의 옷을 취하여 네 깃에 나눠 각각	요 19	:	23	- 24
십자가에 못 박도록 예수를 넘겨 주다	요 19	:	1	- 16
십자가에 못 박은 후에 그 옷을 제비 뽑아 나누고	마 27	:	35	
십자가에 못 박을새 두 사람도 그와 함께 좌우편에	요 19	:	18	
십자가에 못 박혔나니 그런즉 이제는 내가 사는 것이 아	갈 2	:	20	- 21
십자가에 못 박히게 예수를 넘기다	마 27	:	11	- 26
십자가에 못 박히고 제삼일에 다시 살아나야 하리라	눅 24	:	7	- 12
십자가에 못 박히기 위하여 팔리리라 하시더라	마 26	:	2	
십자가에 못 박히시다	마 27	:	32	- 44
십자가에 못 박히시다	막 15	:	21	- 32
십자가에 못 박히시다	눅 23	:	26	- 43
십자가에 못 박히시다	요 19	:	17	- 27
십자가에 못 박힌 것은 죄의 몸이 죽어 다시는 우리가	롬 6	:	6	- 11
십자가에 예수를 못 박도록 그들에게 넘겨 주니라	요 19	:	16	
십자가에서 내려와 우리가 보고 믿게 할지어다 하며	막 15	:	32	
십자가의 도가 멸망하는 자들에게는 미련한 것이요	고전 1	:	18	- 21
십자가의 피로 화평을 이루사 만물이 자기와 화목하게	골 1	:	20	- 23
싯나 (이삭이 두번째 판 우물) - 재차 다툼	창 26	:	21	- 22
싯딤 골짜기의 전쟁	창 14	:	1	- 12
싯딤에 머물러 있더니 그 백성이 모압 여자들과 음행	민 25	:	1	- 18

싸우기를 허공을 치는 것 같이 아니하며	고전 9	: 26	-	27
싸우는 무기는 육신에 속한 것이 아니요 하나님 능력	고후 10	: 4	-	6
싸울 날을 위하여 마병을 예비하나 이김은 여호와께 있	잠 21	: 31		
싹이 나고 결실할 때에 가라지도 보이거늘	마 13	: 26	-	30
싹이 나면 너희가 보고 여름이 가까운 줄을 자연히 아	눅 21	: 30	-	33
썩어지지 아니하는 하나님의 영광을 썩어질 사람과	롬 1	: 23	-	25
썩을 것이 반드시 썩지 아니할 것을 입겠고 죽을 것이	고전 15	: 53	-	58
썩을 승리자의 관을 얻고자 하되 우리는 썩지 아니할	고전 9	: 25	-	27
썩을 양식을 위하여 일하지 말고 영생하도록 있는 양식	요 6	: 27		
쑥을 먹이고 독한 물을 마시게 하고 칼을 보내리라	렘 9	: 15	-	16
쑥을 먹이고 독한 물을 마시게 하리니 이는 사악이	렘 23	: 15	-	17
쓴 뿌리가 나서 괴롭게 하여 많은 사람이 이로 말미암아	히 12	: 15	-	17
쓴물 (의심의 법에 사용됨)	민 5	: 17	-	18
쓸개 탄 포도주를 예수께 주어 마시게 하려 하였더니	마 27	: 34		
쓸데없는 말을 하며 일을 만들며 마땅히 아니할 말을	딤전 5	: 13	-	16
씨가 죽지 않으면 살아나지 못하겠고	고전 15	: 36	-	44
씨는 하나님의 말씀이요 길 가에 있다는 것은 말씀을	눅 8	: 11	-	15
씨를 뿌려도 추수하지 못할 것이며	미 6	: 14	-	15
씨를 뿌리는 이는 인자요 밭은 세상이요 좋은 씨는	마 13	: 37	-	43
씨를 뿌리는 자 4가지 비유	막 4	: 1	-	20
씨를 뿌리는 자가 뿌리러 나가서 뿌릴새 더러는 길 가에	마 13	: 3	-	8
씨를 뿌리는 자가 뿌리러 나가서 뿌릴새 더러는 길 가에	막 4	: 3	-	9
씨를 뿌리는 자가 뿌리러 나가서 뿌릴새 더러는 길 가에	눅 8	: 5	-	15
씨름은 혈과 육을 상대하는 것이 아니요 통치자들과	엡 6	: 12	-	17
씻어 주지 아니하면 네가 나와 상관이 없느니라	요 13	: 8	-	15
씻지 않은 손으로 먹는 것은 사람을 더럽게 하지 못하느	마 15	: 20		
아간을 처형하다	수 7	: 24	-	26
아간의 범죄	수 7	: 1	-	26
아간이 탐내어 감춘 물건	수 7	: 20	-	21
아겔다마라 하니 이는 피밭이라는 뜻이다	행 1	: 19	-	20
아골 골짜기	수 7	: 24	-	26
아굴의 잠언	잠 30	: 1	-	33

아기 예수의 정결예식	눅 2 : 22 - 40
아기가 자라며 강하여지고 지혜가 충만하며 하나님의	눅 2 : 40
아기들 같이 순전하고 신령한 젖을 사모하라	벧전 2 : 2 - 3
아기를 낳으면 세상에 사람 난 기쁨으로 그 고통을	요 16 : 21 - 22
아기스(블레셋 가드 왕)과 다윗	삼상 27 : 2 - 12
아기스(블레셋 가드 왕)과 다윗	삼상 28 : 2 - 2
아나니아가 이 말을 듣고 엎드려져 혼이 떠나니	행 5 : 5 - 11
아나니아라 하는 사람이 그의 아내 삽비라와 더불어	행 5 : 1 - 11
아나니아라 하는 제자가 있더니 주께서 환상 중에 불러	행 9 : 10 - 19
아나니아와 삽비라	행 5 : 1 - 11
아나돗의 밭을 예레미야가 사다	렘 32 : 6 - 15
아낙 자손 (가나안 거주민)	민 13 : 22 - 28
아낙 자손을 보았노라 하는도다 하기로	신 1 : 28
아낙 족속 같이 강하고 많고 키가 크므로	신 2 : 10
아내 사랑하기를 자기 자신과 같이 할지니	엡 5 : 28
아내 사랑하기를 자신 같이 하고 아내도 자기 남편을	엡 5 : 33
아내 있는 자들은 없는 자 같이 하며	고전 7 : 29 - 40
아내가 남편을 버리고 다른 데로 시집가면 간음을 행함	막 10 : 12
아내는 결실한 포도나무 같으며 자식들은 감람나무 같	시 128 : 3
아내는 그 남편이 살아 있는 동안에 매여 있다가 남편이	고전 7 : 39 - 40
아내는 자기 몸을 주장하지 못하고 오직 그 남편이 하며	고전 7 : 4 - 6
아내도 자기 남편을 존경하라	엡 5 : 33
아내된 자여 네가 남편을 구원할는지 어찌 알 수 있으리	고전 7 : 16
아내들도 범사에 자기 남편에게 복종할지니라	엡 5 : 24
아내들아 남편에게 복종하라 이는 주 안에서 마땅하니	골 3 : 18 - 21
아내들아 이와 같이 자기 남편에게 순종하라	벧전 3 : 1 - 6
아내들이여 자기 남편에게 복종하기를 주께 하듯 하라	엡 5 : 22 - 24
아내를 버리고 다른 데 장가드는 자도 간음함이요	눅 16 : 18
아내를 버리고 다른 장가 드는 자는 본처에게 간음을 행	막 10 : 11 - 12
아내를 버리려거든 이혼 증서를 줄 것이라 하였으나	마 5 : 31 - 32
아내를 사랑하는 자는 자기를 사랑하는 것이라	엡 5 : 28
아내를 사랑하며 괴롭게 하지 말라	골 3 : 19 - 21

아내에게 놓였느냐 아내를 구하지 말라	고전 7	: 27	- 40
아내에게 매였느냐 놓이기를 구하지 말며	고전 7	: 27	- 40
아내에게 합하여 그 둘이 한 몸이 될지니라	마 19	: 5	- 6
아내와 남편	엡 5	: 22	- 33
아내와 남편	벧전 3	: 1	- 7
아내와 동거하고 귀히 여기라 이는 너희 기도가 막히지	벧전 3	: 7	
아내와 즐겁게 살지어다 그 것이 수고한 네 몫이라	전 9	: 9	
아내와 합하여 그 둘이 한 육체가 될지니	엡 5	: 31	- 33
아내와 합하여 둘이 한 몸을 이룰지로다	창 2	: 24	
아내의 간통 판별 (의심의 법)	민 5	: 11	- 31
아내의 순결에 관한 법	신 22	: 13	- 21
아는 것을 말하고 본 것을 증언하노라	요 3	: 11	- 12
아는 것을 예배하노니 이는 구원이 유대인에게서	요 4	: 22	- 24
아는 줄로 생각하면 아직도 마땅히 알 것을 알지 못하는	고전 8	: 2	- 6
아닥사스다 왕의 조서 (에스라에게)	스 7	: 11	- 26
아달랴 7대 유다 여왕이 죽임을 당하다	대하 23	: 1	- 14
아달랴 유다 여왕이 7년을 통치하다	왕하 11	: 1	- 16
아달랴가 왕족의 씨를 진멸하다	대하 22	: 10	- 12
아담 안에서 모든 사람이 죽은 것 같이 그리스도 안에	고전 15	: 22	- 26
아담과 그리스도	롬 5	: 12	- 21
아담과 그의 아내를 위하여 가죽 옷을 지어 입히시니라	창 3	: 21	
아담과 하와를 에덴 동산에서 쫓아내시다	창 3	: 22	- 24
아담으로부터 모세까지 아담의 범죄와 같은 죄를 짓지	롬 5	: 14	- 16
아담의 계보	창 5	: 1	- 32
아담의 범죄와 같은 죄를 짓지 아니한 자들까지도 사망	롬 5	: 14	- 16
아담의 족보 (아담에서 아브라함까지)	대상 1	: 1	- 27
아담이 그의 아내의 이름을 하와라 불렀으니 그는	창 3	: 20	
아담이 돕는 배필이 없으므로	창 2	: 20	- 24
아담이 먼저 지음을 받고 하와가 그 후며	딤전 2	: 13	- 15
아담이 속은 것이 아니고 여자가 속아 죄에 빠졌음이라	딤전 2	: 14	- 15
아데미의 신상 모형을 만들어 직공들에게 벌이를 하게	행 19	: 24	- 41
아도니 베섹의 엄지손가락과 엄지발가락을 자르다	삿 1	: 4	- 7

아도니아가 솔로몬을 두려워하여 제단의 뿔을 잡다	왕상	1	: 50	- 53
아도니야가 왕위 계승을 노리다	왕상	1	: 5	- 10
아도니야가 죽임을 당하다	왕상	2	: 13	- 25
아둘람 굴 (다윗의 피신처)	삼상 22		: 1	- 2
아들 곧 택함을 받은 자니 너희는 그의 말을 들으라	눅	9	: 35	- 36
아들 네 독자까지도 아끼지 아니하였으니 하나님을	창 22		: 12	- 14
아들 안에서 우리가 속량 곧 죄 사함을 얻었도다	골	1	: 14	
아들 중 장자는 다 대속할지며	출 34		: 20	
아들 중 처음 난 모든 자는 대속할지니라	출 13		: 16	
아들과 함께 모든 것을 우리에게 주시지 아니하겠느냐	롬	8	: 32	- 39
아들도 모르고 오직 아버지만 아시느니라	마 24		: 36	- 51
아들도 자기가 원하는 자들을 살리느니라	요	5	: 21	- 29
아들들과 네 아내와 네 며느리들과 함께 그 방주로 들어	창	6	: 18	- 19
아들들아 아비의 훈계를 들으며 명철을 얻기에 주의하	잠	4	: 1	
아들아 아비의 훈계를 들으며 어미의 법을 떠나지 말라	잠	1	: 8	- 9
아들에게 보이시고 또 그보다 더 큰 일을 보이사 너희로	요	5	: 20	- 29
아들에게 순종하지 아니하는 자는 영생을 보지 못하고	요	3	: 36	
아들에게도 생명을 주어 그 속에 있게 하셨고	요	5	: 26	- 29
아들은 아버지의 죄악을 담당하지 아니할 것이요	겔 18		: 20	
아들은 죽었다가 다시 살아났으며 내가 잃었다가 다시	눅 15		: 24	- 32
아들은 하나님의 영광의 광채시요 그 본체의 형상이시	히	1	: 3	- 14
아들을 공경하지 아니하는 자는 그를 보내신 아버지도	요	5	: 23	- 29
아들을 낳아 강보로 싸서 구유에 뉘었으니 이는 여관에	눅	2	: 7	
아들을 낳으니 그가 잘 생긴 것을 보고 석 달 동안 숨겼	출	2	: 2	- 10
아들을 낳으리니 예수라 하라 이는 그가 자기 백성을	마	1	: 21	
아들을 만유의 상속자로 세우시고 또 그로 말미암아	히	1	: 2	- 14
아들을 믿는 자에게는 영생이 있고 아들에게 순종하지	요	3	: 36	
아들을 보고 믿는 자마다 영생을 얻는 이것이니	요	6	: 40	
아들을 보내리니 그들이 혹 그는 존대하리라 하였더니	눅 20		: 13	- 18
아들을 부인하는 자에게는 또한 아버지가 없으되	요일	2	: 23	- 24
아들을 불 가운데로 지나게 하며 점치며 사술을 행하	왕하 21		: 6	- 7
아들을 사랑하사 만물을 다 그의 손에 주셨으니	요	3	: 35	- 36

아들을 삶아 먹는 포위당한 사마리아	왕하 6	: 24	- 30
아들을 세상에 보내신 것은 세상을 심판하려 하심이 아	요 3	: 17	- 18
아들을 시인하는 자에게는 아버지도 있느니라	요일 2	: 23	- 24
아들을 아끼지 아니하시고 우리 모든 사람을 위하여	롬 8	: 32	- 39
아들을 주시면 내가 그를 여호와께 드리고 삭도를	삼상 1	: 11	
아들의 권한	요 5	: 19	- 29
아들의 영을 우리 마음 가운데 보내사 아빠 아버지라	갈 4	: 6	- 7
아들의 음성을 들을 때가 곧 이 때라 듣는 자는 살아나리	요 5	: 25	- 29
아들의 죽으심으로 말미암아 하나님과 화목하게 되었	롬 5	: 10	- 11
아들이 너희를 자유롭게 하면 너희가 참으로 자유로우리	요 8	: 36	
아들이 떡을 달라 하는데 돌을 주며 생선을 달라 하는데	마 7	: 9	- 12
아들이 생선을 달라 하는데 생선 대신에 뱀을 주며	눅 11	: 11	- 12
아들이 아버지께서 하시는 일을 보지 않고는 아무 것도	요 5	: 19	- 29
아들이 없고 그 남편은 늙었나이다 하니	왕하 4	: 14	- 17
아들이 없으면 그 기업을 그의 딸들에게 돌릴 것이요	민 27	: 8	- 11
아들이 이로 말미암아 영광을 받게 하려 함이라	요 11	: 4	
아들이 있는 자에게는 생명이 있고 하나님의 아들이 없	요일 5	: 12	
아들이 태어나거든 너희는 그를 나일 강에 던지고	출 1	: 22	
아들이거든 그를 죽이고 딸이거든 살려두라	출 1	: 16	
아들이니 아들이면 하나님으로 말미암아 유업을 받을	갈 4	: 7	
아들이시면서도 받으신 고난으로 순종함을 배워서	히 5	: 8	- 10
아라비아에 관한 경고	사 21	: 13	- 17
아라우나의 타작 마당을 값을 주고 사다	삼하 24	: 21	- 25
아람 군대가 사마리아를 포위하여 기근이 심각하다	왕하 6	: 24	- 33
아람 군대가 포위한 사마리아 성에서 도망하다	왕하 7	: 6	- 7
아람 군대의 눈을 엘리사가 어둡게 하다	왕하 6	: 13	- 20
아람과 이스라엘과의 전쟁 (1차)	왕상 20	: 1	- 21
아람과 이스라엘과의 전쟁 (2차)	왕상 20	: 22	- 34
아람과 이스라엘의 전쟁	왕하 13	: 22	- 25
아론 자손의 직무	대상 6	: 49	
아론은 네 대언자가 되리니 내가 네게 명령한 바를	출 7	: 1	- 2
아론의 두 아들(나답과 아비후)이 벌을 받아 죽다	레 10	: 1	- 3

아론의 범죄 (금 송아지 사건)	출 32	: 1	-	6
아론의 변명 (금 송아지)	출 32	: 23	-	24
아론의 사망	민 33	: 38	-	39
아론의 싹난 지팡이와 언약의 돌판이 있고	히 9	: 4	-	5
아론의 아들들	민 3	: 1	-	4
아론의 자손	대상 6	: 49	-	53
아론의 지팡이 (순이 나고 꽃이 피다)	민 17	: 8	-	10
아론의 지팡이 (요술사의 뱀을 삼키다)	출 7	: 12	-	13
아론의 첫 제사 (위임식 후)	레 9	: 1	-	24
아론이 바로와 그의 신하 앞에 지팡이를 던지니 뱀이	출 7	: 10	-	13
아론이 있지 아니하냐 그가 말 잘 하는 것은 내가 아노	출 4	: 14	-	16
아론이 죽다	민 20	: 22	-	29
아롱진 것과 점 있는 것과 검은 것을 가려내며	창 30	: 32	-	34
아르를 롯 자손에게 기업으로 주심	신 2	: 9		
아르를 롯 자손에게 주심	신 2	: 18	-	19
아름다우므로 마음이 교만하였으며 네가 영화로우므로	겔 28	: 17		
아름다운 땅에 이르게 하시나니 그 곳은 시내와 분천과	신 8	: 7	-	10
아름다운 열매를 맺지 아니하는 나무마다 다 찍혀 불에	마 7	: 19	-	20
아름다운 옷을 입은 사람이 들어오고 또 남루한 옷을	약 2	: 2	-	4
아름답고 거룩한 것으로 여호와께 예배할지어다	시 96	: 8	-	9
아마겟돈이라 하는 곳으로 왕들을 모으더라	계 16	: 16		
아마사를 요압이 살해하다	삼하 20	: 8	-	10
아마샤 왕이 역적의 자녀들을 살려줌 (모세의 율법책)	대하 25	: 3	-	4
아마샤 왕이 이스라엘과 전투하여 패하다	왕하 14	: 8	-	14
아마샤 유다 9대 왕이 정직하나 온전치 않다	대하 25	: 1	-	2
아마샤가 세일 자손의 신들을 가져와 경배하다	대하 25	: 14	-	16
아마샤가 아모스를 모함하다	암 7	: 10	-	17
아마샤가 에돔과의 전쟁에서 승리하다	대하 25	: 5	-	16
아마샤가 에돔에게 승리하였으나 이스라엘에 패하다	왕하 14	: 7	-	14
아마샤가 이스라엘과의 전쟁에서 패하다	대하 25	: 17	-	28
아마샤가 정직히 행하였으나 산당은 제거하지 않음	왕하 14	: 3	-	4
아말렉과 르비딤에서의 전투에서 이스라엘이 승리	출 17	: 8	-	16

226

아말렉과 싸우라 내가 하나님의 지팡이를 손에 잡고   출 17 : 9 - 11

아말렉이 네게 행한 일을 기억하라   신 25 : 17 - 19

아멘 아멘하고 응답하고 몸을 굽혀 얼굴을 땅에 대고   느 8 : 6

아멘 찬송과 영광과 지혜와 감사와 존귀와 권능과 힘이   계 7 : 12

아멘 하여 하나님께 영광을 돌리게 되느니라   고후 1 : 20 - 22

아멘이시요 충성되고 참된 증인이시요 하나님의 창조   계 3 : 14

아멘하고 장로들은 엎드려 경배하더라   계 5 : 14

아모리 점령과 모압으로 진군   민 21 : 10 - 35

아모리의 모든 왕과 땅을 취하다   수 10 : 16 - 43

아모스를 아마샤가 모함하다   암 7 : 10 - 17

아모스에 보여주신 다섯 번째 환상 (성전 문지방)   암 9 : 1 - 10

아모스에 보여주신 환상(메뚜기, 불, 다림줄)   암 7 : 1 - 9

아모스에 보여주신 환상(여름 과일 한 광주리)   암 8 : 1 - 14

아몬이 악을 행하매 그의 신복들에 의하여 죽다   왕하 21 : 20 - 24

아무 것도 되지 못하고 된 줄로 생각하면 스스로 속임   갈 6 : 3 - 4

아무 것도 바라지 말고 꾸어 주라 그리하면 너희 상이   눅 6 : 35

아무 것도 없는 자 같으나 모든 것을 가진 자로다   고후 6 : 10 - 13

아무 육체도 하나님 앞에 자랑하지 못하게 하려 하심   고전 1 : 29

아무도 아버지의 손에서 빼앗을 수 없느니라   요 10 : 29 - 33

아무도 자신을 속이지 말라   고전 3 : 18 - 23

아무도 타 보지 않은 나귀 새끼가 매여 있는 것을 보리니   눅 19 : 30 - 44

아무에게서도 이만한 믿음을 보지 못하였노라   마 8 : 10 - 13

아바돈이요 헬라어로는 그 이름이 아볼루온이더라   계 9 : 11

아버지 집에 거할 곳이 많도다   요 14 : 2

아버지가 그를 보고 측은히 여겨 달려가 목을 안고 입을   눅 15 : 20 - 24

아버지가 신 포도를 먹었으므로 그 아들의 이가 시다고   겔 18 : 2 - 4

아버지가 아들을 세상의 구세주로 보내신 것을 우리가   요일 4 : 14 - 16

아버지가 아들을 아들이 그 아버지를 잡아먹으리라   겔 5 : 10

아버지가 자기 자녀에게 하듯 권면하고 위로하고 경계   살전 2 : 11 - 12

아버지가 자식을 긍휼히 여김 같이 여호와께서는   시 103 : 13

아버지께 구하는 것을 내 이름으로 주시리라   요 16 : 23 - 24

아버지께 듣고 배운 사람마다 내게로 오느니라   요 6 : 45 - 46

아버지께 참되게 예배하는 자들은 영과 진리로 예배할	요	4	:	23	- 24
아버지께서 가르치신 대로 이런 것을 말하는 줄도 알리	요	8	:	29	- 30
아버지께서 나를 사랑하신 것 같이 나도 너희를 사랑하	요	15	:	9	- 10
아버지께서 나를 아시고 내가 아버지를 아는 것 같이	요	10	:	15	- 17
아버지께서 내 안에 계셔서 그의 일을 하시는 것이라	요	14	:	10	- 12
아버지께서 내 안에 계시고 내가 아버지 안에 있음을	요	10	:	38	- 39
아버지께서 내 안에, 내가 아버지 안에 있는 것 같이	요	17	:	21	- 23
아버지께서 내게 주사 이루게 하시는 역사 곧 내가 하는	요	5	:	36	- 47
아버지께서 내게 주시는 자는 다 내게로 올 것이요	요	6	:	37	
아버지께서 너희에게 하늘로부터 참 떡을 주시나니	요	6	:	32	- 35
아버지께서 명하신 대로 행하는 것을 세상이 알게 하려	요	14	:	31	
아버지께서 보내신 것 같이 나도 너희를 보내노라	요	20	:	21	- 23
아버지께서 아들을 사랑하사 자기가 행하시는 것을	요	5	:	20	- 29
아버지께서 아무도 심판하지 아니하시고 심판을 다 아들	요	5	:	22	- 29
아버지께서 오게 하여 주지 아니하시면 내게 올 수 없다	요	6	:	65	- 69
아버지께서 이끌지 아니하시면 아무도 내게 올 수 없으	요	6	:	44	- 46
아버지께서 이제까지 일하시니 나도 일한다 하시매	요	5	:	17	- 18
아버지께서 자기 속에 생명이 있음 같이 아들에게도	요	5	:	26	- 29
아버지께서 주신 잔을 내가 마시지 아니하겠느냐	요	18	:	11	
아버지께서 죽은 자를 일으켜 살리심 같이 아들도	요	5	:	21	- 29
아버지께서 친히 나를 위하여 증언하셨느니라	요	5	:	37	- 47
아버지께서 하시는 일을 보지 않고는 아무 것도 스스로	요	5	:	19	- 29
아버지께서 행하시는 그것을 아들도 그와 같이 행하느	요	5	:	19	- 29
아버지께서 허락하지 아니하시면 그 하나도 땅에 떨어지	마	10	:	29	- 31
아버지께서는 모든 것이 가능하오니 이 잔을 내게서 옮	막	14	:	36	
아버지께서는 이런 것이 너희에게 있어야 할 것을 아시	눅	12	:	30	- 32
아버지나 어머니를 나보다 더 사랑하는 자는 합당하지	마	10	:	37	- 38
아버지나 어머니를 모욕하는 자는 죽임을 당하리라	막	7	:	10	- 13
아버지나 어머니를 폭행하거나 저주하는 자	출	21	:	15	- 17
아버지는 그 자식들로 말미암아 죽임을 당하지 않음	신	24	:	16	
아버지는 한 분이시니 곧 하늘에 계신 이시니라	마	23	:	9	
아버지라 부른즉 너희가 나그네로 있을 때를 두려움으	벧전	1	:	17	

아버지로 말미암아 자녀를 죽이지 말 것이라	왕하 14 : 6	
아버지로 말미암아 자녀를 죽이지 말 것이라	대하 25 : 4	
아버지를 공경하는 것 같이 아들을 공경하게 하려 하심	요 5 : 23 - 29	
아버지를 사랑하는 것과 아버지께서 명하신 대로 행하	요 14 : 31	
아버지를 섬겨 명을 어김이 없거늘 내게는 염소 새끼	눅 15 : 29 - 32	
아버지에게서 본 것을 말하고 너희는 너희 아비에게서	요 8 : 38 - 42	
아버지여 나를 구원하여 이 때를 면하게 하여 주옵소서	요 12 : 27	
아버지여 이름이 거룩히 여김을 받으시오며 나라가 임하	눅 11 : 2 - 4	
아버지와 아들과 성령의 이름으로 세례를 베풀고	마 28 : 19 - 20	
아버지와 아들을 부인하는 그가 적그리스도니	요일 2 : 22 - 24	
아버지와 아들이 한 젊은 여인에게 다녀서 내 거룩한	암 2 : 7 - 8	
아버지와 아들이, 아들이 아버지와, 어머니가 딸과, 딸	눅 12 : 53	
아버지와 어머니를 공경하라 이것은 약속이 있는 첫	엡 6 : 2 - 3	
아버지의 뜻대로 하는 자가 내 형제요 자매요 어머니	마 12 : 50	
아버지의 뜻대로 행하는 자라야 천국에 들어가리라	마 7 : 21	
아버지의 뜻은 아들을 보고 믿는 자마다 영생을 얻는	요 6 : 40	
아버지의 손에서 빼앗을 수 없느니라	요 10 : 29 - 33	
아버지의 아들이라 일컬음을 감당하지 못하겠나이다	눅 15 : 21 - 24	
아버지의 원대로 되기를 원하나이다	눅 22 : 42 - 44	
아버지의 원대로 되기를 원하나이다 하시고	마 26 : 42	
아버지의 원대로 하옵소서 하시고	마 26 : 39	
아버지의 이름으로 행하는 일들이 나를 증거하는 것	요 10 : 25 - 28	
아버지의 이름을 영광스럽게 하옵소서 하시니	요 12 : 28 - 30	
아버지의 집으로 장사하는 집을 만들지 말라 하시니	요 2 : 16 - 22	
아버지의 집을 떠나 네게 보여줄 땅으로 가라	창 12 : 1 - 2	
아버지의 침상을 더럽혔으므로 장자의 명분이 요셉에게	대상 5 : 1 - 2	
아버지의 하체를 덮었으며 그들이 얼굴을 돌이키고	창 9 : 23 - 27	
아벨미스라임이라 하였으니 곧 요단 강 건너편이더라	창 50 : 11	
아벨은 양의 첫 새끼와 그 기름으로 드렸더니	창 4 : 4 - 5	
아벨의 피부터 죽임을 당한 사가랴의 피까지 담당하리라	눅 11 : 51	
아볼로가 담대히 전도하다	행 18 : 24 - 28	
아브넬을 위한 다윗의 애가	삼하 3 : 33 - 34	

아브넬이 요압에게 살해되다	삼하 3	: 22	- 30
아브넬이 이스보셋을 배반하다	삼하 3	: 6	- 21
아브라함 집안의 할례 순종	창 17	: 23	- 27
아브라함과 아비멜렉	창 20	: 1	- 18
아브라함과 아비멜렉의 언약 (브엘세바 언약)	창 21	: 22	- 34
아브라함과 하신 언약 (후손에 대한)	창 17	: 2	- 22
아브라함도 노략물 중 십분의 일을 그에게 나누어 주었	히 7	: 4	- 7
아브라함부터 다윗까지 열 네 대요 다윗부터 바벨론으로	마 1	: 17	
아브라함에게 두 아들이 있으니 하나는 여종에게서,	갈 4	: 22	- 31
아브라함에게 복음을 전하되 모든 이방이 너로 말미암	갈 3	: 8	- 10
아브라함에게는 그 믿음이 의로 여겨졌다 하노라	롬 4	: 9	- 12
아브라함은 부르심을 받았을 때에 순종하여 장래의	히 11	: 8	- 12
아브라함은 시험을 받을 때에 믿음으로 이삭을 드렸으	히 11	: 17	- 26
아브라함은 우리 모든 사람의 조상이라	롬 4	: 16	- 25
아브라함의 믿음과 그로 말미암은 언약	롬 4	: 1	- 25
아브라함의 복이 이방인에게 미치게 하고 또 우리로	갈 3	: 14	
아브라함의 사망 (175세)	창 25	: 7	- 11
아브라함의 씨가 다 그의 자녀가 아니라 오직 이삭으로	롬 9	: 7	- 8
아브라함의 족보	창 25	: 1	- 6
아브라함이 갈대아 사람의 땅을 떠나 하란에 거하다가	행 7	: 4	
아브라함이 그 아들 이삭을 제단에 바칠 때에 행함으로	약 2	: 21	- 26
아브라함이 매장지로 막벨라 굴을 매입하다	창 23	: 1	- 20
아브라함이 무할례시에 가졌던 믿음의 자취를 따르는	롬 4	: 12	- 25
아브라함이 바랄 수 없는 중에 바라고 믿었으니 이는	롬 4	: 18	- 25
아브라함이 하나님을 믿으니 이것을 의로 여기셨다	약 2	: 23	- 26
아브라함이 하나님을 믿으매 그것을 그에게 의로 정하	갈 3	: 6	- 7
아브라함이 하나님을 믿으매 그것이 그에게 의로 여겨	롬 4	: 3	- 8
아브라함이 하나님의 벗이라 칭함을 받았나니	약 2	: 23	- 26
아브라함이 행위로써 의롭다 하심을 받았으면 자랑할	롬 4	: 2	- 8
아브라함이나 그 상속자에게 세상의 상속자가 되리라	롬 4	: 13	- 25
아브라함이라 하리니 이는 너를 여러 민족의 아버지가	창 17	: 5	
아브람과 언약을 세워 이르시되 애굽 강에서부터	창 15	: 18	- 21

아브람에게 주신 언약 (횃불 언약)	창 15 : 1 - 21
아브람은 가나안 땅에 거주하였고 롯은 그 지역의 도시	창 13 : 12 - 13
아브람의 이주 순종	창 12 : 1 - 9
아브람이 롯과 결별하고 헤브론으로 옮기다	창 13 : 1 - 18
아브람이 롯을 구출하다	창 14 : 11 - 16
아브람이 아내를 누이로 속이다	창 12 : 11 - 20
아브람이 애굽으로 내려가다	창 12 : 10 - 20
아브람이 여호와의 말씀을 따라갔고 롯도 그와 함께	창 12 : 4 - 9
아브람이 장막을 옮겨 헤브론에 있는 마므레 상수리	창 13 : 18
아비가일과 나발	삼상 25 : 2 - 44
아비가일과 아히노암이 다윗의 아내가 되다	삼상 25 : 39 - 43
아비나답의 집으로 언약궤가 옮겨지다	삼상 7 : 1 - 2
아비들아 내가 너희에게 쓰는 것은 너희가 태초부터	요일 2 : 13 - 14
아비들아 너희 자녀를 노엽게 하지 말지니 낙심할까 함	골 3 : 21 - 23
아비들아 너희 자녀를 노엽게 하지 말고 오직 주의	엡 6 : 4
아비멜렉 (기드온 첩의 아들)이 세겜의 왕이 되다	삿 9 : 1 - 6
아비멜렉과 아브라함	창 20 : 1 - 18
아비멜렉과 아브라함의 언약 (브엘세바 언약)	창 21 : 22 - 34
아비멜렉과 이삭의 언약	창 26 : 26 - 31
아비멜렉을 가시나무로 비유	삿 9 : 14 - 15
아비멜렉의 전투와 최후	삿 9 : 23 - 57
아비멜렉이 형제 70명을 죽이다	삿 9 : 1 - 5
아비새가 사울을 죽이려는 것을 다윗이 금하다	삼상 26 : 7 - 12
아비아달이 다윗에게 도망하다	삼상 22 : 20 - 23
아비아달이 솔로몬에 의해 추방을 당하다	왕상 2 : 26 - 27
아비암 (아비야, 유다 2대 왕) 행적	왕상 15 : 1 - 8
아비야가 여로보암과의 전쟁에서 승리하다	대하 13 : 1 - 22
아비야의 아내들과 자식들	대하 13 : 21
아비에게 청종하고 네 늙은 어미를 경히 여기지 말라	잠 23 : 22
아비와 어미를 저주하는 자는 그의 등불이 흑암 중에	잠 20 : 20
아비의 명령을 지키며 네 어미의 법을 떠나지 말고	잠 6 : 20 - 23
아비의 훈계를 들으며 명철을 얻기에 주의하라	잠 4 : 1

아비의 훈계를 들으며 어미의 법을 떠나지 말라 　　　잠 1 ： 8 － 9
아빕월 (출애굽한 달) 　　　출 34 ： 18
아빕월 이 날에 너희가 나왔으니 　　　출 13 ： 4 － 6
아빠 아비지라 부르게 하셨느니라 　　　갈 4 ： 6 － 7
아빠 아버지라고 부르짖느니라 　　　롬 8 ： 15 － 17
아사 왕의 종교개혁 　　　대하 15 ： 1 － 19
아사가 구스 군대를 물리치다 　　　대하 14 ： 11 － 14
아사가 선견자 하나니로부터 책망을 받다 　　　대하 16 ： 7 － 10
아사가 위독하였으나 여호와께 구하지 않고 의원들에 　　　대하 16 ： 12
아사가 하나님 여호와 보시기에 선과 정의를 행하며 　　　대하 14 ： 2 － 5
아사랴(웃시아)가 정직하였으나 산당을 제거 안 함 　　　왕하 15 ： 3 － 5
아사랴가 나병환자가 되어 왕자 요담이 통치하다 　　　왕하 15 ： 3 － 5
아사셀을 위하여 제비 뽑은 염소는 산 채로 여호와 앞 　　　레 16 ： 10
아사의 실책 (하나님보다 아람왕에게 의지하다) 　　　대하 16 ： 1 － 6
아셀 지파 자손의 기업 　　　수 19 ： 24 － 31
아셀의 자손 　　　대상 7 ： 30 － 40
아우를 죽였으니 어떤 이유로 죽였느냐 자기의 행위는 　　　요일 3 ： 12
아이들아 내가 너희에게 쓴 것은 너희가 아버지를 알았 　　　요일 2 ： 14
아이를 훈계하지 아니하려고 하지 말라 채찍으로 　　　잠 23 ： 13 － 14
아이성 1차 전투의 패배 　　　수 7 ： 1 － 13
아이성 주민을 진멸하고 가축과 물품을 탈취하다 　　　수 8 ： 24 － 29
아이성을 함락시키다 　　　수 8 ： 1 － 29
아이에게 가르치라 그리하면 늙어도 그것을 떠나지 　　　잠 22 ： 6
아첨하는 것은 그의 발 앞에 그물을 치는 것이니라 　　　잠 29 ： 5
아첨하는 말이나 탐심의 탈을 쓰지 아니한 것을 증언하 　　　살전 2 ： 5 － 6
아첨하는 입술과 자랑하는 혀를 끊으시리니 　　　시 12 ： 3
아침마다 깨우시되 나의 귀를 깨우치사 학자들 같이 　　　사 50 ： 4 － 5
아침마다 주의 인자하심을 알리며 밤마다 주의 성실하 　　　시 92 ： 1
아침에 나로 하여금 주의 인자한 말씀을 듣게 하소서 　　　시 143 ： 8
아침에 나의 기도가 주의 앞에 이르리이다 　　　시 88 ： 13
아침에 내가 주께 기도하고 바라리이다 　　　시 5 ： 3
아침에 씨를 뿌리고 저녁에도 손을 놓지 말라 　　　전 11 ： 6

아침에 일어나 독주를 마시며 밤이 깊도록 포도주에 취	사 5	: 11	- 12	
아침에 주께서 나의 소리를 들으시리니 아침에 기도	시 5	: 3		
아침에 주의 인자하심을 높이 부르오리니 주는 나의	시 59	: 16		
아프게 하시다가 싸매시는 하나님	욥 5	: 18		
아하수에로 왕의 새로운 조서로 유다인들이 회생되다	에 8	: 1	- 17	
아하수에로 왕이 수산 궁에서 즉위하다	에 1	: 1		
아하스 왕이 성전 기구를 부수고 성전을 폐쇄하다	대하 28	: 22	- 25	
아하스 왕이 앗수르 왕과 군신관계를 맺고 복속됨	왕하 16	: 7	- 9	
아하스 왕이 앗수르 우상을 들여와 섬기다	왕하 16	: 10	- 18	
아하스 왕이 앗수르에 구원 요청하였으나 오히려 당함	대하 28	: 16	- 21	
아하스 유다 12대 왕이 우상숭배 악행을 하다	대하 28	: 1	- 7	
아하스 유다 12대 왕이 정직하지 않고 가증히 행함	왕하 16	: 1	- 4	
아하스가 자기 아들을 불 가운데로 지나가게 함	왕하 16	: 2	- 4	
아하시야 왕이 그의 어머니를 따라 악을 행하다	대하 22	: 3	- 4	
아하시야 유다 왕을 예후가 살해하다	왕하 9	: 27	- 29	
아하시야 유다 왕을 예후가 살해하다	대하 22	: 7	- 9	
아하시야 유다왕 형제 40명을 예후가 살해하다	왕하 10	: 12	- 14	
아하시야(여호아하스)가 6대 유다 왕이 되다	대하 22	: 1	- 3	
아하시야가 그의 다락 난간에서 떨어져 병들매	왕하 1	: 1	- 8	
아하시야가 유다 6대 왕이 되다	왕하 8	: 25	- 26	
아하시야가 이스라엘의 8대 왕이 되어 바알을 섬기다	왕상 22	: 51	- 53	
아하시야가 죽고 여호람이 왕이 되다	왕하 1	: 17	- 18	
아하시야는 심히 악을 행하는 자였더라	대하 20	: 35	- 37	
아합과 이세벨이 나붓의 포도원을 빼앗다	왕상 21	: 1	- 29	
아합에 속한 자는 개와 공중의 새가 먹으리라	왕상 21	: 24	- 26	
아합의 아들 70명과 아합에 속한 자들이 모두 살해되다	왕하 10	: 1	- 11	
아합이 미가야 선지자의 경고를 듣지 않다	대하 18	: 18	- 27	
아합이 바알을 섬기며 아세라 상을 만들다	왕상 16	: 29	- 33	
아합이 벤하닷과 조약을 맺고 그를 놓아주다	왕상 20	: 32	- 34	
아합이 아람과의 전투에서 죽다	왕상 22	: 29	- 40	
아합이 아람과의 전투에서 죽다	대하 18	: 28	- 34	
아합이 죽어 개들이 그 피를 핥다	왕상 22	: 37	- 38	

아합이 한 선지자로부터 규탄을 받다	왕상 20	: 42	-	43
아히도벨의 계략1 (다윗의 후궁 10명을 범하다)	삼하 16	: 20	-	23
아히도벨의 계략2 (다윗을 기습하여 죽이다)	삼하 17	: 1	-	4
아히도벨의 자살	삼하 17	: 22	-	23
아히야 선지자가 여로보암에게 말씀을 전하다	왕상 11	: 29	-	40
악귀 들린 사람이 그들에게 뛰어올라 눌러 이기니	행 19	: 16	-	20
악담하는 자는 세상에서 굳게 서지 못하며 포악한 자는	시 140	: 11		
악사(갈렙의 딸)	수 15	: 16	-	19
악사와 갈렙	삿 1	: 11	-	15
악성 종기가 요술사들로부터 애굽 모든 사람에게 생겼	출 9	: 11	-	12
악어? (리워야단)	욥 41	: 1	-	34
악어로 비유된 애굽 왕	겔 32	: 1	-	16
악에게 지지 말고 선으로 악을 이기라	롬 12	: 21		
악에서 떠나 선을 행하고 화평을 구하며 그것을 따르라	벧전 3	: 11		
악으로 악을 갚지 말게 하고 서로 대하든지 모든 사람을	살전 5	: 15		
악은 어떤 모양이라도 버리라	살전 5	: 22		
악을 내버리고 말씀을 온유함으로 받으라	약 1	: 21		
악을 미워하고 선을 사랑하며 성문에서 정의를 세울지	암 5	: 15		
악을 밭 갈고 독을 뿌리는 자는 그대로 거두리라	욥 4	: 8		
악을 뿌리는 자는 재앙을 거두니 그 분노의 기세가	잠 22	: 8		
악을 악으로 갚지 말고 모든 사람 앞에서 선한 일을	롬 12	: 17	-	21
악을 악으로, 욕을 욕으로 갚지 말고 도리어 복을 빌라	벧전 3	: 9	-	11
악을 행하는 각 사람의 영에는 환난과 곤고가 있으리니	롬 2	: 9	-	11
악을 행하는 자들 때문에 불평하지 말며	시 37	: 1	-	2
악을 행하는 자들은 다 흥왕할지라도 영원히 멸망하리	시 92	: 7	-	9
악을 행하는 자마다 빛을 미워하여 빛으로 오지 아니하	요 3	: 20	-	21
악인과 선인에게 비추시며 비를 의로운 자와 불의한 자	마 5	: 45		
악인들은 오직 바람에 나는 겨와 같도다	시 1	: 4	-	5
악인들의 교만과 그 결과로 황폐됨	시 73	: 1	-	19
악인에게 화가 있을진저	사 5	: 8	-	30
악인에게는 하나님이 이르시되 어찌하여 내 율례를	시 50	: 16	-	22
악인은 살려두지 아니하시며 고난을 받는 자에게	욥 36	: 6	-	7

악인은 쫓아오는 자가 없어도 도망하나 의인은 담대하	잠 28 : 1	
악인의 길은 어둠 같아서 그가 걸려 넘어져도 그것이	잠 4 : 19	
악인의 형통함을 부러워하지 말며 그와 함께 있으려고	잠 24 : 1	
악인이 그 행한 악을 떠나 정의와 공의를 행하면	겔 18 : 27 - 28	
악인이 이긴다는 자랑도 잠시요 경건하지 못한 자의 즐	욥 20 : 5	
악인이 정의와 공의를 행하면 그가 범한 죄가 기억되지	겔 33 : 14 - 16	
악인이 죽는 것을 기뻐하지 아니하고 악인이 돌이켜	겔 33 : 11	
악인이 죽는 것을 조금인들 기뻐하랴 그가 돌이켜	겔 18 : 23	
악하고 게으른 종아 나는 심지 않은 데서 거두고 헤치지	마 25 : 26 - 30	
악하고 음란한 세대가 표적을 구하나 선지자 요나의	마 12 : 39 - 41	
악하고 음란한 세대가 표적을 구하나 요나의 표적 밖에	마 16 : 4	
악한 것이 다 속에서 나와서 사람을 더럽게 하느니라	막 7 : 23	
악한 길, 악한 행위를 떠나 돌아오라 하셨다 하나	슥 1 : 4	
악한 길에서 돌이켜 떠난 것을 보시고 하나님이 재앙을	욘 3 : 10	
악한 사람들과 속이는 자들은 더욱 악하여져서 속이고	딤후 3 : 13 - 17	
악한 사람은 너희 중에서 내쫓으라	고전 5 : 13	
악한 세대가 표적을 구하다	눅 11 : 29 - 32	
악한 일을 행한 자는 심판의 부활로 나오리라	요 5 : 29	
악한 자가 와서 그 마음에 뿌려진 것을 빼앗나니	마 13 : 19	
악한 자라도 좋은 것으로 자식에게 줄 줄 알거든 하물며	마 7 : 11 - 12	
악한 자를 대적하지 말라 누구든지 네 오른 뺨을 치거든	마 5 : 39 - 42	
악한 자의 길이 형통하며 반역한 자가 평안함은 무슨	렘 12 : 1	
악한 자의 나타남은 사탄의 활동을 따라 모든 능력과	살후 2 : 9 - 12	
악행과 가증한 행위를 더 참을 수 없으셨으므로	렘 44 : 22 - 23	
악행을 사하고 다시는 그 죄를 기억하지 아니 하리라	렘 31 : 33 - 34	
악행을 자손 삼사 대까지 보응하리라	출 34 : 7	
안나스에게로 예수를 끌고 가다	요 18 : 12 - 14	
안디바가 죽임을 당할 때에도 믿음을 저버리지 아니하	계 2 : 13	
안디옥 교회	행 11 : 19 - 30	
안디옥 이방인 신자들에게 보내는 편지	행 15 : 22 - 31	
안디옥에 이르러 헬라인에게도 말하여 주 예수를 전파	행 11 : 20 - 30	
안디옥에서 비로소 그리스도인이라 일컬음 받게 되었	행 11 : 26 - 30	

안수 (최초의 안수 행위)　　　　　　　　　　　　　창 48 : 13 - 14
안수로 성령 받는 것을 보고 돈을 드려 이르되 이 권능을　　행 8 : 18 - 22
안수하매 성령을 받는지라 시몬이 사도들의 안수로　　행 8 : 17 - 22
안수하매 성령이 그들에게 임하시므로 방언하고 에언도　　행 19 : 6 - 7
안수하셨나이다 (나의 앞뒤를 둘러싸시고)　　　　　　시 139 : 5
안수하시니 여자가 곧 펴고 하나님께 영광을 돌리는지라　눅 13 : 13 - 17
안수하여 다시 보게 하는 것을 보았느니라 하시거늘　　행 9 : 12 - 19
안수하여 주시기를 간구하거늘　　　　　　　　　막 7 : 32 - 37
안수함으로 네 속에 있는 하나님의 은사를 다시 불일듯　딤후 1 : 6 - 8
안식 (하나님이 주시는 안식)　　　　　　　　　히 3 : 1 - 19
안식 (하나님이 주시는 안식)　　　　　　　　　히 4 : 1 - 13
안식 후 첫날 새벽에 이 여자들이 그 준비한 향품을　　눅 24 : 1 - 12
안식년　　　　　　　　　　　　　　　　　　레 25 : 1 - 7
안식년　　　　　　　　　　　　　　　　　　레 25 : 20 - 21
안식년과 안식일　　　　　　　　　　　　　　느 10 : 31
안식년에 관한 법　　　　　　　　　　　　　　출 23 : 10 - 11
안식에 들어가기를 힘쓸지니 이는 순종하지 아니하는　　히 4 : 11
안식에 들어간 자는 하나님이 자기의 일을 쉬심과 같이　히 4 : 10 - 11
안식에 들어오지 못하리라 곧 순종하지 아니한 자들에　　히 3 : 18 - 19
안식일　　　　　　　　　　　　　　　　　　출 16 : 22 - 30
안식일 (안식일에 일한 범죄)　　　　　　　　　민 15 : 32 - 36
안식일 규례　　　　　　　　　　　　　　　　출 35 : 1 - 3
안식일 제물　　　　　　　　　　　　　　　　민 28 : 9 - 10
안식일 중의 안식일 (특별한 안식일)　　　　　　레 16 : 29 - 31
안식일과 안식년　　　　　　　　　　　　　　느 10 : 31
안식일과 초하루 날의 제사　　　　　　　　　　겔 46 : 1 - 12
안식일에 관한 법　　　　　　　　　　　　　　출 23 : 12
안식일에 그 사람을 고치시는가 주시하고 있거늘　　막 3 : 2 - 6
안식일에 꼬부라진 여자를 고치시다　　　　　　눅 13 : 10 - 17
안식일에 밀 이삭을 자르다　　　　　　　　　　막 2 : 23 - 28
안식일에 밀밭 사이로 가실새 제자들이 시장하여 이삭　마 12 : 1 - 8
안식일에 사람의 전신을 건전하게 한 것으로 너희가 내　요 7 : 23 - 24

안식일에 상행위를 금지시키다   느 13 : 15 - 21

안식일에 선을 행하는 것과 악을 행하는 것, 생명을 구하   막 3 : 4 - 6

안식일에 선을 행하는 것과 악을 행하는 것, 생명을 구하   눅 6 : 9

안식일에 선을 행하는 것이 옳으니라 하시고   마 12 : 12 - 13

안식일에 손 마른 사람을 고치시다   마 12 : 9 - 13

안식일에 손 마른 사람을 고치시다   막 3 : 1 - 6

안식일에 손 마른 사람을 고치시다   눅 6 : 6 - 11

안식일에 양 한 마리가 구덩이에 빠졌으면 끌어내지 않   마 12 : 11 - 13

안식일에 어떤 일이라도 하지 말고 안식일을 거룩히 할   렘 17 : 22

안식일에 이 매임에서 푸는 것이 합당하지 아니하냐   눅 13 : 16 - 17

안식일에 이러한 일을 행하신다 하여 유대인들이 예수를   요 5 : 16 - 18

안식일에 제사장들이 성전 안에서 안식을 범하여도   마 12 : 5 - 8

안식일에 제자들이 이삭을 잘라 먹다   눅 6 : 1 - 5

안식일에 짐을 지고 예루살렘 문으로 들어오지 말며   렘 17 : 21 - 22

안식일에 회당에 들어가 가르치시매   막 1 : 21 - 22

안식일에는 너희의 모든 처소에서 불도 피우지 말라   출 35 : 3

안식일에도 할례를 받는 일이 있거든 내가 안식일에   요 7 : 23 - 24

안식일에라도 아들이나 소가 우물에 빠졌으면 곧 끌어   눅 14 : 5 - 6

안식일을 거룩하게 지키게 하다 (상행위 금지)   느 13 : 15 - 22

안식일을 거룩하게 지키라   출 31 : 12 - 17

안식일을 거룩하게 지키라   렘 17 : 21 - 27

안식일을 기억하여 거룩하게 지키라   출 20 : 8 - 11

안식일을 범할 뿐만 아니라 하나님을 자기의 친 아버지   요 5 : 18

안식일을 올바르게 지키면   사 58 : 13 - 14

안식일을 이유로 누구든지 너희를 비판하지 못하게   골 2 : 16 - 19

안식일을 존귀하게 여기고 오락을 구하지 아니하며   사 58 : 13 - 14

안식일을 주어 그들과 나 사이의 표징을 삼았노라   겔 20 : 12

안식일을 줌으로써 여섯째 날에는 이틀 양식을 주는 것   출 16 : 29 - 30

안식일을 지켜 더럽히지 아니하며 그의 손을 금하여   사 56 : 2

안식일을 지키라   신 5 : 12 - 15

안식일을 지키며 내 성소를 경외하라   레 26 : 2

안식일이 되어 회당에서 가르치시니 많은 사람이 놀라   막 6 : 2 - 6

안식일이 사람을 위하여 있는 것이요 사람이 안식일을	막 2	:	27	-	28
안식일이나 성일에는 물품이나 곡물을 사지 않겠고	느 10	:	31		
안식일이니 성회의 날이라 너희는 아무 일도 하지 말라	레 23	:	3		
안식일이라 누구든지 이 날에 일하는 자는 죽일지니	출 35	:	2		
안식일인데 네가 자리를 들고 가는 것이 옳지 아니하니	요 5	:	10	-	18
안식할 때가 하나님의 백성에게 남아 있도다	히 4	:	9	-	11
안심하라 나니 두려워 말라	마 14	:	27	-	33
안심하라 내니 두려워하지 말라 하시고 배에 올라 그들	막 6	:	50	-	52
안심하라 두려워 말라	삿 6	:	23	-	24
안을 깨끗이 하라 그리하면 겉도 깨끗하리라	마 23	:	26		
안전에 유의하라	신 22	:	8		
안전하게 살게 하시는 이는 오직 여호와이시니이다	시 4	:	8		
알게 한 이는 혈육이 아니요 하늘에 계신 내 아버지	마 16	:	17	-	20
알곡은 모아 곳간에 들이고 쭉정이는 꺼지지 않는 불에	마 3	:	12		
알곡은 모아 곳간에 들이고 쭉정이는 꺼지지 않는 불에	눅 3	:	17		
알몸으로 나왔사온즉 알몸으로 돌아가올지라	욥 1	:	21	-	22
알을 달라 하는데 전갈을 주겠느냐	눅 11	:	11	-	12
알지 못하고 맞을 일을 행한 종은 적게 맞으리라	눅 12	:	48		
알파와 오메가라 이제도 있고 전에도 있었고 장차 올	계 1	:	8		
알파와 오메가요 처음과 마지막이라 내가 생명수 샘물	계 21	:	6		
알파와 오메가요 처음과 마지막이요 시작과 마침이라	계 22	:	13		
암논이 다말(압살롬의 누이)을 강간하다	삼하 13	:	1	-	22
암몬과 다투지 말라	신 2	:	17	-	19
암몬과 모압 사람에 대하여	신 23	:	3	-	6
암몬과 모압의 조상	창 19	:	30	-	38
암몬의 수도 랍바와 모든 성읍을 다윗이 함락하다	대상 20	:	1	-	3
암몬이 다윗의 조문 사절을 모욕하다	대상 19	:	1	-	5
암몬이 받을 심판 예언	렘 49	:	1	-	8
암몬이 받을 심판 예언	겔 25	:	1	-	7
암미와 루하마 (형제와 자매)	호 2	:	1		
암수 한 쌍씩 방주로 이끌어들여 너와 함께 생명을 보전	창 6	:	19		
암양 새끼 일곱을 받아 내가 이 우물 판 증거를 삼으라	창 21	:	30	-	34

암탉이 그 새끼를 날개 아래에 모음 같이 내가 네 자녀	마 23	: 37		
암탉이 제 새끼를 날개 아래에 모음 같이 내가 너희의	눅 13	: 34	-	35
압살롬 같이 아름다움으로 크게 칭찬 받는 자가 없었으	삼하 14	: 25	-	26
압살롬에 대한 다윗의 사랑	삼하 13	: 37	-	39
압살롬을 피해 다윗이 예루살렘에서 피신하다	삼하 15	: 13	-	30
압살롬의 머리가 상수리나무에 걸리다	삼하 18	: 9	-	15
압살롬의 복수 (암논을 살해하다)	삼하 13	: 23	-	39
압살롬의 죽음에 대한 다윗의 울음	삼하 18	: 32	-	33
압살롬이 기념비를 자신을 위하여 세우다	삼하 18	: 18		
압살롬이 반역을 준비하다	삼하 15	: 1	-	12
압살롬이 예루살렘으로 돌아오다	삼하 14	: 1	-	24
압살롬이 요압의 밭에 불을 지르다	삼하 14	: 29	-	33
압살롬이 이스라엘 사람들의 마음을 훔치다	삼하 15	: 2	-	6
압살롬이 패하여 죽다	삼하 18	: 1	-	18
압제를 당하는 자의 요새이시요	시 9	: 9		
앗수르 산헤립 왕이 유다를 치고 모독하다	대하 32	: 1	-	19
앗수르 왕과 군신관계를 맺고 복속된 아하스 왕	왕하 16	: 7	-	9
앗수르 왕이 사마리아를 차지하다	왕하 17	: 7	-	23
앗수르 우상을 들여와 섬긴 아하스 왕	왕하 16	: 10	-	18
앗수르 침공을 보여주시는 환상 (메뚜기, 불, 다림줄)	암 7	: 1	-	9
앗수르가 사마리아 땅에 이방인들을 거주시키다	왕하 17	: 24	-	33
앗수르가 예루살렘을 재차 협박하다	사 37	: 8	-	20
앗수르가 예루살렘을 협박하다	사 36	: 1	-	22
앗수르가 이스라엘 백성을 포로로 끌고 가다	왕하 17	: 3	-	6
앗수르는 내 진노의 막대기요 그 손의 몽둥이는 내 분노	사 10	: 5		
앗수르를 멸하시리라	사 10	: 24	-	27
앗수르를 치시리라	사 30	: 27	-	33
앗수르를 파하시리라	사 14	: 24	-	27
애가와 애곡과 재앙의 말이 기록되었더라	겔 2	: 8	-	10
애굽 땅에서 고기 가마 곁에 앉아 있던 때와 떡을 배불리	출 16	: 3		
애굽 사람과도 음행하되 심히 음란히 하여 내 진노를	겔 16	: 26	-	34
애굽 사람들에게 행하신 그 큰 능력을 보았으므로	출 14	: 31		

애굽 사람들이 그들을 괴롭히는 학대도 내가 보았으니　　　출 3 : 9 - 12

애굽 사람을 섬기는 것이 광야에서 죽는 것보다 낫겠　　　출 14 : 12

애굽 사람의 무거운 짐 밑에서 너희를 빼낸 너희 하나님　　　출 6 : 7

애굽 사람이 여호와께 경배하리라　　　사 19 : 16 - 25

애굽 왕 바로 느고가 요시야 왕을 죽이다　　　왕하 23 : 29 - 30

애굽 왕 시삭이 유다를 치다　　　대하 12 : 1 - 12

애굽 왕의 꺾인 팔　　　겔 30 : 20 - 26

애굽 토지법 (요셉이 만든)　　　창 47 : 26

애굽과 구스가 쇠퇴할 것이라는 예표　　　사 20 : 1 - 6

애굽과 맺은 맹약이 헛되도다　　　사 30 : 1 - 7

애굽에 관한 경고　　　사 19 : 1 - 15

애굽에 관한 여호와의 말씀　　　렘 46 : 1 - 26

애굽에 매장지가 없어서 당신이 우리를 광야에서 죽게　　　출 14 : 11 - 12

애굽에 사는 유다 백성에 임한 하나님의 말씀　　　렘 44 : 1 - 30

애굽에 은과 금을 바친 여호야김 유다 왕　　　왕하 23 : 33 - 35

애굽에 잡혀가서 죽은 여호아하스 유다 왕　　　왕하 23 : 32 - 34

애굽으로 내려간 이스라엘(야곱) 가족의 이름들　　　창 46 : 8 - 27

애굽으로 도움을 구하는 자들은 화 있을진저　　　사 31 : 1 - 3

애굽으로 피신한 유다 백성들　　　왕하 25 : 25 - 26

애굽은 본래 이스라엘 족속에게 갈대 지팡이라　　　겔 29 : 6 - 7

애굽은 사람이요 신이 아니며 그들의 말들은 육체요　　　사 31 : 3

애굽을 붙들어 주는 자도 엎드러질 것이요　　　겔 30 : 6

애굽을 심판하시다　　　겔 30 : 1 - 19

애굽의 심한 기근　　　창 47 : 13 - 26

애굽이 받을 심판　　　겔 29 : 1 - 16

애굽이 한 때 백향목 같아서 교만하여지다　　　겔 31 : 1 - 18

애굽인의 손에서 건져내고 그들을 그 땅에서 인도하여　　　출 3 : 8

애니아라 하는 사람을 만나매 그는 중풍병으로 침상 위　　　행 9 : 33 - 35

애니아야 예수 그리스도께서 너를 낫게 하시니 일어나　　　행 9 : 34 - 35

애통하는 것이나 곡하는 것이나 아픈 것이 다시 있지　　　계 21 : 4

애통하는 자는 복이 있나니 그들이 위로를 받을 것임　　　마 5 : 4

야고보의 순교　　　행 12 : 1 - 3

야곱 가족의 애굽 이주 (70명)	창 46	: 1	- 27
야곱 가족의 애굽 이주 (70명)	출 1	: 1	- 5
야곱 가족이 애굽 땅 고센으로 이주하다	창 46	: 28	- 34
야곱 족속은 불이 될 것이요 요셉 족속은 불꽃이 될 것	옵 1	: 18	
야곱과 라반의 상봉	창 29	: 1	- 20
야곱과 라반의 언약	창 31	: 43	- 55
야곱과 라반의 품삯 언약	창 30	: 25	- 43
야곱은 모태에서 그의 형의 발뒤꿈치를 잡았고	호 12	: 3	- 6
야곱은 사랑하고 에서는 미워하였다 하심과 같으니라	롬 9	: 13	- 16
야곱은 사랑하였고 에서는 미워하였으며	말 1	: 2	- 5
야곱의 귀향길에 에서와의 상봉	창 33	: 1	- 16
야곱의 마지막 청원 (요셉에게)	창 47	: 27	- 31
야곱의 베냐민에 대한 극진한 사랑	창 44	: 30	- 31
야곱의 벧엘에서의 꿈 (하늘 사닥다리)	창 28	: 10	- 22
야곱의 아들들	창 35	: 23	- 26
야곱의 유언과 죽음	창 49	: 1	- 33
야곱의 자식들	창 29	: 31	- 35
야곱의 자식들	창 30	: 1	- 24
야곱의 장례	창 50	: 1	- 14
야곱의 집 사람으로 애굽에 이른 자가 모두 칠십 명이었	창 46	: 27	
야곱의 축복 (에브라임과 므낫세에게)	창 48	: 1	- 20
야곱의 축복 (이삭에게)	창 27	: 1	- 45
야곱이 라반을 떠나다	창 31	: 1	- 42
야곱이 레아와 라헬를 아내로 맞다	창 29	: 21	- 30
야곱이 아버지 이삭을 속이고 축복을 받다	창 27	: 1	- 45
야곱이 에서를 만날 준비를 하다	창 32	: 1	- 23
야곱이 여호와 사자와 씨름하다	창 32	: 24	- 32
야곱이 열두 지파 자식들에게 축복하며 유언하다	창 49	: 1	- 28
야곱이 요셉을 편애함	창 37	: 3	- 4
야곱이 자신의 장사될 곳을 유언하다	창 49	: 29	- 33
야곱이 하나님과 말씀하시던 곳에 돌 기둥을 세우고	창 35	: 14	- 15
야곱이라 부르지 않겠고 이스라엘이 네 이름이 되리라	창 35	: 10	

야곱이라 부를 것이 아니요 이스라엘이라 부를 것이니　　창 32 : 28

야긴과 보아스 (솔로몬 성전 앞의 두 놋 기둥 이름)　　대하 3 : 15 - 17

야긴과 보아스 (솔로몬 성전의 두 놋기둥 이름)　　왕상 7 : 21 - 22

야베스 (수고로이 낳았다)　　대상 4 : 9 - 10

야베스 길르앗 주민　　삿 21 : 8 - 12

야살의 책의 다윗의 조가 (사울과 요나단의 죽음)　　삼하 1 : 17 - 27

야손과 그 나머지 사람들에게 보석금을 받고 놓아 주니　　행 17 : 9

야엘이 말뚝으로 시스라를 죽이다　　삿 4 : 17 - 24

야이로라 하는 이가 예수를 보고 발 아래 엎드리어　　막 5 : 21 - 24

야이로의 딸을 살리시다　　눅 8 : 40 - 56

약속으로 세우신 더 좋은 언약의 중보자시라　　히 8 : 6 - 13

약속을 기업으로 받는 자들에게 맹세로 보증하셨나니　　히 6 : 17 - 20

약속을 의심하지 않고 믿음으로 견고하여져서　　롬 4 : 20 - 25

약속을 주사 정욕 때문에 세상에 썩어질 것을 피하여　　벧후 1 : 4 - 7

약속의 말씀은 이것이니 명년 이 때에 사라에게 아들이　　롬 9 : 9 - 13

약속의 자녀 약속의 말씀　　롬 9 : 1 - 18

약속의 자녀가 씨로 여기심을 받느니라　　롬 9 : 8 - 13

약속하신 것은 이것이니 곧 영원한 생명이니라　　요일 2 : 25

약속하신 그것을 또한 능히 이루실 줄을 확신하였으니　　롬 4 : 21 - 25

약하게 보이는 몸의 지체가 도리어 요긴하고　　고전 12 : 22 - 27

약하나 너희에게 하나님의 능력으로 그와 함께 살리라　　고후 13 : 4 - 7

약한 것들 외에 자랑하지 아니하리라　　고후 12 : 5 - 6

약한 것들과 능욕과 궁핍과 박해와 곤고를 기뻐하노니　　고후 12 : 10

약한 것들을 택하사 강한 것들을 부끄럽게 하려 하시며　　고전 1 : 27 - 29

약한 것으로 심고 강한 것으로 다시 살아나며　　고전 15 : 43 - 44

약한 것을 자랑하리라　　고후 11 : 30 - 33

약한 그 때에 강함이라　　고후 12 : 10

약한 자들에게 내가 약한 자와 같이 된 것은 약한 자들을　　고전 9 : 22 - 23

약한 자와 같이 된 것은 약한 자들을 얻고자 함이요　　고전 9 : 22 - 23

약할 때에 너희가 강한 것을 기뻐하고 또 이것을 위하여　　고후 13 : 9 - 11

약혼 후에 간음한 여자의 벌　　신 22 : 23 - 24

약혼녀를 그대로 두기로 하여도 잘하는 것이니라　　고전 7 : 37 - 40

242

약혼녀의 혼기가 지나고 그같이 할 필요가 있거든 원하	고전 7	: 36	- 40
얀네와 얌브레가 모세를 대적한 것 같이 그들도 진리를	딤후 3	: 8	- 9
얍복 강 가와 산지에 있는 성읍들과 여호와께서 금하신	신 2	: 37	
양 떼를 기르고 그 양 떼의 젖을 먹지 않겠느냐	고전 9	: 7	- 11
양 떼를 버린 못된 목자여 칼이 그의 팔과 오른쪽 눈에	슥 11	: 17	
양 떼의 형편을 부지런히 살피며 네 소 떼에게 마음을	잠 27	: 23	
양 무리를 치되 억지로 하지 말고 자원함으로 하며	벧전 5	: 2	- 4
양 백 마리가 있는데 그 중 하나를 잃으면 아흔아홉 마리	눅 15	: 4	- 7
양 백마리가 있는데 그 중의 하나가 길을 잃었으면	마 18	: 12	- 14
양 한 마리가 있어 안식일에 구덩이에 빠졌으면 끌어내	마 12	: 11	- 13
양각 나팔을 불라	수 6	: 4	- 5
양과 염소를 구분하는 것과 같이 하여 양은 그 오른편에	마 25	: 32	- 46
양과 염소의 가죽을 입고 유리하여 궁핍과 환난과 학대	히 11	: 37	- 40
양들이 그의 음성을 아는 고로 따라오되 타인의 음성은	요 10	: 4	- 6
양떼를 멸하며 흩어지게 하는 목자에게 화 있으리라	렘 23	: 1	- 3
양식은 나를 보내신 이의 뜻을 행하며 그의 일을 온전히	요 4	: 34	
양식을 비 같이 내리리니 백성이 나가서 일용할 것을	출 16	: 4	
양식을 사려고 애굽으로 들어와 요셉에게 이르렀으니	창 41	: 57	
양식을 위하여 하라 이 양식은 인자가 너희에게 주리니	요 6	: 27	
양심은 너희의 것이 아니요 남의 것이니 내 자유가	고전 10	: 29	- 33
양심을 상하게 하는 것이 곧 그리스도에게 죄를 짓는 것	고전 8	: 12	- 13
양심이 성령 안에서 나와 더불어 증언하노니 나의 형제	롬 9	: 1	- 3
양심이 화인을 맞아서 외식함으로 거짓말하는 자들이라	딤전 4	: 2	- 5
양은 그 오른편에 염소는 왼편에 두니라	마 25	: 33	- 46
양은 그의 음성을 듣나니 그가 자기 양의 이름을 각각	요 10	: 3	- 6
양을 위하여 목숨을 버리노라	요 10	: 15	- 18
양의 옷을 입고 나아오나 속에는 노략질하는 이리라	마 7	: 15	
양자가 될 것 곧 우리 몸의 속량을 기다리느니라	롬 8	: 23	
양자의 영을 받았으므로 우리가 아빠 아버지라고 부르	롬 8	: 15	- 17
양털 한 뭉치 (기드온이 하나님을 확인한)	삿 6	: 36	- 40
어그러진 말을 하는 사람들이 일어날 줄을 내가 아노라	행 20	: 30	- 31
어느 것이 크냐 금이냐 그 금을 거룩하게 하는 성전이	마 23	: 17	- 23

어느 집에 들어가든지 거기서 머물다가 거기서 떠나라 　　　눅 9 : 4 - 6
어두운 데서 말한 모든 것이 광명한 데서 들리고 　　　　　눅 12 : 3
어두운 데서 이르는 것을 광명한 데서 말하며 귓속말로 　　마 10 : 27
어두운 데에 있을지라도 여호와께서 니의 빛이 되실 것 　　미 7 : 8
어둠과 죽음의 그늘에 앉은 자에게 비치고 우리 발을 　　　눅 1 : 79 - 80
어둠에 감추인 것들을 드러내고 마음의 뜻을 나타내시리 　고전 4 : 5
어둠에 거하지 않게 하려 함이라 　　　　　　　　　　　요 12 : 46
어둠에 다니는 자는 그 가는 곳을 알지 못하느니라 　　　요 12 : 35 - 36
어둠에 다니지 아니하고 생명의 빛을 얻으리라 　　　　　요 8 : 12
어둠에 있지 아니하매 그 날이 도둑같이 너희에게 임하지 　살전 5 : 4 - 8
어둠에서 빛으로, 사탄의 권세에서 하나님께 돌아오게 　　행 26 : 18
어둠의 일에 참여하지 말고 도리어 책망하라 　　　　　　엡 5 : 11 - 14
어둠의 일을 벗고 빛의 갑옷을 입자 　　　　　　　　　　롬 13 : 12 - 14
어둠이더니 이제는 주 안에서 빛이라 빛의 자녀들처럼 　　엡 5 : 8 - 14
어떤 검보다도 예리하여 혼과 영혼과 및 관절과 골수를 　히 4 : 12 - 13
어떤 사람에게는 능력 행함을, 어떤 사람에게는 예언함 　고전 12 : 10 - 11
어떤 사람에게는 방언들 통역함을 주시나니 　　　　　　고전 12 : 10 - 11
어떤 사람에게는 영들 분별함을, 다른 사람에는 방언 　　고전 12 : 10 - 11
어떤 사람은 모든 것을 먹을 만한 믿음이 있고 믿음이 　롬 14 : 2 - 3
어떤 사람은 병거, 어떤 사람은 말을 의지하나 　　　　　시 20 : 7
어떤 사람의 죄는 밝히 드러나 먼저 심판에 나아가고 　　딤전 5 : 24 - 25
어려운 짐을 사람에게 지우고 너희는 한 손가락도 이 짐 　눅 11 : 46
어렸을 동안에는 종과 다름이 없어서 아버지가 정한 　　　갈 4 : 1 - 7
어렸을 때에 이 세상의 초등학문 아래에 있어서 종 노릇 　갈 4 : 3 - 7
어렸을 때에는 말하는 것이 어린 아이와 같고 깨닫는 　　고전 13 : 11 - 13
어른이라고 지혜롭거나 노인이라고 정의를 깨닫는 　　　　욥 32 : 8
어리석고 무식한 변론을 버리라 이에서 다툼이 나는 줄 　딤후 2 : 23 - 26
어리석은 변론과 족보 이야기와 분쟁과 율법에 대한 　　　딛 3 : 9
어리석은 자가 되라 그리하여야 지혜로운 자가 되리라 　　고전 3 : 18 - 23
어리석은 자는 자기의 노를 다 드러내어도 지혜로운 　　　잠 29 : 11
어리석은 자는 하나님이 없다 하는도다 　　　　　　　　　시 14 : 1
어리석은 자여 네 영혼을 도로 찾으리니 그러면 네 준비 　눅 12 : 20 - 21

어리석은 자와 같이 기탄 없이 자랑하노라	고후 11 : 17 - 18
어린 아기와 젖먹이들이 입에서 나오는 찬미를 온전하	마 21 : 16 - 17
어린 아이 하나를 영접하면 곧 나를 영접함이니	마 18 : 5 - 6
어린 아이 하나를 영접하면 곧 나를 영접함이요	막 9 : 37
어린 아이가 되지 아니하며 유혹에 빠져 요동하지 않게	엡 4 : 14 - 16
어린 아이가 부모를 위하여 재물을 저축하는 것이 아니	고후 12 : 14 - 15
어린 아이들과 같이 되지 아니하면 결단코 천국에 들어	마 18 : 3 - 6
어린 아이들과 같이 자기를 낮추는 사람이 천국에서	마 18 : 4 - 6
어린 아이들과 젖먹이들의 입으로 권능을 세우심이여	시 8 : 2
어린 아이들에게 안수하시다	마 19 : 13 - 14
어린 아이들을 안고 그들 위에 안수하시고 축복하시니라	막 10 : 16
어린 아이들을 용납하고 내게 오는 것을 금하지 말라	마 19 : 14
어린 아이들이 내게 오는 것을 용납하고 금하지 말라	막 10 : 14 - 16
어린 아이들이 내게 오는 것을 용납하고 금하지 말라	눅 18 : 16 - 17
어린 아이를 영접하면 곧 나를 영접함이요	눅 9 : 48
어린 아이와 같이 받들지 않는 자는 결단코 그 곳에 들어	막 10 : 15 - 16
어린 아이와 같이 받아들이지 않는 자는 결단코 거기 들	눅 18 : 17
어린 양 같은 그리스도의 보배로운 피로 된 것이니라	벧전 1 : 19
어린 양은 만주의 주시요 만왕의 왕이시므로 그들을	계 17 : 14 - 17
어린 양은 흠 없고 일 년 된 수컷으로 하되 양이나 염소	출 12 : 5 - 11
어린 양을 이리 가운데로 보냄과 같도다 (70인 파송)	눅 10 : 3 - 16
어린 양을 잡을지니 각 가족대로 그 식구를 위하여	출 12 : 3 - 11
어린 양의 생명책에 기록된 자들만 들어가리라	계 21 : 27
어린 양의 아내를 네게 보이리라 하고	계 21 : 9 - 11
어린 양의 피에 그 옷을 씻어 희게 하였느니라	계 7 : 14 - 17
어린 양의 피와 자기들이 증언하는 말씀으로써 그를	계 12 : 11 - 12
어린 양의 혼인 기약이 이르렀고 그의 아내가 자신을	계 19 : 7 - 8
어린 양의 혼인 잔치	계 19 : 1 - 10
어린 양의 혼인 잔치에 청함을 받은 자들은 복이 있도다	계 19 : 9
어린 양이 그들의 목자가 되사 생명수 샘으로 인도하시	계 7 : 17
어린 양이 나와서 두루마리를 취하시니라	계 5 : 7 - 8
어린 양이 봉인을 떼시다	계 6 : 1 - 17

어린 양이 서 있는데 일찍이 죽임을 당한 것 같더라   계 5 : 6 - 8

어린 양이 시온 산에 섰고 그와 함께 십사만 사천 명이   계 14 : 1 - 5

어린 양이 어디로 인도하든지 따라가는 자며   계 14 : 4 - 5

어머니와 내 동생들은 곧 하나님의 말씀을 듣고 행하는   눅 8 : 21

어머니의 백성이 나의 백성이 되고 어머니의 하나님이   룻 1 : 16 - 17

어미 새는 반드시 놓아 주라   신 22 : 6 - 7

어미와 새끼를 같은 날에 잡지 말지니라   레 22 : 28

어부들을 부르시다   마 4 : 18 - 22

어부들을 부르시다   막 1 : 16 - 20

어부를 불러다가 그들을 낚게 하며 포수를 불러다가   렘 16 : 16 - 17

어진 여인은 그 지아비의 면류관이나   잠 12 : 4

어찌하여 무서워하느냐 믿음이 작은 자들아 하시고   마 8 : 26 - 27

억눌린 사람들를 위해 정의로 심판하시며 주린 자들에게   시 146 : 7 - 9

억울함을 풀어 주시는 네 하나님이 말씀하시되   사 51 : 22 - 23

언니보다 아우를 먼저 주는 것은 우리 지방에서 하지 아   창 29 : 26 - 30

언약 (모압 땅에서 새로운 세대와 세우신 언약)   신 29 : 1 - 29

언약 (예레미야를 통해 주신 새 언약)   렘 32 : 40 - 42

언약 갱신에 인봉(서명)한 사람들   느 10 : 1 - 27

언약과 증거를 지키는 자에게 인자와 진리로다   시 25 : 10

언약궤 (블레셋에 빼앗긴 언약궤)   삼상 5 : 1 - 12

언약궤 곁에 있던 다곤 신상   삼상 5 : 1 - 5

언약궤 앞에 서서 번제와 감사의 제물을 드리고   왕상 3 : 15

언약궤 앞에서 요단강 물이 끊어지다   수 4 : 4 - 8

언약궤 제작   신 10 : 1 - 5

언약궤 행진 (여리고 성 주위에서)   수 6 : 4 - 7

언약궤(법궤)를 만들다   출 37 : 1 - 9

언약궤(하나님의 궤, 법궤)를 옮기다   대상 13 : 1 - 14

언약궤가 블레셋에서 돌아오다   삼상 6 : 1 - 18

언약궤가 옮겨진 기럇여아림의 아비나답의 집   삼상 7 : 1 - 2

언약궤를 기럇여아림으로 보내다   삼상 6 : 19 - 21

언약궤를 돌려보낸 수레   삼상 6 : 7 - 15

언약궤를 들여다 본 사람 오만칠십명을 치시다   삼상 6 : 19

언약궤를 블레셋에 빼앗기다   삼상 4 : 1 - 11

언약궤를 솔로몬이 건축한 성전으로 옮기다   왕상 8 : 1 - 11

언약궤를 안치한 블레셋 성읍들의 재앙   삼상 5 : 6 - 12

언약궤를 앞세우다 (요단강을 건널 때)   수 3 : 3 - 4

언약궤와 금 독종 다섯과 금 쥐 다섯 마리   삼상 6 : 1 - 18

언약궤와 레위 지파   신 10 : 8 - 9

언약서(모세의 율법)   출 21 : 1 - 36

언약에도 섬기는 예법과 세상에 속한 성소가 있더라   히 9 : 1 - 5

언약은 율법으로 말미암은 것이 아니요 오직 믿음의 의   롬 4 : 13 - 25

언약을 굳게 지키는 이방인마다 나의 성산으로 인도하   사 56 : 6 - 7

언약을 배반하였은즉 내가 그 죄를 그 머리에 돌리되   겔 17 : 19 - 21

언약을 사백삼십 년 후에 생긴 율법이 폐기하지 못하고   갈 3 : 17 - 22

언약을 세우고 낭독 (시내산에서)   출 24 : 1 - 18

언약을 어긴 이스라엘 백성   렘 34 : 8 - 22

언약을 지키면 너희는 모든 민족 중에서 내 소유가 되겠   출 19 : 5 - 6

언약의 두 돌판   신 9 : 9 - 18

언약의 표징 (할례)   창 17 : 2 - 22

언약의 피를 부정한 것으로 여기고 은혜의 성령을 욕되   히 10 : 29

언약이라 말씀하셨으매 첫 것은 낡아지게 하신 것이니   히 8 : 13

언약책을 백성들에게 읽어주다 (요시야 왕)   왕하 23 : 1 - 3

언약하였거늘 맹세를 업신여겨 언약을 배반하고   겔 17 : 18 - 21

언어가 하나요 말이 하나였더라   창 11 : 1 - 9

얻지 못함은 구하지 아니하기 때문이요   약 4 : 2 - 3

얼굴 피부에 광채가 나나 깨닫지 못하였더라   출 34 : 29 - 35

얼굴에서 음란을 제하게 하고 그 유방 사이에서 음행을   호 2 : 2 - 5

얼굴을 네게 비추사 은혜 베푸시기를 원하며   민 6 : 25 - 27

얼굴을 네게로 향하여 드사 평강 주시기를 원하노라   민 6 : 26 - 27

얼굴을 땅에 대시고 엎드려 기도하여 이르시되   마 26 : 39

얼굴을 무릎 사이에 넣고   왕상 18 : 42

얼굴을 바위보다 굳게 하여 돌아오기를 싫어하므로   렘 5 : 3 - 4

얼굴을 벽으로 향하여 여호와께 기도하여 이르되   사 38 : 2 - 6

얼굴을 보지 못하리니 나를 보고 살 자가 없음이니라   출 33 : 20 - 23

얼굴이 뻔뻔하고 마음이 굳은 자니라 내가 너를 그들에	겔 2	:	4	- 5
얼굴이 해같이 빛나며 옷이 빛과 같이 희어졌더라	마 17	:	2	- 13
엄지손가락과 엄지발가락 절단 (아도니 베섹)	삿 1	:	5	- 7
없는 것들을 택하사 있는 것들을 폐하려 하시나니	고전 1	:	28	- 29
없는 것을 있는 것으로 부르시는 이시니라	롬 4	:	17	- 25
엉겅퀴에서 무화과를 따겠느냐	마 7	:	16	- 18
에덴동산	창 2	:	4	- 17
에돔 땅을 다스린 왕들	대상 1	:	43	- 54
에돔 왕이 이스라엘이 지나감을 거절하다	민 20	:	14	- 21
에돔 족속의 조상 에서의 족보	창 36	:	9	- 19
에돔과 립나가 유다를 배반하다	왕하 8	:	20	- 24
에돔과 블레셋이 받을 심판	겔 25	:	12	- 17
에돔과 애굽 사람에 대하여	신 23	:	7	- 8
에돔을 심판하시다	옵 1	:	1	- 14
에돔의 왕들	창 36	:	31	- 43
에돔이 받을 심판 예언	렘 49	:	7	- 22
에디오피아 내시가 예루살렘에 왔다가 돌아가는데 수레	행 8	:	27	- 40
에바 속의 여인 (스가랴가 본 환상)	슥 5	:	5	- 11
에바다 하시니 이는 열리라는 뜻이라	막 7	:	34	- 37
에바브라에게 너희가 배웠나니 그는 너희를 위한	골 1	:	7	
에바브로디도와 디모데	빌 2	:	19	- 30
에발 산에 절반, 그리심 산에 절반이 서다	수 8	:	33	- 35
에발 산에 제단을 세우고 율법을 기록하다	수 8	:	30	- 32
에발 산에 큰 돌들을 세우고 율법을 기록	신 27	:	1	- 10
에발 산에서 선포한 저주	신 27	:	11	- 26
에발 산에서 율법을 낭독하다	수 8	:	30	- 36
에베소 교회에 보내는 말씀	계 2	:	1	- 7
에베소 시가 큰 아데미와 제우스에게서 내려온 우상의	행 19	:	35	- 41
에베소 장로들에게 바울이 고별 설교를 하다	행 20	:	17	- 38
에베소에서 아데미 여신상으로 일어난 소동	행 19	:	21	- 41
에벤에셀 (여호와께서 도우시다)	삼상 7	:	12	
에벳멜렉에게 구원을 약속하시다	렘 39	:	15	- 18

에봇이 올무가 되느라 (기드온이 금으로 만든 에봇)　　　　삿 8 ： 27

에브라임 지파의 가족들이 받은 기업　　　　수 16 ： 5 - 10

에브라임(북왕국 이스라엘)이 우상숭배로 심판 예고　　　　호 8 ： 1 - 14

에브라임과 다메섹을 멸하시리라　　　　사 17 ： 3 - 11

에브라임과 므낫세 지파가 땅을 더 요구함　　　　수 17 ： 14 - 18

에브라임과 므낫세 지파가 벧엘을 점령하다　　　　삿 1 ： 22 - 26

에브라임은 음행하였고 이스라엘은 더럽혀졌느니라　　　　호 6 ： 10

에브라임의 머리에 얹고 왼손을 펴서 므낫세의 머리에　　　　창 48 ： 14

에브라임의 면류관이 밟히리라　　　　사 28 ： 1 - 8

에브라임의 자손　　　　대상 7 ： 20 - 29

에브론의 밭 곧 그 밭과 거기에 속한 굴과 그 밭과　　　　창 23 ： 17 - 20

에서 곧 에돔이 세일 산에 거주하니라　　　　창 36 ： 8

에서 자손이 정복한 땅　　　　신 2 ： 12 - 23

에서 족속은 지푸라기가 될 것이요　　　　옵 1 ： 18

에서가 달려와서 그를 맞이하고 안고 목을 어긋맞추어　　　　창 33 ： 4

에서가 사백 명의 장정을 거느리고 오고 있는지라　　　　창 33 ： 1

에서가 이스마엘에게 가서 그 본처들 외에 마할랏을　　　　창 28 ： 9

에서가 장자의 명분을 가볍게 여김이었더라　　　　창 25 ： 34

에서를 위하여 예물을 택하니　　　　창 32 ： 13 - 16

에서에게 주신 땅 (세일 산)　　　　신 2 ： 4 - 6

에서와 야곱의 상봉　　　　창 33 ： 1 - 16

에서와 야곱의 출생　　　　창 25 ： 19 - 26

에서의 발꿈치를 잡았으므로 그 이름을 야곱이라 하였　　　　창 25 ： 26

에서의 손에서 나를 건져내시옵소서 내가 그를 두려워　　　　창 32 ： 11

에서의 이방인 아내들　　　　창 26 ： 34 - 36

에서의 자손　　　　대상 1 ： 34 - 42

에서의 족보　　　　창 36 ： 1 - 19

에서의 후처　　　　창 28 ： 6 - 9

에셀 나무를 심고 거기서 여호와의 이름을 불렀으며　　　　창 21 ： 33 - 34

에섹 (이삭이 처음 판 우물) - 다툼　　　　창 26 ： 20 - 22

에스겔 아내가 죽다　　　　겔 24 ： 15 - 27

에스겔에게 임한 여호와 권능 형상　　　　겔 1 ： 1 - 28

에스겔에게 환상으로 보여주신 새 성전의 모습 (1)	겔 40	: 1	-	49
에스겔에게 환상으로 보여주신 새 성전의 모습 (2)	겔 41	: 1	-	25
에스겔에게 환상으로 보여주신 새 성전의 모습 (3)	겔 42	: 1	-	20
에스겔을 선지자로 부르시다	겔 2	: 1	-	10
에스겔을 파수꾼으로 삼으시다	겔 33	: 1	-	9
에스겔이 말 못하는 자가 되다	겔 3	: 22	-	27
에스겔이 이스라엘이 포로가 될 것을 상징하는 행위	겔 12	: 1	-	20
에스더가 왕과 하만을 잔치에 초대하다	에 5	: 1	-	8
에스더가 왕께 소청하다	에 7	: 3	-	4
에스더가 왕후로 간택되다	에 2	: 1	-	18
에스더와 모르드개의 교신	에 4	: 1	-	17
에스라 프로필	스 7	: 1	-	10
에스라가 금식하며 간구하다	스 8	: 21	-	23
에스라가 레위 사람을 찾다	스 8	: 15	-	20
에스라가 백성 앞에서 율법책을 낭독하고 해석하다	느 8	: 1	-	9
에스라가 여호와를 송축하다	스 7	: 27	-	28
에스라가 예루살렘으로 돌아오다	스 8	: 31	-	36
에스라는 모세의 율법에 익숙한 학자로서	스 7	: 6	-	10
에스라에게 내린 아닥사스다 왕의 조서	스 7	: 11	-	26
에스라에게 바벨론 왕이 준 특혜	스 7	: 20	-	24
에스라와 함께 귀환한 백성들(포로 2차 귀환)	스 8	: 1	-	14
에스라의 종교개혁 (이방 아내들을 돌려보내다)	스 10	: 1	-	44
에스라의 회개기도 (이방인과 통혼에 대한)	스 9	: 1	-	15
엔학고레 (하나님께서 삼손에게 물을 주신 곳)	삿 15	: 19		
엘가나 가족과 한나	삼상 1	: 1	-	8
엘람이 받을 심판 예언	렘 49	: 34	-	39
엘르아살(아론의 아들)이 맡은 것은 등유와 향과	민 4	: 16		
엘리 엘리 라마 사박다니 하시니 이는 곧 나의 하나님	마 27	: 46	-	50
엘리 엘리 라마 사박다니 하시니 이를 번역하면 나의	막 15	: 34		
엘리 제사장과 한나	삼상 1	: 9	-	18
엘리 집의 죄악은 제물로나 예물로나 영원히 속죄함을	삼상 3	: 14		
엘리가 죽다	삼상 4	: 12	-	18

엘리사 말을 불신한 이스라엘 장관이 죽임을 당하다	왕하	7	:	18	- 20
엘리사가 국솥에 가루를 던지매 독이 없어지다	왕하	4	:	38	- 41
엘리사가 나아만의 나병을 고치다	왕하	5	:	9	- 14
엘리사가 보리떡 20개와 채소로 100명을 먹이다	왕하	4	:	42	- 44
엘리사가 소금을 던져 물을 좋게 고치다	왕하	2	:	19	- 22
엘리사가 쇠도끼를 떠오르게 하다	왕하	6	:	5	- 7
엘리사가 아람군대의 눈을 어둡게 하다	왕하	6	:	13	- 20
엘리사가 엘리야를 만나 따르며 수종들다	왕상	19	:	19	- 21
엘리사가 엘리야의 겉옷으로 요단 물을 쳐서 가르다	왕하	2	:	13	- 15
엘리사가 임종시 요아스 왕에게 활과 화살로 예언하다	왕하	13	:	14	- 19
엘리사가 저주하매 42명의 아이들이 곰에 물리다	왕하	2	:	23	- 24
엘리사가 죽다	왕하	13	:	14	- 21
엘리사가 죽은 아이를 살리다	왕하	4	:	32	- 35
엘리사벳이 네게 아들을 낳아 주리니 그 이름을 요한	눅	1	:	13	
엘리사벳이 잉태하고 다섯 달 동안 숨어 있으며 이르되	눅	1	:	24	- 25
엘리사와 과부의 기름 그릇	왕하	4	:	1	- 7
엘리사와 수넴 여인	왕하	4	:	8	- 37
엘리사의 사환 게하시가 나병을 얻다	왕하	5	:	26	- 27
엘리야가 과연 먼저 와서 모든 것을 회복하거니와	막	9	:	12	- 13
엘리야가 그의 겉옷으로 요단 물을 치매 갈라지다	왕하	2	:	8	
엘리야가 모세와 함께 그들에게 나타나 예수와 더불어	막	9	:	4	- 8
엘리야가 아합 왕에게 대가뭄을 예언하다	왕상	17	:	1	
엘리야가 엘리사를 찾아 만나다	왕상	19	:	19	- 21
엘리야가 여호와의 선지자 100명을 굴에 숨기다	왕상	18	:	4	
엘리야가 이미 왔으되 사람들이 알지 못하고 임의로	마	17	:	12	- 13
엘리야가 호렙산에서 받은 여호와 말씀	왕상	19	:	15	- 18
엘리야가 호렙산에서 여호와의 말씀을 듣다	왕상	19	:	1	- 18
엘리야가 회오리 바람으로 하늘로 올라가더라	왕하	2	:	11	- 12
엘리야김을 세워 왕으로 삼고 이름을 고쳐 여호야김	대하	36	:	4	
엘리야를 회오리 바람으로 하늘로 올리고자 하실 때에	왕하	2	:	1	
엘리야에게 까마귀가 음식을 공급하다	왕상	17	:	2	- 7
엘리야에게 온 군사 50명이 하늘의 불로 인해 죽다	왕하	1	:	9	- 16

엘리야와 바알 선지자들의 갈멜 산상의 대결	왕상 18	:	16	-	40
엘리야와 사르밧 과부	왕상 17	:	8	-	24
엘리야와 사르밧 과부의 죽은 아들	왕상 17	:	20	-	22
엘리야의 겉옷으로 엘리사가 요단 물을 쳐서 가르다	왕하 2	:	13	-	15
엘리야의 성령이 하시는 역사가 엘리사 위에 머물렀다	왕하 2	:	15		
엘리에셀 (모세의 둘째 아들)	출 18	:	4		
엘리와 그의 아들들	삼상 2	:	22	-	25
엘리의 며느리가 이가봇을 낳고 죽다	삼상 4	:	19	-	22
엘리의 집에 내린 저주	삼상 2	:	27	-	36
엘리의 행실이 나쁜 아들들	삼상 2	:	12	-	17
엘리후가 욥에게 말하다 (1)	욥 32	:	6	-	22
엘리후가 욥에게 말하다 (2)	욥 33	:	1	-	33
엘리후가 욥에게 말하다 (3)	욥 34	:	1	-	37
엘리후가 욥에게 말하다 (4)	욥 35	:	1	-	16
엘리후가 욥에게 말하다 (5)	욥 36	:	1	-	33
엘리후가 욥에게 말하다 (6)	욥 37	:	1	-	24
엘리후가 화를 내다	욥 32	:	1	-	5
엘림에 이르니 거기 물 샘 열둘과 종려나무 일흔 그루	출 15	:	27		
엘벧엘이라 불렀으니 이는 그의 형의 낯을 피할 때	창 35	:	7		
엘엘로헤이스라엘이라 불렀더라	창 33	:	18	-	20
엠마오 길에서 제자들에게 나타나시다	눅 24	:	13	-	35
엠마오라 하는 마을로 가면서 이 모든 된 일을 이야기하	눅 24	:	13	-	35
엣 제단	수 22	:	34		
여디디야라 하시니 이는 여호와께서 사랑하셨기 때문	삼하 12	:	25		
여라므엘의 자손	대상 2	:	25	-	41
여러 모습이 된 것은 아무쪼록 몇 사람이라도 구원하고	고전 9	:	22	-	23
여러 사람이 거기에 모여 기도하고 있더라	행 12	:	12		
여로보암 (솔로몬의 신하로서 솔로몬의 대적자)	왕상 11	:	26	-	33
여로보암 왕에게 벧엘 제단에 대해 경고하시다	왕상 13	:	1	-	10
여로보암 왕의 손이 마르고 제단이 갈라지다	왕상 13	:	1	-	6
여로보암 왕이 영토를 회복하다	왕하 14	:	25	-	27
여로보암 이스라엘 13대 왕이 악을 행하다	왕하 14	:	23	-	24

여로보암 죄로 인하여 그 아들을 치시다	왕상 14	:	1	- 18
여로보암에게 하신 여호와의 말씀	왕상 11	:	26	- 40
여로보암을 이스라엘의 왕으로 삼다	왕상 12	:	20	
여로보암의 잘못된 제사장 장립	대하 13	:	9	
여로보암의 죄	왕상 13	:	33	- 34
여로보암의 죽음	왕상 14	:	19	- 20
여로보암이 두 금송아지를 만들다	왕상 12	:	25	- 30
여로보암이 산당들을 짓고 절기를 제정하다	왕상 12	:	31	- 33
여로보암이 솔로몬을 피해 애굽으로 도망하다	왕상 11	:	40	
여룹바알이라 불린 기드온	삿 6	:	32	
여름 과일 한 광주리 환상 예언	암 8	:	1	- 14
여리고 성 주위를 일곱 번 돌라	수 6	:	3	- 4
여리고 성을 재건축한 히엘이 심판을 받다	왕상 16	:	34	
여리고 성의 재건축 불허	수 6	:	26	
여리고 성이 무너지다	수 6	:	1	- 21
여리고 정탐꾼 파송	수 2	:	1	- 24
여리고 터를 쌓을 때 맏아들 아비람을 잃었고 성문을	왕상 16	:	34	
여부스 족속이 유다 자손과 함께 거주	수 15	:	63	
여선지 훌다가 요시야에게 하나님의 말씀을 전하다	왕하 22	:	14	- 20
여선지자 드보라	삿 4	:	4	- 16
여섯째 천사가 나팔을 불매 하나님 앞 금 제단 네 뿔에서	계 9	:	13	- 21
여섯째 해에 내 복을 너희에게 주어 그 소출이 삼 년	레 25	:	21	
여왕 아달랴가 왕족의 씨를 진멸하다	대하 22	:	10	- 12
여왕 아달랴가 유다를 7년간 통치하다	왕하 11	:	1	- 16
여우도 굴이 있고 공중의 새도 거처가 있으되 인자는	마 8	:	20	
여우도 굴이 있고 공중의 새도 집이 있으되 인자는 머리	눅 9	:	58	- 62
여인과 동침하듯 남자와 동침하면 둘 다 죽일지니	레 20	:	13	
여인들이 어찌 그들이 낳은 아이들을 먹으오며	애 2	:	20	
여인의 유출에 대한 규례	레 15	:	19	- 33
여인이 그 남편 생전에 법으로 그에게 매인 자 되나	롬 7	:	2	- 4
여인이 던진 맷돌에 맞아 죽은 아비멜렉	삿 9	:	52	- 57
여인이 어찌 그 젖 먹는 자식을 잊겠으며 자기 태에서	사 49	:	15	- 16

여자 그가 그 나무 열매를 내게 주므로 내가 먹었나이다   창 3 : 12

여자 포로를 아내로 맞을 때   신 21 : 10 - 14

여자가 가르치는 것과 남자를 주관하는 것을 허락하지   딤전 2 : 12 - 15

여자가 교회에서 말하는 것은 부끄러운 것이라   고전 14 : 35 - 40

여자가 긴 머리가 있으면 자기에게 영광이 되나니   고전 11 : 15 - 16

여자가 남자를 둘러 싸리라   렘 31 : 22

여자가 남자를 위하여 지음을 받은 것이니   고전 11 : 9 - 16

여자가 남자에게서 난 것 같이 남자도 여자로 말미암아   고전 11 : 12 - 16

여자가 남자에게서 났으며   고전 11 : 8 - 16

여자가 낳은 자 중에 세례 요한보다 큰 이가 일어남이 없   마 11 : 11 - 14

여자가 따먹고 남편에게도 주매 그도 먹은지라   창 3 : 6

여자가 머리를 가리는 것   고전 11 : 2 - 16

여자가 머리를 가리지 않거든 깎을 것이요   고전 11 : 6 - 16

여자가 머리를 가리지 않고 하나님께 기도하는 것이   고전 11 : 13 - 16

여자가 붉은 빛 짐승을 탔는데 그 짐승의 몸에 하나님을   계 17 : 3 - 5

여자가 성도들의 피와 예수의 증인들의 피에 취한지라   계 17 : 6 - 7

여자가 이르되 뱀이 나를 꾀므로 내가 먹었나이다   창 3 : 13

여자가 짐승에게 가까이 하여 교합하면 여자와 짐승을   레 20 : 16

여자가 해산하게 되면 그 때가 이르렀으므로 근심하나   요 16 : 21 - 22

여자는 교회에서 잠잠하라 그들에게는 말하는 것을   고전 14 : 34 - 35

여자는 남편에게서 갈라서지 말고   고전 7 : 10 - 16

여자는 일체 순종함으로 조용히 배우라   딤전 2 : 11 - 15

여자는 천사들로 말미암아 권세 아래에 있는 표를   고전 11 : 10 - 16

여자들도 단정하게 옷을 입고 소박함과 정절로써   딤전 2 : 9 - 10

여자들도 순리대로 쓸 것을 바꾸어 역리로 쓰며   롬 1 : 26 - 27

여자들도 이와 같이 정숙하고 모함하지 아니하며 절제   딤전 3 : 11 - 13

여자들은 자기의 죽은 자들을 부활로 받아들이기도 하   히 11 : 35 - 40

여자들을 그들의 아들들에게 주지 말고 그들의 딸들을   스 9 : 12

여자들이 만일 정숙함으로써 믿음과 사랑과 거룩함에   딤전 2 : 15

여자들이 자기들의 소유로 예수의 활동을 돕다   눅 8 : 1 - 3

여자로서 머리에 쓴 것을 벗고 기도나 예언을 하는 자는   고전 11 : 5 - 16

여자를 낳으면 그는 두 이레 동안 부정하리니   레 12 : 5 - 6

여자를 만드시고 그를 아담에게로 이끌어 오시니　　　창 2 : 22 - 24

여자를 유인하는 자들이 있으니 그 여자는 죄를 중히　　딤후 3 : 6 - 7

여자마다 자기 남편을 두라　　　　　　　　　　　　고전 7 : 2

여자에게서 난 자가 어찌 깨끗하다 하랴　　　　　　욥 25 : 4

여자여 나와 무슨 상관이 있나이까 내 때가 아직 이르지　요 2 : 4 - 12

여자여 어찌하여 울며 누구를 찾느냐 하시니 마리아는　요 20 : 15 - 18

여자와 그가 탄 일곱 머리와 열 뿔 가진 짐승의 비밀을　계 17 : 7

여자와 더불어 더럽히지 아니하고 순결한 자라　　　계 14 : 4 - 5

여자와 동침함 같이 남자와 동침하지 말라　　　　　레 18 : 22

여자와 용　　　　　　　　　　　　　　　　　　　계 12 : 1 - 17

여자와 원수가 되게 하고 네 후손도 여자의 후손과 원수　창 3 : 15

여자의 결혼 (기업을 상속 받은 슬로브핫의 딸들)　　민 36 : 6 - 10

여자의 서원　　　　　　　　　　　　　　　　　　민 30 : 3 - 16

여자의 유산 (슬로브핫의 딸들)　　　　　　　　　민 36 : 1 - 13

여종에게서는 육체를 따라 났고 자유 있는 여자에게서　갈 4 : 23 - 31

여종의 아들이 자유 있는 여자의 아들과 더불어 유업을　갈 4 : 30 - 31

여종의 자녀가 아니요 자유 있는 여자의 자녀니라　　갈 4 : 31

여행을 위하여 아무 것도 가지지 말라 지팡이나 배낭이　눅 9 : 3 - 6

여호람 때에 에돔과 립나가 유다를 배반하다　　　　왕하 8 : 20 - 24

여호람 유다 5대 왕이 8년 동안 통치하며 악을 행함　왕하 8 : 16 - 19

여호람 유다 왕이 블레셋과 아라비아의 침략을 당함　대하 21 : 16 - 17

여호람 유다 왕이 아우들을 죽이고 팔 년 동안 다스리다　대하 21 : 4

여호람 유다 왕이 악을 행하여 병사하다　　　　　　대하 21 : 1 - 20

여호람 유다 왕이 창자에 중병이 들어 병사하다　　대하 21 : 18 - 20

여호람(요람) 이스라엘 9대 왕이 악을 행하다　　　왕하 3 : 1 - 2

여호람(요람) 이스라엘 왕이 엘리사의 도움을 받다　왕하 3 : 4 - 27

여호사밧 왕의 유다가 강대하여지다　　　　　　　대하 17 : 10 - 19

여호사밧 왕이 전심으로 여호와의 길을 걷다　　　대하 17 : 1 - 9

여호사밧과 아합이 연합하여 아람과 싸우다　　　　대하 18 : 1 - 34

여호사밧의 개혁　　　　　　　　　　　　　　　　대하 19 : 4 - 11

여호사밧의 행적　　　　　　　　　　　　　　　　대하 20 : 31 - 37

여호사밧이 모압과 암몬 연합군을 무찌르다　　　　대하 20 : 1 - 20

255

여호사밧이 유다 4대 왕이 되다	왕상 22	: 41	-	50
여호수아 (모세의 후계자로 안수받다)	민 27	: 18	-	23
여호수아 앞에 세운 돌을 보라 한 돌에 일곱 눈이 있느니	슥 3	: 9	-	10
여호수아가 동쪽 지파들을 그들의 땅으로 보내다	수 22	: 1	-	9
여호수아가 모세의 뒤를 잇다	신 31	: 1	-	8
여호수아가 받은 기업	수 19	: 49	-	50
여호수아가 세겜에 모인 백성에게 당부하다	수 24	: 1	-	28
여호수아가 에발 산에서 율법을 낭독하다	수 8	: 30	-	36
여호수아가 점령한 지역	수 11	: 16	-	23
여호수아가 정복하지 못한 지역	수 13	: 1	-	7
여호수아가 정복한 왕들	수 12	: 7	-	24
여호수아가 죽다	삿 2	: 6	-	10
여호수아는 그리로 들어갈 것이니 그를 담대하게 하라	신 1	: 38		
여호수아에게 여호와께서 말씀하시다	수 1	: 1	-	9
여호수아와 갈렙의 가나안 땅 정탐 보고	민 14	: 6	-	9
여호수아와 엘르아살이 죽다	수 24	: 29	-	33
여호수아의 마지막 말 (마지막 고별 설교)	수 23	: 1	-	16
여호아하스 외에 모든 형제가 죽임을 당하다	대하 21	: 17		
여호아하스 유다 17대 왕이 3달 만에 폐위 당하다	대하 36	: 1	-	3
여호아하스 유다 왕이 애굽에 잡혀가서 죽다	왕하 23	: 32	-	34
여호아하스 이스라엘 11대 왕이 아세라 목상을 두다	왕하 13	: 1	-	9
여호야긴 왕이 느부갓네살에 의해 바벨론으로 잡혀감	대하 36	: 9	-	10
여호야긴 왕이 악을 행하매 모든 보물을 빼앗기다	왕하 24	: 9	-	13
여호야긴 유다 왕이 37년 만에 옥에서 석방되다	왕하 25	: 27	-	29
여호야긴이 석방되다	렘 52	: 31	-	34
여호야김 왕에 대한 말씀	렘 22	: 13	-	19
여호야김 왕이 느부갓네살에 의해 바벨론으로 잡혀감	대하 36	: 5	-	7
여호야김 왕이 하나님의 말씀 두루마리를 불태우다	렘 36	: 20	-	32
여호야김 유다 왕이 11년간 다스리며 악을 행하다	왕하 23	: 36	-	37
여호야김이 애굽왕에 의해 유다 18대 왕이 되다	대하 36	: 2	-	4
여호야김이 포로로 잡혀가고 성전 성물들이 탈취됨	단 1	: 1	-	2
여호야다 대제사장이 왕의 묘실에 장사되다	대하 24	: 15	-	16

여호야다 제사장의 종교개혁	대하 23	: 16	- 21
여호야다 제사장이 반역하여 요아스를 왕으로 옹립	왕하 11	: 3	- 16
여호야다가 반역하여 아달랴 여왕을 제게하다	대하 23	: 1	- 14
여호와 김이 애굽에 은과 금을 바치다	왕하 23	: 33	- 35
여호와 닛시	출 17	: 15	- 16
여호와 살롬이라 하였더라	삿 6	: 24	
여호와 삼마 (여호와 계신 곳)	겔 48	: 35	
여호와 앞에 바른 길을 걸었으므로 점점 강하여졌더라	대하 27	: 6	
여호와 우리 하나님의 이름을 자랑하리로다	시 20	: 7	
여호와 이레 (여호와께서 준비하심)	창 22	: 14	
여호와 하나님 (권능)	신 4	: 34	- 35
여호와가 온 백성의 목전에서 시내산에 강림할 것임이	출 19	: 11	- 25
여호와께 구하지 아니하고 의원들에 구하였더라	대하 16	: 12	
여호와께 노래하며 구원의 반석을 향하여 즐거이 외치자	시 95	: 1	
여호와께 맡기라 그를 의지하면 그가 이루시고 네 의를	시 37	: 5	- 6
여호와께 범죄하면 누가 그를 위하여 간구하겠느냐	삼상 2	: 25	
여호와께 부르짖다	삿 6	: 7	- 8
여호와께 붙어 떠나지 않은 너희는 다 생존하였느니라	신 4	: 4	
여호와께 속할 나라(족속)	옵 1	: 17	- 21
여호와께 온전히 바친 모든 것은 팔지도 못하고 무르지	레 27	: 28	- 29
여호와께 정조를 지키지 아니하고 사생아를 낳았으니	호 5	: 7	
여호와께 피하는 모든 사람은 다 복이 있도다	시 2	: 12	
여호와께 피하는 자는 복이 있도다	시 34	: 8	
여호와께로 돌아오라 그가 긍휼히 여기시리라	사 55	: 6	
여호와께서 광야에서 행하신 크신 은혜를 기억하라	신 11	: 1	- 7
여호와께서 그 손의 권능으로 우리를 애굽에서 인도하	출 13	: 9	- 10
여호와께서 남겨두신 이방 민족들	삿 3	: 1	- 6
여호와께서 네게 구하는 것은 오직 정의를 행하며	미 6	: 8	
여호와께서 사랑하셨기 때문 (여디디야)	삼하 12	: 25	
여호와께서 사울을 버리시다	삼상 15	: 10	- 31
여호와께서 새 성전에 들어가시다	겔 43	: 1	- 12
여호와께서 성을 지키지 아니하시면 파수꾼의 깨어 있	시 127	: 1	- 2

여호와께서 솔로몬에게 다시 나타나 이르시다   왕상 9 : 1 - 9

여호와께서 연회를 베푸시리라   사 25 : 6 - 8

여호와께서 온 땅을 벌하시리라   사 24 : 1 - 23

여호와께서 요구하시는 것   신 10 : 12 - 13

여호와께서 원수를 벌하시리라   사 34 : 1 - 17

여호와께서 이삭에게 이르시다   창 26 : 2 - 6

여호와께서 자기의 이름을 두시려고 택하실 곳   신 12 : 5 - 28

여호와께서 좋은 것을 주시리니 우리 땅이 그 산물을   시 85 : 12 - 13

여호와께서 주시는 복은 사람을 부하게 하고 근심을   잠 10 : 22

여호와께서 주시리라 맹세하신 땅   신 11 : 8 - 17

여호와께서 집을 세우지 아니하시면 세우는 자의 수고가   시 127 : 1 - 2

여호와께서는 모든 마음을 감찰하사 모든 의도를 아시   대상 28 : 9

여호와는 그 얼굴을 네게로 향하여 드사 평강 주시기를   민 6 : 26 - 27

여호와는 그의 얼굴을 네게 비추사 은혜 베푸시기를   민 6 : 25 - 27

여호와는 나의 목자시니 내게 부족함이 없으리로다   시 23 : 1 - 6

여호와는 나의 반석이시요 나의 요새시요 나를 건지시   시 18 : 2

여호와는 나의 반석이요 나의 요새시요   삼하 22 : 2

여호와는 나의 방패시요 나의 구원의 뿔   삼하 22 : 2

여호와는 나의 분깃이니 나는 주의 말씀을 지키리라   시 119 : 57

여호와는 나의 빛이요 나의 구원이시니   시 27 : 1

여호와는 나의 피난처시요 나의 구원자시라   삼하 22 : 2

여호와는 나의 힘과 나의 방패이시니 내 마음이 그를   시 28 : 7

여호와는 나의 힘이요 노래시며 나의 구원이시로다   출 15 : 2

여호와는 내 편이시라 내가 두려워하지 아니하리니   시 118 : 6 - 13

여호와는 너를 지키시는 이시라   시 121 : 5 - 8

여호와는 네가 의지할 이시라 네 발을 지켜 걸리지 않게   잠 3 : 26

여호와는 네게 복을 주시고 너를 지키시기를 원하며   민 6 : 24 - 27

여호와는 등불이시니 나의 어두움을 밝히시리이다   삼하 22 : 29

여호와는 마음을 연단하시느니라   잠 17 : 3

여호와는 사랑과 정의와 공의를 땅에 행하는 자인 줄   렘 9 : 24

여호와는 선하시니 그의 인자하심이 영원하고   시 100 : 5

여호와는 압제를 당하는 자의 요새이시요 환난 때의   시 9 : 9

여호와는 우리 재판장이시요 우리의 왕이시니 우리를	사 33	: 22		
여호와는 은혜로우시고 자비하신지라 너희가 그에게	대하 30	: 9		
여호와는 지식의 하나님이시라 행동을 달아 보시느니	삼상 2	: 3		
여호와는 질투하시며 보복하시는 하나님이시라	나 1	: 2	-	3
여호와는 참 하나님이요 살아 계신 하나님이시요	렘 10	: 10		
여호와는 포도원지기가 됨이여 때때로 물을 주며	사 27	: 3		
여호와는 하나님이심을 알게 하옵소서 하매	왕상 18	: 37	-	38
여호와는 힘이시요 기름 부음 받은 자의 구원의 요새	시 28	: 8		
여호와도 경외하고 자기의 신들도 섬겼더라	왕하 17	: 33	-	34
여호와로 말미암아 즐거워하며 기뻐하리로다	합 3	: 18	-	19
여호와를 경외하는 것은 사람으로 생명에 이르게 하는	잠 19	: 23		
여호와를 경외하는 것은 생명의 샘이니 사망의 그늘에서	잠 14	: 27		
여호와를 경외하는 것은 지혜의 훈계라	잠 15	: 33		
여호와를 경외하는 것이 지식의 근본이거늘	잠 1	: 7		
여호와를 경외하는 것이 지혜의 근본이요	잠 9	: 10		
여호와를 경외하며 그의 길을 걷는 자마다 복이 있도다	시 128	: 1	-	4
여호와를 경외하며 온전함과 진실함으로 그를 섬기라	수 24	: 14		
여호와를 구하라 그리고 일어나서 성전을 건축하고	대상 22	: 19		
여호와를 기다릴지어다 강하고 담대하며	시 27	: 14		
여호와를 기뻐하라 네 마음의 소원을 이루어 주시리라	시 37	: 4		
여호와를 기억하라	신 8	: 11	-	20
여호와를 내 앞에 모심으로 내가 흔들리지 아니하리	시 16	: 8		
여호와를 만날 만한 때에 찾으라 가까이 계실 때에	사 55	: 6		
여호와를 뵈옵되 빈손으로 여호와를 뵈옵지 말고	신 16	: 16	-	17
여호와를 사랑하라	신 6	: 5	-	9
여호와를 소망하는 자는 땅을 차지하리로다	시 37	: 9	-	40
여호와를 송축하라 그의 거룩한 이름을 송축하라	시 103	: 1	-	2
여호와를 송축하라 내 영혼아 여호와를 송축하라	시 103	: 22		
여호와를 시험하지 말라	신 6	: 16		
여호와를 신뢰하고 네 명철을 의지하지 말라	잠 3	: 5	-	8
여호와를 신뢰하라 그리하면 견고히 서리라	대하 20	: 20		
여호와를 앙망하는 자는 새 힘을 얻으리니 독수리가	사 40	: 31		

여호와를 영원부터 영원까지 송축할지로다 아멘　　　시 41 : 13

여호와를 영원히 신뢰하라 주 여호와는 영원한 반석　　　사 26 : 4

여호와를 위하여 백향목 집을 건축하지 않느냐　　　삼하 7 : 4 - 7

여호와를 의뢰하고 선을 행하라　　　시 37 : 3

여호와를 의지하는 자는 시온 산이 흔들리지 아니하고　　　시 125 : 1

여호와를 의지하라 그는 너희의 도움이시요 방패시로다　　　시 115 : 9 - 11

여호와를 의지하며 여호와를 의뢰하는 그 사람은 복을　　　렘 17 : 7 - 8

여호와를 자랑하리니 곤고한 자들이 이를 듣고 기뻐하　　　시 34 : 2

여호와를 찾으라 그리하면 살리라　　　암 5 : 6

여호와를 찾지도 아니하며 구하지도 아니한 자들을　　　습 1 : 6

여호와여 내가 주를 높이고 주의 이름을 찬송하오리　　　사 25 : 1

여호와와 다투었으므로 이를 므리바 물이라 하니라　　　민 20 : 13

여호와외 다른 신에게는 드리지 아니하고 (나아만)　　　왕하 5 : 17 - 18

여호와의 계획은 영원히 서고 그의 생각은 대대에　　　시 33 : 11

여호와의 구원의 약속　　　슥 10 : 1 - 12

여호와의 군대대장 (여리고에 가까이 이르렀을 때)　　　수 5 : 13 - 15

여호와의 기름 부음 받은 자를 치면 죄가 없겠느냐　　　삼상 26 : 9

여호와의 기름 부음을 받은 내 주를 치는 것은 금하시　　　삼상 24 : 6 - 7

여호와의 나타나심은 새벽 빛 같이 어김없나니 비와　　　호 6 : 3

여호와의 날　　　사 2 : 5 - 22

여호와의 날에 임할 심판 언약　　　욜 3 : 1 - 21

여호와의 날이 가까웠으므로 여호와께서 희생을 준비　　　습 1 : 7 - 8

여호와의 눈은 의인을 향하시고 그의 귀는 부르짖음에　　　시 34 : 15 - 21

여호와의 다윗에 대한 징계 (우리아 사건)　　　삼하 12 : 10 - 15

여호와의 도는 정직하니 의인은 그 길로 다니거니와　　　호 14 : 9

여호와의 말씀은 정직하며 행하시는 일은 진실하도다　　　시 33 : 4

여호와의 말씀이 예레미야에게 임하다　　　렘 1 : 4 - 10

여호와의 말을 버렸으니 그들에게 무슨 지혜가 있으랴　　　렘 8 : 9

여호와의 명령을 지키며 따라가며 그를 경외할지라　　　신 8 : 6 - 10

여호와의 분노의 날에 이 땅의 모든 주민을 멸절하되　　　습 1 : 18

여호와의 불이 내려서 번제물과 나무와 돌과 흙을　　　왕상 18 : 38 - 40

여호와의 사자가 떨기나무 가운데로부터 나오는 불꽃　　　출 3 : 2 - 12

260

여호와의 사자가 보김에 나타나다	삿 2	: 1	- 5
여호와의 성전을 건축하라 그는 예루살렘에 계신 하나님	스 1	: 3	- 4
여호와의 성전이 바벨론에 의해 불타고 헐리다	렘 52	: 12	- 23
여호와의 영광의 형상의 모양이라 내가 보고 엎드려	겔 1	: 28	
여호와의 영광이 가득하다	대하 5	: 13	- 14
여호와의 영광이 가득하다	대하 7	: 1	- 3
여호와의 영광이 성전 문지방을 떠나서 그룹들 위에	겔 10	: 18	- 19
여호와의 영광이 성전에 가득하다	겔 44	: 4	- 8
여호와의 영광이 예루살렘 성전을 떠나시다	겔 10	: 1	- 22
여호와의 영광이 이스라엘 자손의 눈에 맹렬한 불 같이	출 24	: 17	- 18
여호와의 음성을 청종하지 아니하므로 40년 동안	수 5	: 6	
여호와의 이름으로 오는 자가 복이 있음이여	시 118	: 26	- 27
여호와의 이름을 멸시하는 봉헌물	말 1	: 6	- 14
여호와의 이름을 모독하면 그를 반드시 죽일지니	레 24	: 10	- 16
여호와의 이름을 부르는 자는 구원을 얻으리니	욜 2	: 32	
여호와의 이름을 영화롭게 하지 아니하면 저주를 내려	말 2	: 2	
여호와의 이름을 의지하여 영원히 행하리로다	미 4	: 5	
여호와의 종 메시야를 통한 구원의 예언	사 42	: 1	- 9
여호와의 집에 살면서 여호와의 아름다움을 바라보며	시 27	: 4	
여호와의 집에 심겼음이여 우리 하나님의 뜰 안에서	시 92	: 13	- 15
여호와의 희생의 날에 내가 방백들과 왕자들과 이방인	습 1	: 8	- 9
역사 곧 내가 하는 그 역사가 아버지께서 나를 보내신	요 5	: 36	- 47
연단은 소망을 이루는 줄 앎이로다	롬 5	: 4	
연단을 받아 선악을 구별하는 자들이니라	히 5	: 14	
연단을 받은 자들은 의와 평강의 열매를 맺느니라	히 12	: 11	- 13
연단하려고 오는 불 시험을 이상히 여기지 말고	벧전 4	: 12	- 14
연보는 매주 첫날에 너희 각 사람이 수입에 따라 모아	고전 16	: 2	
연보로 말미암아 하나님께 영광돌리고	고후 9	: 13	- 15
연보에 관하여는 갈라디아 교회들에게 명한 것 같이	고전 16	: 1	
연소함을 업신여기지 못하게 하고 오직 말과 행실과	딤전 4	: 12	
연수의 자랑은 수고와 슬픔뿐이요 신속히 가니	시 90	: 10	- 12
연약한 가운데서 강하게 되기도 하며 전쟁에 용감하게	히 11	: 34	- 40

연약한 것을 친히 담당하시고 병을 짊어지셨도다	마	8	: 17	
연약할 때에 그리스도께서 경건하지 않은 자를 위하여	롬	5	: 6	- 7
연자맷돌이 그 목에 달려서 깊은 바다에 빠뜨려지는	마	18	: 6	
연자맷돌이 그 목에 매여 바다에 던져지는 것이 나으리	눅	17	: 2	
연합이라는 둘째 막대기를 꺾었으니 유다와 이스라엘	슥	11	: 14	
연합하여 하나님이 자라게 하시므로 자라느니라	골	2	: 19	
연회장에게 갖다 주라 하시매 갖다 주었더니	요	2	: 8	- 12
열 드라크마가 있는데 하나를 잃으면 등불을 켜고 집을	눅	15	: 8	- 10
열 사람이 다 깨끗함을 받지 아니하였느냐 그 아홉은	눅	17	: 17	- 19
열나흘까지 간직하였다가 해 질 때에 이스라엘 회중이	출	12	: 6	- 11
열나흘날 저녁부터 이십일일 저녁까지 너희는 무교병	출	12	: 18	- 20
열두 가지 열매를 맺되 달마다 그 열매를 맺고 잎사귀들	계	22	: 2	
열두 기초석이 있고 어린 양의 열두 사도의 이름이 있더	계	21	: 14	
열두 돌 (길갈에 세운 요단강 도하 기념 돌)	수	4	: 19	- 24
열두 문이 있는데 문에는 열두 천사가 있고 열두 지파의	계	21	: 12	- 14
열두 바구니에 차게 거두었으며 먹은 사람은 여자와	마	14	: 20	- 21
열두 사도가 모든 제자들을 불러 이르되 우리가 말씀을	행	6	: 2	- 7
열두 살 시절의 예수님	눅	2	: 41	- 52
열두 살된 외딸이 있어 죽어감이러라	눅	8	: 42	
열두 제자를 부르사 둘씩 둘씩 보내시며 더러운 귀신을	막	6	: 7	- 13
열두 제자를 불러 귀신을 제어하며 병을 고치는 능력과	눅	9	: 1	- 6
열두 제자를 사도로 택하시다	눅	6	: 12	- 16
열두 제자를 세우시다	막	3	: 13	- 19
열두 제자를 파송하시며 하신 교훈	마	10	: 5	- 42
열두 제자를 파송하시며 하신 교훈	눅	9	: 1	- 6
열두 제자에게 귀신을 쫓아내며 병을 고치는 권능을	마	10	: 1	
열두 제자의 이름	마	10	: 2	- 4
열두 해를 혈루증으로 앓는 중에 아무에게도 고침을	눅	8	: 43	- 48
열둘 중의 하나 곧 나와 함께 그릇에 손을 넣는 자니라	막	14	: 20	- 21
열둘 중의 하나인 가룟 유다가 예수를 넘겨 주려고	막	14	: 10	
열둘을 세우셨으니 이는 자기와 함께 있게 하시고 또	막	3	: 14	- 19
열둘을 택하여 사도라 칭하셨으니	눅	6	: 13	- 16

열린 문을 두었으되 능히 닫을 사람이 없으리라   계 3 : 8

열매 맺는 백성이 받으리라   마 21 : 43 - 46

열매 없는 어둠의 일에 참여하지 말고 도리어 책망하라   엡 5 : 11 - 14

열매 없는 자가 되지 않게 하려니와   벧후 1 : 8 - 9

열매 없는 자가 되지 않기 위하여 필요한 것을 준비하   딛 3 : 14

열매가 그에게로 돌아갈 것이요 그 행한 일로 말미암아   잠 31 : 31

열매가 많을수록 제단을 많게 하며 번영할수록 주상을   호 10 : 1 - 2

열매가 열면 좋거니와 그렇지 않으면 찍어버리소서   눅 13 : 9

열매가 익으면 곧 낫을 대나니 이는 추수 때가 이르렀음   막 4 : 29

열매로 그 나무를 아느니라   마 12 : 33

열매로 그들을 알리라   마 7 : 20

열매로 그들을 알지니 가시나무에서 포도를, 또는   마 7 : 16 - 18

열매로 아나니 가시나무에서 무화과를, 또는 찔레에서   눅 6 : 44

열매를 구하되 얻지 못하니 찍어버리라 어찌 땅만 버리   눅 13 : 7 - 9

열매를 따 먹지 못하리라 하시니 제자들이 이를 듣더라   막 11 : 14

열매를 많이 맺나니 나를 떠나서는 너희가 아무 것도   요 15 : 5 - 8

열매를 많이 맺으면 내 아버지께서 영광을 받으실 것   요 15 : 8

열매를 맺게 하시며 하나님을 아는 것에 자라게 하시고   골 1 : 10

열매를 맺게하고 또 너희 열매가 항상 있게 하여   요 15 : 16

열매를 맺고 그 나무 잎사귀들은 만국을 치료하기 위하   계 22 : 2

열매를 맺는 가지는 더 열매를 맺게 하려 그것을 깨끗   요 15 : 2 - 8

열매를 맺되 처음에는 싹이요 다음에는 이삭이요 그 다   막 4 : 28 - 29

열매를 맺었으니 그 마지막은 영생이라   롬 6 : 22 - 23

열매를 맺을 수 없음 같이 너희도 내 안에 있지 아니하   요 15 : 4 - 8

열매를 맺지 못하리라 하시니 무화과나무가 곧 마른지라   마 21 : 19 - 22

열매를 맺지 아니하는 가지는 아버지께서 그것을 제거   요 15 : 2 - 8

열매를 맺지 아니하는 나무마다 다 찍혀 불에 던져지느   마 7 : 19 - 20

열매를 맺지 아니하는 나무마다 찍혀 불에 던져지리라   마 3 : 10

열매를 맺지 아니하는 나무마다 찍혀 불에 던져지리라   눅 3 : 9

열매를 모으나니 이는 뿌리는 자와 거두는 자가 함께   요 4 : 36 - 38

열매와 밭의 소산을 풍성하게 하여 너희가 다시는 기근   겔 36 : 30 - 31

열면 닫을 사람이 없고 닫으면 열 사람이 없는 그가   계 3 : 7 - 8

열방 중에서 주께 감사하고 주의 이름으로 찬송하리로	롬	15	:	9	- 12
열방들아 주를 찬양하며 모든 백성들아 그를 찬송하라	롬	15	:	11	- 12
열방들아 주의 백성과 함께 즐거워하라	롬	15	:	10	- 12
열방에 대한 하나님의 심판을 선포	슥	9	:	1	- 8
열번째 재앙 (처음 난 것들이 죽임을 당하다)	출	12	:	29	- 36
열병과 이질에 걸려 누워 있거늘 바울이 기도하고 안수	행	28	:	8	- 10
열병을 꾸짖으신대 병이 떠나고 여자가 곧 일어나	눅	4	:	39	
열쇠를 가져가서 너희도 들어가지 않고 또 들어가고자	눅	11	:	52	
열심으로 선을 행하면 누가 너희를 해하리요	벧전	3	:	13	- 17
열여덟 해 동안이나 귀신 들려 앓으며 꼬부라져 조금도	눅	13	:	11	- 17
열한 제자에게 나타나시다	눅	24	:	36	- 49
염려를 다 주께 맡기라 이는 그가 너희를 돌보심이라	벧전	5	:	7	
염려와 재물과 향락에 기운이 막혀 온전히 결실하지 못	눅	8	:	14	- 15
염려하지 말고 다만 모든 일에 기도와 간구로, 너희	빌	4	:	6	- 7
염려하지 말라 그 때에 너희들에게 할 말을 주시리니	마	10	:	19	- 20
염려함으로 그 키를 한 자라도 더할 수 있겠느냐	마	6	:	27	- 33
염려함으로 그 키를 한 자라도 더할 수 있느냐	눅	12	:	25	- 32
염병으로 죽은 자가 이만 사천 명 (고스비 사건)	민	25	:	1	- 18
염소를 아사셀에게 보낸 자는 그의 옷을 빨고 몸을 씻	레	16	:	26	- 27
염소와 송아지의 피로 하지 아니하고 오직 자기의 피로	히	9	:	12	- 14
염소의 새끼를 그 어미의 젖으로 삶지 말지니라	출	23	:	19	
엿새 동안에 네 일을 하고 일곱째 날에는 쉬라	출	23	:	12	
영 곧 하나님의 영이 너희 위에 계심이라	벧전	4	:	14	
영과 진리로 예배할 때가 오나니 곧 이때라 아버지께서	요	4	:	23	- 24
영과 혼과 몸이 예수 그리스도께서 강림하실 때에 흠 없	살전	5	:	23	- 24
영광 가운데 그 풍성한 대로 너희 모든 쓸 것을 채우시	빌	4	:	19	
영광과 권능을 여호와께 돌릴지어다	시	96	:	7	- 9
영광과 존귀와 썩지 아니함을 구하는 자에게는 영생	롬	2	:	7	- 11
영광스런 모습으로 변형되시다	막	9	:	2	- 8
영광스런 모습으로 변화되시다 (예수님)	눅	9	:	28	- 36
영광은 풀의 꽃과 같으니 풀은 마르고 꽃은 떨어지되	벧전	1	:	24	- 25
영광을 구하지 아니하나 구하고 판단하시는 이가 계시니	요	8	:	50	

영광을 돌리세 어린 양의 혼인 기약이 이르렀고   계 19 : 7 - 8

영광을 받기 위하여 고난도 함께 받아야 할 것이니라   롬 8 : 17

영광을 썩어질 사람과 동물 모양의 우상으로 바꾸었느   롬 1 : 23 - 25

영광을 취하고 유일하신 하나님께로부터 오는 영광은   요 5 : 44

영광을 하나님께로 돌리지 아니하므로 주의 사자가 치   행 12 : 23 - 24

영광의 영 곧 하나님의 영이 너희 위에 계심이라   벧전 4 : 14

영광의 풍성함을 따라 그의 성령으로 말미암아 너희   엡 3 : 16 - 19

영광의 힘을 따라 모든 능력으로 능하게 하시며 기쁨으   골 1 : 11

영광이 독생자의 영광이요 은혜와 진리가 충만하더라   요 1 : 14

영광이 해의 영광이 다르고 달의 영광이 다르며 별의   고전 15 : 41 - 44

영구한 도성이 없으므로 장차 올 것을 찾나니   히 13 : 14 - 16

영들이 하나님께 속하였나 분별하라 많은 거짓 선지자   요일 4 : 1 - 3

영벌에, 의인들은 영생에 들어가리라 하시니라   마 25 : 46

영생에 대해 묻는 부자 관리   눅 18 : 18 - 30

영생에 들어가리라 하시니라 (의인들은)   마 25 : 46

영생에 이르는 열매를 모으나니 이는 뿌리는 자와 거두   요 4 : 36 - 38

영생에 이르도록 예수 그리스도의 긍휼을 기다리라   유 1 : 21 - 23

영생은 유일하신 하나님과 예수 그리스도를 아는 것   요 17 : 3

영생을 받지 못할 자가 없느니라   막 10 : 30 - 31

영생을 얻게 하려 하심이라   요 3 : 16 - 18

영생을 얻기 위하여 내게 오기를 원하지 아니하는도다   요 5 : 40 - 47

영생을 얻기에 합당하지 않은 자로 자처하기로 우리가   행 13 : 46 - 52

영생을 얻는 이것이니 마지막 날에 내가 다시 살리리라   요 6 : 40

영생을 얻었고 심판에 이르지 아니하나니 사망에서 생명   요 5 : 24 - 29

영생을 주게 하시려고 만민을 다스리는 권세를 아들에   요 17 : 2 - 3

영생을 주노니 영원히 멸망하지 아니할 것이요   요 10 : 28

영생을 주시기로 작정된 자는 다 믿더라   행 13 : 48 - 52

영생을 주신 것과 생명이 그의 아들 안에 있는 그것이니   요일 5 : 11 - 12

영생의 말씀   요 6 : 60 - 69

영생의 말씀이 주께 있사오니 우리가 누구에게로 가오리   요 6 : 68 - 69

영생의 소망을 따라 상속자가 되게 하려 하심이라   딛 3 : 7

영생하도록 솟아 나는 샘물이 되리라   요 4 : 14

영생하도록 있는 양식을 위하여 하라 이 양식은 인자가　요 6 : 27

영에 감동된 사람을 우리가 어찌 찾을 수 있으리요　창 41 : 38

영원 전부터 그리스도 예수 안에서 우리에게 주신 은혜　딤후 1 : 9 - 11

영원부터 만물을 창조하신 하나님 속에 감추어졌던　엡 3 : 9 - 11

영원토록 사람이 네게서 열매를 따 먹지 못하리라　막 11 : 14

영원하신 능력과 신성이 그가 만드신 만물에 분명히　롬 1 : 20

영원하신 왕 곧 썩지 아니하고 보이지 아니하고 홀로　딤전 1 : 17

영원한 사랑으로 너를 사랑하기에 인자함으로 너를　렘 31 : 3

영원한 언약 (예레미야를 통해 주신 새 언약)　렘 32 : 40 - 42

영원한 언약을 세우리라　겔 16 : 60 - 63

영원한 영광의 중한 것을 우리에게 이루게 함이니　고후 4 : 17 - 18

영원한 위로와 좋은 소망을 은혜로 주신 하나님　살후 2 : 16 - 17

영원한 집이 우리에게 하늘에 있는 줄 아느니라　고후 5 : 1 - 5

영원히 목마르지 아니하리니 내가 주는 물은 그 속에서　요 4 : 14

영으로 가서 옥에 있는 영들에게 선포하시니라　벧전 3 : 19

영으로 기도하고 또 마음으로 기도하며 영으로 찬송하　고전 14 : 15 - 18

영으로 쓴 것이며 또 돌판에 쓴 것이 아니요 오직 육의　고후 3 : 3

영으로 인도함을 받는 사람은 곧 하나님의 아들이라　롬 8 : 14 - 17

영으로 찬송하고 또 마음으로 찬송하리라　고전 14 : 15 - 18

영으로써 몸의 행실을 죽이면 살리니　롬 8 : 13 - 14

영은 살과 뼈가 없으되 너희 보는 바와 같이 나는 있느니　눅 24 : 39 - 49

영은 의로 말미암아 살아 있는 것이니라　롬 8 : 10 - 11

영을 남종과 여종들에게 부어 주리니 그들이 예언할 것　행 2 : 18 - 21

영을 너희 속에 두어 너희가 살아나게 하고　겔 37 : 14

영을 다 믿지 말고 오직 영들이 하나님께 속하였나 분별　요일 4 : 1 - 3

영을 따르는 자는 영의 일을 생각하나니　롬 8 : 5 - 8

영을 시험하려 하느냐 보라 네 남편을 장사하고 오는　행 5 : 9 - 11

영을 알지니 곧 예수 그리스도께서 육체로 오신 것을　요일 4 : 2 - 3

영을 우리 마음 가운데 보내사 아빠 아버지라 부르게　갈 4 : 6 - 7

영의 새로운 것으로 섬길 것이요 율법 조문의 묵은 것　롬 7 : 6 - 14

영의 생각은 생명과 평안이니라　롬 8 : 6 - 8

영이 돌아와 아이가 곧 일어나거늘 예수께서 먹을 것을　눅 8 : 56

266

영이시니 주의 영이 계신 곳에는 자유가 있느니라 고후 3 : 17 - 18
영적인 것을 나눠 가졌으면 육적인 것으로 그들을 섬기 롬 15 : 27
영적인 일은 영적인 것으로 분별하느니라 고전 2 : 13 - 16
영접하거든 너희 앞에 차려놓은 것을 먹고 병자들을 눅 10 : 8 - 16
영접하는 것이 마땅하니 이는 우리로 진리를 위하여 요삼 1 : 8
영접하는 자 곧 그 이름을 믿는 자들에게는 하나님의 요 1 : 12 - 14
영접하는 자는 나를 영접하는 것이요 나를 영접하는 자 마 10 : 40 - 42
영접하지 아니하거든 그 거리로 나와서 말하되 눅 10 : 10 - 12
영접하지 아니하거든 떠날 때에 발에서 먼지를 떨어 버 눅 9 : 5 - 6
영접하지 아니하고 너희 말을 듣지 아니하거든 거기서 막 6 : 11 - 13
영접하지도 아니하고 너희 말을 듣지도 아니하거든 마 10 : 14 - 15
영혼들을 유혹하며 탐욕에 연단된 마음을 가진 자들이 벧후 2 : 14 - 18
영혼을 거슬러 싸우는육체의 정욕을 제어하라 벧전 2 : 11
영혼을 구원할 바 마음에 심어진 말씀을 온유함으로 받 약 1 : 21
영혼을 구원함에 이르는 믿음을 가진 자니라 히 10 : 39
영혼을 도로 찾으리니 그러면 네 준비한 것이 누구의 것 눅 12 : 20 - 21
영혼을 사냥하는 그 부적을 내가 너희 팔에서 떼어 버리 겔 13 : 20 - 21
영혼을 사냥하려고 손목마다 부적을 꿰어 매고 겔 13 : 18
영혼을 사망에서, 내 눈을 눈물에서, 내 발을 넘어짐에서 시 116 : 8
영혼을 소생시키고 자기 이름을 위하여 의의 길로 인도 시 23 : 3
영혼을 아버지 손에 부탁하나이다 하신 후 숨지시니라 눅 23 : 46 - 49
영혼을 위하여 크게 기뻐하므로 재물을 사용하고 또 고후 12 : 15
영혼을 음부에 버리지 아니하시며 주의 거룩한 자로 행 2 : 27
영혼의 목자와 감독 되신 이에게 돌아왔느니라 벧전 2 : 25
영혼이 떠나시다 (예수님) 마 27 : 46 - 56
영혼이 떠나시다 (예수님) 요 19 : 28 - 30
영혼이 없는 몸이 죽은 것 같이 행함이 없는 믿음은 죽 약 2 : 26
영혼이 주를 사모하였사온즉 내 중심이 주를 간절히 사 26 : 9
영혼이 피곤할 때에 내가 여호와를 생각하였더니 욘 2 : 7
옆구리를 찌르니 곧 피와 물이 나오더라 요 19 : 34 - 37
옆구리에 가시가 될 것이며 그들의 신들이 올무가 되리 삿 2 : 3 - 5
옆구리에 넣어 보라 그리하여 믿음 없는 자가 되지 말고 요 20 : 27 - 29

예레미야가 요시야의 죽음을 애도하여 애가를 짓다	대하 35	:	23	- 25
예레미야가 구덩이에서 에벳멜렉의 도움으로 구출됨	렘 38	:	1	- 13
예레미야가 바룩에게 하나님의 말씀을 기록케 하다	렘 36	:	1	- 6
예레미야가 바벨론 왕에 항복할 것을 권유하다	렘 27	:	1	- 22
예레미야가 바벨론에 예언의 말씀을 전하다	렘 51	:	59	- 64
예레미야가 바스훌에게서 박해를 받다	렘 20	:	1	- 3
예레미야가 성전 뜰에서 하나님의 심판의 말씀 선포	렘 26	:	1	- 24
예레미야가 아나돗의 밭을 사다	렘 32	:	1	- 15
예레미야가 옥에 갇히다	렘 32	:	2	- 5
예레미야가 요하난 일행에 의해 애굽으로 끌려가다	렘 43	:	1	- 7
예레미야가 이스라엘의 회복을 선포하다	렘 31	:	1	- 40
예레미야가 투옥되다	렘 37	:	11	- 21
예레미야가 하나님의 말씀을 다시 기록하다	렘 36	:	27	- 32
예레미야를 고향 사람들이 죽이려 꾀하다	렘 11	:	18	- 23
예레미야를 느부갓네살 왕이 석방시키다	렘 39	:	11	- 14
예레미야를 죽이려 하다	렘 18	:	18	- 23
예레미야에게 임한 여호와의 말씀	렘 11	:	17	
예레미야와 하나냐 거짓 선지자의 상반된 예언	렘 28	:	1	- 17
예레미야의 간구	렘 17	:	12	- 18
예레미야의 기도	렘 32	:	16	- 35
예레미야의 유다의 회복을 비는 기도	애 5	:	1	- 22
예레미야의 편지 (바벨론으로 끌려간 포로들에게)	렘 29	:	1	- 23
예레미야의 회개와 소망과 간절한 기도	애 3	:	1	- 66
예루살렘 교회가 이 사람들의 소문을 듣고 바나바를	행 11	:	22	- 30
예루살렘 궁이 함락되고 성전의 성물이 약탈되다	렘 52	:	12	- 23
예루살렘 백성의 죄와 벌	렘 8	:	4	- 17
예루살렘 성 중에 남은 모든 사람이 죽임을 당하다	왕하 25	:	18	- 21
예루살렘 성벽 재건 공사 방해를 물리치다	느 4	:	1	- 23
예루살렘 성벽 재건 공사가 끝나다	느 6	:	15	- 19
예루살렘 성벽 재건 봉헌식	느 12	:	27	- 43
예루살렘 성벽의 재건 공사를 한 사람들	느 3	:	1	- 32
예루살렘 성은 허물어지고 성문들은 불탔다 하는지라	느 1	:	3	- 5

예루살렘 성을 건축하여 다시 수치를 당하지 말자 　　　느 2 ： 17 - 18

예루살렘 성읍의 문들의 이름 　　　겔 48 ： 30 - 35

예루살렘 성전과 왕궁이 파괴되다 　　　왕하 25 ： 8 - 17

예루살렘 성전에 바친 예물 　　　스 8 ： 24 - 30

예루살렘 입성 　　　눅 19 ： 28 - 44

예루살렘 입성 　　　요 12 ： 12 - 19

예루살렘 주변 동네들에 거주하는 백성들 　　　느 11 ： 25 - 36

예루살렘 지도자들의 죄악 　　　미 3 ： 1 - 12

예루살렘 총회 　　　행 15 ： 1 - 21

예루살렘 회복에 대한 약속 　　　슥 8 ： 1 - 17

예루살렘과 그 백성이 받을 벌을 예고 　　　렘 6 ： 1 - 15

예루살렘과 예루살렘 성전을 버리시다 　　　왕하 23 ： 26 - 27

예루살렘에 거주할 수 있는 백성들과 그 임무 　　　느 11 ： 1 - 24

예루살렘에 대한 여호와의 진노 　　　애 2 ： 1 - 22

예루살렘에 입성하시는 예수님 　　　마 21 ： 1 - 11

예루살렘에 입성하시는 예수님 　　　막 11 ： 1 - 11

예루살렘에서 나의 일을 증언한 것 같이 로마에서도 　　　행 23 ： 11

예루살렘에서 행해지는 우상 숭배 행위들 　　　겔 8 ： 1 - 18

예루살렘으로 향한 창문을 열고 하루 세 번씩 기도하며 　　　단 6 ： 10

예루살렘은 녹슨 가마 　　　겔 24 ： 1 - 14

예루살렘은 이방인의 때가 차기까지 이방인에게 밟히리 　　　눅 21 ： 24 - 28

예루살렘은 자유자니 곧 우리 어머니라 　　　갈 4 ： 26 - 31

예루살렘은 진리의 성읍이라 일컫겠고 만군의 여호와 　　　슥 8 ： 3

예루살렘의 가증한 행위 　　　겔 16 ： 1 - 22

예루살렘의 구속의 메시지 　　　사 52 ： 1 - 12

예루살렘의 구원 및 회생 　　　슥 12 ： 1 - 14

예루살렘의 구원 및 회생 　　　슥 13 ： 1 - 9

예루살렘의 멸망 예고 　　　사 3 ： 1 - 12

예루살렘의 멸망 후 참상 　　　애 4 ： 1 - 22

예루살렘의 벌 받을 타락상 　　　겔 22 ： 1 - 16

예루살렘의 심판을 에스겔에게 경고하시다 　　　겔 5 ： 1 - 17

예루살렘의 우상 숭배자들을 심판이 집행되다 　　　겔 9 ： 1 - 11

예루살렘의 함락 소식	겔 33 : 21	-	22
예루살렘의 환난 때	눅 21 : 20	-	28
예루살렘의 회복 예고	사 4 : 2	-	6
예루살렘이 회복 예언	사 49 : 8	-	26
예루살렘이 군대들에게 에워싸이는 것을 보거든 멸망이	눅 21 : 20	-	28
예루살렘이 당한 슬픔	애 1 : 1	-	22
예루살렘이 받을 심판	겔 11 : 1	-	13
예루살렘이 받을 심판	습 3 : 1	-	13
예루살렘이 받을 영광	사 60 : 1	-	22
예루살렘이 크게 범죄함으로 조소거리가 되었으니	애 1 : 8		
예루살렘이 함락되다	렘 39 : 1	-	10
예물 (여호와께 드릴 예물)	출 35 : 4	-	19
예물 (여호와께 자원하여 드린 예물)	출 35 : 20	-	29
예물 (예루살렘 성전에 바친 예물)	스 8 : 24	-	30
예물과 제사는 섬기는 자를 양심상 온전하게 할 수 없	히 9 : 9	-	10
예물로 드린 성막 건축 재료가 넘치도록 가져오다	출 36 : 2	-	7
예물로 드릴 거룩한 땅	겔 48 : 9	-	14
예물로 형의 감정을 푼 후에 대면하면 혹시 나를 받아	창 32 : 20		
예물은 네가 서원하여 입으로 언약한 대로 행할지니라	신 23 : 23		
예물을 기쁘게 드렸더라	스 1 : 6		
예물을 기쁜 마음으로 바치는 것을 받을 지니라	출 25 : 2		
예물을 깨끗한 그릇에 담아 여호와의 집에 드림 같이	사 66 : 20		
예물을 드려 그들에게 입증하라 하셨더니 예수의 소문이	눅 5 : 14	-	16
예물을 드리려다가 형제에게 원망들을 만한 일이 생각	마 5 : 23	-	24
예물의 마땅한 분량	겔 45 : 13	-	17
예물이냐 그 예물을 거룩하게 하는 제단이냐	마 23 : 19	-	23
예배 처소	신 12 : 1	-	28
예배하노니 이는 구원이 유대인에게서 남이라	요 4 : 22	-	24
예배하는 자가 영과 진리로 예배할지니라	요 4 : 24		
예배하는 자들은 영과 진리로 예배할 때가 오나니 곧	요 4 : 23	-	24
예복을 입지 않고 여기 들어왔느냐 하니 그가 아무 말도	마 22 : 12	-	14
예수 그리스도 계보	마 1 : 1	-	17

예수 그리스도 탄생	마	1 : 18	-	25
예수 그리스도께서 너희 안에 계신 줄을 너희가 알지 못	고후	13 : 5	-	7
예수 그리스도께서 육체로 오신 것을 시인하는 영마다	요일	4 : 2	-	3
예수 그리스도는 어제나 오늘이나 영원토록 동일하시	히	13 : 8		
예수 그리스도로 말미암아 영광이 세세무궁하도록 있을	롬	16 : 27		
예수 그리스도로 말미암아 영생에 이르게 하려 함이라	롬	5 : 21		
예수 그리스도로 말미암아 자기의 아들들이 되게 하셨	엡	1 : 5	-	6
예수 그리스도로 말미암아 하나님과 화평을 누리자	롬	5 : 1	-	2
예수 그리스도로 옷 입고 정욕을 위하여 육신의 일을	롬	13 : 14		
예수 그리스도를 믿을 때에 주신 것과 같은 선물을	행	11 : 17	-	18
예수 그리스도를 믿음으로 말미암는 줄 알므로 우리도	갈	2 : 16	-	21
예수 그리스도를 주라 시인하여 하나님께 영광을 돌리	빌	2 : 11		
예수 그리스도를 통하여 생명 안에서 왕 노릇 하리로다	롬	5 : 17	-	21
예수 그리스도에 관한 모든 것을 담대하게 거침없이	행	28 : 31		
예수 그리스도의 것으로 부르심을 받은 자니라	롬	1 : 6		
예수 그리스도의 몸을 단번에 드리심으로 말미암아	히	10 : 10	-	14
예수 그리스도의 십자가 외에 결코 자랑할 것이 없으니	갈	6 : 14	-	15
예수 그리스도의 아버지께 영광을 돌리게 하려 하노라	롬	15 : 6	-	7
예수 그리스도의 얼굴에 있는 하나님의 영광을 아는 빛	고후	4 : 6		
예수 그리스도의 은혜로 말미암은 선물은 많은 사람에	롬	5 : 15	-	21
예수 그리스도의 이름으로 명하노니 그에게서 나오라	행	16 : 18	-	19
예수 그리스도의 이름으로 세례를 베풀라 하니라	행	10 : 48		
예수 그리스도의 이름으로 이 사람이 건강하게 되어	행	4 : 10	-	12
예수 그리스도의 좋은 병사	딤후	2 : 1	-	13
예수 믿는 자를 의롭다 하려 하심이라	롬	3 : 26	-	31
예수 안에서 자는 자들도 하나님이 그와 함께 데리고	살전	4 : 14	-	18
예수 안에서 함께 상속자가 되고 함께 지체가 되고	엡	3 : 6	-	7
예수 우리 주를 죽은 자 가운데서 살리신 이를 믿는 자	롬	4 : 24	-	25
예수 탄생 소식을 듣다	눅	2 : 8	-	21
예수가 하나님의 아들이심을 전파하니 듣는 사람이 다	행	9 : 20	-	22
예수께 그의 옷 가에라도 손을 대게 하시기를 간구하니	막	6 : 56		
예수께 잡힌 바 된 그것을 잡으려고 달려가노라	빌	3 : 12	-	16

예수께서 가까이 이르러 그들과 동행하시나 그들의 눈   눅 24 : 15 - 35
예수께서 가르치심을 시작하실 때에 삼십 세쯤 되시니   눅 3 : 23
예수께서 갈릴리 여러 회당에서 가르치시다   눅 4 : 14 - 15
예수께서 그리스도임을 믿는 자마다 하나님께로부터 난   요일 5 : 1 - 3
예수께서 나를 보내어 너로 다시 보게 하시고 성령으로   행 9 : 17 - 19
예수께서 네 아들이 살아있다 하신 말씀이 그 때인 줄   요 4 : 53 - 54
예수께서 눈물을 흘리시더라   요 11 : 35 - 36
예수께서 다 이루었다 하시고 영혼이 떠나가시니라   요 19 : 30
예수께서 말씀하신 것이 세례 요한인 줄을 깨달으니라   마 17 : 13
예수께서 멜기세덱의 반차를 따라 영원히 대제사장이   히 6 : 20
예수께서 바다 위로 걸어 배에 가까이 오심을 보고   요 6 : 19 - 21
예수께서 비통히 여기시며 무덤에 가시니 무덤이 굴이라   요 11 : 38 - 44
예수께서 세례를 받으시다   마 3 : 13 - 17
예수께서 열두 살 되었을 때에 그들이 이 절기의 관례를   눅 2 : 42 - 52
예수께서 영광스런 모습으로 변형되시다   마 17 : 1 - 13
예수께서 오사 가운데 서서 이르시되 너희에게 평강이   요 20 : 19 - 23
예수께서 우리를 위하여 죽으사 자기와 함께 살게 하려   살전 5 : 10 - 11
예수께서 유대에서 갈릴리로 오신 후에 두 번째 표적이   요 4 : 54
예수께서 자기의 십자가를 지시고 해골이라 하는 곳에   요 19 : 17 - 27
예수께서 잡히시다   마 26 : 47 - 56
예수께서 잡히시다   요 18 : 1 - 14
예수께서 잡히시던 밤에 떡을 가지사 축사하시고   고전 11 : 23 - 29
예수께서 죄인을 구원하시려고 세상에 임하셨다   딤전 1 : 15 - 16
예수께서 죽은 자 가운데 살아나신 후에 세 번째로   요 21 : 14
예수께서 천사들과 함께 하늘로부터 불꽃 가운데 나타   살후 1 : 7 - 9
예수께서 친히 모퉁잇돌이 되셨느니라   엡 2 : 20 - 22
예수께서 크게 소리 질러 이르시되 엘리 엘리 라마 사박   마 27 : 46 - 50
예수께서 행하신 이 표적을 보고 말하되 이는 참으로   요 6 : 14 - 15
예수는 그리스도라 가르치기와 전도하기를 그치지 아니   행 5 : 42
예수는 너희 건축자들의 버린 돌로서 집 모퉁이의 머릿   행 4 : 11 - 12
예수는 넘겨 주어 그들의 뜻대로 하게 하니라   눅 23 : 25
예수는 더 좋은 언약의 보증이 되셨느니라   히 7 : 22 - 28

예수는 우리가 범죄한 것 때문에 내줌이 되고	롬 4 : 25	
예수는 지혜와 키가 자라가며 하나님과 사람에게 더욱	눅 2 : 52	
예수는 채찍질하고 십자가에 못 박히게 넘겨 주니라	막 15 : 15	
예수는 하늘로 가심을 본 그대로 오시리라 하였느니라	행 1 : 11	
예수는 한 어린 나귀를 보고 타시니	요 12 : 14	
예수님께서 숨지시다	막 15 : 33 - 41	
예수님의 권위에 대한 논쟁	마 21 : 23 - 32	
예수님의 예루살렘 입성	마 21 : 1 - 11	
예수님의 죽으심과 합하여 세례를 받음으로 그와 함께	롬 6 : 4 - 5	
예수님이 영광스런 모습으로 변화되시다	눅 9 : 28 - 36	
예수도 세례를 받으시고 기도하실 때에 하늘이 열리며	눅 3 : 21 - 22	
예수도 자기 피로써 백성을 거룩하게 하려고 성문 밖에	히 13 : 12	
예수라 하라 이는 그가 자기 백성을 죄에서 구원할 자	마 1 : 21	
예수로 말미암아 난 믿음이 너희 모든 사람 앞에서	행 3 : 16	
예수로 말미암아 항상 찬송의 제사를 하나님께 드리자	히 13 : 15 - 16	
예수로 큰 권능과 기사로 표적을 너희 가운데 베푸사	행 2 : 22 - 24	
예수를 가르쳐 복음을 전하니 그 내시가 세례를 받음	행 8 : 36 - 40	
예수를 결박하여 끌고 가서 빌라도에게 넘겨 주니	막 15 : 1 - 5	
예수를 고발할 증거를 찾으려 안식일에 병을 고치시는	눅 6 : 7 - 11	
예수를 너희에게 넘겨 주리니 얼마나 주려느냐 하니	마 26 : 14 - 16	
예수를 넘겨 줄 기회를 찾더라	마 26 : 16	
예수를 만지려고 힘쓰니 이는 능력이 예수께로부터 나와	눅 6 : 19	
예수를 믿게 하는 증언	요 5 : 30 - 47	
예수를 믿나니 이는 우리가 율법의 행위로써가 아니고	갈 2 : 16 - 21	
예수를 믿으라 그리하면 너와 네 집이 구원을 받으리라	행 16 : 31 - 32	
예수를 바위 속에 판 무덤에 넣어 두고 돌을 굴려 무덤	막 15 : 46 - 47	
예수를 버리고 다 도망하니라	마 26 : 56	
예수를 빌라도에게 넘기다	마 27 : 1 - 2	
예수를 시인하지 아니하는 영마다 곧 적그리스도 영	요일 4 : 3	
예수를 시험하여 하늘로부터 오는 표적을 구하니	눅 11 : 16 - 26	
예수를 시험하여 하늘로부터 표적을 보이기를 구하니	마 16 : 1 - 4	
예수를 십자가에 못 박고 그의 옷을 취하여 네 깃에	요 19 : 23 - 24	

예수를 십자가에 못 박고 두 행악자도 그렇게 하니	눅 23 : 33 - 43
예수를 십자가에 못 박도록 그들에게 넘겨 주니라	요 19 : 16
예수를 십자가에 못 박을새 두 사람도 그와 함께 좌우편	요 19 : 18
예수를 십자가에 못 박히게 넘기다	마 27 : 11 - 26
예수를 아는 지식이 가장 고상하기 때문이라	빌 3 : 8 - 9
예수를 주로 시인하고 그를 믿으면 구원을 받으리라	롬 10 : 9 - 10
예수를 죽이려고 그를 칠 거짓 증거를 찾으매 거짓 증인	마 26 : 59 - 68
예수를 죽이려고 그를 칠 증거를 찾되 얻지 못하니	막 14 : 55 - 56
예수를 죽이려고 모의하다	요 11 : 45 - 57
예수를 죽이려고 함께 의논하고 결박하여 끌고 가서	마 27 : 1 - 2
예수를 하나님의 아들이라 시인하면 하나님이 그 안에	요일 4 : 15 - 16
예수를 하나님이 그의 피로써 믿음으로 말미암는 화목	롬 3 : 25 - 31
예수를 하나님이 살리신지라 우리가 다 이 일에 증인	행 2 : 32 - 33
예수를 흉계로 잡아 죽이려고 의논하되	마 26 : 4 - 5
예수를 희롱하고 때리다	눅 22 : 63 - 65
예수를 희롱하는 군인들	막 15 : 16 - 20
예수에게 자색 옷을 입히고 가시관을 엮어 씌우고	막 15 : 17 - 20
예수여 당신의 나라에 임하실 때에 나를 기억하소서	눅 23 : 42 - 43
예수와 그의 제자들도 청함을 받았더니 포도주가 없다	요 2 : 2 - 12
예수와 바알세불	눅 11 : 14 - 26
예수와 삭개오	눅 19 : 1 - 10
예수와 율법	마 5 : 17 - 20
예수와 함께 말하니 이는 모세와 엘리야라	눅 9 : 30 - 36
예수와 함께 십자가에 못 박힌 것은 죄의 몸이 죽어	롬 6 : 6 - 11
예수와 합하여 세례를 받은 우리는 그의 죽으심과 합하	롬 6 : 3 - 5
예수의 감사 기도	눅 10 : 21 - 22
예수의 권위를 두고 말하다	눅 20 : 1 - 8
예수의 나심	눅 2 : 1 - 7
예수의 나심을 예고하다	눅 1 : 26 - 38
예수의 머리에 향유를 붓다	마 26 : 6 - 13
예수의 발 아래에 엎드리어 감사하니 그는 사마리아	눅 17 : 16 - 19
예수의 발에 붓고 자기 머리털로 그의 발을 닦으니 향유	요 12 : 3 - 8

예수의 발에 향유를 붓다	요 12	:	1	-	8
예수의 생명이 또한 우리 몸에 나타나게 하려 함이라	고후 4	:	10	-	11
예수의 생명이 또한 우리 죽을 육체에 나타나게 하려 함	고후 4	:	11	-	15
예수의 시체가 보이지 아니하더라	눅 24	:	3	-	12
예수의 시체를 가져다가 유대인의 장례 법대로 향품과	요 19	:	40	-	42
예수의 시체를 달라하여 이를 세마포에 싸고	눅 23	:	52	-	56
예수의 시체를 새 무덤에 두다	요 19	:	38	-	42
예수의 시체를 요셉이 무덤에 넣어 두다	막 15	:	42	-	47
예수의 얼굴에 침 뱉으며 주먹으로 치고 어떤 사람은	마 26	:	67	-	68
예수의 옷 가에 손을 대니 혈루증이 즉시 그쳤더라	눅 8	:	44	-	48
예수의 옷자락에라도 손을 대게 하시기를 간구하니	마 14	:	36		
예수의 이름으로 담대히 말하고 헬라파 유대인들과	행 9	:	29	-	31
예수의 이름을 위하여 결박 당할 뿐 아니라 죽을 것도	행 21	:	13	-	14
예수의 이름이 너희 가운데서 영광을 받으시고 너희도	살후 1	:	12		
예수의 족보	눅 3	:	23	-	38
예수의 죽음을 몸에 짊어짐은 예수의 생명이 또한 우리	고후 4	:	10	-	11
예수의 증언은 예언의 영이라	계 19	:	10		
예수의 피가 우리를 모든 죄에서 깨끗하게 하실 것이요	요일 1	:	7		
예수의 피를 힘입어 성소에 들어갈 담력을 얻었나니	히 10	:	19	-	22
예언도 폐하고 방언도 그치고 지식도 폐하리라	고전 13	:	8	-	13
예언은 성령의 감동하심을 받은 사람들이 하나님께 받	벧후 1	:	21		
예언은 언제든지 사람의 뜻으로 낸 것이 아니요	벧후 1	:	21		
예언을 멸시하지 말고	살전 5	:	20		
예언의 말씀을 읽는 자와 듣는 자와 지키는 자는 복이	계 1	:	3		
예언이면 믿음의 분수대로, 혹 섬기는 일이면 섬기는 일	롬 12	:	6	-	8
예언하기를 사모하며 방언하기를 금하지 말라	고전 14	:	39	-	40
예언하는 능력이 있어 모든 비밀과 모든 지식을 알고	고전 13	:	2	-	3
예언하는 선지자의 말을 듣지 말라	렘 23	:	16	-	17
예언하는 자는 둘이나 셋이나 말하고 다른 이들은	고전 14	:	29	-	32
예언하는 자는 사람에게 말하여 덕을 세우며 권면하며	고전 14	:	3	-	14
예언할 것이요 너희의 젊은이들은 환상을 보고 늙은이	행 2	:	17	-	21
예언함을, 어떤 사람에게는 영을 분별함을, 다른 사람에	고전 12	:	10	-	11

예정을 입어 그 안에서 기업이 되었으니	엡 1	: 11	- 14
예정하사 예수 그리스도로 말미암아 자기의 아들들이	엡 1	: 5	- 6
예정하신 뜻대로 하신 것이라	엡 3	: 11	
예후가 모반으로 이스라엘 10대 왕이 되다	왕하 9	: 1	- 13
예후가 바알은 모두 멸하였으나 금송아지는 섬기다	왕하 10	: 26	- 31
예후가 바알을 섬기는 자를 모두 살해하다	왕하 10	: 18	- 31
예후가 아하시야 유다 왕을 살해하다	대하 22	: 7	- 9
예후가 유다왕 아하시야 형제 40명을 살해하다	왕하 10	: 12	- 14
예후가 유다왕 아하시야를 살해하다	왕하 9	: 27	- 29
예후가 이세벨을 살해하다	왕하 9	: 30	- 37
예후가 이스라엘왕 아합의 아들 70명을 살해하다	왕하 10	: 1	- 11
옛 계명과 새 계명	요일 2	: 7	- 17
옛 사람과 새 사람	엡 4	: 17	- 24
옛 사람이 예수와 함께 십자가에 못 박힌 것은 죄의 몸	롬 6	: 6	- 11
오 리를 가게 하거든 그 사람과 십 리를 동행하고	마 5	: 41	- 42
오게 하여 주지 하니하시면 내게 올 수 없다 하였노라	요 6	: 65	- 69
오난(유다의 차남)이 땅에 설정하다	창 38	: 8	- 10
오난에게 이르되 네 형수에게로 들어가서 아우된 본분	창 38	: 8	- 10
오네시모를 위하여 간구하다	몬 1	: 8	- 21
오네시보로의 집에 긍휼을 베푸시옵소서 그가 나를	딤후 1	: 16	- 18
오는 그를 내가 마지막 날에 다시 살리리라	요 6	: 44	- 46
오늘 밤 닭 울기 전에 네가 세 번 나를 부인하리라	마 26	: 34	- 35
오늘 있다가 내일 아궁이에 던져지는 들풀도 하나님이	마 6	: 30	- 33
오늘부터는 내가 너희에게 복을 주리라	학 2	: 19	
오뎃 이스라엘 선지자가 유다 포로들을 놓아 주다	대하 28	: 8	- 15
오라 하시는도다 듣는 자도 오라 할 것이요 목마른 자도	계 22	: 17	
오래 참아 약속을 받았느니라	히 6	: 15	
오래 참으면 관원도 설득할 수 있나니 부드러운 혀는	잠 25	: 15	
오르난의 타작 마당에 다윗이 정한 곳 (성전 건축)	대하 3	: 1	
오르난의 타작 마당에서 응답하심을 보고 제사를 드렸	대상 21	: 28	- 30
오르난의 타작 마당에서 제단을 쌓으라 하신지라	대상 21	: 18	- 30
오른손과 왼손	창 48	: 17	- 19

오른손에 일곱 별이 있고 그의 입에서 좌우에 날선 검이 　계 1 : 16

오른손에나 이마에 표를 받게 하고 　계 13 : 16 - 18

오른손으로 높이사 임금과 구주로 삼으셨느니라 　행 5 : 31 - 32

오른손으로 예수를 높이시매 그가 약속하신 성령을 　행 2 : 33

오른손을 펴서 차남 에브라임의 머리에 얹고 왼손을 　창 48 : 14

오른손의 일곱 별의 비밀과 또 일곱 금 촛대라 　계 1 : 20

오른손이 높이 들렸으며 여호와의 오른손이 권능을 　시 118 : 16

오른쪽으로 누워 유다 족속의 죄악을 담당하라 　겔 4 : 6

오른쪽으로 움킬지라도 주리고 왼쪽으로 먹을지라도 　사 9 : 20

오른편 뺨을 치거든 왼편도 돌려 대며 　마 5 : 39 - 42

오른편에 있는 자들에게 내 아버지의 복 받을 자들이 　마 25 : 34 - 46

오만한 말을 입에서 내지 말지어다 　삼상 2 : 3

오만한 자들에게 오만하게 행하지 말라 　시 75 : 4 - 7

오므리가 시므리를 제압하고 6대 왕이 되다 　왕상 16 : 15 - 28

오백 데나리온을 졌고 하나는 오십 데나리온을 졌는데 　눅 7 : 41 - 50

오벧에돔이 법궤로 인하여 복을 받다 　삼하 6 : 10 - 12

오벧에돔이 법궤로 인하여 복을 받다 　대상 13 : 12 - 14

오벳 (보아스와 룻의 아들) 　룻 4 : 13 - 17

오순절 (칠칠절) 　레 23 : 16 - 17

오시는 날에 하나님께 영광을 돌리게 하려 함이라 　벧전 2 : 12

오십 년째 해는 너희의 희년이니 너희는 파종하지 말며 　레 25 : 11 - 12

오직 그만이 나의 반석이시요 나의 구원이시요 　시 62 : 2

오직 그만이 나의 반석이시요 나의 구원이시요 　시 62 : 6

오직 어린 양의 생명책에 기록된 자들만 들어가리라 　계 21 : 27

오직 자기의 피로 영원한 속죄를 이루사 단번에 성소에 　히 9 : 12 - 14

오직 지혜를 구하였으니 (솔로몬) 　왕상 3 : 11 - 14

오직 하나님께 경배하라 예수의 증언은 예언의 영이라 　계 19 : 10

오천 명을 먹이시다 　마 14 : 14 - 21

오천 명을 먹이시다 　막 6 : 30 - 44

오천 명을 먹이시다 　눅 9 : 10 - 17

오천 명을 먹이시다 　요 6 : 1 - 15

오홀라가 행음하여 앗수르 사람을 사모하였나니 　겔 23 : 5 - 8

오홀라는 사마리아요 오홀리바는 예루살렘이니라	겔 23	: 4		
오홀라와 오홀리바가 받은 재판	겔 23	: 36	- 49	
오홀라와 오홀리바의 행음 (사마리아와 예루살렘)	겔 23	: 1	- 21	
오홀리바가 받은 재판	겔 23	: 22	- 35	
옥 왕과 바산을 정복	신 3	: 1	- 11	
옥문들이 열린 것을 보고 죄수들이 도망한 줄 생각하고	행 16	: 27	- 40	
옥문을 열고 끌어내어 이르되 가서 성전에 서서 생명의	행 5	: 19	- 21	
옥에 가두니 그 옥은 왕의 죄수를 가두는 곳이었더라	창 39	: 20	- 23	
옥에 가두었던 사람들이 성전에서 서서 백성을 가르치	행 5	: 25	- 26	
옥은 든든하게 잠기고 지키는 사람들이 문에 서 있으되	행 5	: 23	- 25	
옥중에 광채가 빛나며 베드로의 옆구리를 쳐 깨워	행 12	: 7	- 12	
옥합을 깨뜨려 예수의 머리에 부으니	막 14	: 3	- 9	
온 땅의 언어가 하나요 말이 하나였더라	창 11	: 1	- 9	
온 땅이 주께 경배하고 주를 노래하며 주의 이름을	시 66	: 4		
온 마음으로 나를 구하면 나를 찾을 것이요 만나리라	렘 29	: 12	- 13	
온 천하에 다니며 만민에게 복음을 전파하라	막 16	: 15	- 18	
온순한 혀는 곧 생명 나무이지만 패역한 혀는 마음을	잠 15	: 4		
온유와 절제니 이같은 것을 금지할 법이 없느니라	갈 5	: 23	- 26	
온유하고 겸손하니 나의 멍에를 메고 내게 배우라	마 11	: 29	- 30	
온유한 자는 복이 있나니 그들이 땅을 기업으로 받을	마 5	: 5		
온유한 자들은 땅을 차지하며 풍성한 화평으로 즐거워	시 37	: 11		
온유함을 모든 사람에게 나타낼 것을 기억하게 하라	딛 3	: 2		
온전하게 행하는 자가 의인이라 그 후손에게 복이 있느	잠 20	: 7		
온전하고 정직하여 하나님을 경외하며 악에서 떠난 자	욥 1	: 8	- 12	
온전한 십일조를 창고에 들여 나의 집에 양식이 있게	말 3	: 10		
온전함을 이루어 하나가 되게 하려 함은 아버지께서	요 17	: 23		
온전히 바친 물건을 가져가고 도둑질하며 속이고	수 7	: 11	- 15	
올라가실 때에 제자들이 자세히 하늘을 쳐다보고 있는	행 1	: 10	- 11	
올해는 스스로 난 것을 먹을 것이요 둘째 해에는	사 37	: 30		
옳다 인정함을 받는 자는 오직 주께서 칭찬하는 자니	고후 10	: 18		
옳은 말이 어찌 그리 고통스러운고 (욥의 답변)	욥 6	: 25		
옷 가에라도 손을 대게 하시기를 간구하니 손을 대는 자	막 6	: 56		

옷 두 벌이 있는 자는 옷이 없는 자에게 나눠 줄 것이요	눅 3	: 11	- 14
옷 한 벌씩을 주되 베냐민에게는 은 삼백과 옷 다섯 벌	창 45	: 22	- 24
옷니엘이 드빌을 점령하다	삿 1	: 11	- 15
옷단 술 (옷단에 다는 끈)	민 15	: 37	- 41
옷에만 손을 대어도 구원을 받으리라 생각함일러라	막 5	: 28	- 34
옷을 벗어 사울이라는 청년의 발 앞에 두니라	행 7	: 58	- 60
옷을 전당 잡거든 해가 지기 전에 그에게 돌려 보내라	출 22	: 26	- 27
옷을 취하여 네 깃에 나눠 각각 한 깃씩 얻고 속옷도	요 19	: 23	- 24
옷이 광채가 나며 매우 희어졌더라	막 9	: 3	
옷자락에라도 손을 대게 하시기를 간구하니 손을 대는	마 14	: 36	
와스디 왕후가 폐위되다	에 1	: 1	- 22
완고하며 네 목은 쇠의 힘줄이요 이마는 놋이라	사 48	: 4	
완악하여져서 그 귀는 듣기에 둔하고 눈은 감았으니	마 13	: 15	- 17
왕 앞에서 스스로 높은 체하지 말며 대인들의 자리에	잠 25	: 6	
왕을 세워 우리를 다스리게 하소서 한지라	삼상 8	: 5	- 9
왕의 신하의 아들을 고치시다	요 4	: 46	- 54
왕의 옹립법	신 17	: 14	- 20
왕이신 나의 하나님이여 내가 주를 높이고 영원히 주의	시 145	: 1	- 2
왕자 70명의 머리를 광주리에 담아 예후에게 보내다	왕하 10	: 6	- 7
외모로 보시지 않고 각 사람의 행위대로 심판하시는	벧전 1	: 17	
외모로 보지 말며 또 뇌물을 받지 말라	신 16	: 19	- 20
외모로 사람을 보지 아니하심이니이다	마 22	: 16	
외모로 사람을 취하지 아니하심이라	롬 2	: 11	
외모로 취하는 일이 없는 줄 너희가 앎이라	엡 6	: 9	
외모로 취하심이 없느니라	골 3	: 25	
외모로 취하지 아니하시고 오직 진리로써 하나님의 도	눅 20	: 21	- 26
외모로 취하지 아니하시나니	갈 2	: 6	
외모로 판단하지 말고 공의롭게 판단하라 하시니라	요 7	: 24	
외모로 하지 말고 오직 마음에 숨은 사람을 온유하고	벧전 3	: 3	- 6
외모를 보지 아니하시고 하나님을 경외하며 의를 행하	행 10	: 34	- 35
외삼촌께서 내 품삯을 열 번이나 바꾸셨으며	창 31	: 41	- 42
외식으로 길게 기도하니 그들이 더 엄중한 심판을 받으	눅 20	: 47	

외식하는 너희가 박하와 회향과 근채의 십일조는 드리되   마 23 : 23

외식하는 너희는 교인 한 사람을 얻기 위하여 바다와   마 23 : 15

외식하는 자가 받는 벌에 처하리니 거기서 슬피 울며   마 24 : 51

위식하는 자여 잔과 대접의 겉은 깨끗이 하되 그 안에   마 23 : 25

외양간에서 나온 송아지 같이 뛰리라   말 4 : 2

외인도 아니요 나그네도 아니요 오직 성도들과 동일한   엡 2 : 19 - 22

외인에 대하여 단정히 행하고 또한 아무 궁핍함이 없게   살전 4 : 12

외인에게 대해서도 지혜로 행하여 세월을 아끼라   골 4 : 5

왼쪽으로 누워 이스라엘 족속의 죄악을 짊어지되   겔 4 : 4 - 6

왼편에 있는 자들에게 이르시되 저주를 받은 자들아   마 25 : 41 - 46

요나가 니느웨 사람들에게 표적이 됨과 같이 인자도   눅 11 : 30

요나가 밤낮 사흘 동안 큰 물고기 뱃속에 있었던 것 같이   마 12 : 40 - 41

요나가 여호와의 얼굴을 피하려고 다시스로 도망하려   욘 1 : 3 - 4

요나단과의 언약을 지킨 다윗   삼하 9 : 1 - 13

요나단의 다리 저는 아들 (므비보셋)   삼하 9 : 3 - 13

요나단의 다리 저는 아들 (므비보셋)   삼하 4 : 4

요나단이 다윗을 돕다   삼상 20 : 1 - 42

요나단이 다윗을 자기 생명 같이 사랑하다   삼상 18 : 1 - 4

요나단이 다윗을 자기 생명 같이 사랑하다   삼상 20 : 17

요나단이 블레셋을 습격하다   삼상 14 : 1 - 23

요나단이 십 광야에 피신 중인 다윗을 만나 격려하다   삼상 23 : 15 - 18

요나답(다윗의 형 시므아의 아들)의 계교   삼하 13 : 3 - 5

요나를 들어 바다에 던지매 바다가 뛰노는 것이 곧 그친   욘 1 : 15 - 16

요나의 기도   욘 2 : 1 - 10

요나의 전도를 듣고 회개하였음이거니와   눅 11 : 32

요나의 전도를 듣고 회개하였음이거니와 요나보다 더 큰   마 12 : 41 - 42

요나의 표적 밖에는 보일 표적이 없나니   눅 11 : 29 - 32

요단 동쪽을 점령하다   민 21 : 21 - 35

요단 동편 기업의 분배   수 13 : 8 - 33

요단 물을 너희 앞에서 마르게 하사 너희를 건너게   수 4 : 23

요단 물을 엘리사가 엘리야의 겉옷으로 쳐서 가르다   왕하 2 : 13 - 15

요단 물을 엘리야가 그의 겉옷으로 쳐서 가르다   왕하 2 : 7 - 8

요단 서편 기업의 분배	수 14	: 1	- 5
요단강 동쪽 지파들	민 32	: 1	- 42
요단강 동쪽 지파들	신 3	: 12	- 19
요단강 물이 그치고 이스라엘 백성이 건너다	수 3	: 14	- 17
요단강 물이 언약궤 앞에서 끊어지다	수 4	: 4	- 8
요단강에 몸을 일곱 번 씻으라 네 살이 회복되어	왕하 5	: 10	
요단강을 건너지 못한 모세	신 3	: 23	- 28
요담 유다 11대 왕이 16년간 통치하다	왕하 15	: 32	- 33
요담 유다 11대 왕이 정직하게 행하다	대하 27	: 1	- 9
요담(기드온의 막내 아들)의 나무 비유	삿 9	: 5	- 15
요담이 세겜 사람들에게 한 말	삿 9	: 7	- 21
요담이 정직하였으나 산당을 제거하지 않았다	왕하 15	: 34	- 35
요동하지 않게 하기 위하여 그가 내 우편에 계시도다	행 2	: 25	- 26
요새이시니 그의 힘으로 말미암아 내가 주를 바라리이	시 59	: 9	
요새이시요 나의 하나님은 내가 피할 반석이시라	시 94	: 22	
요셉과 보디발	창 39	: 1	- 6
요셉과 보디발의 아내	창 39	: 6	- 23
요셉과 형제들	창 37	: 1	- 11
요셉과 형제들의 만남	창 42	: 1	- 25
요셉에 대한 하나님의 계획	창 50	: 20	- 21
요셉에게 이르되 내가 너를 애굽 온 땅의 총리가 되게	창 41	: 41	- 43
요셉은 노년에 얻은 아들이므로 이스라엘이 더 사랑하	창 37	: 3	- 4
요셉은 용모가 빼어나고 아름다웠더라	창 39	: 6	
요셉은 의로운 사람이라 드러내지 아니하고 가만히	마 1	: 19	
요셉을 가정 총무로 삼고 자기의 소유를 다 그의 손에	창 39	: 4	- 6
요셉을 은 이십에 이스마엘 사람들에게 팔매 상인들이	창 37	: 28	
요셉의 가족을 바로가 후대함	창 45	: 16	- 20
요셉의 관용 (형들에게)	창 50	: 15	- 21
요셉의 두 아들 출생 (므낫세와 에브라임)	창 41	: 50	- 52
요셉의 뼈가 세겜에 장사되다	수 24	: 32	
요셉의 옷 곧 채색옷을 벗기고 잡아 구덩이에 던지니	창 37	: 23	- 28
요셉의 유골을 가졌으니 이는 요셉이 이스라엘 자손	출 13	: 19	

요셉의 은잔 사건	창 44 : 1	- 13
요셉의 임종 및 장사	창 50 : 22	- 26
요셉의 자손 므낫세와 에브라임이 받은 기업	수 16 : 1	- 4
요셉의 자손들	창 50 : 22	- 23
요셉의 해몽 (두 관원장의 꿈)	창 40 : 1	- 23
요셉의 해몽 (바로의 꿈)	창 41 : 1	- 36
요셉의 형 열 사람이 애굽에서 곡식을 사려고 내려갔	창 42 : 3	- 4
요셉의 형들이 가나안으로 돌아오다	창 42 : 26	- 38
요셉의 형들이 베냐민을 데리고 애굽으로 다시 가다	창 43 : 1	- 34
요셉이 (예수의) 시체를 깨끗한 세마포로 싸서 바위 속	마 27 : 59	- 61
요셉이 그의 아버지 이스라엘을 맞으며 목을 안고 울매	창 46 : 29	- 30
요셉이 꾼 꿈을 형제들에게 말하다	창 37 : 5	- 11
요셉이 동침하지 아니할 뿐더러 함께 있지도 아니하니	창 39 : 10	- 23
요셉이 또 형들과 입맞추며 안고 우니 형들이 그제서야	창 45 : 15	
요셉이 만든 애굽 토지법	창 47 : 24	- 26
요셉이 바로의 명령대로 요셉 가족에게 애굽의 좋은 땅	창 47 : 11	- 12
요셉이 베야민에 대한 특별한 대우	창 45 : 22	
요셉이 아우를 사랑하는 마음이 복받쳐 급히 울 곳을	창 43 : 30	- 31
요셉이 애굽 총리가 되다	창 41 : 37	- 46
요셉이 애굽으로 팔려감	창 37 : 12	- 36
요셉이 예수의 시체를 무덤에 넣어 두다	눅 23 : 50	- 56
요셉이 장자의 명분을 얻다	대상 5 : 1	- 2
요셉이 큰 소리로 우니 애굽 사람에게 들리며 바로의	창 45 : 2	
요셉이 현명하게 곡물을 관리하다	창 41 : 47	- 57
요셉이 형제들에게 자신을 밝힘	창 45 : 1	- 15
요셉이라 하는 사람과 약혼한 처녀에게 이르니	눅 1 : 27	- 38
요셉이라는 사람이 있으니 아리마대 사람이요	눅 23 : 50	- 54
요셉이요 하나는 맛디아라	행 1 : 23	- 26
요시아의 죽음을 애도하여 예레미야가 애가를 짓다	대하 35 : 23	- 25
요시야 왕의 성전 수리	왕하 22 : 3	- 7
요시야 왕의 종교개혁	왕하 23 : 4	- 20
요시야 왕의 종교개혁	대하 34 : 1	- 7

요시야 왕이 발견된 언약책을 백성들에게 읽어주다	왕하 23	:	1	- 3
요시야 왕이 백성들 앞에서 여호와께 언약을 세우다	왕하 23	:	1	- 3
요시야 왕이 애굽왕에 의해 죽다	왕하 23	:	29	- 30
요시야 왕이 여호와 보시기에 정직히 행하다	왕하 22	:	1	- 2
요시야 왕이 유월절을 지키다	왕하 23	:	21	- 23
요시야 왕이 유월절을 지키다	대하 35	:	1	- 19
요시야가 우상 제단들을 더럽게 하다	왕하 23	:	16	
요시야가 활에 맞아 죽다	대하 35	:	20	- 25
요아스 왕이 쳐죽임당하다	대하 24	:	23	- 27
요아스 유다 왕이 그의 신복들에게 살해당하다	왕하 12	:	20	- 21
요아스 유다 왕이 성전수리로 드린 은을 올바르게 사용	왕하 12	:	4	- 15
요아스 유다 왕이 성전을 수리하다	대하 24	:	4	- 14
요아스 유다 왕이 아람에게 성전과 왕궁의 금을 바침	왕하 12	:	17	- 18
요아스 유다 8대 왕의 치적	왕하 12	:	1	- 21
요아스 이스라엘 12대 왕이 악을 행하다	왕하 13	:	10	- 13
요아스 이스라엘 왕이 아람에 빼앗이긴 성읍을 되찾다	왕하 13	:	24	- 25
요아스 이스라엘 왕이 유다왕 아마샤를 사로잡음	왕하 14	:	12	- 14
요아스를 왕자들이 죽임을 당하는 중에서 몰래 빼내어	대하 22	:	11	- 12
요아스를 유다 8대 왕으로 옹립한 제사장 여호야다	왕하 11	:	3	- 16
요압을 다윗이 저주하다	삼하 3	:	27	- 30
요압의 밭에 압살롬이 불을 지르다	삼하 14	:	29	- 33
요압이 다윗 군대의 지휘관이 되다	대상 11	:	4	- 8
요압이 다윗에게 항의하다	삼하 19	:	1	- 8
요압이 도망하여 제단의 뿔을 잡다	왕상 2	:	28	- 35
요압이 드고아의 여인을 다윗에게 보내다	삼하 14	:	1	- 24
요압이 아마사를 살해하다	삼하 20	:	8	- 10
요압이 아브넬을 살해하다	삼하 3	:	22	- 30
요압이 처형되다	왕상 2	:	28	- 35
요엘에게 임한 여화와의 말씀	욜 1	:	1	- 20
요엘이 메뚜기 재앙이 임박함을 경고하다	욜 2	:	1	- 11
요제	출 29	:	26	
요한보다 큰 자가 없도다 그러나 하나님의 나라에서는	눅 7	:	28	

요한에게 세례를 받으시고 곧 물에서 올라오실새 하늘	막 1	:	9	- 11
요한은 낙타털 옷을 입고 허리에 가죽 띠를 띠고 메뚜기	막 1	:	6	- 8
요한은 낙타털 옷을 입고 허리에 가죽 띠를 띠고 음식은	마 3	:	4	
요한은 물로 세례를 베풀었으나 너희는 성령으로 세례	행 11	:	16	- 18
요한은 물로 세례를 베풀었으나 몇 날이 못되어 성령으	행 1	:	5	
요한은 켜서 비추이는 등불이라 너희가 한 때 그 빛에	요 5	:	35	- 47
요한은 하나님께로부터 보내심을 받은 사람이라	요 1	:	6	- 8
요한의 두 제자	요 1	:	35	- 42
요한의 세례가 하늘로부터냐 사람으로부터냐	눅 20	:	4	- 8
요한의 아들 시몬아 네가 이 사람들보다 나를 더 사랑하	요 21	:	15	- 25
요한의 아들 시몬이니 장차 게바라 하리라 하시니라	요 1	:	42	
요한의 증거보다 더 큰 증거가 있으니 아버지께서 내게	요 5	:	36	- 47
요한이 광야에 이르러 죄 사함을 받게 하는 회개의 세례	막 1	:	4	- 5
요한이 그 세례를 반포한 후에 갈릴리에서 시작하여	행 10	:	37	
요한이 대답하되 나는 물로 세례를 베풀거니와 너희	요 1	:	26	- 28
요한이 먼저 회개의 세례를 이스라엘 백성에게 전파하	행 13	:	24	- 30
요한이 세례를 받으러 오는 무리에게 이르되 독사의	눅 3	:	7	- 9
요한이 의의 도로 너희에게 왔거늘 너희는 그를 믿지 아	마 21	:	32	
요한이 이르되 내 뒤에 오시는 이가 나보다 앞선 것은	요 1	:	15	
요한이 진리에 대하여 증언하였느니라	요 5	:	33	- 47
요한이 헤롯에게 말하되 동생의 아내를 취한 것이 옳지	막 6	:	18	- 29
욕된 것으로 심고 영광스러운 것으로 다시 살아나며	고전 15	:	43	- 44
욕심을 따라 썩어져 가는 구습을 따르는 옛 사람을 벗어	엡 4	:	22	- 24
욕심을 따라 지내며 육체의 마음의 원하는 것을 하여	엡 2	:	3	- 7
욕심이 많은 자는 다툼을 일으키나 여호와를 의지하는	잠 28	:	25	
욕심이 잉태한즉 죄를 낳고 죄가 장성한즉 사망을 낳느	약 1	:	15	
욕을 당하시되 맞대어 욕하지 아니하시고	벧전 2	:	23	- 25
욥에게 여호와께서 말씀하시다 (1)	욥 38	:	1	- 41
욥에게 여호와께서 말씀하시다 (2)	욥 39	:	1	- 30
욥에게 여호와께서 말씀하시다 (3)	욥 40	:	1	- 24
욥에게 여호와께서 말씀하시다 (4)	욥 41	:	1	- 34
욥의 1번째 대답	욥 6	:	1	- 30

욥의 2번째 반박	욥 9 : 1	- 35	
욥의 3번째 반박	욥 12 : 1	- 25	
욥의 4번째 반박	욥 16 : 1	- 22	
욥의 4번째 반박	욥 17 : 1	- 16	
욥의 5번째 반박	욥 19 : 1	- 29	
욥의 6번째 반박	욥 21 : 1	- 34	
욥의 7번째 대답	욥 23 : 1	- 17	
욥의 7번째 대답	욥 24 : 1	- 25	
욥의 8번째 대답	욥 26 : 1	- 14	
욥의 8번째 대답	욥 27 : 1	- 23	
욥의 8번째 대답	욥 28 : 1	- 28	
욥의 기도(1)	욥 13 : 20	- 28	
욥의 기도(2)	욥 14 : 1	- 22	
욥의 마지막 말 (욥의 2차 독백)	욥 29 : 1	- 25	
욥의 마지막 말 (욥의 2차 독백)	욥 30 : 1	- 31	
욥의 마지막 말 (욥의 2차 독백)	욥 31 : 1	- 40	
욥의 인내를 들었고 주께서 주신 결말을 보았거니와	약 5 : 11		
욥의 인품과 자녀	욥 1 : 1	- 2	
욥의 재산	욥 1 : 3		
욥의 절규	욥 7 : 1	- 21	
욥의 주께 질문 및 소망	욥 10 : 1	- 22	
욥의 친구 빌닷의 1번째 공박	욥 8 : 1	- 22	
욥의 친구 빌닷의 2번째 공박	욥 18 : 1	- 21	
욥의 친구 빌닷의 3번째 말	욥 25 : 1	- 6	
욥의 친구 소발의 1번째 공박	욥 11 : 1	- 20	
욥의 친구 소발의 2번째 공박	욥 20 : 1	- 29	
욥의 친구 엘리바스의 1번째 말 (인과응보론) (1)	욥 4 : 1	- 21	
욥의 친구 엘리바스의 1번째 말 (인과응보론) (2)	욥 5 : 1	- 27	
욥의 친구 엘리바스의 2번째 말	욥 15 : 1	- 35	
욥의 친구 엘리바스의 3번째 말	욥 22 : 1	- 30	
욥의 친구들을 여호와께서 꾸짖으시다	욥 42 : 7	- 9	
욥의 친구들이 욥을 위로하러 오다	욥 2 : 11	- 13	

욥의 회개	욥 42	: 1	-	6
욥이 갑절의 복을 받다	욥 42	: 10	-	17
욥이 당한 1차 시험 (자녀와 재산을 잃다)	욥 1	: 13	-	22
욥이 당한 2차 시험 (온 몸에 종기가 나다)	욥 2	: 5	-	10
욥이 받은 크나 큰 재난으로 인하여 탄식하다	욥 3	: 1	-	26
욥이 백사십 년을 살며 아들과 손자 사 대를 보았고	욥 42	: 16	-	17
욥이 온 몸에 종기가 나다	욥 2	: 5	-	10
욥이 자기 생일을 저주하나라	욥 3	: 1		
욥이 자녀와 재산을 잃다	욥 1	: 13	-	22
욥이 재난으로 인하여 주를 원망치 않다	욥 1	: 20	-	22
욥이 친구들의 말에 대하여 공박	욥 13	: 1	-	19
용광로 불 같은 날이 이르리니 교만한 자와 악을 행하는	말 4	: 1	-	2
용모가 변화되고 그 옷이 희어져 광채가 나더라	눅 9	: 29	-	36
용모와 키를 보지 말라 내가 이미 그를 버렸노라	삼상 16	: 7		
용사는 그의 용맹을 자랑하지 말라 부자는 그의 부함을	렘 9	: 23	-	24
용서하기를 일곱 번을 일흔 번까지라도 용서할지니라	마 18	: 22		
용서하기를 하나님이 그리스도 안에서 너희를 용서하심	엡 4	: 32		
용서하는 것이 자기의 영광이니라	잠 19	: 11		
용서하되 주께서 너희를 용서하신 것 같이 너희도	골 3	: 13	-	14
용서하라	눅 17	: 1	-	4
용서하라 그리하면 너희가 용서를 받을 것이요	눅 6	: 37		
용서하라 그리하여야 하늘에 계신 너희 아버지께서도	막 11	: 25		
용서하면 나도 그리하고 내가 만일 용서한 일이 있으면	고후 2	: 10	-	11
용서하면 너희 하늘 아버지께서도 너희 잘못을 용서하	마 6	: 14	-	15
용서하시는 하나님이시라 은혜로우시며 긍휼히 여기시	느 9	: 17		
용서하오니 우리 죄도 사하여 주시옵고	눅 11	: 4		
용서하지 아니하면 나의 하늘 아버지께서도 너희에게	마 18	: 35		
용을 잡으니 곧 옛 뱀이요 마귀요 사탄이라 잡아서	계 20	: 2	-	3
용이 내쫓기니 옛 뱀 곧 마귀라고도 하고 사탄이라고도	계 12	: 9	-	12
용이 짐승에게 권세를 주므로 용에게 경배하며 짐승에	계 13	: 4	-	8
우겨쌈을 당하여도 싸이지 아니하며 답답한 일을 당하	고후 4	: 8	-	11
우는 자는 복이 있나니 너희가 웃을 것임이요	눅 6	: 21		

우는 자들과 함께 울라	롬 12	:	15	- 16
우는 자들은 울지 않는 자 같이 하며 기쁜 자들은 기쁜	고전 7	:	30	- 40
우두머리(천부장 백부장 오십부장 십부장)를 세우다	출 18	:	21	- 27
우리 마음이 우리를 책망할 것이 없으면 하나님 앞에서	요일 3	:	21	- 24
우리 모두의 죄악을 그에게 담당시키셨도다	사 53	:	6	
우리 죄를 속하기 위하여 화목 제물로 그 아들을 보내셨	요일 4	:	10	- 11
우리 죄를 위한 화목 제물이니 우리와 온 세상의 죄를	요일 2	:	2	
우리 짐을 지시는 주 곧 우리의 구원이신 하나님을 찬송	시 68	:	19	
우리가 그 안에 거하고 그가 우리 안에 거하시는 줄을	요일 4	:	13	- 16
우리가 그를 힘입어 살며 기동하며 존재하느니라	행 17	:	28	- 31
우리가 그리스도를 대신하여 사신이 되어 하나님이	고후 5	:	20	- 21
우리가 범죄하지 아니하였다 하면 하나님을 거짓말하는	요일 1	:	10	
우리가 서로 사랑하면 하나님이 우리 안에 거하시고	요일 4	:	12	- 16
우리가 어찌 가만히 앉았으랴 모일지어다	렘 8	:	14	
우리가 죄가 없다고 말하면 스스로 속이고 또 진리가	요일 1	:	8	- 10
우리가 지금은 하나님의 자녀라 장래에 어떻게 될지는	요일 3	:	2	- 3
우리가 하나님의 자녀인 것을 증언하시나니	롬 8	:	16	- 17
우리는 그가 기르시는 백성이며 그의 손이 돌보시는	시 95	:	7	
우리는 그의 백성이요 그의 기르시는 양이로다	시 100	:	3	
우리는 낮에 속하였으니 정신을 차리고 믿음과 사랑의	살전 5	:	8	- 11
우리는 뒤로 물러가 멸망할 자가 아니요 오직 영혼을	히 10	:	39	
우리는 살아 계신 하나님의 성전이라	고후 6	:	16	- 18
우리는 진흙이요 주는 토기장이시니 우리는 다 주의	사 64	:	8	
우리는 하나님 앞에서 그리스도의 향기니	고후 2	:	15	- 17
우리로 말미암아 그리스도를 아는 냄새를 나타내시는	고후 2	:	14	- 17
우리를 대신하여 죄로 삼으신 것은 하나님의 의가 되게	고후 5	:	21	
우리를 반대하지 않는 자는 우리를 위하는 자니라	막 9	:	40	
우리를 사랑하사 우리 죄를 속하기 위하여 화목 제물로	요일 4	:	10	- 11
우리를 사랑하셨은즉 우리도 서로 사랑하는 것이 마땅	요일 4	:	11	
우리를 사랑하시는 그 사랑을 우리가 알고 믿었노니	요일 4	:	16	
우리를 사랑하시는 이로 말미암아 넉넉히 이기느니라	롬 8	:	37	- 39
우리를 위하여 더 좋은 것을 예비하셨은즉	히 11	:	40	

우리를 위하여 목숨을 버리셨으니 우리가 사랑을 알고	요일	3	:	16	- 18
우리를 위하여 자신을 버리사 향기로운 제물과 희생물	엡	5	:	2	- 7
우리를 의롭다 하시기 위하여 살아나셨느니라	롬	4	:	25	
우리를 자기와 화목하게 하시고 또 우리에게 화목하게	고후	5	:	18	- 21
우리를 하나님의 사랑에서 끊을 수 없으리라	롬	8	:	39	
우리아(밧세바의 남편)의 충성심	삼하	11	:	10	- 11
우리아를 맹렬한 싸움에서 앞세우고 맞아 죽게 하라	삼하	11	:	14	- 15
우리에 들지 아니한 다른 양들이 내게 있어 내가 인도하	요	10	:	16	- 18
우리에게와 같이 그들에게도 성령을 주어 증언하시고	행	15	:	8	- 21
우리와 똑같이 시험을 받으신 이로되 죄는 없으시니라	히	4	:	15	- 16
우리의 낮은 몸을 자기 영광의 몸의 형체와 같이 변하게	빌	3	:	21	
우리의 씨름은 혈과 육을 상대하는 것이 아니요	엡	6	:	12	- 17
우리의 영광을 위하여 만세 전에 미리 정하신 것이라	고전	2	:	7	- 9
우리의 옛 사람이 예수와 함께 십자가에 못 박힌 것은	롬	6	:	6	- 11
우림과 둠밈을 가진 제사장	느	7	:	65	
우림과 둠밈을 가진 제사장이 일어나기 전에는 지성물	스	2	:	63	
우림과 둠밈을 판결 흉패 안에 넣어	출	28	:	30	
우림의 판결 (우림과 둠밈의 판결법)	민	27	:	21	
우매한 자들의 수고는 자신을 피곤하게 할 뿐이라	전	10	:	15	
우물 물을 가져왔으나 다윗이 마시지 않고 여호와께	대상	11	:	17	- 19
우물(너의)에서 물을 마시며 네 샘에서 흐르는 물을	잠	5	:	15	- 20
우물에 갔어도 물을 얻지 못하여 빈 그릇으로 돌아오니	렘	14	:	3	- 4
우박이 내림과 불덩이가 우박에 섞여 내림이 맹렬하니	출	9	:	24	
우상 (십계명에서 언급된)	신	5	:	8	- 9
우상 숭배로 에브라임을 심판하실 것을 예고하시다	호	8	:	1	- 14
우상 숭배를 경고하시다	호	5	:	1	- 7
우상 숭배를 심판하시다	겔	14	:	1	- 11
우상 숭배의 산당들을 철저히 파멸하실 것을 선포	겔	6	:	1	- 14
우상 숭배자 척결 (금 송아지 사건)	출	32	:	27	- 28
우상 숭배하는 일을 피하라	고전	10	:	14	- 22
우상 숭배하는 자가 되지 말라	고전	10	:	7	- 12
우상 숭배하지 말라	고전	10	:	1	- 33

우상과 행음하며 네게 낳아 준 자식들을 화제로 살랐으 겔 23 : 37 - 38

우상에 대한 습관이 있어 우상의 제물로 알고 먹는 고로 고전 8 : 7 - 8

우상에게 바친 제물 고전 8 : 1 - 13

우상은 거짓이요 그 속에 생기가 없음이라 렘 51 : 17 - 19

우상은 세상의 아무 것도 아니며 또한 하나님은 한 분 고전 8 : 4 - 6

우상은 헛 것이요 그 속에 생기가 없음이라 렘 10 : 14 - 16

우상을 가증히 여기는 네가 신전 물건을 도둑질하느냐 롬 2 : 22 - 29

우상을 떠나고 얼굴을 돌려 모든 가증한 것을 떠나라 겔 14 : 6

우상을 만드는 자는 다 허망하도다 수치를 당하리라 사 44 : 9

우상을 만들지 말고 경배하지 말라 레 26 : 1

우상을 만들지 말고 절하지 말라 출 20 : 4 - 5

우상을 만들지 말라 신 4 : 16 - 18

우상을 부르지도 말고 듣지도 말라 출 23 : 13

우상을 섬겨 나를 근심하게 한 것을 기억하고 한탄하리 겔 6 : 9 - 10

우상을 섬기고 악을 행하여 멸망 당한 이스라엘 왕하 17 : 1 - 23

우상을 섬기는 자는 돌로 쳐 죽이라 신 17 : 2 - 7

우상을 섬기라고 유혹하면 죽이라 신 13 : 6 - 17

우상을 섬기지 말라 출 23 : 24 - 25

우상을 섬기지 말라 출 34 : 14 - 17

우상을 섬기지 말라 신 4 : 15 - 40

우상을 섬기지 말라 신 6 : 14 - 15

우상을 섬기지 말라 신 12 : 29 - 31

우상을 섬기지 말라 신 13 : 1 - 18

우상을 세우지 말라 신 16 : 21 - 22

우상을 위하여 네 자녀의 피를 그 우상에게 드렸은즉 겔 16 : 36 - 41

우상의 머리는 순금이요 가슴과 두 팔은 은이요 단 2 : 32

우상의 제물과 피와 목매어 죽인 것과 음행을 멀리하라 행 15 : 29 - 31

우상의 제물로 알고 먹는 고로 그들의 양심이 약하여지 고전 8 : 7 - 8

우상의 제물을 먹게 하였고 또 행음하게 하였느니라 계 2 : 14

우상의 제물을 먹는 것에 대하여 우리가 우상은 세상에 고전 8 : 4 - 6

우상의 집에 앉아 먹는 것을 누구든지 보면 그 믿음이 고전 8 : 10 - 13

우상의 헛됨과 참 하나님 여호와 렘 10 : 1 - 11

우슬초	민 19	: 16	-	19
우슬초 묶음을 가져다가 그릇에 담은 피에 적셔서	출 12	: 22	-	28
우슬초로 나를 정결하게 하소서 내가 정하리이다	시 51	: 7		
우슬초에 매어 예수의 입에 대니 예수께서 신 포도주를	요 19	: 29	-	30
우주와 그 가운데 있는 만물을 지으신 하나님께서는	행 17	: 24	-	31
우편에 앉아 계시느니라	골 3	: 1	-	4
우편에 앉아 계시니 천사들과 권세들과 능력들이 복종	벧전 3	: 22		
운동장에서 달음질하는 자들은 다 달릴지라도 오직 상	고전 9	: 24	-	27
울며 눈물로 그 발을 적시고 자기 머리털로 닦고 그 발에	눅 7	: 38	-	50
울며 씨를 뿌리러 나가는 자는 반드시 기쁨으로 그 곡식	시 126	: 6		
울지 말라 죽은 것이 아니고 잔다 하시니	눅 8	: 52	-	56
웃사가 법궤를 만지므로 죽임을 당하다	삼하 6	: 6	-	8
웃사가 법궤를 만지므로 죽임을 당하다	대상 13	: 7	-	11
웃시야 유다 10대 왕이 정직하게 행하다	대하 26	: 1	-	5
웃시야가 강성하여 이름이 애굽 변방까지 퍼졌더라	대하 26	: 8		
웃시야가 성전에서 분향하므로 나병에 걸리다	대하 26	: 16	-	23
웃을 때에도 마음에 슬픔이 있고 즐거움의 끝에도	잠 14	: 13		
웃음에 관하여 말하기를 그것은 미친 것이라 하였고	전 2	: 2		
웃음을 애통으로, 너희의 즐거움을 근심으로 바꿀지어	약 4	: 9	-	10
원 가지도 아끼지 아니하셨은즉 너도 아끼지 아니하시	롬 11	: 21	-	24
원망1 (출애굽 시 홍해 앞에서)	출 14	: 10	-	12
원망2 (출애굽 시 마라에서)	출 15	: 22	-	25
원망3 (출애굽 시 신 광야에서)	출 16	: 1	-	4
원망4 (가데스에서 므리바 물 사건)	민 20	: 1	-	13
원망4 (출애굽 시 르비딤에서)	출 17	: 1	-	7
원망5 (디베라 사건)	민 11	: 1	-	3
원망6 (가나안 땅 정탐 후)	민 14	: 1	-	4
원망6 (가나안 땅 정탐 후)	신 1	: 27	-	28
원망7 (고라의 사건)	민 16	: 41	-	50
원망8 (에돔 땅 우회할 때)	민 21	: 4	-	9
원망과 시비가 없이 하라	빌 2	: 14		
원망하는 백성을 벌하시다 (가나안 땅 입성 불허)	민 14	: 27	-	38

원망하는 자며 불만을 토하는 자며 정욕대로 행하는 자 　유 1 : 16

원망하다가 멸망시키는 자에게 멸망하였나니 　고전 10 : 10 - 12

원망하지 말라 그리하여야 심판을 면하리라 　약 5 : 9

원수 갚는 것이 내게 있으니 내가 갚으리라 하시고 　히 10 : 30 - 35

원수 갚는 것이 내게 있으니 내가 갚으리라고 주께서 　롬 12 : 19 - 21

원수 되었을 때에 그의 아들의 죽으심으로 말미암아 　롬 5 : 10 - 11

원수 된 것을 십자가로 소멸하시고 　엡 2 : 16 - 19

원수가 배고파하거든 음식을 먹이고 목말라하거든 물을 　잠 25 : 21 - 22

원수가 와서 곡식 가운데 가라지를 덧뿌리고 갔더니 　마 13 : 25 - 30

원수가 자기 집안 식구리라 　마 10 : 35 - 36

원수가 주리거든 먹이고 목마르거든 마시게 하라 　롬 12 : 20 - 21

원수된 것 곧 중간에 막힌 담을 자기 육체로 허시고 　엡 2 : 14 - 19

원수들을 자기 발등상이 되게 하실 때까지 기다리시니 　히 10 : 13 - 14

원수들이 토둔을 쌓고 너를 둘러 사면으로 가두고 　눅 19 : 43 - 44

원수로 네 발등상이 되게 하기까지 너는 내 우편에 앉아 　행 2 : 35

원수로 네 발등상이 되게 하기까지 너는 내 우편에 앉아 　히 1 : 13 - 14

원수를 갚지 말고 하나님의 진노하심에 맡기라 　롬 12 : 19 - 21

원수를 갚지 말며 동포를 원망하지 말며 　레 19 : 18

원수를 사랑하고 선대하며 아무 것도 바라지 말고 꾸어 　눅 6 : 35

원수를 사랑하라 　눅 6 : 27 - 36

원수를 사랑하며 너희를 박해하는 자를 위하여 기도하 　마 5 : 44 - 45

원수의 목전에서 내게 상을 차려 주시고 기름을 내 머리 　시 23 : 5

원하는 자는 값없이 생명수를 받으라 하시더라 　계 22 : 17

원한을 풀어 주지 아니하시겠느냐 　눅 18 : 8

원함은 내게 있으나 선을 행하는 것은 없노라 　롬 7 : 18 - 25

월경 중에 있는 여인을 가까이 하지 아니하며 　겔 18 : 6 - 8

위로가 너희 속에 역사하여 고난을 너희도 견디게 하는 　고후 1 : 6 - 9

위로로써 모든 환난 중에 있는 자들을 능히 위로하게 　고후 1 : 4 - 6

위로부터 난 지혜는 첫째 성결하고 다음에 화평하고 　약 3 : 17 - 18

위로와 좋은 소망을 은혜로 주신 하나님 우리 아버지 　살후 2 : 16 - 17

위로의 하나님이시며 우리의 모든 환난 중에서 우리를 　고후 1 : 3 - 6

위로하는 자면 위로하는 일로, 구제하는 자는 성실함으 　롬 12 : 8

위로하사 우리로 하여금 하나님께 받는 위로로써 모든　고후 1 ： 4 － 6

위안을 받고 사랑 안에서 연합하여 확실한 이해의 모든　골 2 ： 2 － 5

위에서 부르신 부름의 상을 위하여 달려가노라　빌 3 ： 14 － 16

위에서 주지 아니하셨더라면 나를 해할 권한이 없었으　요 19 ： 11 － 12

위의 것을 생각하고 땅의 것을 생각하지 말라　골 3 ： 2 － 4

위임식 (제사장 위임식)　레 8 ： 1 － 36

위장과 자주 나는 병을 위하여 포도주를 조금씩 쓰라　딤전 5 ： 23

위증하는 증인이 되지 말며 다수를 따라 악을 행하지 말　출 23 ： 1 － 3

유다 2대 왕 아비야가 이스라엘에 승리하다　대하 13 ： 1 － 22

유다 2대 왕 아비얌(아비야)의 행적　왕상 15 ： 1 － 8

유다 3대 왕 아사　왕상 15 ： 9 － 24

유다 3대 왕 아사가 선하여 10년 동안 평안하다　대하 14 ： 1 － 8

유다 4대 왕 여호사밧　왕상 22 ： 41 － 50

유다 4대 왕 여호사밧이 여호와의 길을 걷다　대하 17 ： 1 － 9

유다 5대 왕 여호람이 악을 행하다　왕하 8 ： 16 － 19

유다 5대 왕 여호람이 악을 행하다　대하 21 ： 1 － 20

유다 6대 왕 아하시야가 악을 행하다　왕하 8 ： 27

유다 6대 왕 아하시야가 악을 행하다　대하 22 ： 1 － 3

유다 7대 왕 아달랴 여왕이 7년을 통치하다　왕하 11 ： 1 － 16

유다 8대 왕으로 7세 나이로 즉위한 요아스 치적　왕하 12 ： 1 － 21

유다 9대 왕 아마샤가 이스라엘과 전투하여 패하다　왕하 14 ： 8 － 14

유다 10대 왕 아사랴(웃시야)가 52년간 다스리다　왕하 15 ： 1 － 2

유다 11대 왕 요담이 16년간 통치하다　왕하 15 ： 32 － 33

유다 12대 왕 아하스가 정직하지 않고 가증히 행함　왕하 16 ： 1 － 4

유다 13대 왕 히스기야가 우상들을 타파하다　왕하 18 ： 1 － 8

유다 14대 왕 므낫세가 우상을 섬기며 악을 행하다　왕하 21 ： 1 － 16

유다 14대 왕 므낫세가 우상을 섬기며 악을 행하다　대하 33 ： 1 － 9

유다 15대 왕 아몬이 2년간 통치하며 악을 행하다　왕하 21 ： 19 － 24

유다 15대 왕 아몬이 2년간 통치하며 악을 행하다　대하 33 ： 21 － 25

유다 16대 왕 요시야가 여호와께 정직히 행하다　왕하 22 ： 1 － 2

유다 16대 왕 요시야가 여호와께 정직히 행하다　대하 34 ： 1 － 7

유다 17대 왕 여호아하스가 석 달간 다스리다　왕하 23 ： 31 － 34

유다 17대 왕 여호아하스를 애굽 왕이 폐위 시키다	대하 36 : 1 - 3		
유다 18대 왕 여호야김이 애굽 왕에 의해 왕이 되다	대하 36 : 2 - 4		
유다 18대 왕 여호야김이 애굽에 은과 금을 바치다	왕하 23 : 33 - 35		
유다 19대 여호야긴 왕이 석 달간 다스리다	왕하 24 : 8 - 17		
유다 19대 여호야긴 왕이 석 달간 다스리다	대하 36 : 9		
유다 20대 왕 시드기야는 바벨론 왕에 의해 즉위됨	왕하 24 : 17 - 18		
유다 20대 왕 시드기야는 바벨론 왕에 의해 즉위됨	대하 36 : 9 - 10		
유다 대신에 맛디아를 사도로 세우다	행 1 : 12 - 26		
유다 멸망을 비유(사자와 포도나무)로 풍자한 애가	겔 19 : 1 - 14		
유다 백성들에게 하나님의 심판을 선포	렘 7 : 1 - 15		
유다 백성이 바벨론으로 사로잡혀 가다	렘 52 : 24 - 30		
유다 백성이 애굽으로 이주함을 여호와께서 금하시다	렘 42 : 7 - 22		
유다 백성이 애굽으로 피신하다	왕하 25 : 25 - 26		
유다 사람이 대적들을 진멸하다	에 9 : 1 - 19		
유다 지도자들은 경계표를 옮기는 자 같으니 내가 진노	호 5 : 10		
유다 지도자들의 죄악	미 2 : 1 - 13		
유다 지파가 받은 땅 경계	수 15 : 1 - 12		
유다 지파가 예루살렘과 헤브론을 점령하다	삿 1 : 8 - 10		
유다 지파의 가족들이 받은 기업	수 15 : 20 - 63		
유다 포로를 이 좋은 무화과 같이 잘 돌볼 것이라	렘 24 : 5 - 7		
유다가 목매어 죽다	마 27 : 3 - 10		
유다가 배반하다	눅 22 : 1 - 6		
유다가 범죄함으로 말미암아 바벨론으로 사로잡혀	대상 9 : 1 - 2		
유다가 예수를 어떻게 넘겨 줄까 하고 그 기회를 찾더라	막 14 : 11		
유다가 요셉을 이스마엘 사람들에게 팔자고 하다	창 37 : 26 - 28		
유다가 은을 성소에 던져 넣고 물러가서 스스로 목매어	마 27 : 5 - 8		
유다가 허락하고 예수를 무리가 없을 때 넘겨 줄 기회를	눅 22 : 6		
유다를 갈대아 왕에 부치시매 유다가 멸망하다	대하 36 : 11 - 21		
유다를 앗수르 산헤립의 손에서 구원하시다	왕하 19 : 35 - 37		
유다야 네가 입맞춤으로 인자를 파느냐 하시니	눅 22 : 48 - 53		
유다에 벌을 내리시다	암 2 : 4 - 5		
유다에게 이르시되 네가 하는 일을 속히 하라 하시니	요 13 : 27 - 30		

유다와 며느리 다말 사건	창 38	:	1	-	30
유다와 시므온 지파가 아도니 베섹을 잡다	삿 1	:	1	-	7
유다와 시므온 지파의 점령지	삿 1	:	17	-	20
유다와 실라도 선지지리 여러 말로 형제를 권면하여	행 15	:	32	-	35
유다와 예루살렘 주민들에게 심판을 경고하시다	습 1	:	1	-	18
유다와 이스라엘 백성간의 분쟁 (남북의 분쟁)	삼하 19	:	40	-	43
유다와 이스라엘 전쟁	대하 25	:	17	-	28
유다와 이스라엘의 전쟁 (다윗과 사울 아들의 전쟁)	삼하 2	:	12	-	32
유다와 이스라엘이 연합하여 아람과 싸우다	대하 18	:	1	-	34
유다의 교만과 예루살렘의 큰 교만을 썩게 하리라	렘 13	:	9	-	11
유다의 기근과 심판	렘 14	:	1	-	22
유다의 모든 보물과 백성들을 바벨론 왕이 잡아감	왕하 24	:	9	-	17
유다의 베냐민을 위한 간청	창 44	:	14	-	34
유다의 비참한 현실을 탄식하다	애 5	:	10	-	18
유다의 성품	창 44	:	30	-	34
유다의 자손	대상 2	:	3	-	8
유다의 자손	대상 4	:	1	-	10
유다의 장자 엘이 여호와가 보시기에 악하므로 그를 죽	창 38	:	7		
유다의 죄와 벌	렘 17	:	1	-	2
유다의 주변국들에 대한 심판 선포	습 2	:	4	-	15
유다인들을 모두 죽이고 진멸하고 재산을 탈취하라	에 3	:	13	-	15
유대에 있는 하나님의 교회들을 본받은 자 되었으니	살전 2	:	14	-	16
유대인과 같이 된 것은 유대인들을 얻고자 함이요	고전 9	:	20	-	23
유대인과 율법	롬 2	:	17	-	29
유대인들에게 내가 유대인과 같이 된 것은 유대인들을	고전 9	:	20	-	23
유대인들이 다시 돌을 들어 치려 하거늘	요 10	:	31	-	39
유대인들이 당을 지어 맹세하되 바울을 죽이기 전에는	행 23	:	12	-	13
유대인들이 예수를 돌로 치려 하다	요 10	:	22	-	42
유대인들이 예수를 박해하게 된지라	요 5	:	16	-	18
유대인으로서 이방인과 교제하며 가까이 하는 것이	행 10	:	28	-	29
유대인은 주 예수와 선지자들을 죽이고 우리를 쫓아내	살전 2	:	15	-	16
유대인은 표적을 구하고 헬라인은 지혜를 찾으나	고전 1	:	22	-	24

유대인이나 헬라인이나 다 죄 아래에 있다고 선언하였	롬 3	: 9	- 12
유대인이라 불리는 네가 율법을 의지하며 하나님을	롬 2	: 17	- 29
유두고라 하는 청년이 창에 걸터 앉아 있다가 졸더니	행 20	: 9	- 12
유두고를 바울이 살리다	행 20	: 7	- 12
유모가 자기 자녀를 기름과 같이 하였으니	살전 2	: 7	- 8
유순한 말은 노를 쉬게 하여도 과격한 말은 노를 격동	잠 15	: 1	
유스도라고 하는 요셉이요 하나는 맛디아라	행 1	: 23	- 26
유언은 그 사람이 죽은 후에야 유효한즉	히 9	: 17	- 22
유언은 유언한 자가 죽어야 되나니	히 9	: 16	- 22
유업을 이을 자가 모든 것의 주인이나 어렸을 동안에	갈 4	: 1	- 7
유업이 율법에서 난 것이면 약속에서 난 것이 아니리라	갈 3	: 18	- 22
유오디아를 권하고 순두게를 권하노니 주 안에서 같은	빌 4	: 2	
유월절	신 16	: 1	- 8
유월절 (부정한 자의 두 번째 유월절)	민 9	: 10	- 12
유월절 규례	출 12	: 43	- 51
유월절 규례	민 28	: 16	- 25
유월절 양 잡는 날에 제자들이 예수께 여짜오되 우리가	막 14	: 12	
유월절 양을 잡을 무교절날이 이른지라	눅 22	: 7	- 13
유월절 어린 양을 잡아 너희 형제들을 위하여 준비하되	대하 35	: 6	- 14
유월절 제사	신 16	: 5	- 8
유월절 제사라 여호와께서 애굽 사람에게 재앙을 내리	출 12	: 27	- 28
유월절 행사 (길갈에서)	수 5	: 10	- 12
유월절(무교절)	레 23	: 5	- 8
유월절과 무교병	신 16	: 8	
유월절을 열심히 준비하는 히스기야 왕	대하 30	: 1	- 12
유월절을 요시야 왕이 지키다	왕하 23	: 21	- 23
유월절을 요시야 왕이 지키다	대하 35	: 1	- 19
유월절을 준비하다 (큰 다락방에서)	눅 22	: 7	- 13
유월절을 지키다 (포로 귀환 후)	스 6	: 19	- 22
유월절을 지키라	민 9	: 1	- 14
유월절을 지키라 (모세와 아론에게 일러주시다)	출 12	: 1	- 14
유월절을 칠일 동안 지키며 누룩 없는 떡을 먹을 것	겔 45	: 21	- 24

유월절을 회복시켜 성대하게 지킨 히스기야 왕   대하 30 : 13 - 27
유월절이라 인자가 십자가에 못 박히기 위하여 팔리리라   마 26 : 2
유월절이면 내가 너희에게 한 사람을 놓아 주는 전례가   요 18 : 39 - 40
유익을 구하여 그들로 구원을 받게 하라   고전 10 : 33
유익하던 것을 내가 그리스도를 위하여 다 해로 여길뿐   빌 3 : 7 - 9
유익한 것은 무엇이든지 여러분에게 전하여 가르치고   행 20 : 20 - 21
유일하신 하나님께로부터 오는 영광은 구하지 아니하니   요 5 : 44
유출병의 정결규례   레 15 : 1 - 18
유출병이 있는 자와 설정함으로 부정하게 된 자와   레 15 : 32 - 33
유출에 대한 규례   레 15 : 19 - 33
유혹에 빠져 온갖 교훈의 풍조에 밀려 요동하지 않게 하   엡 4 : 14 - 16
유혹에 빠지지 않게 기도하라   눅 22 : 39
유혹의 욕심을 따라 썩어져 가는 구습을 따르는 옛 사람   엡 4 : 22 - 24
유황과 불을 소돔과 고모라에 비 같이 내리사   창 19 : 24 - 25
육과 영의 온갖 더러운 것에서 자신을 깨끗하게 하자   고후 7 : 1
육백육십육 달란트요 (솔로몬의 세입금)   왕상 10 : 14
육백육십육이니라 (짐승의 수)   계 13 : 18
육백일 년 첫째 달 곧 그 달 초하룻날에 땅에 물이 걷힌   창 8 : 13
육신대로 살면 반드시 죽을 것이로되 영으로써 몸의   롬 8 : 13 - 14
육신에 선한 것이 거하지 아니하는 줄을 아노니 원함은   롬 7 : 18 - 25
육신에 속한 자로다 너희 가운데 시기와 분쟁이 있으니   고전 3 : 3 - 9
육신에 있는 자들은 하나님을 기쁘시게 할 수 없느니라   롬 8 : 8
육신에 있을 때에는 율법으로 말미암는 죄의 정욕이   롬 7 : 5 - 14
육신에게 져서 육신대로 살 것이 아니니라   롬 8 : 12 - 14
육신으로 나타난 바 되시고 영으로 의롭다 하심을 받으   딤전 3 : 16
육신으로 사는 이것이 내 일의 열매일진대 무엇을 택해   빌 1 : 22 - 26
육신으로 있는 것이 너희를 위하여 더 유익하리라   빌 1 : 24 - 26
육신으로 행하나 육신에 따라 싸우지 아니하노니   고후 10 : 3 - 6
육신으로는 다윗의 혈통에서 나셨고 성결의 영으로는   롬 1 : 3 - 4
육신으로는 떠나 있으나 심령으로는 너희와 함께 있어   골 2 : 5
육신으로는 죄의 법을 섬기노라   롬 7 : 25
육신을 따르는 자는 육신의 일을, 영을 따르는 자는 영   롬 8 : 5 - 8

육신의 생각은 사망이요 영의 생각은 생명과 평안이니　　롬 8 : 6 - 8
육신의 생각은 하나님과 원수가 되나니 하나님의 법에　　롬 8 : 7 - 8
육신의 아버지가 우리를 징계하여도 공경하였거든　　히 12 : 9 - 11
육신의 자녀가 하나님의 자녀가 아니요 오직 약속의　　롬 9 : 8 - 13
육신이 연약함으로 너희 지체를 의에게 종으로 내주어　　롬 6 : 19 - 20
육에 속한 사람은 하나님의 성령의 일들을 받지 아니하　　고전 2 : 14 - 16
육으로 난 것은 육이요 영으로 난 것은 영이니　　요 3 : 6 - 8
육의 마음에 쓴 것이라　　고후 3 : 3
육의 몸으로 심고 신령한 몸으로 다시 살아나나니　　고전 15 : 44
육의 몸을 벗는 것이요 그리스도의 할례니라　　골 2 : 11 - 15
육체는 다 같은 육체가 아니니 하나는 사람의 육체요　　고전 15 : 39 - 44
육체는 풀과 같고 그 모든 영광은 풀의 꽃과 같으니　　벧전 1 : 24 - 25
육체는 풀이요 그의 모든 아름다움은 들의 꽃과 같으니　　사 40 : 6 - 8
육체로 더럽힌 옷까지도 미워하되 두려움으로 긍휼히　　유 1 : 23
육체로 오신 것을 시인하는 영마다 하나님께 속한 것　　요일 4 : 2 - 3
육체로 오심을 부인하는 자가 미혹하는 자요 적그리스　　요이 1 : 7
육체로 허시고 법조문으로 된 계명의 율법을 폐하셨으　　엡 2 : 14 - 19
육체로는 심판을 받으나 영으로는 하나님을 따라 살게　　벧전 4 : 6
육체로는 죽임을 당하시고 영으로는 살리심을 받으셨　　벧전 3 : 18 - 19
육체를 더럽히며 권위를 업신여기며 영광을 비방하는　　유 1 : 8
육체를 따라 난 자가 성령을 따라 난 자를 박해한 것　　갈 4 : 29 - 31
육체를 따라 판단하나 나는 아무도 판단하지 아니하노라　　요 8 : 15 - 16
육체를 미워하지 않고 양육하여 보호하기를 그리스도　　엡 5 : 29 - 33
육체를 신뢰하지 아니하니 우리는 할례파라　　빌 3 : 3 - 4
육체를 신뢰할 것이 있는 줄로 생각하면 나는 더욱　　빌 3 : 4
육체를 위하여 심는 자는 육체로부터 썩어질 것을 거두　　갈 6 : 8 - 10
육체에 계실 때에 심한 통곡과 눈물로 간구와 소원을　　히 5 : 7 - 10
육체와 함께 그 정욕과 탐심을 십자가에 못 박았느니　　갈 5 : 24 - 26
육체의 고난을 받은 자는 죄를 그쳤음이니　　벧전 4 : 1 - 6
육체의 모양을 내려 하는 자들이 억지로 너희에게 할례　　갈 6 : 12 - 15
육체의 무할례로 죽었던 너희를 하나님이 살리시고　　골 2 : 13 - 15
육체의 생명은 피인즉 그 피를 먹는 자는 끊어지리라　　레 17 : 14

육체의 소욕은 성령을 거스르고 성령은 육체를 거스르	갈 5	: 17	- 26
육체의 약함으로 말미암아 너희에게 복음을 전한 것을	갈 4	: 13	- 14
육체의 연단은 약간의 유익이 있으나 경건은 범사에	딤전 4	: 8	
육체의 욕심을 따라 지니며 육체와 마음의 원하는 것을	엡 2	: 3	- 7
육체의 일과 성령의 열매	갈 5	: 16	- 26
육체의 일은 분명하니 곧 음행과 더러운 것과 호색과	갈 5	: 19	- 26
육체의 정욕을 제어하라	벧전 2	: 11	
육체의 죽음으로 화목하게 하사 너희를 거룩하고 흠 없	골 1	: 22	- 23
육체의 지혜로 하지 아니하고 하나님의 은혜로 행함은	고후 1	: 12	
율례와 규례를 이스라엘에게 가르치기로 결심하였더라	스 7	: 10	
율법 아래에 있는 자들을 속량하시고 아들의 명분을	갈 4	: 5	- 7
율법 안에서 의롭다 함을 얻으려는 너희는 그리스도	갈 5	: 4	- 6
율법 없는 자와 같이 된 것은 율법 없는 자를 얻고자 함	고전 9	: 21	- 23
율법 없이 범죄한 자는 또한 율법 없이 망하고	롬 2	: 12	- 15
율법 외에 하나님의 한 의가 나타났으니 율법과 선지자	롬 3	: 21	- 22
율법 조문은 죽이는 것이요 영은 살리는 것이니라	고후 3	: 6	- 11
율법 조문의 묵은 것으로 아니할지니라	롬 7	: 6	- 14
율법 중에서 어느 계명이 크니이까 예수께서 이르시되	마 22	: 35	- 40
율법 학자 겸 제사장 에스라가 무릇 너희에게 구하는	스 7	: 21	- 22
율법 행위에 속한 자들은 저주 아래 있나니	갈 3	: 10	- 14
율법 후에 하신 맹세의 말씀은 영원히 온전하게 되신	히 7	: 28	
율법과 믿음	갈 3	: 1	- 14
율법과 선지자는 요한 때까지요 그 후부터는 복음이	눅 16	: 16	- 17
율법과 선지자의 말을 가지고 예수에 대하여 권하더라	행 28	: 23	
율법과 약속	갈 3	: 15	- 22
율법과 유대인	롬 2	: 17	- 29
율법과 죄	롬 7	: 1	- 25
율법에 대하여 죽었나니 이는 하나님에 대하여 살려 함	갈 2	: 19	- 21
율법에 속한 자들이 상속자이면 믿음은 헛것이 되고	롬 4	: 14	- 25
율법에 속한 자에게뿐만 아니라 아브라함의 믿음에 속	롬 4	: 16	- 25
율법에서 벗어났으니 율법 조문의 묵은 것으로 아니할	롬 7	: 6	- 14
율법으로 너희가 의롭다 하심을 얻지 못하던 일에도	행 13	: 39	

본문	책	장	:	절	-	절
율법으로 말미암는 의를 행하는 사람은 그 의로 살리라	롬	10	:	5	-	7
율법으로 말미암는 죄의 정욕이 우리 지체 중에 역사하	롬	7	:	5	-	14
율법으로 말미암아 율법에 대하여 죽었나니 이는	갈	2	:	19	-	21
율법으로 말미암아 의롭게 되지 못할 것이 분명하니	갈	3	:	11	-	14
율법으로 말미암은 것이 아니요 오직 믿음의 의로 말미	롬	4	:	13	-	25
율법으로 말미암지 않고는 내가 죄를 알지 못하였으니	롬	7	:	7	-	14
율법으로는 죄를 깨달음이니라	롬	3	:	20	-	21
율법은 거룩하고 계명도 거룩하고 의로우며 선하도다	롬	7	:	12	-	14
율법은 네 이웃 사랑하기를 네 자신 같이 하라 하신	갈	5	:	14	-	15
율법은 모세로 말미암아 주어진 것이요 은혜와 진리는	요	1	:	17		
율법은 믿음에서 난 것이 아니니 율법을 행하는 자는	갈	3	:	12	-	14
율법은 사람이 그것을 적법하게만 쓰면 선한 것임을	딤전	1	:	8	-	11
율법은 신령한 줄 알거니와 나는 육신에 속하여 죄 아래	롬	7	:	14		
율법은 아무 것도 온전하게 못할지라	히	7	:	19	-	22
율법은 약점을 가진 사람들을 제사장으로 세웠거니와	히	7	:	28		
율법은 옳은 사람을 위하여 세운 것이 아니요 오직 불법	딤전	1	:	9	-	11
율법은 장차 올 좋은 일의 그림자일 뿐이요 참 형상이	히	10	:	1	-	4
율법은 진노를 이루게 하나니 율법이 없는 곳에는 범법	롬	4	:	15	-	25
율법을 깨닫지 못했을 때에는 내가 살았더니 계명이	롬	7	:	9	-	14
율법을 낭독하라 (매 7년째 면제년마다)	신	31	:	10	-	13
율법을 듣는 자가 의인이 아니요 율법을 행하는 자라야	롬	2	:	13	-	15
율법을 듣지 아니하면 그의 기도도 가증하니라	잠	28	:	9		
율법을 범하면 네 할례는 무할례가 되느니라	롬	2	:	25	-	29
율법을 연구하여 준행하며 율례와 규례를 이스라엘에게	스	7	:	10		
율법을 자랑하는 네가 율법을 범함으로 하나님을 욕되	롬	2	:	23	-	29
율법을 즐거워하여 그의 율법을 주야로 묵상하는도다	시	1	:	2		
율법을 지키다가 그 하나를 범법하면 모두 범한 자가 되	약	2	:	10	-	12
율법을 판단하면 율법의 준행자가 아니요 재판관이다	약	4	:	11	-	12
율법을 폐하셨으니 이 둘로 자기 안에서 한 새 사람을	엡	2	:	15	-	19
율법을 행하는 자는 그 가운데서 살리라 하였느니라	갈	3	:	12	-	14
율법을 행하는 자라야 의롭다 하심을 얻으리니	롬	2	:	13	-	15
율법을 행하면 할례가 유익하나 만일 율법을 범하면	롬	2	:	25	-	29

은과 금은 내게 없거니와 내게 있는 이것을 네게 주노니　　행 3 : 6 - 10

은과 금을 애굽에 바친 여호야김 유다 왕　　왕하 23 : 33 - 35

은과 금이 능히 그들을 건지지 못하며 능히 그 심령이　　겔 7 : 19

은밀한 가운데 있는 하나님의 지혜를 말하는 것으로　　고전 2 : 7 - 9

은밀한 것을 나타내실 이는 하늘에 계신 하나님이시라　　단 2 : 28 - 30

은밀한 중에 보시는 네 아버지께서 갚으시리라　　마 6 : 6 - 7

은밀히 행하는 것들은 말하기도 부끄러운 것들이라　　엡 5 : 12 - 14

은사가 각각 다르니 혹 예언이면 믿음의 분수대로　　롬 12 : 6 - 8

은사는 그 범죄와 같지 아니하니 곧 한 사람의 범죄로　　롬 5 : 15 - 21

은사는 그리스도 예수 우리 주 안에 있는 영생이니라　　롬 6 : 23

은사는 많은 범죄로 말미암아 의롭다 하심에 이름이라　　롬 5 : 16 - 21

은사는 여러 가지나 성령은 같고　　고전 12 : 4 - 11

은사를 너희에게 나누어 주어 너희를 견고하게 하려 함　　롬 1 : 11 - 12

은사를 맛보고 성령에 참여한 바 되고　　히 6 : 4 - 6

은사를 받은 대로 하나님의 여러 가지 은혜를 맡은 선한　　벧전 4 : 10 - 11

은사를 사모하라 내가 또한 가장 좋은 길을 너희에게　　고전 12 : 31

은사와 부르심에는 후회하심이 없느니라　　롬 11 : 29 - 32

은사와 온전한 선물이 다 아버지께로부터 내려오나니　　약 1 : 17 - 18

은신처이오니 환난에서 나를 보호하시고 구원의 노래로　　시 32 : 7

은을 사랑하는 자는 은으로 만족하지 못하고 풍요를　　전 5 : 10 - 12

은이나 금이나 의복을 탐하지 아니하였고　　행 20 : 33 - 35

은잔 사건 (요셉)　　창 44 : 1 - 13

은잔이 베냐민의 자루에서 발견된지라　　창 44 : 12 - 13

은총을 우리에게 내리게 하사 우리의 손이 행한 일을　　시 90 : 17

은총이라 하는 막대기를 취하여 꺾었으니 언약을 폐하려　　슥 11 : 10

은행에 맡기지 아니하였느냐 그리하였으면 이자와 함께　　눅 19 : 23 - 27

은혜 위에 은혜러라　　요 1 : 16 - 17

은혜가 그리스도 예수 안에 있는 믿음과 사랑과 함께　　딤전 1 : 14 - 16

은혜가 네게 족하도다 이는 내 능력이 약한 데서 온전　　고후 12 : 9 - 10

은혜대로 받은 은사가 각각 다르니 혹 예언이면 믿음의　　롬 12 : 6 - 8

은혜도 또한 의로 말미암아 왕 노릇 하여　　롬 5 : 21

은혜로 값 없이 의롭다 하심을 얻은 자 되었느니라　　롬 3 : 24 - 31

은혜로 된 것이면 행위로 말미암지 않음이니   롬 11 : 6

은혜로 말미암아 모든 사람을 위하여 죽음을 맛보려   히 2 : 9

은혜로우시고 자비하신 하나님께로 돌아오면   대하 30 : 9

은혜로우시며 긍휼이 많으시며 노하기를 더디 하시며   시 145 : 8 - 9

은혜로우시며 의로우시며 우리 하나님은 긍휼이 많으시   시 116 : 5

은혜를 거역하는 자들에게 경고   히 12 : 14 - 29

은혜를 따라 내가 지혜로운 건축자와 같이 터를 닦아   고전 3 : 10 - 15

은혜를 맡은 선한 청지기 같이 서로 봉사하라   벧전 4 : 10 - 11

은혜를 모르는 자와 악한 자에게도 인자하시니라   눅 6 : 35

은혜를 받자 이로 말미암아 경건함과 두려움으로   히 12 : 28 - 29

은혜를 베푸시며 노하기를 더디 하시며 인자와 진실이   시 86 : 15 - 16

은혜를 베풀 때에 너에게 듣고 구원의 날에 너를 도왔다   고후 6 : 2 - 3

은혜를 베풀며 꾸어 주는 자는 잘 되나니   시 112 : 5 - 9

은혜를 주신 것은 그를 믿을 뿐 아니라 또한 고난도 받   빌 1 : 29 - 30

은혜를 주신 것은 그리스도의 풍성함을 이방인에게   엡 3 : 8 - 9

은혜를 헛되이 받지 말라   고후 6 : 1 - 3

은혜를 힘입어 의롭다 하심을 얻어 영생의 소망을 따라   딛 3 : 7

은혜에 속하기 위하여 믿음으로 되나니 이는 그 약속을   롬 4 : 16 - 25

은혜에 의하여 믿음으로 말미암아 구원을 받았으니   엡 2 : 8 - 10

은혜에 이르지 못하는 자가 없게 하고 쓴 뿌리가 나서   히 12 : 15 - 17

은혜와 또한 한 사람 예수 그리스도의 은혜로 말미암은   롬 5 : 15 - 21

은혜와 사도의 직분을 받아 그의 이름을 위하여 모든   롬 1 : 5 - 6

은혜와 성도 섬기는 일에 참여함에 대하여 우리에게   고후 8 : 4 - 5

은혜와 진리는 예수 그리스도로 말미암아 온 것이라   요 1 : 17

은혜의 보좌 앞에 담대히 나아갈 것이니라   히 4 : 16 - 16

은혜의 선물을 따라 내가 일꾼이 되었노라   엡 3 : 7 - 9

은혜의 지극히 풍성함을 오는 여러 세대에 나타내려 하   엡 2 : 7 - 10

은혜의 풍성함을 따라 그의 피로 말미암아 속량 곧   엡 1 : 7 - 10

은화 열 므나를 주며 이르되 장사하라 하니라   눅 19 : 13 - 27

음녀 예루살렘   겔 16 : 23 - 34

음녀 예루살렘을 벌하시다   겔 16 : 35 - 43

음녀가 된 그 여자를 사랑하라 하시기로 내가 은 열다섯   호 3 : 1 - 3

음녀가 받을 심판을 네게 보이리라	계 17	: 1	-	18
음녀가 앉아 있는 물은 백성의 무리와 열국과 방언들	계 17	: 15	-	18
음녀는 깊은 구덩이요 이방 여인은 좁은 함정이라	잠 23	: 27		
음녀로 말미암아 사람이 한 조각 떡만 남게 됨이여	잠 6	: 26		
음녀에게 내릴 심판	계 17	: 1	-	18
음녀의 길로 빠지지 말라	잠 7	: 1	-	27
음녀의 입술은 꿀을 떨어뜨리며 그의 입은 기름보다	잠 5	: 3	-	10
음녀의 입은 깊은 함정이라 여호와의 노를 당한 자는	잠 22	: 14		
음란과 음행과 가증한 것을 보았노라 화 있을진저	렘 13	: 27		
음란과 정욕과 술취함과 방탕과 향락과 무법과 우상	벧전 4	: 3	-	6
음란으로써 육체의 정욕 중에서 유혹하는도다	벧후 2	: 18		
음란을 버리고 각각 거룩함과 존귀함으로 자기의 아내	살전 4	: 3	-	6
음란을 제할지라	호 2	: 2	-	23
음란하며 육체를 따라 가다가 영원한 불의 형벌을 받음	유 1	: 7	-	8
음란한 마음이 그 속에 있어 여호와를 알지 못하는 까닭	호 5	: 4		
음란한 여인 오홀라와 오홀리바에게 나왔은즉	겔 23	: 44	-	49
음란한 여자를 맞이하여 음란한 자식을 낳으라	호 1	: 2		
음란한 행실로 말미암아 고통 당하는 의로운 롯을 건지	벧후 2	: 7	-	8
음성으로 부르짖으면 내게 귀를 기울이시리로다	시 77	: 1		
음성을 듣거든 너희 마음을 완고하게 하지 말라	히 3	: 7	-	9
음성을 듣거든 너희 마음을 완고하게 하지 말라	히 3	: 15	-	19
음성을 듣거든 너희 마음을 완고하게 하지 말라	히 4	: 7	-	11
음성을 듣고 문을 열면 내가 그에게로 들어가 그와	계 3	: 20		
음성을 듣고 한 무리가 되어 한 목자에게 있으리라	요 10	: 16	-	18
음성을 듣나니 그가 자기 양의 이름을 각각 불러 인도하	요 10	: 3	-	6
음성을 들을 때가 오나니 선한 일을 행한 자는 생명의	요 5	: 28	-	29
음식물은 하나님이 지으신 바니 믿는 자들과 진리를	딤전 4	: 3	-	5
음식으로 말미암아 네 형제가 근심하면 이는 네가 사랑	롬 14	: 15	-	17
음식으로 말미암아 하나님의 사업을 무너지게 하지 말	롬 14	: 20	-	21
음식으로 말미암아 행한 자는 유익을 얻지 못하였느니	히 13	: 9		
음식은 못 먹고 젖이나 먹어야 할 자가 되었도다	히 5	: 12	-	14
음식은 배를 위하여 있고 배는 음식을 위하여 있으나	고전 6	: 13	-	20

음식은 우리를 하나님 앞에 내세우지 못하나니　　고전 8 : 8 - 13

음식을 값없이 먹지 않고 오직 수고하고 애써 주야로　　살후 3 : 8 - 9

음식이 내 형제를 실족하게 한다면 나는 영원히 고기를　　고전 8 : 13

음심이 가득한 눈을 가지고 범죄하기를 그치지 아니하　　벧후 2 : 14 - 18

음욕을 품고 여자를 보는 자마다 마음에 이미 간음하였　　마 5 : 28

음욕이 불 일듯 하매 남자가 남자와 더불어 부끄러운　　롬 1 : 27

음행 중에 잡혀온 여자가 용서 받다　　요 8 : 1 - 11

음행과 묵은 포도주와 새 포도주가 마음을 빼앗느니라　　호 4 : 11

음행과 술수가 이렇게 많으니 어찌 평안이 있으랴　　왕하 9 : 22

음행과 온갖 더러운 것과 탐욕은 너희 중에서 그 이름　　엡 5 : 3 - 7

음행으로 땅을 더럽게 한 큰 음녀를 심판하사 자기 종들　　계 19 : 2 - 3

음행으로 말미암아 진노의 포도주를 먹이던 자로다　　계 14 : 8

음행을 피하기 위하여 남자마다 자기 아내를 두고　　고전 7 : 2

음행을 피하라 사람이 범하는 죄마다 몸 밖에 있거니와　　고전 6 : 18 - 20

음행을 회개하고자 하지 아니하는도다　　계 2 : 21

음행의 진노의 포도주로 말미암아 만국이 무너졌으며　　계 18 : 3 - 6

음행하거나 탐욕을 부리거나 우상 숭배를 하거나 모욕　　고전 5 : 11 - 13

음행하는 자나 더러운 자나 탐하는 자 곧 우상 숭배자는　　엡 5 : 5 - 7

음행하는 자는 자기 몸에 죄를 범하느니라　　고전 6 : 18 - 20

음행하는 자들과 간음하는 자들을 하나님이 심판하시　　히 13 : 4

음행하는 자들과 사귀지 말라 하였거니와　　고전 5 : 9 - 13

음행하는 자들이나 탐하는 자들이나 속여 빼앗은 자들　　고전 5 : 10 - 13

음행하는 자와 장자의 명분을 판 에서와 같이 망령된　　히 12 : 16 - 17

음행하다가 하루에 이만 삼천 명이 죽었나니　　고전 10 : 8 - 12

음행하지 말며 다른 남자를 따르지 말라 나도 네게 그리　　호 3 : 3

음행한 이유 없이 아내를 버리면 그로 간음하게 함이요　　마 5 : 32

음행한 이유 외에 아내를 버리고 다른 데 장가드는 자는　　마 19 : 9

음행한 자를 판단하다　　고전 5 : 1 - 13

응답하겠고 그들을 버리지 아니할 것이라　　사 41 : 17

응답하겠고 그들이 말을 마치기 전에 내가 들을 것이며　　사 65 : 24

응답하겠고 네가 부르짖을 때에 내가 여기 있다 하리라　　사 58 : 9 - 10

의 (하나님께로부터 난 의)　　빌 3 : 1 - 16

304

의가 나타났으니 율법과 선지자들에게 증거를 받은 것	롬 3	: 21	- 22
의가 서기관과 바리새인보다 더 낫지 못하면 천국에 들	마 5	: 20	
의논이 없으면 경영이 무너지고 지략이 많으면 경영이	잠 15	: 22	
의는 율법에서 난 것이 아니요 오직 그리스도를 믿음	빌 3	: 9	- 12
의로 너를 불렀은즉 내가 네 손을 잡아 너를 보호하며	사 42	: 6	
의로 여기심을 받은 우리도 위함이니 곧 예수 우리 주를	롬 4	: 24	- 25
의로 통치할 왕	사 32	: 1	- 8
의로우시며 또한 예수 믿는 자를 의롭다 하려 하심이라	롬 3	: 26	- 31
의로우신 줄 알면 의를 행하는 자마다 그에게서 난 줄	요일 2	: 29	
의로우심을 나타내사 자기도 의로우시며 또한 믿는 자	롬 3	: 26	- 31
의로운 제사와 번제와 온전한 번제를 기뻐하시리니	시 51	: 19	
의로운 행위로 말미암지 아니하고 그의 긍휼하심을	딛 3	: 5	- 7
의로움이니라 할지니라	신 6	: 25	
의롭게 되는 것은 율법의 행위로 말미암음이 아니요	갈 2	: 16	- 21
의롭다 하시는 이를 믿는 자에게는 그의 믿음으로 의로	롬 4	: 5	- 8
의롭다 하신 그들을 또한 영화롭게 하셨느니라	롬 8	: 30	
의롭다 하실 하나님은 한 분이시니라	롬 3	: 30	- 31
의롭다 하심을 받아 생명에 이르렀느니라	롬 5	: 18	- 21
의롭다 하심을 받은 사람의 삶	롬 5	: 1	- 11
의롭다 하심을 얻는 것은 율법의 행위에 있지 않고 믿음	롬 3	: 28	- 31
의롭다 하심을 얻어 영생의 소망을 따라 상속자가 되게	딛 3	: 7	
의롭다 하심을 얻은 자가 되었느니라	롬 3	: 24	- 31
의롭다 하심을 얻지 못하던 모든 일에도 이 사람을 힘입	행 13	: 39	
의를 위하여 고난을 받으면 복 있는 자니	벧전 3	: 14	- 17
의를 위하여 박해를 받는 자는 복이 있나니 천국이 그들	마 5	: 10	
의를 행하는 자는 그의 의로우심과 같이 의롭고	요일 3	: 7	- 9
의를 행하는 자마다 그에게서 난 줄 알리라	요일 2	: 29	
의를 행하지 아니하는 자나 또는 그 형제를 사랑하지 아	요일 3	: 10	- 12
의복과 가죽의 나병 색점	레 13	: 47	- 59
의복을 위하여 염려하느냐 들의 백합화가 어떻게 자라	마 6	: 27	- 33
의복을 혼용치 말라 (여자와 남자)	신 22	: 5	
의복이 헤어지지 아니하였고 네 발이 부르트지 아니	신 8	: 4	

의심의 법 (아내의 간통 판별) 민 5 : 29 - 31
의심의 소제 (기억의 소제) 민 5 : 14 - 15
의심이 일어나느냐 내 손과 발을 보고 나인 줄 알라 눅 24 : 38 - 49
의심하고 먹는 자는 정죄되었나니 이는 믿음을 따라 롬 14 : 23
의심하는 자는 마치 바람에 밀려 요동하는 바다 물결 같 약 1 : 6
의심하는 자들을 긍휼히 여기라 유 1 : 22 - 23
의에 대하여라 함은 내가 아버지께로 가니 너희가 다시 요 16 : 10 - 15
의에 주리고 목마른 자는 복이 있나니 그들이 배부를 마 5 : 6
의와 경건과 믿음과 사랑과 인내와 온유를 따르며 딤전 6 : 11 - 12
의와 믿음과 사랑과 화평을 따르라 딤후 2 : 22
의와 불법이 어찌 함께 하며 빛과 어둠이 어찌 사귀며 고후 6 : 14 - 18
의와 진리의 거룩함으로 지으심을 받은 새 사람을 엡 4 : 24
의의 도를 안 후에 받은 거룩한 명령을 저버리는 것보다 벧후 2 : 21 - 22
의의 면류관이 예비되었으므로 주 곧 의로우신 재판장 딤후 4 : 8
의의 열매가 가득하여 하나님의 영광과 찬송이 되기를 빌 1 : 11
의의 종 롬 6 : 15 - 23
의인 수 (소돔과 고모라) 창 18 : 23 - 33
의인과 악인의 부활이 있으리라 함이니이다 행 24 : 15 - 16
의인과 악인의 삶 잠 28 : 1 - 28
의인들은 영생에 들어가리라 하시니라 마 25 : 46
의인들의 구원은 여호와로부터 오나니 환란 때에 요새 시 37 : 39
의인들의 부활시에 네가 갚음을 받겠음이라 하시더라 눅 14 : 14
의인에게서 눈을 떼지 아니하시고 그를 왕들과 함께 욥 36 : 7
의인은 고난이 많으나 여호와께서 고난에서 건지시도다 시 34 : 19
의인은 그의 믿음으로 말미암아 살리라 합 2 : 4
의인은 믿음으로 말미암아 살리라 히 10 : 38 - 39
의인은 믿음으로 말미암아 살리라 함과 같으니라 롬 1 : 17
의인은 믿음으로 살리라 하였음이라 갈 3 : 11 - 14
의인은 없나니 하나도 없으며 깨닫는 자도 없고 롬 3 : 10 - 12
의인은 여호와로 말미암아 즐거워하며 그에게 피하리 시 64 : 10
의인은 일곱 번 넘어질지라도 다시 일어나려니와 악인 잠 24 : 16
의인은 종려나무 같이 번성하며 레바논의 백향목 같이 시 92 : 12 - 15

의인은 환난에서 구원을 얻으나 악인은 자기의 길로 　　잠 11 ：8

의인을 부르러 온 것이 아니요 죄인을 부르러 왔노라 　　마 9 ：13

의인을 부르러 온 것이 아니요 죄인을 부르러 왔노라 　　막 2 ：17

의인을 부르러 온 것이 아니요 죄인을 불러 회개시키러 　　눅 5 ：32

의인을 위하여 빛을 뿌리고 마음이 정직한 자를 위하여 　　시 97 ：11 - 12

의인을 위하여 죽는 자가 쉽지 않고 선인을 위하여 　　롬 5 ：7 - 8

의인을 정죄하고 죽였으나 그는 너희에게 대항하지 아 　　약 5 ：5 - 6

의인의 간구는 역사하는 힘이 큼이라 　　약 5 ：15 - 18

의인의 길은 돋는 햇살 같아서 크게 빛나 한낮의 광명 　　잠 4 ：18 - 19

의인의 마음을 너희가 거짓말로 근심하게 하며 　　겔 13 ：22 - 23

의인의 범죄와 악인의 회개 　　겔 33 ：18 - 19

의인의 이름으로 의인을 영접하는 자는 의인의 상을 받 　　마 10 ：41 - 42

의인의 입은 생명의 샘이라도 악인의 입은 독을 머금었 　　잠 10 ：11

의인의 입은 지혜로우며 그의 혀는 정의를 말하며 　　시 37 ：30 - 31

의인의 적은 소유가 악인의 풍부함보다 낫도다 　　시 37 ：16

의인이 겨우 구원을 받으면 죄인은 어디에 서리요 　　벧전 4 ：18 - 19

의인이 범죄하는 날에는 그 공의가 구원하지 못할 것 　　겔 33 ：12

의인이 부르짖으매 들으시고 환난에서 건지셨도다 　　시 34 ：17

의인이 악을 행할 때에는 이미 그의 공의는 기억할 바 아 　　겔 3 ：20 - 21

의인이 악인 앞에 굴복하는 것은 우물이 흐려짐과 샘이 　　잠 25 ：26

이 동네에서 너희를 박해하거든 저 동네로 피하라 　　마 10 ：23

이 병은 죽을 병이 아니라 하나님의 영광을 위함이요 　　요 11 ：4

이 세대를 본받지 말고 오직 마음을 새롭게 함으로 　　롬 12 ：2

이 잔은 내 피로 세우는 새 언약이니 곧 너희를 위하여 　　눅 22 ：20 - 21

이 잔은 내 피로 세운 새 언약이니 이것을 행하여 마실 　　고전 11 ：25 - 29

이교 예배를 책망하시다 　　호 4 ：11 - 19

이기는 그에게는 내가 감추었던 만나를 주고 또 흰 돌 　　계 2 ：17

이기는 그에게는 내가 내 보좌에 함께 앉게 하여 주기를 　　계 3 ：21

이기는 그에게는 내가 하나님의 낙원에 있는 생명나무 　　계 2 ：7

이기는 자는 내 하나님 성전에 기둥이 되게 하리니 　　계 3 ：12

이기는 자는 둘째 사망의 해를 받지 아니하리라 　　계 2 ：11

이기는 자는 이것들을 상속으로 받으리라 나는 그의 　　계 21 ：7 - 8

이기는 자는 이와 같이 흰 옷을 입을 것이요   계 3 : 5

이기는 자와 끝까지 내 일을 지키는 그에게 만국을   계 2 : 26

이단에 속한 사람을 한두 번 훈계한 후에 멀리하라   딛 3 : 10

이단을 가만히 끌어들여 자기들을 사신 주를 부인하고   벧후 2 : 1 - 3

이드로의 방문 (모세에게)   출 18 : 1 - 12

이드로의 조언 (모세에게)   출 18 : 13 - 27

이렇게 입음은 우리가 벗은 자들로 발견되지 않으려   고후 5 : 3 - 5

이레 동안 무교병을 먹고 일곱째 날에는 절기를 지키라   출 13 : 6

이레 동안 무교병을 먹을 지니 첫날에 누룩을 제하라   출 12 : 15 - 20

이루게 하시고 보증으로 성령을 주신 이는 하나님이시   고후 5 : 5 - 10

이른 비, 늦은 비를 적당한 때에 내리시리니   신 11 : 14 - 15

이른 비와 늦은 비를 때를 따라 주시며 우리를 위하여   렘 5 : 24

이른 비와 늦은 비를 적당하게 주시다   욜 2 : 18 - 27

이름이 하늘에 기록된 것으로 기뻐하라 하시니라   눅 10 : 20

이리가 오는 것을 보면 양을 버리고 달아나나니 이리가   요 10 : 12 - 18

이리와 어린 양이 함께 먹을 것이며 사자가 소처럼 짚을   사 65 : 25

이마에 이름이 기록되었으니 비밀이라, 큰 바벨론이라   계 17 : 5

이마에 인치기까지 땅이나 바다나 나무들을 해하지 말   계 7 : 3

이마에 인침을 받지 아니한 사람들만 해하라 하시더라   계 9 : 4 - 10

이마에 표 있는 자에게는 가까이 하지 말라   겔 9 : 6

이마에 표를 그리라 하시고 그들에 대하여 내 귀에 이르   겔 9 : 4 - 6

이마에는 어린 양의 이름과 그 아버지의 이름을 쓴 것이   계 14 : 1 - 5

이만한 믿음은 만나보지 못하였노라 하시더라   눅 7 : 9 - 10

이만한 믿음을 보지 못하였노라   마 8 : 10 - 13

이면적 유대인이 유대인이며 할례는 마음에 할지니   롬 2 : 29

이미 목욕한 자는 발밖에 씻을 필요가 없느니라   요 13 : 10 - 15

이방 가운데서 전파하는 복음을 그들에게 제시하되   갈 2 : 2

이방 나그네를 압제하지 말며 그들을 학대하지 말라   출 22 : 21

이방 민족들 (여호와께서 남겨두신)   삿 3 : 1 - 6

이방 민족들을 쫓아내지 않으신 여호와   삿 2 : 20 - 23

이방 신상들과 귀고리들을 야곱에게 주는지라   창 35 : 4 - 5

이방 아내와 그 소생을 내쫓기로 하다   스 10 : 1 - 44

이방 여자를 아내로 삼아 이스라엘의 죄를 더하게 스 10 : 10 - 12
이방을 믿음으로 말미암아 의로 정하실 것을 성경이 갈 3 : 8 - 10
이방의 빛으로 삼아 너로 땅끝까지 구원하게 하리라 행 13 : 47 - 52
이방인 사랑 레 19 : 33 - 34
이방인 안디옥 신자들에게 보내는 편지 행 15 : 22 - 31
이방인 중에서 믿어 순종하게 하나니 롬 1 : 5 - 6
이방인 중에서 자기 이름을 위할 백성을 취하시려고 행 15 : 14 - 21
이방인 중에서 하나님께로 돌아오는 자들을 괴롭게 행 15 : 19 - 21
이방인과 같이 색욕을 따르지 말고 살전 4 : 5 - 6
이방인과 결혼한 남자들 스 10 : 18 - 44
이방인과 고아와 과부를 압제하지 아니하며 무죄한 자 렘 7 : 6 - 7
이방인과 교제하며 가까이 하는 것이 위법인 줄을 행 10 : 28 - 29
이방인과 통혼에 대한 에스라의 회개기도 스 9 : 1 - 15
이방인과 통혼을 금한 주님의 말씀 스 9 : 12
이방인과 통혼하지 말라 왕상 11 : 2
이방인과 혼인하며 왕래하면 수 23 : 12 - 13
이방인과 혼인하지 말라 신 6 : 3 - 4
이방인과의 통혼을 금지시키다 느 13 : 23 - 31
이방인들도 그 긍휼하심으로 말미암아 하나님께 영광을 롬 15 : 9 - 12
이방인들도 성령을 받고 세례를 받다 행 10 : 44 - 48
이방인들로 내 입에서 복음의 말씀을 들어 믿게 하시려 행 15 : 7 - 21
이방인들로 주를 찾게 하려 함이라 하셨으니 행 15 : 17 - 21
이방인들에게 믿음의 문을 여신 것을 보고하고 행 14 : 27 - 28
이방인들에게도 성령 부어 주심으로 말미암아 놀라니 행 10 : 45 - 48
이방인들을 순종하게 하기 위하여 나를 통하여 역사하 롬 15 : 18 - 19
이방인들의 마음을 선동하여 형제들에게 악감을 품게 행 14 : 2 - 7
이방인들이 듣고 기뻐하여 하나님의 말씀을 찬송하며 행 13 : 48 - 52
이방인들이 복음으로 말미암아 그리스도 예수 안에서 엡 3 : 6 - 7
이방인들이 의를 얻었으니 곧 믿음에서 난 의요 롬 9 : 30 - 33
이방인에게 아무 것도 받지 아니함이라 요삼 1 : 7 - 8
이방인에게도 생명 얻는 회개를 주셨도다 하니라 행 11 : 18
이방인에게로 구원이 보내어진 줄 알라 행 28 : 28

이방인에게로 보내리라 하셨느니라	행 22	: 21	- 23	
이방인을 위하여 그리스도 예수의 일꾼이 되어 하나님	롬 15	: 16	- 19	
이방인의 가증한 행위	신 18	: 9	- 14	
이방인의 구원	롬 11	: 13	- 24	
이방인의 사도와 할례자의 사도	갈 2	: 1	- 10	
이방인의 하나님도 되시느니라	롬 3	: 29	- 31	
이방인이 그 마음의 허망한 것으로 행함 같이 행하지	엡 4	: 17	- 20	
이방인이 그들의 영적인 것을 나눠 가졌으면 육적인 것	롬 15	: 27		
이방인이 제사하는 것은 귀신에게 하는 것이요	고전 10	: 20	- 22	
이백 데나리온의 떡을 사다 먹이리이까	막 6	: 37	- 44	
이사야가 삼 년 동안 벗은 몸과 벗은 발로 다니며	사 20	: 3	- 6	
이사야가 히스기야 왕에게 여호와의 말씀을 전하다	왕하 19	: 20	- 34	
이사야가 히스기야 왕에게 여호와의 말씀을 전하다	왕하 20	: 16	- 19	
이사야가 히스기야 왕에게 전한 말	사 37	: 27	- 38	
이사야를 선지자로 부르시다	사 6	: 1	- 13	
이사야의 글 읽는 것을 듣고 말하되 읽는 것을 깨닫느냐	행 8	: 30	- 40	
이사야의 아들의 이름 (마헬살랄하스바스)	사 8	: 1	- 4	
이삭과 리브가의 혼인	창 24	: 1	- 67	
이삭과 아비멜렉의 언약	창 26	: 26	- 31	
이삭를 번제로 드리라 하시다	창 22	: 1	- 19	
이삭에게서 나는 자라야 네 씨라 부를 것임이니라	창 21	: 12		
이삭으로부터 난 자라야 네 씨라 불리리라 하셨으니	롬 9	: 7	- 8	
이삭을 데리고 모리아 땅으로 가서 그를 번제로 드리라	창 22	: 2	- 3	
이삭을 잘라 손으로 비비어 먹으니	눅 6	: 1	- 5	
이삭을 제단에 바칠 때에 행함으로 의롭다 하심을 받고	약 2	: 21	- 26	
이삭을 죽은 자 가운데서 다시 살리실 줄로 생각한지라	히 11	: 19	- 26	
이삭의 사망	창 35	: 27	- 29	
이삭의 탄생	창 21	: 1	- 7	
이삭의 탄생을 예고하시다	창 18	: 10	- 15	
이삭이 그 땅에서 농사하여 그 해에 백배나 얻었고	창 26	: 12	- 15	
이삭이 세 번째 판 우물 (르호봇) - 번성하리로다	창 26	: 22		
이삭이 아내를 누이로 속이다	창 26	: 6	- 11	

이삭이 아버지 아브라함의 축복을 계승받다	창 26 : 2 - 5
이삭이 야곱에게 축복하다	창 27 : 1 - 45
이삭이 야곱을 라반에게 보내다	창 28 : 1 - 5
이삭이 판 우물 (에섹, 싯나, 르호봇)	창 26 : 19 - 22
이삭이라 하라 내가 그와 내 언약을 세우리니	창 17 : 19
이새의 뿌리 곧 열방을 다스리기 위하여 일어나시는	롬 15 : 12 - 13
이새의 뿌리에서 한 싹이 나서 만민의 기치로 설 것	사 11 : 10 - 16
이새의 줄기에서 한 싹이 나며 그 뿌리에서 한 가지가	사 11 : 1 - 5
이세벨을 개들이 먹을지라	왕상 21 : 23
이세벨의 살을 개가 먹다	왕하 9 : 34 - 37
이세벨의 음행과 술수가 이렇게 많으니 어찌 평안이	왕하 9 : 22
이세벨이 내 종들을 꾀어 행음하게 하고 우상의 제물을	계 2 : 20
이세벨이 예후에 의해 살해되다	왕하 9 : 30 - 37
이스라엘 2대 왕 나답이 바아사의 모반으로 죽다	왕상 15 : 25 - 32
이스라엘 3대 왕이 된 바아사	왕상 15 : 33 - 34
이스라엘 4대 왕 엘라가 시므리의 모반으로 죽다	왕상 16 : 8 - 10
이스라엘 5대 왕 시므리가 7일간 왕이 되다	왕상 16 : 8 - 20
이스라엘 6대 왕 오므리가 사마리아 성읍을 건축함	왕상 16 : 23 - 24
이스라엘 7대 왕 아합이 우상 바알을 섬기다	왕상 16 : 29 - 34
이스라엘 8대 왕 아하시야가 바알을 섬기다	왕상 22 : 51 - 53
이스라엘 9대 왕 여호람이 악을 행하다	왕하 3 : 1 - 2
이스라엘 10대 왕 예후는 반란으로 왕이 되다	왕하 9 : 14 - 26
이스라엘 11대 왕 여호아하스가 아세라 목상을 두다	왕하 13 : 1 - 9
이스라엘 12대 왕 요아스가 악을 행하다	왕하 13 : 10 - 13
이스라엘 13대 왕 여로보암이 악을 행하다	왕하 14 : 23 - 24
이스라엘 14대 왕 스가랴가 여섯 달 동안 다스리다	왕하 15 : 8 - 10
이스라엘 15대 왕 살룸은 재위 한 달 만에 타살되다	왕하 15 : 13 - 14
이스라엘 16대 왕 므나헴이 여호와께 악을 행하다	왕하 15 : 17 - 18
이스라엘 17대 왕 브가히야가 여호와께 악을 행하다	왕하 15 : 23 - 25
이스라엘 18대 왕 베가가 여호와께 악을 행하다	왕하 15 : 27 - 28
이스라엘 19대 왕 호세아가 앗수르에 정복당하다	왕하 17 : 1 - 6
이스라엘 남은 자들에게 회복을 말씀하시다	겔 11 : 14 - 21

이스라엘 땅의 경계선과 열두 지파 분배	겔 47 : 13 - 23
이스라엘 백성들의 해방 및 귀국	대하 36 : 22 - 23
이스라엘 백성들이 죄를 자복하다	느 9 : 1 - 38
이스라엘 백성의 불복종	신 9 : 1 - 29
이스라엘 백성의 완악함	암 4 : 4 - 13
이스라엘 백성이 그들의 왕을 요구하다	삼상 8 : 1 - 22
이스라엘 백성이 악을 행하고 우상을 섬겨 멸망하다	왕하 17 : 1 - 23
이스라엘 백성이 앗수르에 포로로 끌려가다	왕하 17 : 3 - 6
이스라엘 자손의 기업분배	민 26 : 52 - 62
이스라엘 자손이 모압으로 떠나다	민 21 : 10 - 20
이스라엘 자손이 애굽에서 학대 받다	출 1 : 6 - 14
이스라엘 족속은 이마가 굳고 마음이 굳어 네 말을	겔 3 : 7 - 9
이스라엘 주변 국가들에 벌을 내리시다	암 1 : 1 - 15
이스라엘 주변 열강(북방왕과 남방왕들)의 투쟁사	단 11 : 1 - 45
이스라엘 중 아무에게서도 이만한 믿음을 보지 못 하였	마 8 : 10 - 13
이스라엘 중에서도 이만한 믿음은 만나보지 못하였노라	눅 7 : 9 - 10
이스라엘 지파들의 막대기를 유다의 막대기에 붙여	겔 37 : 19
이스라엘 지파들이 베냐민 지파와 전쟁을 준비하다	삿 20 : 1 - 16
이스라엘 집과 유다 집과 더불어 새 언약을 맺으리라	히 8 : 8 - 13
이스라엘 집의 잃어버린 양에게로 가라	마 10 : 6 - 7
이스라엘(야곱의 개명)	창 32 : 28
이스라엘과 모압의 전쟁	왕하 3 : 1 - 27
이스라엘과 베냐민 지파의 전쟁 (레위인 첩 사건)	삿 20 : 17 - 48
이스라엘과 변론하시다	미 6 : 1 - 5
이스라엘과 아람의 전쟁	왕하 13 : 22 - 25
이스라엘과 아람의 전쟁 (1차)	왕상 20 : 1 - 21
이스라엘과 아람의 전쟁 (2차)	왕상 20 : 22 - 34
이스라엘과 유다 백성간의 분쟁 (남북의 분쟁)	삼하 19 : 40 - 43
이스라엘과 유다의 전쟁 (사울 아들과 다윗의 전쟁)	삼하 2 : 12 - 32
이스라엘과 유다의 회복에 대한 언약	렘 32 : 1 - 26
이스라엘과 이방인들에게 빛을 전하시리라 함이니이다	행 26 : 23
이스라엘과 이방인들에게서 내가 너를 구원하여 그들	행 26 : 17 - 18

이스라엘에 벌을 내리시다	암 2	:	6	- 16
이스라엘은 마음에 할례를 받지 못하였느니라	렘 9	:	26	
이스라엘을 괴롭게 하리라	사 29	:	1	- 8
이스라엘을 구원하리라	렘 46	:	27	- 28
이스라엘을 다시 세우고 지키시리라	렘 31	:	1	- 40
이스라엘을 바벨론으로부터 구원 예언	렘 50	:	17	- 20
이스라엘을 정결하게 회복시키시다	겔 36	:	16	- 38
이스라엘의 구원	롬 11	:	25	- 36
이스라엘의 높은 산에 심으리니 그 가지가 무성하고	겔 17	:	23	- 24
이스라엘의 목자들 (자기만 먹는)	겔 34	:	1	- 6
이스라엘의 배역과 유다의 반역	렘 3	:	6	- 18
이스라엘의 죄악과 심판	암 6	:	1	- 14
이스라엘의 죄악상	미 7	:	1	- 6
이스라엘의 하나님에 대한 반역	겔 20	:	1	- 49
이스라엘의 하나님에 대한 배역	렘 3	:	19	- 22
이스라엘의 회복	겔 36	:	1	- 15
이스라엘의 회복	겔 39	:	21	- 29
이스라엘의 회복	암 9	:	11	- 15
이스라엘이 받을 무서운 심판을 예고하시다	겔 7	:	1	- 27
이스라엘이 받을 벌을 예고하시다	사 9	:	8	- 20
이스라엘이 아말렉과 르비딤에서의 전투에서 승리	출 17	:	8	- 16
이스라엘이 여호와를 버리다	삿 2	:	11	- 23
이스라엘이 오른손을 펴서 차남 에브라임의 머리에	창 48	:	14	
이스라엘이 회복되리라	호 1	:	10	- 11
이스라엘이라 부를 것이니 이는 네가 하나님과 및	창 32	:	28	
이스라엘이여 내가 어찌 너를 버리겠느냐	호 11	:	8	
이스마엘을 도우신 하나님	창 21	:	14	- 21
이스마엘의 계보	대상 1	:	28	- 33
이스마엘의 족보	창 25	:	12	- 18
이스마엘이 그달리야를 쳐죽이다	왕하 25	:	25	
이스마엘이 장성하여 광야에서 거주하며 활 쏘는 자가	창 21	:	20	- 21
이스보셋이 살해되다	삼하 4	:	1	- 12

이스보셋이 이스라엘의 왕이 되다 　　　　　　삼하 2 : 8 - 11
이십사 장로가 엎드려 얼굴을 땅에 대고 하나님께 경배　계 11 : 16 - 18
이십사 장로들이 보좌 앞에 앉으신 이 앞에 엎드려　계 4 : 10
이십사 장로들이 흰 옷을 입고 머리에 금관을 쓰고 앉　게 4 : 4
이웃 것을 탐하지 말라 　　　　　　　　　　　신 5 : 21
이웃 사랑하기를 네 자신과 같이 사랑하라 　　　레 19 : 18
이웃과 더불어 참된 것을 말하라 우리가 서로 지체가 됨　엡 4 : 25 - 28
이웃을 기쁘게 하되 선을 이루고 덕을 세우도록 할지니　롬 15 : 2
이웃을 네 자신 같이 사랑하라 　　　　　　　눅 10 : 27 - 37
이웃을 네 자신같이 사랑하라 하셨으니 이 두 계명이　마 22 : 39 - 40
이웃을 네 자신과 같이 사랑하라 하신 것이라 　막 12 : 31 - 34
이웃을 네 자신과 같이 사랑하라 하신 그 말씀 가운데　롬 13 : 9 - 10
이웃을 사랑하기를 네 몸과 같이 하라 하신 최고의 법　약 2 : 8 - 12
이웃을 업신여기는 자는 죄를 범하는 자요 　　잠 14 : 21
이웃을 위하여 담보하며 타인을 위하여 보증하였으면　잠 6 : 1 - 2
이웃을 자기 자신과 같이 사랑하는 것이 모든 제물보다　막 12 : 33 - 34
이웃의 경계표를 옮기지 말라 　　　　　　　신 19 : 14
이웃의 모든 것에 대해 탐내지 말라 　　　　　출 20 : 17
이웃의 소유 (포도원이나 밭) 　　　　　　　신 23 : 24 - 25
이웃의 아내를 더럽히지 아니하며 월경 중에 있는 여인　겔 18 : 6 - 8
이웃의 아내와 간음하는 자는 그 간부와 음부를 죽일지　레 20 : 10
이웃이 누구니이까 예수께서 대답하여 이르시되　눅 10 : 29 - 37
이웃이 먼 형제보다 나으니라 　　　　　　　잠 27 : 10
이자 받은 것을 돌려주라 　　　　　　　　　느 5 : 10 - 13
이자를 받으려고 돈을 꾸어 주지 아니하며 　　시 15 : 5
이자를 받지 말 것이며 　　　　　　　　　　출 22 : 25
이자를 받지 말라 　　　　　　　　　　　　레 25 : 35 - 37
이자를 받지 말라 (형제에게) 　　　　　　　신 23 : 19 - 20
이자를 받지 아니하며 　　　　　　　　　　겔 18 : 6 - 8
이자와 함께 그 돈을 찾았으리라 　　　　　　눅 19 : 23 - 27
이적을 보이니 큰 붉은 용이 있어 머리가 일곱이요 뿔이　계 12 : 3 - 6
이전 것은 지나갔으니 보라 새 것이 되었도다　고후 5 : 17 - 21

이제는 자고 쉬라 그만 되었다 때가 왔도다	막 14	: 41	- 42
이제는 자고 쉬라 보라 때가 가까이 왔으니 인자가	마 26	: 45	
이혼과 재혼	신 24	: 1	- 4
이혼에 대하여 가르치시다	마 19	: 3	- 12
이혼하는 것과 옷으로 학대를 가리는 자를 미워하노라	말 2	: 16	
이혼했으면 그대로 지내든지 다시 그 남편과 화합하든	고전 7	: 11	- 16
인간의 모든 제도를 주를 위하여 순종하되 왕이나	벧전 2	: 13	- 14
인구조사 (1차) - 싸움에 나갈 만한 자	민 1	: 1	- 46
인구조사 (2차)	민 26	: 1	- 65
인구조사 (다윗의 인구조사)	대상 21	: 1	- 17
인구조사 (다윗의 인구조사로 재앙을 받다)	삼하 24	: 1	- 25
인내	약 5	: 7	- 11
인내가 필요함은 너희가 하나님의 뜻을 행한 후에	히 10	: 36	- 39
인내는 연단을, 연단은 소망을 이루는 줄 앎이로다	롬 5	: 4	
인내로 결실하는 자니라	눅 8	: 15	
인내로 너희 영혼을 얻으리라	눅 21	: 19	
인내로 또는 성경의 위로로 소망을 가지게 함이니라	롬 15	: 4	- 7
인내를 온전히 이루라 이는 너희로 온전하고 구비하여	약 1	: 4	
인내와 위로의 하나님이 너희로 그리스도 예수를 본받	롬 15	: 5	- 7
인내의 말씀을 지켰은즉 내가 또한 너를 지켜 시험의	계 3	: 10	
인내하는 자를 우리가 복되다 하나니 너희가 욥의 인내	약 5	: 11	
인도하는 네 하나님 여호와라	사 48	: 17	- 19
인도하는 자들에게 순종하고 복종하라	히 13	: 17	
인도함을 받고 간구할 때에 내가 그들을 넘어지지 아니	렘 31	: 9	
인류의 모든 족속을 한 혈통으로 만드사 온 땅에 살게	행 17	: 26	- 31
인색함으로나 억지로 하지 말지니 하나님은 즐겨 내는	고후 9	: 7	- 9
인생들의 일에 대하여 하나님이 그들을 시험하시리니	전 3	: 18	
인생들의 혼은 위로 올라가고 짐승들의 혼은 땅으로	전 3	: 21	- 22
인생은 그 날이 풀과 같으며 그 영화가 들의 꽃과 같도다	시 103	: 15	- 17
인애를 원하고 제사를 원하지 아니하며 번제보다	호 6	: 6	
인애와 정의를 지키며 항상 너의 하나님을 바랄지라	호 12	: 6	
인자 같은 이가 발에 끌리는 옷을 입고 가슴에 금 띠를	계 1	: 13	- 16

인자 외에는 하늘에 올라간 자가 없느니라	요 3 : 13
인자가 가까이 곧 문 앞에 이른 줄 알라	마 24 : 33
인자가 가까이 곧 문 앞에 이른 줄 알라	막 13 : 29 - 37
인자가 구름을 타고 능력과 큰 영광으로 오는 것을 보리	마 24 : 30 - 31
인자가 구름을 타고 능력과 큰 영광으로 오는 것을 보리	눅 21 : 27 - 28
인자가 구름을 타고 큰 권능과 영광으로 오는 것을	막 13 : 26 - 27
인자가 권능의 우편에 앉아 있는 것과 하늘 구름을 타고	마 26 : 64 - 68
인자가 권능자의 우편에 앉은 것과 하늘 구름을 타고	막 14 : 62 - 65
인자가 들려야 하리라	요 12 : 20 - 36
인자가 들려야 하리라 하느냐 이 인자는 누구냐	요 12 : 34 - 36
인자가 땅에서 죄를 사하는 권세가 있는 줄을 알게 하려	막 2 : 10 - 12
인자가 땅에서 죄를 사하는 권세가 있는 줄을 알게 하리	눅 5 : 24 - 26
인자가 많은 고난을 받고 버린 바되어 죽임을 당하고	눅 9 : 22
인자가 사람들의 손에 넘겨져 죽임을 당하고 죽은지 삼	막 9 : 31 - 32
인자가 세상에서 죄를 사하는 권능이 있는 줄을 너희로	마 9 : 6 - 8
인자가 십자가에 못 박히기 위하여 팔리리라 하시더라	마 26 : 2
인자가 아버지의 영광으로 그 천사들과 함께 오리니	마 16 : 27
인자가 영광을 받았고 하나님도 인자로 말미암아 영광	요 13 : 31 - 32
인자가 오는 것을 보리라	막 13 : 24 - 27
인자가 온 것은 섬김을 받으려 함이 아니라 도리어 섬기	마 20 : 28
인자가 온 것은 섬김을 받으려 함이 아니라 도리어 섬기	막 10 : 45
인자가 온 것은 잃어버린 자를 찾아 구원하려 함이니라	눅 19 : 10
인자가 이방인들에게 넘겨져 희롱을 당하고 능욕을 당하	눅 18 : 32 - 34
인자가 자기 영광으로 모든 천사와 함께 올 때에	마 25 : 31 - 46
인자가 장차 사람들의 손에 넘겨지리라 하시되	눅 9 : 44 - 45
인자가 죄인의 손에 넘겨져 십자가에 못 박히고 제삼일	눅 24 : 7 - 12
인자가 죄인의 손에 팔리느니라	마 26 : 45
인자가 죄인의 손에 팔리느니라	막 14 : 41 - 42
인자가 하나님의 권능의 우편에 앉아 있으리라 하시니	눅 22 : 69 - 71
인자는 머리 둘 곳이 없도다 하시고	눅 9 : 58 - 62
인자는 아버지 하나님께서 인치신 자니라	요 6 : 27
인자는 안식일의 주인이니라	막 2 : 28

인자는 안식일의 주인이니라 하시니라   마 12 : 8

인자는 안식일의 주인이니라 하시더라   눅 6 : 5

인자는 와서 먹고 마시매 너희의 말이 보라 먹기를 탐하   눅 7 : 34 - 35

인자는 이미 작정된 대로 가거니와 그를 파는 그 사람에   눅 22 : 22 - 23

인자도 밤낮 사흘 동안 땅 속에 있으리라   마 12 : 40 - 41

인자됨으로 말미암아 심판하는 권한을 주셨느니라   요 5 : 27 - 29

인자로 말미암아 사람들이 너희를 미워하며 멀리하고   눅 6 : 22

인자를 거역하면 사하심을 받으려니와 성령을 모독하는   눅 12 : 10

인자를 거역하면 사하심을 얻되 말로 성령을 거역하면   마 12 : 32

인자를 천대까지 베풀며 악과 과실과 죄를 용서하리라   출 34 : 7

인자를 파는 그 사람에게는 화가 있으리로다   마 26 : 24 - 25

인자를 파는 그 사람에게는 화가 있으리로다 그 사람은   막 14 : 21

인자와 긍휼이 무궁하시므로 우리가 진멸되지 아니함   애 3 : 22

인자와 진실이 풍성하신 하나님이시오니   시 86 : 15 - 16

인자의 날 하루를 보고자 하되 보지 못하리라   눅 17 : 22

인자의 살을 먹지 아니하고 인자의 피를 먹지 아니하면   요 6 : 53 - 59

인자하심과 용납하심과 길이 참으심이 풍성함을 멸시   롬 2 : 4 - 5

인자하심과 인생에게 행하신 기적으로 말미암아 찬송할   시 107 : 21 - 22

인자하심과 주의 구원을 내게 임하게 하소서   시 119 : 41 - 42

인자하심으로 나를 영접하시며 나의 원수가 보응 받는   시 59 : 10

인자하심은 자기를 경외하는 자에게 영원부터 영원까지   시 103 : 17

인자하심이 너를 인도하여 회개하게 하심을 알지 못하   롬 2 : 4 - 5

인자하심이 영원하다 할지로다   시 118 : 2 - 4

인장 반지를 빼어 요셉의 손에 끼우고 그에게 세마포   창 41 : 42

인정 받는 일꾼   딤후 2 : 14 - 26

인정함을 받는 자는 자기를 칭찬하는 자가 아니요 주께   고후 10 : 18

인치시고 보증으로 우리 마음에 성령을 주셨느니라   고후 1 : 22

인치심을 받은 십사만 사천 명   계 7 : 1 - 8

인침을 받은 자들이 십사만 사천이니   계 7 : 4 - 8

인침을 받은 지파별 사람 수   계 7 : 5 - 8

일곱 광주리를 거두었으며 사람은 약 사천 명이었더라   막 8 : 8 - 10

일곱 교회에 보내라 하시기로   계 1 : 11 - 12

일곱 교회에 편지하노니 일곱 영과 또 충성된 증인으로	계 1	: 4	- 5
일곱 금 촛대를 보았는데 촛대 사이에 인자 같은 이가	계 1	: 12	
일곱 길로 도망하리라	신 28	: 7	
일곱 길로 도망하리라	신 28	: 25	
일곱 나팔을 가진 일곱 천사가 나팔 불기를 준비하니	계 8	: 6	
일곱 나팔의 일곱 재앙 중 네 가지 재앙	계 8	: 6	- 13
일곱 나팔의 일곱 재앙 중 다섯째와 여섯째 재앙	계 9	: 1	- 21
일곱 대접의 재앙	계 16	: 1	- 21
일곱 머리와 열 뿔 가진 짐승의 비밀을 네게 이르리라	계 17	: 7	
일곱 번 도니 그 성을 일곱 번 돌기는 그 날 뿐이었다	수 6	: 15	- 16
일곱 번 몸을 잠그니 그의 살이 어린 아이의 살 같이	왕하 5	: 14	
일곱 번 재채기하고 눈을 뜨는지라 (수넴 죽은 아이)	왕하 4	: 34	- 35
일곱 번까지 다시 가라 (비 구름 확인하러)	왕상 18	: 43	- 44
일곱 번을 일흔 번까지라도 용서할지니라	마 18	: 22	
일곱 번이라도 네게 죄를 짓고 일곱 번 돌아와 회개하	눅 17	: 4	
일곱 별은 일곱 교회의 사자요 일곱 촛대는 일곱 교회	계 1	: 20	
일곱 별을 붙잡고 일곱 금 촛대 사이를 거니시는 이가	계 2	: 1	- 5
일곱 별의 비밀과 또 일곱 금 촛대라	계 1	: 20	
일곱 봉인에 담긴 심판	계 6	: 1	- 17
일곱 안식년을 계수할지니 이는 칠 년이 일곱 번인즉	레 25	: 8	
일곱 여자가 한 남자를 붙잡고 말하기를	사 4	: 1	
일곱 영과 일곱 별을 가지신 이가 이르시되	계 3	: 1	
일곱 우레가 그 소리를 내어 말하더라	계 10	: 3	- 4
일곱 이레와 예순두 이레가 지날 것이요 그 곤란한	단 9	: 25	- 27
일곱 일꾼을 세워 구제를 전담하다	행 6	: 1	- 7
일곱 재앙을 가진 일곱 천사가 성전으로부터 나와	계 15	: 6	- 8
일곱 천사가 서 있어 나팔을 받았더라	계 8	: 2	
일곱 천사가 일곱 재앙을 가졌으니 곧 마지막 재앙이라	계 15	: 1	
일곱 해 풍년이 그치고 일곱 해 흉년이 들기 시작하매	창 41	: 53	- 57
일곱은 온 세상에 두루 다니는 여호와의 눈이라	슥 4	: 10	
일곱째 나팔 소리	계 11	: 15	- 19
일곱째 날은 네 하나님 여호와의 안식일인즉	출 20	: 10	- 11

일곱째 날을 복되게 하사 거룩하게 하셨으니   창 2 : 3

일곱째 달   스 3 : 1 - 6

일곱째 달 곧 그 달 십일에 너희는 스스로 괴롭게 하고   레 16 : 29 - 31

일곱째 달 곧 그 달 첫 날은 쉬는 날이 될지니 나팔을   레 23 : 24 - 25

일곱째 달 열다섯째 날   겔 45 : 25

일곱째 달 초하루 (나팔절)   민 29 : 1 - 6

일곱째 봉인과 금 향로   계 8 : 1 - 5

일곱째 천사가 나팔을 불매 하늘에 큰 음성들이 나서   계 11 : 15 - 19

일곱째 천사가 소리 내는 날 그의 나팔을 불려고 할 때   계 10 : 7 - 11

일곱째 해에는 갈지 말고 묵혀두어서 가난한 자들이   출 23 : 11

일깨어 그 남은 바 죽게 된 것을 굳건하게 하라   계 3 : 2 - 4

일깨지 아니하면 내가 도둑 같이 이르리니 어느 때에   계 3 : 3 - 4

일꾼으로 인정된 자로 자신을 하나님 앞에 드리기를   딤후 2 : 15

일꾼으로 자천하여 많이 견디는 것과 환난과 궁핍과   고후 6 : 4 - 10

일꾼이 그 삯을 받는 것은 마땅하다 하였느니라   딤전 5 : 18

일꾼이 그 삯을 받는 것이 마땅하니라   눅 10 : 7 - 16

일꾼이 자기의 먹을 것을 받는 것이 마땅함이라   마 10 : 10

일만 스승이 있으되 아버지는 많지 아니하니   고전 4 : 15 - 17

일반인은 성물을 먹지 못할 것이며   레 22 : 10

일어나 네 상을 가지고 집으로 가라 하시니 그가 일어나   막 2 : 11 - 12

일어나 네 자리를 들고 걸어가라 하시니 그 사람이 곧   요 5 : 8 - 18

일어나 네 침상을 가지고 집으로 가라 하시니 그가 일어   마 9 : 6 - 8

일어나 네 침상을 가지고 집으로 가라 하시매   눅 5 : 24 - 26

일에 때가 있다   전 3 : 1 - 11

일용할 양식을 주시옵고   눅 11 : 3 - 4

일으키사 그리스도 예수 안에서 함께 하늘에 앉히시니   엡 2 : 6 - 7

일을 아니할지라도 경건하지 아니한 자를 의롭다 하시   롬 4 : 5 - 8

일을 얻는 대로 힘을 다하여 할지어다 스올에는 일도 없   전 9 : 10

일천 번제를 드렸더니   왕상 3 : 4 - 5

일평생에 근심하며 수고하는 것이 슬픔뿐이라   전 2 : 23

일하기 싫어하거든 먹지도 말게 하라 하였더니   살후 3 : 10 - 15

일하는 자에게는 그 삯이 은혜로 여겨지지 아니하고   롬 4 : 4 - 8

내용	성경	장	:	절		
일하면서 너희에게 하나님의 복음을 전하였노라	살전 2	:	9	-	12
일하여 자기 양식을 먹으라 하노라	살후 3	:	12	-	15
일하지 아니하고 일을 만들기만 하는 자들이 있다 하니	살후 3	:	11	-	15
일한 데로 자기의 상을 받으리라	고전 3	:	8	-	9
일함은 너희 아무에게도 폐를 끼치지 아니하려 함이니	살후 3	:	8	-	9
일흔 이레를 기한으로 정하였나니 허물이 그치며	단 9	:	24		
읽는 것과 권하는 것과 가르치는 것에 전념하라	딤전 4	:	13		
잃어버린 네 형제의 소유를 발견하면	신 22	:	1	-	4
잃어버린 양에게로 가라	마 10	:	6	-	7
잃어버린 자를 내가 찾으며 쫓기는 자를 돌아오게	겔 34	:	16		
잃어버린 자를 찾아 구원하려 함이니라	눅 19	:	10		
잃었다가 얻었기로 우리가 즐거워하고 기뻐하는 것이	눅 15	:	32		
잃은 양 같이 내가 방황하오니 주의 종을 찾으소서	시 119	:	176		
잃은 양을 찾아내었노라 하리라	눅 15	:	6	-	7
임금들과 높은 지위에 있는 모든 사람을 위하여 하라	딤전 2	:	2	-	4
임금들이 누구에게 관세와 국세를 받느냐	마 17	:	25	-	27
임마누엘의 징조	사 7	:	10	-	25
임마누엘이라 하리라	사 7	:	14		
임마누엘이라 하리라 하셨으니 이를 번역한즉	마 1	:	23		
임박한 환난으로 말미암아 사람이 그냥 지나는 것이 좋	고전 7	:	26	-	40
임신하는 고통을 크게 더하리니 네가 수고하고 자식을	창 3	:	16		
임신하지 못하는 자가 없으리라	출 23	:	25	-	26
임신한 여자에게 해산의 고통이 이름과 같이 멸망이	살전 5	:	3	-	8
임자(소유자)의 책임	출 21	:	28	-	36
입과 혀를 지키는 자는 자기의 영혼을 환난에서 보전하	잠 21	:	23		
입교한 자도 말지니 교만하여져서 마귀를 정죄하는	딤전 3	:	6	-	7
입다를 쫓아내며 이르되 너는 다른 여인의 자식이니	삿 11	:	2	-	3
입다와 에브라임 족속간의 동족상잔 사건	삿 12	:	1	-	7
입다의 딸을 번제물로 드리다	삿 11	:	34	-	40
입맞추는 자가 그이니 그를 잡으라 한지라	마 26	:	48	-	56
입법자와 재판관은 오직 한 분이시니 능히 구원하기도	약 4	:	12		
입술로는 나를 공경하되 마음은 내게서 멀도다	마 15	:	8	-	9

입술로는 나를 공경하되 마음은 내게서 멀도다	막 7	: 6	- 9
입술을 열어 주소서 내 입이 주를 찬송하며 전파하리	시 51	: 15	
입술을 제어하는 자는 지혜가 있느니라	잠 10	: 19	
입에 파수꾼을 세우시고 내 입술의 문을 지키소서	시 141	: 3	
입에는 꿀 같이 다나 먹은 후에 내 배에서는 쓰게 되더	계 10	: 10	- 11
입에는 저주와 악독이 가득하고 그 발은 피 흘리는 데	롬 3	: 14	- 18
입에서 나오는 것들은 마음에서 나오나니	마 15	: 18	- 20
입에서 나오는 그것이 사람을 더럽게 하는 것이니라	마 15	: 11	
입에서 나오는 열매로 말미암아 배부르게 되나니	잠 18	: 20	- 21
입에서 너를 토하여 버리리라	계 3	: 16	
입으로 들어가는 것이 사람을 더럽게 하는 것이 아니라	마 15	: 11	
입으로는 나를 가까이 하며 입술로는 나를 공경하나	사 29	: 13	- 14
입으로는 사랑을 나타내어도 마음으로는 이익을 따름	겔 33	: 31	- 33
입을 열어 복음의 비밀을 담대히 알리게 하옵소서	엡 6	: 19	
입을 칼 같이 만드시고 나를 그의 손 그늘에 숨기시며	사 49	: 2	- 3
입을 크게 열라 내가 채우리라 하였으나	시 81	: 10	- 11
입음은 우리가 벗은 자들로 발견되지 않으려 함이라	고후 5	: 3	- 5
입의 말과 묵상이 주님 앞에 열납되기를 원하나이다	시 19	: 14	
입의 열매로 인하여 복록을 누리거니와 마음이	잠 13	: 2	- 3
입이 뻣뻣하고 혀가 둔한 자니이다 (모세)	출 4	: 10	- 16
잇사갈 지파 자손의 기업	수 19	: 17	- 23
잇사갈의 자손	대상 7	: 1	- 5
있는 자는 받겠고 없는 자는 그 있는 것도 빼앗기리라	눅 19	: 26	- 27
있는 자는 받겠고 없는 자는 그 있는 줄로 아는 것까지	눅 8	: 18	
있는 자는 받아 넉넉하게 되되 없는 자는 그 있는 것도	마 13	: 12	- 13
있는 자는 받아 풍족하게 되고 없는 자는그 있는 것까지	마 25	: 29	- 30
있는 자는 받을 것이요 없는 자는 그 있는 것까지 빼앗	막 4	: 25	
잉태된 자는 성령으로 된 것이라 아들을 낳으리니	마 1	: 20	- 21
잉태하여 아들을 낳으리니 그 이름을 예수라 하라	눅 1	: 31	- 38
잉태하지 못하며 출산하지 못한 너는 노래할지어다	사 54	: 1	
잉태하지 못한 자여 즐거워하라 산고를 모르는 자여	갈 4	: 27	- 31
잎사귀들은 만국을 치료하기 위하여 있더라	계 22	: 2	

구절	출처		
자고 쉬라 보라 때가 가까이 왔으니 인자가 죄인의 손에	마 26	: 45	
자고새가 낳지 아니한 알을 품음 같아서 그의 중년에	렘 17	: 11	
자기 두루마기를 빠는 자들은 복이 있으니 이는 그들이	계 22	: 14	
자기 목숨까지 미워하지 않으면 내 제자가 되지 못하리	눅 14	: 26	- 27
자기 사람들을 사랑하시되 끝까지 사랑하시니라	요 13	: 1	
자기 심령에 따라 예언하는 선지자에게 화가 있을진저	겔 13	: 3	- 9
자기 십자가를 지고 나를 따르지 않는 자도 내 제자가	눅 14	: 27	
자기 십자가를 지고 나를 따르지 않는 자도 합당하지	마 10	: 38	- 39
자기 십자가를 지고 나를 따를 것이니라	마 16	: 24	
자기 아들을 아끼지 아니하시고 우리 모든 사람을 위하	롬 8	: 32	- 39
자기 영광만 구하되 보내신 이의 영광을 구하는 자는 참	요 7	: 18	
자기 육체를 미워하지 않고 오직 양육하여 보호하기를	엡 5	: 29	- 33
자기 의를 세우려고 힘써 하나님의 의에 복종하지 아니	롬 10	: 3	- 7
자기 일을 돌볼뿐더러 또한 다른 사람의 일을 돌보아	빌 2	: 4	
자기 집을 다스릴 줄 알지 못하면 어찌 하나님의 교회를	딤전 3	: 5	
자기 집을 잘 다스려 자녀들로 모든 공손함으로 복종	딤전 3	: 4	- 5
자기 행위가 악하므로 빛보다 어둠을 더 사랑한 것이니	요 3	: 19	- 21
자기 행위의 열매를 먹으며 자기 꾀에 배부르리라	잠 1	: 31	- 32
자기가 행하시는 것을 다 아들에게 보이시고 또 더 큰 일	요 5	: 20	- 29
자기로써 자기를 헤아리고 자기로써 자기를 비교하니	고후 10	: 12	- 18
자기를 깨끗하게 하면 귀히 쓰이는 그릇이 되어 거룩하	딤후 2	: 21	- 22
자기를 높이는 자는 낮아지고 누구든지 자기를 낮추는	마 23	: 12	
자기를 높이는 자는 낮아지고 자기를 낮추는 자는 높아	눅 14	: 11	- 14
자기를 높이는 자는 낮아지고 자기를 낮추는 자는 높아	눅 18	: 14	
자기를 단 한 번의 제물로 드려 죄를 없이 하시려고	히 9	: 26	- 28
자기를 대속물로 주셨으니 기약이 이르러 주신 증거라	딤전 2	: 6	- 7
자기를 부인하고 자기 십자가를 지고 나를 따를 것이니	마 16	: 24	
자기를 부인하고 자기 십자가를 지고 나를 따를 것이니	막 8	: 34	
자기를 의지하지 말고 하나님만을 의지하게 하심이라	고후 1	: 9	- 11
자기를 칭찬하는 자와 더불어 짝하며 비교할 수 없노라	고후 10	: 12	- 18
자기를 하나님과 동등으로 삼으심이러라	요 5	: 18	
자기만 먹는 이스라엘 목자들은 화 있을진저	겔 34	: 2	- 3

자기의 공의로 자기의 생명만 건지리라 겔 14 : 14 - 20
자기의 모든 소유를 버리지 아니하면 능히 내 제자가 눅 14 : 33
자기의 상을 이미 받았느니라 마 6 : 2 - 16
자기의 생명을 미워하는 자는 영생하도록 보전하리라 요 12 : 25
자기의 생명을 사랑하는 자는 잃어버릴 것이요 요 12 : 25
자기의 유익을 구하지 말고 남의 유익을 구하라 고전 10 : 24 - 29
자기의 일을 살피라 그리하면 자랑할 것이 자기에게는 갈 6 : 4
자기의 짐을 질 것이라 갈 6 : 5 - 10
자기의 피로 영원한 속죄를 이루사 단번에 성소에 들어 히 9 : 12 - 14
자녀교육의 최고 지침 (쉐마) 신 6 : 4 - 9
자녀들로 모든 공손함으로 복종하게 하는 자라야 딤전 3 : 4 - 5
자녀들아 내가 너희에게 쓰는 것은 너희 죄가 그의 이름 요일 2 : 12 - 14
자녀들아 너희 자신을 지켜 우상에게서 멀리하라 요일 5 : 20
자녀들아 모든 일에 부모에게 순종하라 골 3 : 20 - 21
자녀들아 이제 그의 안에 거하라 이는 그가 강림하실 때 요일 2 : 28 - 29
자녀들아 주 안에서 너희 부모에게 순종하라 엡 6 : 1 - 3
자녀들은 예언할 것이요 너희의 젊은이들은 환상을 보 행 2 : 17 - 21
자녀들을 불살라 제사드리다 대하 28 : 3
자녀들을 삶아 먹었도다 애 4 : 10 - 11
자녀들을 죽여 우상에게 넘겨 불 가운데로 지나가게 하 겔 16 : 21 - 22
자녀들이 장래 일을 말할 것이며 너희 늙은이는 꿈을 욜 2 : 28
자녀로 말미암아 아버지를 죽이지 말 것이요 아버지로 왕하 14 : 6
자녀로 말미암아 아버지를 죽이지 말 것이요 아버지로 대하 25 : 4
자녀를 노엽게 하지 말지니 낙심할까 함이라 골 3 : 21 - 23
자녀를 몰렉에게 주어 불로 통과하게 함으로 네 하나님 레 18 : 21
자녀에게 부지런히 가르치며 신 6 : 7 - 9
자녀와 같이 너희는 하나님을 본받는 자가 되고 엡 5 : 1 - 2
자녀와 부모 엡 6 : 1 - 4
자녀을 노엽게 하지 말고 오직 주의 교훈과 훈계로 양육 엡 6 : 4
자녀의 떡을 취하여 개들에게 던짐이 마땅치 아니하니 막 7 : 27 - 30
자녀의 떡을 취하여 개들에게 던짐이 마땅하지 아니하니 마 15 : 26 - 28
자녀의 살을 먹으리라 신 28 : 53 - 57

자녀이면 또한 상속자 곧 하나님의 상속자요   롬 8 : 17

자녀인 것을 증언하시나니 자녀이면 또한 상속자 곧   롬 8 : 16 - 17

자느냐 네가 한 시간도 깨어 있을 수가 없더냐   막 14 : 37 - 42

자는 자 중에서 많은 사람이 깨어나 영생을 받는 자   단 12 : 2 - 3

자는 자는 밤에 자고 취하는 자들은 밤에 취하되   살전 5 : 7 - 8

자랑을 끝까지 굳게 잡고 있으면 우리는 그의 집이라   히 3 : 6

자랑의 말을 토하며 그릇되게 행하는 사람들에게서   벧후 2 : 18

자랑하겠으나 나를 위하여는 약한 것들 외에 자랑하지   고후 12 : 5 - 6

자랑하기를 내 손이 나를 구원하였다 할까 함이라   삿 7 : 2

자랑하는 말을 하며 이익을 위하여 아첨하느니라   유 1 : 16

자랑하는 자는 주 안에서 자랑하라   고전 1 : 31

자랑하는 자는 주 안에서 자랑할지니라   고후 10 : 17 - 18

자랑할 것이 자기에게는 있어도 남에게는 있지 아니하   갈 6 : 4

자랑할지니 곧 명철하여 나를 아는 것과 나 여호와는   렘 9 : 24

자랑할진대 내가 약한 것을 자랑하리라   고후 11 : 30 - 33

자루를 풀어 본즉 그 돈이 자루 아귀에 있는지라   창 42 : 27

자리를 들고 걸어가니라 이 날이 안식일이니 유대인들이   요 5 : 9 - 18

자만심을 경계하신 여호와   삿 7 : 2

자만하지 않게 하시려고 내 육체에 가시 곧 사탄의 사자   고후 12 : 7 - 10

자비로운 자가 되라   눅 6 : 36

자비로운 자에게는 주의 자비로우심을 나타내시며   시 18 : 25

자비롭고 은혜롭고 노하기를 더디하고 인자와 진실이   출 34 : 6 - 7

자비를 원하고 제사를 원하지 아니 하노라   마 12 : 7 - 8

자비의 하나님이시요 모든 위로의 하나님이시며   고후 1 : 3 - 9

자비하고 신실한 대제사장이 되어 백성의 죄를 속량하   히 2 : 17 - 18

자비하시고 긍휼히 여기시는 이시니라   약 5 : 11

자비하신 하나님이심이라 너를 버리지 아니하시며   신 4 : 31

자비하심으로써 그 은혜의 지극히 풍성함을 나타내려   엡 2 : 7 - 10

자비한 자에게는 주의 자비하심을 나타내시며   삼하 22 : 26

자손 (솔로몬 왕의 자손)   대상 3 : 10 - 24

자식들은 여호와의 기업이요 태의 열매는 그의 상급   시 127 : 3 - 5

자식들을 땅에 메어치며 돌 하나도 돌 위에 남기지 아니   눅 19 : 44

자식은 장사의 수중의 화살 같으니 화살통에 가득한 자　시 127 : 4 - 5

자식을 몰렉에게 주면 반드시 죽이되 돌로 칠 것이요　레 20 : 2

자식을 양육하였거늘 그들이 나를 거역하였도다　사 1 : 2

자식을 징계하라 그리하면 그가 너를 평안하게 하겠고　잠 29 : 17

자신을 버리사 향기로운 제물과 희생물로 하나님께 드　엡 5 : 2 - 7

자신을 살펴보아 너도 시험을 받을까 두려워하라　갈 6 : 1 - 4

자신을 속이지 말라　고전 3 : 18 - 23

자신을 위하여 살지 않고 오직 그들을 대신하여 죽었다　고후 5 : 15 - 16

자신을 주께 드리고 또 하나님의 뜻을 따라 우리에게　고후 8 : 5 - 6

자원하는 예물을 연하여 가져왔으므로　출 36 : 3 - 7

자원하여 드렸으므로 기뻐하였으니 곧 그들이 성심으　대상 29 : 9

자원하여 드리는 것을 보오니 심히 기쁘도소이다　대상 29 : 17

자원함으로 하며 이득을 위하여 하지 말고 기꺼이 하며　벧전 5 : 2 - 4

자유 있는 여자에게서는 약속으로 말미암았느니라　갈 4 : 23 - 31

자유가 믿음이 약한 자들에게 걸려 넘어지게 하는 것이　고전 8 : 9 - 13

자유가 있으나 오직 하나님의 종과 같이 하라　벧전 2 : 16 - 17

자유로 악을 가리는 데 쓰지 말고 하나님의 종과 같이　벧전 2 : 16 - 17

자유로 육체의 기회를 삼지 말고 오직 사랑으로 서로　갈 5 : 13 - 15

자유로우나 스스로 모든 사람에게 종이 된 것은 더 많은　고전 9 : 19 - 23

자유를 엿보고 우리를 종으로 삼고자 함이로되　갈 2 : 4

자유를 위하여 부르심을 입었으나 그러나 그 자유로　갈 5 : 13 - 15

자유를 주셨으니 굳건하게 서서 다시는 종의 멍에를　갈 5 : 1 - 6

자유를 준다 하여도 자신들은 멸망의 종들이니 진 자는　벧후 2 : 19

자유인으로 부르심을 받은 자는 그리스도의 종이라　고전 7 : 22 - 24

자의로 아니한다 할지라도 나는 사명을 받았노라　고전 9 : 17 - 19

자의로 이것을 행하면 상을 얻으려니와　고전 9 : 17 - 19

자족하는 마음이 있으면 경건은 큰 이익이 되느니라　딤전 6 : 6

작은 것에 충성된 자는 큰 것에도 충성되고　눅 16 : 10 - 13

작은 것에 충성하였으니 열 고을 권세를 차지하라　눅 19 : 17 - 27

작은 것이로되 자란 후에는 풀보다 커서 나무가 되매　마 13 : 32

작은 그가 큰 자니라　눅 9 : 48

작은 능력을 가지고서도 내 말을 지키며 내 이름을　계 3 : 8

작은 두루마리 책을 사도 요한이 먹다	계 10	: 1	- 11
작은 두루마리를 달라 한즉 천사가 이르되 먹어 버리라	계 10	: 9	- 11
작은 불이 얼마나 많은 나무를 태우는가	약 3	: 5	- 8
작은 자 중 하나도 입신여기지 말라 그들의 천사늘이	마 18	: 10	
작은 자 중 하나를 실족하게 하면 차라리 연자맷돌이	마 18	: 6	
작은 자 중 하나에게 냉수 한 그릇이라도 주는 자는	마 10	: 42	
작은 자 중의 하나라도 잃는 것은 아버지의 뜻이 아니니	마 18	: 14	
작은 자 중의 하나를 실족하게 할진대 차라리 연자맷돌	눅 17	: 2	
작은 자 하나에게 한 것이 곧 내게 한 것이니라 하시고	마 25	: 40	- 46
작은 자야 안심하라 네 죄 사함을 받았느니라	마 9	: 2	- 8
잔과 대접의 겉은 깨끗이 하나 너희 속에는 탐욕과 악독	눅 11	: 39	- 41
잔과 대접의 겉은 깨끗이 하되 그 안에는 탐욕과 방탕	마 23	: 25	
잔을 가지사 감사기도 하시고 그들에게 주시니	막 14	: 23	- 26
잔을 가지사 감사기도 하시고 그들에게 주시며 이르시	마 26	: 27	- 30
잔을 내게서 옮기시옵소서 그러나 나의 원대로 마시옵	막 14	: 36	
잔을 내게서 옮기시옵소서 그러나 내 원대로 마시옵고	눅 22	: 42	- 44
잔을 내게서 지나가게 하옵소서 그러나 나의 원대로 마	마 26	: 39	
잔을 받으사 감사 기도하시고 이르시되 이것을 갖다가	눅 22	: 17	- 20
잔치를 베풀거든 차라리 가난한 자들과 몸 불편한 자들	눅 14	: 13	- 14
잔치를 베풀고 많은 사람을 청하였더니	눅 14	: 16	- 24
잘 다스리는 장로들은 배나 존경할 자로 알되 말씀과	딤전 5	: 17	
잘 때에 원수가 와서 곡식 가운데 가라지를 덧뿌리고	마 13	: 25	- 30
잠 잘 것이 아니요 마지막 나팔에 순식간에 다 변화되리	고전 15	: 51	- 58
잠시 동안 빛이 너희 중에 있으니 빛이 있을 동안에	요 12	: 35	- 36
잠시 동안 천사보다 못하게 하시며 영광과 존귀로 관을	히 2	: 7	- 9
잠언 삼천 가지를 말하였고 노래는 천다섯 편 (솔로몬)	왕상 4	: 32	
잠자는 자여 깨어서 죽은 자들 가운데서 일어나라	엡 5	: 14	
잠잠하고 그 사람에게서 나오라 하시니 귀신이 그 사람	눅 4	: 35	- 37
잠잠하고 그 사람에게서 나오라 하시니 더러운 귀신이	막 1	: 25	- 28
잠잠하고 참고 기다리라 자기 길이 형통하며	시 37	: 7	
잠잠히 사랑하시며 기뻐하시리라	습 3	: 17	
잡히시다	눅 22	: 47	- 53

잡히시다 (예수께서)	막 14	: 43	- 50	
장가 가도 죄 짓는 것이 아니요 처녀가 시집가도 죄 짓	고전 7	: 28	- 40	
장가 가지 않은 자는 어찌하여야 주를 기쁘게 할까 하되	고전 7	: 32	- 40	
장가 간 자는 어찌하여야 아내를 기쁘게 할까 하여	고전 7	: 33	- 40	
장로 70인을 세우라	민 11	: 16	- 17	
장로 70인을 세움	민 11	: 24	- 26	
장로들은 배나 존경할 자로 알되 말씀과 가르침에 수고	딤전 5	: 17		
장로들을 택하여 금식 기도하며 그들이 믿는 주께	행 14	: 23		
장로들의 전통 논쟁	마 15	: 1	- 20	
장로들의 전통 논쟁	막 7	: 1	- 23	
장로에 대한 고발은 두세 증인이 없으면 받지 말 것이요	딤전 5	: 19		
장로와 성도들에 대한 권고	벧전 5	: 1	- 10	
장로의 자격	딛 1	: 5	- 6	
장막 집이 무너지면 하나님께서 지으신 집 곧 손으로	고후 5	: 1	- 5	
장막에 있는 우리가 짐진 것 같이 탄식하는 것은 벗고	고후 5	: 4	- 5	
장막에서 섬기는 자들은 그 제단에서 먹을 권한이 없	히 13	: 10	- 12	
장막절 규례	민 29	: 12	- 40	
장사 지낸 바 되셨다가 성경대로 사흘 만에 다시 살아나	고전 15	: 4	- 9	
장사하는 집을 만들지 말라 하시니	요 2	: 16	- 22	
장성한 사람이 되어서는 어린 아이의 일을 버렸노라	고전 13	: 11	- 13	
장애인으로 영생에 들어가는 것이 두 손을 가지고 지옥	막 9	: 43	- 49	
장애인이나 다리 저는 자로 영생에 들어가는 것이	마 18	: 8		
장자와 모든 가축의 처음 난 것까지 죽으리니	출 11	: 5	- 6	
장자의 명분 (르우벤에서 요셉에게로)	대상 5	: 1	- 2	
장자의 명분을 에서가 야곱에게 팔다	창 25	: 27	- 34	
장자의 명분을 판 에서와 같이 망령된 자가 없도록	히 12	: 16	- 17	
장자의 명분이 내게 무엇이 유익하리요	창 25	: 32	- 34	
장자의 상속권 (미운 장자일지라도)	신 21	: 15	- 17	
장차 내가 네게 나타날 일에 너로 종과 증인을 삼으려	행 26	: 16	- 18	
장차 받을 고난을 두려워하지 말라 볼지어다 마귀가	계 2	: 10		
장차 올 세상을 천사들에게 복종하게 하심이 아니니라	히 2	: 5		
재 가운데 앉아서 질그릇 조각을 가져다가 몸을 긁고	욥 2	: 8	- 10	

재난과 우환을 통하여 그들의 수를 줄이시며 낮추시　　　시 107 : 39

재난의 징조　　　마 24 : 3 - 14

재난의 징조　　　막 13 : 3 - 13

재능대로 한 사람에게는 금 다섯 달란트를, 한 사람에게　　　마 25 : 15 - 30

재를 먹고 허탄한 마음에 미혹되어 자기의 영혼을　　　사 44 : 20

재림 (인자가 모든 천사와 함께 올 때)　　　마 25 : 31 - 46

재림의 확실성과 임박성　　　계 22 : 6 - 21

재물과 부요도 헛되도다　　　전 5 : 10 - 20

재물과 부요와 존귀를 하나님께 받았으나 하나님께서　　　전 6 : 2

재물로 말미암아 네 마음이 교만하였도다　　　겔 28 : 5

재물보다 명예를 택할 것이요 은이나 금보다 은총을　　　잠 22 : 1

재물에 소망을 두지 말고 오직 하나님께 두며　　　딤전 6 : 17 - 18

재물은 스스로 날개를 내어 날아가리라　　　잠 23 : 5

재물은 썩었고 너희 옷은 좀먹었으며 너희 금과 은은　　　약 5 : 2 - 4

재물은 영원히 있지 못 하나니 면류관이 어찌 대대에　　　잠 27 : 24

재물을 가지고 형제의 궁핍함을 보고도 도와줄 마음을　　　요일 3 : 17 - 18

재물을 다 모아 가지고 먼 나라에 가 거기서 허랑방탕하　　　눅 15 : 13 - 32

재물을 사용하고 또 내 자신까지도 내어 주리니 너희를　　　고후 12 : 15

재물을 쌓아 두고 하나님께 대하여 부요하지 못한 자가　　　눅 12 : 21

재물을 쌓으나 누가 거둘지 알지 못하나이다　　　시 39 : 6

재물을 의지하는 자는 패망하려니와 의인은 푸른 잎사귀　　　잠 11 : 28

재물을 조금이라도 자기 것이라 하는 이가 하나도 없　　　행 4 : 32 - 37

재물을 흩어 빈궁한 자에게 주었으니 그의 의가 영원히　　　시 112 : 9

재물의 유혹에 말씀이 막혀 결실하지 못하는 자요　　　마 13 : 22

재물이 늘어도 거기에 마음을 두지 말지어다　　　시 62 : 10

재물이 많으므로 이 말씀을 듣고 근심하며 가니라　　　마 19 : 22

재물이 많은 고로 이 말씀으로 인하여 슬픈 기색을 띠고　　　막 10 : 22 - 25

재물이 아니요 오직 너희니라　　　고후 12 : 14 - 15

재물이 있는 자는 하나님의 나라에 들어가기가 심히 어　　　막 10 : 23 - 25

재물이 있는 자는 하나님의 나라에 들어가기가 얼마나　　　눅 18 : 24 - 30

재산과 소유를 팔아 각 사람의 필요를 따라 나눠 주며　　　행 2 : 45 - 47

재앙 (열번째 재앙을 경고하시다)　　　출 11 : 1 - 10

재앙 1 (애굽의 첫째 재앙 : 물이 피가 되다)　　　　　출 7 : 20 - 25

재앙 2 (애굽의 둘째 재앙 : 개구리)　　　　　　　　출 8 : 6 - 15

재앙 3 (애굽의 셋째 재앙 : 티끌이 이가 되다)　　　　출 8 : 16 - 19

재앙 4 (애굽의 넷째 재앙 : 파리)　　　　　　　　　출 8 : 24 - 32

재앙 5 (애굽의 다섯째 재앙 : 가축의 죽음)　　　　　출 9 : 6 - 7

재앙 6 (애굽의 여섯째 재앙 : 악성 종기)　　　　　　출 9 : 8 - 12

재앙 7 (애굽의 일곱째 재앙 : 우박)　　　　　　　　출 9 : 23 - 26

재앙 8 (애굽의 여덟째 재앙 : 메뚜기)　　　　　　　출 10 : 3 - 20

재앙 9 (애굽의 아홉째 재앙 : 흑암)　　　　　　　　출 10 : 21 - 24

재앙10 (애굽의 열째 재앙 : 처음 난 것들의 죽음)　　출 12 : 29 - 36

재앙을 내리리니 이는 그들의 목을 곧게하여 내 말을　렘 19 : 15

재앙이 네 장막에 가까이 오지 못하리니　　　　　　시 91 : 10 - 11

재앙이 이르렀으니 몽둥이가 꽃이 피며 교만이 싹이 났　겔 7 : 10

재주로 말미암아 이웃에게 시기를 받으니 이것도 헛되어　전 4 : 4

재판은 하나님께 속한 것인즉 너희는 재판할 때에　　신 1 : 17

재판은 합당하게　　　　　　　　　　　　　　　　신 25 : 1 - 4

재판을 굽게 하지 말며 사람을 외모로 보지 말며　　신 16 : 19 - 20

재판장을 모독하지 말며 백성의 지도자를 저주하지 말　출 22 : 28

재판할 때에 불의를 행하지 말며 공의로 재판할지며　레 19 : 15

잿물로 스스로 씻으며 많은 비누를 쓸지라도 네 죄악이　렘 2 : 22 - 23

쟁기를 잡고 뒤를 돌아보는 자는 하나님의 나라에　　눅 9 : 62

저녁에는 너희에게 고기를 주어 먹이고 아침에는 떡으　출 16 : 8

저녁에는 메추라기가 와서 진에 덮이고 아침에는 이슬　출 16 : 13 - 15

저녁에는 울음이 깃들일지라도 아침에는 기쁨이 오리　시 30 : 5

저들을 사하여 주옵소서 자기들이 하는 것을 알지 못함　눅 23 : 34 - 43

저버리는 자는 사람을 저버림이 아니요 너희에게 그의　살전 4 : 8

저수지와 수도를 만들어 물을 성 안으로 끌어들인 일　왕하 20 : 20

저울 추와 되는 한결같지 않으면 여호와께서 미워하시　잠 20 : 10

저주 (불순종하여 받는 저주)　　　　　　　　　　신 28 : 15 - 68

저주가 없으며 하나님과 그 어린 양의 보좌가 그 가운데　계 22 : 3 - 5

저주를 받아 배로 다니고 살아 있는 동안 흙을 먹을지니　창 3 : 14

저주를 받을 죄 (에발 산 선포)　　　　　　　　　신 27 : 15 - 26

저주하는 자를 위하여 축복하며 너희를 모욕하는 자를   눅 6 : 28 - 29

적게 심는 자는 적게 거두고 많이 심는 자는 많이 거둔다   고후 9 : 6 - 7

적그리스도가 많이 일어났으니 마지막 때인 줄을 아노   요일 2 : 18

직그리스도의 영   요일 4 : 2 - 5

적은 누룩이 온 덩어리에 퍼지는 것을 알지 못하느냐   고전 5 : 6 - 8

적은 누룩이 온 덩이에 퍼지느니라   갈 5 : 9

전갈 채찍으로 너희를 징치하리라 하니라   왕상 12 : 14

전갈 채찍으로 치리라 하니라   대하 10 : 14

전당물을 취하지 말라   신 24 : 10 - 13

전대 있는 자는 가질 것이요 배낭도 그리하고 검 없는   눅 22 : 36 - 38

전대나 배낭이나 신발을 가지지 말며   눅 10 : 4 - 16

전대에 금이나 은이나 동을 가지지 말고 여행을 위하여   마 10 : 9 - 10

전대와 배낭과 검   눅 22 : 35 - 38

전대와 배낭과 신발도 없이 보내었을 때 부족한 것이   눅 22 : 35 - 38

전대의 돈이나 아무 것도 가지지 말며 신만 신고   막 6 : 8 - 13

전도 여행을 떠나시다   막 1 : 35 - 39

전도여행을 위하여 지팡이 외에는 양식이나 배낭이나   막 6 : 8 - 13

전도의 미련한 것으로 믿는 자들을 구원하시기를 기뻐   고전 1 : 21 - 24

전도자가 이르되 헛되고 헛되며 헛되고 헛되니 모든 것   전 1 : 1 - 11

전도하기를 그치지 아니하리라   행 5 : 42

전도하리니 내가 이를 위하여 왔노라 하시고   막 1 : 38 - 39

전도할 문을 우리에게 열어 주사 그리스도의 비밀을 말   골 4 : 3

전도함을 그들이 믿고 남녀 다 세례를 받으니 시몬도   행 8 : 12 - 13

전도함이 설득력 있는 지혜의 말로 하지 아니하고 성령   고전 2 : 4 - 5

전리품 분배 (미디안 전쟁 후)   민 31 : 25 - 54

전신 갑주를 취하라 이는 악한 날에 너희가 능히 대적   엡 6 : 13 - 17

전신 갑주을 입으라   엡 6 : 11 - 17

전심 전력하여 너의 성숙함을 모든 사람에게 나타나게   딤전 4 : 15

전에는 어둠이더니 이제는 주 안에서 빛이라   엡 5 : 8 - 14

전염병을 내리시매 이스라엘 백성 죽은 자가 칠만 명   대상 21 : 14

전장에 가지고 나가는 것   민 31 : 6

전장에서의 징집과 규례   신 20 : 1 - 20

전쟁은 너희게 속한 것이 아니요 하나님께 속한 것　　　대하 20 ： 15

전쟁은 여호와께 속한 것인즉 그가 너희를 우리 손에　　　삼상 17 ： 47

전쟁은 하나님께 속한 것이니라　　　대하 20 ： 15 - 17

전쟁을 없이하고 그들을 평안히 눕게 하리라　　　호 2 ： 18 - 20

전제　　　레 23 ： 13

전제와 같이 내가 벌써 부어지고 나의 떠날 시각이　　　딤후 4 ： 6 - 8

전통대로 행하지 아니하는 모든 형제에게서 떠나라　　　살후 3 ： 6 - 9

전통으로 하나님의 계명을 범하느냐　　　마 15 ： 3 - 11

전통으로 하나님의 말씀을 폐하는도다　　　마 15 ： 6

전통을 준행하지 아니하고 부정한 손으로 떡을 먹나이까　　　막 7 ： 5 - 9

전통을 지키려고 하나님의 계명을 잘 저버리는도다　　　막 7 ： 9 - 23

전파하는 자가 없이 어찌 들으리요　　　롬 10 ： 14 - 15

전파하며 주 예수 그리스도에 관한 모든 것을 담대하게　　　행 28 ： 31

전파하여 각 사람을 권하고 모든 지혜로 각 사람을 가르　　　골 1 ： 28

절기　　　레 23 ： 1 - 44

절기 제물의 기름을 아침까지 남겨두지 말지니라　　　출 23 ： 18

절기나 초하루나 안식일을 이유로 너희를 비판하지 못　　　골 2 ： 16 - 19

절기에 관한 법 (유월절, 맥추절, 수장절)　　　출 23 ： 14 - 19

절도요 강도니 양들이 듣지 아니하였느니라　　　요 10 ： 8 - 10

절반은 일하고 절반은 갑옷을 입고 창과 방패와 활을　　　느 4 ： 16 - 17

절제 못함으로 말미암아 사탄이 너희를 시험하지 못하　　　고전 7 ： 5 - 6

절제하지 못하며 사나우며 선한 것을 좋아하지 아니하　　　딤후 3 ： 3 - 7

절제할 수 없거든 결혼하라 정욕이 불 같이 타는 것보다　　　고전 7 ： 9

젊어서는 스스로 띠 띠고 원하는 곳으로 다녔거니와　　　요 21 ： 18 - 25

젊은 과부는 올리지 말지니 이는 정욕으로 그리스도를　　　딤전 5 ： 11 - 16

젊은 남자들을 신중하도록 권면하되　　　딛 2 ： 6 - 8

젊은 여자들을 교훈하되 그 남편과 자녀를 사랑하며　　　딛 2 ： 4 - 8

젊은 여자에게는 온전히 깨끗함으로 자매에게 하듯 하　　　딤전 5 ： 2

젊은 자들아 장로들에게 순종하고 다 서로 겸손하여　　　벧전 5 ： 5

젊은 자의 자식은 장사의 수중의 화살 같으니 화살통에　　　시 127 ： 4 - 5

젊은이는 시집을 가서 아이를 낳고 집을 다스리고　　　딤전 5 ： 14 - 16

젊은이들은 환상을 보고 너희의 늙은이들은 꿈을 꾸리　　　행 2 ： 17 - 21

젊은이에게 주는 솔로몬의 교훈 　　　　　　　잠 1 : 7 - 19

젊은이에게는 형제에게 하듯 하고 　　　　　　딤전 5 : 1 - 2

점 있는 것과 아롱진 것을 가려내려니 이같은 것이 내 　창 30 : 32 - 34

점과 흠이라 너희와 함께 연회할 때에 그들의 속임수로 　벧후 2 : 13 - 18

점괘를 보며 사람들에게 그 말이 확실히 이루어지기를 　겔 13 : 6 - 9

점도 없고 흠도 없이 평강 가운데서 나타나기를 힘쓰라 　벧후 3 : 14

점치는 죄와 같고 완고한 것은 우상에게 절하는 죄와 같 　삼상 15 : 23

접신하거나 박수무당이 되거든 죽일지니 돌로 치라 　　레 20 : 27

접신한 자와 박수무당을 음란하게 따르는 자에게는 　　레 20 : 6

정결 규례 (유출병) 　　　　　　　　　　　　레 15 : 1 - 18

정결 예식을 따라 두세 통 드는 돌항아리 여섯이 놓였는 　요 2 : 6 - 12

정결 의식 (붉은 암송아지의 재) 　　　　　　민 19 : 1 - 10

정결법 (전리품) 　　　　　　　　　　　　　민 31 : 22 - 23

정결법 (전투에 참가한 자) 　　　　　　　　민 31 : 19 - 24

정결하고 더러움이 없는 경건은 곧 고아와 과부를 환난 　약 1 : 27

정결한 짐승은 암수 일곱씩, 부정한 것은 암수 둘씩을 　창 7 : 2

정결한 처녀로 한 남편인 그리스도께 드리려고 중매함 　고후 11 : 2 - 3

정욕 때문에 세상에 썩어질 것을 피하여 신성한 성품에 　벧후 1 : 4 - 7

정욕과 이생의 자랑이니 다 아버지께로부터 온 것이 아 　요일 2 : 16 - 17

정욕도 지나가되 오직 하나님의 뜻을 행하는 자는 영원 　요일 2 : 17

정욕에 따르지 말고 고난을 견디라 　　　　　벧전 4 : 1 - 6

정욕으로 쓰려고 잘못 구하기 때문이라 　　　약 4 : 3

정욕을 다 버리고 신중함과 의로움과 경건함으로 　　딛 2 : 12 - 14

정욕을 따르지 않고 하나님의 뜻을 따라 살게 하려 함 　벧전 4 : 2 - 6

정욕을 위하여 육신의 일을 도모하지 말라 　　롬 13 : 14

정욕을 피하고 주를 깨끗한 마음으로 부르는 자들과 　딤후 2 : 22

정욕이 불 같이 타는 것보다 결혼하는 것이 나으니라 　고전 7 : 9

정의로 심판하시며 주린 자들에게 먹을 것을 주시는 　시 146 : 7 - 9

정의를 지키며 의를 행하라 이는 나의 구원이 가까이 　사 56 : 1

정의를 행하며 진리를 구하는 자를 한 사람이라도 찾으 　렘 5 : 1

정조를 지키지 아니하고 사생아를 낳았으니 　　호 5 : 7

정죄는 이것이니 곧 빛이 세상에 왔으되 사람들이 자기 　요 3 : 19 - 21

정죄의 직분도 영광이 있은즉 의의 직분은 영광이 더	고후	3	:	9	- 11
정죄하지 말라 그리하면 너희가 정죄를 받지 않을 것	눅	6	:	37	
정죄하지 아니하노니 가서 다시는 죄를 범하지 말라	요	8	:	11	
정직하게 행하는 자는 여호와를 경외하여도	잠	14	:	2	
정직하고 선량한 일을 행하면	신	6	:	17	- 19
정직한 자는 보고 기뻐하며 모든 사악한 자는 입을 봉하	시	107	:	42	
정직한 자들에게는 흑암 중에 빛이 일어나나니	시	112	:	4	
정직한 자를 위하여 완전한 지혜를 예비하시며	잠	2	:	7	- 8
정탐꾼 (여호수아가 여리고에 보내다)	수	2	:	1	- 24
정탐꾼 파송	신	1	:	19	- 33
정탐꾼 파송 (12명 가나안 정탐꾼)	민	13	:	1	- 33
정탐한 날 수인 사십일의 하루를 일 년으로 쳐서	민	14	:	34	
정한 마음을 창조하시고 내 안에 정직한 영을 새롭게	시	51	:	10	
젖 먹는 자식을 잊겠으며 자기 태에서 난 아들을 긍휼히	사	49	:	15	- 16
젖과 꿀이 흐르는 땅 곧	출	3	:	17	
젖과 꿀이 흐르는 땅에 데려가려 하노라	출	3	:	8	
젖과 꿀이 흐르는 땅에 이르게 하려니와	출	32	:	3	
젖과 꿀이 흐르는 땅에서 너희의 날이 장구하리라	신	11	:	9	- 12
젖과 꿀이 흐르는 땅이요 모든 땅 중의 아름다운 곳	겔	20	:	6	
젖으로 먹이고 밥으로 아니하였노니 이는 너희가 감당	고전	3	:	2	
젖은 이불로 하사엘이 벤하닷을 죽이고 왕이 되다	왕하	8	:	15	
젖을 먹는 자마다 어린 아이니 의의 말씀을 경험하지 못	히	5	:	13	- 14
젖을 빠는 것 같이 그 위로하는 품에서 만족하겠고	사	66	:	11	- 14
젖이나 먹어야 할 자가 되었도다	히	5	:	12	- 14
제단 (분향단)	출	30	:	1	- 10
제단 앞에서 맹세하거든 주는 하늘에서 들으시고	왕상	8	:	31	- 32
제단 앞에서 맹세하거든 주는 하늘에서 들으시고	대하	6	:	22	- 23
제단 옆에서 전당 잡은 옷 위에 누우며	암	2	:	8	
제단(성막의)	출	27	:	1	- 8
제단에 관한 법	출	20	:	22	- 26
제단에서 섬기는 이들은 제단과 함께 나누는 것을	고전	9	:	13	
제단으로 맹세하는 자는 제단과 그 위에 있는 모든 것	마	23	:	20	- 23

제단으로 맹세하면 아무 일이 없거니와 그 위에 예물로 　마 23 : 18 - 23

제단을 쌓거든 다듬은 돌로 쌓지 말라 　출 20 : 25 - 26

제단을 쌓고 나무를 벌여 놓고 그의 아들 이삭을 결박 　창 22 : 9 - 12

제단의 뿔을 잡다 (아도니아) 　왕상 1 : 50 - 53

제단의 뿔을 잡다 (요압) 　왕상 2 : 28 - 34

제물 (기쁘게 받으시는 제물) 　레 22 : 17 - 33

제물 (나팔절에 드리는) 　민 29 : 2 - 6

제물 (매월 초하루에 드리는) 　민 28 : 11 - 15

제물 (매일 드리는 제물) 　민 28 : 1 - 8

제물 (속죄일에 드리는) 　민 29 : 8 - 11

제물 (안식일에 드리는) 　민 28 : 9 - 10

제물 (유월절에 드리는) 　민 28 : 19 - 24

제물 (장막절에 드리는) 　민 29 : 13 - 39

제물 (칠칠절에 드리는) 　민 28 : 27 - 31

제물 때문에 너를 책망하지 아니하리니 네 번제가 항상 　시 50 : 8

제물과 감사제물을 가져오되 원하는 자는 번제물도 가져 　대하 29 : 31

제물과 예물을 밟으며 네 아들들을 나보다 더 중히 여겨 　삼상 2 : 29 - 31

제물로 드려 죄를 없이 하시려고 세상 끝에 나타나셨느 　히 9 : 26 - 28

제물을 드리는 장소 　레 17 : 1 - 9

제물을 들고 그 앞에 들어갈지어다 　대상 16 : 29

제물을 먹는 자들이 제단에 참여하는 자들이 아니냐 　고전 10 : 18 - 22

제물의 피를 유교병과 함께 드리지 말며 　출 23 : 18

제물이라 누가 말하거든 그 양심을 위하여 먹지 말라 　고전 10 : 28 - 29

제비 뽑아 맛디아를 얻으니 그가 열한 사도의 수에 들어 　행 1 : 26

제비는 사람이 뽑으나 모든 일을 작정하기는 여호와 　잠 16 : 33

제비를 뽑으니 제비가 요나에게 뽑힌지라 　욘 1 : 7

제사 (하나님이 기뻐하시는 제사) 　히 13 : 1 - 16

제사로는 나아오는 자들을 언제나 온전하게 할 수가 없 　히 10 : 1 - 4

제사를 멸시한 제사장 엘리의 아들들 　삼상 2 : 12 - 17

제사를 못하게 하니라 (바울과 바나바를 위한 제사) 　행 14 : 18

제사와 예물을 원하지 아니하시고 오직 나를 위하여 　히 10 : 5 - 14

제사와 제물의 규례 　민 15 : 1 - 31

제사장 여호야다가 언약을 세우고 바알을 척결하다   왕하 11 : 3 - 16

제사장 위임식   레 8 : 1 - 36

제사장 장립 (여로보암의 잘못된 제사장 장립)   대하 13 : 9

제사장 직분 위임식   출 29 : 1 - 37

제사장 직분을 맡은 사람들 (다윗 왕 때)   대상 24 : 1 - 19

제사장 직분을 이어갈 사독의 자손 레위 사람들   겔 44 : 15 - 31

제사장 직분이 박탈된 레위 사람들   겔 44 : 9 - 14

제사장과 레위 사람에게 준 몫   느 12 : 44

제사장과 레위인의 몫   신 18 : 1 - 8

제사장과 선지자도 독주로 말미암아 옆 걸음 치며   사 28 : 7 - 8

제사장들과 레위 사람들이 유다로 오다   대하 11 : 13 - 17

제사장들에 대한 명령   말 2 : 1 - 9

제사장들에게 24반열로 나눠 직분을 주다 (다윗)   대상 24 : 1 - 19

제사장들에게 너희 몸을 보이라 하셨더니 그들이   눅 17 : 14 - 19

제사장들에게 순종하라   신 24 : 8 - 9

제사장들을 위한 거룩한 땅   겔 45 : 3 - 4

제사장들이 먹을 제물   겔 44 : 29 - 30

제사장들이 항상 첫 장막에 들어가 섬기는 예식을 행하   히 9 : 6 - 10

제사장에 대한 규례   레 21 : 1 - 24

제사장에게 네 몸을 보이고 모세가 명한 예물을 드려   마 8 : 4

제사장에게 네 몸을 보이고 모세가 명한 예물을 드려   눅 5 : 14 - 16

제사장은 그의 백성의 어른인즉 자신을 더럽혀 속되게   레 21 : 4 - 15

제사장은 삯을 위하여 교훈하며 그들의 선지자는 돈을   미 3 : 11 - 12

제사장의 거룩한 방   겔 46 : 19 - 20

제사장의 또 다른 옷   출 28 : 31 - 43

제사장의 몫   민 18 : 8 - 20

제사장의 소득   레 10 : 13 - 15

제사장의 옷   출 28 : 1 - 43

제사장의 옷 (또 다른 옷)   출 39 : 22 - 31

제사장의 옷 제작   출 39 : 1 - 31

제사장의 입술은 지식을 지켜야 하겠고 사람들은 그의   말 2 : 7

제사장의 축복기도(축도)   민 6 : 22 - 27

335

제사장의 할 일을 웃시야 왕이 행하여 나병에 걸리다	대하 26	: 18	- 21
제사장이 거룩한 곳에서 먹을 제물	레 10	: 12	- 20
제사장이 되어 천 년 동안 그리스도와 더불어 왕 노릇	계 20	: 6	
제사장이 범죄하여 허물이 되었으면 그가 범한 죄로	레 4	: 3	- 12
제사장이 회막 입실할 때 규례	레 10	: 8	- 11
제사직을 침해한 사울의 월권행위	삼상 13	: 11	- 15
제사하는 처음 익은 곡식 가루가 거룩한즉 떡덩이도	롬 11	: 16	- 18
제삼년에는 심고 거두며 포도원을 심고 그 열매를 먹	왕하 19	: 29	- 30
제삼일에는 완전하여지리라	눅 13	: 32	- 33
제자가 그 선생보다 높지 못하나 무릇 온전하게 된 자는	눅 6	: 40	
제자가 그 선생보다, 또는 종이 그 상전보다 높지 못하	마 10	: 24	- 25
제자가 되는 길	눅 14	: 25	- 35
제자들을 끌어 자기를 따르게 하려고 어그러진 말을	행 20	: 30	
제자들의 발을 씻으시고 그 두르신 수건으로 닦기를	요 13	: 5	- 15
제자들의 발을 씻으시다	요 13	: 1	- 20
제자들이 다 예수를 버리고 도망하니라	마 26	: 56	
제자들이 다 예수를 버리고 도망하니라	막 14	: 50	
제자들이 두루 다니며 복음을 전하고 병을 고치더라	눅 9	: 6	
제자들이 안디옥에서 비로소 그리스도인이라 일컬음을	행 11	: 26	- 30
제자로 삼아 아버지와 아들과 성령의 이름으로 세례를	마 28	: 19	- 20
제자의 이름으로 이 작은 자 중 하나에게 냉수 한 그릇	마 10	: 42	
제칠일에 그의 모든 일을 쉬셨다 하였으며	히 4	: 4	- 6
조각한 신상을 섬기며 허무한 것으로 자랑하는 자는	시 97	: 7	
조롱과 채찍질뿐 아니라 결박과 옥에 갇히는 시련도 받	히 11	: 36	- 40
조롱하여 이르되 그들이 새 술에 취하였다 하더라	행 2	: 13	
조문 사절을 보낸 다윗을 모욕한 암몬	대상 19	: 1	- 5
조상이 물려 준 헛된 행실에서 대속함을 받은 것은	벧전 1	: 18	- 19
조세를 받을 자에게 조세를 바치고 관세를 받을 자에게	롬 13	: 7	
조심하여 선한 일을 힘쓰게 하려 함이라 이것은 아름다	딛 3	: 8	
조용히 일하여 자기 양식을 먹으라 하노라	살후 3	: 12	- 15
조용히 자기 일을 하고 너희 손으로 일하기를 힘쓰라	살전 4	: 11	- 12
족보 (갈렙의 자손)	대상 2	: 42	- 55

족보 (갓의 자손) 대상 5 : 11 - 17
족보 (다윗의 가계) 대상 2 : 9 - 17
족보 (레위의 자손) 대상 6 : 1 - 30
족보 (르우벤의 자손) 대상 5 : 1 - 10
족보 (므낫세의 자손) 대상 7 : 14 - 19
족보 (베냐민의 자손) 대상 7 : 6 - 12
족보 (베냐민의 자손) 대상 8 : 1 - 40
족보 (사울의 계보) 대상 8 : 33 - 40
족보 (사울의 계보) 대상 9 : 35 - 44
족보 (시므온의 자손) 대상 4 : 24 - 43
족보 (아담에서 아브라함까지) 대상 1 : 1 - 27
족보 (아론의 자손) 대상 6 : 49 - 53
족보 (아셀의 자손) 대상 7 : 30 - 40
족보 (에브라임의 자손) 대상 7 : 20 - 29
족보 (에서의 자손) 대상 1 : 34 - 42
족보 (여라므엘의 자손) 대상 2 : 25 - 41
족보 (유다의 자손) 대상 2 : 3 - 8
족보 (유다의 자손) 대상 4 : 1 - 10
족보 (이스마엘의 계보) 대상 1 : 28 - 33
족보 (잇사갈) 대상 7 : 1 - 5
족보 (헤스론의 자손) 대상 2 : 18 - 24
족보 이야기와 분쟁과 율법에 대한 다툼은 피하라 딛 3 : 9
존귀는 아무도 스스로 취하지 못하고 오직 아론과 같이 히 5 : 4 - 7
존귀와 영광이 영원무궁하도록 있을지어다 아멘 딤전 1 : 17
존중히 여기는 자를 내가 존중히 여기고 나를 멸시하 삼상 2 : 30 - 33
졸음을 이기지 못하여 삼 층에서 떨어지거늘 죽었는지 행 20 : 9 - 12
좀과 동록이 해하며 도둑이 구멍을 뚫고 도둑질하느니라 마 6 : 19 - 21
좀더 자자, 좀더 졸자, 손을 모으고 좀더 누워 있자 잠 24 : 33 - 34
좀더 자자, 좀더 졸자, 손을 모으고 좀저 누워 있자 잠 6 : 10 - 11
좁은 문으로 들어가기를 힘쓰라 눅 13 : 22 - 30
좁은 문으로 들어가라 멸망으로 인도하는 문은 크고 마 7 : 13 - 14
종 노릇하는 모든 자들을 놓아 주려 하심이니 히 2 : 15 - 18

종(노예)에 관한 법   출 21 : 1 - 11

종과 같이 대하지 아니하고 종 이상으로 곧 사랑 받는   몬 1 : 16

종과 상전   엡 6 : 5 - 9

종교 지도자들을 책망하시다   마 23 : 1 - 36

종교개혁 (느헤미야의 종교개혁)   느 13 : 1 - 31

종교개혁 (아사 왕)   대하 15 : 1 - 19

종교개혁 (에스라의 종교개혁)   스 10 : 1 - 44

종교개혁 (여호사밧의 개혁)   대하 19 : 4 - 11

종교개혁 (여호야다 제사장의 종교개혁)   대하 23 : 16 - 21

종교개혁 (요시야 왕의 종교개혁)   왕하 23 : 4 - 20

종교개혁 (요시야 왕의 종교개혁)   대하 34 : 1 - 7

종교개혁 (히스기야 왕)   대하 31 : 1 - 21

종들아 두려워하고 떨며 성실한 마음으로 상전에게   엡 6 : 5 - 8

종들아 모든 일에 육신의 상전들에게 순종하되 사람을   골 3 : 22 - 23

종들에게 베풀지니 너희에게도 하늘에 상전이 계심을   골 4 : 1

종들은 자기 상전들에게 범사에 순종하여 기쁘게 하고   딛 2 : 9

종들은 자기 상전들을 범사에 마땅히 공경할 자로 알지   딤전 6 : 1

종려나무를 가지고 맞으러 나가 외치되 호산나 찬송하   요 12 : 13 - 16

종말 때의 성도의 자세   벧전 4 : 7 - 11

종말 예언   단 12 : 1 - 13

종에게 감사하겠느냐   눅 17 : 9 - 10

종으로 유인하거나 팔면 (네 형제를)   신 24 : 7

종은 영원히 집에 거하지 못하되 아들은 영원히 거하니   요 8 : 35 - 36

종은 주인이 하는 것을 알지 못함이라 너희를 친구라   요 15 : 15

종을 세워 복 주시려고 너희에게 먼저 보내사 너희로   행 3 : 26

종의 매매와 속량   레 25 : 39 - 55

종의 멍에를 메지 말자   갈 5 : 1 - 6

종의 속량 (7년째)   신 15 : 12 - 18

종의 속량(해방)   레 25 : 47 - 55

종의 영을 받지 아니하고 양자의 영을 받았으므로   롬 8 : 15 - 17

종이 도망하여 오면   신 23 : 15 - 16

종이 된 것은 더 많은 사람을 얻고자 함이라   고전 9 : 19 - 23

338

종이 아니요 아들이니 아들이면 하나님으로 말미암아   갈 4 : 7
종이 주인보다 크지 못하고 보냄을 받은 자가 보낸 자   요 13 : 16 - 17
종이 주인보다 크지 못하다 한 말을 기억하라   요 15 : 20 - 23
종이나 자유인이 차별이 있을 수 없나니 그리스도는   골 3 : 11 - 14
종이라 하지 아니하리니 종은 주인이 하는 것을 알지   요 15 : 15
좋은 것을 주시리니 우리 땅이 그 산물을 내리로다   시 85 : 12 - 13
좋은 나무마다 아름다운 열매를 맺고 못된 나무가 나쁜   마 7 : 17 - 18
좋은 땅에 떨어지매 나서 백 배의 결실을 하였느니라   눅 8 : 8 - 15
좋은 땅에 떨어지매 어떤 것은 백 배, 어떤 것은 육십 배   마 13 : 8
좋은 땅에 떨어지매 자라 무성하게 결실하였으니   막 4 : 8 - 9
좋은 땅에 뿌려졌다는 것은 말씀을 듣고 깨닫는 자니   마 13 : 23
좋은 땅에 뿌려졌다는 것은 말씀을 듣고 받아 삼십 배   막 4 : 20
좋은 땅에 있다는 것은 착하고 좋은 마음으로 말씀을   눅 8 : 15
좋은 부활을 얻고자 하여 심한 고문을 받되 구차히   히 11 : 35 - 40
좋은 씨는 천국의 아들들이요 가라지는 악한 자의 아들   마 13 : 38 - 43
좋은 열매 맺는 못된 나무가 없느니라   눅 6 : 43 - 44
좋은 은사와 온전한 선물이 다 아버지께로부터 내려오   약 1 : 17 - 18
좋은 포도 맺기를 기다렸거늘 들포도를 맺음은 어찌 됨   사 5 : 4
좋은 포도주를 내고 취한 후에 낮은 것을 내거늘   요 2 : 10 - 12
좌로나 우로나 치우치지 말고 네 발을 악에서 떠나게   잠 4 : 27
좌로나 우로나 치우치지 말라   신 5 : 32 - 33
좌로나 우로나 치우치지 말라 그리하면 형통하리라   수 1 : 6
좌로나 우로나 치우치지 아니하고 다른 신을 섬기지   신 28 : 14
좌우로 치우치지 아니 하였더라   왕하 22 : 2
죄 (매우 중한 죄)   레 20 : 1 - 27
죄 사함과 나를 믿어 거룩하게 된 무리 가운데서 기업을   행 26 : 18
죄 사함을 받게 하는 회개의 세례를 전파하니   눅 3 : 3 - 6
죄 사함을 받게 하는 회개의 세례를 전파하니 온 유대   막 1 : 4 - 5
죄 사함을 받게 하는 회개가 예루살렘에서 시작하여   눅 24 : 47 - 49
죄 사함을 얻게 하려고 많은 사람을 위하여 흘리는 나의   마 26 : 28 - 30
죄 사함을 주시려고 그를 오른손으로 높이사 임금과   행 5 : 31 - 32
죄 아래 우리 모두가 있다   롬 3 : 9 - 18

죄 지은 모든 사람을 용서하오니 우리 죄도 사하여 주시	눅 11	: 3	- 4
죄가 가리어짐을 받는 사람들은 복이 있고	롬 4	: 7	- 12
죄가 그의 이름으로 말미암아 사함을 받았음이요	요일 2	: 12	- 14
죄가 기회를 타시 계명으로 말미암아 나를 속이고	롬 7	: 11	- 14
죄가 기회를 타서 계명으로 말미암아 내 속에서 탐심을	롬 7	: 8	- 14
죄가 너희 죽을 몸을 지배하지 못하게 하여 몸의 사욕에	롬 6	: 12	- 14
죄가 너희를 주장하지 못하리니 너희가 은혜 아래에 있	롬 6	: 14	
죄가 더한 곳에 은혜가 더욱 넘쳤나니 이는 죄가 사망	롬 5	: 20	- 21
죄가 사망 안에서 왕 노릇 한 것 같이 은혜도 또한 의로	롬 5	: 21	
죄가 사하여졌도다 이는 그의 사랑함이 많음이라	눅 7	: 47	- 50
죄가 없는 자가 먼저 돌로 치라	요 8	: 7	- 11
죄가 없다고 말하면 스스로 속이고 또 진리가 우리 속에	요일 1	: 8	- 10
죄가 율법 있기 전에도 세상에 있었으나 율법이 없었을	롬 5	: 13	- 14
죄가 있어 매를 맞고 참으면 무슨 칭찬이 있으리요	벧전 2	: 20	- 21
죄가 장성한즉 사망을 낳느니라	약 1	: 15	
죄가 죄로 드러나기 위하여 선한 그것으로 말미암아	롬 7	: 13	- 14
죄가 주홍 같이 붉을지라도 눈과 같이 희어질 것이요	사 1	: 18	
죄는 밝히 드러나 먼저 심판에 나아가고 어떤 사람의	딤전 5	: 24	- 25
죄든지 사하면 사하여질 것이요 누구의 죄든지 그대로	요 20	: 23	
죄로 가득찬 성읍	사 1	: 21	- 31
죄로 말미암아 사망이 들어왔나니 이와 같이 모든 사람	롬 5	: 12	- 14
죄로 죽었던 너희를 살리셨도다	엡 2	: 1	- 7
죄로부터 해방되고 하나님께 종이 되어 거룩함에 이르	롬 6	: 22	- 23
죄로부터 해방되어 의에게 종이 되었느니라	롬 6	: 18	
죄를 간과하심으로 자기의 의로우심을 나타내려 하심	롬 3	: 25	- 31
죄를 갚되 아버지로부터 아들에게로 삼사 대까지 이르	출 20	: 5	- 7
죄를 그들에게 돌리지 마옵소서 이 말을 하고 자니라	행 7	: 60	
죄를 그들에게 돌리지 아니하시고 화목케 하는 말씀을	고후 5	: 19	- 21
죄를 다시 기억하지 아니하리라	히 8	: 12	- 13
죄를 담당하시려고 단번에 드리신 바 되셨고 구원에	히 9	: 28	
죄를 대속하기 위하여 자기 몸을 주셨으니	갈 1	: 4	- 10
죄를 먹고 마시는 것이니라	고전 11	: 29	- 34

죄를 범하거든 경고하고 회개하거든 용서하라   눅 17 : 3 - 4
죄를 범하는 자마다 죄의 종이라   요 8 : 34 - 36
죄를 범하여도 아버지 앞에서 우리에게 대언자가 있으   요일 2 : 1 - 2
죄를 범하였으매 하나님의 영광에 이르지 못하더니   롬 3 : 23 - 31
죄를 범한즉 다시 속죄하는 제사가 없고   히 10 : 26 - 29
죄를 사하는 권능이 있는 줄을 너희로 알게 하려 하노라   마 9 : 6 - 8
죄를 생각나게 하고 또 내 아들을 주게 하려고   왕상 17 : 18 - 24
죄를 서로 고백하며 병이 낫기를 위하여 서로 기도하라   약 5 : 15 - 18
죄를 숨기는 자는 형통하지 못하나 죄를 자복하고 버리   잠 28 : 13
죄를 아뢰고 내 죄악을 숨기지 아니하였더니 주께서   시 32 : 5 - 6
죄를 위하여 다시 제사 드릴 것이 없느니라   히 10 : 18
죄를 위한 짐승의 피는 대제사장이 가지고 성소에 들어   히 13 : 11 - 12
죄를 위한 화목 제물이니 우리와 온 세상의 죄를 위하심   요일 2 : 2
죄를 인정하지 아니하실 사람은 복이 있도다   롬 4 : 8 - 12
죄를 자백하면 그는 미쁘시고 의로우사 우리 죄를 사하는   요일 1 : 9 - 10
죄를 자복하고 버리는 자는 불쌍히 여김을 받으리라   잠 28 : 13
죄를 자복하고 요단 강가에서 그에게 세례를 받더니   마 3 : 6
죄를 자복하고 요단 강가에서 그에게 세례를 받더라   막 1 : 5
죄를 자복하고 죄 값을 온전히 갚되 오분의 일을 더하여   민 5 : 7 - 8
죄를 자복하는 이스라엘 백성   느 9 : 1 - 38
죄를 정결하게 하는 일을 하시고 높은 곳에 계신   히 1 : 3 - 14
죄를 지은 여자가 예수께 향유를 붓다   눅 7 : 36 - 50
죄를 짓고 일곱 번 네게 돌아와 회개하거든 용서하라   눅 17 : 4
죄를 짓는 자는 마귀에 속하나니 마귀는 처음부터 범죄   요일 3 : 8 - 9
죄를 짓는 자마다 불법을 행하나니 죄는 불법이라   요일 3 : 4 - 9
죄를 짓지 아니하나니 하나님의 씨가 그의 속에 거함   요일 3 : 9
죄를 하나도 찾지 못하였으나 빌라도에게 죽여 달라 하   행 13 : 28 - 30
죄수 한 사람을 놓아 주는 전례가 있더니 바라바라 하는   마 27 : 15 - 18
죄수들이 도망한 줄 생각하고 칼을 빼어 자결하려 하려   행 16 : 27 - 40
죄악 중에서 출생하였음이여 어머니가 죄 중에서 나를   시 51 : 5
죄악을 행하는 자들은 다 흩어지리이다   시 92 : 9
죄악을 행하면 그 모든 의로운 행위가 기억되지 아니하   겔 33 : 13

341

죄악이 너희와 너희 하나님 사이를 갈라 놓았고	사 59	: 2	- 3
죄악이 세상에 가득함과 그의 마음으로 생각하는 모든	창 6	: 5	
죄에 대하여 죽고 의에 대하여 살게 하려 하심이라	벧전 2	: 24	- 25
죄에 대하여 죽은 우리가 어찌 그 가운데 더 살리요	롬 6	: 2	
죄에 대하여 죽은 자요 그리스도 예수 안에서 하나님께	롬 6	: 11	- 14
죄에 대하여, 의에 대하여, 심판에 대하여 세상을 책망	요 16	: 8	- 15
죄에 대하여라 함은 그들이 나를 믿지 아니함이요	요 16	: 9	- 15
죄에 대한 값 (배상)	민 5	: 5	- 10
죄와 그들의 불법을 내가 다시 기억하지 아니하리라	히 10	: 17	- 18
죄의 몸이 죽어 다시는 우리가 죄에게 종 노릇 하지 아	롬 6	: 6	- 11
죄의 삯은 사망이요 하나님의 은사는 영생이니라	롬 6	: 23	
죄의 승계	신 5	: 9	- 10
죄의 정욕이 우리 지체 중에 역사하여 우리로 사망을	롬 7	: 5	- 14
죄의 종으로 사망에 이르고 혹은 순종의 종으로 의에	롬 6	: 16	
죄의 종이 되었을 때에는 의에 대하여 자유로웠느니라	롬 6	: 20	
죄의 종이더니 교훈의 본을 순종하여 의에게 종이 되었	롬 6	: 17	- 18
죄인 되었을 때에 그리스도께서 우리를 위하여 죽으심	롬 5	: 8	
죄인 및 세리들과 함께 잡수시는 것을 보고 제자들에게	막 2	: 16	- 17
죄인 한 사람이 많은 선을 무너지게 하느니라	전 9	: 18	
죄인 한 사람이 회개하면 하나님의 사자들 앞에 기쁨이	눅 15	: 10	
죄인 한 사람이 회개하면 하늘에서는 회개할 것 없는	눅 15	: 7	
죄인들아 손을 깨끗이 하라	약 4	: 8	
죄인을 구원하시려고 세상에 임하셨다 하였도다	딤전 1	: 15	- 16
죄인을 미혹된 길에서 돌아서게 하는 자가 그의 영혼을	약 5	: 20	
죄인을 불러 회개시키러 왔노라	눅 5	: 32	
죄인의 형통을 부러워하지 말고 항상 여호와를 경외	잠 23	: 17	- 18
주 너의 하나님께 경배하고 다만 그를 섬기라 하였느니	마 4	: 10	
주 너의 하나님께 경배하고 다만 그를 섬기라 하였느니	눅 4	: 8	
주 너의 하나님을 사랑하고 또한 네 이웃을 자신 같이	눅 10	: 27	- 37
주 너의 하나님을 사랑하라 하신 것이요	막 12	: 30	- 34
주 너의 하나님을 시험하지 말라 하였느니라	마 4	: 7	
주 너의 하나님을 시험하지 말라 하였느니라	눅 4	: 12	- 13

주 안에서 죽는 자들은 복이 있도다 　　　　　　　　　계 14 : 13

주 안에서 항상 기뻐하라 내가 다시 말하노니 기뻐하라 　　빌 4 : 4 - 5

주 앞에 앞서 가서 그 길을 준비하여 주의 백성에게 　　　눅 1 : 76 - 80

주 앞에 큰 자가 되며 포도주나 독한 술을 마시지 아니 　　눅 1 : 15 - 16

주 앞에서 낮추라 그리하면 주께서 너희를 높이시리라 　　약 4 : 10

주 앞에서 먹고 마셨으며 주는 또한 우리를 가르치셨 　　　눅 13 : 26 - 30

주 앞에서 점도 없고 흠도 없이 평강 가운데서 나타나기 　벧후 3 : 14

주 예수를 믿으라 그리하면 너와 네 집이 구원을 받으리 　행 16 : 31 - 32

주 예수의 이름으로 세례를 받으니 바울이 안수하매 　　　행 19 : 5 - 7

주가 쓰시겠다 하라 그리하면 즉시 보내리라 하시니 　　　마 21 : 3

주가 쓰시겠다 하라 그리하면 즉시 이리로 보내리라 　　　막 11 : 3 - 11

주가 쓰시겠다 하라 하시매 　　　　　　　　　　　　　눅 19 : 31 - 44

주검 있는 곳에는 독수리가 모이느니라 하시니라 　　　　눅 17 : 37

주검이 있는 곳에는 독수리들이 모일 것이니라 　　　　　마 24 : 28

주권자에게 은혜를 구하는 자가 많으나 사람의 일을 　　　잠 29 : 26

주기도문 　　　　　　　　　　　　　　　　　　　　　마 6 : 9 - 13

주기도문 　　　　　　　　　　　　　　　　　　　　　눅 11 : 2 - 4

주께 구한 것을 알게 하셨사오니 감사하고 찬양하나 　　　단 2 : 23

주께 받은 바 기름 부음이 너희 안에 거하나니 　　　　　요일 2 : 27

주께 부르짖었사오니 아침에 나의 기도가 주의 앞에 　　　시 88 : 13

주께 의지하는 자는 복이 있나이다 　　　　　　　　　　시 84 : 12

주께 피하는 모든 사람은 다 기뻐하며 주의 보호로 　　　시 5 : 11

주께 피하는 자를 위하여 베푸신 은혜가 그리 큰지요 　　시 31 : 19

주께 하듯 하라 　　　　　　　　　　　　　　　　　　골 3 : 18 - 25

주께 합당하게 행하여 범사에 기쁘시게 하고 모든 선한 　골 1 : 10

주께 힘을 얻고 마음에 시온의 대로가 있는 자는 복이 　시 84 : 5

주께는 하루가 천 년 같고 천 년이 하루 같다는 　　　　벧후 3 : 8 - 10

주께서 가난한 자를 위하여 주의 은택을 준비하셨나이다 　시 68 : 10

주께서 강림하시기까지 길이 참으라 　　　　　　　　　약 5 : 7 - 8

주께서 과연 살아나시고 시몬에게 보이셨다 하는지라 　　눅 24 : 34 - 35

주께서 그 사랑하시는 자를 징계하시고 채찍질하심이라 　히 12 : 6 - 11

주께서 그 죄를 인정하지 아니하실 사람은 복이 있도다 　롬 4 : 8 - 12

주께서 나의 반석이시요 나의 요새이심이니이다	시 71	: 3	
주께서 내 생명을 구덩이에서 건지셨나이다	욘 2	: 6	- 7
주께서 너희 마음을 인도하여 하나님의 사랑과	살후 3	: 5	
주께서 너희를 넘어뜨리려 하지 않고 세우려 하여	고후 13	: 10	- 11
주께서 네게 어떻게 큰 일을 행하사 너를 불쌍히 여기신	막 5	: 19	- 20
주께서 무엇이든지 하나님께 구하시는 것을 하나님이	요 11	: 22	
주께서 여기 계셨더라면 내 오라비가 죽지 아니하였겠	요 11	: 21	- 22
주께서 오시기까지 아무 것도 판단하지 말라	고전 4	: 5	
주께서 의를 사랑하시고 불법을 미워하셨으니	히 1	: 9	- 14
주께서 이르시되 하늘은 나의 보좌요 땅은 나의 발등상	행 7	: 49	- 50
주께서 임하시는 날의 심판	말 3	: 1	- 6
주께서 주신 권세는 너희를 무너뜨리려고 하신 것이 아	고후 10	: 8	- 18
주께서 한 포도나무를 애굽에서 가져다가 민족들을	시 80	: 8	- 15
주께서는 아무도 멸망하지 아니하고 다 회개하기에	벧후 3	: 9	- 10
주는 가장 자비하시고 긍휼히 여기시는 이시니라	약 5	: 11	
주는 것이 받는 것보다 복이 있다 하심을 기억하여야	행 20	: 35	
주는 곧 영원히 찬송할 이시로다 아멘	롬 1	: 25	
주는 그리스도시니이다 하매	막 8	: 29	
주는 그리스도시요 세상에 오시는 하나님의 아들이신	요 11	: 27	
주는 그리스도요 살아 계신 하나님의 아들이시니이다	마 16	: 16	- 20
주는 나를 돕는 이시니 내가 무서워하지 아니하겠노라	히 13	: 6	
주는 나의 방패시요 나의 영광이시여 나의 머리를 드시	시 3	: 3	
주는 나의 요새이시며 나의 환난 날에 피난처심이니다	시 59	: 16	
주는 나의 은신처이오니 환난에서 나를 보호하시고	시 32	: 7	
주는 나의 피난처요 나의 분깃이라 하셨나이다	시 142	: 5	
주는 몸을 위하여 계시느니라	고전 6	: 13	- 20
주는 미쁘사 너희를 굳건하게 하시고 악한 자에게서	살후 3	: 3	- 5
주는 사람을 외모로 취하심이 없느니라	골 3	: 25	
주는 선하사 사죄하기를 즐거워하시며 부르짖는 자에게	시 86	: 5	
주는 영이시니 주의 영이 계신 곳에는 자유가 있느니라	고후 3	: 17	- 18
주는 영존할 것이며 그것들은 다 옷과 같이 낡아지리니	히 1	: 11	- 14
주는 토기장이시니 우리는 다 주의 손으로 지으신 것이	사 64	: 8	

주는 하나님의 거룩하신 자이신 줄 믿고 알았사옵니다　　　요 6 : 69
주는 항상 미쁘시니 자기를 부인하실 수 없으시리라　　　딤후 2 : 13
주님을 파는 자가 누구오니이까 묻던 자더라　　　요 21 : 20 - 22
주님이라는 말을 듣고 겉옷을 두른 후에 바다로 뛰어　　　요 21 : 7 - 14
주님이시거든 나를 명하사 물 위로 오라 하소서 하니　　　마 14 : 28 - 33
주도 한 분이시요 믿음도 하나요 세례도 하나요　　　엡 4 : 5 - 6
주라 그리하면 너희에게 줄 것이니 곧 후히 되어 누르고　　　눅 6 : 38
주를 경외하는 자에게 깃발을 주시고 진리를 위하여　　　시 60 : 4
주를 경외하는 주의 말씀을 주의 종에게 세우소서　　　시 119 : 38
주를 경외함이 지혜요 악을 떠남이 명철이니라　　　욥 28 : 28
주를 기쁘시게 할 것이 무엇인가 시험하여 보라　　　엡 5 : 10 - 14
주를 높이고 송축하리이다　　　시 145 : 1 - 2
주를 부인하면 주도 우리를 부인하실 것이라　　　딤후 2 : 12 - 13
주를 부인하지 않겠나이다 하고 모든 제자도 이와 같이　　　막 14 : 31
주를 사랑하지 아니하면 저주를 받을지어다　　　고후 16 : 22
주를 시험하다가 뱀에게 멸망하였나니　　　고전 10 : 9 - 12
주를 아브라함의 하나님이요 이삭의 하나님이요 야곱의　　　눅 20 : 37 - 40
주를 위하여 내 목숨을 버리겠나이다　　　요 13 : 37
주를 의지하오며 주의 이름을 의탁하옵고 많은 무리를　　　대하 14 : 11
주를 찾는 자들을 버리지 아니하심이니이다　　　시 9 : 10
주를 향하여 손을 펴고 내 영혼이 마른 땅같이 주를 사모　　　시 143 : 6
주를 힘입어 담대히 말하니 주께서 표적과 기사를 행하　　　행 14 : 3 - 7
주리거나 목마르지 아니할 것이며 더위와 볕이　　　사 49 : 10
주리지도 아니하며 목마르지도 아니하고 해나 뜨거운　　　계 7 : 16 - 17
주린 자가 꿈에 먹었을지라도 깨면 그 속은 여전히 비고　　　사 29 : 8
주린 자는 복이 있나니 너희가 배부름을 얻을 것임이요　　　눅 6 : 21
주린 자에게 양식을 나누어 주며 유리하는 빈민을 집에　　　사 58 : 7
주린 자에게 음식물을 주며 벗은 자에게 옷을 입히며　　　겔 18 : 7 - 8
주릴 때에 너희가 먹을 것을 주었고 목마를 때에 마시게　　　마 25 : 35 - 46
주목하는 것은 보이는 것이 아니요 보이지 않는 것이　　　고후 4 : 18
주민과 언약을 맺지 말며 그들의 제단들을 헐라　　　삿 2 : 2 - 3
주신 이도 여호와시요 거두신 이도 여호와시다　　　욥 1 : 21 - 22

주여 나를 떠나소서 나는 죄인이로소이다   눅 5 ： 8

주여 원하시면 나를 깨끗하게 하실 수 있나이다 하니   눅 5 ： 12 - 16

주여 주여 하는 자마다 다 천국에 들어갈 것이 아니요   마 7 ： 21

주여 주여 하면서도 어찌하여 내가 말하는 깃을 행하지   눅 6 ： 46 - 49

주와 함께 옥에도, 죽는 데에도 가기를 각오하였나이다   눅 22 ： 33 - 34

주와 함께 죽었으면 또한 함께 살 것이요   딤후 2 ： 11 - 13

주와 함께 죽을지언정 주를 부인하지 않겠나이다 하고   마 26 ： 35

주와 합하는 자는 한 영이니라   고전 6 ： 17 - 20

주의 공의와 구원을 내 입으로 종일 전하리이다   시 71 ： 15

주의 궁정에서의 한 날이 다른 곳에서의 천 날보다 나은   시 84 ： 10 - 12

주의 길을 곧게 하라고 광야에서 외치는 자의 소리로라   요 1 ： 23 - 28

주의 길을 준비하라 그가 오실 길을 곧게 하라   마 3 ： 3

주의 길을 준비하라 그가 오실 길을 곧게 하라   막 1 ： 3 - 5

주의 길을 준비하라 그가 오실 길을 곧게 하라   눅 3 ： 4 - 6

주의 날개 그늘 아래에서 이 재앙들이 지나기까지   시 57 ： 1

주의 날이 도둑 같이 오리니 그 날에는 하늘이 큰 소리   벧후 3 ： 10

주의 날이 밤에 도둑 같이 이를 줄을 너희 자신이 자세히   살전 5 ： 2 - 8

주의 날이 이르렀다고 해서 쉽게 마음이 흔들리거나   살후 2 ： 2 - 4

주의 눈은 의인을 향하시고 그의 귀는 의인의 간구에   벧전 3 ： 12 - 17

주의 떡이나 잔을 합당하지 않게 먹고 마시는 자는 주의   고전 11 ： 27 - 29

주의 뜰에 살게 하신 사람은 복이 있나이다   시 65 ： 4

주의 뜻이 무엇인가 이해하라   엡 5 ： 17 - 21

주의 말씀대로 주의 종을 선대하셨나이다   시 119 ： 65

주의 말씀은 세세토록 있도다   벧전 1 ： 25

주의 몸을 분별하지 못하고 먹고 마시는 자는 자기의   고전 11 ： 29 - 34

주의 법을 사랑하는 자에게는 큰 평안이 있으니   시 119 ：165

주의 보좌는 영영하며 주의 나라의 규는 공평한 규이니   히 1 ： 8 - 14

주의 사랑을 의지하오니 나의 마음은 주의 구원을 기뻐   시 13 ： 5

주의 사자가 나타나매 옥중에 광채가 빛나며 베드로의   행 12 ： 7 - 12

주의 사자가 밤에 옥문을 열고 끌어내어 이르되   행 5 ： 19 - 21

주의 성산에 사는 자   시 15 ： 1 - 5

주의 소식을 받지 못한 자들이 볼 것이요 듣지 못한 자   롬 15 ： 21

주의 손에서 받은 것으로 주께 드렸을 뿐이니이다   대상 29 : 14

주의 손에서 왔사오니 다 주의 것이니이다   대상 29 : 16

주의 손으로 나를 빚으셨으며 만드셨는데 나를 멸하시   욥 10 : 8 - 12

주의 손이 행하신 일로 말미암아 내가 높이 외치리다   시 92 : 4 - 6

주의 식탁과 귀신의 식탁에 겸하여 참여하지 못하리라   고전 10 : 21 - 22

주의 약속은 어떤 이들이 더디다고 생각하는 것 같이   벧후 3 : 9 - 10

주의 얼굴 빛을 비추사 우리가 구원을 얻게 하소서   시 80 : 3

주의 얼굴은 악행하는 자들을 대하시느니라   벧전 3 : 12 - 17

주의 얼굴을 주의 종에게 비추시고 나를 가르치소서   시 119 : 135

주의 얼굴의 광채를 비추사 우리가 구원을 얻게 하소서   시 80 : 7

주의 영을 시험하려 하느냐 보라 네 남편을 장사하고   행 5 : 9 - 11

주의 영이 계신 곳에는 자유가 있느니라   고후 3 : 17 - 18

주의 영이 빌립을 이끌어간지라 내시는 기쁘게 길을   행 8 : 39 - 40

주의 오래 참으심이 구원이 될 줄로 여기라   벧후 3 : 15 - 17

주의 은혜의 해를 전파하게 하려 하심이라 하였더라   눅 4 : 19

주의 이름으로 오시는 왕이여 하늘에는 평화요 가장   눅 19 : 38 - 44

주의 이름으로 오시는 이 곧 이스라엘의 왕이시여   요 12 : 13 - 16

주의 이름으로 오시는 이여 가장 높은 곳에서 호산나   마 21 : 9 - 11

주의 이름을 부르는 자는 구원을 받으리라   행 2 : 21

주의 이름을 부르는 자는 구원을 받으리라   롬 10 : 13 - 15

주의 이름을 부르는 자마다 불의에서 떠날지어다   딤후 2 : 19

주의 이름을 사랑하는 자들은 주를 즐거워하리다   시 5 : 11

주의 이름을 아는 자는 주를 의지하오리니   시 9 : 10

주의 이름을 형제들에게 선포하고 내가 주를 교회 중에   히 2 : 12 - 18

주의 이름이면 귀신들도 우리에게서 항복하더이다   눅 10 : 17 - 20

주의 일을 위하여 나가서 이방인에게 아무 것도 받지 아   요삼 1 : 7 - 8

주의 입의 법이 내게는 천천 금은보다 좋으니이다   시 119 : 72

주의 잔과 귀신의 잔을 겸하여 마시지 못하고   고전 10 : 21 - 22

주의 장막에 머무를 자   시 15 : 1 - 5

주의 장막에 머물며 주의 날개 아래로 피하리이다   시 61 : 4

주의 종은 마땅히 다투지 아니하고 모든 사람에 대하여   딤후 2 : 24 - 26

주의 종을 보증하사 복을 얻게 하시고 교만한 자들이   시 119 : 122

주의 종을 선대하셨나이다	시 119	: 65		
주의 종이오니 나를 깨닫게 하사 주의 증거들을 알게	시 119	: 125		
주의 지팡이와 막대기가 나를 안위하시나이다	시 23	: 4		
주의 집에 사는 자들은 복이 있나니 항상 찬송하리이다	시 84	: 4		
주인의 뜻을 알고도 준비하지 아니하고 그 뜻대로 행하	눅 12	: 47	-	48
주인이 그의 모든 소유를 그에게 맡기리라	마 24	: 47	-	51
주인이 올 때에 그 종이 이렇게 하는 것을 보면 그 종이	마 24	: 46	-	51
죽고 또 죽어 뿌리까지 뽑힌 열매 없는 가을 나무요	유 1	: 12	-	16
죽고 사는 것이 혀의 힘에 달렸나니 혀를 쓰기 좋아하	잠 18	: 21		
죽기 전에 하나님의 나라를 볼 자들도 있느니라	눅 9	: 27		
죽기까지 복종하셨으니 곧 십자가에 죽으심이라	빌 2	: 8	-	11
죽기를 구하여도 죽지 못하고 죽고 싶으나 죽음이	계 9	: 6	-	10
죽기를 무서워하므로 한평생 매여 종노릇하는 모든 자	히 2	: 15	-	18
죽도록 충성하라 그리하면 내가 생명의 관을 네게 주리	계 2	: 10		
죽었던 자가 일어나 앉고 말도 하거늘 예수께서 그를	눅 7	: 15	-	17
죽으면 많은 열매를 맺느니라	요 12	: 24		
죽으면 죽으리다 (에스더)	에 4	: 16		
죽으심과 같은 모양으로 연합한 자가 되었으면 또한	롬 6	: 5		
죽으심과 합하여 세례를 받음으로 그와 함께 장사되었	롬 6	: 4	-	5
죽으심으로 하나님께서 우리에 대한 사랑을 확증하셨느	롬 5	: 8		
죽은 것이 아니고 잔다 하시니 그들이 비웃더라	막 5	: 39	-	43
죽은 것이 아니고 잔다 하시니 그들이 비웃더라	눅 8	: 52	-	56
죽은 것이 아니라 잔다 하시니 그들이 비웃더라	마 9	: 24	-	26
죽은 자 가운데서 살아나셨고 너희보다 먼저 갈릴리로	마 28	: 7	-	10
죽은 자가 살아난다는 것은 모세도 가시나무 떨기에	눅 20	: 37	-	40
죽은 자가 수족을 베로 동인 채로 나오는데 그 얼굴은	요 11	: 44		
죽은 자가 죄에서 벗어나 의롭다 하심을 얻었음이라	롬 6	: 7	-	11
죽은 자들로 자기의 죽은 자들을 장사하게 하고 너는	눅 9	: 60	-	62
죽은 자들에게도 복음이 전파되었으니 이는 육체로는	벧전 4	: 6		
죽은 자들의 부활	살전 4	: 13	-	18
죽은 자들의 세계	겔 32	: 17	-	32
죽은 자들이 그들의 죽은 자들을 장사하게 하고 너는	마 8	: 22		

죽은 자들이 썩지 아니할 것으로 다시 살아나고 변화되　고전 15 : 52 - 58

죽은 자들이 하나님의 아들의 음성을 들을 때가 오나니　요 5 : 25 - 29

죽은 자를 살리시며 없는 것을 있는 것으로 부르시는　롬 4 : 17 - 25

죽은 자에게서 그들에게 가는 자가 있으면 회개하리다　눅 16 : 30 - 31

죽은 자와 산자의 주가 되려 하심이라　롬 14 : 9

죽은 자의 부활도 썩을 것으로 심고 썩지 아니할 것으　고전 15 : 42 - 44

죽은 자의 부활이 없으면 그리스도도 살아나지 못하셨　고전 15 : 13 - 19

죽은 자의 소망 곧 부활로 말미암아 내가 심문을 받노라　행 23 : 6 - 11

죽은 자의 하나님이 아니요 산 자의 하나님이시라　막 12 : 27

죽은 자의 하나님이 아니요 살아 있는 자의 하나님이시　마 22 : 32

죽은 자의 하나님이 아니요 살아 있는 자의 하나님이시　눅 20 : 38 - 40

죽은 지가 나흘이 되었으매 벌써 냄새가 나나이다　요 11 : 39 - 44

죽은 행실을 회개함과 하나님께 대한 신앙과　히 6 : 1 - 3

죽을 것이 생명에 삼킨 바 되게 하려 함이라　고후 5 : 4 - 5

죽을 병이 아니라 하나님의 영광을 위함이요　요 11 : 4

죽을 수도 없나니 이는 천사와 동등이요 부활의 자녀임　눅 20 : 36 - 40

죽을지언정 주를 부인하지 않겠나이다 하고 모든 제자도　마 26 : 35

죽음과 부활을 세 번째로 이르시다　마 20 : 17 - 19

죽인 후에 또 지옥에 던져 넣는 권세가 있는 그를 두려워　눅 12 : 5 - 7

죽임을 당하고 사흘 만에 살아나야 할 것을 가르치시되　막 8 : 31 - 33

죽임을 당하고 제삼일에 살아나리라 하시니 제자들이　마 17 : 23

죽임을 당하고 제삼일에 살아나야 하리라 하시고　눅 9 : 22

죽임을 당하고 제삼일에 살아나야 할 것을 제자들에게　마 16 : 21 - 23

죽임을 당하고 죽은 지 삼일 만에 살아나리라　막 9 : 31 - 32

준비일이요 안식일이 거의 되었더라　눅 23 : 54 - 56

준비하고 있으라 생각하지 않은 때에 인자가 오리라　눅 12 : 40

준비하였던 자들은 함께 혼인 잔치에 들어가고 문은 닫　마 25 : 10 - 13

줄 때에는 아끼는 마음을 품지 말 것이요　신 15 : 10 - 11

줄과 추　왕하 21 : 13

중보기도 (솔로몬이 백성들을 위한)　대하 6 : 12 - 42

중보기도하시다　요 17 : 1 - 26

중보자 역할 (모세)　신 5 : 26 - 31

중보자는 한 편만을 위한 자가 아니나 하나님은 한 분	갈 3	: 20	-	22
중보자도 한 분이시니 곧 사람이신 그리스도 예수라	딤전 2	: 5	-	7
중보자시니 이는 첫 언약 때에 범한 죄에서 속량하려고	히 9	: 15		
중생의 씻음과 성령의 새롭게 하심으로 히셨니니	딛 3	: 5	-	7
중심을 보시는 여호와	삼상 16	: 7		
중심이 진실함을 원하시오니 내게 지혜를 은밀히 가르치	시 51	: 6		
중풍병으로 침상 위에 누운지 여덟 해라 베드로가	행 9	: 33	-	35
중풍병자를 고치시다	마 9	: 1	-	8
중풍병자를 고치시다	막 2	: 1	-	12
중풍병자를 고치시다	눅 5	: 17	-	26
중풍병자를 네 사람에게 메워 가지고 예수께로 올새	막 2	: 3	-	12
중풍병자를 사람들이 침상에 메고 와서 예수 앞에 들여	눅 5	: 18	-	26
중풍병자에게 이르시되 작은 자야 네 죄 사함을 받았느	막 2	: 5	-	12
즐거운 찬송을 부를지어다	시 100	: 1	-	5
즐거움으로 이것을 하게 하고 근심으로 하게 하지 말라	히 13	: 17		
즐거워하는 자가 있느냐 그는 찬송할지니라	약 5	: 13	-	18
즐거워하는 자들과 함께 즐거워하고 우는 자들과 함께	롬 12	: 15	-	16
즐거이 소리칠지어다 즐겁게 찬송할지어다	시 98	: 4	-	8
즐겁게 소리칠 줄 아는 백성은 복이 있나니	시 89	: 15	-	16
즐겨 내는자를 사랑하시느니라	고후 9	: 7	-	9
즐기자 나의 잃은 양을 찾아내었노라 하리라	눅 15	: 6	-	7
증거궤	출 30	: 6		
증거궤 규격 및 양식	출 25	: 10	-	16
증거궤 위치	출 26	: 33	-	34
증거궤(법궤)를 들여놓고 또 휘장으로 그 궤를 가리고	출 40	: 3	-	5
증거의 두 판을 모세의 손에 들고 시내산을 내려오니	출 34	: 29	-	35
증거판 (두 번째 돌판) (십계명)	출 34	: 28	-	35
증거판 (하나님이 친히 쓰신 두 돌판)	출 31	: 18		
증거판 (하나님이 친히 쓰신 두 돌판)	출 32	: 15	-	19
증거판 둘을 모세에게 주시니 이는 돌판이요 하나님이	출 31	: 18		
증거판들을 산 아래로 던져 깨뜨리니라	출 32	: 19	-	20
증거판은 하나님이 만드신 것이요 글자는 하나님이 쓰	출 32	: 16		

증거판이 모세의 손에 있고 그 판의 양면에 글자가 있   출 32 : 15 - 16

증서를 지우시고 제하여 버리사 십자가에 못 박으시고   골 2 : 14 - 15

증언하는 이가 셋이니 성령과 물과 피라   요일 5 : 7 - 8

증언하는 이는 성령이시니 성령은 진리니라   요일 5 : 6 - 8

증언한 것 같이 로마에서도 증언하여야 하리라 하시니   행 23 : 11

증인을 삼으려 함이니 이스라엘과 이방인들에게 내가   행 26 : 16 - 18

증인을 세울 때   신 19 : 15 - 21

증인이 되지 말며 네 입술로 속이지 말지니라   잠 24 : 28 - 29

지각에 뛰어난 하나님의 평강이 그리스도 예수 안에서   빌 4 : 7

지각을 사용함으로 연단을 받아 선악을 구별하는 자들   히 5 : 14

지계석을 옮기지 말며 고아들의 밭을 침범하지 말라   잠 23 : 10

지계석을 옮기지 말지니라   잠 22 : 28

지극히 높으신 이가 사람의 나라를 다스리시며   단 4 : 25

지극히 작은 것에 충성된 자는 큰 것에도 충성되고   눅 16 : 10 - 13

지극히 작은 것에 충성하였으니 열 고을 권세를 차지하   눅 19 : 17 - 27

지극히 작은 자 하나에게 한 것이 곧 내게 한 것이니라   마 25 : 40 - 46

지금은 하나님의 자녀라 장래에 어떻게 될지는 아직   요일 3 : 2 - 3

지나쳐 그리스도의 교훈 안에 거하지 아니하는 자는   요이 1 : 9 - 10

지느러미와 비늘 있는 것은 너희가 먹되   레 11 : 10

지도자는 한 분이시니 곧 그리스도시니라   마 23 : 10

지도자라 칭함을 받지 말라 너희의 지도자는 한 분이시   마 23 : 10

지도자를 저주하지 말지니라   출 22 : 28

지면에 흩으셨으므로 그들이 도시를 건설하기를 그쳤   창 11 : 8 - 9

지명하여 불렀나니 너는 내 것이라   사 43 : 1 - 2

지붕 위에 있는 자는 내려가지도 말고 집에 있는 무엇을   막 13 : 15 - 23

지붕 위에 있는 자는 집 안에 있는 물건을 가지러 내려   마 24 : 17 - 28

지붕에 난간을 만들라   신 22 : 8

지붕에 올라가 기와를 벗기고 병자를 침상째 달아 내리   눅 5 : 19 - 26

지붕을 뜯어 구멍을 내고 중풍병자가 누운 상을 달아   막 2 : 4 - 12

지상 명령 (부활하신 예수님이 열한 제자들에게)   마 28 : 16 - 20

지성물을 먹지 말라 하였느니라   느 7 : 65

지성소 안의 두 그룹의 형상 (솔로몬이 건축한 성전)   대하 3 : 10 - 14

지성소(내소) - 솔로몬이 건축한 성전의   왕상 6 : 16 - 31

지성소를 향하여 손을 들고 부르짖을 때 나의 간구하는   시 28 : 2

지성소에 속죄하러 들어가서 자기와 그의 집안과   레 16 : 17

지성소의 규보 (솔로몬이 건축한 성전)   내하 3 : 3

지식에 넘치는 그리스도의 사랑을 알고   엡 3 : 18 - 19

지식에 절제를, 절제에 인내를, 인내에 경건을,   벧후 1 : 6 - 9

지식은 교만하게 하며 사랑은 덕을 세우나니   고전 8 : 1 - 6

지식의 근본 (여호와를 경외하는 것)   잠 1 : 7

지식의 열쇠를 가져가서 너희도 들어가지 않고   눅 11 : 52

지식의 하나님이시라 행동을 달아 보시느니라   삼상 2 : 3

지식이 있는 네가 우상의 집에 앉아 먹는 것을 누구든지   고전 8 : 10 - 13

지으신 것이 하나도 그 앞에 나타나지 않음이 없고   히 4 : 13

지존자를 너의 거처로 삼았으므로 화가 네게 미치지 못   시 91 : 9 - 11

지존자의 오른손의 해 (내 잘못으로 은총이 미움으로)   시 77 : 7 - 10

지진과 그 일어난 일들을 보고 심히 두려워하여 이르되   마 27 : 54

지진과 기근과 전염병이 있겠고 또 무서운 일과 하늘   눅 21 : 11 - 19

지진이 나며 주의 천사가 하늘로부터 내려와 돌을 굴려   마 28 : 2 - 10

지진이 나서 성 십분의 일이 무너지고 죽은 사람이 칠천   계 11 : 13 - 14

지진이 나서 옥터가 움직이고 문이 다 열리며 모든 사람   행 16 : 26 - 40

지진이 있으며 기근이 있으리니 이는 재난의 시작이라   막 13 : 8 - 13

지체 속에 있는 죄의 법으로 나를 사로잡는 것을 보는   롬 7 : 23 - 25

지체 속에서 한 다른 법이 내 마음의 법과 싸워 내 지체   롬 7 : 23 - 25

지체가 같은 기능을 가진 것은 아니니   롬 12 : 4 - 8

지체가 많으나 한 몸과 같이 그리스도도 그러하니라   고전 12 : 12 - 20

지체는 많으나 몸은 하나라   고전 12 : 20 - 27

지체를 불의의 무기로 죄에게 내어주지 말고 오직 너희   롬 6 : 13 - 14

지체를 의에게 종으로 내주어 거룩함에 이르라   롬 6 : 19 - 20

지체를 의의 무기로 하나님께 드리라   롬 6 : 13 - 14

지체의 분량대로 역사하여 그 몸을 자라게 하며 사랑   엡 4 : 16

지파들의 지경의 몫   겔 48 : 1 - 8

지파들의 지경의 몫   겔 48 : 23 - 29

지파별 진 편성 및 행군 순서   민 2 : 1 - 34

지파의 지도자들 (다윗 왕 때)   대상 27 : 16 - 24

지팡이 (가문의 지팡이 12개)   민 17 : 2 - 9

지팡이 (나일강을 치던 네 지팡이를 손에 잡고 가라)   출 17 : 5 - 7

지팡이 (땅에 던지니 뱀이 된지라)   출 4 : 2 - 4

지팡이 (바다위로 내밀어 갈라지게 하라)   출 14 : 16 - 21

지팡이 (반석을 치라 물이 나오리니)   출 17 : 5 - 7

지팡이 (상한 갈대 지팡이 애굽)   왕하 18 : 19 - 21

지팡이 (아론의 지팡이가 요술사의 뱀을 삼키다)   출 7 : 10 - 13

지팡이 (아론의 지팡이에서 순이 나고 꽃이 피다)   민 17 : 8 - 10

지팡이 (아말렉과 전쟁시 모세의 지팡이)   출 17 : 9 - 13

지팡이 (엘리사의 지팡이)   왕하 4 : 29

지팡이 (여호와 사자의 지팡이)   삿 6 : 21

지팡이 (통치자의 지팡이)   창 49 : 10

지팡이 (하나님의 지팡이를 잡고 손을 들면 이기고)   출 17 : 9 - 13

지팡이 끝으로 꿀을 찍어 맛본 요나단   삼상 14 : 27 - 29

지팡이 끝을 내밀어 대니 불이 바위에서 나와 고기와   삿 6 : 21

지팡이 머리에 의지하여 경배하였으며   히 11 : 21 - 26

지팡이 외에는 양식이나 배낭이나 전대의 돈이나 아무 막 6 : 8 - 13

지팡이나 양식이나 돈이나 두 벌 옷을 가지지 말며   눅 9 : 3 - 6

지팡이로 나일강을 치면 그것이 피로 변하고   출 7 : 17 - 24

지팡이로 반석을 두 번 치니 물이 많이 솟아나므로   민 20 : 11 - 18

지팡이를 그 아이 얼굴에 놓으라 하는지라   왕하 4 : 29

지팡이를 들고 손을 바다 위로 내밀어 갈라지게 하라 출 14 : 16

지팡이를 들매 여호와께서 우렛소리와 우박을 보내시 출 9 : 23 - 24

지팡이를 손에 잡고 이것으로 이적을 행할지니라   출 4 : 17

지팡이를 잡고 급히 먹으라   출 12 : 11 - 11

지팡이를 잡고 땅의 티끌을 치매 애굽 온 땅의 티끌이 출 8 : 17 - 19

지혜 (위로부터 난 지혜)   약 3 : 13 - 18

지혜 있는 자들로 하여금 자기 꾀에 빠지게 하시는 이 고전 3 : 19 - 23

지혜 있는 자를 책망하라 그가 너를 사랑하리라   잠 9 : 8 - 9

지혜 있는 줄로 생각하거든 어리석은 자가 되라   고전 3 : 18 - 23

지혜가 너를 선한 자의 길로 행하게 하며 또 의인의 길로 잠 2 : 20 - 21

지혜가 너를 음녀에게서, 말로 호리는 이방계집에게서   잠 2 : 16

지혜가 네 마음에 들어가며 지식이 네 영혼을 즐겁게   잠 2 : 10 - 12

지혜가 많으면 번뇌도 많으니 지식을 더 하는 자는   전 1 : 18

지혜가 모든 사람보다 낫기 때문이 아니라   단 2 : 30

지혜가 무기보다 나으니라 그러나 죄인 한 사람이 많은   전 9 : 18

지혜가 부족하거든 모든 사람에게 후히 주시고 꾸짖지   약 1 : 5

지혜가 부족하거든 하나님께 구하라 그리하면 주시리라   약 1 : 5

지혜가 여기 있으니 총명한 자는 그 짐승의 수를 세어   계 13 : 18

지혜가 제일이니 지혜를 얻으라   잠 4 : 7

지혜가 주는 유익   잠 2 : 1 - 22

지혜는 그 얻는 자에게 생명 나무라   잠 3 : 18

지혜는 그 행한 일로 인하여 옳다 함을 얻느니라   마 11 : 19

지혜는 명철한 자의 마음에 머물거니와 미련한 자의   잠 14 : 33

지혜는 자기의 모든 자녀로 인하여 옳다 함을 얻느니라   눅 7 : 35

지혜는 진주보다 귀하니 네가 사모하는 모든 것으로도   잠 3 : 15

지혜는 진주보다 나으므로 원하는 모든 것을 비교할 수   잠 8 : 11 - 13

지혜는 첫째 성결하고 다음에 화평하고 관용하고 양순   약 3 : 17 - 18

지혜로 각 사람을 가르침은 각 사람을 그리스도 안에서   골 1 : 28

지혜로 땅에 터를 놓으셨으며 명철로 하늘을 견고히   잠 3 : 19 - 20

지혜로 말미암아 건축되고 명철로 말미암아 견고하게   잠 24 : 3 - 4

지혜로 피차 가르치며 권면하고 시와 찬송과 신령한   골 3 : 16 - 17

지혜로운 사람의 책망을 듣는 것이 우매한 자의 노래를   전 7 : 5 - 6

지혜로운 아들은 아비를 기쁘게 하거니와 미련한 아들은   잠 10 : 1

지혜로운 아들은 아비를 즐겁게 하여도 미련한 자는   잠 15 : 20

지혜로운 아들은 아비의 훈계를 들으나 거만한 자는   잠 13 : 1

지혜로운 여인에 의해 반란의 두목 세바만 죽다   삼하 20 : 20 - 22

지혜로운 여인은 자기 집을 세우되 미련한 여인은   잠 14 : 1

지혜로운 자는 그의 지혜를 자랑하지 말라   렘 9 : 23 - 24

지혜로운 자는 영광을 기업으로 받거니와 미련한 자의   잠 3 : 35

지혜로운 자는 위로 향한 생명 길로 말미암음으로   잠 15 : 24

지혜로운 자로서 어리석은 자들을 기쁘게 용납하는구나   고후 11 : 19 - 22

지혜로운 자와 동행하면 지혜를 얻고 미련한 자와   잠 13 : 20

지혜로운 자와 미련한 자가 다투면 그침이 없느니라 잠 29 : 9
지혜로운 자의 재물은 그의 면류관이요 미련한 자의 잠 14 : 24
지혜를 다하고 힘을 다하여 하나님을 사랑하는 것과 막 12 : 33 - 34
지혜를 버리지 말라 그가 너를 보호하리라 잠 4 : 6 - 7
지혜를 얻는 것이 은을 얻는 것보다 낫고 그 이익이 잠 3 : 14 - 15
지혜를 얻으며 명철을 얻으라 잠 4 : 5 - 7
지혜를 얻은 자는 자기 영혼을 사랑하고 명철을 지키는 잠 19 : 8
지혜를 얻은 자와 명철을 얻은 자는 복이 있나니 잠 3 : 13 - 20
지혜를 오직 구하였으니 (솔로몬) 왕상 3 : 11 - 14
지혜없는 자는 남의 손을 잡고 보증이 되느니라 잠 17 : 18
지혜에게는 내 누이라 하며 명철에게 너는 내 친족이라 잠 7 : 4 - 5
지혜에는 아이가 되지 말고 악에는 어린 아이가 되라 고전 14 : 20 - 25
지혜에는 장성한 사람이 되라 고전 14 : 20 - 25
지혜와 계시의 영을 너희에게 주사 하나님을 알게 하시 엡 1 : 17 - 19
지혜와 권능이 하나님께 있고 계략과 명철도 그에게 욥 12 : 13 - 14
지혜와 명철 욥 28 : 28
지혜와 명철 찬양 잠 8 : 1 - 36
지혜와 지식 신 4 : 6
지혜와 지식을 주고 부와 재물과 영광도 주리니 대하 1 : 12
지혜와 지식의 모든 보화가 감추어져 있느니라 골 2 : 3 - 5
지혜와 총명을 우리에게 넘치게 하사 그 뜻의 비밀을 엡 1 : 8 - 10
지혜의 말로 하지 아니하고 다만 성령의 나타나심과 고전 2 : 4 - 5
지혜의 온유함으로 그 행함을 보일지니라 약 3 : 13 - 16
지혜있는 자는 강하고 지식 있는 자는 힘을 더하나니 잠 24 : 5 - 6
지혜있는 자는 듣고 학식이 더할 것이요 명철한 자는 잠 1 : 5 - 6
지혜있는 자들의 생각을 헛것으로 아신다 하셨느니라 고전 3 : 20 - 23
지혜있는 자들의 지혜를 멸하고 총명있는 자들의 총명 고전 1 : 19 - 21
지혜있는 자에게 교훈을 더하라 그가 더욱 지혜로워질 잠 9 : 9
지혜있는 자의 교훈은 생명의 샘이니 사망의 그물에서 잠 13 : 14
지혜있는 체 하지 말라 롬 12 : 16
지혜자나 우매자나 전 2 : 13 - 17
지혜자의 마음은 초상집에 있으되 우매자의 마음은 전 7 : 4

직분은 여러 가지나 주는 같으며	고전 12	: 5	- 11
직분을 따라 하나님의 말씀을 이루려 함이니라	골 1	: 25	
직분을 받아 긍휼하심을 입은 대로 낙심하지 아니하고	고후 4	: 1	- 6
직분이 비방을 받지 않게 하려고 꺼리끼지 않게 하고	고후 6	: 3	- 10
직분자의 자격	딤전 3	: 1	- 13
진 편성 및 행군 순서	민 2	: 1	- 34
진노가 불의로 진리를 막는 사람들의 모든 경건하지 않	롬 1	: 18	- 19
진노로 내 얼굴을 네게서 잠시 가렸으나 영원한 자비로	사 54	: 8	
진노를 가득히 담은 금 대접 일곱을 일곱 천사에게 주며	계 15	: 7	- 8
진노와 긍휼	롬 9	: 19	- 29
진노의 술잔을 모든 나라에 내리시다	렘 25	: 15	- 38
진노의 일곱 대접을 땅에 쏟으라 하더라	계 16	: 1	- 21
진노의 포도주를 마시리니 불과 유황으로 고난을 받으	계 14	: 10	- 11
진노하심에서 구원을 받을 것이니 아들의 죽으심으로	롬 5	: 9	- 11
진리 속에 속한 줄 알고 또 우리 마음을 굳세게 하리니	요일 3	: 19	- 24
진리 안에서 행한다 함을 듣는 것보다 더 기쁜 일이 없	요삼 1	: 3	- 4
진리가 그 속에 없으므로 진리에 서지 못하고 거짓을 말	요 8	: 44	- 47
진리가 너희를 자유롭게 하리라	요 8	: 31	- 59
진리는 땅에서 솟아나고 의는 하늘에서 굽어보도다	시 85	: 11	- 13
진리로 거룩하게 하옵소서 아버지의 말씀은 진리니이다	요 17	: 17	- 19
진리로 거룩함을 얻게 하려 함이니이다	요 17	: 19	
진리로 너희 허리 띠를 띠고 의의 호심경을 붙이고	엡 6	: 14	- 17
진리를 거슬러 거짓말하지 말라	약 3	: 14	- 16
진리를 거슬러 아무 것도 할 수 없고 오직 진리를 위할	고후 13	: 8	- 11
진리를 거짓 것으로 바꾸어 피조물을 조물주보다 경배	롬 1	: 25	
진리를 따르는 자는 빛으로 오나니 이는 그 행위가	요 3	: 21	
진리를 따르지 아니하고 불의를 따르는 자에게는 진노	롬 2	: 8	- 11
진리를 말하는데도 어찌하여 나를 믿지 아니하느냐	요 8	: 46	- 47
진리를 말하므로 너희가 나를 믿지 아니하는도다	요 8	: 45	- 47
진리를 믿음으로 구원을 받게 하심이니	살후 2	: 13	- 14
진리를 믿지 않고 불의를 좋아하는 모든 자들로 하여금	살후 2	: 12	
진리를 사되 팔지는 말며 지혜와 훈계와 명철도 그리할	잠 23	: 23	

진리를 순종하므로 너희 영혼을 깨끗하게 하여 거짓이   벧전 1 : 22

진리를 아는 지식을 받은 후 짐짓 죄를 범한즉 다시   히 10 : 26 - 29

진리를 아는데 이르기를 원하시느니라   딤전 2 : 4

진리를 알지니 진리가 너희를 자유롭게 하리라   요 8 : 32

진리를 위하여 함께 일하는 자가 되게 하려 함이라   요삼 1 : 8

진리에 대하여 증언하러 함이로다 무릇 진리에 속한 자   요 18 : 37 - 38

진리에 속한 자는 내 음성을 듣느니라 하신대   요 18 : 37 - 38

진리와 화평을 사랑할지니라   슥 8 : 19

진리요 생명이니 나로 말미암지 않고는 아버지께로 올   요 14 : 6 - 7

진리의 말씀 곧 너희의 구원의 복음을 듣고 그 안에서   엡 1 : 13 - 14

진리의 말씀으로 우리를 낳으셨느니라   약 1 : 18

진리의 말씀을 옳게 분별하며 부끄러울 것이 없는 일꾼   딤후 2 : 15

진리의 사랑을 받지 아니하여 구원함을 받지 못함이라   살후 2 : 10 - 12

진리의 성령이 오시면 그가 너희를 모든 진리 가운데로   요 16 : 13 - 15

진리의 성령이 오실 때에 그가 나를 증언하실 것이요   요 15 : 26

진리의 하나님 여호와여 나를 속량하셨나이다   시 31 : 5

진멸하기를 즐겨 아니하고 가치 없고 하찮은 것은   삼상 15 : 9

진멸할 족속   신 20 : 16 - 18

진설병 (진설할 떡)   레 24 : 5 - 9

진설병과 상의 규격 및 양식   출 25 : 23 - 30

진설병을 먹고 함께 한 자들에게도 주지 아니하였느냐   막 2 : 26 - 28

진설병을 먹고 함께 한 자들에게도 주지 아니하였느냐   눅 6 : 4 - 5

진실로 하나님의 아들이로소이다 하더라   마 14 : 33

진실하게 간구하는 자에게 가까이 하시는도다   시 145 : 18 - 19

진실하여 허물 없이 그리스도의 날까지 이르고   빌 1 : 10 - 11

진실한 자를 보호하시고 교만하게 행하는 자에게 엄중   시 31 : 23

진실한 재판을 행하며 서로 인애와 긍휼을 베풀며   슥 7 : 9 - 10

진실함으로 네게 장가 들리니 네가 여호와를 알리라   호 2 : 20

진영을 거룩하게 하는 법   신 23 : 9 - 14

진주를 돼지 앞에 던지지 말라 그들이 그것을 발로 밟고   마 7 : 6

진흙을 내 눈에 바르매 내가 씻고 보나이다 하니   요 9 : 15 - 16

진흙이 토기장이에게 너는 무엇을 만드느냐 말할 수   사 45 : 9

진흙이 토기장이의 손에 있음 같이 너희가 내 손에 있느 　렘 18 : 6

진흙이요 주는 토기장이시니 우리는 다 주의 손으로 　사 64 : 8

질고를 당하게 하셨은즉 그의 영혼을 속건제물로 　사 53 : 10

질고를 지고 우리의 슬픔을 당하였거늘 우리는 생각하 　사 53 : 4 - 6

질그릇 깨뜨리는 것과 같이 하리라 나도 내 아버지께 받 　계 2 : 27

질그릇에 담긴 보배 　고후 4 : 1 - 15

질서있게 행함과 그리스도를 믿는 너희 믿음이 굳건한 　골 2 : 5

질투는 스올 같이 잔인하며 불길 같이 일어나나니 　아 8 : 6 - 7

질투의 불에 삼켜지리니 여호와가 모든 주민 멸절하되 　습 1 : 18

질투의 하나님 　출 34 : 14

질투하는 하나님인즉 나를 미워하는 자의 죄를 갚되 　출 20 : 5 - 7

질투하시는 하나님 　신 4 : 23 - 24

질투하시는 하나님 　신 5 : 9

질투하시는 하나님이시니 너희의 잘못과 죄들을 사하지 　수 24 : 19

질투하시는 하나님이신즉 　신 6 : 15

질투하시며 보복하시는 하나님이시라 　나 1 : 2 - 3

짐 진 자들아 다 내게로 오라 내가 너희를 쉬게 하리라 　마 11 : 28 - 30

짐승 두 마리 (교회를 핍박하는) 　계 13 : 1 - 18

짐승 앞에서 이적을 행하므로 땅에 거하는 자들을 미혹 　계 13 : 14 - 18

짐승 중 굽이 갈라져 쪽발이 되고 새김질하는 것은 　레 11 : 3

짐승과 교접하면 반드시 죽이고 그 짐승도 죽일지니 　레 20 : 15

짐승과 교합거나 근친상간하는 자 　신 27 : 20 - 23

짐승과 그의 우상에게 경배하고 그의 표를 받은 자는 　계 14 : 11

짐승과 우상에게 경배하고 이마에나 손에 표를 받으면 　계 14 : 9 - 11

짐승과 행음하는 자는 반드시 죽일지니라 　출 22 : 19

짐승에게 찢긴 동물의 고기를 먹지 말고 개에게 던질지 　출 22 : 31

짐승을 그 종류대로, 가축을 그 종류대로, 땅에 기는 　창 1 : 25

짐승을 쳐죽인 자는 짐승으로 짐승을 갚을 것이며 　레 24 : 18

짐승의 수를 세어 보라 그의 수는 육백육십육이니라 　계 13 : 18

짐승의 우상에게 생기를 주어 짐승의 우상으로 말하게 　계 13 : 15 - 18

짐승이 과장되고 신성 모독을 말하는 입을 받고 　계 13 : 5 - 8

짐승이 땅에서 올라오니 어린 양 같이 두 뿔이 있고 　계 13 : 11 - 18

짐승이 바다에서 나오는데 뿔이 열이요 머리가 일곱   계 13 : 1 - 8

짐승이 입을 벌려 하나님을 향하여 비방하되   계 13 : 6 - 8

짐승이 잡히고 그 앞에서 표적을 행하던 거짓 선지자도   계 19 : 20 - 21

짐을 사람에게 지우고 너희는 한 손가락도 이 짐에 대지   눅 11 : 46

짐을 서로 지라   갈 6 : 1 - 10

짐을 서로 지라 그리하여 그리스도의 법을 성취하라   갈 6 : 2 - 4

짐을 여호와께 맡기라 그가 너를 붙드시고   시 55 : 22

짐을 지시는 주 곧 우리의 구원이신 하나님을 찬송할지   시 68 : 19

짐진 것 같이 탄식하는 것은 벗고자 함이 아니요   고후 5 : 4 - 5

집 주인을 바알세불이라 하였거든 하물며 그 집 사람   마 10 : 25 - 26

집 주인이 일어나 문을 한 번 닫은 후에 너희가 밖에서   눅 13 : 25 - 30

집마다 지은 이가 있으니 만물을 지으신 이는 하나님   히 3 : 4 - 6

집사들도 정중하고 일구이언을 하지 아니하고 술에   딤전 3 : 8 - 13

집사들은 한 아내의 남편이 되어 자녀와 자기 집을 잘   딤전 3 : 12 - 13

집사의 자격   딤전 3 : 8 - 13

집사의 직분을 잘한 자들은 아름다운 지위와 그리스도   딤전 3 : 13

집에 들어가거든 그 곳을 떠나기까지 거기 유하라   막 6 : 10 - 13

집은 지혜로 말미암아 건축되고 명철로 말미암아 견고하   잠 24 : 3 - 4

집을 건축하였으나 거기 거주하지 못할 것이요   암 5 : 11

집을 모래 위에 지은 어리석은 사람 같으리니   마 7 : 26 - 27

집을 짓되 깊이 파고 주추를 반석 위에 놓은 사람과 같으   눅 6 : 48 - 49

집이 비고 청소되고 수리되었거늘 이에 가서 저보다 더   마 12 : 44 - 45

집이 스스로 분쟁하면 그 집이 설 수 없고   막 3 : 25 - 27

집이나 성에서 나가 너희 발의 먼지를 떨어 버리라   마 10 : 14 - 15

징계 (사람의 매와 인생의 채찍)   삼하 7 : 14

징계 (주께서 주시는 징계)   히 12 : 1 - 13

징계가 당시에는 즐거워 보이지 않고 슬퍼 보이나 후에   히 12 : 11 - 13

징계는 다 받는 것이거늘 너희에게 없으면 사생자요   히 12 : 8 - 11

징계를 경히 여기지 말라 그 꾸지람을 싫어하지 말라   잠 3 : 11 - 12

징계하시기를 마치 아비가 그 기뻐하는 아들을 징계   잠 3 : 12

징계하시는 줄 마음에 생각하고 여호와의 명령을 지켜   신 8 : 5 - 6

징계하심을 경히 여기지 말며 그에게 꾸지람을 받을 때   히 12 : 5 - 11

징계하지 않는 아들이 있으리요　　　　　　　　히 12 ：7 - 11

징벌을 받으며 주의 법으로 교훈하심을 받는 자가 복이　　시 94 ：12 - 14

징벌의 날이니라　　　　　　　　　　　　　　눅 21 ：22 - 28

징조를 베풀리니 곧 피와 불과 연기로다　　　　행 2 ：19 - 21

징집 면제 (신혼 가정)　　　　　　　　　　　신 24 ：5

쫓아내지 못한 가나안 족속들　　　　　　　　삿 1 ：27 - 36

차든지 뜨겁든지 하기를 원하노라　　　　　　계 3 ：15 - 16

차라리 나지 아니하였더라면 자기에게 좋을 뻔하였느니　　막 14 ：21

차별하며 악한 생각으로 판단하는 자가 되는 것이　　약 2 ：4

차별하여 대하면 죄를 짓는 것이니 율법이 범법자로　　약 2 ：9 - 12

차별하여 대하지 말라　　　　　　　　　　　약 2 ：1 - 9

차별하지 아니하셨느니라 (이방인과 우리)　　행 15 ：9 - 21

착하고 충성된 종아 네가 적은 일에 충성하였으매 내가　　마 25 ：21 - 30

착한 일을 하되 더욱 믿음의 가정들에게 할지니라　　갈 6 ：10

착한 종이여 네가 지극히 작은 것에 충성하였으니　　눅 19 ：17 - 27

착한 행실을 보고 하늘에 계신 너희 아버지께 영광을 돌　　마 5 ：16

찬란한 옷을 입은 두 사람이 곁에 섰는지라　　눅 24 ：4 - 12

찬미하며 또 온 백성에게 칭송을 받으니 주께서 구원　　행 2 ：47

찬송 받을 이의 아들 그리스도냐　　　　　　막 14 ：61 - 65

찬송과 신령한 노래들로 서로 화답하며 너희의 마음으　　엡 5 ：19 - 21

찬송은 정직한 자들이 마땅히 할 바로다　　　시 33 ：1 - 3

찬송을 맡은 사람들을 24반열로 구분하다　　대상 25 ：1 - 31

찬송의 제사를 하나님께 드리자 이는 그 이름을 증언하　　히 13 ：15 - 16

찬송하고 몸을 굽혀 예배하니라　　　　　　　대하 29 ：30

찬송하고 영원토록 주의 이름에 영광을 돌리오리니　　시 86 ：12 - 13

찬송하는 사람들 (회막 앞에서)　　　　　　　대상 6 ：31 - 48

찬송하라 여호와는 선하시며 그의 이름이 아름다우니　　시 135 ：1 - 3

찬송하라 하나님을 찬송하라 찬송하라 우리 왕을 찬송　　시 47 ：6

찬송하리로다 오는 우리 조상 다윗의 나라여 가장 높은　　막 11 ：10 - 11

찬송하리로다 주의 이름으로 오시는 왕이여 하늘에는　　눅 19 ：38 - 44

찬송하며 감사하다 (하나님의 궤를 안치 후)　　대하 5 ：12 - 13

찬송하며 거룩함을 기억하며 감사하라　　　　시 30 ：4

찬송하여 이르기를 여호와께 감사하세 그의 인자하심이	대하 20 : 21 - 22
찬송하오리니 하나님은 나의 요새이시며 나를 긍휼히	시 59 : 17
찬송함과 주께 영광 돌림이 종일토록 내 입에 가득하리	시 71 : 8
찬송함으로 그의 궁정에 들어가서 그에게 감사하며	시 100 : 4
찬송함이여 내 간구하는 소리를 들으심이로다	시 28 : 6
찬양	시 81 : 1 - 2
찬양하라 여호와의 이름을 찬양하라	시 113 : 1 - 4
찬양하며 주의 능한 일을 선포하리로다	시 145 : 3 - 4
찬양할 때에 나의 입술이 기뻐 외치며 내 영혼이 즐거워	시 71 : 23
찬양할지어다	시 148 : 1 - 14
찬양할지어다	시 150 : 1 - 6
참 과부로서 외로운 자는 하나님께 소망을 두어 주야로	딤전 5 : 5
참 과부인 과부를 존대하라	딤전 5 : 3 - 5
참 떡을 주시나니 하나님의 떡은 하늘에서 내려 세상에	요 6 : 32 - 35
참 마음과 온전한 믿음으로 하나님께 나아가자	히 10 : 22 - 25
참 빛 곧 세상에 와서 각 사람에게 비추는 빛이 있었나니	요 1 : 9 - 14
참 하나님이요 살아 계신 하나님이시요	렘 10 : 10
참감람나무 뿌리의 진액을 함께 받는 자가 되었은즉	롬 11 : 17 - 18
참고 내 이름을 위하여 견디고 게으르지 아니한 것을	계 2 : 3 - 5
참고 마음을 굳건하게 하라 주의 강림이 가까우니라	약 5 : 8
참고 선을 행하여 영광과 존귀와 썩지 아니함을 구하는	롬 2 : 7 - 11
참되게 예배하는 자들은 영과 진리로 예배할 때가 오나	요 4 : 23 - 24
참된 것을 말하라 이는 우리가 서로 지체가 됨이라	엡 4 : 25 - 28
참된 것을 하여 범사에 그에게까지 자랄지라	엡 4 : 15 - 16
참된 자 곧 그의 아들 예수 그리스도 안에 있는 것이니	요일 5 : 20
참새 두 마리가 한 앗사리온에 팔리지 않느냐 그러나	마 10 : 29 - 31
참소하는 혀는 사람의 얼굴에 분을 일으키느니라	잠 25 : 23
참으며 모든 것을 믿으며 모든 것을 바라며 모든 것을	고전 13 : 7 - 8
참으면 또한 함께 왕 노릇 할 것이요	딤후 2 : 12 - 13
참으사 아무도 멸망하지 아니하고 다 회개하기에 이르	벧후 3 : 9 - 10
참으시는 중에 전에 지은 죄를 간과하심으로 자기의 의	롬 3 : 25 - 31
참음과 표적과 기사와 능력을 행한 것이라	고후 12 : 12

361

참음은 징계를 받기 위함이라 하나님이 아들과 같이	히 12	: 7	-	11
창과 물병만 가지고 가다 (사울을 살려 주다)	삼상 26	: 11	-	12
창기와 남창의 소득은 가증한 것	신 23	: 17	-	18
창녀들과 함께 삼켜 버린 이 아들이 돌아오매 이를 위하	눅 15	: 30	-	32
창녀와 합하는 자는 그와 한 몸인 줄을 알지 못하느냐	고전 6	: 16	-	20
창세 전부터 미리 알린 바 되신 이나 이 말세에 너희를	벧전 1	: 20	-	21
창세 전에 그리스도 안에서 우리를 택하사 우리로 사랑	엡 1	: 4	-	6
창세 전에 내가 아버지와 함께 가졌던 영화로써 지금	요 17	: 5		
창수가 나고 바람이 불어 그 집에 부딪치되 무너지지 아	마 7	: 25	-	27
창으로 옆구리를 찌르니 곧 피와 물이 나오더라	요 19	: 34	-	37
창자에 중병이 들어 병사한 여호람 유다 왕	대하 21	: 18	-	20
찾는 이는 찾아낼 것이요 두드리는 이에게는 열릴 것	마 7	: 8	-	12
찾으라 그러면 찾아낼 것이요 문을 두드리라 그러면	눅 11	: 9	-	10
찾으라 그리하면 찾아낼 것이요 문을 두드리라 그리하	마 7	: 7	-	12
찾으면 만날 것이요 버리면 그가 영원히 버릴지니라	대상 28	: 9		
채소를 먹으며 서로 사랑하는 것이 살진 소를 먹으며	잠 15	: 17		
채찍에 맞으므로 우리는 나음을 받았도다	사 53	: 5	-	6
채찍에 맞음으로 너희는 나음을 얻었나니	벧전 2	: 24	-	25
채찍으로 너희를 징계하였으나 나는 전갈 채찍으로	왕상 12	: 14		
채찍은 어리석은 자의 등을 위하여 예비된 것이니라	잠 19	: 29		
책들에 기록된 대로 심판을 받으니	계 20	: 12	-	15
책망을 받는 모든 것은 빛으로 말미암아 드러나나니	엡 5	: 13	-	14
책망을 받으면서도 목이 곧은 사람은 갑자기 패망을	잠 29	: 1		
책망하며 징계하노니 그러므로 열심을 내라 회개하라	계 3	: 19		
책망할 것이 없는 바른 말을 하게 하라	딛 2	: 8		
책망할 것이 없으면 집사의 직분을 맡게 할 것이요	딤전 3	: 10	-	13
책망할 것이 있나니 너의 처음 사랑을 버렸노라	계 2	: 4	-	5
책망할 것이 있나니 발람의 교훈을 가르키는 자가 있도	계 2	: 14		
책망할 일이 있노라 자칭 선지자라 하는 여자 이세벨을	계 2	: 20		
책을 불사르니 그 책 값을 계산한즉 은 오만이나 되더라	행 19	: 19	-	20
처녀 400명(야베스 길르앗 주민)을 탈취하다	삿 21	: 8	-	15
처녀가 어찌 그의 패물을 잊겠느냐 신부가 어찌 그의	렘 2	: 32	-	33

처녀가 잉태하여 아들을 낳을 것이요 그의 이름은	마 1	:	23	
처녀가 잉태하여 아들을 낳을 것이요 그의 이름을	사 7	:	14	
처녀를 꾀어 동침하였으면 납폐금을 주고 아내로 삼을	출 22	:	16	- 17
처녀와 과부에게 주는 권면	고전 7	:	25	- 40
처녀의 순결에 관한 법	신 22	:	13	- 21
처소를 떠난 천사들을 큰 날의 심판까지 영원한 결박	유 1	:	6	- 8
처음 거둔 열매의 가장 좋은 것을 하나님 전에 드릴지니	출 23	:	19	
처음 것들이 다 지나갔음이러라	계 21	:	4	
처음 난 것의 죽음을 경고하시다	출 11	:	3	- 12
처음 난 모든 수컷들은 내가 여호와께 제사를 드려서	출 15	:	16	
처음 난 소와 양의 수컷	신 15	:	19	- 22
처음 난 아들을 내게 줄지며 네 소와 양도 그와 같이 하	출 22	:	29	- 30
처음 사랑을 버렸노라 그러므로 어디서 떨어졌는지를	계 2	:	4	- 5
처음 익은 열매로 여호와를 공경하라	잠 3	:	9	- 10
처음 익은 열매로 하나님과 어린 양에게 속한 자들이니	계 14	:	4	- 5
처음 태어난 사람은 반드시 대속할 것이요	민 18	:	15	- 18
처음 태어난 자 대신 레위인을 취하였느니라	민 8	:	18	- 19
처음 행위를 가지라 만일 그리하지 아니하고 회개하지	계 2	:	5	
처음과 마지막이요 시작과 마침이라	계 22	:	13	
처음부터 너희를 택하사 성령의 거룩하게 하심과 진리	살후 2	:	13	- 14
처음부터 들은 것이 너희 안에 거하면 너희가 아들과	요일 2	:	24	
처음에도 나 여호와요 나중 있을 자에게도 내가 그니라	사 41	:	4	
처음이요 나는 마지막이라 나 외에는 다른 신이 없느니	사 44	:	6	
처음이요 또 나는 마지막이라	사 48	:	12	
처음이요 마지막이니 곧 살아 있는 자라	계 1	:	17	- 20
처음이요 마지막이요 죽었다가 살아나신 이가 이르시	계 2	:	8	- 10
천 년 동안 그리스도와 더불어 왕 노릇 하리라	계 20	:	6	
천 년 동안 왕 노릇 하니 이는 첫째 부활이라	계 20	:	4	- 6
천 년 왕국	계 20	:	1	- 6
천 년이 지나간 어제 같으며 밤의 한 순간 같을 뿐임이니	시 90	:	4	
천 년이 차매 사탄이 그 옥에서 놓여 나와서 땅의	계 20	:	7	- 10
천국 말씀을 듣고 깨닫지 못할 때는 악한 자가 와서	마 13	:	19	

천국 문을 사람들 앞에서 닫고 너희도 들어가지 않고   마 23 : 13

천국 복음을 전파하시며 모든 병과 모든 약한 것을 고치   마 4 : 23 - 25

천국 복음을 전파하시며 모든 병과 모든 약한 것을 고치   마 9 : 35

천국 복음이 모든 민족에게 증언되기 위하여 온 세상에   마 24 : 14

천국 비유(씨 뿌리는 자)   마 13 : 3 - 8

천국에서 큰 사람   마 18 : 1 - 4

천국에서는 극히 작은 자라도 그보다 크니라   마 11 : 11 - 14

천국은 마치 등을 들고 신랑을 맞으러 나간 열 처녀와   마 25 : 1 - 13

천국은 마치 바다에 치고 각종 물고기를 모는 그물과   마 13 : 47 - 48

천국은 마치 밭에 감추인 보화 같으니 사람이 이를 발견   마 13 : 44

천국은 마치 사람이 자기 밭에 갖다 심은 겨자씨 한 알   마 13 : 31 - 32

천국은 마치 여자가 가루 서 말 속에 갖다 넣은 누룩과   마 13 : 33

천국은 마치 자기 아들을 위하여 혼인 잔치를 베푼 어떤   마 22 : 2 - 14

천국은 마치 좋은 진주를 구하는 장사와 같으니   마 13 : 45 - 46

천국은 마치 품꾼을 얻어 포도원에 들여보내려고 이른   마 20 : 1 - 16

천국은 좋은 씨를 제 밭에 뿌린 사람과 같으니   마 13 : 24 - 30

천국은 침노를 당하나니 침노하는 자는 빼앗느니라   마 11 : 12 - 14

천국을 전파하시다   마 4 : 12 - 17

천국의 비밀을 아는 것이 너희에게는 허락되었으나   마 13 : 11 - 13

천국의 열쇠를 네게 주리니 네가 땅에서 무엇이든지 매   마 16 : 19 - 20

천국의 제자된 서기관마다 마치 새것과 옛것을 곳간에서   마 13 : 52

천국이 이런 사람(어린 아이)의 것이니라 하시고 안수   마 19 : 14

천부장 백부장 오십부장 십부장를 세우다   출 18 : 21 - 27

천부장과 백부장과 오십부장과 십부장과 조장을 삼고   신 1 : 15 - 16

천부장도 그가 로마 시민인 줄 알고 또 결박한 것 때문   행 22 : 29 - 30

천사 가브리엘이 하나님의 보내심을 받아 갈릴리 나사렛   눅 1 : 26 - 38

천사 앞에 선 여호수아 (스가랴가 본 환상)   슥 3 : 1 - 10

천사가 가끔 못에 내려와 물을 움직이게 하는데   요 5 : 4 - 18

천사가 그를 어루만지며 그에게 이르되 일어나서 먹으   왕상 19 : 5 - 8

천사가 다니엘에게 한 마지막날 예언   단 12 : 1 - 13

천사가 대답하여 이르되 성령이 네게 임하시고 지극히   눅 1 : 35 - 38

천사가 여자들에게 이르되 너희는 무서워 말라 십자가   마 28 : 5 - 10

천사가 예수의 시체 뉘었던 곳에 하나는 머리 편에   요 20 : 12 - 18

천사가 이르되 띠를 띠고 신을 신으라 하거늘 베드로가   행 12 : 8 - 12

천사들도 주 앞에서 그들을 거슬려 비방하는 고발을   벧후 2 : 11

천사들에게 보이시고 만국에서 전파되시고 세상에서   딤전 3 : 16

천사들은 섬기는 영으로서 구원 받을 상속자들을 위하   히 1 : 14

천사들을 명령하사 네 모든 길에서 너를 지키게 하심   시 91 : 11 - 13

천사들을 바람으로, 그의 사역자들을 불꽃으로 삼으시   히 1 : 7 - 14

천사들을 붙들어 주려 하심이 아니요 오직 아브라함의   히 2 : 16 - 18

천사들을 통하여 하신 말씀이 견고하게 되어 모든 범죄   히 2 : 2 - 4

천사라도 우리가 너희에게 전한 복음 외에 다른 복음을   갈 1 : 8 - 10

천사를 보내어 나를 헤롯의 손과 유대 백성의 기대에서   행 12 : 11 - 12

천사를 보내어 사자들의 입을 봉하셨으므로   단 6 : 22 - 23

천사보다 훨씬 뛰어남은 그들보다 더욱 아름다운 이름   히 1 : 4 - 14

천사와 겨루어 이기고 울며 그에게 간구하였으며   호 12 : 3 - 6

천사와 동등이요 부활의 자녀로서 하나님의 자녀임이라   눅 20 : 36 - 40

천사의 손에 펴 놓은 두루마리를 가지라 하기로   계 10 : 8 - 11

천사의 손으로 관리와 속량하는 자로서 보내셨으니   행 7 : 35 - 36

천사의 숭배를 이유로 너희를 정죄하지 못하게 하라   골 2 : 18 - 19

천사장 미가엘이 모세의 시체에 관하여 마귀와 다투어   유 1 : 9 - 10

천사장의 소리와 하나님의 나팔 소리로 친히 하늘로부   살전 4 : 16 - 18

천삼백삼십오 일 (1,335 일)   단 12 : 12 - 13

천이백구십 일 (1,290 일)   단 12 : 11 - 13

천이백육십 일 동안 그를 양육하기 위하여 하나님께서   계 12 : 6

천이백육십 일을 예언하리라   계 11 : 3 - 8

천지 창조   창 1 : 1 - 31

천지가 없어지기 전에는 율법의 일점 일획도 결코 없어   마 5 : 18 - 19

천지가 없어질지언정 내 말은 없어지지 아니하리라   마 24 : 35

천지는 없어지겠으나 내 말은 없어지지 아니하리라   막 13 : 31 - 37

천지는 없어지겠으나 내 말은 없어지지 아니하리라   눅 21 : 33

천지는 없어지려니와 주는 영존하시겠고   시 102 : 26 - 27

천지와 만물이 다 이루어지니라   창 2 : 1 - 3

천지의 주재시니 손으로 지으신 전에 계시지 아니하시   행 17 : 24 - 31

천천이요 다윗은 만만이로다 　　　　　　　　　삼상 18 : 7 - 9
천하를 얻고도 자기 목숨을 잃으면 무엇이 유익하리요 　막 8 : 36 - 38
천하를 얻고도 자기를 잃든지 빼앗기든지 하면 무엇이 　눅 9 : 25
천하를 얻고도 제 목숨을 잃으면 무엇이 유익하리요 　마 16 : 26
천한 것들과 멸시 받는 것들과 없는 것들을 택하사 있는 　고전 1 : 28 - 29
철공이 없는 이스라엘 　　　　　　　　　　　삼상 13 : 19 - 22
철이 철을 날카롭게 하는 것 같이 사람이 그의 친구의 　잠 27 : 17
철장을 가지고 그들을 다스려 질그릇 깨뜨리는 것과 　계 2 : 27
철학과 헛된 속임수로 너희를 사로잡을까 주의하라 　골 2 : 8 - 10
첫 사람 아담은 생령이 되었다 함과 같이 마지막 아담은 　고전 15 : 45 - 49
첫 사람은 땅에서 났으니 흙에 속한 자이거니와 둘째 　고전 15 : 47 - 49
첫 소산 (맏물) 봉헌 규례 　　　　　　　　　　신 26 : 1 - 11
첫 소산 (처음 난 가축) 　　　　　　　　　　레 27 : 26 - 27
첫 소산 (태에서 처음 난 것) 　　　　　　　　출 13 : 11 - 16
첫 언약도 피 없이 세운 것이 아니니 　　　　　히 9 : 18 - 22
첫 언약에도 섬기는 예법과 세상에 속한 성소가 있더라 　히 9 : 1 - 5
첫 언약이 무흠하였더라면 둘째 것을 요구할 일이 없었 　히 8 : 7 - 13
첫 열매인 그리스도요 다음에는 그가 강림하실 때에 　고전 15 : 23 - 26
첫 유월절 　　　　　　　　　　　　　　　출 12 : 21 - 28
첫 이삭 한 단을 바치는 절기 　　　　　　　레 23 : 9 - 14
첫 장막이 있고 그 안에 등잔대와 상과 진설병이 있으니 　히 9 : 2 - 5
첫 태생은 다 내 것이며 네 가축의 모든 처음 난 수컷 　출 34 : 19
첫 태에 처음 난 남자마다 주의 거룩한 자라 하리라 　눅 2 : 23 - 24
첫 표적을 갈릴리 가나에서 행하여 그의 영광을 나타내 　요 2 : 11 - 12
첫째 것을 폐하심은 둘째 것을 세우려 하심이라 　히 10 : 9 - 14
첫째 달 초하루(아빕월의 첫날)에 성막 곧 회막을 세우 　출 40 : 2 - 7
첫째 부활에 참여하는 자들은 복이 있고 거룩하도다 　계 20 : 6
첫째가 되고자 하면 뭇 사람의 끝이 되며 뭇 사람을 섬기 　막 9 : 35 - 37
첫째는 사도요 둘째는 선지자요 셋째는 교사요 그 다음 　고전 12 : 28 - 31
청결한 양심으로 조상적부터 섬겨 오는 하나님께 감사 　딤후 1 : 3 - 5
청년 때의 인애와 네 신혼 때의 사랑을 기억하노니 　렘 2 : 2 - 3
청년들아 내가 너희에게 쓰는 것은 너희가 악한 자를 　요일 2 : 13 - 14

청년들아 내가 너희에게 쓴 것은 너희가 강하고 하나님	요일 2	: 14	
청년의 정욕을 피하고 주를 깨끗한 마음으로 부르는 자	딤후 2	: 22	
청년이 처녀와 결혼함 같이 네 아들들이 너를 취하겠고	사 62	: 5	
청지기가 있는데 그가 주인의 소유를 낭비한다는 말이	눅 16	: 1	- 13
청한 사람들에게 이르기를 내가 오찬을 준비하되	마 22	: 4	- 14
청함을 받았을 때에 차라리 가서 끝자리에 앉으라	눅 14	: 10	- 14
청함을 받은 자는 많되 택함을 입은 자는 적으니라	마 22	: 14	
초등학문을 따름이요 그리스도를 따름이 아니니라	골 2	: 8	- 10
초막 셋을 짓되 하나는 주님을 위하여, 하나는 모세를	마 17	: 4	- 13
초막 셋을 짓되 하나는 주를 위하여, 하나는 모세를 위하	눅 9	: 33	- 36
초막 셋을 짓되 하나는 주을 위하여, 하나는 모세를 위하	막 9	: 5	- 8
초막에서 거할지니라 하였고 (일곱째 달 절기, 초막절)	느 8	: 14	- 18
초막절	레 23	: 33	- 44
초막절 (수장절)	신 16	: 13	- 17
초막절을 지켜 번제를 매일 정수대로 날마다 드리고	스 3	: 4	
초태생 (처음 태어난자)	민 8	: 16	- 18
초태생 (태에서 처음 난 것)	출 13	: 11	- 16
초태생 (태에서 처음 난 것) 모두의 죽음을 경고하시다	출 11	: 4	- 13
초태생(장자)은 하나님의 것	민 3	: 13	
초하루에 드리는 제물	민 28	: 11	- 15
촛대를 그 자리에서 옮기리라	계 2	: 5	
총독 서기오 바울은 지혜 있는 사람이라 바나바와 사울	행 13	: 7	- 12
총독이 그렇게 된 것을 보고 믿으며 주의 가르치심을	행 13	: 12	
총회에 들어오지 못하는 사람들	신 23	: 1	- 8
최후의 만찬	눅 22	: 14	- 23
추수 때는 세상 끝이요 추수꾼은 천사들이니	마 13	: 39	- 43
추수꾼은 천사들이니 그런즉 가라지를 거두어 불에	마 13	: 39	- 43
추수의 오분의 일을 바로에게 상납하고 오분의 사는	창 47	: 24	- 26
추수하게 되었도다 거두는 이가 이미 삯도 받고 영생에	요 4	: 35	- 38
추수하는 주인에게 청하여 추수할 일꾼을 보내주소서	마 9	: 38	
추수한 자의 우는 소리가 만군의 주의 귀에 들렸느니라	약 5	: 4	
추수한 품꾼에게 주지 아니한 삯이 소리 지르며	약 5	: 4	

추수할 것은 많되 일꾼이 적으니 　　　　　　　　마 9 : 37
추수할 것은 많되 일꾼이 적으니 그러므로 추수하는 　눅 10 : 2
추수할 때가 지나고 여름이 다하였으나 우리는 구원을 렘 8 : 20
추수할 떼에 내가 추수꾼들에게 말하기를 가라지는 　미 13 : 30
추수할 때에 자는 자는 부끄러움을 끼치는 아들이라 　잠 10 : 5
추수할 일꾼들을 보내 주소서 하라 　　　　　　　　눅 10 : 2
추위와 더위와 여름과 겨울과 낮과 밤이 쉬지 아니하리 창 8 : 22
축도 (제사장의 축복기도) 　　　　　　　　　　　　민 6 : 22 - 27
축복 (야곱이 에브라임과 므낫세에게) 　　　　　　　창 48 : 1 - 20
축복 (야곱이 요셉에게) 　　　　　　　　　　　　　창 48 : 15 - 16
축복 (이삭이 야곱에게) 　　　　　　　　　　　　　창 27 : 1 - 45
축복 받으려면 　　　　　　　　　　　　　　　　　신 7 : 12 - 15
축복기도가 하늘에 들리고 여호와 처소에 이르다 　　대하 30 : 27
축복을 그리심 산에서 선포하고 에발 산에서 저주를 　신 11 : 29 - 32
축복의 계승 (부모의 선한 행실로 인한) 　　　　　　창 26 : 3 - 5
축복의 잔은 그리스도의 피에 참여함이 아니며 　　　고전 10 : 16 - 22
축복이 임할 때에 지켜야 하는 것 　　　　　　　　　신 6 : 10 - 19
축복하고 저주하지 말라 　　　　　　　　　　　　　롬 12 : 14 - 16
축복하기 위하여 그리심 산에 서고 　　　　　　　　신 27 : 12 - 14
축복하시고 받으라 이것은 내 몸이니라 하시고 또 잔을 막 14 : 22 - 26
축복하실 때에 그들을 떠나 하늘로 올려지시니 　　　눅 24 : 51 - 53
축복하여 이르시되 여호와는 네게 복을 주시고 너를 　민 6 : 23 - 27
축사하시고 떼어 이르시되 이것은 너희를 위하는 내 몸 고전 11 : 24 - 29
출애굽 그 날을 기념하여 유교병을 먹지 말라 　　　출 13 : 3
출애굽 날짜와 장소 　　　　　　　　　　　　　　　민 33 : 2 - 3
출애굽 노정 (애굽에서 모압까지) 　　　　　　　　　민 33 : 1 - 56
출애굽(1차) 요구로 더 무겁게 된 노역 　　　　　　출 5 : 1 - 21
출애굽(2차) 요구 　　　　　　　　　　　　　　　　출 7 : 8 - 13
출애굽하다 (장정만 육십만명) 　　　　　　　　　　출 12 : 37 - 42
춤 추며 그의 이름을 찬양하며 소고와 수금으로 　　　시 149 : 3
충만하신 것으로 너희에게 충만하게 하시기를 구하노라 엡 3 : 19 - 20
충성되고 지혜 있는 종이 되어 주인에게 그 집 사람들을 마 24 : 45 - 51

충성된 종아 네가 적은 일에 충성하였으매 내가 많은 것   마 25 : 21 - 30

충성하였으니 열 고을 권세를 차지하라   눅 19 : 17 - 27

취하는 자들아 너희는 깨어 울지어다 포도주를 마시는   욜 1 : 5 - 6

취한 것이 아니라 선지자 요엘을 통하여 말씀하신 것   행 2 : 15 - 21

측량줄을 잡은 사람 (스가랴가 본 환상)   슥 2 : 1 - 13

측량할 수 없는 그리스도의 풍성함을 이방인에게 전하   엡 3 : 8 - 9

치료하는 광선을 비추리니 너희가 나가서 외양간에서   말 4 : 2

치료하는 여호와임이라   출 15 : 26

치유가 급속할 것이며 네 공의가 네 앞에 행하고 여호와   사 58 : 8 - 9

친구는 사랑이 끊어지지 아니하고 형제는 위급한 때   잠 17 : 17

친구라 하였노니 내가 내 아버지께 들은 것을 다 알게   요 15 : 15

친구를 위하여 자기 목숨을 버리면 이보다 더 큰 사랑이   요 15 : 13 - 15

친구와 네 아비의 친구를 버리지 말며 네 환난날에   잠 27 : 10

친밀하심이 그를 경외하는 자들에게 있음이요   시 25 : 14

친절하게 하며 불쌍히 여기며 서로 용서하기를 하나님   엡 4 : 32

칠 년 되는 해에 그를 놓아 줄 것이라 그가 육 년 동안   렘 34 : 14

칠 년 째 마다 땅을 쉬게하고 빚을 탕감하리라   느 10 : 31

칠 년 째마다 빚 탕감 (면제년)   신 15 : 1 - 2

칠 년 째마다 빚 탕감 (면제년)   신 15 : 9

칠 년 째마다 율법을 낭독하라 (면제년마다)   신 31 : 10 - 13

칠 년이 일곱 번인즉 안식년 일곱 번 동안 곧 사십구 년   레 25 : 8 - 12

칠 배를 갚아야 하리니 (도둑)   잠 6 : 30 - 31

칠 형제가 있었는데 맏이가 아내를 취하였다가 죽고   막 12 : 20 - 27

칠십 인을 세워서 보내시다   눅 10 : 1 - 16

칠십 인이 돌아오다   눅 10 : 17 - 20

칠십년 동안 바벨론의 왕을 섬기리라   렘 25 : 1 - 14

칠십년이 차면 내가 너희를 돌보고 돌아오게 하리라   렘 29 : 10 - 11

칠일 후에 홍수가 땅에 덮이니   창 7 : 10

칠칠절   민 28 : 26 - 31

칠칠절 (오순절, 맥추절)   신 16 : 9 - 12

칠칠절 곧 맥추의 초실절을 지키고   출 34 : 22

침 뱉고 갈대를 빼앗아 그의 머리를 치더라   마 27 : 30 - 31

침 뱉으며 주먹으로 치고 어떤 사람은 손바닥으로 때리	마 26	: 67	-	68
침 뱉으며 채찍질하고 죽일 것이나 삼 일 만에 살아나리	막 10	: 34		
침묵하면 돌들이 소리 지르리라 하시니라	눅 19	: 40	-	44
침상에 누운 중풍병자를 사람들이 데리고 오거늘	마 9	: 2	-	8
침상에 던질 터이요 또 그와 더불어 간음하는 자들도	계 2	: 22		
침상을 가지고 집으로 가라 하시니 그가 일어나 집으로	마 9	: 6	-	8
침상째 무리 가운데로 예수 앞에 달아 내리니 예수께서	눅 5	: 19	-	20
침상째로 메고 나아오니 아무 데나 예수께서 들어가시	막 6	: 55	-	56
침소를 더럽히지 않게 하라	히 13	: 4		
침을 뱉어 진흙을 이겨 그의 눈에 바르시고 실로암 못에	요 9	: 6	-	12
침을 뱉으며 그의 얼굴을 가리고 주먹으로 치며 이르되	막 14	: 65		
칭찬으로 사람을 단련하느니라	잠 27	: 21		
칭찬이 사람에게서가 아니요 다만 하나님에게서니라	롬 2	: 29		
칼과 몽치를 가지고 그와 함께 하였더라	마 26	: 47	-	56
칼과 창과 단창으로 나는 하나님의 이름으로 나아가노	삼상 17	: 45		
칼로 찌름같이 함부로 말하는 자가 있거니와	잠 12	: 18		
칼을 가지는 자는 다 칼로 망하느니라	마 26	: 52	-	56
칼을 믿고 생활하겠고 네 아우를 섬길 것이며	창 27	: 40		
칼을 빼어 그것으로 나를 찌르라 할례 받지 못한 자가	대상 10	: 4	-	6
칼을 빼어 대제사장의 종을 쳐 그 귀를 떨어뜨리니	마 26	: 51	-	56
칼을 빼어 대제사장의 종을 쳐 그 귀를 떨어뜨리니라	막 14	: 47		
칼을 잡고 그 아들을 잡으려 하니	창 22	: 10	-	12
칼을 쳐서 보습을 만들고 그들의 창을 쳐서 낫을 만들	사 2	: 4		
칼을 칼집에 꽂으라 아버지께서 주신 잔을 내가 마시지	요 18	: 11		
칼집에 도로 꽂으라 칼을 가지는 자는 다 칼로 망하느니	마 26	: 52	-	56
쾌락을 사랑하기를 하나님 사랑하는 것보다 더하며	딤후 3	: 4	-	7
크고 흰 보좌에 앉으신 이를 보니 땅과 하늘이	계 20	: 11	-	15
크고자 하는 자는 너희를 섬기는 자가 되고	막 10	: 43	-	45
크고자 하는 자는 너희를 섬기는 자가 되고	마 20	: 26	-	28
크도다 경건의 비밀이여, 그렇지 않다 하는 이 없도다	딤전 3	: 16		
큰 구원	히 2	: 1	-	4
큰 구원을 등한히 여기면 어찌 그 보응을 피하리요	히 2	: 3	-	4

큰 대제사장이 계시니 승천하신 이 곧 하나님의 아들   히 4 : 14 - 16
큰 대제사장이신 예수   히 4 : 14 - 16
큰 소리로 하나님께 영광을 돌리며 돌아와   눅 17 : 15 - 19
큰 안식일 (안식일의 안식일)   출 31 : 15
큰 은사를 사모하라 내가 또 한 가장 좋은 길을 너희에   고전 12 : 31
큰 음녀가 받을 심판을 네게 보이리라   계 17 : 1 - 18
큰 자는 젊은 자와 같고 다스리는 자는 섬기는 자와 같   눅 22 : 26 - 27
큰 집에는 금 그릇과 은 그릇뿐 아니라 나무 그릇과 질   딤후 2 : 20 - 22
큰 환난이 있겠음이라 창세로부터 지금까지 이런 환난   마 24 : 21 - 28
키로서 사공의 뜻대로 운행하나니 이와 같이 혀도 작은   약 3 : 4
키를 들고 자기의 타작 마당을 정하게 하사 알곡은 모아   눅 3 : 17
타국인도 본토에서 난 이스라엘 족속 같이 여기고   겔 47 : 22 - 23
타락한 자들은 다시 새롭게 하여 회개하게 할 수 없나니   히 6 : 6
타인을 위하여 보증 선 자의 옷을 취하라   잠 27 : 13
타인을 위하여 보증이 되는 자는 손해를 당하여도   잠 11 : 15
타인을 위하여 보증하였으면 네가 얽혔으며 네 입의 말   잠 6 : 1 - 2
타인의 음성은 알지 못하는 고로 타인을 따르지 아니하   요 10 : 5 - 6
타인이 너를 칭찬하게 하고 네 입으로는 하지 말며   잠 27 : 2
타작 마당(아라우나)을 값을 주고 사다   삼하 24 : 21 - 25
탄식하는 소리를 듣고 그들을 구원하려고 내려왔노니   행 7 : 34 - 36
탄식하며 하늘로부터 오는 우리 처소로 덧입기를 간절   고후 5 : 2 - 5
탐심으로써 지어낸 말을 가지고 너희로 이득을 삼으니   벧후 2 : 3
탐심을 물리치라 사람의 생명이 그 소유의 넉넉한데 있   눅 12 : 15
탐심의 탈을 쓰지 아니한 것을 하나님이 증언하시느니   살전 2 : 5 - 6
탐욕에 연단된 마음을 가진 자들이니 저주의 자식이라   벧후 2 : 14 - 18
탐욕이 지혜자를 우매하게 하고 뇌물이 사람의 명철을   전 7 : 7
탑 꼭대기를 하늘에 닿게 하여 우리 이름을 내고   창 11 : 4 - 9
태로부터 된 고자도 있고 사람이 만든 고자도 있고   마 19 : 12
태양과 달이 멈추다 (기브온 전투에서)   수 10 : 12 - 14
태양의 수레를 불사르고   왕하 23 : 11
태에서 난 아들을 긍휼히 여기지 않겠느냐   사 49 : 15 - 16
태에서 처음 난 것   출 13 : 11 - 16

태에서 처음 난 것은 다 거룩히 구별하여 내게 돌리라	출 13	:	2	
태에서부터 나를 그의 종으로 지으신 이시요	사 49	:	5	
태에서부터 나를 부르셨고 내 어머니의 복중에서부터	사 49	:	1	- 3
태의 열매는 그의 상급이로다 젊은 자의 자식은 장사의	시 127	:	3	- 5
태초에 그가 하나님과 함께 계셨고 만물이 그로 말미암	요 1	:	2	- 5
태초에 말씀이 계시니라 이 말씀이 하나님과 함께 계셨	요 1	:	1	- 5
태초에 주께서 땅의 기초를 두셨으며 하늘도 주의 손으	히 1	:	10	- 14
태초에 하나님이 천지를 창조하시니라	창 1	:	1	
태형은 40대까지만	신 25	:	2	- 3
택하사 성령의 거룩하게 하심과 진리를 믿음으로 구원	살후 2	:	13	- 14
택하신 백성 (성민)	신 14	:	1	- 2
택하신 백성을 향한 하나님의 위로와 약속의 말씀	사 40	:	1	- 11
택하신 자들을 고발하리요 의롭다 하신 이는 하나님	롬 8	:	33	- 39
택하신 자들을 땅 끝으로부터 하늘 끝까지 사방에서	막 13	:	27	
택하신 자들을 미혹하려 하리라	막 13	:	22	- 23
택하신 자들의 원한을 풀어 주지 아니하시겠느냐	눅 18	:	8	
택하여 너로 하여금 자기의 뜻을 알게 하시며 그 의인	행 22	:	14	- 16
택하였기 때문에 세상이 너희를 미워하느니라	요 15	:	19	- 23
택한 나의 그릇이라	행 9	:	15	- 19
택함 받은 자들을 위하여 모든 것을 참음은 그들도	딤후 2	:	10	
터 위에 세우면 각 사람의 공적이 나타날 터인데 그 날	고전 3	:	11	- 15
터는 곧 그리스도라 만일 누구든지 금이나 은이나 보석	고전 3	:	11	- 15
터를 닦아 두매 다른 이가 그 위에 세우나 그러나 각각	고전 3	:	10	- 15
토기장이가 하나는 귀히 쓸 그릇을, 하나는 천히 쓸	롬 9	:	21	- 26
토기장이가 하는 것 같이 내가 능히 너희에게 행하지	렘 18	:	6	
토기장이를 어찌 진흙 같이 여기겠느냐	사 29	:	16	
토기장이시니 우리는 다 주의 손으로 지으신 것이니	사 64	:	8	
토기장이에게 진흙이 너는 무엇을 만드느냐 말할 수	사 45	:	9	
토기장이의 밭을 사서 나그네의 묘지를 삼았으니	마 27	:	7	- 8
토기장이의 손에서 터지매 그가 그것으로 다른 그릇을	렘 18	:	4	- 6
토둔을 쌓고 너를 둘러 사면으로 가두고	눅 19	:	43	- 44
토지를 영원히 팔지 말 것은 토지는 다 내 것임이라	레 25	:	23	

토지의 매매와 반환	레 25	: 23	-	34
톱과 쇠도끼와 돌써래로 일하게 하니라 (암몬 자손)	대상 20	: 3		
통곡과 눈물로 간구와 소원을 올렸고 그의 경건하심으	히 5	: 7	-	10
통곡하고 여호와께서 너희의 소리를 듣지 아니하고	신 1	: 45	-	46
통역하는 자가 없으면 교회에서는 잠잠하고 하나님께	고전 14	: 28	-	32
통역함도 있나니 모든 것을 덕을 세우기 위하여 하라	고전 14	: 26	-	32
통용하고 자기 재물을 조금이라도 자기 것이라 하는	행 4	: 32	-	37
통치자들과 권세 잡은 자들에게 복종하며 순종하며	딛 3	: 1	-	2
통치자들과 권세들을 무력화하여 드러내어 구경거리로	골 2	: 15	-	19
통치자들의 통치 법칙	겔 45	: 9	-	17
통치자들이여 너희가 정의를 말해야 하거늘 잠잠하냐	시 58	: 1		
통치자와 권세의 머리시라	골 2	: 10	-	15
통치자의 지팡이가 그 발 사이에서 떠나지 아니하기로	창 49	: 10		
통혼을 금한 주님의 말씀	스 9	: 12		
통회하고 마음이 겸손한 자와 함께 있나니	사 57	: 15		
통회하는 자를 구원하시는 도다	시 34	: 18		
티는 보고 네 눈 속에 있는 들보는 깨닫지 못하느냐	마 7	: 3	-	5
티는 보고 네 눈 속에 있는 들보는 깨닫지 못하느냐	눅 6	: 41	-	42
파리가 바로의 궁과 그의 신하의 집과 애굽 온 땅에	출 8	: 24		
파멸과 고생이 그 길에 있어 평강의 길을 알지 못하였고	롬 3	: 16	-	18
파멸에서 속량하시고 인자와 긍휼로 관을 씌우시며	시 103	: 4	-	5
파송하는 것이 양을 이리 가운데로 보냄과 같도다	마 10	: 16	-	20
파수꾼으로 세웠으니 너는 내 입의 말을 듣고 그들을 깨	겔 3	: 17	-	19
파수꾼을 세웠으니 나팔 소리를 들으라 하나 듣지 않겠	렘 6	: 17		
파수꾼이 보고도 나팔을 불지 아니하여 백성에게	겔 33	: 6	-	7
파종하려고 가는 자가 어찌 쉬지 않고 갈기만 하겠느냐	사 28	: 24	-	29
판결 흉패	출 28	: 15	-	30
판결의 규례 (기업 분배)	민 27	: 6	-	11
판단하는 네가 같은 일을 행함이니라	롬 2	: 1	-	2
판단하지 말라 그가 어둠에 감추인 것들을 드러내고	고전 4	: 5		
팔 복	마 5	: 3	-	12
팔일 만에 할례를 받을 것이라	창 17	: 12		

팥중이가 남긴 것을 메뚜기가 먹고 메뚜기가 남긴 것을	욜 1	: 4		
패역한 세대에서 구원을 받으라 하니 사람들은 세례를	행 2	: 40	-	42
패역한 아들 처벌	신 21	: 18	-	21
패역한 자니라 그들이 듣든지 아니 듣든지 너는 내 말로	겔 2	: 7	-	10
편 팔과 여러 큰 심판들로써 너희를 속량하며	출 6	: 6	-	7
편견 없이 이것들을 지켜 아무 일도 불공평하게 하지 말	딤전 5	: 21		
편지라 우리의 마음에 썼고 뭇 사람이 알고 읽는 바라	고후 3	: 2	-	3
편지로 가르침을 받는 전통을 지키라	살후 2	: 15	-	17
평강을 얻은 후에 다시 주 앞에서 악을 행하므로	느 9	: 28		
평강을 위하여 한 몸으로 부르심을 받았나니 너희는	골 3	: 15	-	17
평강의 씨앗을 얻을 것이라 포도나무가 열매를 맺으며	슥 8	: 12		
평강의 하나님이 친히 너희를 온전히 거룩하게 하시고	살전 5	: 23	-	24
평강이 그리스도 안에서 너희 마음과 생각을 지키시리	빌 4	: 7		
평강이 있을지어다 아버지께서 보내신 것 같이 나도	요 20	: 21	-	23
평생토록 찬양하리로다	시 103	: 33		
평안을 너희에게 끼치노니 곧 나의 평안을 너희에게	요 14	: 27		
평안을 받을 사람이 거기 있으면 너희의 평안이 그에게	눅 10	: 6	-	7
평안의 매는 줄로 성령이 하나 되게 하신 것을 힘써 지키	엡 4	: 3	-	6
평안의 복음이 준비한 것으로 신을 신고	엡 6	: 15	-	17
평안이 거기 임할 것이요 만일 합당하지 아니하면	마 10	: 13		
평안이 그에게 머물 것이요 그렇지 않으면 너희에게로	눅 10	: 6	-	7
평안하기를 그 집에 들어가면서 빌라 그 집이 합당하면	마 10	: 12	-	13
평안하다, 안전하다할 때에 임신한 여자에게 고통이	살전 5	: 3	-	8
평안히 눕고 자기도 하리니 나를 안전하게 살게 하시	시 4	: 8		
평화를 예언하는 선지자는 그 말이 응한 후에야 인정 받	렘 28	: 9		
평화의 언약 (영원한 제사장 직분)	민 25	: 10	-	13
폐를 끼치지 아니하려고 밤낮으로 일하면서 너희에게	살전 2	: 9	-	12
폐를 끼치지 않기 위하여 스스로 조심하였고 또 조심하	고후 11	: 9	-	15
포기하지 아니하면 때가 이르매 거두리라	갈 6	: 9	-	10
포도나무가 모든 나무보다 나은 것이 무엇이랴	겔 15	: 2	-	6
포도나무가 시들었고 무화과나무가 말랐으며 석류나무	욜 1	: 12		
포도나무가 열매를 맺으며 땅이 산물을 내며 하늘은	슥 8	: 12		

포도나무를 애굽에서 가져다가 민족들을 쫓아내시고　시 80 : 8 - 15

포도나무에 열매가 없으며 외양간에 소가 없을지라도　합 3 : 17 - 18

포도나무에 포도가 없을 것이며 무화과나무에 무화과　렘 8 : 13

포도나무와 무화과나무 아래로 서로 초대하리라　슥 3 : 10

포도를 심고 그 열매를 먹지 않겠느냐　고전 9 : 7 - 11

포도송이에는 즙이 있으므로 사람들이 말하기를　사 65 : 8 - 9

포도원 소출 얼마를 받으려고 한 종을 보내니　막 12 : 2 - 12

포도원에 들여보내려고 이른 아침에 나간 집 주인과 같　마 20 : 1 - 16

포도원은 이스라엘 족속이요 나무는 유다 사람이라　사 5 : 7

포도원은 제 때에 열매를 바칠 만한 다른 농부들에게　마 21 : 41 - 46

포도원을 가꾸었으나 그 포도주를 마시지 못하리라　암 5 : 11

포도원을 만들어 농부들에게 세로 주고 타국에 가서　눅 20 : 9 - 18

포도원을 만들어 농부들에게 세로 주고 타국에 갔더니　마 21 : 33 - 46

포도원을 만들어 농부들에게 세로 주고 타국에 갔더니　막 12 : 1 - 12

포도원의 노래　사 5 : 1 - 7

포도원의 두 아들 비유　마 21 : 28 - 30

포도원의 악한 농부들을 비유로 말씀하시다　마 21 : 33 - 46

포도주가 떨어진지라 예수의 어머니가 예수에게 이르되　요 2 : 3 - 12

포도주나 독한 술을 마시지 아니하며 모태로부터 성령　눅 1 : 15 - 16

포도주는 거만하게 하는 것이요 독주는 떠들게 하는 것　잠 20 : 1

포도주는 마음에 근심하는 자에게 줄지어다　잠 31 : 6 - 7

포도주는 붉고 잔에서 번쩍이며 순하게 내려가나니　잠 23 : 31 - 35

포도주로 말미암아 옆 걸음 치며 독주로 말미암아 비틀　사 28 : 7 - 8

포도주로 연회를 베푸시리니 (심판 이후에)　사 25 : 6 - 8

포도주를 마시고 취하여 그 장막 안에서 벌거벗은 지라　창 9 : 21 - 23

포도주를 마시기에 용감하며 독주를 잘 빚는 자들은　사 5 : 22 - 23

포도주를 마시는 자들아 너희는 울지어다　욜 1 : 5 - 6

포도주를 마시며 귀한 기름을 몸에 바르면서 요셉의　암 6 : 6

포도주를 마시지 아니하며 살 집도 짓지 아니하며　렘 35 : 8 - 10

포도주와 독주를 멀리하며 포도주로 된 초나 독주로　민 6 : 3 - 4

포로 2차 귀환한 백성들 (에스라와 함께)　스 8 : 1 - 14

포로 귀환 백성 수와 물질들　느 7 : 1 - 72

375

포로 귀환 후 예루살렘 거주하는 백성들과 임무　　　　느 11 : 1 - 24

포로 귀환 후 예루살렘에 정착한 레위 사람들　　　　대상 9 : 14 - 16

포로 귀환 후 예루살렘에 정착한 레위 회막 문지기　　대상 9 : 17 - 27

포로 귀환 후 예루살렘에 정착한 제사장들　　　　　대상 9 : 10 - 13

포로 귀환 후 제사장과 레위 사람들　　　　　　　　느 12 : 1 - 26

포로 귀환으로 돌아온 유다 백성　　　　　　　　　대상 9 : 1 - 9

포로 귀환의 소망의 메시지를 예레미야에게 주시다　렘 30 : 1 - 24

포로로 잡혀간 백성이 돌아오다　　　　　　　　　　스 1 : 5 - 11

포로에서 돌아오리라　　　　　　　　　　　　　　미 4 : 6 - 13

포로에서 돌아온 사람들 (1차 포로 귀환)　　　　　느 7 : 5 - 67

포피 백 개를 원하신다 하라 하였으니 이는 사울의 생각　삼상 18 : 25 - 27

포피를 베어라 이것이 나와 너희 사이의 언약의 표징이　창 17 : 11

폭풍을 만난 것이 나 때문인 줄을 내가 아노라　　　욘 1 : 12

폭행에 관한 법　　　　　　　　　　　　　　　　출 21 : 12 - 27

표는 곧 짐승의 이름이나 그 이름의 수라 (666)　　계 13 : 17 - 18

표를 가진 자 외에는 매매를 못하게 하니 이 표는 곧　계 13 : 17 - 18

표면적 유대인이 유대인이 아니요 표면적 육신의 할례　롬 2 : 28 - 29

표면적 육신의 할례가 할례가 아니니라　　　　　　롬 2 : 28 - 29

표적과 기사가 거룩한 종 예수의 이름으로 이루어지게　행 4 : 30

표적과 기사가 많이 일어나매 믿는 사람이 다 마음을 같　행 5 : 12 - 16

표적과 기사를 보지 못하면 도무지 믿지 아니하리라　요 4 : 48 - 54

표적을 갈릴리 가나에서 행하여 그의 영광을 나타내시　요 2 : 11 - 12

표적을 구하거늘 이 세대에 표적을 주지 아니하리라　막 8 : 11 - 13

표적을 구하나 요나의 표적 밖에는 보여 줄 표적이 없느　마 16 : 4

표적을 구하는 악한 세대　　　　　　　　　　　　마 16 : 1 - 4

표적을 그들 앞에서 행하셨으나 그를 믿지 아니하니　요 12 : 37 - 43

표적을 보고 말하되 이는 참으로 세상에 오실 그 선지자　요 6 : 14 - 15

표적을 본 까닭이 아니요 떡을 먹고 배부른 까닭이로다　요 6 : 26 - 27

표적을 악한 세대가 구하다　　　　　　　　　　　마 12 : 38 - 45

표징을 네 아들과 네 자손의 귀에 전하기 위함이라　출 10 : 2

푯대를 향하여 그리스도 예수 안에서 하나님이 위에서　빌 3 : 14 - 16

푸른 풀밭에 누이시며 쉴 만한 물 가로 인도하시는도다　시 23 : 2

풀 가운데에서 솟아나기를 시냇가의 버들 같이 할 것	사 44	:	4	
풀무 불에 가운데에서 녹는 것 같이 너희가 그 가운데	겔 22	:	22	
풀무 불에 던져 넣으리니 거기서 울며 이를 갈리라	마 13	:	50	
풀무는 금을 연단하거니와 여호와는 마음을 연단하시	잠 17	:	3	
풀무로 금을, 칭찬으로 사람을 단련하느니라	잠 27	:	21	
풀은 마르고 꽃은 떨어지되 오직 주의 말씀은 세세토록	벧전 1	:	24	- 25
풀은 마르고 꽃이 시듦은 여호와의 기운이 그 위에 붊	사 40	:	7	- 8
풀을 벤 후에는 새로 움이 돋나니 산에서 꼴을 거둘 것	잠 27	:	25	
품꾼에게 주지 아니한 삯이 소리 지르며	약 5	:	4	
품꾼을 학대하지 말라	신 24	:	14	- 15
품꾼의 삯을 아침까지 밤새도록 네게 두지 말며	레 19	:	13	
품삯은 당일에 주고 해 진 후까지 미루지 말라	신 24	:	15	
품삯을 열 번이나 변경하였느니라 그러나 하나님이	창 31	:	7	
품삯을 외삼촌께서 열 번이나 바꾸셨으며	창 31	:	41	- 42
품위 있게 하고 질서있게 하라	고전 14	:	40	
풍랑으로 배가 깨어지다	행 27	:	27	- 44
풍랑으로 심히 애쓰다가 이튿날 사공들이 짐을 바다에	행 27	:	18	- 22
풍부와 궁핍에도 처할 줄 아는 일체의 비결을 배웠노라	빌 4	:	12	- 13
풍부하게 될 때에 네 마음이 교만하여 네 하나님을 잊어	신 8	:	13	- 18
풍성한 대로 너희 모든 쓸 것을 채우시리라	빌 4	:	19	
풍성한 연보	고후 8	:	1	- 15
풍성함이 되며 그들의 실패가 이방인의 풍성함이 되거	롬 11	:	12	
풍습은 헛된 것이니 삼림에서 벤 나무요 기술공의 두 손	렘 10	:	3	- 5
풍요를 사랑하는 자는 소득으로 만족하지 아니하나니	전 5	:	10	- 12
풍조를 따르고 공중의 권세를 잡은 자를 따랐으니	엡 2	:	2	- 7
피 곧 언약의 피니라	마 26	:	28	- 30
피 곧 언약의 피니라	막 14	:	24	- 26
피 남편이라 함은 할례 때문이었더라	출 4	:	25	- 26
피 뿌린 옷을 입었는데 그 이름은 하나님의 말씀이라	계 19	:	13	- 14
피 섞인 우박과 불이 나와서 땅에 쏟아지매 땅의	계 8	:	7	
피난처를 찾은 우리에게 큰 안위를 받게 하려 하심이라	히 6	:	18	- 20
피난처시요 원수를 피하는 견고한 망대이심이니이다	시 61	:	3	

피난처시요 힘이시니 환난 중에 만날 큰 도움이시라	시 46	: 1	- 3
피난처요 나의 분깃이라 하셨나이다	시 142	: 5	
피난처요 나의 요새요 내가 의뢰하는 하나님이라	시 91	: 2	- 16
피는 대제사장이 가지고 성소에 들어가고 그 육체는	히 13	: 11	- 12
피는 먹지 말고 물 같이 땅에 쏟을 지니라	신 15	: 23	
피는 생명과 일체라 그러므로 어떤 육체의 피든지 먹지	레 17	: 11	- 14
피로 말미암아 속량 곧 죄 사함을 받았느니라	엡 1	: 7	- 10
피로 말미암아 의롭다 하심을 받았으니 더욱 그로 말미	롬 5	: 9	- 11
피로 사신 교회를 보살피게 하셨느니라	행 20	: 28	
피로 세우는 새 언약이니 곧 너희를 위하여 붓는 것이라	눅 22	: 20	- 21
피로 세운 새 언약이니 이것을 행하여 마실 때마다 나를	고전 11	: 25	- 29
피로 영원한 속죄를 이루사 단번에 성소에 들어가셨느	히 9	: 12	- 14
피로써 믿음으로 말미암는 화목 제물로 세우셨으니	롬 3	: 25	- 31
피로써 백성을 거룩하게 하려고 성문 밖에서 고난을 받	히 13	: 12	
피로써 정결하게 되나니 피흘림이 없은즉 사함이 없느	히 9	: 22	
피를 많이 흘렸으니 내 이름을 위하여 성전을 건축하지	대상 28	: 3	
피를 많이 흘렸은즉 내 이름을 위하여 성전을 건축하지	대상 22	: 8	- 10
피를 먹지 말라	레 17	: 10	- 16
피를 문 인방과 좌우 설주에 뿌리고 아침까지 한 사람도	출 12	: 22	- 28
피를 양을 먹을 집 좌우 문설주와 인방에 바르고	출 12	: 5	- 11
피를 유교병과 함께 드리지 말며 유월절 제물을 아침까	출 34	: 25	
피를 유교병과 함께 드리지 말며 제물의 기름을 아침까	출 23	: 18	
피리나 거문고와 같이 생명이 없는 것이 소리를 낼 때	고전 14	: 7	- 14
피리를 불러도 너희가 춤추지 않고 우리가 곡하여도	눅 7	: 32	
피리를 불러도 너희가 춤추지 않고 우리가 슬피 울어도	마 11	: 17	
피밭이라 일컫느니라	마 27	: 8	- 10
피밭이라는 뜻이다	행 1	: 19	- 20
피부에 나병 같은 것에 대한 대처	레 13	: 1	- 46
피부와 살을 내게 입히시며 뼈와 힘줄로 나를 엮으시고	욥 10	: 11	- 12
피와 기름은 먹지 말라	레 7	: 22	- 27
피조물 중에 우리로 한 첫 열매가 되게 하시려고 자기	약 1	: 18	
피조물도 썩어짐의 종 노릇 한 데서 해방되어 하나님의	롬 8	: 21	- 22

피조물을 조물주보다 더 경배하고 섬김이라	롬	1	: 25	
피조물이 고대하는 바는 하나님의 아들들이 나타나는	롬	8	: 19	- 22
피조물이 구원을 고대하다	롬	8	: 18	- 30
피조물이 다 이제까지 함께 탄식하며 함께 고통을 겪고	롬	8	: 22	- 23
피조물이 허무한 데 굴복하는 것은 자기 뜻이 아니요	롬	8	: 20	- 22
피째 먹지 말 것이니라	창	9	: 4	- 6
피째 먹지 말며 점을 치지 말며 술법을 행하지 말며	레	19	: 26	
피째로 먹어 여호와께 범죄하지 말라	삼상	14	: 33	- 34
피차 권면하여 죄의 유혹으로 완고하게 되지 않도록	히	3	: 13	- 14
피차간과 모든 사람에 대한 사랑이 더욱 많아 넘치게	살전	3	: 12	- 13
피투성이가 되어 발짓하던 것을 기억하지 아니하고	겔	16	: 22	
피투성이라도 살아 있으라	겔	16	: 6	- 9
필요를 따라 나누어 줌이라	행	4	: 35	- 37
핍박하오나 나의 마음은 주의 말씀만 경외하나이다	시	119	:161	
하갈과 사라	갈	4	: 21	- 31
하갈과 이스마엘	창	16	: 1	- 16
하갈과 이스마엘이 쫓겨나다	창	21	: 8	- 21
하갈의 눈을 밝히셨으므로 샘물을 보고 가서 가죽부대	창	21	: 19	- 21
하갈이 나가서 브엘세바 광야에서 방황하더니	창	21	: 14	- 21
하갈이 아브람의 아들을 낳으매 이스마엘이라 하였더라	창	16	: 15	- 16
하갈이 임신하매 그 여주인을 멸시한지라	창	16	: 4	- 6
하나가 되게 하려 함은 아버지께서 나를 보내신 것과	요	17	: 23	
하나가 되어 우리 안에 있게 하사 세상으로 아버지께서	요	17	: 21	- 23
하나냐 거짓 선지자와 예레미야의 상반된 예언	렘	28	: 1	- 17
하나니 선견자가 아사를 책망하므로 옥에 갇히다	대하	16	: 7	- 10
하나님 곧 아버지가 계시니 만물이 그에게서 났고	고전	8	: 6	- 8
하나님 곧 우리 주 예수 그리스도의 아버지께서	엡	1	: 3	- 6
하나님 나라를 위하여 집이나 아내나 형제나 부모나	눅	18	: 29	- 30
하나님 나라를 전파하며 앓는 자를 고치게 하려고 파송	눅	9	: 2	- 6
하나님 나라의 일을 이야기하시며 병 고칠 자들은 고치	눅	9	: 11	
하나님 속에 감추어졌던 비밀의 경륜이 어떠한 것을	엡	3	: 9	- 11
하나님 앞에서 네 마음이 바르지 못하니 이 도에는 네가	행	8	: 21	- 23

하나님 앞에서 사람이 어찌 의롭다 하며	욥 25 : 4		
하나님 앞에서 함부로 입을 열지 말며 급한 마음으로	전 5 : 2		
하나님 우리 아버지께서 너희 마음을 위로하시고 모든	살후 2 : 16	-	17
하나님 우편에 앉아 게시니 천사들과 권세들과 능력들	벧전 3 : 22		
하나님과 같이 되어 선악을 알 줄 하나님이 아심이니라	창 3 : 5		
하나님과 동등으로 삼으심이러라	요 5 : 18		
하나님과 사귐이 있다 하고 어둠에 행하면 거짓말을 하	요일 1 : 6	-	7
하나님과 사람 사이에 중보자도 한 분이시니 곧 예수라	딤전 2 : 5	-	7
하나님과 재물을 겸하여 섬기지 못하느니라	마 6 : 24		
하나님과 주 예수를 앎으로 은혜와 평강이 더욱 많을	벧후 1 : 2	-	4
하나님과 화목하고 평안하라 그리하면 복이 임하리라	욥 22 : 21	-	22
하나님께 가까이 함이 내게 복이라	시 73 : 28		
하나님께 경배하고 다만 그를 섬기라 하였느니라	마 4 : 10		
하나님께 경배하고 다만 그를 섬기라 하였느니라	눅 4 : 8		
하나님께 경배하라 예수의 증언은 예언의 영이라	계 19 : 10		
하나님께 경솔히 말하거든 그 몸을 쪼개고 그 집을	단 3 : 29		
하나님께 구하시는 것을 하나님이 주실 줄을 아나이다	요 11 : 22		
하나님께 돌아와서 인애와 정의를 지키며 항상 너의	호 12 : 6		
하나님께 드림이 되었다고(고르반) 하기만 하면 부모님	마 15 : 5	-	6
하나님께 복종할지어다 마귀를 대적하라	약 4 : 7		
하나님께 부르짖으리니 나를 구원하시리로다	시 55 : 16		
하나님께 소망을 두라 그가 나타나 도우심으로	시 43 : 5		
하나님께 속한 자는 하나님의 말씀을 듣나니 너희가	요 8 : 47		
하나님께 영광을 돌리고 찬송하며 돌아가니라	눅 2 : 20	-	21
하나님께 영광을 돌리며 자기 집으로 돌아가니	눅 5 : 25	-	26
하나님께 영광을 돌리지 아니한지라 손가락이 나와서	단 5 : 23	-	24
하나님께 존귀와 영광이 영원무궁하도록 있을지어다	딤전 1 : 17		
하나님께 향한 소망을 가졌으니 곧 의인과 악인의 부활	행 24 : 15	-	16
하나님께로 돌아오라 그가 너그럽게 용서하시리라	사 55 : 6		
하나님께로부터 난 의	빌 3 : 1	-	16
하나님께로부터 난 자마다 세상을 이기느니라	요일 5 : 4	-	8
하나님께로부터 난 자마다 죄를 짓지 아니하나니	요일 3 : 9		

하나님께로부터 보내심을 받은 사람이 있으니 요한이라　요 1 : 6 - 8
하나님께서 구하시는 제사는 상한 심령이라　시 51 : 17
하나님께서 그가 그것을 누리도록 허락하지 아니하셨으　전 6 : 2
하나님께서 그들의 눈에서 모든 눈물을 씻어 주실 것임　계 7 : 17
하나님께서 그리스도 안에 계시사 세상을 자기와 화목　고후 5 : 19 - 21
하나님께서 깨끗게 하신 것을 네가 속되다 하지 말라　행 10 : 15
하나님께서 너와 함께 항해하는 자를 네게 주셨다 하였　행 27 : 24 - 26
하나님께서 미리 정하신 언약을 사백삼십 년 후에 생긴　갈 3 : 17 - 22
하나님께서 백성을 위하여 예비하셨으므로 히스기야가　대하 29 : 36
하나님께서 보내신 이를 믿는 것이 하나님의 일이니라　요 6 : 29
하나님께서 살리신 이는 썩음을 당하지 아니하였나니　행 13 : 37 - 39
하나님께서 시내산에 강림하시다　출 19 : 1 - 25
하나님께서 아들을 통하여 말씀하시다　히 1 : 1 - 14
하나님께서 우리에 대한 자기의 사랑을 확증하셨느니라　롬 5 : 8
하나님께서 이방인에게도 생명 얻는 회개를 주셨도다　행 11 : 18
하나님께서 지으신 집 곧 손으로 지은 것이 아니요　고후 5 : 1 - 5
하나님도 인자로 말미암아 영광을 받으셨도다　요 13 : 31 - 32
하나님도 표적들과 기사들과 여러 가지 능력과 및　히 2 : 4
하나님도 한 분이시니 곧 만유의 아버지시라　엡 4 : 6
하나님에게 자기의 소망을 두는 자는 복이 있도다　시 146 : 5
하나님에게서 떨어질까 조심할 것이요　히 3 : 12 - 14
하나님으로서는 다 하실 수 있느니라　막 10 : 27
하나님은 그가 기뻐하시는 자에게는 지혜와 지식을　전 2 : 26
하나님은 그것을 선으로 바꾸사 많은 생명을 구원하게　창 50 : 20 - 21
하나님은 그를 의지하는 자의 방패시니라　잠 30 : 5
하나님은 긍휼이 많으시도다　시 116 : 5
하나님은 모든 행위와 모든 은밀한 일을 선악 간에 심판　전 12 : 14
하나님은 무질서의 하나님이 아니요 오직 화평의　고전 14 : 33 - 35
하나님은 복되시고 유일하신 주권자이시며 만왕의 왕　딤전 6 : 15 - 16
하나님은 불의하지 아니하사 너희 행위와 그의 이름을　히 6 : 10 - 12
하나님은 빛이시다　요일 1 : 5 - 10
하나님은 빛이시라 그에게는 어둠이 조금도 없으시다　요일 1 : 5 - 7

하나님은 사람을 정직하게 지으셨으나 사람이 꾀들을   전 7 : 29

하나님은 사람의 외모를 보지 아니하시고   행 10 : 34 - 35

하나님은 사랑이시다   요일 4 : 7 - 21

하나님은 사랑이시라 사랑 안에 거하는 자는 하나님 안   요일 4 : 16

하나님은 사랑이심이라   요일 4 : 8 - 11

하나님은 소멸하는 불이심이라   히 12 : 29

하나님은 스스로 지혜롭다 하는 모든 자를 무시하시느   욥 37 : 24

하나님은 악에게 시험을 받지도 아니하시고 친히 아무   약 1 : 13 - 15

하나님은 약속을 기업으로 받는 자들에게 맹세로 보증   히 6 : 17 - 20

하나님은 영이시니 예배하는 자가 영과 진리로 예배할   요 4 : 24

하나님은 우리의 유익을 위하여 그의 거룩하심에 참여   히 12 : 10 - 11

하나님은 유일한 주시라   막 12 : 29 - 34

하나님은 자기에게 피하는 모든 자의 방패시로다   시 18 : 30

하나님은 전능자   사 40 : 12 - 31

하나님은 제칠일에 그의 모든 일을 쉬셨다 하였으며   히 4 : 4 - 6

하나님은 죽은 자를 살리시며 없는 것을 있는 것으로   롬 4 : 17 - 25

하나님은 죽은 자의 하나님이 아니요 산 자의 하나님   막 12 : 27

하나님은 죽은 자의 하나님이 아니요 살아 있는 자의   마 22 : 32

하나님은 죽은 자의 하나님이 아니요 살아 있는 자의   눅 20 : 38 - 40

하나님은 즐겨 내는자를 사랑하시느니라   고후 9 : 7 - 9

하나님은 지혜 있는 자들로 하여금 자기 꾀에 빠지게   고전 3 : 19 - 23

하나님은 참으로 모든 신들의 신이시요 모든 왕의 주재   단 2 : 47

하나님은 친히 아무도 시험하지 아니하시느니라   약 1 : 13 - 15

하나님은 한 분이시요 또 하나님과 사람 사이에 중보자   딤전 2 : 5 - 7

하나님은 화평 중에서 너희를 부르셨느니라   고전 7 : 15 - 16

하나님을 가까이하라 그리하면 너희를 가까이하시리라   약 4 : 8

하나님을 경외하며 의를 행하는 사람은 다 받으시는 줄   행 10 : 35

하나님을 금이나 은이나 돌에다 사람의 기술과 고안으   행 17 : 29 - 31

하나님을 기다리는 자는 복이 있도다   사 30 : 18 - 26

하나님을 기쁘게 하는 생활   살전 4 : 1 - 12

하나님을 더듬어 찾아 발견하게 하려 하심이로되   행 17 : 27 - 31

하나님을 두려워하는 가운데 거룩함을 온전히 이루어   고후 7 : 1

하나님을 두려워하며 그에게 영광을 돌리라   계 14 : 7

하나님을 두려워하며 왕을 존대하라   벧전 2 : 17

하나님을 따라 의와 진리의 거룩함으로 지으심을 받은   엡 4 : 24

하나님을 만나려면   신 4 : 29

하나님을 믿지 아니하는 자는 하나님을 거짓말하는 자   요일 5 : 10 - 12

하나님을 본 사람은 없으되 아버지 품 속에 있는 독생하   요 1 : 18

하나님을 본 사람이 없으되 만일 우리가 서로 사랑하면   요일 4 : 12 - 16

하나님을 본받는 생활   엡 4 : 25 - 32

하나님을 본받는 자가 되고   엡 5 : 1 - 2

하나님을 비방하여 산헤립 앗수르 왕이 죽다   대하 32 : 16 - 21

하나님을 사랑하고 그 길로 행하면   신 30 : 16 - 18

하나님을 사랑하고 그의 계명들을 지킬 때에 이로써   요일 5 : 2 - 3

하나님을 사랑하고 또한 네 이웃을 자신 같이 사랑하라   눅 10 : 27 - 37

하나님을 사랑하노라 하고 그 형제를 미워하면 이는   요일 4 : 20 - 21

하나님을 사랑하는 것은 이것이니 우리가 그의 계명을   요일 5 : 3

하나님을 사랑하는 자 곧 그의 뜻대로 부르심을 입은 자   롬 8 : 28 - 30

하나님을 사랑하는 자는 또한 그 형제를 사랑할지니라   요일 4 : 21

하나님을 사랑하면 그 사람은 하나님도 알아 주시느니   고전 8 : 3 - 6

하나님을 시인하나 행위로는 부인하니 가증한 자요   딛 1 : 16

하나님을 시험하지 말라 하였느니라   마 4 : 7

하나님을 시험하지 말라 하였느니라   눅 4 : 12 - 13

하나님을 아는 자는 우리의 말을 듣고 하나님께 속하지   요일 4 : 6

하나님을 알게 하시려고 하심이니라 (광야 생활 40년)   신 29 : 5 - 6

하나님을 알되 하나님을 영화롭게 아니하며 감사하지   롬 1 : 21 - 23

하나님을 위하여 열매를 맺게 하려 함이라   롬 7 : 4

하나님을 의지하고 용감하게 행하리니 우리의 대적을   시 60 : 12

하나님을 의지하여 그의 말씀을 찬송하며   시 56 : 10

하나님을 의지하였은즉 두려워하지 아니하리니   시 56 : 11

하나님을 자기의 친 아버지라 하여 자기를 하나님과   요 5 : 18

하나님을 자랑하였나이다 영원히 감사하리이다   시 44 : 8

하나님을 향하여 기쁘게 노래하며   시 81 : 1 - 2

하나님의 것 (초태생 수컷)   출 13 : 12

하나님의 것 (태에서 처음 난 것) 　　　　　　　　　　출 13 : 1 - 2

하나님의 것을 도둑질하겠느냐 　　　　　　　　　　　말 3 : 8 - 10

하나님의 계획 (요셉에 대한) 　　　　　　　　　　　창 50 : 20 - 21

하나님의 공의로운 심판의 표 　　　　　　　　　　　실후 1 : 3 - 12

하나님의 공평한 심판 (유대인들의 타락과 죄악) 　　　롬 2 : 1 - 16

하나님의 구원이 이방인에게로 보내어진 줄 알라 　　　행 28 : 28

하나님의 궤(법궤, 언약궤) 안의 성물 　　　　　　　　대하 5 : 10

하나님의 궤(법궤, 언약궤)를 새 성전으로 옮기다 　　　대하 5 : 2 - 14

하나님의 궤(법궤, 언약궤)를 예루살렘으로 옮기다 　　대상 15 : 25 - 29

하나님의 궤(법궤, 언약궤)를 옮기다 　　　　　　　　대상 13 : 1 - 14

하나님의 궤(법궤, 언약궤)를 옮길 준비를 하다 　　　대상 15 : 1 - 24

하나님의 궤를 블레셋에 빼앗기다 　　　　　　　　　삼상 4 : 1 - 11

하나님의 그 은혜의 경륜을 들었을 터이라 　　　　　엡 3 : 2 - 6

하나님의 긍휼 　　　　　　　　　　　　　　　　　　사 55 : 1 - 7

하나님의 나라가 임하는 때 (재림) 　　　　　　　　　눅 17 : 20 - 37

하나님의 나라는 너희 안에 있느니라 　　　　　　　눅 17 : 21

하나님의 나라는 말에 있지 아니하고 오직 능력에 있음 　고전 4 : 20 - 21

하나님의 나라는 먹는 것과 마시는 것이 아니요 오직 　롬 14 : 17

하나님의 나라는 사람이 씨를 땅에 뿌림과 같으니 　　막 4 : 26 - 29

하나님의 나라는 성령 안에 있는 의와 평강과 희락이라 　롬 14 : 17

하나님의 나라를 너희는 빼앗기고 그 나라의 열매 맺는 　마 21 : 43 - 46

하나님의 나라를 어린 아이와 같이 받들지 않는 자는 　막 10 : 15 - 16

하나님의 나라를 어린 아이와 같이 받아들이지 않는 자 　눅 18 : 17

하나님의 나라를 유업으로 받지 못하리라 　　　　　고전 6 : 10 - 11

하나님의 나라를 전파하며 주 예수 그리스도에 관한 　행 28 : 31

하나님의 나라를 증언하고 모세의 율법과 선지자의 말 　행 28 : 23

하나님의 나라에 들어가려면 많은 환난을 겪어야 할 것 　행 14 : 22 - 23

하나님의 나라에 합당한 자로 여김을 받게 하려 함이니 　살후 1 : 5 - 9

하나님의 날 (재림의 날) 　　　　　　　　　　　　　벧후 3 : 1 - 17

하나님의 날이 임하기를 바라보고 간절히 사모하라 　벧후 3 : 12 - 14

하나님의 능력으로 살아 계시니 우리도 그 안에서 　　고후 13 : 4 - 7

하나님의 능력을 따라 복음과 함께 고난을 받으라 　　딤후 1 : 8 - 9

하나님의 도구인 앗수르 　　　　　　　　　　　　　　　　사 10 : 5 - 19
하나님의 떡은 하늘에서 내려 세상에 생명을 주시는 것 　　요 6 : 33 - 35
하나님의 뜻대로 고난을 받는 자들은 선을 행하는 가운 　벧전 4 : 19
하나님의 뜻대로 하게된 이 근심이 얼마나 간절하게 　　고후 7 : 11 - 16
하나님의 뜻대로 하는 근심은 후회할 것이 없는 구원에 　고후 7 : 10 - 16
하나님의 뜻대로 행하는 자가 내 형제요 자매요 어머니 　막 3 : 35
하나님의 뜻은 이것이니 너희의 거룩함이라 곧 음란을 　살전 4 : 3 - 6
하나님의 뜻을 분별하는 새 생활 　　　　　　　　　　　롬 12 : 1 - 13
하나님의 뜻을 행하려면 이 교훈이 하나님께로부터 왔는 　요 7 : 17 - 18
하나님의 마음 같은 체하였으니 　　　　　　　　　　　겔 28 : 6 - 9
하나님의 말씀은 매이지 아니하리라 　　　　　　　　　딤후 2 : 9 - 10
하나님의 말씀은 살아 있고 활력이 있어 좌우에 날선 검 　히 4 : 12 - 13
하나님의 말씀을 받은 사람들을 신이라 하셨거든 　　　요 10 : 35 - 39
하나님의 말씀을 하나니 이는 하나님이 성령을 한량 없 　요 3 : 34 - 36
하나님의 명을 따라 선지자들의 글로 말미암아 모든 　　롬 16 : 26 - 27
하나님의 모든 말씀은 능하지 못하심이 없느니라 　　　눅 1 : 37 - 38
하나님의 밭이요 하나님의 집이니라 　　　　　　　　　고전 3 : 9
하나님의 백성이요 전에는 긍휼을 얻지 못하였더니 　　벧전 2 : 10
하나님의 벗이라 칭함을 받았나니 (아브라함) 　　　　　약 2 : 23 - 26
하나님의 병거는 천천이요 만만이라 주께서 그 중에 계 　시 68 : 17
하나님의 복 (요셉을 위하여 보디발의 집에) 　　　　　창 39 : 5 - 6
하나님의 사람으로 온전하게 하며 모든 선한 일을 행할 　딤후 3 : 17
하나님의 사랑 그리스도의 사랑 　　　　　　　　　　　롬 8 : 31 - 39
하나님의 사랑 안에서 자신을 지키며 영생에 이르도록 　유 1 : 21 - 23
하나님의 사랑과 그리스도의 인내에 들어가게 하시기 　살후 3 : 5
하나님의 선물을 돈 주고 살 줄로 생각하였으니 네 은과 　행 8 : 20 - 23
하나님의 선하시고 기뻐하시고 온전하신 뜻이 무엇인지 　롬 12 : 2
하나님의 성령을 힘입어 귀신을 쫓아내는 것이면 　　　마 12 : 28
하나님의 성령이 너희 안에 계시는 것을 알지 못하느냐 　고전 3 : 16 - 17
하나님의 성전과 우상이 어찌 일치가 되리요 　　　　　고후 6 : 16 - 18
하나님의 성전은 거룩하니 너희도 그러하리라 　　　　고전 3 : 17
하나님의 소생이 되었은즉 하나님을 금이나 은이나 돌 　행 17 : 29 - 31

하나님의 속성 　　　　　　　　　　　　　　　　　출 34 : 6 - 7
하나님의 손 안에 있으니 사랑을 받을지 미움을 받을지 　전 9 : 1
하나님의 심판이 온 땅에 임할 예언 　　　　　　　사 24 : 1 - 23
하나님의 아들 　　　　　　　　　　　　　　　　갈 3 : 23 - 29
하나님의 아들로 선포되셨으니 우리 주 예수 그리스도 　롬 1 : 4 - 6
하나님의 아들을 믿는 믿음 안에서 사는 것이라 　　갈 2 : 20 - 21
하나님의 아들을 믿는 자는 자기 안에 증거가 있고 　요일 5 : 10 - 12
하나님의 아들이 나타나신 것은 마귀의 일을 멸하려 하 　요일 3 : 8 - 9
하나님의 아들이 이로 말미암아 영광을 받게 하려 함 　요 11 : 4
하나님의 아들이심을 증언하였노라 하니라 　　　　요 1 : 34
하나님의 아들이어든 뛰어 내리라 　　　　　　　마 4 : 6
하나님의 아들이어든 자기를 구원하고 십자가에서 내려 　마 27 : 40 - 44
하나님의 약속은 얼마든지 그리스도 안에서 예가 되니 　고후 1 : 20 - 22
하나님의 양 무리를 치되 억지로 하지 말고 자원함으로 　벧전 5 : 2 - 4
하나님의 어린 양을 보라 　　　　　　　　　　　요 1 : 29 - 34
하나님의 역사를 믿음으로 말미암아 그 안에서 함께 　골 2 : 12 - 15
하나님의 영과 적그리스도의 영 　　　　　　　　요일 4 : 1 - 5
하나님의 영광을 바라고 즐거워하느니라 　　　　롬 5 : 2 - 4
하나님의 영광을 썩어질 사람과 새와 짐승과 우상으로 　롬 1 : 23 - 25
하나님의 영광을 아는 빛을 우리 마음에 비추셨느니라 　고후 4 : 6
하나님의 영광을 위하여 하라 　　　　　　　　　고전 10 : 23 - 33
하나님의 영광이 비치고 어린 양이 그 등불이 되심이라 　계 21 : 23 - 25
하나님의 영에 감동된 사람을 우리가 어찌 찾을 수 있 　창 41 : 38
하나님의 영으로 쓴 것이며 또 돌판에 쓴 것이 아니요 　고후 3 : 3
하나님의 영으로 인도함을 받는 사람은 곧 하나님의 　롬 8 : 14 - 17
하나님의 영을 알지니 곧 예수 그리스도께서 육체로 　요일 4 : 2 - 3
하나님의 영이 나를 지으셨고 전능자의 기운이 나를 　욥 33 : 4
하나님의 영이 사울에게 임하다 　　　　　　　　삼상 19 : 23 - 24
하나님의 은사는 그리스도 예수 주 안에 있는 영생이니 　롬 6 : 23
하나님의 은사와 부르심에는 후회하심이 없느니라 　롬 11 : 29 - 32
하나님의 은혜로 값 없이 의롭다 하심을 얻은 자가 되었 　롬 3 : 24 - 31
하나님의 은혜를 맡은 선한 청지기 같이 서로 봉사하라 　벧전 4 : 10 - 11

하나님의 은혜를 헛되이 받지 말라 ... 고후 6 : 1 - 3
하나님의 은혜와 또한 한 사람 예수 그리스도의 은혜로 ... 롬 5 : 15 - 21
하나님의 은혜의 선물을 따라 내가 일꾼이 되었노라 ... 엡 3 : 7 - 9
하나님의 의 ... 롬 3 : 19 - 31
하나님의 의를 모르고 자기 의를 세우려고 힘써 ... 롬 10 : 3 - 7
하나님의 이름으로 네게 나아가노라 (다윗) ... 삼상 17 : 45
하나님의 이름이 너희 때문에 이방인 중에서 모독을 받 ... 롬 2 : 24 - 29
하나님의 인자하심이 너를 인도하여 회개하게 하심을 ... 롬 2 : 4 - 5
하나님의 일꾼으로 자천하여 많이 견디는 것과 환난과 ... 고후 6 : 4 - 10
하나님의 일도 하나님의 영 외에는 아무도 알지 못하느 ... 고전 2 : 11 - 16
하나님의 일을 생각하지 아니하고 도리어 사람의 일을 ... 마 16 : 23
하나님의 일을 생각하지 아니하고 도리어 사람의 일을 ... 막 8 : 33
하나님의 입에서 교훈을 받고 하나님의 말씀을 네 마음 ... 욥 22 : 22
하나님의 자녀를 모아 하나가 되게 하기 위하여 죽으실 ... 요 11 : 52
하나님의 자녀와 마귀의 자녀들이 드러나나니 무릇 ... 요일 3 : 10 - 12
하나님의 전를 위하여 백향목 집을 건축하지 않느냐? ... 삼하 7 : 4 - 7
하나님의 전신 갑주를 취하라 이는 악한 날에 너희가 ... 엡 6 : 13 - 17
하나님의 종과 같이 하라 ... 벧전 2 : 11 - 17
하나님의 증거는 이것이니 그의 아들에 대하여 증언하 ... 요일 5 : 9 - 12
하나님의 지혜는 이 세상이 자기 지혜로 알지 못하므로 ... 고전 1 : 21 - 24
하나님의 지혜와 능력 ... 고전 1 : 18 - 31
하나님의 지혜와 지식의 풍성함이여, 그의 판단은 ... 롬 11 : 33 - 36
하나님의 진노가 불의로 진리를 막는 사람들의 모든 ... 롬 1 : 18 - 19
하나님의 진노를 가득히 담은 금 대접 일곱을 일곱 천사 ... 계 15 : 7 - 8
하나님의 진노의 포도주를 마시리니 불과 유황으로 ... 계 14 : 10 - 11
하나님의 진실하심을 위하여 할례의 추종자가 되셨으니 ... 롬 15 : 8 - 12
하나님의 집이요 이는 하늘의 문이로다 하고 야곱이 ... 창 28 : 17 - 19
하나님의 칭호 ... 출 3 : 15
하나님의 형상대로 사람을 창조하시되 남자와 여자를 ... 창 1 : 27 - 28
하나님의 형상이시요 교회의 머리시라 ... 골 1 : 13 - 23
하나님의 형상이시요 모든 피조물보다 먼저 나신 이 ... 골 1 : 15 - 18
하나님의 확실한 약속 ... 히 6 : 13 - 20

하나님이 각 사람을 부르신 그대로 행하라	고전 7	: 17	- 24
하나님이 거하실 처소가 되기 위하여 그리스도 예수 안	엡 2	: 22	
하나님이 계시다면 우리를 맹렬히 타는 풀무불 가운데	단 3	: 17	- 18
하나님이 계획하시고 지으실 터가 있는 성을 바랐음이	히 11	: 10	- 12
하나님이 그 뜻대로 각 종자에게 그 형체를 주시느니	고전 15	: 38	- 44
하나님이 그 아들을 세상에 보내신 것은 세상을 심판하	요 3	: 17	- 18
하나님이 그 아들의 영을 우리 마음 가운데 보내사 아빠	갈 4	: 6	- 7
하나님이 그들이 악한 길에서 떠난 것을 보시고 재앙을	욘 3	: 10	
하나님이 기르시나니 너희는 새보다 얼마나 더 귀하냐	눅 12	: 24	- 32
하나님이 깨끗하게 하신 것을 네가 속되다고 하지 말라	행 11	: 9	- 10
하나님이 나를 단련하신 후에 내가 순금 같이 되어 나오	욥 23	: 10	
하나님이 나사렛 예수에게 성령과 능력을 기름 붓듯	행 10	: 38	- 43
하나님이 나의 증인이 되시거니와 항상 내 기도에 쉬지	롬 1	: 9	- 12
하나님이 너를 택하여 너로 하여금 자기의 뜻을 알게	행 22	: 14	- 16
하나님이 너희 아버지였으면 너희가 나를 사랑하였으리	요 8	: 42	
하나님이 네게 어떻게 큰 일을 하셨는지를 말하라	눅 8	: 39	
하나님이 만유의 주로서 만유 안에 계시려 하심이라	고전 15	: 28	- 30
하나님이 바울의 손으로 놀라운 능력을 행하게 하시니	행 19	: 11	- 12
하나님이 보내신 이는 하나님의 말씀을 하나니 이는	요 3	: 34	- 36
하나님이 생명을 구원하시려고 나를 먼저 보내셨나이	창 45	: 5	- 8
하나님이 성 중에 계시매 성이 흔들리지 아니하리라	시 46	: 5	
하나님이 세상을 이처럼 사랑하사 독생자를 주셨으니	요 3	: 16	- 18
하나님이 오른손으로 예수를 높이시매 그가 약속하신	행 2	: 33	
하나님이 우리를 사랑하사 우리 죄를 속하기 위하여	요일 4	: 10	- 11
하나님이 우리를 사랑하셨은즉 우리도 서로 사랑하는	요일 4	: 11	
하나님이 우리를 사랑하시는 그 사랑을 우리가 알고	요일 4	: 16	
하나님이 우리를 위하여 더 좋은 것을 예비하셨은즉	히 11	: 40	
하나님이 우리에게와 같이 그들에게도 성령을 주어	행 15	: 8	- 21
하나님이 우리와 함께 계심이니라	사 8	: 10	
하나님이 이 돌들로도 아브라함의 자손이 되게 하시리라	마 3	: 9	
하나님이 자기 피로 사신 교회를 보살피게 하셨느니라	행 20	: 28	
하나님이 자기에게 순종하는 사람들에게 주신 성령도	행 5	: 32	

하나님이 제사와 예물을 원하지 아니하시고 오직 나를   히 10 : 5 - 14
하나님이 죄를 알지도 못하신 이를 우리를 대신하여 죄   고후 5 : 21
하나님이 죄인의 말을 듣지 아니하시고 경건하여 그의   요 9 : 31 - 34
하나님이 주시는 안식   히 3 : 1 - 19
하나님이 죽은 자 가운데서 그를 살리신지라   행 13 : 30 - 31
하나님이 즐거움의 기름을 주께 부어 주를 동류들보다   히 1 : 9 - 14
하나님이 지으신 그 모든 것을 보시니 심히 좋았더라   창 1 : 31
하나님이 지으신 모든 것이 선하매 감사함으로 받으면   딤전 4 : 4 - 5
하나님이 짝지어 주신 것을 사람이 나누지 못할지니라   마 19 : 6 - 9
하나님이 짝지어 주신 것을 사람이 나누지 못할지니라   막 10 : 9
하나님이 처음부터 너희를 택하사 성령의 거룩하게 하   살후 2 : 13 - 14
하나님이 천사를 보내어 사자들의 입을 봉하셨으므로   단 6 : 22 - 23
하나님이 하시는 일을 나타내고자 하심이라   요 9 : 3
하나님이 한 분이신 줄 믿느냐 귀신들도 믿고 떠느니라   약 2 : 19
하나도 잃어버리지 아니하고 마지막 날에 다시 살리는   요 6 : 39 - 40
하나이신 하나님께 존귀와 영광이 영원무궁하도록   딤전 1 : 17
하눈(암몬 왕)이 다윗의 조객들을 모욕하다   삼하 10 : 1 - 5
하늘 사닥다리 (야곱의 벧엘에서의 꿈)   창 28 : 10 - 22
하늘과 땅의 모든 권세를 내게 주셨으니 그러므로   마 28 : 18 - 20
하늘로 맹세하는 자는 하나님의 보좌와 그 위에 앉으신   마 23 : 22 - 23
하늘로 올려지시다   눅 24 : 50 - 53
하늘로부터 빛이 그를 둘러 비추는지라   행 9 : 3 - 9
하늘로부터 오는 우리 처소로 덧입기를 간절히 사모하   고후 5 : 2 - 5
하늘로부터 오시는 이는 만물 위에 계시나니 그가 친히   요 3 : 31 - 33
하늘로부터 참 떡을 주시나니 하나님의 떡은 하늘에서   요 6 : 32 - 35
하늘로부터 해보다 더 밝은 빛이 나와 내 동행들을 둘러   행 26 : 13 - 18
하늘에 계신 너희 아버지의 온전하심과 같이 너희도   마 5 : 48
하늘에 둔 바 다함이 없는 보물이니 거기는 도둑도   눅 12 : 33 - 34
하늘에 속한 것의 영광이 따로 있고 땅에 속한 것의   고전 15 : 40 - 44
하늘에 속한 모든 신령한 복을 우리에게 주시되   엡 1 : 3 - 6
하늘에 속한 형체도 있고 땅에 속한 형체도 있으나   고전 15 : 40 - 44
하늘에 쌓아둔 소망으로 말미암음이니 복음 진리의   골 1 : 5

하늘에 있는 영원한 집이 우리에게 있는 줄 아느니라 　　고후 5 : 1 - 5
하늘에 있는 통치자들과 권세들에게 하나님의 지혜를 　　엡 3 : 10 - 11
하늘에 전쟁이 있으니 미가엘과 그의 사자들이 용과 　　계 12 : 7 - 9
하늘에 증거 장막의 성전이 열리며 일곱 재앙을 가진 　　계 15 : 5 - 8
하늘에서 내려오는 떡이니 사람으로 하여금 먹고 죽지 　　요 6 : 50 - 51
하늘에서 내려온 것은 내 뜻을 행하려 함이 아니요 　　요 6 : 38 - 40
하늘에서 내려온 떡이니 이 떡을 먹는 자는 영원히 살리 　　요 6 : 58 - 59
하늘에서 내려온 살아 있는 떡이니 사람이 이 떡을 먹으 　　요 6 : 51
하늘에서 내려온 자 곧 인자 외에는 하늘에 올라간 자가 　　요 3 : 13
하늘에서 양식을 비 같이 내리리니 백성이 나가서 일용 　　출 16 : 4
하늘에서 주신 바 아니면 사람이 아무 것도 받을 수 없느 　　요 3 : 27 - 30
하늘에서는 기사를 땅에서는 징조를 베풀리니 곧 피와 　　행 2 : 19 - 21
하늘은 나의 보좌요 땅은 나의 발등상이니 너희가 나를 　　행 7 : 49 - 50
하늘은 나의 보좌요 땅은 나의 발판이니 너희가 나를 　　사 66 : 1
하늘을 향하여 손을 내밀매 캄캄한 흑암이 삼 일 동안 　　출 10 : 22 - 23
하늘을 향하여 지팡이를 들매 여호와께서 우렛소리와 　　출 9 : 23 - 24
하늘의 궁창에는 새가 날으라 하시고 　　창 1 : 20
하늘의 여왕에게 분향하고 그 앞에 전제를 드릴 때에 　　렘 44 : 19 - 23
하늘의 예배 　　계 4 : 1 - 11
하늘의 왕을 찬양하며 칭송하며 경배하노니 　　단 4 : 37
하늘이 불에 타서 풀어지고 물질이 뜨거운 불에 녹아지 　　벧후 3 : 12 - 14
하늘이 열리고 하나님의 사자들이 인자 위에 오르락 　　요 1 : 51
하늘이 열리며 그릇이 내려오는 것을 보니 큰 보자기 　　행 10 : 11 - 23
하닷 (에돔 사람으로 솔로몬의 대적자) 　　왕상 11 : 14 - 22
하란으로 가서 내 오라버니 라반에게로 피신하여 　　창 27 : 43 - 45
하루 동안에 무슨 일이 일어날지 알 수 없음이니라 　　잠 27 : 1
하루 한 데나리온씩 품꾼들과 약속하여 포도원에 들여 　　마 20 : 2 - 16
하루가 천 년 같고 천 년이 하루 같다는 한 가지를 잊지 　　벧후 3 : 8 - 10
하루살이는 걸러 내고 낙타는 삼키는도다 　　마 23 : 24
하루에 일곱 번이라도 네게 죄를 짓고 일곱 번 네게 돌아 　　눅 17 : 4
하마? (베헤못) 　　욥 40 : 15 - 19
하만의 몰락 　　에 7 : 1 - 10

하만의 열 아들의 시체가 매달리다	에 9	:	13	- 14
하만이 모든 유다인을 다 죽이려 하다	에 3	:	1	- 6
하만이 모르드개를 달려고한 나무에 매달리다	에 7	:	9	- 10
하만이 오십 규빗 되는 나무를 세우다	에 5	:	9	- 14
하모나 성읍	겔 39	:	15	- 16
하몬곡 골짜기	겔 39	:	11	- 16
하박국의 기도	합 3	:	1	- 19
하박국의 두 번째 호소에 대한 여호와의 응답	합 2	:	1	- 20
하박국의 첫 호소에 대한 여호와의 응답	합 1	:	5	- 11
하박국이 여호와께 두 번째 호소	합 1	:	12	- 17
하박국이 여호와께 첫 호소	합 1	:	2	- 4
하사엘이 벤하닷을 죽이고 왕이되다	왕하 8	:	15	
하사엘이 아람 왕이 됨을 여호와가 예고하시다	왕하 8	:	13	- 15
하와라 불렀으니 그는 모든 산 자의 어머니가 됨이더라	창 3	:	20	
하인이 두 주인을 섬길 수 없나니 혹 이를 미워하고 저를	눅 16	:	13	
하인이 중풍병으로 집에 누워 몹시 괴로워하나이다	마 8	:	6	- 13
하체가 큰 네 이웃 나라 애굽 사람과도 음행하되	겔 16	:	26	- 34
학개에게 임한 성전 건축을 위한 여호와의 말씀	학 1	:	1	- 11
학개의 성전 재건 독려와 그에 따른 축복 선포	학 2	:	1	- 23
학대 받는 자를 생각하라	히 13	:	3	
한 달란트 받은 자는 가서 땅을 파고 그 주인의 돈을	마 25	:	18	- 30
한 달란트를 빼앗아 열 달란트 가진 자에게 주라	마 25	:	28	- 30
한 돌에 일곱 눈이 있느니라 내가 거기에 새길 것을	슥 3	:	9	- 10
한 때 두 때 반 때를 지나서 성도의 권세가 다 깨지기까	단 12	:	7	
한 몸에 많은 지체를 가졌으나 모든 지체가 같은 기능을	롬 12	:	4	- 8
한 므나가 여기 있나이다 내가 수건으로 싸두었었나이	눅 19	:	20	- 27
한 므나로 열 므나를 남겼나이다	눅 19	:	16	- 27
한 므나를 빼앗아 열 므나 있는 자에게 주라	눅 19	:	24	- 27
한 번의 제사로 영원히 온전하게 하셨느니라	히 10	:	14	
한 범죄로 많은 사람이 정죄에 이른 것 같이 한 의로운	롬 5	:	18	- 21
한 사람으로 말미암아 죄가 세상에 들어오고 죄로 말미	롬 5	:	12	- 14
한 사람의 범죄로 많은 사람이 죽었은즉 더욱 하나님의	롬 5	:	15	- 21

한 사람의 범죄로 말미암아 사망이 그 한 사람을 통하	롬 5	: 17	-	21
한 사람이 모든 사람을 대신하여 죽었은즉 모든 사람이	고후 5	: 14	-	16
한 사람이 순종하심으로 많은 사람이 의인이 되리라	롬 5	: 19	-	21
한 사람이 순종하지 아니함으로 많은 사람이 죄인 된	롬 5	: 19	-	21
한 사람이 심고 다른 사람이 거둔다 하는 말이 옳도다	요 4	: 37	-	38
한 사람이 자기가 나은 것을 보고 큰 소리로 하나님께	눅 17	: 15	-	19
한 사람이면 패하겠거니와 두 사람이면 맞설 수 있나니	전 4	: 12		
한 성령으로 세례를 받아 한 몸이 되었고 또 다 한 성령	고전 12	: 13	-	20
한 손으로 일하며 한 손에 병기를 잡고	느 4	: 16	-	17
한 알의 밀이 땅에 떨어져 죽지 아니하면 한 알 그대로	요 12	: 24		
한 의로운 행위로 말미암아 많은 사람이 의롭다 하심을	롬 5	: 18	-	21
한 입에서 찬송과 저주가 나오는도다	약 3	: 10	-	12
한 지체가 고통을 받으면 모든 지체가 함께 고통을 받으	고전 12	: 26	-	27
한 하나님 곧 아버지가 계시니 만물이 그에게서 났고	고전 8	: 6	-	8
한결같지 않은 저울추와 되는 여호와께서 미워하시느니	잠 20	: 10		
한나를 돌보시사 그로 하여금 세 아들과 두 딸을 낳게	삼상 2	: 21		
한나와 엘가나 가족	삼상 1	: 1	-	8
한나와 제사장 엘리	삼상 1	: 9	-	18
한나의 기도	삼상 2	: 1	-	11
한나의 서원 기도	삼상 1	: 9	-	11
한나의 서원 기도 실천	삼상 1	: 26	-	28
한마음과 한 뜻으로 되어 모든 물건을 서로 통용하고	행 4	: 32	-	37
한마음과 한 입으로 하나님 곧 우리 주 예수 그리스도	롬 15	: 6	-	7
한마음으로 기도하다	행 4	: 23	-	31
한마음으로 한 뜻으로 복음의 신앙을 위하여 협력하고	빌 1	: 27	-	30
할 마음만 있으면 있는 대로 받으실 터이요 없는 것은	고후 8	: 12	-	15
할 말을 성령이 곧 그 때에 너희에게 가르치시리라	눅 12	: 12		
할 수 있거든 너희로서는 모든 사람과 더불어 화목하라	롬 12	: 18	-	21
할 수 있거든이 무슨 말이냐 믿는 자에게는 능히 하지 못	막 9	: 23	-	29
할렐루야 구원과 영광과 능력이 우리 하나님께 있도다	계 19	: 1	-	3
할렐루야 내 영혼아 여호와를 찬양하라	시 146	: 1	-	2
할렐루야 여호와의 이름을 찬송하라	시 135	: 1	-	3

할렐루야 주 우리 하나님 곧 전능하신 이가 통치하시도   계 19 : 6 - 8
할례 (과실 열매의 할례)   레 19 : 23 - 25
할례 (마음의 할례)   신 10 : 16
할례 (마음의 할례)   신 30 : 6 - 10
할례 규례   레 12 : 2 - 3
할례 받는 것도 아무 것도 아니요 할례를 받지 아니하는   고전 7 : 19 - 24
할례 받는 자에게 증언하노니 율법 전체를 행할 의무를   갈 5 : 3 - 6
할례 받지 못한 자들이 와서 나를 욕되게 할까 두려워   대상 10 : 4 - 6
할례 받지 아니한 사람에게 우리 누이를 줄 수 없노니   창 34 : 14
할례 산에서 이스라엘 자손에게 할례를 행하니라   수 5 : 2 - 5
할례는 마음에 할지니 영에 있고 율법 조문에 있지 않   롬 2 : 29
할례는 모세에게서 난 것이 아니요 조상들에게서 난 것   요 7 : 22 - 24
할례를 받게 하려는 것은 그들이 너희의 육체로 자랑하   갈 6 : 13 - 15
할례를 받아야 하리니 이에 내 언약이 너희 살에 있어   창 17 : 13 - 14
할례를 받으면 그리스도께서 너희에게 아무 유익이 없   갈 5 : 2 - 6
할례를 받은 그들이라도 스스로 율법은 지키지 아니하   갈 6 : 13 - 15
할례를 받지 못한 자는 먹지 못할 것이니라   출 12 : 48
할례를 받지 아니하면 능히 구원을 받지 못하리라 하니   행 15 : 1 - 21
할례를 억지로 받게 하지 아니하였으니   갈 2 : 3
할례를 행하다 (길갈에서)   수 5 : 2 - 9
할례를 행하지 말고 또 관습을 지키지 말라 한다 함을   행 21 : 21 - 26
할례시가 아니요 무할례시니라   롬 4 : 10 - 12
할례에 대한 하나님의 언약   창 17 : 10 - 14
할례와 그리스도의 십자가   갈 6 : 11 - 18
할례와 무할례가 아무 것도 아니로되 오직 새로 지으심   갈 6 : 15 - 17
할례의 언약을 아브라함에게 주셨더니 그가 이삭을 낳   행 7 : 8 - 10
할례의 추종자가 되셨으니 이는 조상들에게 주신 약속   롬 15 : 8 - 12
할례의 표를 받은 것은 무할례시에 믿음으로 된 의를   롬 4 : 11 - 12
할례자도 믿음으로 말미암아 또한 무할례자도 믿음으   롬 3 : 30 - 31
할례자로서 부르심을 받은 자가 무할례자가 되지 말며   고전 7 : 18 - 24
할례자의 사도와 이방인의 사도   갈 2 : 1 - 10
할례파   빌 3 : 3 - 4

할례파 가운데 특히 그러하니 그들의 입을 막을 것이라	딛 1	: 10	- 11
할례할 팔 일이 되매 그 이름을 예수라 하니	눅 2	: 21	
함께 모여서 주의 만찬을 먹을 수 없으니	고전 11	: 19	- 29
함께 모으지 아니하는 자는 헤치는 자니라	마 12	: 30	
함께 상속자가 되고 함께 지체가 되고 함께 약속에 참여	엡 3	: 6	- 7
함정을 파는 자는 그것에 빠질 것이요 담을 허는 자는	전 10	: 8	- 9
함정을 파는 자는 그것에 빠질 것이요 돌을 굴리는 자는	잠 26	: 27	
합당하면 너희 빈 평안이 거기 임할 것이요 만일	마 10	: 13	
합당하지 아니하면 너희가 빈 평안이 너희에게 돌아올	마 10	: 13	
합당한 자를 찾아내어 떠나기까지 거기서 머물라	마 10	: 11	
합력하여 선을 이루느니라	롬 8	: 28	- 30
합심하여 무엇이든지 구하면 하늘에 계신 내 아버지께서	마 18	: 19	- 20
합환채가 향기를 뿜어내고	아 7	: 13	
합환채로 당신을 샀노라 그 밤에 야곱이 그와 동침하	창 30	: 16	- 18
합환채를 얻어 그의 어머니 레아에게 드렸더니 라헬이	창 30	: 14	- 16
항상 기도하고 깨어 있으라 하시니라	눅 21	: 36	
항상 기뻐하라	살전 5	: 16	
항상 기뻐하라 내가 다시 말하노니 기뻐하라	빌 4	: 4	- 5
항상 배우나 끝내 진리의 지식에 이를 수 없느니라	딤후 3	: 7	
항아리에 물을 채우라 하신즉 아귀까지 채우니	요 2	: 7	- 12
해 돋는 데에서부터 해 지는 데에까지 여호와의 이름이	시 113	: 3	
해 아래에서 수고하는 모든 수고가 사람에게 무엇이	전 1	: 2	
해가 돋고 뜨거운 바람이 불어 풀을 말리면 꽃이 떨어져	약 1	: 11	
해골(히브리 말로 골고다)이라 하는 곳에 나가시니	요 19	: 17	- 27
해골이라 하는 곳에 예수를 십자가에 못 박고 두 행악자도	눅 23	: 33	- 43
해를 악인과 선인에게 비추시며 비를 의로운 자와 불의	마 5	: 45	
해를 옷 입은 여자가 있는데 그 발 아래에는 달이 있고	계 12	: 1	- 6
해마다 늘 드리는 같은 제사로는 온전하게 할 수가 없	히 10	: 1	- 4
해면을 우슬초에 매어 예수의 입에 대니 예수께서	요 19	: 29	- 30
해산의 고통이 이름과 같이 멸망이 갑자기 이르리니	살전 5	: 3	- 8
해산하게 되면 그 때가 이르렀으므로 근심하나 아기를	요 16	: 21	- 22
해산함으로 구원을 얻으리라	딤전 2	: 15	

해시계에 나아갔던 해의 그림자가 십 도를 물러가니라 · · · · · 사 38 : 8

해의 영광이 다르고 달의 영광이 다르며 별의 영광도 · · · · · 고전 15 : 41 - 44

행동을 달아 보시느니라 · · · · · 삼상 2 : 3

행사를 여호와께 맡기라 네가 경영하는 것이 이루어 · · · · · 잠 16 : 3

행실에 거룩한 자가 되라 · · · · · 벧전 1 : 13 - 25

행실의 결말을 주의하여 보고 그들의 믿음을 본받으라 · · · · · 히 13 : 7

행악자 중 하나는 비방하여 이르되 네가 그리스도가 아 · · · · · 눅 23 : 39 - 43

행악하는 모든 자들아 나를 떠나 가라 하리라 · · · · · 눅 13 : 27 - 30

행위가 악하므로 빛보다 어둠을 더 사랑한 것이니라 · · · · · 요 3 : 19 - 21

행위가 하나님 안에서 행한 것임을 나타내려 함이라 · · · · · 요 3 : 21

행위대로 갑절을 갚아 주고 그가 섞은 잔에도 갑절이나 · · · · · 계 18 : 6 - 7

행위대로 심판하시는 이를 너희가 아버지라 부른즉 · · · · · 벧전 1 : 17

행위로 그의 앞에 의롭다 하심을 얻을 육체가 없나니 · · · · · 롬 3 : 20 - 21

행위로 말미암지 아니하고 오직 그의 긍휼하심을 따라 · · · · · 딛 3 : 5 - 7

행위로 말미암지 않고 오직 부르시는 이로 말미암아 · · · · · 롬 9 : 11 - 13

행위로써 의롭다 하심을 받았으면 자랑할 것이 있으려 · · · · · 롬 4 : 2 - 8

행위를 따라 책들에 기록된 대로 심판을 받으니 · · · · · 계 20 : 12 - 15

행위를 사람에게 보이고자 하나니 곧 그 경문 띠를 넓게 · · · · · 마 23 : 5 - 7

행위를 아노니 네가 살았다 하는 이름은 가졌으나 죽은 · · · · · 계 3 : 1

행위에 있지 않고 믿음으로 되는 줄 인정하노라 · · · · · 롬 3 : 28 - 31

행위에서 난 것이 아니니 이는 누구든지 자랑하지 못하 · · · · · 엡 2 : 9 - 10

행위의 열매를 먹으며 자기 꾀에 배부르리라 · · · · · 잠 1 : 31 - 32

행음함으로 벗은 몸을 드러내며 또 가증한 우상을 위하 · · · · · 겔 16 : 36 - 41

행음함을 가볍게 여기고 행음하여 이 땅을 더럽혔거늘 · · · · · 렘 3 : 9 - 10

행하고 또 행할 줄을 우리가 주 안에서 확신하노니 · · · · · 살후 3 : 4 - 5

행하는 자가 내가 아니요 내 속에 거하는 죄니라 · · · · · 롬 7 : 17 - 25

행하는 자가 내가 아니요 내 속에 거하는 죄니라 · · · · · 롬 7 : 20 - 25

행하는 자는 그 집을 반석 위에 지은 지혜로운 사람 · · · · · 마 7 : 24 - 27

행하는 자와 행치 않는 자 · · · · · 눅 6 : 46 - 49

행하라 그리하면 평강의 하나님이 너희와 함께 계시리 · · · · · 빌 4 : 9

행하며 가르치는 자는 천국에서 크다 일컬음을 받으리라 · · · · · 마 5 : 19

행한 것 같이 너희도 행하게 하려 하여 본을 보였노라 · · · · · 요 13 : 15

행함과 진실함으로 사랑하자	요일 3	: 13	- 24
행함으로 내 믿음을 네게 보이리라 하리라	약 2	: 18	
행함으로 믿음이 온전하게 되었느니라	약 2	: 22	- 26
행함으로 의롭다 하심을 받고 믿음으로만은 아니니라	약 2	: 24	- 26
행함이 없는 믿음은 그 자체가 죽은 것이라	약 2	: 17	
행함이 없는 믿음은 죽은 것이니라	약 2	: 26	
향 (거룩한)	출 30	: 34	- 38
향기로운 제물이요 하나님을 기쁘시게 한 것이라	빌 4	: 18	- 19
향락을 좋아하는 자는 살았으나 죽었느니라	딤전 5	: 6	
향로	민 16	: 36	- 48
향연이 성도의 기도와 함께 천사의 손으로부터 하나님	계 8	: 4	- 5
향유 곧 순전한 나드 한 근을 가져다가 예수의 발에 붓고	요 12	: 3	- 8
향유 곧 순전한 나드 한 옥합을 가지고 와서 그 옥합을	막 14	: 3	- 9
향유 한 옥합을 가지고 나아와서 식사하는 예수의 머리	마 26	: 7	- 13
향유를 내 발에 부었느니라	눅 7	: 46	- 50
향유를 부어 내 장례를 미리 준비하였느니라	막 14	: 8	- 9
향유를 부은 것은 내 장례를 위하여 함이니라	마 26	: 12	- 13
향유를 부은 죄 지은 여자	눅 7	: 36	- 50
향유를 삼백 데나리온 이상에 팔아 가난한 자들에게 줄	막 14	: 5	- 9
향유를 어찌하여 삼백 데나리온에 팔아 가난한 자들에게	요 12	: 5	- 8
향유를 예수의 머리에 붓다	막 14	: 3	- 9
향을 받았으니 이는 모든 성도의 기도와 합하여 보좌 앞	계 8	: 3	- 5
향이 가득한 금 대접을 가졌으니 이 향은 성도의 기도	계 5	: 8	
허락하라 우리가 모든 의를 이루는 것이 합당하니라	마 3	: 15	
허락하지 아니하셨으므로 다른 사람이 누리나니	전 6	: 2	
허락하지 아니하시면 그 하나도 땅에 떨어지지 아니하	마 10	: 29	- 31
허랑방탕하여 그 재산을 낭비하더니 다 없앤 후	눅 15	: 13	- 32
허물과 죄로 죽었던 너희를 살리셨도다	엡 2	: 1	- 7
허물과 죄를 내게 알게 하옵소서	욥 13	: 23	
허물로 죽은 우리를 그리스도와 함께 살리셨고	엡 2	: 5	- 7
허물을 덮어주는 자는 사랑을 구하는 자요	잠 17	: 9	
허물을 도말하는 자니 네 죄를 기억하지 아니하리라	사 43	: 25	- 26

허물을 빽빽한 구름 같이, 네 죄를 안개 같이하였으니   사 44 : 22

허물을 여호와께 자복하리라 하고 내 죄를 아뢰고   시 32 : 5 - 6

허물을 용서하는 것이 자기의 영광이니라   잠 19 : 11

허물의 사함을 받고 자신의 죄가 가려진 자는 복이 있도   시 32 : 1

허물하지 아니하고 이웃을 비방하지 아니하며   시 15 : 3

허벅지 관절에 있는 둔부의 힘줄을 먹지 아니하더라   창 32 : 32

허벅지 관절이 그 사람과 씨름할 때에 어긋났더라   창 32 : 24 - 25

허영으로 하지 말고 오직 겸손한 마음으로 자기보다 남   빌 2 : 3 - 4

허탄한 것을 보지 말게 하시고 주의 길에서 나를 살아나   시 119 : 37

허탄한 묵시를 보며 거짓 것을 점쳤으니 내 손이 그들을   겔 13 : 9

허탄한 생각을 경고하시다   약 4 : 13 - 17

허탄한 자랑을 하니 그러한 자랑은 다 악한 것이라   약 4 : 16 - 17

헌물 (첫 소산, 맏물)   신 26 : 1 - 11

헌물(여호와께 바친 모든 것)의 처리   레 27 : 28 - 29

헌물은 흠 없는 것으로 하라   말 1 : 7 - 14

헐기도 하며 내가 심은 것을 뽑기도 하나니   렘 45 : 4 - 5

헐몬의 이슬이 시온의 산들에 내림 같도다   시 133 : 3

헐벗었을 때에 옷을 입혔고 병들었을 때에 돌보았고   마 25 : 36 - 46

헛 맹세를 하지 말고 네 맹세한 것을 주께 지키라   마 5 : 33

헛되고 헛되며 헛되고 헛되니 모든 것이 헛되도다   전 1 : 1 - 11

헛된 영광을 구하여 서로 노엽게 하거나 서로 투기하지   갈 5 : 26

헤로디아의 딸이 들어와 춤을 추어 헤롯과 그와 함께   막 6 : 22 - 29

헤롯 앞에 서시다   눅 23 : 8 - 12

헤롯 왕이 교회 중에서 몇 사람을 해하려 야보고를   행 12 : 1 - 3

헤롯의 생일이 되어 헤로디아의 딸이 춤을 추어 헤롯을   마 14 : 6 - 12

헤롯이 가만히 박사들을 불러 별이 나타난 때를 묻고   마 2 : 7 - 8

헤롯이 그 군인들과 함께 예수를 업신여기며 희롱하고   눅 23 : 11 - 12

헤롯이 그 동생 빌립의 아내 헤로디아의 일로 요한을   마 14 : 3 - 4

헤롯이 베들레헴과 그 모든 지경 안에 있는 사내아이를   마 2 : 16 - 18

헤롯이 아기를 죽이려 하니 애굽으로 피하여   마 2 : 13 - 15

헤롯이 영광을 하나님께로 돌리지 아니하므로 벌레에게   행 12 : 23 - 24

헤롯이 요한을 의롭고 거룩한 사람으로 알고 두려워하   막 6 : 20 - 29

헤롯이 자기가 동생 빌립의 아내 헤로디아에게 장가 든   막 6 : 17 - 29

헤롯이 죽다   행 12 : 20 - 25

헤브론 땅이 갈렙에게 분배되다   수 14 : 12 - 14

헤브론의 옛 이름   삿 1 : 10

헤브론의 옛 이름은 기럇 아르바라   수 14 : 15

헤스론(갈렙의 부친)의 자손   대상 2 : 18 - 24

헤스본(시혼 왕)을 정복   신 2 : 24 - 37

헤아리는 그 헤아림으로 너희가 헤아림을 받을 것이며   막 4 : 24 - 25

헤아리는 그 헤아림으로 너희가 헤아림을 받을 것이며   눅 6 : 38

헬라인에게도 말하여 주 예수를 전파하니 수많은 사람   행 11 : 20 - 30

헬라파 유대인들이 자기의 과부들이 매일의 구제에   행 6 : 1 - 7

헵시바라 하며 네 땅을 뿔라라 하리니 이는 여호와께서   사 62 : 4 - 5

혀는 곧 불이요 불의 세계라 혀는 우리 지체 중에서   약 3 : 6 - 8

혀는 능히 길들일 사람이 없나니 쉬지 아니하는 악이요   약 3 : 8

혀는 삶의 수레바퀴를 불사르나니 사르는 것이 지옥불   약 3 : 6 - 8

혀는 우리 지체 중에서 온 몸을 더럽히고 삶의 수레바퀴   약 3 : 6 - 8

혀도 작은 지체로되 큰 것을 자랑하도다   약 3 : 5 - 8

혀로 주 아버지를 찬송하고 또 사람을 저주하나니   약 3 : 9 - 12

혀로는 속임을 일삼으며 그 입술에는 독사의 독이 있고   롬 3 : 13 - 18

혀를 금하여 악한 말을 그치며 입술로 거짓을 말하지   벧전 3 : 10 - 11

혀를 네 입천장에 붙게 하여 네가 말 못하는 자가 되어   겔 3 : 26 - 27

혀를 쓰기 좋아하는 자는 혀의 열매를 먹으리라   잠 18 : 21

혀를 재갈 물리지 아니하고 자기 마음을 속이면   약 1 : 26 - 27

혀를 조심하라   약 3 : 1 - 12

혀를 지키는 자는 자기의 영혼을 환난에서 보전하느니라   잠 21 : 23

현세에 여러 배를 받고 내세에 영생을 받지 못할 자가   눅 18 : 30

현숙한 아내   잠 31 : 10 - 31

현재의 고난은 장차 우리에게 나타날 영광과 비교할 수   롬 8 : 18 - 22

혈과 육은 하나님 나라를 이어 받을 수 없고 또한 썩는   고전 15 : 50 - 58

혈과 육을 상대하는 것이 아니요 통치자들과 권세자들   엡 6 : 12 - 17

혈과 육을 함께 지니심은 죽음을 통하여 죽음의 세력을   히 2 : 14 - 18

혈루 근원이 곧 마르매 병이 나은 줄을 몸에 깨달으니라   막 5 : 29 - 34

혈루증 여인을 고치시다 　　　　　　　　　　　　　눅 8 : 43 - 48
혈루증으로 앓는 여자가 예수의 뒤로 와서 그 겉옷 가를 　마 9 : 20 - 22
혈루증으로 앓아 온 한 여자가 있어 　　　　　　　막 5 : 25 - 34
혈통으로나 육정으로나 사람의 뜻으로 나지 아니하고 　요 1 : 13 - 14
형님께 드리는 예물을 받으소서 하고 그에게 강권하매 　창 33 : 11
형님의 얼굴을 뵈온즉 하나님의 얼굴을 본 것 같사오며 　창 33 : 10 - 11
형들과 입맞추며 안고 우니 형들이 그제서야 요셉과 말 　창 45 : 15
형은 사마리아요 아우는 소돔이라 　　　　　　　겔 16 : 46 - 52
형이 죽으면 형수를 아내로 삼아야 (계대 결혼법) 　　신 25 : 5 - 10
형제 70명을 죽인 아비멜렉 　　　　　　　　　　삿 9 : 1 - 5
형제 사랑하기를 계속하고 　　　　　　　　　　　히 13 : 1 - 2
형제(이스라엘 자손)를 배려하라 　　　　　　　　레 25 : 39 - 55
형제가 가난하게 되어 네게 몸이 팔리거든 너는 그를 　레 25 : 39 - 40
형제가 사망에 이르지 아니하는 죄 범하는 것을 보거든 　요일 5 : 16 - 17
형제가 연합하여 동거함이 어찌 그리 선하고 아름다운 　시 133 : 1
형제가 죄를 범하거든 　　　　　　　　　　　　　마 18 : 15 - 17
형제가 형제를, 아버지가 자식을 죽는 데에 내주며 　　마 10 : 21
형제나 자매가 헐벗고 일용할 양식이 없는데 　　　약 2 : 15 - 17
형제는 위급한 때를 위하여 났느니라 　　　　　　잠 17 : 17
형제로 거리끼게 하는 일을 아니함이 아름다우니라 　롬 14 : 21
형제를 네 음식으로 망하게 하지 말라 　　　　　　롬 14 : 15 - 17
형제를 미워하는 자는 어둠에 있고 또 어둠에 행하며 　요일 2 : 11
형제를 미워하는 자는 지금까지 어둠에 있는 자요 　　요일 2 : 9 - 11
형제를 미워하는 자마다 살인하는 자니 　　　　　요일 3 : 15 - 18
형제를 미워하지 말며 네 이웃을 반드시 견책하라 　레 19 : 17
형제를 비방하는 자나 형제를 판단하는 자는 곧 율법을 　약 4 : 11 - 12
형제를 사랑하기에 이르렀으니 마음으로 서로 뜨겁게 　벧전 1 : 22
형제를 사랑하는 자는 빛 가운데 거하여 자기 속에 　요일 2 : 10 - 11
형제를 사랑하며 불쌍히 여기며 겸손하며 　　　　벧전 3 : 8 - 11
형제를 사랑하므로 사망에서 옮겨 생명으로 들어간 줄 　요일 3 : 14 - 18
형제를 사랑하여 서로 우애하고 존경하기를 서로 먼저 　롬 12 : 10 - 13
형제를 사랑하지 아니하는 자는 하나님께 속하지 아니 　요일 3 : 10 - 12

형제를 사랑하지 아니하는 자는 하나님을 사랑할 수 없   요일 4 : 20 - 21

형제를 위하여 목숨을 버리는 것이 마땅하니라   요일 3 : 16 - 18

형제를 판단하는 자는 곧 율법을 비방하고 율법을 판단   약 4 : 11 - 12

형제에게 부조를 보내기로 작정하고 이를 실행하여   행 11 : 29 - 30

형제에게 죄를 지어 그 약한 양심을 상하게 하는 것이   고전 8 : 12 - 13

형제에게는 암미라 하고 자매에게는 루하마라 하라   호 2 : 1

형제에게만 문안하면 남보다 더하는 것이 무엇이냐   마 5 : 47

형제여 나로 주 안에서 너로 말미암아 기쁨을 얻게 하   몬 1 : 20

형제와 화목하고 그 후에 와서 예물을 드리라   마 5 : 24

형제의 궁핍함을 보고도 도와줄 마음을 닫으면 하나님   요일 3 : 17 - 18

형제의 눈 속에 있는 티는 보고 네 눈 속에 있는 들보는   마 7 : 3 - 5

형제의 눈 속에 있는 티는 보고 네 눈 속에 있는 들보는   눅 6 : 41 - 42

형제의 소유물을 발견하면   신 22 : 1 - 4

형통하리라   수 1 : 7 - 8

호렙산 언약 (십계명)   신 5 : 1 - 21

호렙산에 있는 그 반석을 치라 그것에서 물이 나오리니   출 17 : 6 - 7

호렙산에서 너희가 여호와를 격노하게 하였으므로   신 9 : 8

호렙산에서 엘리야가 여호와의 말씀을 듣다   왕상 19 : 1 - 18

호르마 성읍   삿 1 : 17

호르마를 점령   민 21 : 1 - 3

호밥의 불순종   민 10 : 29 - 32

호산나 다윗의 자손이여 찬송하리로다 주의 이름으로   마 21 : 9 - 11

호산나 찬송하리로다 주의 이름으로 오시는 이   요 12 : 13 - 16

호산나 찬송하리로다 주의 이름으로 오시는 이여   막 11 : 9 - 11

호색하는 것을 따르리니 이로 말미암아 진리의 도가   벧후 2 : 2 - 3

호세아 왕 때에 우상을 섬긴 이스라엘 백성   왕하 17 : 16 - 18

호세아 왕이 앗수르에 점령당하고 백성이 포로되다   왕하 17 : 1 - 6

호세아와 음녀가 된 여인   호 3 : 1 - 4

호세아의 아내와 자식들   호 1 : 2 - 9

호심경을 붙이고 구원의 소망의 투구를 쓰자   살전 5 : 8 - 11

호심경을 붙이고 평안의 복음이 준비한 것으로 신을 신   엡 6 : 14 - 17

호흡이 끊어지면 흙으로 돌아가서 그 날에 그의 생각이   시 146 : 4

혼과 영혼과 및 관절과 골수를 찔러 쪼개기까지 하며   히 4 : 12 - 13
혼례가 있어 예수의 어머니도 거기 계시고 예수와   요 2 : 1 - 12
혼용치 말라   신 22 : 9 - 11
혼용치 말라 (여호와와 세상 것)   레 19 : 19
혼이 몸으로 돌아오고 살아나지라   왕상 17 : 22
혼인 잔치는 준비되었으나 청한 사람들은 합당하지 아니   마 22 : 8 - 14
혼인 잔치에 오라 하였더니 오기를 싫어하거늘   마 22 : 3 - 14
혼인 집 손님들이 신랑과 함께 있을 때에 금식할 수 있느   막 2 : 19 - 20
혼인 집 손님들이 신랑과 함께 있을 때에 금식할 수 있느   눅 5 : 34 - 35
혼인집 손님들이 신랑과 함께 있을 동안에 슬퍼할 수   마 9 : 15
혼자 사는 것이 좋지 아니하니 돕는 배필을 지으리라   창 2 : 18
혼합주의 (사마리아에 이주한 이방인들)   왕하 17 : 32 - 33
홀로 사는 자의 자녀가 남편 있는 자의 자녀보다 많음   갈 4 : 27 - 31
홀로 하나이신 하나님께 존귀와 영광이 영원무궁하도록   딤전 1 : 17
홍수 전에 노아가 방주에 들어가던 날까지 사람들이   마 24 : 38 - 51
홍수가 나서 그들이 다 멸하기까지 깨닫지 못하였으니   마 24 : 39 - 51
홍수가 땅에 있을 때에 노아가 육백 세라   창 7 : 6
홍해를 건너다   출 14 : 5 - 31
홍해와 광야에서 사십 년간 기사와 표적을 행하셨느니   행 7 : 36 - 38
홍해의 이적   출 14 : 20 - 31
화 있을진저 고라신아, 화 있을진저 벳새다야   눅 10 : 13 - 16
화 있을진저 너희 부요한 자여 너희는 위로를 이미 받았   눅 6 : 24 - 26
화 있을진저 너희 지금 배부른 자여 너희는 주리리로다   눅 6 : 25 - 26
화 있을진저 너희 지금 웃는 자여 너희가 애통하며 울리   눅 6 : 25 - 26
화려한 옷을 입고 사치하게 지내는 자는 왕궁에 있느니   눅 7 : 25
화려함을 믿고 네 명성을 가지고 행음하되 모든 자와   겔 16 : 15 - 22
화목 제물 중에서 제사장 소득   레 7 : 28 - 36
화목 제물로 그 아들을 보내셨음이라   요일 4 : 10 - 11
화목 제물로 세우셨으니 이는 하나님께서 길이 참으시는   롬 3 : 25 - 31
화목 제물을 드릴 때 기쁘게 받으시도록 드리고   레 19 : 5
화목 제물이니 우리만 위할 뿐 아니요 온 세상의 죄를 위   요일 2 : 2
화목이 되거든 그 받아들이는 것이 죽은 자 가운데서   롬 11 : 15 - 18

화목제 (사울을 왕으로 세울 때)	삼상 11	: 15	
화목제를 드리는 규례	레 7	: 11	- 21
화목제의 예물	레 3	: 1	- 17
화목제의 희생 제물 (솔로몬 성전 봉헌식 때)	왕상 8	: 62	- 63
화목하게 된 자로서는 더욱 그의 살아나심으로 구원을	롬 5	: 10	- 11
화목하게 하는 말씀을 우리에게 부탁하셨느니라	고후 5	: 19	- 21
화목하게 하는 직분	고후 5	: 11	- 21
화목하게 하는 직분을 주셨으니	고후 5	: 18	- 21
화목하게 하려 하심이라 원수 된 것을 십자가로 소멸하	엡 2	: 16	- 19
화목하게 하사 너희를 거룩하고 흠 없고 책망할 것이 없	골 1	: 22	- 23
화목하게 하신 그리스도로 말미암아 즐거워하느니라	롬 5	: 11	
화목하는 것이 제육이 가득하고도 다투는 것보다 나으	잠 17	: 1	
화살로 만드사 그의 화살통에 감추시고 너는 나의 종	사 49	: 1	- 3
화살통의 화살들로 내 허리를 맞추셨도다	애 3	: 13	- 16
화석나무 사이에 선 천사 (스가랴가 본 환상)	슥 1	: 7	- 17
화와 복이 지존자의 입으로부터 나오지 아니하느냐	애 3	: 38	- 41
화제	출 29	: 25	
화평으로 심어 의의 열매를 거두느니라	약 3	: 18	
화평을 주러 온 줄로 생각하지 말라 화평이 아니요 검을	마 10	: 34	
화평을 주려고 온 줄로 아느냐 분쟁하게 함이로라	눅 12	: 51	- 53
화평의 언약을 맺고 악한 짐승을 그 땅에서 그치게	겔 34	: 25	- 26
화평의 일과 서로 덕을 세우는 일을 힘쓰나니	롬 14	: 19	
화평이신지라 둘로 하나를 만드사 막힌 담을 육체로	엡 2	: 14	- 19
화평하게 하는 자는 복이 있나니 그들이 하나님의 아들	마 5	: 9	
화평하게 하는 자들은 화평으로 심어 의의 열매를 거두	약 3	: 18	
화평함과 거룩함을 따르라 이것이 없이는 아무도 보지	히 12	: 14	
화해하기를 힘쓰라 그가 너를 재판장에게 끌어 가고	눅 12	: 58	- 59
확신한 것을 끝까지 견고히 잡고 있으면 그리스도와	히 3	: 14	
환난 (가장 큰 환난)	마 24	: 15	- 28
환난 가운데서 너희 믿음으로 말미암아 위로를 받았노	살전 3	: 7	- 10
환난 가운데서 성령의 기쁨으로 말씀을 받아 우리와 주	살전 1	: 6	- 10
환난 가운데서도 위로가 가득하고 기쁨이 넘치는도다	고후 7	: 4	- 8

환난 날에 가까운 이웃이 먼 형제보다 나으니라   잠 27 : 10

환난 날에 나를 그의 초막 속에 비밀히 지키시고   시 27 : 5

환난 날에 나를 부르라 내가 너를 건지리니   시 50 : 15

환난 날에 여호와께서 응답하시고 너를 높이 드시며   시 20 : 1

환난 날에 주께 부르짖으리니 주께서 응답하시리이다   시 86 : 7

환난 당하는 것도 너희가 위로와 구원을 받게 하려는   고후 1 : 6 - 9

환난 당할 때에 내가 그와 함께 하여 그를 건지고 영화롭   시 91 : 15 - 16

환난 중에 다닐지라도 주께서 나를 살아나게 하시고   시 138 : 7

환난 중에 부르짖으매 그들의 고통에서 구원하시되   시 107 : 13 - 15

환난 중에 여호와께 부르짖었더니 응답하셨도다   시 120 : 1

환난 중에 있는 자들을 능히 위로하게 하시는 이시로   고후 1 : 4 - 9

환난 중에 참으며 기도에 항상 힘쓰며   롬 12 : 12 - 13

환난 중에 하나님께 부르짖었더니 들으심이요   시 18 : 6

환난 중에도 즐거워하나니 이는 환난은 인내를, 인내는   롬 5 : 3 - 4

환난 후에 즉시 해가 어두워지며 달이 빛을 내지 아니하   마 24 : 29 - 31

환난 후에 해가 어두워지며 달이 빛을 내지 아니하며   막 13 : 24 - 27

환난과 궁핍을 알거니와 실상은 네가 부요한 자니라   계 2 : 9 - 10

환난과 우환이 내게 미쳤으나 주의 계명은 나의 즐거움   시 119 : 143

환난과 종말   막 13 : 14 - 23

환난에 넘겨 주겠으며 너희를 죽이리니 내 이름 때문에   마 24 : 9 - 14

환난에 대하여 낙심하지 말라 이는 너희의 영광이니라   엡 3 : 13

환난은 곧 잊을 것이라 네가 기억할지라도 물이 흘러감   욥 11 : 16 - 18

환난은 인내를, 인내는 연단을, 연단은 소망을 이루는   롬 5 : 3 - 4

환난을 당하나 담대하라 내가 세상을 이기었노라   요 16 : 33

환난을 당하다가 끝날에 네가 여호와께로 돌아와서   신 4 : 30 - 31

환난을 당하여 주께 부르짖을 때에 주께서 들으시고   느 9 : 27

환난을 면하게 하시며 또 네 영혼을 지키시리로다   시 121 : 7

환난을 받게 하는 자들에게는 환난으로 갚으시고   살후 1 : 6 - 9

환난을 받는 너희에게는 우리와 함께 안식으로 갚으시   살후 1 : 7 - 9

환난의 경한 것이 지극히 크고 영원한 영광의 중한 것을   고후 4 : 17 - 18

환난의 날이 되겠음이라 지금까지 이런 환난이 없었고   막 13 : 19 - 23

환난의 많은 시련 가운데서 그들의 넘치는 기쁨과   고후 8 : 2 - 5

환난의 징조 　　　　　　　　　　　　　　　　　눅 21 : 10 - 19
환난이 있겠음이라 창세로부터 지금까지 이런 환난이 　　마 24 : 21 - 28
환난이나 기근이나 적신이나 위험이나 칼이랴 　　　롬 8 : 35 - 39
환난이나 박해가 일어나는 때에는 곧 넘어지는 자요 　막 4 : 17 - 20
환난이나 박해가 일어날 때에는 곧 넘어지는 자요 　　마 13 : 21
환상 가운데 바울에게 말씀하시되 두려워 말며 말하라 　행 18 : 9 - 10
환상과 계시 (바울에게 주신) 　　　　　　　　　고후 12 : 1 - 12
환상으로 나를 알리기도하고 꿈으로 말하기도 하거니와 　민 12 : 6 - 10
환상으로 다니엘에게 보이시매 하나님을 찬송하니라 　단 2 : 19 - 22
환상으로 에스겔에게 보여주신 새 성전의 모습 　　겔 40 : 1 - 49
환상으로 에스겔에게 보여주신 새 성전의 모습 　　겔 41 : 1 - 25
환상으로 에스겔에게 보여주신 새 성전의 모습 　　겔 42 : 1 - 20
환상을 보니 큰 보자기 같은 그릇이 네 귀에 매어 하늘 　행 11 : 5 - 10
환상의 골짜기에 관한 경고 (유다 관리에 임할 심판) 　사 22 : 1 - 14
환상이 바울에게 보이니 마게도냐 사람 하나가 서서 　행 16 : 9 - 10
활과 화살로 엘리사가 임종시 요아스 왕에게 예언하다 　왕하 13 : 14 - 19
활을 당겨 나를 화살의 과녁으로 삼으심이여 　　　애 3 : 12 - 16
활을 의지하지 않으리 칼이 나를 구원치 못하리 　　시 44 : 6 - 7
황금과 유향과 몰약을 예물로 드리니라 　　　　　마 2 : 11
황충이 연기 가운데로부터 땅 위에 나오매 그들이 땅에 　계 9 : 3 - 10
황폐하더니 이제는 에덴 동산 같이 되었고 　　　　겔 36 : 35 - 38
황폐한 성읍을 사람의 떼로 채우리라 　　　　　　겔 36 : 38
횃불 언약 (하나님께서 아브람과 맺은) 　　　　　창 15 : 17 - 21
횃불을 들고 오른손에 나팔을 들어 불며 외쳐 이르되 　삿 7 : 20 - 22
횃불이 쪼갠 고기 사이로 지나더라 　　　　　　　창 15 : 17 - 21
회개에 합당한 열매를 맺고 속으로 아브라함이 우리 　눅 3 : 8 - 9
회개와 우리 주 예수 그리스도께 대한 믿음을 증언한 것 　행 20 : 21 - 24
회개의 세례를 전파하니 선지자 이사야의 책에 쓴 바 　눅 3 : 3 - 6
회개의 세례를 전파하니 온 유대 지방과 예루살렘 사람 　막 1 : 4 - 5
회개하거든 용서하라 　　　　　　　　　　　　눅 17 : 3 - 4
회개하게 하심을 알지 못하여 그의 인자하심과 용서하 　롬 2 : 4 - 5
회개하고 돌이켜 너희 죄 없이 함을 받으라 　　　행 3 : 19 - 21

404

회개하고 복음을 믿으라 하시더라	막 1	:	15	
회개하고 주께 기도하라 혹 마음에 품은 것을 사하여	행 8	:	22	- 23
회개하고 하나님께로 돌아와서 회개에 합당한 일을 하	행 26	:	20	- 23
회개하기 위하여 물로 세례를 베풀거니와 뒤에 오시는	마 3	:	11	
회개하라 만일 일깨지 아니하면 내가 도둑 같이 이르리	계 3	:	3	- 4
회개하라 천국이 가까이 왔느니라 하시더라	마 4	:	17	
회개하라 천국이 가까이 왔느니라 하였으니	마 3	:	2	- 3
회개하라 하셨으니 천하를 공의로 심판할 날을 작정하	행 17	:	30	- 31
회개하여 각각 예수 그리스도의 이름으로 세례를 받고	행 2	:	38	- 39
회개하여 처음 행위를 가지라 만일 그리하지 아니하고	계 2	:	5	
회개하지 아니하는 도시들	마 11	:	20	- 24
회개하지 아니하면 내가 네게 가서 네 촛대를 그 자리	계 2	:	5	
회개하지 아니하면 다 이와 같이 망하리라	눅 13	:	3	- 5
회개하지 아니하면 큰 환난 가운데에 던지고	계 2	:	22	
회개하지 아니하므로 그 때에 책망하시되 화 있을진저	마 11	:	20	- 24
회개하지 아니한 마음을 따라 진노의 날 곧 하나님의	롬 2	:	5	
회개하지 않는 유다 백성들에게 내려질 심판	렘 9	:	1	- 26
회개함과 죄 사함을 주시려고 그를 오른손으로 높이사	행 5	:	31	- 32
회당에 더러운 귀신들린 사람을 고치시다	눅 4	:	31	- 37
회당에서 가르치시매 뭇 사람에게 칭송을 받으시더라	눅 4	:	15	
회당에서 가르치시며 천국 복음을 전파하시며 모든 병과	마 4	:	23	- 25
회당에서 가르치시며 천국복음을 전파하시며 모든 병과	마 9	:	35	
회당에서 전도하시고 또 귀신들을 내쫓으시더라	막 1	:	39	
회당의 높은 자리와 시장에서 문안 받는 것을 기뻐하는	눅 11	:	43	
회당의 높은 자리와 잔치의 윗 자리를 원하는 서기관들	막 12	:	39	- 40
회를 칠하고 스스로 허탄한 이상을 보며 거짓 복술을	겔 22	:	28	- 31
회막 기구들 제작 방법	출 31	:	1	- 11
회막 문지기 (예루살렘에 정착한)	대상 9	:	17	- 27
회막 앞에서 찬송하는 사람들 (레위의 자손)	대상 6	:	31	- 48
회막 용도	출 33	:	7	- 11
회오리바람으로 엘리야를 하늘로 올리고자 하실 때에	왕하 2	:	1	
회오리바람이 지나가면 악인은 없어져도 의인은 영원한	잠 10	:	25	

회초리로 그들의 죄를 다스리며 채찍으로 죄악을 벌하리 시 89 : 32

회칠한 담을 내가 허물어서 땅에 넘어뜨리고 그 기초를 겔 13 : 14 - 16

회칠한 담이여 하나님이 너를 치시리로다 행 23 : 3

회칠한 무덤 같으니 겉으로는 아름답게 보이나 그 안에 마 23 : 27

효를 행하여 부모에게 보답하기를 배우게 하라 딤전 5 : 4 - 5

후메내오와 알렉산더가 있으니 내가 사탄에게 내준 딤전 1 : 20

후새의 계략이 아히도벨의 계략을 무산시키다 삼하 17 : 5 - 29

후한 연보로 말미암아 하나님께 영광돌리고 고후 9 : 13 - 15

훈계를 굳게 잡아 놓치지 말고 지키라 잠 4 : 13

훈계를 들어서 지혜를 얻으라 그것을 버리지 말라 잠 8 : 33 - 34

훈계를 좋아하는 자는 지식을 좋아하거니와 징계를 싫 잠 12 : 1

훈계를 지키는 자는 생명 길로 행하여도 징계를 버리는 잠 10 : 17

훈계에 착심하며 지식의 말씀에 귀를 기울이라 잠 23 : 12

훈계의 책망은 곧 생명의 길이라 잠 6 : 23

훌다 여선지가 요시야에게 하나님의 말씀을 전하다 왕하 22 : 14 - 20

훔치지 말고 오히려 모든 참된 신실성을 나타내게 하라 딛 2 : 10

휘장 가운데로 열어 놓으신 새로운 살 길이요 히 10 : 20 - 22

휘장은 곧 그의 육체니라 히 10 : 20 - 22

휘장이 한가운데가 찢어 지더라 눅 23 : 45 - 49

흉패 (제사장 옷의 판결 흉패) 출 28 : 15 - 30

흉패 제작 출 39 : 8 - 21

흉패에 우림과 둠밈을 넣고 레 8 : 8 - 11

흑암 중에 빛이 없는 자라도 여호와의 이름을 의뢰하며 사 50 : 10 - 11

흑암의 권세에서 건져내사 그의 사랑의 아들의 나라로 골 1 : 13

흑암이 삼 일 동안 애굽 온 땅에 있어서 출 10 : 22 - 23

흔들리지 않는 나라를 받았은즉 은혜를 받자 히 12 : 28 - 29

흙에 속한 자의 형상을 입은 것 같이 또한 하늘에 속한 고전 15 : 49

흙으로 말미암으므로 다 흙으로 돌아가나니 전 3 : 20 - 22

흙으로 사람을 지으시고 생기를 그 코에 불어넣으시니 창 2 : 7

흙이니 흙으로 돌아갈 것이니라 하시니라 창 3 : 19

흠 없는 자기를 하나님께 드린 그리스도의 피가 어찌 히 9 : 14 - 15

흠 없는 자녀로 살라 빌 2 : 12 - 18

흠 없는 자녀로 세상에서 그들 가운데 빛들로 나타내며	빌 2	: 15	- 16
흠 있는 것으로 속여 내게 드리는 자는 저주를 받으리니	말 1	: 14	
흩어 가난한 자들에게 주었으니 그의 의가 영원토록 있	고후 9	: 9	- 12
흩어 버리다 (범죄하면)	느 1	: 8	- 9
흩으신 자가 그를 모으시고 목자가 그 양 떼에게 행함	렘 31	: 10	
희년	레 25	: 10	- 15
희년 때 헌물로 드린 밭의 소유권	레 27	: 21	- 25
희년이니 너희에게 거룩함이니라 너희는 밭의 소출을	레 25	: 12	
희롱하여 이르되 유대인의 왕이여 평안할지어다 하며	마 27	: 29	- 31
희생제사를 브엘세바에서 이스라엘(야곱)이 드리니	창 46	: 1	- 4
흰 돌을 줄 터인데 그 돌 위에 새 이름을 기록한 것이	계 2	: 17	
흰 두루마기를 주시며 이르시되 아직 잠시 동안 쉬되	계 6	: 11	
흰 말이 있는데 그 탄 자가 활을 가졌고 면류관을 받고	계 6	: 2	
흰 보좌에 앉으신 이가 심판하시다	계 20	: 11	- 15
흰 옷을 입고 나와 함께 다니리니 그들은 합당한 자	계 3	: 4	
흰 옷을 입을 것이요 내가 그 이름을 생명책에서 결코	계 3	: 5	
히람은 모든 놋 일에 지혜와 총명과 재능을 구비한 자	왕상 7	: 14	- 22
히람이 평생에 다윗을 사랑하였음이라	왕상 5	: 1	
히브리 사람이 네게 팔려 왔거든 칠년 되는 해에 그를 놓	렘 34	: 14	
히브리 종을 사면 그는 여섯 해 동안 섬길 것이요	출 21	: 2	- 6
히브리파 사람을 원망하니 열두 사도가 모든 제자를	행 6	: 1	- 7
히스기야 왕에게 이사야가 여호와의 말씀을 전하다	왕하 19	: 20	- 34
히스기야 왕에게 이사야가 여호와의 말씀을 전하다	왕하 20	: 16	- 19
히스기야 왕의 교만	대하 32	: 24	- 26
히스기야 왕의 발병과 회복	사 38	: 1	- 10
히스기야 왕이 먼저 예물을 드리는 모범을 보이다	대하 31	: 3	
히스기야 왕이 번제와 속죄제를 성대히 드리다	대하 29	: 20	- 36
히스기야 왕이 유월절을 회복시켜 성대하게 지키다	대하 30	: 13	- 27
히스기야 유다 13대 왕이 성전을 깨끗이 정화하다	대하 29	: 1	- 19
히스기야 유다 13대 왕이 우상들을 타파하다	왕하 18	: 1	- 8
히스기야가 모든 보물을 바벨론 사자에게 보이다	왕하 20	: 12	- 13
히스기야가 바벨론 사신들에게 나라의 보물을 자랑	사 39	: 1	- 8

히스기야가 앗수르에게 은금을 바치다	왕하 18	: 13	-	16
히스기야가 얼굴을 벽으로 향하여 여호와께 기도하여	사 38	: 2	-	6
히스기야가 유월절을 준비하다	대하 30	: 1	-	12
히스기야의 기도 (생명을 15년 연장해 주시다)	왕하 20	: 1	-	6
히스기야의 기도 (여호와는 오직 유일하신 하나님)	왕하 19	: 15	-	19
히스기야의 부와 영광	대하 32	: 27	-	31
히스기야의 업적	왕하 20	: 20		
히스기야의 종교개혁	대하 31	: 1	-	21
히엘이 여리고 성을 재건축하다 벌을 받다	왕상 16	: 34		
힌놈의 아들 골짜기라 말하지 않고 죽임의 골짜기라	렘 7	: 32	-	34
힌놈의 아들 골짜기라 부르지 않고 죽임의 골짜기라	렘 19	: 6		
힌놈의 아들 골짜기에 도벳 사당을 건축하고 그들의	렘 7	: 31	-	34
힌놈의 아들 골짜기에 아들과 딸들을 몰렉 앞으로	렘 32	: 34	-	35
힌놈의 아들 골짜기에 아들들을 바친 므낫세 왕	대하 33	: 6		
힌놈의 아들 골짜기에서 분양하고 자녀들을 불사르고	대하 28	: 3		
힌놈의 아들 골짜기의 도벳을 더럽게 하여	왕하 23	: 10		
힐기야가 모세가 전한 여호와의 율법책을 발견하다	대하 34	: 14	-	16
힐기야가 율법책을 성전을 수리하던 중 발견하다	왕하 22	: 8	-	13
힘 센 천사와 작은 두루마리 책	계 10	: 1	-	11
힘과 능력으로 되지 아니하고 오직 나의 영으로 되느니	슥 4	: 6		
힘과 능력을 주시나니 하나님을 찬송할지어다	시 68	: 35		
힘과 방패이시니 그러므로 그를 찬송하리로다	시 28	: 7		
힘대로 유대에 사는 형제에게 부조를 보내기로 작정하	행 11	: 29	-	30
힘대로 할 뿐 아니라 힘에 지나도록 자원하여	고후 8	: 3	-	5
힘을 다하여 내 몸에 향유를 부어 내 장례를 미리 준비	막 14	: 8	-	9
힘을 다하여 주 너의 하나님을 사랑하라 하신 것이요	막 12	: 30	-	34
힘을 주심은 나로 말미암아 선포된 말씀이 온전히 전파	딤후 4	: 17		
힘이 없는 자들을 붙들어 주며 모든 사람에게 오래 참으	살전 5	: 14	-	15
힘줄을 끊었더니 (병거의 말발의 힘줄)	삼하 8	: 4	-	6
힘줄을 끊었더니 (병거의 말발의 힘줄)	대상 18	: 4	-	6
힘줄을 두고 살을 입히고 가죽으로 덮고 생기를 넣으리	겔 37	: 6	-	8
힛데겔 강 가에서 본 다니엘의 세 번째 환상	단 10	: 1	-	21

주기도문

(개역개정)

하늘에 계신 우리 아버지,

아버지의 이름을 거룩하게 하시며

아버지의 나라가 오게 하시며,

아버지의 뜻이 하늘에서와 같이

땅에서도 이루어지게 하소서.

오늘 우리에게 일용할 양식을 주시고,

우리가 우리에게 잘못한 사람을 용서하여 준 것 같이

우리 죄를 용서하여 주시고,

우리를 시험에 빠지지 않게 하시고, 악에서 구하소서.

나라와 권능과 영광이 영원히 아버지의 것입니다.

아멘

사도신경

(개역개정)

나는 전능하신 아버지 하나님, 천지의 창조주를 믿습니다.
나는 그의 유일하신 아들,
우리 주 예수 그리스도를 믿습니다.
그는 성령으로 잉태되어 동정녀 마리아에게서 나시고,
본디오 빌라도에게 고난을 받아 십자가에 못박혀 죽으시고,
장사된 지 사흘 만에 죽은 자 가운데서 다시 살아나셨으며,
하늘에 오르시어 전능하신 아버지 하나님 우편에 앉아 계시다가,
거기로부터 살아 있는 자와 죽은 자를 심판하러 오십니다.
나는 성령을 믿으며, 거룩한 공교회와 성도의 교제와
죄를 용서받는 것과 몸의 부활과 영생을 믿습니다.

아멘

누구나 쉽게 찾을 수 있는

성경 구절 찾기 사전

초판 1쇄 인쇄 2023년 9월 27일
초판 1쇄 발행 2023년 10월 16일
지은이 김명호

펴낸이 김양수
책임편집 이정은
편집디자인 안은숙
감수위원 장영수 | 김상원 | 안정호 목사

펴낸곳 도서출판 맑은샘
출판등록 제2012-000035
주소 경기도 고양시 일산서구 중앙로 1456(주엽동) 서현프라자 604호
전화 031) 906-5006
팩스 031) 906-5079
홈페이지 www.booksam.kr
블로그 http://blog.naver.com/okbook1234
포스트 http://naver.me/GOjsbqes
이메일 okbook1234@naver.com

ISBN 979-11-5778-615-2 (03230)